Estudos sobre
Law Enforcement,
Compliance e Direito Penal

Estudos sobre
Law Enforcement,
Compliance e Direito Penal

2018 · 2ª Edição

Coordenação Científica
Maria Fernanda Palma, Augusto Silva Dias,
Paulo de Sousa Mendes

Comissão Organizadora
Paulo de Sousa Mendes, Teresa Quintela de Brito,
Rui Soares Pereira, Vânia Costa Ramos,
David Silva Ramalho, Tiago Geraldo, André Hölzer

ESTUDOS SOBRE *LAW ENFORCEMENT, COMPLIANCE* E DIREITO PENAL
COORDENAÇÃO CIENTÍFICA
Maria Fernanda Palma, Augusto Silva Dias e Paulo de Sousa Mendes
COMISSÃO ORGANIZADORA
Paulo de Sousa Mendes, Teresa Quintela de Brito, Rui Soares Pereira, Vânia Costa Ramos, David Silva Ramalho, Tiago Geraldo e André Hölzer
EDITOR
EDIÇÕES ALMEDINA, S.A.
Rua Fernandes Tomás, nºs 76-80
3000-167 Coimbra
Tel.: 239 851 904 · Fax: 239 851 901
www.almedina.net · editora@almedina.net
DESIGN DE CAPA
FBA.
PRÉ-IMPRESSÃO
João Jegundo
IMPRESSÃO E ACABAMENTO

Outubro, 2018
DEPÓSITO LEGAL

Os dados e as opiniões inseridos na presente publicação são da exclusiva responsabilidade do(s) seu(s) autor(es).
Toda a reprodução desta obra, por fotocópia ou outro qualquer processo, sem prévia autorização escrita do Editor, é ilícita e passível de procedimento judicial contra o infrator.

 GRUPOALMEDINA

BIBLIOTECA NACIONAL DE PORTUGAL – CATALOGAÇÃO NA PUBLICAÇÃO

ESTUDOS SOBRE LAW ENFORCEMENT, COMPLIANCE E DIREITO PENAL

Estudos sobre Law Enforcement, compliance e direito penal / coord. cient. Maria Fernanda Palma, Augusto Silva Dias, Paulo de Sousa Mendes. – 2ª ed.
ISBN 978-972-40-7641-6

I – PALMA, Maria Fernanda, 1955-
II – DIAS, Augusto Silva
III – MENDES, Paulo de Sousa

CDU 343

APRESENTAÇÃO

O Instituto de Direito Penal e Ciências Criminais (IDPCC) da Faculdade de Direito da Universidade de Lisboa e o seu Centro de Investigação em Direito Penal e Ciências Criminais (CIDPCC) organizaram, no ano letivo de 2015/2016, o I Curso de Pós-Graduação sobre *"Law Enforcement, Compliance* e Direito Penal nas atividades bancária, financeira e económica". O Curso inscreveu-se na atividade de investigação do CIDPCC, com acreditação e apoio da Fundação para a Ciência e Tecnologia (FCT), sobre "Direito Penal e novos modos de organização da sociedade".

O Curso procurou elaborar e resolver a tensão existente entre a aplicação efetiva do Direito (*law enforcement*) por parte das autoridades competentes e o cumprimento normativo voluntário (*compliance*) por parte das empresas.

O Curso privilegiou os contributos multidisciplinares e promoveu em todas as sessões o debate entre diferentes perspetivas acerca dos problemas partilhados da aplicação efetiva e do cumprimento voluntário do Direito nos diversos âmbitos da ação regulatória (preventiva e sancionatória) e da atividade empresarial, considerando que tais problemas se tornaram ainda mais complexos na atual realidade social, económica e financeira.

Foi possível juntar num espaço académico perspetivas teóricas plurais e experiências práticas variadas, procurando assim fomentar a reflexão crítica sobre estas matérias.

A iniciativa contou com o apoio institucional da Procuradoria-Geral da República e da Autoridade da Concorrência e das sociedades de advogados Cuatrecasas/Gonçalves Pereira, Gómez-Acebo & Pombo, Morais Leitão, Galvão Teles, Soares da Silva & Associados e Sérvulo & Associados, a quem publicamente agradecemos.

A presente publicação constitui uma primeira reflexão sistematizada sobre estas matérias e servirá de referência bibliográfica para futuras edições do Curso.

Lisboa, 5 de janeiro de 2018

MARIA FERNANDA PALMA
(Diretora e Coordenadora do CIDPCC)

AUGUSTO SILVA DIAS
(1º Vice-Diretor do CIDPCC)

PAULO DE SOUSA MENDES
(2º Vice-Diretor do CIDPCC)

NOTA INTRODUTÓRIA

O IDPCC/CIDPCC da Faculdade de Direito da Universidade de Lisboa organizou, no ano letivo de 2015/2016, o I Curso de Pós-Graduação sobre *"Law Enforcement, Compliance* e Direito Penal nas atividades bancária, financeira e económica".

O programa do Curso dividiu-se em dois grandes blocos: um primeiro que versava sobre princípios e problemas de carácter geral do *law enforcement* e do *compliance* e um segundo dedicado a temas de natureza setorial, concretamente no âmbito da atividade bancária, dos mercados financeiros, da concorrência, da proteção de dados e da prevenção da corrupção.

O propósito do referido Curso passou, pois, por percorrer e estudar de forma integrada e compreensiva os principais problemas e desafios que hoje se colocam às autoridades independentes, às empresas e aos seus dirigentes em matéria de *law enforcement* e *compliance*, habilitando os Auditores do Curso com uma formação sólida e atualizada, no plano do Direito Penal, do Direito Sancionatório em geral e das múltiplas interseções interdisciplinares que os diferentes temas convocam.

A monografia que agora se publica constitui um esforço de sistematização de alguns dos principais problemas gerais e setoriais colocados pela constante tensão entre, por um lado, a necessidade de o Estado assegurar a aplicação efetiva do Direito aos agentes sociais e operadores económicos e, por outro, o esforço voluntário por parte destes para adequar a sua resposta às múltiplas exigências legais e regulatórias que sobre si impendem. A obra é composta, na sua quase totalidade, por textos desenvolvidos a partir das apresentações feitas pelos Conferencistas e por relatórios apresentados por Auditores no final do Curso. Acresce um texto gentil-mente cedido para publicação pelo Professor Paulo César Busato, que vem enriquecer criticamente o debate sobre a relevância, ou não, do *compliance* no Direito Penal. A todos os Autores deixamos o nosso agradecimento.

Lisboa, 5 de janeiro de 2018

A Comissão Organizadora
PAULO DE SOUSA MENDES
TERESA QUINTELA DE BRITO
RUI SOARES PEREIRA
VÂNIA COSTA RAMOS
DAVID SILVA RAMALHO
TIAGO GERALDO
ANDRÉ HÖLZER

I
LAW ENFORCEMENT E COMPLIANCE

Law Enforcement & Compliance

PAULO DE SOUSA MENDES[*]

Sumário: Introdução; I. O que torna o *compliance* tão relevante no contexto económico atual? II. O que torna o *compliance* tão procurado? III. Quais são os perigos do *compliance*? IV. Que desafios se colocam às empresas no *compliance*? V. Que particularidades enfrentam as empresas dos setores regulados? VI. Direito administrativo, direito penal ou direito regulador? Conclusão.

Introdução

O conceito de cumprimento normativo voluntário (*compliance*)[1] ganhou uma enorme visibilidade desde que as empresas começaram a adotar programas de cumprimento normativo voluntário (*compliance programs*), em ordem a minorar significativamente os riscos de responsabilização das sociedades comerciais e respetivos dirigentes nos âmbitos civil, contraordenacional e até criminal e, com isso, a defender genericamente os interessados (*stakeholders*)[2].

---

[*] Professor Associado da Faculdade de Direito da Universidade de Lisboa. Agradeço ao Dr. David Silva Ramalho e ao Dr. Tiago Geraldo os comentários e sugestões que incorporei na versão final do presente texto.

[1] Cf. ROTSCH, Thomas (org.), *Criminal Compliance – Handbuch*, Baden-Baden: Nomos, 2015, § 1, nºs ms. 1-16 (pp. 35-45).

[2] Cf. SIEBER, Ulrich, ENGELHART, Marc, *Compliance Programs for the Prevention of Economic Crimes: An Empirical Survey of German Companies*, Schriftenreihe des Max-Planck-Instituts für

A expressão aplicação efetiva do Direito (*law enforcement*) é menos conhecida. Nenhuma lei perfeita garante uma boa aplicação. É por isso que o conceito de aplicação efetiva não é redundante.

Os dois conceitos são inseparáveis porque o cumprimento normativo voluntário por parte das empresas só pode melhorar se tiver devidamente em conta os poderes de regulamentação, supervisão e aplicação de sanções administrativas por parte das autoridades independentes, assim como as competências de investigação e acusação do Ministério Público em matéria penal.

No presente texto procuraremos enquadrar sumariamente as dificuldades levantadas pela necessidade de articulação da aplicação efetiva do Direito com o cumprimento normativo voluntário e tentaremos dar resposta às seguintes questões: I. O que torna o *compliance* tão relevante no contexto económico atual? II. O que torna o *compliance* tão procurado? III. Quais são os perigos do *compliance*? IV. Que desafios se colocam às empresas ao nível do *compliance*? V. Que particularidades enfrentam as empresas de setores regulados? VI. Direito administrativo, direito penal ou direito regulador?

I. O que torna o *compliance* tão relevante no contexto económico atual?
Houve uma progressiva tomada de consciência de que litígios, sanções, restrições regulatórias e danos à reputação das empresas poderiam ser evitados se fossem concebidos e postos em prática programas de cumprimento normativo voluntário[3].

São múltiplas as falhas que podem ser impedidas se as empresas assumirem o cumprimento normativo voluntário, a saber:

i. Conflitos de interesses consentidos;
ii. Deveres de segregação de funções desrespeitados;

---

ausländisches und internationales Strafrecht, Reihe S: Strafrechtliche Forschungsberichte (MPIS), vol. 140, Berlin: Duncker & Humblot, 2014, pp. 1-2. Também cf. GÓMEZ-JARA DÍEZ, Carlos, *Autorregulación y responsabilidad penal de las personas jurídicas*, Peru: ARA Editores, 2015, p. 76.

[3] Cf. ENGELHART, Marc, *Sanktionierung von Unternehmen und Compliance – Eine rechtsvergleichende Analyse des Straf- und Ordnungswidrigkeitenrechts in Deutschland und den USA*, 2ª ed. revista e aumentada, Schriftenreihe des Max-Planck-Instituts für ausländisches und internationales Strafrecht, Reihe S: Strafrechtliche Forschungsberichte (MPIS), vol. 121, Berlin: Duncker & Humblot, 2012 (1ª ed., 2010), pp. 285-289.

iii. Auditorias ou investigações internas por realizar;
iv. Falta de independência dos auditores;
v. Desrespeito pelas recomendações relativas ao governo das sociedades (*corporate governance*);
vi. Inexistência de responsáveis de boas práticas e controlo interno (*compliance officers*).

A adoção de boas práticas e sistemas efetivos de controlo interno é indispensável para as empresas não sucumbirem às próprias falhas e perderem afinal a batalha da competitividade[4].

II. O que torna o *compliance* tão procurado?

Em princípio, o ponto de vista das autoridades independentes defronte da existência de meros programas de *compliance* na empresa é neutro. Não há impacto automático da existência de programas de *compliance* na isenção da responsabilidade dos visados, nem sequer na determinação da medida das coimas, das penas ou de quaisquer outras consequências jurídicas das infrações praticadas. Nem poderia ser de outro modo, pois o *compliance* é uma iniciativa espontânea das empresas, é autorregulação[5]. Já o conceito de autorregulação regulada que tem sido propalado por alguns setores da literatura jurídica da especialidade é uma *contradictio in adjecto*, pois pretende vincular o Estado à iniciativa das empresas na adoção de programas de *compliance*.

A finalidade do *compliance* tem de ser evitar a prática de vários tipos de ilícitos, incluindo os ilícitos criminais (*e.g.*, acidentes laborais, crimes ambientais, crimes contra os consumidores, crimes fiscais, corrupção ativa e branqueamento de capitais), e não obter isenção de responsabilidades (coletivas ou individuais), nem atenuação de sanções. Caso contrário, os programas de *compliance* tornar-se-iam facilmente estratagemas de fuga à responsabilidade.

---

[4] A organização internacional não-governamental e independente *ISO International Standards*, que foi fundada em 1946 por delegados de 25 países e agrega atualmente representantes de 163 países, tem desempenhado um papel de relevo na fixação de padrões universais de gestão de sistemas de cumprimento normativo voluntário, através da ISO 19.600 (*Compliance Management Systems – Guidelines*).

[5] Cf. ROTSCH, Thomas, "Compliance und Strafrecht – Fragen, Bedeutung, Perspektiven Vorbemerkungen zu einer Theorie der sog. 'Criminal Compliance'", *ZStW* 3 (2013), (pp. 481-498) pp. 483-484.

ESTUDOS SOBRE *LAW ENFORCEMENT, COMPLIANCE* E DIREITO PENAL

Acautelando-se contra esses estratagemas, o legislador, por isso mesmo, não deve extrair da simples existência de programas de *compliance* nas empresas efeitos automáticos de dispensa ou redução das sanções aplicáveis. Também pelas mesmas razões, as autoridades judiciárias e administrativas devem manter-se neutrais defronte da existência de programas de *compliance* nas empresas, pelo menos até verem se são levados a sério no caso concreto.

Dito isto, importa notar que, em cada caso gerador de responsabilidade, o visado é quem tem o ónus de alegar e produzir prova no processo sobre os seguintes itens: (i) existência de programas de *compliance*; (ii) existência de sistemas efetivos de *compliance*; (iii) identificação de medidas adequadas e realmente implementadas contra falhas organizacionais suscetíveis de originar a prática de infrações; (iv) identificação, avaliação e controlo dos riscos empresariais. Não se diga que esse ónus de alegação e produção de prova configura uma inversão do ónus da prova, desde logo porque os itens mencionados não integram os elementos típicos da infração, nem constituem excludentes da responsabilidade.

Tudo visto e ponderado, os programas, os sistemas e as medidas de *compliance* poderão, na prática, ter impacto na avaliação da responsabilidade (coletiva ou individual) e na determinação das sanções aplicáveis[6].

Na ordem jurídica portuguesa, o referido impacto pode ser acomodado na previsão do artigo 11º, nº 6, do Código Penal (CP):

> "A responsabilidade das pessoas coletivas e entidades equiparadas é excluída quando o agente tiver atuado contra ordens ou instruções expressas de quem de direito."

Ao nível da determinação concreta da pena, o impacto também pode fazer-se sentir, graças à previsão do artigo 71º CP:

> "2. Na determinação concreta da pena o tribunal atende a todas as circunstâncias que, não fazendo parte do tipo de crime, depuserem a favor do agente ou contra ele, considerando, nomeadamente:
>
> *a)* [...] o grau de violação dos deveres impostos ao agente;
>
> [...];

---

[6] O que conta é a vigência efetiva dos programas de cumprimento normativo voluntário (cf. GÓMEZ-JARA DÍEZ, *Autorregulación y responsabilidad penal de las personas jurídicas*, cit., p. 82).

e) A conduta anterior ao facto e a posterior a este, especialmente quando esta seja destinada a reparar as consequências do crime".

No Regime Jurídico da Concorrência, o impacto pode ser considerado à luz do artigo 69º, nº 1, da Lei nº 19/2012, de 8 de maio:

"1 – Na determinação da medida da coima a que se refere o artigo anterior, a Autoridade da Concorrência pode considerar, nomeadamente, os seguintes critérios:

f) O comportamento do visado pelo processo na eliminação das práticas restritivas e na reparação dos prejuízos causados à concorrência".

São avaliações que só podem ser feitas no processo de decisão do caso concreto[7].

A par do sentimento de responsabilidade social, a perceção das vantagens associadas explica que o *compliance* seja tão procurado pelas empresas.

III. Quais são os perigos do *compliance*?

Os perigos do *compliance* são múltiplos e oneram distintas entidades e pessoas.

Em primeiro lugar, as próprias empresas (*e.g.*, pessoas coletivas, grupos de sociedades, sociedades-mãe) podem até sofrer agravação das sanções efetivamente aplicadas por causa de programas de *compliance* mal concebidos ou deficientemente implementados. Tais falhas expõem os estratagemas de fuga à responsabilidade coletiva que o sistema jurídico acaba punindo mais severamente por aquilo que revelam de premeditação na prática de ilícitos de empresa. Daí que a via do *compliance* tenha de

---

[7] Veja-se a jurisprudência nacional citada por BAPTISTA, Alexandre Leite, "*Compliance* em processo contraordenacional: Da alegação à decisão através da prova", nesta mesma obra coletiva. Na jurisprudência alemã, veja-se o recente acórdão da 1ª Secção Penal do Supremo Tribunal Federal (*Bundesgerichtshof* – BGH), de 07.05.2017 (BGH 1 StR 265/16). Neste aresto, o BGH decidiu que o *compliance* pode levar a uma redução da coima (*Geldbuße*) aplicada a uma empresa, ainda que não existam leis ou regulamentos estritos nesse sentido, pois as empresas estão naturalmente condicionadas a implementar um sistema de *compliance* adequado a evitar a conduta imprópria ou até a conduta ilícita por parte dos seus trabalhadores. O BGH estabeleceu dois critérios relevantes para a determinação do valor da coima: (i) saber se existia um sistema de *compliance* efetivo e adequado à prevenção dos riscos da prática da infração em causa; (ii) saber se a administração societária reagiu com prontidão, identificou as lacunas do *compliance* e as corrigiu imediatamente no sistema para prevenir infrações similares no futuro.

ser assumida pelas empresas conscientemente e consequentemente para não se produzir contra elas um efeito de boomerang.

Em segundo lugar, o *compliance* pode camuflar o perigo de descarga de responsabilidades por parte dos líderes das empresas no diretor do departamento de cumprimento normativo voluntário (*head of compliance* ou *compliance officer*). Na generalidade das ordens jurídicas nacionais, falta uma regulação detalhada e legalmente vinculativa das funções do *compliance officer* (*e.g.*, Alemanha, Brasil e Portugal). Sendo assim, a delimitação da sua competência no âmbito da empresa constitui o único fundamento possível para a sua posição de garante, com base na qual se possa depois erigir uma eventual responsabilidade criminal por comissão por omissão[8]. Para fundamentar uma posição de garante do *compliance officer* é necessário partir da posição de garante dos órgãos de governo da sociedade comercial (em especial, o órgão de administração). A doutrina dominante tem afirmado uma posição de garante da administração que a obriga a evitar a prática de delitos de empresa[9]. A posição de garante do *compliance officer* corresponde a um dever derivado e não originário. O dever de conhecimento (originário) do órgão de administração (peloureiro) é complementado pelo dever de reporte (derivado) do oficial de cumprimento, ao mesmo tempo que o dever de fiscalização (originário) do peloureiro é complementado por um dever de vigilância (derivado) do oficial de cumprimento[10]. A designação de um oficial de cumprimento através de uma suficiente *diligentia in delegando* não desonera, porém, o órgão de administração, pois o dever originário permanece no órgão de liderança e fiscalização da empresa[11]. Importante

---

[8] Neste contexto é frequentemente citado um acórdão da 5ª Secção Penal do BGH alemão, que declarou, em *obiter dictum*, que o *compliance officer* tem, por regra, um dever de garante jurídico-penal, nos termos do § 13 Abs. 1 StGB, que o obriga a evitar os delitos dos trabalhadores da empresa relacionados com a atividade empresarial (BGH 5 StR 394/08, 17.07.2009).

[9] Cf. DEMETRIO CRESPO, Eduardo, "Sobre la posición de garante del empresario por la no evitación de delitos cometidos por sus empleados", in: AA.VV., *Cuestiones actuales de Derecho penal económico* (org.: José Ramón Serrano-Piedecasas e Eduardo Demetrio Crespo), Madrid: COLEX, 2008, (pp. 61-87) p. 64.

[10] Cf. SCANDELARI, Gustavo Britta, "As posições de garante na empresa e o *criminal compliance* no Brasil: Primeira abordagem", in: AA.VV., *Compliance e Direito Penal* (org.: Décio Franco David), São Paulo: Atlas, 2015, (pp. 158-199) pp. 174-176.

[11] Cf. CARRIÓN ZENTENO, Andy, URQUIZO VIDELA, Gustavo, "La responsabilidad penal del oficial de cumplimiento en el ámbito empresarial: Un breve análisis comparativo entre Alemania-Perú y *EEUU*", in: AA.VV., *Lavado de activos y compliance: Perspectiva internacional*

é, pois, impedir que haja descarga de responsabilidades por parte dos líderes das empresas no responsável de *compliance*, como se este fosse o bode expiatório de todas as falhas da empresa e fosse pago para isso[12].

Por fim, o *compliance* acarreta o perigo de inspeções e auditorias internas agressivas, que não respeitem os direitos fundamentais dos trabalhadores. Naturalmente, o sistema jurídico não pode contemporizar com a violação da esfera da privacidade dos trabalhadores ou com a realização de interrogatórios pela entidade empregadora que obriguem à autoincriminação dos trabalhadores[13].

IV. Que desafios se colocam às empresas no *compliance*?

Os desafios são essencialmente de conformação e (re)definição da cultura das empresas, articulando e conciliando a dimensão económica e financeira do negócio com os riscos da sua atividade, designadamente os riscos legais, numa ótica de que mais vale prevenir do que remediar.

Uma possível resposta a estes desafios, que desejavelmente deve ser pensada e implementada em estreita articulação entre o departamento jurídico (e o *compliance officer*, se existir) e os restantes departamentos da empresa, traduz-se nos referidos *compliance programs*, que, ainda assim, e esta é uma nota importante, não se bastam a si mesmos. É fundamental que haja um acompanhamento desses programas depois da sua aprovação e comunicação aos trabalhadores e colaboradores da empresa, designadamente através de monitorização, atualização sempre que necessário e também experimentação e testes (de adequação, de consistência, de robustez do programa, etc.)[14].

---

y derecho comparado (org.: Kai Ambos, Dino Carlos Caro Coria e Ezequiel Malarino), Lima: Jurista Editores, 2015, (pp. 371-401) p. 383.

[12] Cf. SCANDELARI, *Compliance e Direito Penal*, cit., p. 191.

[13] Cf. REEB, Philipp, *Internal Investigations – Neue Tendenzen privater Ermittlungen*, Schriftenreihe des Max-Planck-Instituts für ausländisches und internationales Strafrecht, Reihe S: Strafrechtliche Forschungsberichte (MPIS), vol. 127, Berlin: Duncker & Humblot, 2011, pp. 95-108.

[14] Cf. ABENDROTH, Christiane, *Prolegomena einer strafrechtlichen Bewertung von Corporate Governance, Compliance und Business Ethics – Eine Untersuchung unter Berücksichtigung der Besonderheiten der Kreditwirtschaft*, Berlin: WVB, 2011, pp. 140-142.

V. Que particularidades enfrentam as empresas dos setores regulados?

O grau de abrangência e detalhe de uma política consistente de *compliance* é mais exigente quando se tratar de uma empresa que desenvolve a sua atividade em setor regulado. Por uma razão simples: a teia legal e regulamentar nesses setores é sempre mais ampla, e também mais densa e minuciosa, do que nos restantes setores de atividade, para além de ser mais propensa à evolução e revisão do respetivo quadro normativo (muitas vezes, como sucede entre nós, em resultado da transposição de instrumentos da União Europeia).

VI. Direito administrativo, direito penal ou direito regulador?

A contraposição clássica entre o direito administrativo e o direito penal está ultrapassada na regulação das atividades bancária, financeira e económica, assim como no direito da concorrência. Estamos a assistir porventura à emergência de um novo ramo de Direito, que congrega aspetos de direito administrativo e de direito sancionatório público, inclusive penal.

O surgimento das autoridades independentes subverteu o clássico modelo da separação de poderes, por isso mesmo que foram dotadas de três tipos de poderes públicos, tradicionalmente separados, a saber: poderes normativos, executivos e (para)judiciais. As modernas autoridades independentes editam regulamentos de caráter geral e abstrato, acompanham e inspecionam a atividade das empresas e, por fim, aplicam sanções pecuniárias (coimas) e sanções acessórias, se detetarem infrações. Neste tocante, é, pois, difícil de sustentar a contraposição clássica entre o direito administrativo e o direito penal, tanto mais que o Tribunal Europeu dos Direitos Humanos tem considerado, em jurisprudência constante, que as contraordenações e outras infrações tipicamente administrativas devem ser consideradas infrações criminais para o efeito da aplicação do artigo 6º da Convenção Europeia dos Direitos Humanos, que consagra o direito a um processo justo e equitativo e a presunção de inocência.

Há, finalmente, aspetos que são do domínio penal, propriamente dito. Mas também aqui surgem problemas novos. Pense-se, por exemplo, na área dos mercados financeiros. Nos ordenamentos jurídicos nacionais em que certas formas graves de abuso de mercado são cominadas com penas criminais, a transferência de informações do processo administrativo (preventivo ou contraordenacional) para o processo penal constitui uma ameaça às garantias de defesa, à luz do princípio *nemo tenetur se ipsum accusare*, se estiver em causa a aquisição de provas que o Ministério Público não poderia adquirir originariamente, com base nos meios de obtenção de prova disponíveis no processo penal. Mas a comunicação precoce pelo regulador dos mercados de valores mobiliários da suspeita de crime também poderá fazer perigar a própria investigação criminal, designadamente se o Ministério Público não possuir os instrumentos técnicos de monitorização dos mercados financeiros e a experiência necessária para analisar matérias cuja complexidade somente está ao alcance de especialistas. Importa, pois, perceber, à luz do direito comparado, as soluções encontradas para resolver a tensão entre as necessidades da investigação criminal e as garantias de defesa neste âmbito.

Conclusão

Os conceitos de *law enforcement* e *compliance* são inseparáveis porque o cumprimento normativo voluntário por parte das empresas só pode melhorar se tiver devidamente em conta os poderes de regulamentação, supervisão e aplicação de sanções administrativas por parte das autoridades independentes, assim como as competências de investigação e acusação do Ministério Público em matéria penal.

As empresas portuguesas estão cada vez mais atentas à importância de acolherem práticas de *compliance* e de governação responsável. Naturalmente, a consciência desta necessidade tende a variar em função da dimensão das empresas e também dos respetivos setores de atividade. Importa reforçar a sensibilização para esta necessidade em todas as empresas e setores de atividade.

Referências bibliográficas

ABENDROTH, Christiane,
> *Prolegomena einer strafrechtlichen Bewertung von Corporate Governance, Compliance und Business Ethics – Eine Untersuchung unter Berücksichtigung der Besonderheiten der Kreditwirtschaft*, WVB, Berlin, 2011.

CARRIÓN ZENTENO, Andy, URQUIZO VIDELA, Gustavo,
> "La responsabilidad penal del oficial de cumplimiento en el ámbito empresarial: Un breve análisis comparativo entre Alemania-Perú y EEUU", in: AA.VV., *Lavado de activos y compliance: Perspectiva internacional y derecho comparado* (org.: Kai Ambos, Dino Carlos Caro Coria e Ezequiel Malarino), Jurista Editores, Lima, 2015, pp. 371-401.

DEMETRIO CRESPO, Eduardo,
> "Sobre la posición de garante del empresario por la no evitación de delitos cometidos por sus empleados", in: AA.VV., *Cuestiones actuales de Derecho penal económico* (org.: José

Ramón Serrano-Piedecasas e Eduardo Demetrio Crespo), COLEX, Madrid, 2008, pp. 61-87.

ENGELHART, Marc,

Sanktionierung von Unternehmen und Compliance – Eine rechtsvergleichende Analyse des Straf- und Ordnungswidrigkeitenrechts in Deutschland und den USA, 2ª ed. revista e aumentada, Schriftenreihe des Max-Planck-Instituts für ausländisches und internationales Strafrecht, Reihe S: Strafrechtliche Forschungsberichte (MPIS), vol. 121, Duncker & Humblot, Berlin, 2012 (1ª ed., 2010).

GÓMEZ-JARA DÍEZ, Carlos,

Autorregulación y responsabilidad penal de las personas jurídicas, ARA Editores, Perú, 2015.

REEB, Philipp,

Internal Investigations – Neue Tendenzen privater Ermittlungen, Schriftenreihe des Max--Planck-Instituts für ausländisches und internationales Strafrecht, Reihe S: Strafrechtliche Forschungsberichte (MPIS), vol. 127, Duncker & Humblot, Berlin, 2011.

ROTSCH, Thomas,

"Compliance und Strafrecht – Fragen, Bedeutung, Perspektiven Vorbemerkungen zu einer Theorie der sog. 'Criminal Compliance'", *ZStW* 3, 2013, pp. 481-498.

ROTSCH, Thomas (org.),

Criminal Compliance – Handbuch, Nomos, Baden-Baden, 2015.

SCANDELARI, Gustavo Britta,

"As posições de garante na empresa e o criminal compliance no Brasil: Primeira abordagem", in: AA.VV., *Compliance e Direito Penal* (org.: Décio Franco David), Atlas, São Paulo, 2015, pp. 158-199.

SIEBER, Ulrich, ENGELHART, Marc,

Compliance Programs for the Prevention of Economic Crimes: An Empirical Survey of German Companies, Schriftenreihe des Max-Planck-Instituts für ausländisches und internationales Strafrecht, Reihe S: Strafrechtliche Forschungsberichte (MPIS), vol. 140, Duncker & Humblot, Berlin, 2014.

O que não se diz sobre o *criminal compliance*

Paulo César Busato[*]

Sumário: Introdução. 1. Por que e quando se começa a discutir sobre *compliance* em matéria criminal? 2. Autorregulação: o lobo a cuidar do gado. 3. A hipótese: o escudo e o ímã. 3.1. O silêncio crítico da infiltração do tema no cenário jurídico-penal. 3.1.1. A primeira etapa: a irrelevância. 3.1.2. A segunda etapa: há um lugar para o *compliance*? 3.1.3. A terceira etapa: a cauda que move o cachorro. 3.3. O bode expiatório: um argumento subsidiário contra os *compliance officers*. 3.3.1. O que vale para você, não vale para mim ou a transferência unilateral de responsabilidade. 4. Conclusão parcial. 5. Um discurso de igualdade. 6. A prova de desigualdade: *reductio ad absurdum*. 7. Um pouco de razoabilidade: uma atenuante da pena. Conclusões. Referências.

Introdução

Na atualidade resulta bastante comum ouvir falar de *criminal compliance*[1] em ambientes consagrados aos estudos acadêmicos de Direito penal, espe

---

[*] Professor adjunto de Direito penal da Universidade Federal do Paraná, Procurador de Justiça do Ministério Público do Paraná, Doutor em Direito penal pela Universidad Pablo de Olavide, Sevilha.

[1] Ainda que se utilize tal expressão, convém lembrar que não existe propriamente um *criminal compliance*, e sim a ordenação de mecanismos, em certa medida bastante antigos, vistos através das lentes do Direito penal. Nesse sentido Nieto Martín, Adán. "Problemas fundamentales del cumplimiento normativo en el Derecho penal", *in Compliance y teoría del Derecho penal*. [Lothar Kuhlen, Juan Pablo Montiel e Íñigo Ortiz de Urbina Gimeno – eds.], Madrid: Marcial Pons, 2013, p. 27.

cialmente de Direito penal econômico. A incorporação de tal discussão aconteceu sem dificuldades e com escassas oposições ou críticas.

Existem muitos fatores determinantes de tal recepção, mas dois se destacam: primeiramente, a impressão geral de que o cumprimento das normas é algo intrinsecamente bom, pelo que nada negativo pode derivar de sua adoção; e, em segundo lugar, a incorporação, por certo setor da doutrina, do discurso jurídico-penal funcionalista sistêmico, que se apoia no binômio funcionalidade/disfuncionalidade.

Estes aspectos têm contribuído para que o tema do *criminal compliance* se incorpore como uma categoria a mais a ser discutida no âmbito do sistema de imputação penal, com efeitos determinantes sobre a decisão a respeito da responsabilidade penal das empresas.

Esse trabalho pretende acrescentar um grão de areia à discussão, ainda que, talvez, porque será irritante que para os defensores do *criminal compliance*, o sopro da palavra que aqui se assume poderá levar este grão de areia diretamente aos seus olhos.

Estrutura-se o discurso crítico com base em algumas premissas fundamentais e iniludíveis e se utiliza, como chave argumentativa de confirmação, o recurso retórico do *argumentum ad absurdum*, conforme se verá a seguir.

I. Por que e quando se começa a discutir sobre *compliance* em matéria criminal?

Ainda que pareça novidade falar de *compliance* no âmbito penal, convém lembrar que no mundo empresarial há muito se discute o tema[2], não apenas como uma medida específica para atender exigências legais da área comercial e do trabalho, inclusive, como forma de projetar a imagem da empresa.

A ideia de criar um sistema, uma unidade ou uma consultoria, encarregados especificamente de recomendar procedimentos de cumprimento das normas e vigiar para que se atenda a tais recomendações, soa, essencialmente, como algo bom e que, de alguma maneira, mais do que evitar sanções públicas ou privadas a práticas empresariais irregulares, tem o

---

[2] A origem histórica constantemente referida remete às medidas de precaução das atividades comerciais dos bancos, tomadas depois da crise de 1929. Para detalhes sobre o fato, veja-se SILVEIRA, Renato de Mello Jorge y SAAD-DINIZ, Eduardo. *Compliance, Direito penal e lei anticorrupção*. São Paulo: Revista dos Tribunais, 2015, pp. 247 ss..

valor de simbolizar um compromisso de mais transparência[3] de parte da empresa para com as normas que regem sua atividade.

Por isso, há muito tempo os empresários já operam tais sistemas, e o fazem menos por razões vinculadas a boas intenções do que como uma forma de gerar uma boa imagem, que tem seus reflexos no âmbito da lucratividade.

Não é por acaso que Lothar Kuhlen[4] referiu que o *compliance* não é algo absolutamente novo, mas sim uma moda, cheia de anglicismos, impulsionada pelo setor da consultoria, direcionado ao âmbito empresarial.

Seria o caso de perguntar então: por que somente agora os penalistas despertaram para discutir o tema?

Aqui cabe estabelecer o primeiro vínculo.

Este interesse repentino pelo *compliance*, que encontra forte recepção no cenário europeu e latino-americano, tem aparecido justamente depois de progressivamente se passarem a adotar medidas penais de imputação de responsabilidade às pessoas jurídicas, em especial nos países de tradição romano-germânica, os quais há séculos tinham apagado tal previsão de seus ordenamentos jurídicos.

Poder-se-ia pensar que tal processo de incremento fosse natural, uma vez que o *compliance* faz parte da vida empresarial. Mas, muito ao contrário do lugar relativamente subalterno que ocupa tal unidade no funcionamento de uma empresa, o tema, em termos jurídico-penais, cobrou um protagonismo espetacular.

É verdade que tais programas têm todo o sentido no mundo pós--moderno, de ampla complexidade, com um modelo econômico globalizado. Porém, é possível cogitar que o interesse sobre o tema em matéria criminal tenha a ver com outra coisa além da ideia de transparência nos negócios.

II. Autorregulação: o lobo a cuidar do gado

Algo que não se pode olvidar em uma visão crítica é que o *compliance* é uma forma de autorregulação, o que não deixa de ser uma espécie de

---

[3] Ao menos este é o argumento que tem justificado essencialmente medidas como o *Dodd-Frank Wall Street Reform and Consumer Protection Act* de julho de 2010, deflagrado depois da hecatombe econômica de 2008.

[4] Cf. KUHLEN, Lothar. "Compliance y Derecho penal en Alemania", *in Responsabilidad de la empresa y compliance*. [Santiago Mir Puig, Mirentxu Corcoy Bidasolo e Victor Gómez Martín – Dir.]. Madrid-Buenos Aires-Montevideo: Edisofer-BdeF, 2014, pp. 89-91.

ESTUDOS SOBRE *LAW ENFORCEMENT, COMPLIANCE* E DIREITO PENAL

privatização da função de prevenção de irregularidades[5]. Geralmente, defende-se que o sistema de cumprimento deveria ser o mecanismo de controle social aplicável aos desvios penais no âmbito empresarial. Diz-se que deveríamos dar por bons os *standards* de prevenção desenvolvidos na empresa.

Por muitos matizes que se possa impor, tal opção, naturalmente, converte a empresa em juiz de si mesma.

Afinal, se a descoberta das violações das regras de cumprimento ocorre internamente, é a própria empresa quem decide quando houve ou não um evento digno de se noticiar às autoridades públicas, para promover sua persecução. Desse modo, não somente se seleciona se o delito chega ou não a ser conhecido pelas autoridades, como também, inclusive em tais casos, estabelece-se como chegará, ao selecionar entre os dados que serão encaminhados ao Ministério Público. No final *"quem investiga sempre tem mais possibilidades de construir a realidade tal como lhe convém"*[6].

Por muito que se estabeleça níveis de independência do escritório de *compliance* e de seu oficial, ele segue funcionário da empresa ou a ela subordinado, de alguma forma, ainda que por contrato. Ademais, os próprios empregados que comunicam as práticas eventualmente delitivas, os chamados *whistleblowers*, igualmente estariam subordinados à empresa.

O problema é que em nenhuma proposta de autorregulação fica claro o motivo pelo qual se pode esperar melhores resultados no *déficit* de observância das normas a partir dessas fórmulas, quando comparados com fórmulas de heterorregulação[7] e, inclusive, não se pode sequer afirmar que é

---

[5] A afirmação é de BLUMENBERG, Axel-Dirk e GARCÍA-MORENO, Beatriz. "Retos prácticos de la implementación de programas de cumplimiento normativo", *in Responsabilidad de la empresa y* compliance. [Santiago Mir Puig, Mirentxu Corcoy Bidasolo y Victor Gómez Martín – Dir.]. Madrid-Buenos Aires-Montevideo: Edisofer-BdeF, 2014, p. 273, que aparece também em SIEBER, Ulrich. "Programas de 'compliance' en el Derecho penal de la empresa", *in El derecho penal económico en la era* compliance". Valencia: Tirant lo Blanch, 2013, p. 63.

[6] NIETO MARTÍN, Adán. "Problemas fundamentales...", *cit.,* p. 48.

[7] A crítica aparece em KUHLEN, Lothar. "*Compliance* y Derecho penal en Alemania...", *cit.,* p. 102. Também contra o esquema de autorregulação, ORTIZ URBINA DE GUIMENO, Íñigo. "Sanciones penales contra empresas en España (Hispanica societas delinquere potest)", *in Compliance y teoría del Derecho penal.* [Lothar Kuhlen, Juan Pablo Montiel y Íñigo Ortiz de Urbina Gimeno – eds.], Madrid: Marcial Pons, 2013, pp. 267 ss.

O QUE NÃO SE DIZ SOBRE O *CRIMINAL COMPLIANCE*

realmente legítima tal delegação[8]. Ao final, resulta bastante claro que *"o sistema privado e o estatal de controle tem, em parte, objetivos distintos"*[9].

Nem cabe dizer que ter o controle sobre a investigação não é o objetivo empresarial, uma vez que já foi apurado, entre as empresas, uma firme oposição a que exista contato direto entre os *whistleblowers* e as autoridades públicas[10], exatamente porque ele representa a subtração do controle empresarial sobre o que se deve comunicar aos agentes de persecução. O argumento manejado pelos empresários é que a possibilidade de contato direto corrói a importância da estrutura de cumprimento interna, dificultando a futura detecção e dissuasão de fraudes corporativas. O conteúdo não confessado é a pretensão de controle sobre o que se transmite às autoridades públicas, que põe a empresa em posição de enorme vantagem[11].

A face mais perversa desse discurso aparece quando se fala abertamente na possibilidade de burlar o controle judicial da apuração probatória e de explorar, quase em uma forma de tortura psicológica, pela pressão do demitido, a pessoa do *whistleblower*[12].

Vale dizer que a substituição da heterorregulação pela autorregulação conduz a uma burla preliminar da responsabilidade penal e do controle judicial, assistindo-se a uma verdadeira *"privatização do processo penal"*[13].

---

[8] Este ponto também se questiona em KUHLEN, Lothar. "*Compliance* y Derecho penal en Alemania...", *cit.*, p. 106.

[9] Cf. SIEBER, Ulrich. "Programas de 'compliance'...", *cit.*, p. 100.

[10] A SEC (*Securities and Exchange Commission*), dos Estados Unidos da América do Norte, propõe a discussão de um catálogo de regras para o *whistleblowing*, o qual foi submetido a discussão pública. O tema mais polêmico foi a possibilidade de os *whistleblowers* comunicarem com a SEC, sem passarem pelo âmbito interno do *Compliance Officer*. As entidades financeiras se manifestaram de modo unânime contra tal medida, pretendendo obrigar os *whistleblowers* a passar antes pela entidade interna (*Compliance Office*), para só depois procederem com a denúncia ao órgão do Governo. A informação consta em detalhe em GONZÁLEZ DE LEÓN BERINI, Arturo. "El *criminal compliance* en la reforma norteamericana de la *Dodd-Frank Act*", *in Criminalidad de Empresa y Compliance*. *"Prevención y Reacciones Corporativas"*. [Silva Sánchez Jesús María; Raquel Montaner Fernández], Barcelona: Atelier Libros, 2013, p. 139.

[11] BLUMENBERG, Axel-Dirk e GARCÍA-MORENO, Beatriz. "Retos prácticos...", *cit.*, p. 289.

[12] NIETO MARTÍN, Adán. "Problemas fundamentales...", *cit.*, p. 47. Ademais, deve ser destacado que, às vezes, o mesmo *whistleblower* está implicado no evento delitivo e a estrutura do regime interno de *compliance*, em sua investigação, não está mais submetida aos limites penais do *nemo tenetur se detegere*. O alerta aparece em KUHLEN, Lothar. "*Compliance* y Derecho penal en Alemania...", *cit.*, pp. 109-110.

[13] A expressão é de BLUMENBERG, Axel-Dirk e GARCÍA-MORENO, Beatriz. "Retos prácticos...", *cit.*, p. 293.

ESTUDOS SOBRE *LAW ENFORCEMENT, COMPLIANCE* E DIREITO PENAL

Portanto, a opção pela autorregulação como melhor forma de enfrentar a criminalidade de empresa parece carecer de poder de convencimento[14].

A chave da questão é que se pensamos que ao Direito penal – e, por isso, ao Estado – incumbe lidar com os ataques mais graves aos bens jurídicos mais importantes para o desenvolvimento social das pessoas, não parece lógico, em razão de que muitos dos casos mais graves de ofensas a bens jurídicos dos últimos tempos têm relação com as pessoas jurídicas, que se entregue a elas mesmas a possibilidade de definir que provas deverão ser produzidas para a apuração de responsabilidade em tais casos.

III. A hipótese: o escudo e o imã

O *compliance* é um instrumento de controle social. Funciona no âmbito empresarial, mas é uma forma de controle para produzir efeitos de cumprimento geral das normas, o que representa um resultado que interessa coletivamente à sociedade. Não é admissível convertê-lo em um instrumento desviado de tal rol de interesse coletivo, facilitador do afastamento da responsabilidade criminal por resultados socialmente desvalorados. Isso já foi proposto[15] sob o argumento de que, uma vez implantada a estrutura de um sistema de cumprimento na empresa, deve-se tolerar certo índice de dano criminal provocado pela atividade empresarial, sem reação do sistema jurídico-penal, por permitir o progresso da sociedade.

A hipótese desse trabalho é que a introdução do tema do *compliance* em matéria criminal teve dois claros objetivos: o primeiro e principal, funcionar como um escudo para evitar a responsabilidade penal dos entes coletivos; o segundo e subsidiário, o de operar como um ímã a atrair para seus controladores a eventual responsabilidade penal remanescente dos diretores ou sócios das empresas.

Nos tópicos seguintes, desenvolver-se-á esta hipótese a partir de argumentos apoiados em algumas evidências que derivam da análise da doutrina e da jurisprudência sobre o tema.

---

[14] Para uma análise completa dos *"espaços de liberdade"*, ainda que o autor adote uma posição diversa da que aqui se assume, veja-se Sieber, Ulrich. "Programas de 'compliance'...", *cit.*, pp. 77-82.

[15] Esta é a opinião de Bock, Dennis. *"Compliance y deberes de vigilancia en la empresa"*, *in Compliance y teoría del Derecho penal*. [Lothar Kuhlen, Juan Pablo Montiel y Íñigo Ortiz de Urbina Gimeno – eds.], Madrid: Marcial Pons, 2013, p. 112.

a) O silêncio crítico da infiltração do tema no cenário jurídico-penal

Um olhar atento na evolução do Direito penal no tema da responsabilidade penal de pessoas jurídicas pode revelar como o *compliance* se infiltrou na temática penal, sempre ao largo de uma discussão clara a respeito de sua real função no sistema desta classe de imputação. Nesses termos se pode falar paradoxalmente de um silêncio eloquente.

(i) A primeira etapa: a irrelevância

De forma geral, desde meados dos anos 80, primeiro na França, e logo depois em outros países-chave europeus com perfil de Direito continental, o sistema legislativo passou a adotar a responsabilidade penal de pessoas jurídicas.

Isso deriva, certamente, de uma realidade criminológica e político-criminal na qual não se pode ignorar que alguns dos principais problemas do Direito penal, especialmente do Direito penal econômico, envolviam, de modo inarredável, as pessoas jurídicas.

Porém, a implantação do sistema de responsabilidade penal para corporações não veio aparelhado com uma discussão correspondente a respeito do *compliance*.

A razão é elementar.

Se do que se trata é de reconhecer um delito, sempre estará presente – por exigências de legalidade – a violação de uma norma. Assim, se o objetivo do sistema de *compliance* é precisamente gerar cumprimento normativo, a própria ocorrência do evento delitivo é o atestado empírico ou de sua irrelevância ou de sua ineficácia.

O tema central que ocupava aos penalistas, até então, era, por um lado, se a opção legislativa de adoção de uma responsabilidade penal de corporações era algo positivo e, por outra parte, uma vez admitida, qual seria a natureza jurídica das sanções correspondentes.

Discutia-se se seria possível falar de uma responsabilidade penal de pessoas jurídicas e se as sanções eventualmente aplicadas efetivamente teriam o caráter de penas, ou se melhor figuravam como medidas de segurança.

De todo modo, pode-se afirmar que havia incerteza a respeito de existir efetivamente a responsabilidade penal de pessoas jurídicas. E não se discutia, sequer se falava, sobre o *compliance*.

ESTUDOS SOBRE *LAW ENFORCEMENT, COMPLIANCE* E DIREITO PENAL

(ii) A segunda etapa: há lugar para o compliance?

Na etapa seguinte, vários ordenamentos jurídicos adotaram a responsabilidade penal de pessoas jurídicas de modo expresso e inequívoco, ao afirmar categoricamente a imputação dirigida diretamente a elas. A responsabilidade penal de pessoas jurídicas foi implantada, por exemplo, na França, Itália, Holanda, Espanha e em muitos outros países europeus de tradição germânica. Inclusive na Alemanha, onde existe um Direito administrativo muito presente, existe crescente pressão, no sentido de criação de responsabilidade penal das mesmas pessoas jurídicas[16] e, como sintoma disso, há uma vasta bibliografia sobre *compliance*[17].

O pilar dogmático claramente cedeu frente à realidade criminológica e à necessidade político-criminal de implantar a responsabilidade penal das pessoas jurídicas.

A discussão técnico-jurídica, então, trocou de eixo.

Já não se tratava mais de uma discussão sobre o "se", e sim de uma discussão acerca do "como" seria efetuada a responsabilidade penal das corporações.

Passou-se a discutir como se interpretaria a forma de responsabilidade penal estabelecida pelos Códigos penais para as pessoas coletivas, ao levar em conta, especialmente, as fórmulas previstas na lei de cada país[18]. A ques-

---

[16] Assim reconhece KUHLEN, Lothar. "*Compliance* y Derecho penal en Alemania...", *cit.*, p. 99. Já se admite, na doutrina europeia, inclusive alemã, que, em relação à responsabilidade penal de pessoas jurídicas, não é oponível nenhum obstáculo dogmático insuperável. A opinião é de KUDLICH, Hans. "*Compliance* mediante la punibilidad de personas jurídicas?". *in Compliance y teoría del Derecho penal*. [Lothar Kuhlen, Juan Pablo Montiel y Íñigo Ortiz de Urbina Gimeno – eds.], Madrid: Marcial Pons, 2013, p. 289.

[17] Serve como referência, por sua amplitude, o trabalho coordenado por ROTSCH, Thomas [Org.]. *Criminal Compliance: Handbuch Gebundene Ausgabe*. Baden-Baden: Nomos, 2014. O manual é extenso e rico, com grande compilação de jurisprudência e doutrina. O trabalho aborda tanto uma primeira parte muito geral, de princípios, como também se ocupa (nas partes 2 e 3) de assuntos conexos ao Direito penal econômico, tais como a responsabilidade pelo produto, o crime ambiental e a corrupção, por exemplo, associando-os aos riscos de violação das regras de cumprimento.

[18] Um bom exemplo é a implantação do tema no Direito penal espanhol. Para um bom panorama sobre a discussão, veja-se GONZÁLEZ CUSSAC, José Luis. "El modelo español de responsabilidad penal de las personas jurídicas", *in "El Derecho procesal español del siglo XX a golpe de tango". Liber Amicorum, en Homenaje y para celebrar el LXX del prof. Juan Montero Aroca.* (coords. J L Gómez Colomer; S. Barona Vilar; y P. Calderón Cuadrado), Valencia: Tirant lo Blanch, 2012, *pássim.*

tão era saber se a lei efetivamente estabelecia um modelo de responsabilidade penal direta e independente das pessoas físicas.

Naturalmente, não se poderia avançar em direção à composição de uma técnica de imputação para a responsabilidade penal de pessoas jurídicas sem levar em conta aquela que já foi desenhada tendo por foco pessoas físicas. Nem caberia, como é óbvio, compor uma nova estrutura em descompasso com aquela.

Os problemas clássicos apontados têm sido relacionados à ação, à vontade como elemento do dolo e à culpabilidade.

As opções de enfrentamento de tais problemas têm sido muito variadas, desde a adaptação das categorias delitivas clássicas à realidade das pessoas jurídicas, até a composição de um sistema de imputação bifronte, no qual o desenho da responsabilidade das pessoas jurídicas obedece a critérios próprios e distintos dos das pessoas físicas, tais como no projeto de David Baigún na Argentina[19].

A chave da discussão passou, então, a outros pontos.

Será que realmente se trata de uma responsabilidade das mesmas pessoas jurídicas ou de uma transferência de responsabilidade de pessoas físicas para jurídicas, inspirada pelas fórmulas pragmáticas do direito anglo-saxão? Seria possível dizer que realmente se assume uma responsabilidade própria, exclusiva das pessoas jurídicas? Chegou-se, em alguns lugares, como na Espanha, a se falar de um sistema "misto"[20], uma vez que se previa, por um lado, uma fórmula de autorresponsabilidade, e, em outro, uma forma de heterorresponsabilidade.

Porém, este modelo não pode ser aceito, uma vez que por detrás da expressão "modelo misto", não há nada além de uma tentativa de ocultar ou disfarçar sua realidade. Na parte correspondente ao que seria a autorresponsabilidade, exige-se, invariavelmente, que a responsabilidade penal das pessoas jurídicas dependa do chamado ponto de conexão, que nada mais é do que condutas de pessoas físicas, vinculadas à pessoa jurídica.

---

[19] Veja-se a respeito BAIGÚN, David. *La responsabilidad penal de las personas jurídicas (Ensayo de um nuevo modelo teórico)*. Buenos Aires: Depalma, 2000.

[20] GÓMEZ-JARA DÍEZ, Carlos. "El sistema de responsabilidad penal de las personas jurídicas en el nuevo Código penal español" *in El nuevo Código penal. Comentarios a la reforma*. [Jesús María Silva Sánchez – dir.]. Madrid: La Ley-Wolters Kluwer, 2012, p. 62; e NIETO MARTÍN, Adán. *La responsabilidade penal de las personas jurídicas: un modelo legislativo*. Madrid: Iustel, 2008, p. 85.

ESTUDOS SOBRE *LAW ENFORCEMENT, COMPLIANCE* E DIREITO PENAL

O ponto de conexão é uma fórmula de transferência que compõe, na realidade, uma heterorresponsabilidade.

De qualquer modo, já não se poderia mais discutir o "se" da responsabilidade penal dos entes coletivos, mas simplesmente o "como" ou os seus fundamentos.

O centro da discussão transferiu-se para o âmbito da autorresponsabilidade frente à heterorresponsabilidade.

Ao observar o pragmatismo anglo-saxão, que colocou a responsabilidade dos entes coletivos em destaque antes do amanhecer do século XX, percebe-se que este não oferecia luzes para o tema. Isso porque tal estrutura se embasava, por um lado, na influência das teses organicistas de Gierke e, por outro, em duas teses incompatíveis com o desenho da dogmática clássica alemã: a primeira, é a importação da teoria civilista do *respondeat superior*, que propõe explicitamente a transferência da responsabilidade de uma pessoa para outra; a segunda, é a construção da chamada *strict liability*, que era uma forma de responsabilidade penal sem elemento subjetivo.

Nosso entorno, em contrapartida, influenciado, por um lado, pela prevalência da tese da ficção de Savigny e, por outro, pela consideração da ação como um dado ontológico vinculado a uma finalidade subjetiva individual e intrínseca, tinha poucas opções: ou se construiria uma fórmula própria de autorresponsabilidade, ou se trataria de admitir a heterorresponsabilidade mediante o abandono concreto, não só das bases dogmáticas, mas também da afirmação da culpabilidade como garantia, expressa na responsabilidade penal subjetiva.

Com a finalidade de abrigar uma interpretação a favor de uma suposta autorresponsabilidade, certo setor da doutrina[21], evidentemente influenciado pela dinâmica do funcionalismo sistêmico e pela funcionalidade/

---

[21] Pode muito bem representar tal setor a figura de Carlos Gómez-Jara Díez, talvez quem mais se tenha dedicado monograficamente sobre o tema. Entre seus trabalhos mais importantes figuram GÓMEZ-JARA DÍEZ, Carlos; FEIJOO SÁNCHEZ, Bernardo José e BAJO FERNÁNDEZ, Miguel. *Tratado de responsabilidad penal de las personas jurídicas*. Cizur Menor (Navarra): Civitas Aranzadi, 2012; GÓMEZ-JARA DÍEZ, Carlos. *Fundamentos modernos de la culpabilidad empresarial: Esbozo de un sistema de responsabilidad penal de las personas jurídicas*. Lima: Ara Editores, 2010; GÓMEZ-JARA DÍEZ, Carlos. *La responsabilidad penal de las empresas en los EE.UU.* Madrid: Centro de Estudios Ramón Areces, 2006; e GÓMEZ-JARA DÍEZ, Carlos. *La culpabilidad penal de la empresa*. Marcial Pons: Ediciones Jurídicas y Sociales, 2005. No Brasil, foi publicado GÓMEZ-JARA DÍEZ, Carlos. *A responsabilidade penal da pessoa jurídica e o dano ambiental*. Porto Alegre: Livraria do Advogado Editora, 2013.

O QUE NÃO SE DIZ SOBRE O *CRIMINAL COMPLIANCE*

disfuncionalidade do sistema em relação ao seu entorno, própria dos sistemas sociais autopoiéticos[22], passou a defender que a responsabilidade da empresa, nestes casos, derivaria de que, em sua atividade, teria apresentado um defeito de organização, que teria permitido que seus agentes atuassem de maneira delitiva.

Na base desta proposição, encontra-se a ideia de que a responsabilidade de uma pessoa – seja física ou jurídica, já que ambos são sistemas, sejam psico-físicos ou jurídicos – deriva da quebra das expectativas sociais (do entorno) a respeito de como estas pessoas se organizam como sistemas.

É desta proposta que deriva a ideia de que a responsabilidade das pessoas jurídicas seria uma responsabilidade – igual à das pessoas físicas – por um defeito em sua organização. O defeito da organização da pessoa jurídica seria o que justificaria sua responsabilidade pelo que realizara, fisicamente, seu empregado.

Pretende-se sustentar que assim se preservaria a ideia de autorresponsabilidade, quer dizer, de culpa pelo injusto da própria pessoa jurídica, sem qualquer classe de transferência de culpabilidade[23]. Houve quem[24], a

---

[22] LUHMANN, Niklas. *Introdução à teoria dos sistemas*. Petrópolis: Vozes, 2009.

[23] Assim refere expressamente Carlos Gómez-Jara Díez *in* GÓMEZ-JARA DÍEZ, Carlos; FEIJOO SÁNCHEZ, Bernardo José e BAJO FERNÁNDEZ, Miguel. *Tratado...*, *cit.*, p. 135. Importa destacar que a ideia de defeito da organização percorreu historicamente um longo caminho no Direito penal econômico, com relação à responsabilidade penal das pessoas jurídicas, começando pela culpabilidade por defeito da organização até chegar à proposta construtivista de Carlos Gomez-Jara Díez onde, finalmente, se considera o *compliance* como um acréscimo. Para um panorama amplo da discussão sobre o defeito da organização como fonte da responsabilidade penal das pessoas jurídicas, especialmente como fundamento da culpabilidade, veja-se BUSCH, Richard. *Grundfragen der strafrechtlichen Verantswortlichkeit der Verbände*. Leipzig: Weiche, 1933, p. 181; SCHROTH, Hans-Juergen. *Unternehmen als Normadressalten und Sanktionssubjekte: eine Studie zum Unternehmensstrafrecht*. Gießen: Brühlscher, 1993, especificamente pp. 203 y ss.; HIRSCH, Hans Joachim. *Derecho penal. Obras completas. Tomo III*. Trad. de Patricia Ziffer, Buenos Aires: Rubinzal-Culzoni, 2002, pp. 109 y ss; HAFTER, Ernst. *Die Delikts-und Straffhigkeit der Personenverbände*. Berlin: Springer, 1903, pp. 94 ss.; EHRHARDT, Anne. *Unternehmendelınquenz und Unternehmensstrafe: Sanktionen gegen juristische Personen nach deutschem und US-amerikanischem Recht*. Berlin: Dunker & Humblot, 1994, p. 186 y ss.; LAMPE, Ernst J.. „Systemunrecht und Unrechtssysteme" *in Zeitschrift für die gesamte Strafrechtswissenschaft* no 106, Berlin: Walter de Gruyter, 1994, p. 683 ss.; HEINE, Günter. „New Developments in Corporate Criminal Liability in Europe: Can Europeans learn from the American Experience or Viceversa?", *in St. Louis-Warsaw Transatlantic Law Journal*, 1998, pp. 187-191; DANNECKER, Gerhard. "Zur Notwendigkeit der Einführung kriminalrechtlicher Sanktionen gegen Verbände. Überlegungen zu den Anforderungen und zur Ausgestaltung eines Verbandsstrafrechts",

ESTUDOS SOBRE *LAW ENFORCEMENT, COMPLIANCE* E DIREITO PENAL

partir disto, propusesse a exclusão da responsabilidade penal das pessoas jurídicas com a simples implantação de programas de *compliance*.

Ademais das duras críticas que se pode fazer a este planejamento, desde o ponto de vista político-criminal e de fundamentos – uma vez que o modelo funcionalista sistêmico afunda completamente a possibilidade da crítica intrassistemática e não dá conta do sentido social dos fatos –, o que importa destacar aqui é ao que conduz este discurso.

Com base na ideia defendida – convém repetir – por um estreito, ainda que muito interessado, setor da doutrina, de que uma má organização da empresa poderia justificar sua responsabilidade direta no âmbito penal, abre-se espaço para sustentar justamente o contrário. Quer dizer: se a má organização implica responsabilidade, é possível prevenir-se desta a partir de uma "boa organização". E a "boa organização" só poderia ter, em termos empresariais, uma fórmula: a que era utilizada já há muito tempo, os sistemas de cumprimento.

Estava depositada a "semente" da discussão a respeito do *compliance* no âmbito da imputação jurídico-penal de responsabilidade às empresas.

Não se pode ignorar que, nesse momento, os sistemas de cumprimento, em alguns países, não eram algo completamente isento de transcendência em matéria jurídico-penal, uma vez que eram reconhecidos quase como um arrependimento posterior, para fins de minimizar as penas[25]. Esta fórmula é parcialmente adotada na lei italiana, conforme se observa no art. 12 do D. Leg. 231 de 8 de junho de 2001, para fins de redução da pena pecuniária,

---

in Goltdammer's Archiv für Strafrecht, 2001, pp. 112 y ss.; DANNECKER, Gerhard. "Reflexiones sobre la responsabilidad penal de las personas jurídicas", *in Revista Penal n. 7*. Salamanca: La Ley, 2001, especialmente pp. 47-48; y finalmente, a fórmula mais conhecida em TIEDEMANN, Klaus. "Die "Bebußung" von Unternehmen nach dem Zweiten Gesetz zur Bekämpfung der Wirtschaftskriminalität", *in Neue Juristische Wochenschrift*. Frankfurt am Main: C. H. Beck, 1988, pp. 1169 ss. Versão espanhola, TIEDEMANN, Klaus. "Punibilidad y Responsabilidad Administrativa de las Personas Jurídicas y de sus Órganos", *in Revista Jurídica de Buenos Aires, vol. 2*, Buenos Aires: Facultad de Derecho y Ciencias Sociales de la Universidad de Buenos Aires, 1988, pp. 11 y ss., especialmente, pp. 28-30.

[24] GÓMEZ-JARA DÍEZ, Carlos. "El sistema de responsabilidad penal...", *cit.*, p. 50.

[25] Assim, por exemplo, no Código penal espanhol de 2010, como atenuante das penas no item 4, letra 'd' do art. 31-bis (Sobre ele, citando especialmente a expressa manifestação nesse sentido da Circular 1/2011 de La Fiscalía General del Estado, GONZÁLEZ CUSSAC, José Luis. "El modelo español de responsabilidad penal de las personas jurídicas...", *cit.*, pp. 1041) que, em alguma medida também era inspirado pelas *sentencing guidelines* do direito estadunidense.

aonde se afirma que *"será reduzida de um terço até a metade se, antes da declaração de abertura do debate em primeira instância: a) o ente indenizou integralmente o dano, e eliminou as consequências lesivas ou perigosas deste dano, ou se atuou de forma eficaz neste sentido; b) se adotou, e tornou operativo, um modelo organizado idôneo para prevenir delitos da classe que se verificou"*[26].

Ao se ter em conta que as penas se baseiam em aspectos exclusivamente preventivos, sem dúvida que, em termos de prevenção especial faz sentido dizer que, uma vez estabelecido um sistema de *compliance* com a atenção voltada ao mesmo delito que se pune, a evitação de possível reincidência tem um valor justificante de uma diminuição das punições.

A necessidade de criação de uma organização que previne delito (um sistema de cumprimento) *a posteriori* do evento delitivo é algo reivindicado pela mesma lógica.

Porém, disso não cabe tirar nenhuma outra conclusão.

Uma visão apressada do tema poderia levar a pensar que, se o *compliance* posterior ao feito delitivo serve para compensar parte da pena, sua implantação antes do delito deveria ter o correspondente efeito para a própria imputação.

O silogismo é simplesmente falso. Dizer que o *compliance a posteriori* deve ter efeitos com relação à sanção penal não exige que um *compliance* anterior gere qualquer classe de efeitos, inclusive porque o próprio delito é prova contundente da irrelevância ou ineficácia dos mecanismos de cumprimento que se teriam organizado antes da sua ocorrência. Tanto é que o exigível para a redução da pena é um *compliance* ao menos potencialmente capaz de evitar novas ocorrências delitivas, o que implica dizer que este tem que ser – caso existisse antes do crime – essencialmente diferente daquele.

De qualquer modo, convém destacar que a localização da discussão em termos de medida de pena não tem sido um obstáculo suficiente para evitar que certa corrente de pensamento difunda a ideia central de que um sistema de *compliance* deveria ter importância na imputação penal das pessoas jurídicas.

(iii) A terceira etapa: a cauda que balança o cachorro
Pouco a pouco, seja por infiltração jurisprudencial, seja por influência da produção massiva de doutrina a respeito do tema, o fato é que finalmente

---

[26] Cf. SIEBER, Ulrich. "Programas de 'compliance'...", *cit.*, p. 64.

ESTUDOS SOBRE *LAW ENFORCEMENT, COMPLIANCE* E DIREITO PENAL

o *compliance* infiltrou-se no campo da imputação das pessoas jurídicas, e foi inclusive incorporado por alguma legislação[27]. O *compliance* já não é mais uma discussão marginal da responsabilidade penal da pessoa jurídica, mas converte-se no eixo de sua definição, até o ponto em que, mais recentemente, a doutrina se ocupou muito mais de discutir o *compliance* do que a própria responsabilidade penal das empresas.

Em outras palavras: a discussão sobre *compliance* é tão decisiva, que o esforço doutrinário tem se voltado para definir os padrões de eficácia dos sistemas de *compliance*, a distribuição das exigências segundo a categoria das empresas, a competência a respeito dos deveres de fiscalização do cumprimento, o estabelecimento de posições de garantia, etc. Ficaram para um segundo plano as questões centrais sobre a auto ou a heterorresponsabilidade, o nexo de causalidade, a ação, a culpabilidade (seja como elemento do delito ou princípio) das pessoas jurídicas.

Há uma completa inversão da importância das discussões jurídicas, como se fosse a cauda que balança o cachorro e não o inverso.

E não só o *compliance* cobrou o protagonismo, mas se converteu em verdadeira válvula de saída da responsabilidade penal das pessoas jurídicas.

O mesmo setor doutrinário que, em dado momento, defendeu a inclusão do tema do *compliance* no âmbito da imputação, e não só no âmbito da pena, agora trata de avançar para sustentar que a presença de um cumprimento prévio ao delito que foi "efetivo" – seja o que for o que se quis dizer com isso, tendo em conta que o delito, ao final, ocorreu[28] – deveria representar já não uma mera circunstância eximente, mas a ausência de tipicidade. A ideia é que *"o injusto mesmo da pessoa jurídica vem determinado pelo defeito na organização da pessoa jurídica"*[29] e se mede segundo tal defeito tenha gerado um risco além do permitido e pela sua realização no resultado[30].

---

[27] Veja como exemplo o art. 31-bis do Código penal espanhol, após a Reforma de 2015, no qual o *compliance* se incorpora definitivamente nos parágrafos 2 e 4 como forma de exclusão da mesma responsabilidade. Na Suíça, utiliza-se o *compliance* como medida ou padrão da organização exige para imputação penal das corporações.

[28] "[...] *a existência de um modelo de organização e funcionamento 'eficaz, segundo assinala a norma, tem virtudes exculpantes, apesar que a melhor prova de ineficácia seja, precisamente, que não se tenha impedido a comissão de um delito".* QUINTERO OLIVARES, Gonzalo. "La reforma del régimen de responsabilidad penal de las personas jurídicas", *in Comentario a la reforma penal de 2015* [Gonzalo Quintero Olivares – dir.]. Madrid: Thomson Reuters-Aranzadi, 2015, p. 86.

[29] GÓMEZ-JARA DÍEZ, Carlos; FEIJOO SÁNCHEZ, Bernardo José e BAJO FERNÁNDEZ, Miguel. *Tratado..., cit.,* p. 141.

[30] Cfr., *idem*, p. 141.

O QUE NÃO SE DIZ SOBRE O *CRIMINAL COMPLIANCE*

Com isso, surge um importante papel para o *compliance*, pois se os padrões (*standards*) de conformidade dos sistemas de cumprimento das empresas são adequados *ex ante* para evitar resultados delitivos, nem sequer existe tipicidade.

A base de tal argumento consiste em dizer que, se a responsabilidade penal da empresa deriva de um defeito de sua organização, uma vez que a atuação física é realizada por seus empregados, sem a presença de tal omissão, não há que se falar em qualquer classe de atuação delitiva da pessoa jurídica, ou seja, não cabe dizer que se realizou o injusto típico[31]. Pretende-se que, na medida em que se reconheça que o delito da pessoa jurídica só pode ser realizado a partir do defeito na organização, quando tal omissão não está presente, não se pode reconhecer que se realizou o ilícito.

Em complemento, pretende-se ainda que a ausência de defeito na organização seja representada unicamente pela presença, prévia ao delito, de um sistema de cumprimento efetivo para evitá-lo. A conclusão obrigatória é a de que, se o delito não foi produzido por uma falha que competia à empresa sanar, pois que esta se organizou corretamente, mas antes pela iniciativa individual de alguns de seus empregados, que, então, devem responder por ele individualmente. O *compliance* funcionaria como uma espécie de defesa antecipada da empresa para impedir qualquer classe de responsabilidade por fatos que sucederem sua implantação.

A dinâmica proposta muda outra vez a pergunta, que não é "se" há responsabilidade penal da pessoa jurídica, mas "quando" se pode impor a uma pessoa jurídica responsabilidade penal?

Embora o *compliance* tenha se convertido em um aspecto central da discussão sobre a imputação penal da pessoa jurídica, isso não quer dizer que se pode abandonar a chave crítica de sua recepção.

Quer dizer, antes de discutir o alcance ou os efeitos que tem o *compliance* a respeito da responsabilidade penal das pessoas jurídicas, falta esclarecer de que classe de responsabilidade se está a falar. Quer dizer: em que medida se pode falar de autorresponsabilidade da pessoa jurídica? A responsabilidade penal da pessoa jurídica efetivamente pode basear-se em uma ideia de defeito na organização? O que representa no sistema de imputação o fato de conexão e como se dá a referida conexão? Sem res-

---

[31] Nesse sentido, Silveira, Renato de Mello Jorge e Saad-Diniz, Eduardo. *Compliance, Direito penal e lei anticorrupção...*, *cit.*, p. 147.

ESTUDOS SOBRE *LAW ENFORCEMENT, COMPLIANCE* E DIREITO PENAL

postas claras a essas perguntas prévias, dificilmente se poderia dar uma interpretação razoável aos efeitos jurídicos de *compliance*.

Em resumo: não se pode criticar o continente a partir do conteúdo.

Se já se parte de discutir que efeitos tem o *compliance* em termos de exclusão da responsabilidade penal das empresas, se dá por certo que sua imputação se baseia no defeito da organização, sem discussão.

Existe nisso um erro grave.

É que a natureza jurídica do instituto – se eximente, justificante, exculpante ou causa de atipicidade – tem estreita relação com o ônus de prova.

Embora seja discutível a vinculação entre o dever de provar e determinado elemento do conceito de delito, é de se assumir um dever geral da acusação de provar a culpa do réu além de qualquer dúvida razoável, mas há nuances de imposição necessária.

É que enquanto a tipicidade já está definida na lei como o conteúdo do proibido, do qual se extrai a base para se iniciar a persecução penal, o mesmo não se pode dizer dos demais elementos do delito.

Ao dar início a um processo penal, o promotor deve, obviamente, ter elementos que demonstrem que estão presentes os elementos do tipo e a prova que chega às mãos não deve representar, por ela mesma, nenhum elemento de exclusão, ou seja, não deve estar presente nenhum elemento negativo do tipo, nem nenhuma causa de justificação ou exculpação. Uma vez que esteja presente algum destes, nem sequer cabe abrir procedimento, mas incumbe proceder ao arquivamento.

Mas, uma vez iniciada a produção probatória no processo, se não se mostra evidenciada a presença de uma causa de justificação ou exculpação, não compete à acusação provar que cada uma das hipóteses de isenção de responsabilidade "não está presente". Exigi-lo parece não ser algo razoável, se o que se pretende é um processo penal equilibrado.

Assim, se pode dizer que, no "jogo" processual, incumbe à acusação provar, eventualmente, e quando muito, que os elementos de isenção alegados pela defesa não são válidos, jamais tem de demonstrar, sem provocação ou indicação nesse sentido, a ausência de causas de exculpação ou justificação.

Se isso fosse exigível, seria necessário que, relativamente a cada réu que não tenha alegado ser portador de qualquer enfermidade mental nem aparentar possuir, se procedesse a um completo exame biológico a fim de demonstrar sua imputabilidade. Do mesmo modo, seria necessário, em um delito contra bens jurídicos coletivos, como a fraude fiscal, cuidar de demonstrar não existir a impossível figura da legítima defesa em antecipação ao que a defesa apresenta como tese. Isso não é algo aceitável.

No caso em questão, o tema é especificamente entender o que significa a presença de um sistema de *compliance* efetivo prévio ao delito.

Se a entendermos como causa de justificação ou exculpação, basta ao Ministério Público, ao identificar a realização de um tipo penal por pessoa jurídica, verificar a inexistência *ab initio* de qualquer indicador de tal eficiência ou ineficiência, sendo o próprio delito um indicador em sentido oposto, inicia-se o processo. Uma vez que a defesa pretenda demonstrar que seu sistema de cumprimento era eficaz, mas excepcionalmente foi superado, deverá apresentar elementos probatórios neste sentido, os quais deverão ser enfrentados e afastados pela acusação para poder pretender a condenação da pessoa jurídica.

Em sentido contrário, se considerarmos a eficiência do sistema de *compliance* um elemento negativo do tipo, a leitura de todos os tipos penais de pessoas jurídicas deve incluir – implicitamente – um elemento negativo. Ou seja, só se iniciaria o processo penal se a acusação lograr êxito em demonstrar, por exemplo, que o delito de poluição foi realizado por uma empresa cujo programa de *compliance* não tenha sido efetivo.

Mas, se tivermos em conta que o delito em questão – a poluição – segundo o princípio de presunção de inocência, não se pode reconhecer como evidência da falta de eficácia do sistema de *compliance*, como a acusação produzirá tal prova?

Enfim, como provar o que não existe?

Resultaria simplesmente impossível sequer começar qualquer persecução penal contra empresas.

Em resumo: se à acusação incumbe demonstrar os elementos do tipo, considerar que um *compliance* eficaz é um elemento negativo do tipo impõe o dever de provar sua inexistência – por mais paradoxal que soe – como uma tarefa atribuída ao Ministério Público.

Ao contrário, se se considera uma causa de justificação ou exculpação, a questão probatória se define no processo, a partir das provas que a acusação e a defesa produzirem.

Como se percebe, a discussão que se tem levantado em términos de definir se a implantação de um sistema de *compliance* "efetivo" é uma eximente, ou se diretamente pode traduzir uma situação de falta de tipicidade, é especialmente relevante em sede de prova.

Naturalmente, caberia questionar, de início, "como" se produz prova de algo que não existe, vale dizer, "como se produz uma prova negativa" ou, se existir um *compliance*, "como provar que este é ineficiente"? A forma mais óbvia seria afirmar que a própria existência do delito o demonstra. Mas, se isso se admite, o *compliance* passa a ser completamente irrelevante em todos os casos. Se negada tal evidência como demonstração de sua ineficácia, retorna o problema de "como demonstrar a incapacidade de evitar delitos senão através do próprio delito existente". A assunção da tese da atipicidade implicaria para a acusação um dever probatório absolutamente impossível de cumprir.

Também é necessário ter em conta a mensagem político-criminal representada por cada uma das categorias do delito. É que, se tratarmos o *compliance* prévio e efetivo como eximente, isso quer dizer que o fato delitivo realizado é, em princípio, desencorajado, salvo pela presença da situação excepcional representada pela implantação do referido sistema; mas, se o tratarmos como elemento da tipicidade, a mensagem é outra: que a realização de qualquer tipo penal, uma vez presente um sistema de *compliance* prévio e efetivo, é perfeitamente legal e aprovada pelo ordenamento jurídico.

Ocorre que o problema não é apenas processual, mas de lógica de imputação. É que – conforme já destacado – para admitir que a tipicidade que cabe imputar a pessoa jurídica é a falta de um sistema de *compliance* efetivo, é imperioso dizer que tal tipicidade se dá por defeito na organização. E, se estamos de acordo que a tipicidade do que fez a pessoa jurídica é o defeito na organização, tanto faz o delito que foi cometido. Quer dizer, a responsabilidade penal da pessoa jurídica será sempre invariável e consistente na violação do mesmo dever de cuidado: criar um sistema capaz de evitar delitos. Poder-se-ia dizer que só haveria um tipo penal que poderia cometer a pessoa jurídica: não se organizar adequadamente.

Com isso, uma enorme quantidade de perguntas dogmáticas resultaria completamente sem resposta, *v.g.*: Como seria possível definir a real imputação nos casos concretos? Como separar delitos dolosos e imprudentes? Como formar, dentro do que são as suposições de dolo e culpa, os subníveis de responsabilidade (dolo eventual, culpa consciente)? O resultado delitivo seria desprezível? Como definir a tentativa do delito? E um grande *etc*.

b) Bode expiatório: um argumento subsidiário contra os compliance officers

Ao lado do que representa o instituto do *compliance* como afastamento da responsabilidade das pessoas jurídicas, alguns autores[32] ocuparam-se de explorar a figura do próprio *compliance officer* (supervisor de procedimentos) – que tanto pode ser um empregado responsável de um grupo ou um setor da própria empresa, quanto um agente contratado externo – como a pessoa que deve ser responsabilizada pelo delito realizado dentro da empresa cujo sistema de cumprimento já se tenha sido implantado com antecedência.

O argumento central deste estudo é que, uma vez implantado o sistema de *compliance*, as responsabilidades de fiscalização de bom funcionamento e prevenção dos delitos do setor de risco a que se refere, transfere-se para os *compliance officers*, que são os que passam a ocupar uma espécie de posição de garante.

Expressamente diz-se que *"a implantação antecipada de um programa de* compliance *tem, de entrada, um efeito de exclusão da responsabilidade dos membros do órgão de administração da pessoa jurídica"*[33]. No entanto, *"surgem novos deveres, cuja infração pode dar lugar a responsabilidade penal. Este é o caso, entre outros, dos* compliance officers"[34]. Defende-se que ao *compliance officer* impõe-se uma responsabilidade omissiva por uma *"possível e indevida falta de contenção de um curso do risco que termina por realizar-se no resultado"*[35] e que a falta de tal contenção seria indevida por que existe um dever de garantia incumprido de contenção do referido risco, contido na obrigação assumida por ele[36].

Evidentemente, trata-se de uma fórmula de responsabilidade por transferência, derivada da delegação de atribuições que o supervisor recebe do

---

[32] Veja se SILVA SÁNCHEZ, Jesús-María "Deberes de vigilancia y *compliance* empresarial", *in Compliance y teoría del Derecho penal. In* [Lothar Kuhlen, Juan Pablo Montiel y Íñigo Ortiz de Urbina Gimeno – eds.], Madrid: Marcial Pons, 2013, *pássim*, especialmente pp. 90-91; e BERMEJO, Mateo G. y PALERMO, Omar. "La intervención delictiva del *compliance officer*" In [Lothar Kuhlen, Juan Pablo Montiel y Íñigo Ortiz de Urbina Gimeno – eds.], Madrid: Marcial Pons, 2013, p. 172.

[33] SILVA SÁNCHEZ, Jesús-María. "Deberes de vigilancia y *compliance* empresarial...", *cit.*, p. 103.

[34] *Idem*, p. 103.

[35] LASCURAÍN SÁNCHEZ, Juan Antonio. "Salvar al oficial Ryan", *in Responsabilidad de la empresa y Compliance.* [Santiago Mir Puig, Mirentxu Corcoy Bidasolo e Victor Gómez Martín – Dir.]. Madrid-Buenos Aires-Montevideo: Edisofer-BdeF, 2014, p. 304.

[36] Cfr., *idem*, p. 304.

empresário[37], quem, por seu turno fica tão somente com uma obrigação subalterna de vigilância de que o substituto realize as missões que lhe foram designadas[38].

Há ainda quem[39] pretenda matizar um pouco a fórmula, acrescentando a exigência da configuração de uma modalidade imprudente – ou seja, a presença de uma violação de dever de cuidado – para realizar a transferência da responsabilidade, o que, se não está presente, poderia gerar ainda responsabilidade da pessoa jurídica, mas não mais para o diretor e, ainda assim, somente para os delitos cometidos contra a empresa e não contra terceiros[40].

O tema remete para a questão dos deveres de evitação[41] que, ao menos em princípio, não tem relação com a atividade de estruturação de um mapa de riscos, nem com a geração e sugestão de medidas de contenção, prevenção e evitação dos delitos, que são as únicas tarefas que competem aos chamados *compliance officers*. A doutrina majoritária segue a atribuir o dever de garante aos superiores hierárquicos que devem controlar as condutas dos seus subordinados[42]. É ingênuo supor que o órgão de fiscaliza-

---

[37] Cf. BERMEJO, Mateo G. e PALERMO, Omar. "La intervención delictiva del *compliance officer...*", *cit.*, p. 178.

[38] Nesse sentido BERMEJO, Mateo G. e PALERMO, Omar. "La intervención delictiva del *compliance officer...*", *cit.*, p. 187.

[39] SILVA SÁNCHEZ, Jesús-María. "Deberes de vigilancia y *compliance* empresarial...", cit., p. 90. De modo parecido, BOCK, Dennis. "*Compliance* y deberes de vigilancia...cit., p. 110. Em certa medida, embora admita a responsabilidade do *compliance officer* tão somente como partícipe, LASCURAÍN SÁNCHEZ, Juan Antonio. "Salvar al oficial Ryan...", *cit.*, p. 307 e 332.

[40] Em defesa desta restrição SILVA SÁNCHEZ, Jesús-María. "Deberes de vigilancia y *compliance* empresarial...", *cit.*, p. 91. Sobre a diferença entre os delitos cometidos pela empresa (em seu favor) ou dentro da empresa (por seus órgãos um contra o outro, ou contra ela mesma) ver SCHÜNEMANN, Bernd. "Cuestiones básicas de dogmática jurídico-penal y de política criminal acerca de la criminalidad de empresa". *In Anuário de Derecho Penal y Ciencias Penales*. Tomo XLI, fasc. 1, enero/abril, 1988, pp. 529-58. Trad. Daniela Bruckner e Juan Antonio Lascurain Sánchez, Madrid: Ministerio de Justicia, 1988, p. 531.

[41] Sobre o tema, véase SIEBER, Ulrich. "Programas de 'compliance' en el Derecho penal de la empresa", *in El derecho penal económico en la era* Compliance". Valencia: Tirant lo Blanch, 2013, pp. 82-83; e ROBLES PLANAS, Ricardo. "El responsable de cumplimiento (*"Compliance Officer"*) ante el Derecho penal", *in Criminalidad de Empresa y Compliance. "Prevención y Reacciones Corporativas"*. [Silva Sánchez Jesús María; Raquel Montaner Fernández], Barcelona: Atelier Libros, 2013, pp. 319 ss..

[42] Nesse sentido SILVA SÁNCHEZ, Jesús-María. "Deberes de vigilancia y *compliance* empresarial...", cit., p. 79. Sobre o tema no Brasil veja-se SILVEIRA, Renato de Mello Jorge y

ção possa atuar, decidir ou controlar, sobrepondo-se ao órgão de decisão da empresa[43], precisamente porque o escritório de *compliance* deve a sua existência e funcionamento aos diretores.

Argumenta-se que a transferência é legítima porque atribui a responsabilidade pelo resultado a quem tem o controle direto sobre o risco realizado no resultado, a restar para o delegante-vigilante, quando muito, uma participação por omissão[44]. Isto quer dizer, na prática – embora formalmente não se diga –, que ao implantar um sistema de *compliance* transfere-se ao *compliance officer* a responsabilidade em comissão por omissão pela evitação da violação do dever de cuidado pressuposto pelas normas em causa, e ainda, na condição do autor.

No entanto, os *compliance officers*, como se entende tal função, já relativamente tradicional no mundo empresarial, não têm nada a ver com a tomada de decisões a respeito da evitação do risco[45]. Esta tarefa pertence a diretores, gerentes e afins. Se, de algum modo, se lhes atribui deveres de decisão, este já não é mais um *compliance officer*, mas sim um gestor com funções cumuladas que pertencem àquele.

Apela-se, finalmente, ao princípio da confiança (*Konfidenzprinzip*)[46] para justificar a transferência da responsabilidade dos gestores para os *compliance officers*.

O argumento é que o âmbito da organização do superior hierárquico se esgota em escolher um bom *compliance officer* e desenvolver um sistema que seja, em princípio, eficaz. A partir disso, ele deveria confiar no que se realizaria nos níveis inferiores, sob supervisão do *compliance officer*[47], níveis que ele mesmo não poderia abarcar por sua complexidade, multiplici-

---

Saad-Diniz, Eduardo. *Compliance, Direito penal e lei anticorrupção...*, *cit.*, pp. 130 ss..

[43] Assim se refere Quintero Olivares, Gonzalo. "La reforma del régimen de responsabilidad penal...", *cit.*, p. 86.

[44] Cf. Silva Sánchez, Jesús-María. "Deberes de vigilancia y *compliance* empresarial...", *cit.*, p. 92.

[45] Nesse sentido Balcarce, Fabián e Berruezo, Rafael. *Criminal Compliance y Personas Jurídicas*. Montevideo-Buenos Aires: BdeF, 2016, p. 171.

[46] Cf. Bock, Dennis. "*Compliance* y deberes de vigilancia...", *cit.*, p. 118. Para mais detalhes sobre o princípio da confiança em matéria criminal, ver Jakobs, Günther. *Derecho penal. Parte General*. Trad. de Joaquín Cuello Contreras Y Jose Luis Serrano González de Murillo, 2a ed., Madrid: Marcial Pons, 1997, pp. 253 e ss..

[47] Desse modo refere Silva Sánchez, Jesús-María. "Deberes de vigilancia y *compliance* empresarial...", *cit.*, p. 84.

dade e especialidade[48]. Afirma-se que tais circunstâncias indicam que os *compliance officers* estão em posição horizontal em relação aos gestores da empresa, o que não permitiria nenhum tipo de limitação à transferência de responsabilidade, nem sequer as limitações que usualmente se impõem ao princípio da confiança que justifica tal transferência de responsabilidade.

A responsabilidade do *compliance officer* (garante) deveria atrair para si um âmbito de organização com exclusão de outros sujeitos.

Afirma-se enfaticamente que *"a delegação corretamente efetuada troca a posição jurídica do delegante, livra[-o] dos deveres inerentes ao âmbito de competência de que se trata, pois, do contrário, careceria de sentido que a levasse a cabo"*[49].

Trata-se, sem sombra de dúvidas, da criação de uma *"cabeça de turco"*[50] ou "bode expiatório"[51] para absorção da responsabilidade que, em princípio, estaria distribuída entre a própria empresa e seus diretores.

Admitir esta perspectiva é transformar o *compliance officer* em um ímã para atrair a descarga elétrica penal, a absorver a responsabilidade que seria destinada aos diretores, sócios e à empresa.

No entanto, a olhar mais de perto, os argumentos expostos são insustentáveis.

Em primeiro lugar, porque embora se utilize como base a duvidosa construção da imputação objetiva, conforme seus próprios critérios, esse não é um caso que se resolva por intermédio do princípio da confiança, e sim um caso de transferência de responsabilidade alheia. Não cabe aqui discutir o detalhamento da tese, no entanto, basta verificar que se trata de um critério muito criticado e de duvidosa legitimidade.

Por outro lado, a criação de um sistema de *compliance* não tem que gerar de modo automático uma transferência da posição de garante[52], simplesmente porque a criação não é, em si a mesma, a contenção de qualquer tipo de risco. A implementação e seu funcionamento adequado podem, quando muito, gerar informações que permitam aos diretores saber dos riscos existentes e tomar medidas para sua contenção. A criação dos *com-*

---

[48] Nesse sentido BOCK, Dennis. *"Compliance y deberes de vigilancia..."*, *cit.*, p. 108.

[49] Nesse sentido ROBLES PLANAS, Ricardo. "El responsable de cumplimiento (*"Compliance Officer"*) ante el Derecho penal...", *cit.*, p. 324.

[50] A expressão aparece em idem, p. 325.

[51] Assim denominá LASCURAÍN SÁNCHEZ, Juan Antonio. "Salvar al oficial Ryan"..., *cit.*, p. 302.

[52] Como sugere Robles em ROBLES PLANAS, Ricardo. "El responsable de cumplimiento (*"Compliance Officer"*) ante el Derecho penal...", *cit.*, p. 324.

pliance systems funciona como a tomada de uma medida de cautela, que pode ou não ser suficiente nos casos concretos. O *compliance officer* busca reunir, resumir e traduzir o funcionamento, os efeitos e os problemas para os diretores a quem reporta, para que eles tomem as decisões a respeito de qual procedimento adotar. Esta é a obrigação do *compliance officer*.

Portanto, o eventual incumprimento desta tarefa, que o diretor delega no *compliance officer*, em princípio, não tem maiores efeitos do que cabe estabelecer na esfera do direito do trabalho (trata-se de um empregado da empresa) ou do direito civil (caso seja um terceiro que é contratado para a tarefa), já que se trata do incumprimento de uma tarefa de origem estritamente laboral ou de um contrato de prestação de serviço. Não tem nada a ver com a assunção de responsabilidade na empresa, e, menos ainda, no âmbito do direito penal[53]. Isto é fácil de se observar, pois a atividade de *compliance officer* não se regula por normas públicas, mas sim por uma decisão entre partes privadas[54]. Não seria possível conceber, neste ponto, a pretendida transferência de responsabilidade pública jurídico-penal.

A questão remete ao princípio da autorregulamentação. Se há uma quebra do sistema de autorregulamentação (que é privado), não pode se esperar que esta quebra justifique efeitos jurídicos no âmbito externo (que, por ser penal, também é público).

Por certo, o *complice officer* não é isento de responsabilidade em suas atitudes e pode atuar como cúmplice do diretor, vinculado a este *ab initio* para gerar um escudo para prática de delitos planejados. Neste caso, obviamente, a responsabilidade penal deve alcançá-lo.

(i) O que vale para você, não vale para mim, ou a transferência unilateral de responsabilidade
O mais curioso de todo este discurso de transferência de responsabilidade é ver como as mesmas regras que se aceitam para um sujeito se negam para outro.

---

[53] Nesse sentido afirma Renato de Mello Jorge Silveira (SILVEIRA, Renato de Mello Jorge e SAAD-DINIZ, Eduardo. *Compliance, Direito penal e lei anticorrupção...*, *cit.*, pp. 144-145) que a responsabilidade do *compliance officer* torna-se uma delegação, e se encontra limitada somente por vícios do *compliance program* e por sua evitação, nunca se estendendo aos resultados criminais produzidos, pois "*não se imagina que este compliance officer assuma toda a responsabilidade da empresa*".

[54] LASCURAÍN SÁNCHEZ, Juan Antonio. "Salvar al oficial Ryan...", *cit.*, p. 303.

Quer dizer, desde um ponto de vista teórico, não se admite – e isso está correto – as hipóteses de heterorresponsabilidade das pessoas jurídicas, sob o argumento central de que não se pode responder por fato alheio.

Realmente, não tem sentido que se admita uma responsabilidade penal de pessoa jurídica que não possa derivar de um ato próprio.

Não cabe discutir, neste momento, sobre a possibilidade de uma pessoa jurídica realizar delitos por ela mesma, embora não haja nenhum inconveniente em reconhecer a ação de uma pessoa jurídica desde uma concepção significativa, porque, em linguagem comum, quando se lê no jornal que um navio poluiu uma praia, entende-se perfeitamente o sentido da notícia. Isso nos permite afirmar, ao menos em princípio, o sentido de uma ação. Outro ponto discutível, é alcançar a culpabilidade das pessoas jurídicas, bem como solucionar todos os problemas constitucionais que isso implica. De todo o modo, não cabe aqui discuti-lo, uma vez que este não é o tema que se propõe.

O que importa assinalar, é que é perfeitamente possível pensar em uma responsabilidade de pessoas jurídicas por um ato próprio.

A forma que os defensores da aplicação do *compliance* propõem para estabelecer a responsabilidade de pessoas jurídicas é, entretanto, simplesmente ter em conta um defeito em sua organização. Ou seja: o "ato próprio" das pessoas jurídicas é sempre o defeito da sua organização.

Desse modo, diz-se que a pessoa jurídica responde pela sua própria realização, sem qualquer classe de transferência de fatos alheios, em uma forma de autorresponssbilidade. Logo, ao se organizar, pretendem que a cessação do defeito da organização possa representar uma falta de tipicidade.

Mas, em seguida, também se pretende admitir, subsidiariamente, a transferência da isenção de responsabilidade. Ou seja, que o *compliance* – que é claramente a auto-organização **da empresa** – deva representar uma isenção de responsabilidade de **seus sócios e diretores**.

Em resumo: os defensores de que o *compliance* gera efeitos na imputação, pretendem que ele sirva para afastar a responsabilidade penal das pessoas jurídicas, quando não, no mínimo, para promover a isenção de responsabilidade dos seus diretores e sócios.

O que não se consegue entender é o seguinte: como pode ser proibido fundamentar a acusação no ato praticado por terceiro, e em seguida justificar a isenção da própria responsabilidade, igualmente por ato praticado por terceiro?

É admissível, segundo este raciocínio, apenas a transferência que vem a propósito de salvar os poderosos.

IV. Conclusão parcial

A discussão jurídico-penal a respeito do instituto do *compliance*, como foi visto, possui dois eixos muito claros: o primeiro discute até que ponto e sob que condições sua simples presença pode afastar qualquer classe de responsabilidade penal das pessoas jurídicas; o segundo debruça-se sobre o que justifica a criação dos mecanismos de *criminal compliance* para lograr a transferência de responsabilidade penal dos sócios e diretores da pessoa jurídica para os *compliance officers*.

Existe, no entanto, por trás das discussões, um discurso subliminar sobre o qual não se percebe senão o silêncio. Ninguém fala dos efeitos que pode ter a opção por este ou aquele entendimento.

O eloquente silêncio trata, na realidade, de não falar na construção de uma barreira de contenção frente ao emprego do Direito Penal (o instrumento mais contundente de que o Estado dispõe contra as pessoas jurídicas) e da construção de uma ponte de salvação para os diretores e sócios da empresa, frente ao risco potencial de sua responsabilização criminal.

V. Um discurso de igualdade

No livro em homenagem aos 70 anos do Prof. Vives Antón, no ano de 2009, publicado próximo da aprovação do projeto que implantava definitivamente a responsabilidade penal de pessoas jurídicas na Espanha, Juan Carlos Carbonell Mateu apontava para uma preocupação a respeito da necessidade de preservação da igualdade no sistema penal.

Embora aquele discurso servisse para a afirmação da necessidade político-criminal de implantação da responsabilidade penal também para as corporações, não é possível evitar perceber sua presença de espírito ao invocar a base de igualdade, que também se deve ter em conta a respeito do *compliance*.

Naquele momento, Carbonell[55] sustentou que *"todos os sujeitos que intervêm no âmbito vital regulado pelo Direito – ou seja, que intervêm nas relações sociais e no correspondente sistema comunicativo – devem estar submetidos às consequên-*

---

[55] CARBONELL MATEU, Juan Carlos. "Aproximación a la dogmática de la responsabilidad penal de las personas jurídicas", *in Constitución, Derechos Fundamentales y Sistema Penal. Semblanzas y estudios con el motivo del setenta aniversario del Profesor Tomás Salvador Vives Antón.*

cias jurídicas que implicam seus incumprimentos", assim tem de acontecer, porque *"as relações sociais – a vida em comum – não pode funcionar se não existe uma submissão igualitária de todos às normas"*.

É uma aproximação absolutamente indiscutível, que significou, então, o reconhecimento de que as pessoas jurídicas deveriam se submeter o seu comportamento às regras – inclusive as penais – nas mesmas condições das pessoas físicas[56].

E esta base de igualdade é precisamente o que o *compliance*, utilizado como instrumento técnico-jurídico, vem minando no âmbito jurídico-penal.

É mais do que evidente que o rápido incremento quantitativo e qualitativo das discussões doutrinárias a respeito do *compliance* representam um excepcional esforço da composição de uma barreira de contenção do progresso legislativo em direção à responsabilidade penal de pessoas jurídicas e dos seus diretores.

E no caminho, para usar uma expressão de Hassemer, "deixam cair a bagagem democrática" do princípio da igualdade, como se demonstra a seguir.

VI. A prova da desigualdade, *Reductio ad absurdum*
Partirei das premissas que entendo que são indiscutíveis.

1) Em um sistema jurídico justo, as pessoas merecem um tratamento uniforme por parte do Estado – o que significa o recorte de privilégios –. Claro que se tem em conta que uma ideia de igualdade material às vezes supõe oferecer vantagens a pessoas que estão em condições de fragilidade para lograr equilíbrio, mas, é certo que em nenhum caso se pode aceitar vantagens a favor de pessoas em situação de privilégio.

2) Em termos de justiça penal, os instrumentos para afastar a responsabilidade pela realização de um tipo de crime são essencialmente as justificações, as exculpações e as isenções de pena.

Uma conclusão óbvia do cruzamento de tais premissas, e para manter um sistema de justiça criminal democrático digno desse nome, deve-se

---

Tomo I. (J.C. Carbonell Mateu, J.L. González Cussac y E. Orts Berenguer – orgs.), Valencia: Tirant lo Blanch, 2009, p. 310.

[56] Cfr. *idem*, p. 310.

estabelecer os mesmos meios de evitar a responsabilidade penal para todas as pessoas.

Embora se possa considerar que, em um sistema que inclui pessoas físicas e jurídicas, as diferenças entre elas exijam distintos tratamentos, é preciso sempre ter em conta que ao menos as pessoas jurídicas de maior dimensão gozam potencialmente de mais autossuficiência – econômica, estrutural e social – frente ao Estado, do que o indivíduo.

Portanto, não seria justificável que uma eventual desigualdade de tratamento entre pessoas físicas e jurídicas pudesse levar a um privilégio para as últimas.

Precisamente o mesmo argumento, que leva a justificar a responsabilidade penal das pessoas jurídicas, serve para exigir tratamento idêntico entre ambas no que se refere aos meios de afastamento da responsabilidade penal.

Se estamos de acordo que o que justifica a responsabilidade penal das pessoas jurídicas é, precisamente, não ser razoável impor sanção nos três âmbitos (penal, civil e administrativo) às pessoas físicas, enquanto se retira a responsabilidade penal das pessoas jurídicas, igualmente devemos reconhecer que se deve permitir às pessoas físicas e jurídicas todos os tipos de justificação e exculpação, compatíveis com a respectiva natureza. Por isso, não é razoável propor, justamente a favor de quem se encontra em melhores condições de se defender das intervenções estatais, uma eximente que não se possa aplicar a quem se encontra em posição muito mais débil.

Não se pode esquecer que o sistema de *compliance* é uma espécie de autorregulação. A permitir que a autorregulação defina o que pode ou não ser objeto da persecução penal, tal posição privilegiada deveria, no mínimo, ser igualitária.

Se é que "deveríamos dar por bons os *standards* da prevenção"[57] desenvolvidos pela empresa para efeitos penais, a pergunta que cabe fazer é: Por que não aceitar condições similares para a pessoa individual?

Parece aceitável que, estabelecidas pautas de cuidado efetivas, se possa eximir da responsabilidade penal as pessoas físicas?

Ou seja, *v.g.* a realização de cursos de habilitação para condução profissional de automóvel, curso de condução defensiva, etc., permitiriam que um condutor que provocasse um acidente de trânsito com lesões ou morte se eximisse da responsabilidade penal?

---

[57] NIETO MARTÍN, Adán. "Problemas fundamentales...", cit., pp. 28-29.

Considera-se aceitável que uma pessoa de elevado padrão cultural e educação, que, ademais, coordena uma O.N.G. de defesa das mulheres, se eximisse da responsabilidade penal pela prática do delito de violência de gênero por agredir sua esposa?

Aceitar-se-ia que um padre, adepto da doutrina franciscana, de desapego aos interesses materiais e que prega a não violência, se eximisse da responsabilidade penal por um roubo?

Parece racional aceitar que, diante da complexidade do tratamento de desintoxicação alcoólica, o delito de conduzir sob o efeito de álcool realizado por uma pessoa que frequenta os Alcoólicos Anônimos estaria protegido por uma eximente?

Em resumo: uma boa organização da pessoa individual é suficiente para eximir sua responsabilidade penal? É óbvio que seria possível opor como contra-argumento que a boa organização da empresa geraria certo controle sobre as pessoas que lá realizam condutas e que, portanto, haveria uma intermediação não presente quando se tratasse de pessoas físicas, as quais são responsáveis por suas próprias ações. Ou seja, a autorregulação não existiria para as pessoas jurídicas mas para as pessoas físicas em seu seio.

Mas, então, estaríamos diante de um dilema insolúvel.

Ou se aceita que o *compliance* não é, em si mesmo, conduta, mas a recomendação a respeito das condutas, a funcionar como um guia para as ações, hipótese que levaria, sem problemas, a compará-lo com o *Id* psicológico, a afastar qualquer pretendida diferença entre pessoas físicas e jurídicas; ou aceitamos que a realização do *compliance* é uma atuação e que este atuar é distinto da atuação de quem realiza a conduta criminal, hipótese em que estaríamos, por um lado, a admitir que a responsabilidade penal de pessoas jurídicas não se estabelece pelo fato da própria pessoa jurídica, mas pelo fato realizado por terceiro, que é um caso de heterorresponsabilidade a romper, assim, com o princípio da culpabilidade e, por outro lado, estaríamos a admitir que a eximente igualmente se transfere de uma pessoa a outra, ou seja, para salvar aquele que realiza, a transferimos para o fato de um terceiro. Ambas as coisas não parecem nem razoáveis, tampouco recomendáveis desde um ponto de vista técnico-jurídico.

Tampouco é aceitável o argumento utilitarista a favor da autorresponsabilidade exclusiva para as empresas, de que o aparato estatal não suporta abarcar a complexidade das relações no âmbito empresarial[58] ou suportar o custo da investigação de tal responsabilidade[59], porque, salvadas as diferenças, a mesma complexidade no que se refere à distribuição da responsabilidade pode aparecer em casos de organizações criminosas ou mesmo nos casos de aparatos estatais ordenados criminosamente, casos estes que já foram enfrentados com considerável êxito, inclusive em países com menos recursos econômicos, como ocorreu no conhecido caso Fujimori-Montesinos no Perú[60]. O custo da investigação, ademais, em caso de condenação, poderia ser parte da própria sanção imposta à empresa.

Se a complexidade referida tem por objetivo não a distribuição hierárquica da responsabilidade, mas a do próprio tipo penal, então, tampouco se pode sustentar o argumento, uma vez que a complexidade será a mesma pela realização do mesmo delito, seja seu autor pessoa individual ou coletiva.

Por outro lado, sequer o argumento de efetividade procede, quando se tem em conta que muitos dos casos mais graves de delinquência empresarial dos últimos anos se produziram em empresas nas quais foram estimulados e introduzidos grandes programas de cumprimento, que supostamente deveriam evitá-los, como no caso Enron, Worldcom e Global Crossing, por exemplo[61].

---

[58] Defende este argumento BERMEJO, Mateo G. e PALERMO, Omar. "La intervención delictiva del *compliance officer...*", *cit.*, p. 176.

[59] Nesse sentido BLUMENBERG, Axel-Dirk, e GARCÍA-MORENO, Beatriz. "Retos prácticos...", *cit.*, p. 293; COCA VILA, Ivó. "Programas de cumplimiento como forma de autorregulación regulada?", *in Criminalidad de Empresa y Compliance. "Prevención y Reacciones Corporativas".* [Silva Sánchez Jesús María; Raquel Montaner Fernández], Barcelona: Atelier Libros, 2013], pp. 44-51; e NIETO MARTÍN, Adán. "Problemas fundamentales...", *cit.*, p. 47. Em sentido contrário, afirma que tais argumentos não são suficientes para sustentar a ideia geral de autorregulação PRITTWITZ, Cornelius. "Vom Nutzen und Nachteil kriminalpolitischer Visionen", *in Empirische Erkenntnisse, dogmatische Fundamente und kriminalpolitischer Impetus: Symposium für Bernd Schünemann zum 60. Geburtstag* [Roland Hefendehl – ed.], München: Heymanns, 2005, pp. 287 ss.

[60] Para detalhes sobre o tema veja-se AMBOS, Kai e MEINI, Iván. *La autoría mediata.* Lima: Ara, 2010.

[61] Cfr. GONZÁLEZ CUSSAC, José Luis. "El modelo español de responsabilidad penal de las personas jurídicas...", *cit.*, p. 1036; e GALÁN MUÑOZ, Alfonso. "La responsabilidad penal de la persona jurídica tras la reforma de la LO 5/2010: Entre la hetero-y la autorresponsabilidad", *in Nuevos instrumentos jurídicos en la lucha contra le delincuencia económica y tecnológica.* [Carlos María Romeo Casabona y Fátima Flores Mendoza – eds.], Granada: Comares, 2012, p. 514.

VII. Um pouco de razoabilidade: uma atenuante da pena

Por outro lado, não se deve simplesmente desprezar a existência do sistema de *compliance*, na medida que intrinsecamente não se pode negar que seja uma boa prática.

Coisa muito diferente é admitir sua interferência na imputação.

Como foi demonstrado, uma eventual interferência do *compliance* na decisão sobre a imputação da pessoa jurídica provoca um desequilíbrio do sistema em favor dos mais poderosos. A consequência jurídico-penal mais adequada para o *compliance* é, sem dúvida, a de considerá-lo uma atenuante da pena cuja redução seja proporcional ao nível de sua efetividade[62]. Ademais, sem sair do campo das atenuantes, deve-se valorizar mais o fato de se ter implementado o *compliance* antes do delito que se aprecia.

Com isso, a eventual prova de sua eficácia se tornaria de interesse da defesa, que é precisamente quem possui melhores condições de demonstrá-la.

Não é demasiado lembrar que, em países nos quais há maior tradição da responsabilidade penal de pessoas jurídicas, como nos Estados Unidos da América, o ingresso do *compliance* como matéria jurídico-penal relevante é recente, no *U.S. Federal Sentencing Guidelines for Organizations* (FSGO)[63] e sempre a funcionar como um elemento a ser tomado em conta na individualização da pena e não como eximente de responsabilidade.

Os *guidelines* mencionados constituem tão somente uma fórmula buscada para equilibrar as experiências anteriores de penas fixas ou livremente arbitradas pelos juízes, a fim de oferecer bases de referência na composição da carga penal, que, no sistema estadunidense, é um juízo separado do juízo de imputação. Exatamente por estes motivos, não consta delas nenhuma isenção da responsabilidade, senão que simplesmente se toma o *criminal compliance* como um referente da quantificação da pena das pessoas jurídicas condenadas[64], ou seja, tem valor somente para reduzir as penas.

---

[62] Com a mesma opinião, ORTS BERENGUER, Enrique e GONZÁLEZ CUSSAC, Jose Luis. *Compendio de Derecho penal.* 3ª ed., Valencia: Tirant lo Blanch, 2011, p. 284.

[63] Sobre este, veja-se comentários em HUFF, Kevin B.. "The Role of Corporate Compliance Programs in Determining Corporate Criminal Liability: A Suggested Approach", *in Columbia Law Review, 96*, 1996, pp. 1267 y ss.

[64] Sobre a origem, o conteúdo e a aplicação a pessoas jurídicas das *Sentence Guidelines*, veja-se VILLEGAS GARCÍA, María Ángeles. *La responsabilidad criminal de las personas jurídicas. La experiencia de Estados Unidos.* Cizur Menor: Thomson Reuters-Aranzadi, 2016, pp. 293 e ss.

Nesse sentido, no modelo estadunidense, *"o que não permitirá um programa de cumprimento, ainda que cumpridos todos os pressupostos que são exigidos, é que a pessoa jurídica possa esquivar-se de sua responsabilidade penal se, finalmente, o caso chegar a juízo e tenham concorrido todos os pressupostos da doutrina do respondeat superior"*[65].

Portanto, o argumento de que se deveria levar em conta o que acontece nos Estados Unidos, haja vista que a responsabilização penal de pessoas jurídicas é uma incorporação de um instituto do *common law*, levaria à conclusão de que, nas próprias *sentencing guidelines*, o *compliance* é levado em conta como atenuante da pena e não como elemento determinante da imputação.

Conclusões

A verdade é que o *compliance* trouxe consigo a discussão de algo de suma importância: a pergunta sobre os efeitos que tem ou deve ter a auto-organização de uma pessoa frente à sua responsabilidade penal. Contudo, deve-se ter em conta que, quando se transfere a alguém a definição do alcance da responsabilidade penal, se impede, automaticamente, o uso pelo Estado dessa ferramenta.

Não creio que isso seja um mal, pois, afinal, trata-se, em certa medida, da profecia de Radbruch acerca do Direito Penal.

O importante é que, se vier a ser aceite, que venha antes como símbolo da realização de liberdades individuais, do que como um favor às corporações.

Assim finalizo a exposição.

Espero ter demonstrado, com a espada argumentativa de comparação entre pessoas físicas e pessoas jurídicas frente à responsabilidade penal, que o que se discute e, inclusive, se legisla, em termos de *criminal compliance, é,* mais que tudo, uma mal disfarçada pretensão de construção de um complexo escudo de proteção contra o avanço mundial da responsabilidade penal de pessoas jurídicas e que, por trás da grande discussão sobre *compliance* que é difundida no Direito Penal Econômico, resta um intento renovado de eternizar mecanismos de evitação do exercício de controle social penal sobre as empresas.

No limite, se resultar impossível evitar o atropelo do sistema punitivo das empresas, pretende-se ainda que o *compliance* represente a salvação, ao

---

[65] Idem, p. 371.

ESTUDOS SOBRE *LAW ENFORCEMENT, COMPLIANCE* E DIREITO PENAL

menos, dos diretores e sócios, frente à responsabilidade penal, por meio de uma fórmula de atração da dita responsabilidade pelos *compliance officers*.

Por fim, gostaria de dizer que não posso deixar de reconhecer que o que é dito pode ser refutado facilmente, pois parte de premissas dadas de igualdade e liberdade.

Poderia ser dito que todas as afirmações e comparações feitas aqui resultam inadequadas e impróprias. Para isso, bastaria assumir duas premissas: a de que não se pretende igualdade no trato penal das pessoas físicas e jurídicas; e que a liberdade das pessoas individuais não é um valor supremo que deve vigorar em um sistema penal democrático.

Em consequência, deve-se assumir também que se pretende um tratamento jurídico-penal mais benéfico para as pessoas jurídicas do que para as pessoas físicas; que se pretende a criação de uma estrutura jurídica de privilégio às corporações à custa dos interesses dos indivíduos; e que se pretende pôr de joelhos os operadores jurídicos sempre que estes se voltem contra o Leviatã corporativo.

Qualquer pessoa que assuma estas premissas pode afirmar, tranquilamente, que tudo aqui afirmado são tão somente "bobagens".

Referências bibliográficas

AMBOS, Kai e MEINI, Iván,
   La autoría mediata, Ara, Lima, 2010.
BALCARCE, Fabián, BERRUEZO, Rafael,
   Criminal Compliance y Personas Jurídicas, BdeF, Montevideo-Buenos Aires, 2016.
BERMEJO, Mateo G, PALERMO, Omar,
   "La intervención delictiva del *compliance officer*", in: AA.VV., *Compliance y teoría del Derecho penal*. (Lothar Kuhlen, Juan Pablo Montiel y Íñigo Ortiz de Urbina Gimeno – eds.), Marcial Pons, Madrid, 2013, pp. 171-206.
BLUMENBERG, Axel-Dirk, GARCÍA-MORENO, Beatriz,
   "Retos prácticos de la implementación de programas de cumplimiento normativo", in: AA.VV., *Responsabilidad de la empresa y* compliance. (org.: Santiago Mir Puig, Mirentxu Corcoy Bidasolo, Victor Gómez Martín), Edisofer-BdeF, Madrid-Buenos Aires-Montevideo, 2014, pp. 273-300.
BOCK, Dennis,
   "*Compliance* y deberes de vigilancia en la empresa", in: AA.VV., *Compliance y teoría del Derecho penal*. (org.: Lothar Kuhlen, Juan Pablo Montiel, Íñigo Ortiz de Urbina Gimeno), Marcial Pons, Madrid, 2013, pp. 107-124.
BUSCH, Richard,
   Grundfragen der strafrechtlichen Verantwortlichkeit der Verbënde, Weiche, Leipzig, 1933.

CARBONELL MATEU, Juan Carlos,
"Aproximación a la dogmática de la responsabilidad penal de las personas jurídicas",
in: AA.VV., *Constitución, Derechos Fundamentales y Sistema Penal. Semblanzas y estudios con
el motivo del setenta aniversario del Profesor Tomás Salvador Vives Antón*. Tomo I (org.: J.C.
Carbonell Mateu, J.L. González Cussac, E. Orts Berenguer), Tirant lo Blanch, Valencia, 2009, pp. 307-328.

COCA VILA, Ivó,
"Programas de cumplimiento como forma de autorregulación regulada?" in: AA.VV.,
Criminalidad de Empresa y Compliance "Prevención y Reacciones Corporativas" (dir.: Jesús-
-María Silva Sánchez; coord.: Raquel Montaner Fernández), Atelier Libros, Barcelona,
2013, pp. 287-318.

DANNECKER, Gerhard,
"Reflexiones sobre la responsabilidad penal de las personas jurídicas", *Revista Penal*,
2001, nº 7, pp. 40-54.

DANNECKER, Gerhard,
"Zur Notwendigkeit der Einführung kriminalrechtlicher Sanktionen gegen Verbände.
Überlegungen zu den Anforderungen und zur Ausgestaltung eines Verbandsstrafrechts", *Goltdammer's Archiv für Strafrecht*, 2001, Vol. 146, nº 3, pp. 101-130.

EHRHARDT, Anne,
*Unternehmendelinquenz und Unternehmensstrafe: Sanktionen gegen juristische Personen nach
deutschem und US-amerikanischem Recht*, Dunker & Humblot, Berlin, 1994.

GALÁN MUÑOZ, Alfonso,
"La responsabilidad penal de la persona jurídica tras la reforma de la LO 5/2010: Entre
la hetero-y la autorresponsabilidad", in: AA.VV., *Nuevos instrumentos jurídicos en la lucha
contra le delincuencia económica y tecnológica*. (org.: Carlos María Romeo Casabona y Fátima
Flores Mendoza), Comares, Granada, 2012, pp. 499-532.

GÓMEZ-JARA DÍEZ, Carlos, FEIJOO SÁNCHEZ, Bernardo José, BAJO FERNÁNDEZ, Miguel,
Tratado de responsabilidad penal de las personas jurídicas, Civitas Aranzadi, Cizur Menor
(Navarra), 2012.

GÓMEZ-JARA DÍEZ, Carlos,
"El sistema de responsabilidad penal de las personas jurídicas en el nuevo Código penal
español" in: AA.VV., *El nuevo Código penal. Comentarios a la reforma*. (dir.: Jesús-María
Silva Sánchez), La Ley-Wolters Kluwer, Madrid, 2012, pp. 59-77.

GÓMEZ-JARA DÍEZ, Carlos,
A responsabilidade penal da pessoa jurídica e o dano ambiental. Livraria do Advogado Editora, Porto Alegre, 2013.

GÓMEZ-JARA DÍEZ, Carlos,
*Fundamentos modernos de la culpabilidad empresarial: Esbozo de un sistema de responsabilidad
penal de las personas jurídicas*, Ara Editores, Lima, 2010.

GÓMEZ-JARA DÍEZ, Carlos,
La culpabilidad penal de la empresa, Ediciones Jurídicas y Sociales, Marcial Pons, 2005.

GÓMEZ-JARA DÍEZ, Carlos,
La responsabilidad penal de las empresas en los EE.UU, Centro de Estudios Ramón Areces,
Madrid, 2006.

ESTUDOS SOBRE *LAW ENFORCEMENT, COMPLIANCE* E DIREITO PENAL

GONZÁLEZ CUSSAC, José Luis,

"El modelo español de responsabilidad penal de las personas jurídicas", in: AA.VV., *"El Derecho procesal español del siglo XX a golpe de tango". Liber Amicorum, en Homenaje y para celebrar el LXX del prof. Juan Montero Aroca.* (org.: J L Gómez Colomer, S. Barona Vilar, P. Calderón Cuadrado), Tirant lo Blanch, Valencia, 2012, pp. 1033-1050.

GONZÁLEZ DE LEÓN BERINI, Arturo,

"El *criminal compliance* en la reforma norteamericana de la *Dodd-Frank Act*", in: AA.VV., *Criminalidad de Empresa y Compliance. "Prevención y Reacciones Corporativas"* (org.: Jesús-María Silva Sánchez e Raquel Montaner Fernández), Atelier Libros, Barcelona, 2013, pp. 77-110.

HAFTER, Ernst,

Die Delikts-und Straffhigkeit der Personenverbände, Springer, Berlim, 1903.

HEINE, Günter,

"New Developments in Corporate Criminal Liability in Europe: Can Europeans learn from the American Experience or Viceversa?", *St. Louis-Warsaw Transatlantic Law Journal*, 1998, pp. 173-199.

HIRSCH, Hans Joachim,

Derecho penal. Obras completas. Tomo III (Trad. de Patricia Ziffer), Rubinzal-Culzoni, Buenos Aires, 2002.

HUFF, Kevin B.,

"The Role of Corporate Compliance Programs in Determining Corporate Criminal Liability: A Suggested Approach", *Columbia Law Review*, 1996, Vol. 96, nº 5, pp. 1252-1298.

JAKOBS, Günther,

Derecho penal. Parte General (Trad. de Joaquín Cuello Contreras e Jose Luis Serrano González de Murillo), 2ª ed., Marcial Pons, Madrid, 1997.

KUDLICH, Hans,

"*Compliance* mediante la punibilidad de personas jurídicas?", in: AA.VV., *Compliance y teoría del Derecho penal* (org. Lothar Kuhlen, Juan Pablo Montiel y Íñigo Ortiz de Urbina Gimeno), Marcial Pons, Madrid, 2013, pp. 283-300.

KUHLEN, Lothar,

"Compliance y Derecho penal en Alemania", in: AA.VV. *Responsabilidad de la empresa y compliance.* (org.: Santiago Mir Puig, Mirentxu Corcoy Bidasolo e Victor Gómez Martín), Edisofer-BdeF, Madrid-Buenos Aires-Montevideo, 2014, pp. 89-125.

LAMPE, Ernst J.,

"Systemunrecht und Unrechtssysteme", *Zeitschrift für die gesamte Strafrechtswissenschaft*, 1994, nº 106, pp. 683-745.

LASCURAÍN SÁNCHEZ, Juan Antonio,

"Salvar al oficial Ryan", in: AA.VV., *Responsabilidad de la empresa y* compliance. (org.: Santiago Mir Puig, Mirentxu Corcoy Bidasolo e Victor Gómez Martín), Edisofer-BdeF, Madrid-Buenos Aires-Montevideo, 2014, pp. 301-336.

LUHMANN, Niklas,

Introdução à teoria dos sistemas, Vozes, Petrópolis, 2009.

NIETO MARTÍN, Adán,

"Problemas fundamentales del cumplimiento normativo en el Derecho penal", in: AA.VV., *Compliance y teoría del Derecho penal* (org.: Lothar Kuhlen, Juan Pablo Montiel e Íñigo Ortiz de Urbina Gimeno), Marcial Pons, Madrid, 2013, pp. 21-50.

NIETO MARTÍN, Adán,
  La responsabilidade penal de las personas jurídicas: un modelo legislativo, Iustel, Madrid, 2008.
ORTS BERENGUER, Enrique, GONZÁLEZ CUSSAC, Jose Luis,
  Compendio de Derecho penal. 3ª ed., Tirant lo Blanch, Valencia, 2011.
PRITTWITZ, Cornelius,
  "Vom Nutzen und Nachteil kriminalpolitischer Visionen", in: AA.VV., *Empirische Erkenntnisse, dogmatische Fundamente und kriminalpolitischer Impetus: Symposium für Bernd Schünemann zum 60. Geburtstag* (org.: Roland Hefendehl), Heymanns, München, 2005, pp. 285-295.
QUINTERO OLIVARES, Gonzalo,
  "La reforma del régimen de responsabilidad penal de las personas jurídicas", in: AA.VV., *Comentario a la reforma penal de 2015* (org.: Gonzalo Quintero Olivares), Thomson Reuters-Aranzadi, Madrid, 2015, pp. 80-90.
ROBLES PLANAS, Ricardo,
  "El responsable de cumplimiento (*"Compliance Officer"*) ante el Derecho penal", in: AA.VV., *Criminalidad de Empresa y Compliance. "Prevención y Reacciones Corporativas"* (org.: Jesús María Silva Sánchez; Raquel Montaner Fernández), Atelier Libros, Barcelona, 2013, pp. 319-331.
ROTSCH, Thomas (org.).
  Criminal Compliance: Handbuch Gebundene Ausgabe, Nomos, Baden-Baden, 2014.
SCHROTH, Hans-Juergen,
  Unternehmen als Normadressalten und Sanktionssubjekte: eine Studie zum Unternehmensstrafrecht, Brühlscher, Gießen, 1993.
SCHÜNEMANN, Bernd,
  "Cuestiones básicas de dogmática jurídico-penal y de política criminal acerca de la criminalidad de empresa", *Anuário de Derecho Penal y Ciencias Penales* (Trad. Daniela Bruckner e Juan Antonio Lascurain Sánchez), 1988, tomo XLI, fasc. 1, pp. 529-58.
SIEBER, Ulrich,
  "Programas de 'compliance' en el Derecho penal de la empresa", in: AA.VV., *El derecho penal económico en la era de la* compliance", Tirant lo Blanch, Valencia, 2013, pp. 63-109.
SILVA SÁNCHEZ, Jesús-María,
"Deberes de vigilancia y *compliance* empresarial", in: AA.VV., *Compliance y teoría del Derecho penal* (org.: Lothar Kuhlen, Juan Pablo Montiel e Íñigo Ortiz de Urbina Gimeno), Marcial Pons, Madrid, 2013, pp. 79 a 105.
SILVEIRA, Renato de Mello Jorge, SAAD-DINIZ, Eduardo,
  Compliance, Direito penal e lei anticorrupção, Revista dos Tribunais, São Paulo, 2015.
TIEDEMANN, Klaus,
  "Die 'Bebußung' von Unternehmen nach dem Zweiten Gesetz zur Bekämpfung der Wirtschaftskriminalität", *Neue Juristische Wochenschrift*, 1988, nº 19, pp.1169-1173.
TIEDEMANN, Klaus,
  "Punibilidad y Responsabilidad Administrativa de las Personas Jurídicas y de sus Órganos", *Revista Jurídica de Buenos Aires*, 1988, vol. 2, pp. 2-13.
VILLEGAS GARCÍA, María Ángeles,
La responsabilidad criminal de las personas jurídicas. La experiencia de Estados Unidos, Thomson Reuters-Aranzadi, Cizur Menor, 2015.

Compliance, cultura corporativa e culpa penal da pessoa jurídica

TERESA QUINTELA DE BRITO [*/**]

Sumário: Introdução; I. Significado de *Compliance*, 1. *Criminal Compliance* e auto-regulação, *2. Criminal Compliance*: mera incumbência da pessoa colectiva; II. Razões do incentivo estatal à adopção de programas de *Compliance*; III. Cultura de cumprimento; IV. Empresa como sujeito moral autónomo? 1. Bom governo corporativo, 2. Responsabilidade social corporativa, 3. A pessoa jurídica como agente moral e político; 4. Cultura corporativa, 5. Culpa material da pessoa jurídica: alguns (outros) pontos de referência; V. Recomendação nº R (88) 18 do Comité de Ministros do Conselho da Europa sobre responsabilidade penal das empresas, de 20.10.1988; VI. Consequências da adopção de um programa de *Compliance*? 1. Importância do modelo de atribuição de responsabilidade penal à pessoa colectiva, VII. Responsabilidade penal do ente colectivo por inexistência ou inadequação do programa de *Compliance*? 1. Administrativização da responsabilidade penal das pessoas jurídicas no Código Penal espanhol, 2. Responsabilidade administrativa do ente colectivo pela "desorganização" ou "descontrolo",

---

[*] Profª Auxiliar na Faculdade de Direito da Universidade de Lisboa e na Faculdade de Direito da Universidade Nova de Lisboa; membro do Conselho Científico e investigadora integrada do Centro de Investigação de Direito Penal e Ciências Criminais, do Instituto de Direito Penal e Ciências Criminais (CIDPCC); Investigadora do CEDIS (Centro de Investigação & Desenvolvimento sobre Direito e Sociedade da Faculdade de Direito da Universidade Nova de Lisboa); jurisconsultora.

[**] Por opção da autora o texto é escrito no português anterior ao Acordo Ortográfico.

ESTUDOS SOBRE *LAW ENFORCEMENT, COMPLIANCE* E DIREITO PENAL

3. Um exemplo de responsabilização (administrativa) por falta de implementação de um programa de *Compliance:* decisão da *Financial Conduct Authority (UK)* contra o *Deutsche Bank* de 30.01.2017; VIII. *Compliance* e responsabilidade penal das pessoas colectivas, 1. Exigência de comissão do facto no interesse da pessoa colectiva, *a)* Acórdão da Relação do Porto, de 27.06.2012, Proc. nº 7402/11.5TBMAI. P1, Relatora: ÉLIA DE SÃO PEDRO; 2. Em que consiste a culpa penal da pessoa jurídica? 3. Culpa pelo ilícito-típico colectivo; 4. Organização *versus Compliance* 5. *Compliance* e inculpabilidade da pessoa jurídica; 6. *Compliance* e culpabilidade da pessoa jurídica; 7. Programas de *Compliance* e defeitos organizativos; 8. *Compliance* e art. 11º do Código Penal, a) Acórdão do Tribunal da Relação do Porto de 6.06.2012, Proc. nº 4679/11.0TBMAI.P1, Relator ARTUR OLIVEIRA, *b)* Acórdão do Tribunal da Relação de Guimarães, de 27.10.2008, Proc. nº 1339/08-1, Relator FERNANDO MONTERROSO; *c)* Questões suscitadas pelo Acórdão do TRG de 27.10.2008; IX. Síntese conclusiva quanto à relevância dos programas de *Compliance* na responsabilização penal de entes colectivos.

Introdução

O presente texto aborda as problemáticas, intimamente relacionadas, do *Compliance*, da cultura corporativa e da culpa penal da pessoa jurídica. Nele se reflecte sobre a possibilidade de influência externa da regulação "empresarial" interna em que se consubstanciam os programas de *Compliance* e sobre as consequências penais da auto-regulação regulada em outros âmbitos jurídicos.

Procura dar-se uma visão realista da relevância do *Compliance* na responsabilização penal de entes colectivos, pois o *Criminal Compliance* não pode trasmudar o facto punível colectivo em um 'defeito ou descontrolo organizativo', como se as pessoas jurídicas estivessem apenas penalmente obrigadas a adoptar meios de prevenir e evitar riscos jurídico-penais, numa perspectiva *ex ante*, mas não a proteger bens jurídico-penais, respondendo pela ofensa aos mesmos através da organização colectiva. Nesta perspectiva critica-se a "administrativização" da responsabilidade, dita penal, das pessoas jurídicas, a que se assiste em Espanha, depois da Reforma do Código Penal de 1995, pela Ley Orgánica 1/2015. E procura distinguir-se a responsabilidade penal pelo concreto ilícito-típico que irrompe da organização colectiva, de uma responsabilidade administrativa pela falta de implementação ou implementação deficiente de um programa de *Compliance*.

Também se tenta densificar o conceito de culpa penal da pessoa jurídica, indo para lá de uma visão puramente normativa (censurabilidade do ilícito-típico colectivo à luz das concepções ético-sociais dominantes), recorrendo designadamente às noções de bom governo corporativo, cultura e responsabilidade social corporativas.

Apesar do silêncio do Código Penal português quanto aos programas de *Compliance*, é possível atribuir-lhes relevância eximente da responsabilidade do ente colectivo, por via do art. 11º/2, al. *b*) e, sobretudo, do respectivo nº 6, sob a forma de exclusão do ilícito típico colectivo ou da culpa colectiva, consoante os casos.

Também os arts. 71º a 74º do Código Penal se aplicam aos entes colectivos, permitindo que a prévia ou posterior implementação de programas de *Compliance* determine uma atenuação especial da pena ou, até, a dispensa de pena. Este outro dos aspectos em que se evidencia que as pessoas jurídicas são, de pleno direito, destinatárias de todas as normas do Código Penal compatíveis com a sua natureza (art. 12º/2 CRP).

Mais do que proporcionar respostas acabadas, o objectivo deste estudo é, sobretudo, suscitar questões e revelar nódulos problemáticos, limitando-se frequentemente a apontar trilhos para respostas possíveis. Até porque sobre o *Criminal Compliance*, os seus pressupostos teóricos, ideológicos e axiológicos e respectivas consequências político-criminais, jurídico-constitucionais e dogmáticas ainda há muito a descobrir e a pensar; o caminho mal principiou.

I. Significado de *Compliance*

Não significa apenas conformidade ao Direito, mas adopção de regras e processos intraempresariais que garantam que o cumprimento do Direito não é fruto do acaso, de um compromisso individual ou de interesses parciais de um departamento, antes corresponde a uma "arquitectura de *Compliance*" coerente e omnipresente, i. e., referida a todas as actividades empresariais, internas e externas[1].

Como bem salienta THOMAS ROTSCH[2], quando se considera que o único objectivo do *Criminal Compliance* é evitar a responsabilidade poder-se-á

---

[1] KLINDT/PELZ/THEUSINGER „Compliance im Spiegel der Rechtsprechung", *NJW* (33), 2010, p. 2385, *apud* Ivó COCA VILA, "Programas de cumplimiento como forma de autorregulación regulada?", in SILVA SÁNCHEZ (Dir.), *Criminalidad de empresa y compliance: prevención y reacciones corporativas*, Barcelona: Atelier, 2013, p. 55.

[2] "Criminal Compliance", *InDret* 1/2012, disponível em www.indret.com, pp. 5-6.

chegar a uma isenção de responsabilidade da direcção empresarial (através da delegação de competências e da existência de uma organização cuidadosa), mas a responsabilidade penal não se dilui, transferindo-se antes para os trabalhadores subordinados. O que também implica custos do ponto de vista empresarial: sanções pecuniárias, acções de perdas e danos, prejuízos reputacionais e perda de capacidade competitiva. Assim, conclui, um conceito de *Compliance,* orientado para o completo afastamento da responsabilidade penal, *"deve tomar em consideração a empresa no seu conjunto"*, ou seja, todos os trabalhadores e não apenas a cúpula directiva.

1. *Criminal Compliance* e auto-regulação

Os programas de *Compliance* pretendem evitar riscos juridicamente relevantes através da melhor organização empresarial possível[3].

Quando se concebe os programas de *Compliance* também como instrumentos de minimização de riscos jurídico-penais, está a excluir-se a ideia de auto-regulação da chamada *Criminal Compliance,* pois, afinal, o ente não tem nenhum poder jurídico inovatoriamente conformador[4]: *"a máxima "Compliance" é o Direito Penal"* (QUINTERO OLIVARES).

---

[3] KIETHE, "Vermeidung der Haftung von geschäftsführenden Organen durch Corporate Compliance", GmbHR, 2007, p. 393, *apud* Ivó COCA VILA, "Programas de cumplimiento como forma de autorregulación regulada?", *cit.,* p. 55.

[4] Assim, Ivó COCA VILA, "Programas de cumplimiento como forma de autorregulación regulada?", *cit.,* pp. 70-71. Em sentido próximo GONZALO QUINTERO OLIVARES ("La reforma del régimen de responsabilidad penal de las personas jurídicas", *in* GONZALO QUINTERO OLIVARES (Dir.), *Comentario a la Reforma Penal de 2015,* Navarra: Thomson Reuters-Aranzadi, 2015, pp. 82-83): *"a primeira obrigação, incluída ou não no código ético, é respeitar as leis e, no que aqui interessa, as leis penais"*; ou *"a máxima compliance é o Código Penal".*

Diferentemente, ADÁN NIETO MARTÍN (*Manual de cumplimiento penal en la empresa,* Valencia: Tirant lo Blanch, 2015, pp. 31-35), mas referindo-se aos Programas de *Compliance* em geral, não especificamente à chamada *Criminal Compliance.* NIETO MARTÍN vê o cumprimento normativo como uma forma de regulação *administrativa* pública, assente na fixação estatal de grandes princípios, que deixa uma ampla margem de liberdade de actuação para que as empresas *"cumpram 'à sua maneira' os objectivos de certa regulação"*, pois, mais do que sancionar, pretende-se suscitar o cumprimento (tanto quanto possível voluntário) das empresas. Estar-se-ia perante uma forma de governo indirecto em que o Estado aproveita a capacidade das empresas para gerar normas internas (aliás, imprescindíveis ao bom funcionamento dos mercados e à protecção de interesses colectivos) e para as executar com maior facilidade e eficácia do que as autoridades públicas. O papel do Estado, além da definição de grandes princípios, limitar-se-ia ao de estimular as empresas à auto-regulação, através de meta-regulação (isto é, regulação da regulação) e da verificação da qualidade e da eficácia dos mecanismos internos reguladores.

No que concerne à *Criminal Compliance*, pretende-se que a pessoa jurídica capte a mensagem pública (na forma de risco jurídico-penalmente relevante), reflicta sobre o que pode ou não suceder no exercício da sua actividade, e o transmita claramente aos seus membros. Espera-se que, nos termos do Direito Penal vigente, o ente:

(*i*) Defina de forma clara como conseguirá operar em consonância com esse Direito; e

(*ii*) Se organize, vigie e controle de forma a tornar realmente possível tal cumprimento [5].

Justifica-se distinguir o cumprimento normativo destinado à prevenção de crimes, dos outros casos de autorregulação regulada pelo Estado cuja principal finalidade não é especificamente penal (*v.g.* prevenção de riscos laborais, protecção de dados, branqueamento de capitais e abuso de mercado), apesar de ambos se poderem relacionar[6].

No caso do *cumprimento normativo destinado à prevenção de crimes*, a sua vinculatividade interna e eventual relevância jurídica externa radica na norma penal incriminadora, não na auto-imposição de padrões de conduta imediatamente integrados *no* e *pelo* Direito Penal[7].

Por isso, o Direito Penal avalia, segundo a sua teleologia, os seus critérios de valoração e de atribuição de responsabilidade, a relevância ou irrelevância dos mecanismos de *Compliance* implementados por uma pessoa jurídica na hora de determinar a responsabilidade desta por um concreto facto punível.

THOMAS ROTSCH[8] considera que uma das questões científicas fundamentais do *Criminal Compliance* (que em si abriga questões gerais de imputação de responsabilidade e problemas práticos específicos do *Compliance*) consiste em saber *"em que medida se pode influir, com carácter geral e mediante regulação empresarial interna, na responsabilidade penal e na sua exclusão"*, pois

---

[5] Ivó COCA VILA, "Programas de cumplimiento como forma de autorregulación regulada?", *cit.*, pp. 70-71.

[6] Como, aliás, sugere NIETO MARTÍN, *Manual de cumplimiento penal en la empresa, cit.*, pp. 36-37.

[7] THOMAS ROTSCH ("Criminal Compliance", *cit.*, p. 6) dá como exemplo de auto-regulação penal das empresas a definição de elevados padrões de diligência em âmbitos não legalmente regulados.

[8] "Criminal Compliance", *cit.*, pp. 1, 6-7 e 8-9.

o seu objectivo é precisamente a evitação ou minimização dos riscos de responsabilidade penal, que para isso precisam de ser antecipados.

Acontece, porém, que os riscos jurídico-criminais, na área do Direito Penal Económico, nem sempre se podem predizer com a necessária segurança, dada, por um lado, a frequente ausência de normas claras para certo contexto de acção; e, por outro, a dificuldade e insegurança inerentes à antecipação da possível responsabilidade penal em atenção a comportamentos humanos futuros. Daí que, em seu entender e especificamente sobre o *Criminal Compliance*, uma das questões práticas fundamentais seja a de saber como resolver quando uma empresa pagou a melhor assessoria em *Compliance* possível, implementou todas as suas recomendações, mas, no processo-crime, o tribunal decide que no caso concreto a empresa incumpriu as exigências devidas. Pergunta THOMAS ROTSCH: *"pode exigir-se à empresa mais do que confiar em supostos assessores competentes de Compliance"*?

Um princípio de resposta a esta questão está, justamente, *(i)* na delimitação do facto que é objecto de imputação de responsabilidade penal à pessoa jurídica: o concreto facto punível que irrompe da organização colectiva, ou antes o eventual "defeito" ou "descontrolo" da organização?; e *(ii)* na consciência de que não há programas de *Compliance* perfeitos, que eliminem totalmente defeitos organizativos, muito menos que impeçam de todo factos puníveis.

Na resposta a esta questão joga-se, igualmente, a de saber qual a função que deve cometer-se ao Direito Penal num Estado de Direito democrático: a de proibição de condutas ofensivas de bens jurídicos fundamentais e de reacção contrafáctica à violação dessa proibição; ou, antes, a de incentivo ao autocontrolo para evitar a responsabilidade penal pela ofensa a bens jurídico-penais[9], caso em que o Direito Penal imporá obrigações principais de meios e não de resultado, como é característico das áreas que lidam com o risco e que adoptam uma perspectiva baseada no risco[10].

---

[9] THOMAS ROTSCH ("Criminal Compliance", *cit.*, p. 9) vê o *Criminal Compliance* como *"o ponto final de um desenvolvimento que vai para além do Direito Penal tradicional como instrumento de reacção, rumo a um mecanismo de controlo para a prevenção da responsabilidade penal"*; e a prova de que *"devemos despedirmo-nos definitivamente da ideia de que existe um Direito Penal unitário e homogéneo capaz de solucionar todos e cada um dos problemas das sociedades modernas"*.

[10] Assim, RUI PATRÍCIO, ("Compliance é prevenção, mas também é defesa", *Revista Exame*, 1.09.2016, http://www.mlgts.pt/xms/files/Comunicacao/Imprensa/2016/Compliance_e_prevencao__mas_tambem_e_defesa.pdf.) referindo-se aos programas de *Compliance*, que

Diferentemente se passam as coisas quando *o Direito Penal responsabiliza pessoas jurídicas em áreas em que intervém o Direito Administrativo impondo obrigações jurídicas de auto-regulação*, em ordem a alcançar os objectivos (não restrita nem principalmente penais) da norma estatal, definindo a estrutura da autorregulação e os elementos dos programas de *Compliance*[11].

Então, a vinculatividade interna e a relevância jurídica externa da auto-regulação continuam a radicar, em última análise, na meta-regulação estatal da auto-regulação das empresas. Mas, por força da subsidiariedade e do carácter de *ultima ratio* do Direito Penal, este não poderá exigir mais do que impõe o Direito Administrativo.

A autorregulação estabelecida em conformidade com o Direito Administrativo pressupõe satisfeito o grau de controlo necessário para o cumprimento dos deveres da pessoa jurídica de prevenção de riscos penais, de modo que esta não poderá ser penalmente responsabilizada.

A autorregulação conforme à regulamentação administrativa é directa e imediatamente integrada *no e pelo* Direito Penal como prevenção eficaz de riscos jurídico-penais[12].

2. *Criminal Compliance*: mera incumbência da pessoa colectiva

A adopção de programas de *Criminal Compliance* não constitui um dever de cumprimento categórico, mas uma simples incumbência da pessoa jurídica[13].

Aliás, no que concerne à exigibilidade do cumprimento dos códigos de conduta, vale em regra o princípio "cumpre ou explica"[14]. Ou seja: deixa-se

---

associa a um *"risk based approach"* e a obrigações principais de meios e não de resultados, como é próprio das áreas que lidem com o risco.

[11] PEDRO DURO (*"Novos rumos para o compliance – o efeito espanhol"*, Maio de 2015, disponível em http://www.ceassociados.pt/xms/files/DESTAQUES/Destaque_pdl_Novos_rumos_para_o_Compliance_o_efeito_espanhol.pdf, p. 1): o *Compliance* interessa sobretudo *"a todas as actividades reguladas, ou seja, à generalidade da actividade económica, seja pelo seu enquadramento sectorial (seguros, telecomunicações, energia, segurança alimentar, farmácia, etc.), seja por se cruzar com áreas reguladas com relevância transversal (como o ambiente)".*

[12] Apontando implicitamente para esta conclusão também ADAN NIETO MARTÍN, ob. cit., p. 37.

[13] Nestes termos IVÁN NAVAS MONDACA, "Los Códigos de Conducta y el Derecho penal económico", *in* SILVA SÁNCHEZ (Dir.), *Criminalidad de empresa y compliance: prevención y reacciones corporativas, cit.*, p. 121.

[14] Assim, por exemplo, o Código Alemão de Governo Corporativo de 2002 e o *Código Unificado de Buen Gobierno de las Sociedades Cotizadas*, aprovado em Espanha pela *Comisión Nacional del Mercado de Valores* (CNMV), a 22 de Maio de 2006.

ESTUDOS SOBRE *LAW ENFORCEMENT, COMPLIANCE* E DIREITO PENAL

à autonomia de cada sociedade seguir ou não as recomendações de governo corporativo, mas exige-se-lhes que, quando o não façam, indiquem as respectivas razões, para que os accionistas, os investidores e os mercados em geral possam julgar tais razões. Deste modo, dota-se os códigos de conduta de flexibilidade, permitindo às sociedades cotizadas adaptá-los às realidades de cada uma ou, mesmo, não os adoptar quando não for aconselhável.

O incumprimento da incumbência de *Criminal Compliance, per se,* não acarreta qualquer sanção penal para a pessoa colectiva, mas a sua aceitação beneficia-a tacitamente, na medida em que reduz o risco de um ilícito colectivo[15]. O que pode ter consequências favoráveis na hora de apurar a sua responsabilidade por certo facto punível.

II. Razões do incentivo estatal à adopção de programas de *Compliance*
Incentiva-se especialmente as pessoas jurídicas à auto-reflexão sobre como se comportarem em conformidade com o Direito Penal, porque:

(i) A mensagem normativa chega com menos força ao interior das corporações, em virtude da sua especial tendência para a autopoiese, i.e., a auto-referência e a auto-reprodução.

(ii) Os poderes públicos têm mais dificuldades em conhecer o delito cometido na corporação ou através dela e em sancioná-lo.

(iii) Através do incentivo do Estado à *Criminal Compliance*, parte dos custos estatais na prevenção de delitos é transferida para a organização que os gera, com ganhos de eficácia.

(iv) Importa envolver as pessoas jurídicas no processo global de prevenção de delitos[16].

---

[15] Assim, Ivó COCA VILA, "Programas de cumplimiento como forma de autorregulación regulada?", *cit.*, pp. 65-66 e 71. RUI PATRÍCIO ("Compliance é prevenção, mas também é defesa", *cit.*) considera existirem quatro primeiras razões pelas quais o Compliance *"não pode ser negligenciado"*: (1ª) *"é obrigatório em muitos casos"*; (2ª) *"é conveniente já que previne e protege"*; (3ª) *"contribui para reforçar a cultura empresarial ou institucional"*; (4ª) *"pode ser uma oportunidade de negócio (...) na medida em que cada vez mais, nas relações entre empresas e/ou instituições (públicas e privadas), se valoriza o seu carácter 'complaint' ou não"*. O Autor acrescenta uma outra, que se prende com o disposto no art. 11º/6 CP, à qual me referirei adiante, no ponto dedicado a este preceito.
[16] Nestes termos, Ivó COCA VILA, "Programas de cumplimiento como forma de autorregulación regulada?", *cit.*, p. 72.

III. Cultura de cumprimento

A primeira condição de eficácia de qualquer programa de *Compliance* é o desenvolvimento de uma cultura de cumprimento, i.e., a interiorização por todos os membros da empresa da necessidade de actuar sempre em conformidade com o Direito, tanto no relacionamento externo como interno.

A delinquência empresarial tanto *pode* (mas não tem de) resultar da inexistência de um Programa de *Compliance*, como da ausência de uma correcta cultura corporativa, apesar da eventual existência (formal) de programas de Compliance[17].

IV. Empresa como sujeito moral autónomo?[18]

Porém, diz-se, as empresas não podem conceber-se como sujeitos morais autónomos no debate sobre os valores jurídicos, já que são criadas e funcionam visando o benefício económico.

As empresas agem segundo o binómio benefício/perda, não se orientam pelo binómio justo/injusto. Por isso, o Direito constitui para elas um factor de perturbação.

---

[17] Neste sentido, Bussmann, K., "Wirtschaftskriminalität und Unternehmenskultur", in Bannenberg, Britta/Jehle, Jörg-Martin (Hrsg.): Wirtschaftskriminalität. Mönchengladbach: Forum Verlag Godesberg 2010, p. 70, *apud* Ivó Coca Vila, "Programas de cumplimiento como forma de autorregulación regulada?", *cit.*, p. 56. Mas também a Circular 1/2016, sobre la responsabilidad penal de las personas jurídicas conforme a la Reforma del Código Penal efectuada por la Ley Orgánica 1/2015 (da Fiscalía General del Estado espanhola, disponível em http://s03.s3c.es/imag/doc/2016-01-25/CircularFiscalia.Compliance.pdf), p. 63: "*El objeto de los modelos de organización y gestión no es solo evitar la sanción penal de la empresa sino promover una verdadera cultura ética corporativa, de tal modo que su verdadera eficacia reside en la importancia que tales modelos tienen en la toma de decisiones de los dirigentes y empleados y en qué medida constituyen una verdadera expresión de su cultura de cumplimiento. (...) Cualquier programa eficaz depende del inequívoco compromiso y apoyo de la alta dirección para trasladar una cultura de cumplimiento al resto de la compañía. Si son los principales responsables de la entidad quienes incumplen el modelo de organización y de prevención o recompensan o incentivan, directa o indirectamente a los empleados que lo incumplen, difícilmente puede admitirse que exista un programa eficaz, que refleje una verdadera cultura de respeto a la ley en la empresa*".

[18] Sobre a questão da responsabilidade moral autónoma, derivada ou secundária das pessoas colectivas relativamente à responsabilidade moral individual, veja-se Teresa Quintela de Brito, *Domínio da organização para a execução do facto: responsabilidade penal de entes colectivos, dos seus dirigentes e "actuação em lugar de outrem"*, Dissertação de Doutoramento n.p., Faculdade de Direito da Universidade de Lisboa, 2012, pp. 824 ss.

ESTUDOS SOBRE *LAW ENFORCEMENT, COMPLIANCE* E DIREITO PENAL

A chamada "ética empresarial" não se ocuparia, afinal, dos fins das empresas enquanto cidadãs corporativas mas sim da forma como prosseguem a realização dos seus interesses[19].

1. Bom governo corporativo

A ideia de bom governo corporativo constituiu a primeira etapa no caminho de superação da visão da empresa como puro actor económico[20].

Esta ideia surgiu inicialmente em virtude da necessidade de lutar contra o abuso de poder dos administradores, sobretudo nas sociedades em que é maior a separação entre capital e gestão. Todavia, rapidamente se alargou à ideia de estabelecer um sistema de controlo, de pesos e contrapesos, destinado a proteger não apenas os sócios (*shareholders*), mas todas as pessoas que pudessem ser afectadas pela actividade da pessoa jurídica (*stakeholders*, i.e., portadores de interesses ou grupos de interesse).

Afinal, a boa gestão da sociedade não respeita exclusivamente aos sócios, mas também a um grande número de pessoas interessadas (trabalhadores, credores, comunidades em que actua a empresa)[21].

A pouco e pouco a ideia de bom governo corporativo foi sendo complementada e impregnada pela noção de responsabilidade social corporativa.

2. Responsabilidade social corporativa

A responsabilidade social corporativa implica uma visão da empresa, não como mero agente económico, mas também como actor social e político, com obrigações para com a comunidade[22].

A *responsabilidade social corporativa pode ser encarada numa óptica ainda essencialmente económica*, associada à sustentabilidade, maior produtividade e eficiência da empresa, à necessidade de um crescimento económico conti-

---

[19] *Cfr.* SUCHANEK, "Unternehmensetik und Eigeninteresse", in KEMPF/LÜDERSSEN/VOLK (Hrsg.), *Die Finanzkrise, das Wirtschaftsstrafrecht und die Moral* (Institute for Law and Finance), Berlin/New York: de Gruyter, 2010, p. 51, *apud* Ivó COCA VILA, "Programas de cumplimiento como forma de autorregulación regulada?", *cit.*, p. 56.

[20] Um dos instrumentos do bom governo corporativo (que genericamente respeita ao quadro regulador para a direcção e supervisão das empresas) é, justamente, o *Compliance*. Assim, THOMAS ROTSCH, "Criminal Compliance", *cit.*, p. 2.

[21] NIETO MARTÍN, *Manual de Cumplimiento en la empresa, cit.*, pp. 38-40.

[22] Sobre a responsabilidade social da empresa, veja-se TERESA QUINTELA DE BRITO, *Domínio da organização para a execução do facto: responsabilidade penal de entes colectivos, dos seus dirigentes e "actuação em lugar de outrem", cit.*, pp. 816 ss., *maxime* pp. 820-823.

nuado e de atracção de investidores. Então, diz-se, todos estes factores saem reforçados, mediante uma actuação corporativa que respeite o ambiente, a regulação estatal, certos princípios e interesses básicos, os direitos dos consumidores, que dialogue com as comunidades locais, que assegure um bom ambiente de trabalho, *etc.*

Mas a responsabilidade social corporativa pode ser encarada numa óptica mais radical e relevante para a ideia de cumprimento normativo. *A responsabilidade social corporativa liga-se agora à ideia de cidadania corporativa.* A corporação surge como sujeito político e social, como cidadã, titular de direitos e obrigações sociais, em resposta a exigências sociais.

Entende-se que o enorme poder das empresas (sobretudo as de grandes dimensões), mesmo sobre quem não tem com ela qualquer vínculo contratual, deve ser compensado com maiores quotas de responsabilidade e de legitimidade no exercício do poder empresarial.

Por exigência social, sedimenta-se a ideia da empresa como boa cidadã corporativa, que se compromete com valores sociais (*v.g.* respeito pelos direitos humanos, segurança no trabalho, luta contra a corrupção) e com o cumprimento do Direito na sua actividade.

3. A pessoa jurídica como agente moral e político

O grande problema da responsabilidade social corporativa é o seu défice de exigibilidade, pois também ela se baseia na auto-regulação voluntária, mas aqui com um menor grau de estímulos estatais (positivos e negativos) e com menos meta-normas relativas ao modo de se auto-regular.

A visão da empresa como cidadã, atriz moral e política, quando conectada com a responsabilidade penal da pessoa jurídica, abre as portas a uma culpabilidade (mesmo ético-social) do ente colectivo[23].

4. Cultura corporativa

A cultura corporativa consiste nos valores que realmente imperam na corporação e que influem sobre o comportamento dos seus membros. É o

---

[23] Sobre estes dois pontos, NIETO MARTÍN, *Manual de cumplimiento en la empresa, cit.,* pp. 38-43. Sobre a susceptibilidade de responsabilização ético-social das pessoas colectivas, por participarem da interacção comunicativa e do reconhecimento recíproco, TERESA QUINTELA DE BRITO, *Domínio da organização para a execução do facto: responsabilidade penal de entes colectivos, dos seus dirigentes e "actuação em lugar de outrem", cit.,* pp. 816 ss.

conjunto de valores, ideias-padrão, modelos de pensamento e de comportamento partilhados pelos membros da corporação[24].

A análise da cultura corporativa tem de considerar os ensinamentos da sociologia criminal e da psicologia, com especial destaque para a teoria criminológica da associação diferencial, segundo a qual o grupo é determinante para o comportamento individual. O comportamento individual resulta modificado pelos valores, ideias-padrão, objectivos e modelos de conduta que imperam no grupo, mas sem que isso implique necessariamente a desresponsabilização individual e a exclusiva responsabilidade colectiva.

A cultura corporativa é padrão de análise da responsabilidade penal do ente colectivo por um certo e concreto facto punível que dele emerge.

5. Culpa material da pessoa jurídica: alguns (outros) pontos de referência

No apuramento da culpa da pessoa jurídica releva evidentemente a cultura corporativa e a sua inevitável influência sobre o comportamento individual dos seus membros e colaboradores. Mas não só.

Importa ainda considerar:

(i) O eventual código ético: formalização genérica dos valores corporativos e dos comportamentos a eles conformes.

(ii) O *Enforcement* desse código ético, através de formação dos funcionários e colaboradores, da instauração de canais de denúncia, e da imposição de sanções disciplinares por violação do código ético.

(iii) E o modo como assume e exerce a sua responsabilidade social[25], na medida em que também esta interessa, *pelo menos*, à determinação da posição do ente colectivo ante as exigências do dever-ser jurídico-penal concretamente relevantes, à semelhança do que se passa relativamente à apreciação da culpa das pessoas singulares.

---

[24] ERNST-JOACHIN LAMPE, "Systemunrecht und Unrechtsysteme", *ZStW*, 106, 1994, p. 708, nota 82, citando SCHOLZ.

[25] ERNST-JOACHIN LAMPE ("Systemunrecht und Unrechtsysteme", *cit.*, p. 708, nota 82), referindo-se embora à filosofia empresarial, afirma que esta se afere considerando a totalidade dos valores corporativos básicos, os objectivos de gestão da sociedade e a posição desta relativamente à ecologia, à economia e ao entorno social.

Recorde-se que, na determinação da espécie da pena e da sua medida em função da culpa do agente e das exigências de prevenção, o art. 71º/1 CP (também aplicável às pessoas colectivas) manda atender às *condições pessoais do agente, à sua conduta anterior e posterior ao facto, especialmente a destinada a reparar as consequências do crime.*

Porém, através da consideração da cultura corporativa, da existência e implementação de um código ético e do modo como a pessoa jurídica assume e exerce a sua responsabilidade social face ao entorno parece ser possível ir mais longe, densificando a culpa penal do ente em termos que a materializam e afastam de uma concepção puramente normativa da culpa (censurabilidade do comportamento ilícito-típico face às concepções ético-sociais dominantes).

Com efeito, os referidos elementos permitem identificar o quadro valorativo-vivencial da pessoa jurídica (em certo sentido, o seu projecto pessoal de prossecução dos respectivos objectivos), à luz do qual importa também ponderar o valor dos motivos colectivos para a prática do ilícito-típico (identificados a partir do confronto do concreto contexto da acção colectiva, com o conhecimento detido pelas pessoas singulares que intervieram na execução do facto colectivo e, ainda, com o acumulado ao nível dos órgãos e centros de liderança funcionalmente envolvidos na prática do facto, com a linguagem social dos motivos, da intencionalidade e das suas formas[26]) e as concretas possibilidades de motivação pela norma jurídico-penal.

Neste ponto, convém recordar a lição de MARIA FERNANDA PALMA[27]: a ponderação do valor da atitude revelada no facto não deve fazer-se limitadamente em termos de fidelidade ao Direito ou de valores (pessoais) reconhecidos pelo Direito, embora existam *"limites morais acolhidos pelo próprio Direito"* às razões e motivações desculpantes.

Na ponderação do valor da atitude expressa no ilícito-típico, assevera a Autora, importa considerar o *"projecto existencial, a inserção cultural, o desenvolvimento pessoal e a oportunidade no acesso aos valores e bens da vida"*. Por outras palavras: *"as razões que desculpam (...) dependem (...) sobretudo do seu significado no confronto com o sentido existencial do agente e com os seus limites e possibilidades"*.

---

[26] Sobre estas questões, para maiores desenvolvimentos, TERESA QUINTELA DE BRITO, *Domínio da organização para a execução do facto: responsabilidade penal de entes colectivos, dos seus dirigentes e "actuação em lugar de outrem"*, cit., pp. 860 ss., 874 ss., 1050 ss., 1054 ss.

[27] *O princípio da desculpa em Direito Penal*, Coimbra: Coimbra Editora, 2005, pp. 230-233.

Na opinião de MARIA FERNANDA PALMA[28], mesmo no caso das pessoas físicas, o que está em causa na desculpa não é a distinção *"entre emoções boas e más, aceitáveis e não aceitáveis, perigosas e não perigosas"*, mas *"a razão ou o argumento que a emoção revela, no contexto do projecto de vida e das condições e limites da existência"*. Assim, *"o medo-sobrevivência* [que conduz ao excesso intensivo de defesa] *pode ser um limite à censura da pessoa"*, enquanto que o *"medo-dominação* [que leva o agente a actuar antes de a agressão se desencadear, numa espécie de defesa preventiva] *constitui, antes, expressão de uma interpretação da realidade que põe perigosamente em causa a liberdade dos outros"*.

Ora, esta visão da culpa penal pessoal, que é também uma concepção da desculpa pessoal[29], parece ser susceptível de aplicação às pessoas colectivas que, sendo incapazes de emoção, conseguem todavia orientar e moldar o seu comportamento por valores e motivos; os quais, evidentemente, devem ser objecto de uma *"ponderação ética"*, porventura *"divergente dos valores do sistema, mas compreensível e razoável em função do projecto existencial do agente"* colectivo.

Assim, explica MARIA FERNANDA PALMA[30], *"desculpar Julieta"* que mata Romeu *"por não existir 'futuro' para ambos num sistema de valores em que o sentido da vida se define pela possibilidade do amor (que não é, preponderantemente, o sistema de valores do Direito), não tem o mesmo significado que desculpar Otelo"*, cujo ciúme *"não apela ... tão positivamente"* a um *"sistema de valores ético-afectivos"*, antes evidencia *"um excesso destruidor do objecto amado e um modo inviável de superação do sofrimento emocional"*.

Daí que, segundo a Autora[31], Otelo possa beneficiar de uma atenuação da culpa (que se alicerça *"no estado emocional vivido e na* [sua] *'influência perturbadora'"*, importando realizar *"uma interpretação do comportamento do agente à luz dessa emoção"*), mas não de uma desculpa do facto, porque esta se funda, *"em geral, em razões de validade ética (ou, pelo menos, de oportunidade) que apelam a um contexto situacional objectivo que motiva fortemente uma certa vivência da realidade pelo agente"*.

---

[28] *Idem*, p. 232.

[29] MARIA FERNANDA PALMA (*O princípio da desculpa em Direito Penal*, cit., p. 230): *"a desculpa é uma decorrência da pessoalidade da censura. (...) Desculpar a pessoa concreta não é, pois, desculpar a pessoa trasvestida de "homem médio"* [como forçosamente acontece na "culpa" colectiva pelo "defeito de organização" ou pelo "descontrolo"] *mas uma determinada pessoa, com nome e história, nas suas condições e limites próprios"*.

[30] *Idem*, p. 244.

[31] *O princípio da desculpa em Direito Penal*, cit., pp. 243 e 244.

Também relativamente à pessoa jurídica podemos falar de uma desculpa fundada em razões de validade ética ou de oportunidade num dado contexto situacional objectivo, que moldou certa interpretação da realidade por parte do sujeito colectivo, ainda que mediada pelas pessoas físicas que intervieram na execução do facto colectivo ou a este funcionalmente ligadas, à luz do concreto facto punível que se lhe pretende imputar. Interpretação da realidade que foi, ademais, influenciada pelo quadro valorativo-vivencial do ente ou pelo seu projecto pessoal de prossecução das respectivas finalidades colectivas ou institucionalizadas.

V. Recomendação nº R (88) 18, do Comité de Ministros do Conselho da Europa sobre responsabilidade penal das empresas, de 20.10.1988

De acordo com esta Recomendação, a empresa deve ficar isenta de responsabilidade quando a sua organização não se viu implicada no delito cometido e tomou as medidas necessárias para impedir a sua comissão.

VI. Consequências da adopção de um programa de *Compliance*?

A existência de um programa de cumprimento normativo jurídico-penal efectivamente implantado e realmente operativo:

- *(i)* Obsta à existência de um ilícito típico colectivo?
- *(ii)* Pode excluir ou atenuar a culpa colectiva, ou somente isentar de pena a pessoa jurídica?

1. Importância do modelo de atribuição de responsabilidade penal à pessoa colectiva

A resposta à questão das consequências jurídico-penais da existência de um adequado e operativo programa de *Criminal Compliance* depende do modelo de responsabilização penal das pessoas colectivas que se adopte[32].

---

[32] Desta opinião, Jesús María Silva Sánchez, *Criminalidad de empresa y Compliance*, Barcelona: Atelier, 2013, pp. 31-32. Sobre os modelos de atribuição de responsabilidade à pessoa jurídica, veja-se Teresa Quintela de Brito, "Questões de prova e modelos legais de responsabilidade contraordenacional e penal de entes colectivos", *in Direito Penal. Fundamentos dogmáticos e político-criminais. Homenagem ao Prof. Peter Hünerfeld*, Coimbra: Coimbra Editora, 2013, pp. 1209-1264.

(i) Quem preconize um modelo de responsabilidade por facto e culpa próprios da pessoa jurídica, admitirá a exclusão do ilícito típico colectivo ou da culpa da pessoa jurídica, conforme os casos.

Os nºs 2, 4, 6 e 7 do art. 11º CP português parecem consagrar um modelo de responsabilidade penal directa ou por facto próprio do ente. O que abre a porta à eventual relevância dos mecanismos de *Criminal Compliance* nos planos, desde logo, do ilícito típico colectivo, mas também, porventura, da culpa da pessoa jurídica.

(ii) Quem sustente um modelo de transferência do facto da pessoa singular para a pessoa colectiva, no caso de existir um programa idóneo e eficaz de cumprimento do Direito, apenas admitirá uma atenuação da responsabilidade do ente (*Sentencing Guidelines* norte-americanas), ou uma isenção de pena, por o delito da pessoa singular então surgir indiciariamente como "*acidente ou desgraça*" para a pessoa jurídica[33].

A *Circular 1/2016, sobre la responsabilidad penal de las personas jurídicas conforme a la Reforma del Código Penal efectuada por la Ley Orgánica 1/2015*[34] coloca este problema de uma forma especialmente clara, nos seguintes termos: "*Si se considera que el fundamento de la imputación de la persona jurídica reside en su defectuosa organización, la presencia de un plan de cumplimiento normativo diligentemente implementado acreditaría una correcta organización, con lo cual desaparecería un elemento del tipo, bien la parte subjetiva bien la parte objetiva. No se trataría en una circunstancia eximente, que remitiría a una conducta antijurídica o que no le fuera personalmente imputable, sino de que, adoptadas con anterioridad a la comisión del delito las oportunas medidas de prevención, no concurriría un elemento básico del hecho típico (tipo objetivo) o, en todo caso, faltaría un elemento del tipo subjetivo, el dolo o la culpa, es decir, la tipicidad subjetiva*".

Ao invés, "*partiendo de que el art. 31 bis establece un sistema de responsabilidad indirecta o vicarial conforme al cual el fundamento de la responsabilidad penal de la persona jurídica descansa en un hecho ajeno, y no en un hecho propio, la comisión del delito por las correspondientes personas físicas en las condiciones que exige*

---

[33] Assim, JESÚS MARÍA SILVA SÁNCHEZ, *ibidem*.
[34] PP. 55-56.

el precepto determinará la transferencia de responsabilidad a la persona jurídica. Ello comporta que con el delito de la persona física nace también el delito de la persona jurídica la cual, no obstante, quedará exenta de pena si resulta acreditado que poseía un adecuado modelo de organización y gestión. (...) los modelos de organización que cumplen los presupuestos legales operarán a modo de excusa absolutoria, como una causa de exclusión personal de la punibilidad y no de supresión de la punibilidad, reservadas estas últimas causas para comportamientos post delictivos o de rectificación positiva".

VII. Responsabilidade penal do ente colectivo por inexistência ou inadequação do programa de *Compliance*?

A responsabilidade penal das pessoas colectivas constitui uma forma de as motivar e coagir a uma correcta auto-regulação, ao mesmo tempo que possibilita o controlo estatal dessa auto-regulação.

ADÁN NIETO MARTIN[35] sublinha que a primeira sentença do Supremo Tribunal dos EUA a reconhecer a responsabilidade penal das pessoas jurídicas (no caso *New York & Hudson River v. U.S*, em 1909) considerou que o objectivo de tal punição era incitá-las a dotarem-se internamente de mecanismos de controlo que lhes permitissem respeitar a lei. Nesta linha, NIETO MARTÍN vê a responsabilidade penal dos entes colectivos como *"a forma mais importante de coacção a uma correcta auto-regulação"*, afirmando que o fim último de tal responsabilidade é, precisamente, motivá-los à adopção de mecanismos internos de controlo, ao mesmo tempo que, desse modo, se estabelece *"um controlo estatal sobre a auto-regulação"*. Porém, logo em seguida, NIETO MARTÍN acrescenta que, também neste âmbito, o Direito Penal deve intervir como *ultima ratio*, importando buscar *"meios alternativos de coacção estatal à auto-regulação empresarial"*.

Efectivamente, a responsabilidade penal dos entes colectivos permite ao Ministério Público e aos juízes averiguar se o ente se regulou devidamente para prevenir uma infracção que ocorreu no desenvolvimento da sua actividade[36].

---

[35] *Manual de cumplimiento penal en la empresa, cit.*, pp. 32 e 34-35.

[36] Do outro lado do espelho, i.e., na perspectiva da defesa da pessoa jurídica, THOMAS ROTSCH ("Criminal Compliance", cit., p. 7) aponta o *Criminal Compliance* como uma reacção à responsabilidade penal das pessoas jurídicas consagrada em alguns ordenamentos jurídicos, embora ainda não no alemão.

Mas isso não significa que a responsabilidade penal das pessoas jurídicas se traduza numa sanção pela falta ou inadequação de Programas de *Criminal Compliance*, sob pena de uma administrativização da (então apenas) chamada responsabilidade criminal das pessoas jurídicas.

1. Administrativização da responsabilidade penal das pessoas jurídicas no Código Penal espanhol

Administrativização da responsabilidade criminal das pessoas colectivas que está hoje consagrada no Código Penal espanhol graças à Reforma de 2015. Não por acaso, o seu art. 31-bis é cópia fiel dos arts. 6º e 7º do Decreto-Legislativo italiano nº 231/2001, que estabelece a responsabilidade *administrativa* dos entes colectivos ante a comissão de um crime por certo círculo de pessoas físicas a eles funcionalmente ligadas[37].

O art. 31-bis/2 e 4 isenta de responsabilidade penal a pessoa jurídica que, antes da comissão do delito, adoptou e implementou com eficácia modelos de organização e gestão que incluam medidas de vigilância e controlo idóneas a prevenir delitos da natureza do cometido ou a reduzir significativamente o risco da sua comissão. Aí se prevê igualmente a atenuação especial da pena colectiva em caso de "acreditação apenas parcial" dos requisitos de eficácia dirimente dos programas de *Compliance*.

O art. 31-bis/5 dispõe sobre o conteúdo dos modelos de organização e gestão, conteúdo que condicionará a eficácia dirimente *penal* dos mesmos.

Repare-se: o ente será isento de responsabilidade penal logo que tenha adoptado e eficazmente implementado modelos de organização, gestão,

---

Em seu entender, na medida em que o *Criminal Compliance* vise também isentar de responsabilidade os administradores e altos dirigentes das grandes empresas, surge como reacção "*frontal*" à jurisprudência do *BGH* (Supremo Tribunal Federal Alemão) sobre a imputação *top down*. Na explicação do Autor, esta jurisprudência equipara a responsabilidade pela gestão societária à responsabilidade penal e imputa a "*irresponsabilidade organizada*" e a "*responsabilidade desorganizada*" à própria direcção empresarial. A imputação *bottom up*, pelo contrário, parte dos danos ocorridos, percorrendo de baixo para cima a estrutura empresarial, mas, argumenta THOMAS ROTSCH, acaba por ficar ao nível dos dirigentes intermédios na complexa teia organizativa das grandes corporações, sem conseguir aceder aos altos cargos empresariais. O que asseguraria, directamente, a imputação *top down*.

[37] Para uma análise do sistema italiano de responsabilização "administrativa" dos entes colectivos, veja-se TERESA QUINTELA DE BRITO, *Domínio da organização para a execução do facto: responsabilidade penal de entes colectivos, dos seus dirigentes e "actuação em lugar de outrem"*, cit., pp. 241 ss.

vigilância e controlo adequados a prevenir delitos *da natureza do cometido*, ou a diminuir consideravelmente o risco da sua comissão, apesar de estes se terem revelado incapazes de impedir o concreto facto punível, o qual se torna assim irrelevante.

O que evidencia ser *o estado de perigosidade da organização, para a prática de factos puníveis da espécie do cometido, o ilícito pelo qual a pessoa jurídica é penalmente censurada e sancionada*. O concreto facto punível que irrompe da organização colectiva será, quando muito, condição objectiva de punibilidade do ente pelo seu estado de perigosidade criminal. O que significa que tal facto é em si alheio ao dolo ou à negligência da pessoa jurídica, ao ilícito-típico pelo qual responde, bem como à sua culpa.

Deste modo, a responsabilização, dita penal, do ente colectivo funda-se nas velhas ideias de "culpabilidade por defeito de organização" ou de responsabilidade da pessoa jurídica pelo seu "descontrolo". Na certeza de que a "inculpabilidade por defeito de organização" ou a "ausência de responsabilidade pelo descontrolo" se determinam, no Código Penal espanhol, em função da mera existência, adequação e efectividade dos modelos de organização, gestão e controlo, cuja eficácia dirimente é regulada por aquele diploma.

2. Responsabilidade administrativa do ente colectivo pela "desorganização" ou "descontrolo"

A culpabilidade pelo "defeito de organização" ou a responsabilidade pelo "descontrolo", ainda que aferidas pela existência, adequação e eficácia de Programas de *Compliance*, podem, quando muito, constituir fundamento de responsabilidade *administrativa* da pessoa jurídica[38].

---

[38] Neste ponto convém recordar que o ilícito administrativo se estrutura fundamentalmente como desconformidade ao papel suposto pela norma. Sobre esta questão, desenvolvidamente, AUGUSTO SILVA DIAS, *„Delicta in se" e „Delicta mere prohibita". Uma análise das descontinuidades do ilícito penal moderno à luz da reconstrução de uma distinção clássica*, Coimbra: Coimbra Editora, 2008, pp. 732 ss., *maxime* pp. 743-746.
Em sentido contrário ao que se afirma no texto, por exemplo, ELENA GUTIÉRREZ PÉREZ, "La Circular 1/2016 de la Fiscalía General del Estado sobre las personas jurídicas o el retorno a los ecos del pasado", in *Diario La Ley*, año XXXVII, nº 8707, de 22 de febrero de 2016, pp. 1-9, disponível em http://pdfs.wke.es/6/0/1/8/pd0000106018.pdf, defendendo a existência de uma *"autêntica responsabilidade penal das pessoas jurídicas, com uma conduta própria de 'devido controlo', um ilícito específico, 'o defeito de organização', e uma culpabilidade baseada em elementos como os modelos de organização e gestão"* (p. 1).

ESTUDOS SOBRE *LAW ENFORCEMENT, COMPLIANCE* E DIREITO PENAL

Neste sentido se pronuncia, com razão, GONZALO QUINTERO OLIVARES[39], para quem o descontrolo no funcionamento de uma pessoa jurídica pode ser fundamento para que se lhe imponham sanções administrativas *"vinculadas ao facto"* delitivo cometido no exercício da actividade colectiva.

QUINTERO OLIVARES considera ainda que o desiderato, de introduzir na cultura jurídica espanhola o sistema anglo-saxónico de *compliance*, seria melhor realizado através de leis mercantis, porventura reforçadas pela responsabilidade administrativa da pessoa colectiva "desorganizada" ou "descontrolada".

Com razão o Autor salienta ainda a diferença entre o modelo anglo-saxónico de responsabilidade penal directa da pessoa jurídica pela sua desorganização ou descontrolo (o que traz para a primeira linha os Programas de *Compliance*) e o Direito Penal europeu, adverso a uma exclusão da responsabilidade criminal do ente pelo concreto facto punível que dele irrompe apenas em razão da existência de Programas de *Compliance* adequados[40].

Só se tratará de verdadeira *responsabilidade penal se o ente for responsabilizado e censurado pelo concreto facto punível que irrompe da organização colectiva.*

Um facto que justamente é qualificado como crime em razão da sua materialidade (uma acção ou omissão) e inequívoca ofensividade para bens jurídico-penais; nunca em função da desobediência a um mandato implícito de adopção de Programas de *Compliance* adequados ou eficazes, sob pena de responsabilidade dita criminal.

Não há dúvida de que o art. 11º/2 CP responsabiliza a pessoa colectiva pelos próprios factos puníveis cometidos através da sua organização, por

---

[39] "La reforma del régimen de responsabilidad penal de las personas jurídicas", in GONZALO QUINTERO OLIVARES (Dir.), *Comentario a la Reforma Penal de 2015,* Navarra: Thomson Reuters-Aranzadi, 2015, *cit.*, pp. 81-89.

[40] Assim, a Circular 1/2016, sobre la responsabilidad penal de las personas jurídicas conforme a la Reforma del Código Penal efectuada por la Ley Orgánica 1/2015, *cit.*, pp. 58 e 61): *"La LO 1/2015 mantiene el fundamento esencial de atribución de la responsabilidad penal a la persona jurídica de tipo vicarial o por representación en las letras a) y b) del art. 31 bis 1º. Ambos títulos de imputación exigen, (...), la previa comisión de un delito por una persona física en las concretas circunstancias que se establecen. (...) la reforma avanza en el reconocimiento de la responsabilidad autónoma de la persona jurídica por medio de la regulación de los programas de organización y gestión, a los que atribuye valor eximente bajo determinadas condiciones. (...) Tras la reforma de la LO 1/2015 el "debido control" (ahora "deberes de supervisión, vigilancia y control") sigue atribuido a las personas físicas de la letra a) del art. 31 bis 1 y no a la propia persona jurídica, con lo que los modelos de organización y gestión ni definen la culpabilidad de la empresa ni constituyen el fundamento de su imputación".*

certo círculo de pessoas agindo no seu nome e interesse. Mais: o Código Penal português submete a pessoa jurídica e a pessoa física à mesma norma incriminadora (embora a infrinjam de modos diferentes[41]) e, consequentemente, à mesma moldura penal. O que só é possível, porque os factos puníveis imputados a uma e a outra se equivalem o suficiente para serem reconduzidos a idêntico ponto de referência sancionatório. A esta luz se compreende, por exemplo, as normas de conversão da prisão em multa, vertidas no art. 90º-B, nºs 1 e 2 CP, bem como a norma de equiparação da pena de multa (cominada para as pessoas colectiva e singular) contida no respectivo nº 3.

3. Um exemplo de responsabilização (administrativa) por falta de implementação de um programa de *Compliance*: decisão da *Financial Conduct Authority (UK)* contra o *Deutsche Bank, de 30.01.2017*[42]

A 30.01.2017, o supervisor financeiro do Reino Unido (*Financial Conduct Authority – FCA*) aplicou *ao Deutsche Bank (DB)* a maior sanção pecuniária até então imposta, no valor de 163 milhões, 76 mil e 224 libras, por grave inadequação da sua estrutura de controlo do branqueamento de capitais,

---

[41] O ente, por via da execução material *ratione materiae* realizada por pessoas físicas; a pessoa física, "por si mesma". Para maiores desenvolvimentos sobre a acessoriedade do facto colectivo relativamente à execução materialmente levada a cabo por pessoas singulares, veja-se TERESA QUINTELA DE BRITO, *Domínio da organização para a execução do facto: responsabilidade penal de entes colectivos, dos seus dirigentes e "actuação em lugar de outrem", cit.*, pp. 1015 ss., 1030 ss. e 1046 ss. Um dos principais argumentos contra a responsabilização penal dos entes colectivos prende--se com o alegado substrato bio-psicológico do conceito penal de acção, que acarretaria a impossibilidade de as pessoas jurídicas violarem a mesma norma de conduta das pessoas singulares; aliás, nesta perspectiva, os tipos incriminadores teriam como únicas destinatárias as pessoas singulares
Uma posição deste tipo começa logo por ignorar, olimpicamente, que o art. 11º do CP e normas congéneres da legislação penal avulsa, com boas e fundadas razões, há muito fizeram das pessoas colectivas destinatárias das normas de conduta pressupostas pelos tipos incriminadores comuns às pessoas singulares e colectivas. Além disso, pergunta-se: onde está o substrato bio-psicológico, por exemplo, da omissão praticada com negligência inconsciente? Na retenção inconsciente dos nervos motores; no não despêndio de energia? Sobre a necessidade de um conceito penal social-significativo de acção, tanto para as pessoas físicas como colectivas, veja-se TERESA QUINTELA DE BRITO, *Domínio da organização para a execução do facto: responsabilidade penal de entes colectivos, dos seus dirigentes e "actuação em lugar de outrem", cit.*, pp. 1033 ss.
[42] *Finantial Conduct Authority: Final Notice to Deutsche Bank, AG*, disponível em https://www.fca.org.uk/publication/final-notices/deutsche-bank-2017.pdf

na divisão de *Corporate Banking & Securities (CB&S)*, no período entre 1 Janeiro de 2012 e 31 de Dezembro de 2015.

Eis o relato da situação em causa[43].

No início de 2015, o *DB* deu conta à *FCA* das suas preocupações relativas à respectiva estrutura de prevenção do branqueamento de capitais, depois de ter começado a investigar umas negociações de títulos suspeitas, por serem em espelho, envolvendo o *DB* de Moscovo.

As negociações em espelho eram realizadas por clientes do *DB* e do *DB* Moscovo conectados entre si, com o objectivo de transferir mais de 6 biliões de dólares americanos da Rússia para contas no estrangeiro, por via do *DB-UK*. O escritório principal de *CB&S business* do *DB*-Moscovo (*Moscow Front Office*) recebia e executava, simultaneamente, as ordens de negociação de ambos os lados do espelho.

Entre abril de 2012 e Outubro de 2014 ocorreram mais de 2.400 negociações em espelho, que permitiram a transferência dos referidos 6 biliões de dólares americanos, nos seguintes termos: um cliente russo do *DB*--Moscovo comprava títulos de elevada liquidez ao *DB*-Moscovo, pagando em rublos ('lado de Moscovo'); ao mesmo tempo, um cliente não russo do *DB* (cuja aceitação fora iniciada e facilitada pelo *DB*-Moscovo) vendia igual número de títulos ao DB, por igual montante, em troca de dólares americanos ('lado de Londres').

O 'lado de Londres' das negociações em espelho era executado pelo *Moscow Front Office* em nome do *DB* via *remote booking;* processo pelo qual o *DB*-Moscovo podia inscrever directamente operações nos livros de registo comercial do *DB* no Reino Unido.

O *Moscow Front Office* conseguiu realizar, indetectado, as operações em espelho, por um considerável período de tempo, devido às generalizadas deficiências na estrutura de controlo anti-branqueamento do *DB*, particularmente quanto ao estabelecimento de relações comerciais com novos clientes e à monitorização contínua das transacções. Além disso, o *DB*, durante mais de dois anos e meio, não se apercebeu de vários sinais de alarme relativamente às negociações.

Os clientes das operações em espelho puderam colocar as suas ordens no *Moscow Front Office* por conta de outros, cujas identidades e fontes de rendimento o *DB* desconhecia.

---

[43] *Finantial Conduct Authority: Final Notice to Deutsche Bank, AG*, pp. 2-5.

As evidentes finalidades das negociações em espelho eram a conversão de rublos em dólares americanos e a transferência indetectada de fundos da Rússia, por via do *DB-UK*, para contas no estrangeiro. O que era altamente sugestivo de um crime financeiro.

Na sequência da investigação às transacções em espelho, o *DB* identificou mais 3,8 biliões de dólares em negociações de títulos suspeitas, executadas entre Janeiro de 2012 e Fevereiro de 2015, pelo *Moscow Front Office* através do Reino Unido. Mais de 99% destas últimas transacções foram conduzidas pelos mesmos clientes implicados nas negociações em espelho. Ao todo, cerca de 10 biliões de dólares americanos foram transferidos da Rússia, através do *DB*, de um modo altamente sugestivo de um crime financeiro.

No entender do supervisor, a cultura no interior da divisão de *CB&S* (*Corporate Banking & Securities*) não conseguiu incutir no escritório principal um sentido de responsabilidade pela identificação e gestão de riscos não financeiros. Em consequência, o escritório principal de *CB&S business do DB* (*London Front Office*) não percebeu que era o responsável último pelas obrigações de *KYC (Know Your Customer)*. Esta ausência de responsabilização, segundo a *FCA*, advém da complexa estrutura de gestão do *DB*, que impediu a clara identificação de papéis e responsabilidades e, assim, a adequada fiscalização e supervisão da estrutura de prevenção do branqueamento de capitais do *DB*. Além disso, o DB não monitorizou as operações que eram remotamente inscritas nos livros comerciais no Reino Unido.

Para a *FCA*, o fracasso do *DB* na correta avaliação do seu risco de branqueamento de capitais foi ainda agravado pela não alocação de recursos suficientes à função de prevenção do branqueamento de capitais e pela ausência de uma estrutura informática apropriada para suportar o processo de *KYC (Know Your Customer)* e a monitorização contínua das transações.

Todavia, concluiu o supervisor, mesmo que o *DB* dispusesse de recursos adequados, não teria conseguido obter informação suficiente sobre os negócios dos seus clientes de modo a monitorizá-los efectivamente, precisamente por causa da sua deficiente estrutura de prevenção do branqueamento de capitais que determinou uma inadequada *due diligence* relativamente aos clientes.

Ainda assim, o supervisor considerou que as falhas no sistema de controlo anti-branqueamento não foram cometidas deliberada ou temerariamente. Não se provou que o *top management* do *DB* ou qualquer outro

ESTUDOS SOBRE *LAW ENFORCEMENT, COMPLIANCE* E DIREITO PENAL

funcionário no Reino Unido soubesse da existência das operações suspeitas, incluindo os negócios em espelho, ou estivesse envolvido nelas.

Ou seja: estamos perante uma mera responsabilização "administrativa" do *DB* pela sua deficiente organização no que concerne à prevenção do branqueamento, que implicou o envolvimento do Banco em operações de lavagem de dinheiro, mas sem responsabilidade penal pelo próprio branqueamento por parte da Instituição ou dos seus dirigentes de topo. Responsabilidade que se fundamenta em critérios distintos, como se tem vindo a demonstrar.

VIII. *Compliance* e responsabilidade penal das pessoas colectivas[44]

A análise da relevância dos mecanismos de *Compliance* na responsabilização penal das pessoas jurídicas implica designadamente uma reflexão sobre:

- *(i)* A exigência de comissão do facto punível no interesse colectivo (art. 11º/2 e 6 CP);
- *(ii)* A culpa da pessoa jurídica e sua autonomização do ilícito-típico colectivo;
- *(iii)* A diferenciação entre normas de organização e normas de *Compliance* (em sentido amplo);
- *(iv)* O significado do art. 11º/6 do CP, ao excluir a responsabilidade colectiva quando o(s) agente(s) do(s) facto(s) singulares de conexão tiver(em) actuado contra ordens ou instruções expressas de quem de direito dentro da pessoa jurídica.

1. Comissão do facto no interesse da pessoa jurídica

O art. 11º/2, al. *a)*, do CP, responsabiliza as pessoas colectivas e entidades equiparadas (sociedades civis e associações de facto) por um catálogo de crimes quando cometidos "em seu nome e no interesse colectivo por pessoas que nelas ocupem uma posição de liderança".

A exigência de comissão do facto no interesse colectivo, embora não explicitamente feita pelo art. 11º/2, al. *b)*, também vale para as situações aqui previstas, já que o art. 11º/6 exclui, em todos os casos referidos no

---

[44] Sobre o que se segue, para outros desenvolvimentos, Teresa Quintela de Brito, "Relevância dos mecanismos de *Compliance* na responsabilização penal das pessoas colectivas e dos seus dirigentes", *in Anatomia do Crime. Revista de Ciências Jurídico-Criminais*, nº 0, 2014, pp. 76-84.

nº 2, a responsabilidade penal do ente, quando os respectivos agentes (singulares, claro[45]) tiverem actuado contra ordens ou instruções de quem de direito. Hipótese em que o facto punível, como se verá, nunca se pode dizer perpetrado no interesse colectivo, mas contra ele.

O crime diz-se perpetrado "no interesse colectivo" se reflecte e se explica à luz do modo de organização e funcionamento da pessoa jurídica e/ou da sua política empresarial. O facto punível corresponde ao interesse colectivo, desde logo, se as condições criminógenas de organização, funcionamento e/ou de prossecução do fim da pessoa jurídica (pré)configuraram objectivamente a execução típica, determinando os seus elementos essenciais.

Essa modelação prévia (o "como" do crime) precisa de repercutir-se e actualizar-se na fase executiva para que a pessoa jurídica possa responder como autora do facto punível. A modelação prévia actualiza-se na fase executiva do crime, mercê da posição de garante da pessoa jurídica relativamente aos factos puníveis cunhados pelo respectivo *modus operandi* e sob a forma de domínio da realização típica, do "se" do crime. A pessoa jurídica domina a realização do tipo se está ao seu alcance a adopção das medidas organizativas, de direcção, gestão e vigilância, necessárias e adequadas a obstar ao início e à prossecução da execução típica, que organizativa, operativa e/ou culturalmente pré-cunhou.

A exigência de realização do facto punível no interesse colectivo permite configurar a autoria ("organizativa" e "cultural") do facto típico colectivo por parte do ente. Logo, essa exigência abre as portas a uma autêntica responsabilidade do ente por facto e culpa próprios.

Efectivamente, a exigência de "comissão", no interesse colectivo, do facto punível a imputar ao ente remete-nos para as questões da auto-regulação e da auto-organização da pessoa jurídica que estão na base dos programas de *Criminal Compliance*, apesar de uma e outra se não traduzirem num poder juridicamente inovador.

---

[45] Só os sujeitos de direito podem ser agentes do facto punível; o que exclui os órgãos da pessoa jurídica. Todavia, o ilícito-típico colectivo integra tanto contributos individuais, quanto colectivos (de órgãos e centros de liderança funcionalmente ligados ao ente na óptica do facto que se lhe pretende imputar). Acerca destas questões, TERESA QUINTELA DE BRITO, *Domínio da organização para a execução do facto: responsabilidade penal de entes colectivos, dos seus dirigentes e "actuação em lugar de outrem", cit.,* pp. 1009 ss., 1017 ss. e 1046.

ESTUDOS SOBRE *LAW ENFORCEMENT, COMPLIANCE* E DIREITO PENAL

a) O Acórdão do Tribunal da Relação do Porto, de 27. 06.2012, Proc. nº 7402/11.5TBMAI.P1, Relatora: ÉLIA DE SÃO PEDRO

Nesse Acórdão, a pp. 5 e 6, considerou-se que a pessoa colectiva apenas poderia ser responsabilizada pelo ilícito contraordenacional (infracção administrativa), se o seu funcionário *"tivesse agido de acordo com instruções* [expressas] *da sua entidade patronal ou, pelo menos, num quadro de acção previamente traçado e delineado pelos órgãos sociais"*, ou no cumprimento de *"ordens genéricas"* desses órgãos.

Nesse caso – lê-se no Acórdão – *"o agente poderia ser definido como um instrumento dos órgãos sociais e, nesses termos, a sua acção (modo de agir) seria ainda imputável aos órgãos da pessoa colectiva que definiam esse modo de agir"*.

Ao invés – prossegue o Acórdão – *"se o funcionário agir espontaneamente, sem estar a obedecer a ordens genéricas, ou num quadro de acção previamente definido pelos órgãos da sociedade, não é a esta entidade que pode imputar-se o facto, mas ao próprio agente"*.

2. Em que consiste a culpa penal da pessoa jurídica?

Numa acepção material, a culpa é manifestação, documentada no facto ilícito-típico, de uma atitude ou posição desvaliosa do agente (normativa e comunicativamente reconstituída e afirmada[46]) ante a norma de conduta e o bem jurídico-penal.

Para a afirmação dessa atitude ou posição desvaliosa relevam o quadro valorativo-vivencial da pessoa jurídica (o seu projecto 'pessoal' de prossecução dos respectivos objectivos), o (des)valor dos motivos colectivos para a prática do ilícito-típico (à luz daquele projecto e dos 'limites morais acolhidos pelo Direito') e as concretas possibilidades de motivação pela norma penal.

Na construção do conceito de culpa penal da pessoa jurídica, há ainda de ter em conta que relativamente a esta pode e deve falar-se:

(i) De um dever de desenvolvimento da sua actividade em conformidade com as exigências jurídico-penais;

(ii) Da expressão de um posicionamento de contrariedade ou indiferença (culpa dolosa), ou apenas de descuido ou leviandade (culpa negligente), face ao dever-ser jurídico-penal; e

---

[46] Para mais desenvolvimentos, TERESA QUINTELA DE BRITO, *Domínio da organização para a execução do facto: responsabilidade penal de entes colectivos, dos seus dirigentes e "actuação em lugar de outrem", cit.*, pp. 831 ss., 840 ss., 847 ss. e 874 ss.

(iii) De um posicionamento que se documenta no facto, logo por via da exigência de que o mesmo tenha sido "cometido" em nome e no interesse colectivo (artigo 11º/2 CP), contrariamente ao poder-dever da colectividade de se organizar, funcionar e vigiar de forma a evitar a prática do crime (art. 11º/6 CP).

3. Culpa pelo ilícito-típico colectivo

Em sede de culpa, discute-se a imputação pessoal do facto ilícito-típico, i.e., a censurabilidade da pessoa jurídica pelo ilícito-típico colectivo que cometeu, no qual já está projectado o seu peculiar modo de organização, funcionamento e actuação jurídico-económica. Por outras palavras: averigua-se se a pessoa jurídica pode ser pessoalmente censurada pela comissão do ilícito-típico em seu nome e no interesse colectivo.

Se o facto punível que irrompe da pessoa colectiva nada tem a ver com o seu peculiar modo de organização, funcionamento e/ou actuação jurídico-económica, inexiste o próprio ilícito-típico colectivo, de modo que nem chega a suscitar-se um problema de culpa.

A questão da organização da pessoa jurídica para a prática do crime respeita directamente ao ilícito-típico colectivo, não à culpa penal do ente (art. 11º/2 CP).

4. Organização versus *Compliance*

Nem sempre é fácil a distinção entre organização e *Compliance*, porque é suposto que os códigos de ética/programas de cumprimento do Direito impregnem toda a organização, funcionamento e actividade da pessoa jurídica.

Contudo, tendo em conta o conteúdo e a finalidade das regras de organização e das regras de *Compliance*, é possível distingui-las.

As regras de organização da pessoa jurídica são as que estabelecem competências, papéis, funções, procedimentos, políticas ou objectivos de produção de bens ou serviços e de contratação de pessoal, metas ou tectos de produção, metas de redução de custos e de aumento dos benefícios, etc.. Nestas regras está em causa a organização e funcionamento quotidianos da pessoa colectiva para o desenvolvimento da sua específica actividade económica.

Diferentemente, as regras de *Compliance* ou de "bom governo corporativo", i.e., os códigos éticos empresariais ou programas de cumprimento

ESTUDOS SOBRE *LAW ENFORCEMENT, COMPLIANCE* E DIREITO PENAL

do direito, incidem sobre a organização já existente e destinam-se a criar garantias de que essa organização não será criadora de riscos para os bens jurídicos, através de condutas dos seus membros ou colaboradores[47].

Segundo ADAN NIETO MARTÍN[48], é possível desenhar um programa de cumprimento baseado apenas na vigilância e no controlo, mas um sistema de cumprimento baseado em valores éticos[49] é mais legítimo e, portanto, mais eficaz. Com efeito, explica, o asseguramento da observância das normas jurídicas é mais efectivo se se promoverem os valores éticos subjacentes a essas normas. Por isso, revela-se imprescindível fomentar uma cultura de legalidade na empresa para que os sistemas de *Compliance* funcionem.

O cumprimento normativo visa garantir e vigiar o cumprimento das disposições éticas. Os programas de cumprimento só serão verdadeiramente operativos se se orientarem para valores, não se baseando apenas na vigilância e controlo.

5. *Compliance* e inculpabilidade da pessoa jurídica

Perante a finalidade, o conteúdo e os elementos dos programas de *Compliance*, compreende-se estes estejam naturalmente vocacionados para operar como eventual *"causa de inculpabilidade da pessoa jurídica"*, sem serem *per se* uma *"causa de organização adequada"*, embora possam contribuir para uma boa organização[50].

Aliás, uma pessoa jurídica pode estar perfeitamente organizada, sem criar riscos para bens jurídicos, apesar da ausência de um programa de cumprimento do Direito ou de um código de ética[51].

---

[47] Pressupondo justamente a distinção entre regras de organização e regras de *Compliance*, RUI PATRÍCIO/FILIPA MARQUES JÚNIOR ("Compliance, what?", *Revista Exame*, Janeiro de 2012, disponível em http://www.mlgts.pt/xms/files/Comunicacao/Imprensa/2012/Compliance_what.pdf), referem que, apesar de os objectivos fundamentais de um programa de *Compliance* serem a prevenção dos riscos e a defesa corporativa, dos seus líderes ou dirigentes (ou, até, de outros), eles trazem também *"ganhos de organização e gestão"*, *"tornando o grupo e a organização mais coesos e eficientes"*.

[48] *Manual de cumplimiento penal en la empresa, cit.*, pp. 44-45.

[49] Incluindo os relativos à protecção da dignidade e dos direitos fundamentais de trabalhadores e colaboradores da pessoa jurídica, contra os eventuais excessos de vigilância e autocontrolo desta.

[50] *Cfr.* PABLO GONZÁLEZ SIERRA, *La imputación penal de las personas jurídicas. Análisis del art. 31-bis CP*, Valencia: Tirant lo Blanch, 2014, pp. 381-382.

[51] PABLO GONZÁLEZ SIERRA, *idem*, p. 382.

Por seu turno, a inexistência deste programa não gera automaticamente um defeito organizativo.

Todavia, importa desde já salientar, que a prévia implementação de um programa de *Compliance* idóneo e eficaz pode, em virtude da sua repercussão na organização colectiva, conduzir logo à inexistência de um ilícito típico colectivo, ao abrigo do art. 11º/2, alínea *b)*, ou do respectivo nº 6 (actuação contrária a ordens ou instruções de quem de direito), nos termos que adiante se explicitarão.

6. *Compliance* e culpabilidade da pessoa jurídica

Em sede de culpa, não releva a mera existência de programas de *Compliance*, e sim a sua significação[52] como assunção efectiva da '*disposição pessoal de fidelidade ao Direito*' ou '*compromisso sério da pessoa colectiva, ao nível do top management, com o cumprimento da ordem jurídica*', através da implementação na empresa de uma verdadeira cultura de respeito pela legalidade[53].

A mera existência de programas de cumprimento do Direito ou de códigos de ética não elimina necessariamente defeitos organizativos que se repercutem no facto da pessoa singular, dando origem a um ilícito-típico colectivo[54] e, até, a uma culpa da pessoa jurídica.

7. Programas de *Compliance* e defeitos organizativos

Assim acontece por três razões fundamentais:

(1ª) Os programas de *Compliance* não devem ser considerados em abstracto, mas relativamente ao facto concreto que se pretende imputar à pessoa jurídica.

---

[52] MERCEDES GARCÍA ARÁN, "Artículo 31 bis", *in* JUAN CÓRDOBA RODA/MERCEDES GARCÍA ARÁN (Dirs.), *Comentarios al Código Penal. Parte General*, Madrid: Marcial Pons, 2010, pp. 395-396.

[53] PABLO GONZÁLEZ SIERRA, *La imputación penal de las personas jurídicas. Análisis del art. 31-bis CP, cit.*, pp. 389-390. Também RUI PATRÍCIO/FILIPA MARQUES JÚNIOR ("Compliance, what?", *cit.*) escrevem: "*o compliance para dar realmente frutos* [deve] *corresponder a uma cultura transversalmente instalada na organização*".

[54] Próximo, PABLO GONZÁLEZ SIERRA, *La imputación penal de las personas jurídicas. Análisis del art. 31-bis CP, cit.*, p. 382. RUI PATRÍCIO ("Compliance é prevenção, mas também é defesa", *cit.*) vai mais longe, chamando a atenção para que "*um deficiente código de conduta pode ser mais nocivo do que a ausência* [ou incipiência] *de um*", nessa altura "*o compliance* [vira-se] *contra a empresa ou instituição, pois os seus defeitos tornam-se, eles mesmos, factores de risco, de incumprimento e de censura*".

ESTUDOS SOBRE *LAW ENFORCEMENT, COMPLIANCE* E DIREITO PENAL

(2ª) Não há programas de *Compliance* perfeitos que eliminem por completo o risco de comissão de factos puníveis da espécie do cometido.

(3ª) A sua implementação deve ser permanentemente auditada e actualizada. O que nem sempre sucede.

Logo, é possível que, apesar da eficaz implementação de um programa de *Compliance*, venha a verificar-se um facto punível revelador da insuficiência ou desactualização daquele programa. Facto punível no qual acaba, desse modo, por reflectir-se o específico modo de organização, funcionamento e actuação jurídico-económica do ente.

Então, haverá de apurar se a pessoa jurídica deve ser censurada pelo ilícito-típico colectivo que dela irrompe, ou se este deve considerar-se um "acidente de percurso", no qual se não exprime uma qualquer posição desvaliosa do ente perante as exigências do dever-ser jurídico-penal em concreto relevantes.

Neste ponto, pode chamar-se à colação o Acórdão do Tribunal da Relação de Guimarães, de 22.11.2004, processo nº 1121/04-1, Relator: FRANCISCO MARCOLINO, em cujo sumário se pode ler, a propósito da não censurabilidade do erro sobre a ilicitude mas em termos perfeitamente aplicáveis à questão da relevância dos programas de *Compliance* na averiguação da culpa colectiva: *"que tenha sido propósito do agente corresponder a um ponto de vista de valor juridicamente relevante ou, quando não o propósito consciente, pelo menos o produto de um esforço ou desejo continuado de corresponder às exigências do Direito, para prova do qual se poderá lançar mãos dos indícios fornecidos pelo seu modo-de-ser ético"*.

8. *Compliance* e art. 11º do Código Penal

O art. 11º do CP guarda silêncio quanto à relevância do programas de *Compliance* na atribuição de responsabilidade às pessoas colectivas.

Todavia, uma das eventuais "portas de entrada" do *Compliance* neste âmbito é, desde logo, o art. 11º/2, al. *b)*, ao responsabilizar as pessoas jurídicas pelos factos puníveis cometidos "por quem aja sob a autoridade das pessoas referidas na alínea anterior [titulares de órgãos, representantes e quem nelas tiver autoridade para exercer o controlo da actividade colectiva – nº 4] em virtude de uma violação dos deveres de vigilância ou controlo que lhes incumbem".

Neste sentido se pronuncia entre nós PEDRO DURO[55], para quem neste contexto *"as políticas de compliance se revelam fundamentais"*, pois *"permitem:*

(i) *Enunciar os deveres de vigilância e controlo;*

(ii) *Estabelecer mecanismos internos demonstrativos do cumprimento desses deveres;*

(iii) *Clarificar o posicionamento institucional da empresa e o papel de cada elemento na cadeia hierárquica;*

(iv) *Estratificar responsabilidades, de acordo com a dimensão das empresas, tendo em conta, por um lado, que ninguém pode controlar tudo ao mesmo tempo, mas também, por outro, que tal não pode servir de desculpa para que ninguém controle o que deve ser controlado".*

Também a *Circular 1/2016, sobre la responsabilidad penal de las personas jurídicas conforme a la Reforma del Código Penal efectuada por la Ley Orgánica 1/2015*[56] considera os programas de Compliance *"una referencia valiosa para medir las obligaciones de las personas físicas referidas en el apartado 1 a) en relación con los delitos cometidos por los subordinados gravemente descontrolados"*[57]. Assim acontece, aí se explica, porque o incumprimento grave dos deveres de supervisão, vigilância e controlo deve ser valorado em função das "concretas circunstâncias do caso". Expressão que *"remite a los programas de organización y gestión, que serán objeto de una inicial valoración en relación con este criterio de imputación para evaluar el alcance y el contenido real del mandato del que son titulares las personas que incumplieron gravemente tales deberes".*

---

[55] *"Novos rumos para o compliance – o efeito espanhol",* cit., p. 3.

[56] PP. 56 e 61.

[57] Art. 31 bis. do CP espanhol:

"1 En los supuestos previstos en este Código, las personas jurídicas serán penalmente responsables:

a) De los delitos cometidos en nombre o por cuenta de las mismas, y en su beneficio directo o indirecto, por sus representantes legales o por aquellos que actuando individualmente o como integrantes de un órgano de la persona jurídica, están autorizados para tomar decisiones en nombre de la persona jurídica u ostentan facultades de organización y control dentro de la misma.

b) De los delitos cometidos, en el ejercicio de actividades sociales y por cuenta y en beneficio directo o indirecto de las mismas, por quienes, estando sometidos a la autoridad de las personas físicas mencionadas en el párrafo anterior, han podido realizar los hechos por haberse incumplido gravemente por aquéllos los deberes de supervisión, vigilancia y control de su actividad atendidas las concretas circunstancias del caso".

ESTUDOS SOBRE *LAW ENFORCEMENT, COMPLIANCE* E DIREITO PENAL

Refira-se, desde já, que esta eficácia excludente da responsabilidade penal dos entes colectivos só será possível, caso os programas de *Compliance*, além de adequados à actividade, dimensão, organização, implementação no mercado, *etc.*, da pessoa jurídica em causa[58], forem realmente implementados e cumpridos na sua vida quotidiana.

O art. 11º CP também não se refere expressamente à eventual relevância dos programas de *Compliance* como causa de exclusão da culpa da pessoa jurídica.

O art. 11º/6 apenas prevê uma cláusula de exclusão da responsabilidade da pessoa colectiva e equiparada, quando o agente singular tiver *"actuado contra ordens ou instruções expressas de quem de direito"*.

RUI PATRÍCIO[59] entende que deste preceito se extrai a quinta razão pela qual os programas de Compliance não podem ser negligenciados. Segundo o Autor, aqui é aflorado um princípio geral, válido para as áreas criminal e contra-ordenacional (e ao menos também da responsabilidade civil delitual), segundo o qual *"actuações individuais não responsabilizam a pessoa colec-*

---

[58] RUI PATRÍCIO ("Compliance é prevenção, mas também defesa", *cit.*) afirma, com razão, que os sistemas de Compliance têm de ser necessariamente *"tailor made"*. O que, dada a complexidade de algumas pessoas colectivas, exigirá que o juiz, na avaliação da adequação do concreto programa de *Compliance*, se socorra do saber de peritos e da prova pericial. Neste aspecto e com este alcance limitado, o art. 31-bis, nº 5, do CP espanhol poderá ter de facto utilidade, ao fornecer ao julgador critérios de ponderação da eventual relevância penal dos sistemas de *Compliance*. Relevância essa que, bem vistas as coisas, não se consubstanciará apenas na atenuação ou exclusão da responsabilidade penal colectiva, mas também na concretização ou densificação da mesma.

Eis o que estabelece o art. 31-bis/5 CP espanhol: "Los modelos de organización y gestión (...) deberán cumplir los siguientes requisitos: (1º) Identificarán las actividades en cuyo ámbito puedan ser cometidos los delitos que deben ser prevenidos; (2º) Establecerán los protocolos o procedimientos que concreten el proceso de formación de la voluntad de la persona jurídica, de adopción de decisiones y de ejecución de las mismas con relación a aquéllos; (3º) Dispondrán de modelos de gestión de los recursos financieros adecuados para impedir la comisión de los delitos que deben ser prevenidos; (4º) Impondrán la obligación de informar de posibles riesgos e incumplimientos al organismo encargado de vigilar el funcionamiento y observancia del modelo de prevención; (5º) Establecerán un sistema disciplinario que sancione adecuadamente el incumplimiento de las medidas que establezca el modelo; (6º) Realizarán una verificación periódica del modelo y de su eventual modificación cuando se pongan de manifiesto infracciones relevantes de sus disposiciones, o cuando se produzcan cambios en la organización, en la estructura de control o en la actividad desarrollada que los hagan necesarios".

[59] "Compliance é prevenção, mas também defesa", *cit.*.

tiva se o agente tiver actuado contra ordens ou instruções expressas de quem de direito – as quais podem, e devem, estar contidas num adequado sistema de 'compliance'".

Ao invés, considero que o carácter expresso da ordem ou instrução em contrário não depende da emissão explícita de uma mera ordem ou instrução contrária à prática do facto punível, nem da existência formal de um ou vários programas de *Compliance.*

A exclusão da responsabilidade penal está antes condicionada pela clareza, efectividade e eficácia das ordens ou instruções em contrário, ante o concreto modo de organização, funcionamento e actuação jurídico-económica (e até ético-jurídica) da pessoa jurídica.

Neste ponto, há que reconhecer razão a RUI PATRÍCIO[60], ao afirmar que (i) *"a questão do Governance é essencial"*, ante a exigência de que as ordens ou instruções emanem de quem de direito; (ii) estas devem ser *"claras, concretas e determinadas"*; e (iii) *"sobre elas* [deve ter] *havido comunicação e formação"*[61].

Também no Acórdão do Tribunal da Relação do Porto, de 10.01.2001, Proc. nº 0040383 (Relator: PINTO MONTEIRO), se decidiu: *"Para que as pessoas colectivas beneficiem da exclusão da responsabilidade criminal ou contra-ordenacional, prevista no nº 2 do artigo 3º do Decreto-Lei nº 28/84, de 20 de Janeiro, não basta a prova de que transmitiram aos seus empregados instruções no sentido de procederem com o máximo cuidado quanto ao estado dos produtos, já que o que há que provar é que os mesmos actuaram contra ordens ou instruções expressas, directas, concretas, determinadas por ela".*

O que volta a evidenciar a conexão do disposto no art. 11º/6 CP com a eventual relevância dos mecanismos de *Compliance* no plano da afirmação ou negação:

(i) *De um ilícito-típico colectivo*: o facto punível contrário a ordens ou instruções claras, efectivas e eficazes não pode sequer dizer-se cometido no interesse colectivo;

(ii) *Ou da culpa colectiva por esse ilícito*: o ente não deverá ser censurado por um ilícito-típico colectivo que desde logo seja um "acidente de percurso" na sua efectiva cultura de cumprimento do Direito; ou que se funde em razões de validade ética ou de oportunidade num dado contexto situacional objectivo, que moldou certa interpretação da

---

[60] *Ibidem.*

[61] O que, segundo RUI PATRÍCIO, impõe o regresso *"ao 'how', do qual depende a eficácia do 'what for' dos sistemas de Compliance".*

ESTUDOS SOBRE *LAW ENFORCEMENT, COMPLIANCE* E DIREITO PENAL

realidade pelo sujeito penal colectivo, porventura juntamente com o quadro valorativo-vivencial do ente ou o seu projecto pessoal de prossecução das respectivas finalidades colectivas ou institucionalizadas.

a) Acórdão do Tribunal da Relação do Porto, de 6.06.2012, Proc. nº 4679/11.0TBMAI.P1, Relator ARTUR OLIVEIRA

Neste Acórdão decidiu-se: "Os factos dados como provados apontam no sentido da responsabilização da recorrente, uma vez que o ato ilícito [contraordenação de desembarque de passageiros efetuado fora do posto de fronteira qualificado para o efeito] foi praticado pelo trabalhador E... mas por indicação da supervisora D... – ou seja, por indicação de quem tem autoridade para exercer o controlo da sua atividade [art. 11º/4 CP].

[Porém], está demonstrado que a arguida "explanou as instruções dadas aos funcionários responsáveis pelo embarque e desembarque de passageiros no *Manual de Passageiros para o Aeroporto do Porto* [item 4], cujos procedimentos, se seguidos pelos trabalhadores em causa, permitiriam inviabilizar a conduta que deu causa à contraordenação verificada.

[Assim], assente, num primeiro momento, a responsabilidade da arguida por ato ordenado por quem ocupava uma posição de liderança, o certo é que tal responsabilidade vem a ser excluída por o agente ter atuado contra ordens e instruções expressas da recorrente [art. 11º/6 CP *ex vi* art. 32º Regime Geral das Contra-ordenações].

[Por isso, decide-se] conceder provimento ao recurso interposto pela arguida B..., S.A., absolvendo-a da prática da contraordenação por que vinha condenada".

A decisão final tomada pelo TRP será correcta, se os procedimentos constantes do *Manual de Passageiros para o Aeroporto do Porto* forem efectivamente implementados, com envolvimento do *top management*, e aplicados em toda a organização da sociedade arguida.

Então, a vivência efectiva desse *Manual* – posto que através dele sejam transmitidas instruções claras e inequívocas a todos os funcionários do aeroporto quanto aos locais de desembarque dos passageiros – opera como um conjunto de instruções expressas da sociedade B..., Lda., de sentido contrário à prática da contraordenação em causa.

Consequentemente deverá excluir-se a responsabilidade contraordenacional da sociedade arguida, ao abrigo do art. 11º/6 CP, admitindo a sua aplicação para o âmbito do Direito de Mera Ordenação Social. O que não será problemático face ao princípio da legalidade no DMOS (art. 2º RGIMOS), por estar em causa a exclusão – e não a fundamentação – de responsabilidade contra-ordenacional do ente colectivo (art. 1º/3 CP ex vi art. 32º RGIMOS).

O TRP entendeu que, para existir um ilícito típico colectivo, bastaria que uma dirigente da pessoa jurídica (a supervisora D) tivesse dado instruções a um subordinado (o trabalhador E) que levaram à prática da contraordenação de desembarque de passageiros fora do posto de fronteira qualificado para o efeito.

Deste modo, além de pressupor um modelo de responsabilidade indirecta do ente, i.e., pelo facto da pessoa singular, ignorou que, mesmo nas situações previstas no art. 11º/2, al. *b)* CP (como poderia ser o caso), o facto da dirigente apenas poderá suscitar a responsabilidade da pessoa jurídica se, além de realizado no exercício de funções cometidas por esta, o tiver sido igualmente no seu interesse, i.e., como expressão do específico modo de funcionamento, organização e actuação jurídico-económica do ente. Nesse sentido depõe, justamente, o art. 11º/6 CP que assim completa a previsão do art. 11º/2, al. *b)*, num sentido coincidente com as exigências vertidas na al. *a)*. De outro modo, confundir-se-ia o facto colectivo com o facto individual do dirigente e do subalterno.

Ora, a efectiva implementação e aplicação do *Manual de Passageiros para o Aeroporto do Porto*, por parte da sociedade B...Lda., obsta à afirmação de que a contraordenação em causa foi praticada no interesse colectivo, com o que desaparece o próprio ilícito-típico da pessoa jurídica.

Em suma: o art. 11º/6 do CP é chamado a densificar o conceito de actuação no interesse colectivo, constante do art. 11º/1, al. *a)*[62], e, além disso, traz esta exigência também para o âmbito da al. *b)*. Deste modo, permite concluir que, sem actuação do dirigente no interesse colectivo, não só não se verifica um dos pressupostos de atribuição de responsabilidade ao ente, como não há verdadeiramente um ilícito típico colectivo, mas, quando muito, um ilícito típico da pessoa singular.

---

[62] Sobre esta questão, para mais desenvolvimentos, TERESA QUINTELA DE BRITO, *Domínio da organização para a execução do facto: responsabilidade penal de entes colectivos, dos seus dirigentes e "actuação em lugar de outrem"*, cit., pp. 378 ss. e 393 ss.

b) Acórdão do Tribunal da Relação de Guimarães, de 27.10.2008, processo nº 1339/08-1, Relator FERNANDO MONTERROSO

Este Acórdão pronunciou-se sobre o significado de uma cláusula de conteúdo idêntico ao art. 11º/6 CP, que porém reconduziu, exclusivamente, a uma causa de exclusão da culpabilidade colectiva.

Aí se diz: *"a pessoa colectiva é obrigada, através dos seus órgãos ou representantes, a organizar as suas actividades de modo adequado a, segundo critérios de normalidade, prevenir violações das normas legais"*.

"Mas não lhe é exigível que monte uma organização que impeça ou neutralize toda e qualquer possibilidade de os seus agentes ou funcionários, actuando ao arrepio de instruções expressas, violarem normas legais".

"Nesses casos, porque nenhuma culpabilidade lhe pode ser assacada, a sua responsabilidade é excluída".

"A arguida sociedade teve um comportamento cautelar adequado a, segundo critérios de normalidade, prevenir a ocorrência de factos" como o descrito.

"Além de ter instruído os gerentes das suas unidades hoteleiras para terem o máximo rigor e exigência", no que especificamente concerne ao funcionamento do sector da cozinha, estabeleceu uma cadeia hierárquica, que implementou.

"Se houve falhas no controlo, elas talvez pudessem ser imputadas a um dos elos dessa cadeia [a gerente da unidade hoteleira] *por não se certificar que o responsável máximo da cozinha cumpria o determinado"*.

"Não se vê que outras medidas concretas podiam razoavelmente ser exigidas à sociedade arguida, que não contendessem com critérios de racionalidade de gestão económica, para evitar o resultado".

"Numa empresa o normal é as pessoas cumprirem, devendo naturalmente ser previstos mecanismos de controlo, que se mostravam implementados

c) Questões suscitadas pelo Acórdão do TRG, de 27.10.2008

    (i) Ante a dupla posição de garante das pessoas jurídicas (ao menos quanto aos riscos jurídico-penais típicos da sua actividade[63], e tam-

---

[63] Sobre o fundamento da posição de garante da pessoa jurídica e dos seus líderes, veja-se TERESA QUINTELA DE BRITO, "Crime omissivo e novas representações da responsabilidade social", *Liber Amicorum de JOSÉ DE SOUSA E BRITO em comemoração do 70º Aniversário. Estudos de Direito e Filosofia*, Coimbra: Almedina, 2009, pp. 933-939. Acerca da posição de garante como elemento integrante da responsabilidade penal de entes colectivos, TERESA QUINTELA DE

bém relativamente aos seus delegados) deve no seu seio vigorar o princípio da confiança no cumprimento do Direito? Quais os critérios e limites do seu dever de (auto)vigilância?

(ii) À pessoa colectiva basta implementar uma cadeia de comando e emitir instruções genéricas, dirigidas aos gerentes das suas unidades hoteleiras, de implementação "da máxima qualidade", de "máximo rigor e exigência relativamente ao funcionamento das cozinhas", de "rigorosa fiscalização" do prazo de validade, do estado de conservação e acondicionamento dos alimentos?

(iii) Ou exige-se-lhe que também supervisione a efectiva implementação dessas instruções pelos gerentes das suas unidades hoteleiras, de modo que uma falha de vigilância destes, relativamente aos seus próprios subordinados, se configura como uma falha de supervisão da pessoa jurídica delegante?

IX. Síntese conclusiva quanto à relevância dos programas de *Compliance* na responsabilização penal de entes colectivos

Face ao Código Penal português, a efectiva e prévia implementação de idóneos programas de *Compliance* pode ter um de dois efeitos excludentes da responsabilidade:

1. Revelar que o concreto facto punível que irrompe da pessoa jurídica nada tem a ver com o seu modo de organização, funcionamento e actuação jurídico-económica. Então, o facto não pode dizer-se cometido no 'interesse colectivo', mas contra ele, de modo que tem de concluir-se que inexiste *um ilícito-típico colectivo*, por falta de um facto próprio do ente, apesar da ocorrência de um facto da pessoa singular.

O que sucede quando se verifica que: *(i)* o facto punível foi praticado contra ordens ou instruções expressas de quem de direito dentro do ente (art. 11º/6 CP)[64]; ou *(ii)* foram integralmente cumpridos os necessários e

---

Brito, *Domínio da organização para a execução do facto: responsabilidade penal de entes colectivos, dos seus dirigentes e "actuação em lugar de outrem", cit.*, pp. 925 ss.

[64] Segundo a *Circular 1/2016, sobre la responsabilidad penal de las personas jurídicas conforme a la Reforma del Código Penal efectuada por la Ley Orgánica 1/2015, cit.*, pp. 56-57 e 64-65, a cláusula de isenção de responsabilidade da pessoa jurídica prevista no art. 31-bis/2 configura "*una*

adequados deveres de vigilância e controlo sobre a actividade dos subalternos, que, ainda assim, praticaram um facto punível[65].

2. Evidenciar que a insuficiência ou desactualização do programa de *Compliance*, comprovada na comissão de um concreto facto punível, constitui um "acidente de percurso", e não a manifestação no facto ilícito-típico de uma atitude desvaliosa do ente ante as exigências do dever-ser jurídico-penal em concreto relevantes. *Então, dá-se a exclusão da culpa da pessoa jurídica.*

Neste caso, há um ilícito-típico colectivo, porque praticado pelo círculo relevante de pessoas funcionalmente ligadas ao ente, em atenção ao concreto facto punível (actuação em nome colectivo), e, ainda, no interesse colectivo, porque os seus elementos essenciais foram cunhados pelo pecu-

---

causa de exclusión de la punibilidad, a modo de excusa absolutoria, cuya carga probatoria incumbe a la persona jurídica, que deberá acreditar que los modelos de organización y gestión cumplían las condiciones y requisitos legales". Em contrapartida, caberá à acusação provar a comissão do delito nas circunstâncias previstas no art. 31-bis/1.

A imposição do ónus da prova da circunstância eximente ao ente também se explica por a comissão do delito operar como *"indicio de la ineficacia del modelo"*, de modo que *"cabría exigir a la persona jurídica una explicación exculpatoria que eliminara el efecto incriminatorio del indicio"*.

Aduz-se ainda na Circular que, à semelhança da doutrina jurisprudencial sobre a prova indiciária, não existe aqui inversão do ónus da prova, nem violação da presunção de inocência, porque se exige ao acusado que *"facilite, para lograr su exculpación, aquellos datos que está en condiciones de proporcionar de manera única e insustituible"*. Ou seja: dados relativos à sua organização, *"especialmente los relacionados con algunos requisitos de muy difícil apreciación para el Fiscal o el Juez, como la disposición de los protocolos o procedimientos de formación de la voluntad o de adopción y ejecución de decisiones de la persona jurídica (...) o de los "modelos de gestión de los recursos financieros adecuados para impedir la comisión de los delitos"*.

Veja-se em ANA MARÍA NEIRA ("La efectividad de los criminal compliance programs como objeto de prueba en el proceso penal", *Polít. Crim.* Vol. 11, N. 22 (2016), pp. 467-520, disponível em http://www.politicacriminal.cl/Vol_11/n_22/Vol11N22A5.pdf.) a análise das questões do ónus da prova da existência e eficácia dos programas de *Criminal Compliance*, dos meios de prova idóneos para o efeito e a de saber quem suporta as consequências da falta ou insuficiência dessa prova.

[65] Na opinião de PEDRO DURO ("*Novos* rumos *para o compliance – o efeito espanhol", cit.,* p. 1-2): "*Sistemas eficientes de controlo de cumprimento – ou "políticas de compliance" – permitem evitar a prática de crimes ou contra-ordenações, ou, ao menos, reduzir as infracções a acções localizadas de colaboradores contrárias às orientações das empresas. E, consequentemente, reduzem as contingências jurídicas, financeiras e reputacionais",* ao mesmo tempo que possibilitam à empresa "*melhorar o seu posicionamento no mercado"*.

liar *modus operandi* ('defeituoso' ou 'descontrolado') da pessoa jurídica; mas o ente não deve por ele ser pessoalmente responsabilizado.

E não deve sê-lo, atendendo à sua cultura de fidelidade ao Direito; à validade ética das razões colectivas para a prática desse ilícito-típico; ou a considerações de oportunidade de motivação pela norma jurídico-penal, à luz do quadro valorativo-vivencial do ente ou do seu projecto pessoal de prossecução das respectivas finalidades colectivas ou institucionalizadas.

Não obstante a ausência no Código Penal português de uma norma paralela ao art. 31-bis/2, *in fine* do Código Penal espanhol, nada obsta – bem pelo contrário – que a prévia ou posterior implementação de um programa de *Compliance* possa relevar para efeitos de atenuação especial da pena da pessoa jurídica, ao abrigo do art. 72º/1, por existirem circunstâncias anteriores ou posteriores ao facto que diminuam de forma acentuada a ilicitude do facto, a culpa do agente ou a necessidade de pena, designadamente atendendo ao disposto no nº 2, alíneas *b)*, *c)* e *d)* e considerando ainda os critérios gerais de determinação e graduação da pena previstos no art. 71º/2, alíneas *a)* a *e)*. É que os arts. 71º a 74º também se aplicam às pessoas jurídicas, evidenciando que estas são, de pleno direito, destinatárias de todas as normas do Código Penal compatíveis com a sua natureza (art. 12º/2 CRP).

Referências bibliográficas

ARROYO JIMÉNEZ, Luis, NIETO MARTÍN, Adán (Dirs.)
   Autorregulación y Sanciones, Cizur Menor: Thomson Reuters/Aranzadi, 2ª edición, 2015.
ARROYO ZAPATERO, Luis, NIETO MARTIN, Adán (org.),
   El Derecho Penal Económico en la era Compliance, Tirant lo Blanch, Valencia, 2013.
BAJO FERNÁNDEZ, Miguel, FEIJOO SÁNCHEZ, Bernardo, GÓMEZ-JARA DÍEZ, Carlos,
   Tratado de Responsabilidad penal de las personas jurídicas, 2ª edición, Civitas-Thomson Reuters, Cizur Menor, 2016.
BRAITHWAITE, J.,
   "Enforced Self-Regulation: a New Strategy for Corporate Criminal Control", *Michigan Law Review*, 1982, Vol. 80, nº 7, pp. 1466 ss.
BRAITHWAITE, J.,
   "The New Regulatory State and the Transformation of Criminology", *British Journal of Criminology*, 2000, Vol. 40, nº 2, pp. 222 ss.
BRAVO, Jorge dos Reis,
   Direito Penal de entes colectivos. Ensaio sobre a punibilidade de pessoas jurídicas e entidades equiparadas, Coimbra Editora, Coimbra, 2008.

ESTUDOS SOBRE *LAW ENFORCEMENT, COMPLIANCE* E DIREITO PENAL

BRITO, Teresa Quintela de,
"Crime omissivo e novas representações da responsabilidade social", in: AA.VV., *Liber Amicorum de JOSÉ DE SOUSA E BRITO em comemoração do 70º Aniversário. Estudos de Direito e Filosofia*, Almedina, Coimbra, 2009, pp. 921-943.

BRITO, Teresa Quintela de,
Domínio da organização para a execução do facto: responsabilidade penal de entes colectivos, dos seus dirigentes e "actuação em lugar de outrem", Dissertação de Doutoramento, n.p., Faculdade de Direito da Universidade de Lisboa, Julho de 2012.

BRITO, Teresa Quintela de,
"Questões de prova e modelos legais de responsabilidade contraordenacional e penal de entes colectivos", in: AA.VV., *Direito Penal. Fundamentos dogmáticos e político-criminais. Homenagem ao Prof. Peter Hünerfeld*, Coimbra Editora, Coimbra, 2013, pp. 1209-1264, também publicado em MARIA FERNANDA PALMA/AUGUSTO SILVA DIAS/PAULO DE SOUSA MENDES/CARLOTA ALMEIDA (Coord.), *Direito da Investigação Criminal e da Prova*, Almedina, Coimbra, 2014, pp. 131-182.

BRITO, Teresa Quintela de,
"Relevância dos mecanismos de *Compliance* na responsabilização penal das pessoas colectivas e dos seus dirigentes", *Anatomia do Crime. Revista de Ciências Jurídico-Criminais*, 2014, nº 0, pp. 75-91.

BUSSMANN, Kai-D.,
"Wirtschaftskriminalität und Unternehmenskultur", BANNENBERG, Britta/JEHLE, Jörg-Martin (Hrsg.): Wirtschaftskriminalität. Mönchengladbach: Forum Verlag Godesberg 2010, pp. 57-81, disponível em http://docplayer.org/2501804-Wirtschaftskriminalitaet.html

CIRCULAR 1/2016, *sobre la responsabilidad penal de las personas jurídicas conforme a la Reforma del Código Penal efectuada por la Ley Orgánica 1/2015*, da Fiscalía General del Estado. Espanha, disponível em http://s03.s3c.es/imag/doc/2016-01-25/CircularFiscalia.Compliance.pdf

COCA VILA, Ivó,
"Programas de cumplimiento como forma de autorregulación regulada?", in: AA.VV., *Criminalidad de empresa y compliance: prevención y reacciones corporativas* (org.: Jesús María Silva Sánchez), Atelier, Barcelona, 2013, pp. 43-76.

DEL ROSAL BLASCO, Bernardo,
"Sobre los elementos estructurales de la responsabilidad penal de las personas jurídicas: reflexiones sobre las SSTS 154/2016 y 221/2016 y sobre la Circular núm. 1/2016 de la Fiscalía General del Estado", *Diario La Ley*, 1 de abril de 2016, nº 8732, Sección Doctrina, disponível em http://laleydigital.laley.es/Content/Documento.aspx?params=H4sIAAAAAAAEAMtMSbF1CTEAAiNjQ0tTY7Wy1KLizPw8WyMDQzMDY0Oz kEBmWqVLfnJIZUGqbVpiTnEqALSeiOM1AAAAWKE

DIAS, Augusto Silva,
„Delicta in se" e „Delicta mere prohibita". *Uma análise das descontinuidades do ilícito penal moderno à luz da reconstrução de uma distinção clássica*, Coimbra Editora, Coimbra, 2008.

DÍEZ RIPOLLÉS, José,
"La responsabilidad penal de las personas jurídicas. Regulación española", *InDret*, enero de 2012, disponível em www.indret.com

Duro, Pedro,

"*Novos* rumos *para o compliance – o efeito espanhol*", artigo publicado por Campos Ferreira Sá Carneiro & Associados, Maio de 2015, disponível em http://www.csassociados.pt/xms/files/DESTAQUES/Destaque_pdl_Novos_rumos_para_o_Compliance_o_efeito_espanhol.pdf

Feijóo Sánchez, Bernardo,

El delito corporativo en el Código Penal español. Cumplimiento normativo y fundamento de la responsabilidad penal de las empresas, Thomson Reuters/Civitas, Navarra, 2015.

García Arán, Mercedes,

"Artículo 31 bis", in: AA.VV., *Comentarios al Código Penal. Parte General* (Org.: Juan Córdoba Roda, Mercedes García Arán), Marcial Pons, Madrid, 2010.

Gómez-Jara Díez, Carlos,

"Auto-organización empresarial y autorresponsabilidad empresarial: hacia una verdadera responsabilidad penal de las personas jurídicas?", *RECPC*, 2005, nº 8, disponível em http://criminet.ugr.es/recpc/08/recpc08-05.pdf

Gómez-Jara Díez, Carlos,

"La atenuación de la responsabilidad penal empresarial en el Anteproyecto de Código Penal de 2008: los compliance programs y la colaboración con la administración de justicia", *El Anteproyecto de modificación del Código Penal de 2008. Algunos aspectos* (org.: Itziar Casanueva Sanz, Jesús Agustín Puyeo Rodero), Universidad de Deusto, Bilbao, 2009, pp. 221-289.

Gómez-Jara Díez, Carlos,

"La responsabilidad penal de las personas jurídicas en la reforma del Código Penal", *Diario La Ley*, 2010, nº 7534, pp. 1-14.

Gómez-Jara Díez, Carlos,

"La imputabilidad organizativa en la responsabilidad penal de las personas jurídicas. A propósito del auto de la Sala de lo Penal de la Audiencia Nacional de 19 de mayo de 2014" disponível em http://www.juntadeandalucia.es/institutodeadministracionpublica/aplicaciones/boletin/publico/boletin60/Articulos_60/Gomez-Jara-Diez.pdf

Gómez-Jara Díez, Carlos,

Autorregulación y responsabilidad penal de las persona jurídicas, Lima-Perú: Ara Editores, 2015.

González Sierra, Pablo,

La imputación penal de las personas jurídicas. Análisis del art. 31-bis CP, Tirant lo Blanch, Valencia, 2014.

Gutiérrez Pérez, Elena,

"La Circular 1/2016 de la Fiscalía General del Estado sobre las personas jurídicas o el retorno a los ecos del pasado", *Diario La Ley*, 22 de febrero de 2016, año XXXVII, nº 8707, pp. 1-9, disponível em http://pdfs.wke.es/6/0/1/8/pd0000106018.pdf

Jahn, Matthias/Pietsch, Franziska,

"Der NRW-Entwurf für ein erbandsstrafgesetzbuch. Eine Einführung in das Konzept und seine Folgefragen", *ZIS* 1/2015, disponível em www.zis-online.com

Klindt, Thomas, Pelz, Christian, Theusinger, Ingo,

„Compliance im Spiegel der Rechtsprechung", *NJW*, Band 33/2010, pp. 2385 ss

KÖLBEL, Ralf,
"Criminal Compliance – ein Missverständnis des Strafrechts?", *ZStW*, 2013, Band 125, Heft 3, pp. 499-535.

KUHLEN, Lothar, MONTIEL, Juan Pablo, URBINA GIMENO, Ínigo Ortiz de (org.),
Compliance y teoría del Derecho Penal, Marcial Pons, Madrid/Barcelona/Buenos Aires/ São Paulo, 2013.

LEITE, Inês Ferreira,
"O conceito material de sanção administrativa não punitiva (à luz da jurisprudência constitucional e europeia)", 2015, disponível em https://prezi.com/puv4db7uvbre/o--conceito-material-de-sancao-administrativa-nao-penal/

MEIRELES, Mário Pedro Seixas,
Pessoas colectivas e sanções criminais: juízos de adequação, Coimbra Editora, Coimbra, 2006.

MIR PUIG, Santiago, CORCOY BIDASOLO, Mirentxu, GÓMEZ MARTÍN, Víctor (Dirs.)
Responsabilidad de la empresa y Compliance. Programas de prevención, detección y reacción penal, Madrid: Edisofer/Buenos Aires-Argentina: Euros Editores/Montevideo-Uruguay: B de F,2014.

MORALES ROMERO, Muñoz de, NIETO MARTÍN, Adán,
"Mucho más que una circunstancia atenuante: contenido y efectos prácticos de los programas de cumplimiento normativo en el derecho penal comparado", AA.VV., *Crisis financiera y Derecho Penal Económico*, (Org.: Demetrio Crespo, Maroto Calatayud), Editorial B de F, Montevideo/Buenos Aires, 2014, pp. 465-505.

NEIRA, Ana María,
"La efectividad de los criminal compliance programs como objeto de prueba en el proceso penal", *Polít. Crim.*, 2016, Vol. 11, Nº 22, pp. 467-520, disponível em http://www. politicacriminal.cl/Vol_11/n_22/Vol11N22A5.pdf.

NIETO MARTÍN, Adán,
"Responsabilidad social, gobierno corporativo y autorregulación: sus influencias en el derecho penal de la empresa", *Política criminal*, 2008, nº 5, disponível em http://www. politicacriminal.cl/n_05/A_3_5.pdf

NIETO MARTÍN, Adán (Org.),
Manual de cumplimiento en la empresa, Tirant lo Blanch, Valencia, 2015.

NIETO MARTÍN, Adán, ARROYO JÍMENEZ, Luís (Org.),
Autorregulación y sanciones, 2ª edición, Aranzadi, Navarra, 2015.

PALMA, Maria Fernanda,
O princípio da desculpa em Direito Penal, Coimbra Editora, Coimbra, 2005.

PATRÍCIO, Rui,
"Compliance é prevenção, mas também é defesa", *Revista Exame*, 1.09.2016, disponível em http://www.mlgts.pt/xms/files/Comunicacao/Imprensa/2016/Compliance_e_prevencao__mas_tambem_e_defesa.pdf

PATRÍCIO, Rui/, JÚNIOR, Filipa Marques,
"Compliance, what?", *Revista Exame*, Janeiro de 2012, disponível em http://www.mlgts. pt/xms/files/Comunicacao/Imprensa/2012/Compliance_what.pdf

QUINTERO OLIVARES, Gonzalo,
"La reforma del régimen de responsabilidad penal de las personas jurídicas", in: AA.VV., *Comentario a la Reforma Penal de 2015* (org.: Gonzalo Quintero Olivares) Navarra: Thomson Reuters-Aranzadi, 2015, pp. 77-91.

Rotsch, Thomas,
"*Criminal Compliance*", *InDret*, 1/2012, disponível em www.indret.com
Rotsch, Thomas,
"*Compliance* und Strafrecht – Fragen, Bedeutung, Perspektiven. Vorbemerkungen zu einer Theorie der sog. 'Criminal Compliance", *ZStW*, 2013, Band 125, Heft 3, pp. 481-498.
Rotsch, Thomas (Hrsg.),
Criminal Compliance. *Handbuch*, Nomos, Baden-Baden, 2015.
Silva Sánchez, Jesús-María (Org.),
Criminalidad de empresa y compliance: prevención y reacciones corporativas, Barcelona: Atelier, 2013;
Silva Sánchez, Jesús-María,
«Derecho Penal Regulatorio?», *En busca del Derecho penal*, Buenos Aires: Editorial B de F, 2015, 145-151, disponível em http://www.raco.cat/index.php/InDret/article/view/293084;
Silva Sánchez, Jesús-María,
Fundamentos del Derecho Penal de la empresa, 2ª edición ampliada y actualizada, Editorial B de F, Montevideo-Buenos Aires, 2016.
Silveira, Renato de Mello Jorge, Saad-Diniz,
Compliance, Direito Penal e Lei Anticorrupção, Ed. Saraiva, São Paulo, 2015.
Suchanek, Andreas
"Unternehmensethik und Eigeninteresse", *Die Finanzkrise, das Wirtschaftsstrafrecht und die Moral* (Institute for Law and Finance) (Hrsg.: Kempf/Lüderssen/Volk), de Gruyter, Berlin/New York, 2010, pp. 47-70.
Villegas García, María,
La responsabilidad criminal de las personas jurídicas. La experiencia de Estados Unidos, Cizur Menor: Thomson Reuters/Aranzadi, 2016.
Zugaldía Espinar, José, Espinosa Ceballos, Elena (org.),
La responsabilidad criminal de las personas jurídicas en Latinoamérica y em España, Thomson Reuters/Aranzadi, Navarra, 2015.

Jurisprudência

Acórdão do Tribunal da Relação do Porto, de 10 de Janeiro de 2001, Proc. Nº 0040383, Relator: Pinto Monteiro (actuação contra ordens ou instruções expressas de quem de direito na pessoa jurídica).
Acórdão do Tribunal da Relação de Guimarães, de 22 de Janeiro de 2004, processo nº 1121/04 1, Relator: Francisco Marcolino (não censurabilidade do erro sobre a ilicitude)
Acórdão do Tribunal da Relação de Guimarães, de 27 de Outubro de 2008, Processo nº 1339/08-1, Relator: Fernando Monterroso (*Compliance* e culpa da pessoa colectiva).
Acórdão do Tribunal da Relação do Porto, de 6 de Junho de 2012, Proc. nº 4679/11.0TBMAI. P1, Relator Artur Oliveira (*Compliance* e culpa da pessoa colectiva)
Acórdão do Tribunal da Relação do Porto, de 27 de Junho de 2012, Proc. nº 7402/11.5TBMAI. P1, Relatora: Élia São Pedro (Responsabilidade do ente só se o funcionário agir, pelo menos, num quadro de acção previamente traçado e delineado pelos órgãos sociais).

Finantial Conduct Authority: Final Notice to Deutsche Bank, AG, de 31 de Janeiro de 2017, disponível em https://www.fca.org.uk/publication/final-notices/deutsche-bank-2017.pdf (Responsabilidade administrativa por "defeito de organização", *in casu* grave inadequação da estrutura de controlo do branqueamento de capitais).

A responsabilidade contra-ordenacional da pessoa colectiva no contexto do "Estado Regulador"

ALEXANDRA VILELA[*/**]

SUMÁRIO: Introdução; I. Os programas normativos de *compliance* e o direito sancionatório; 1. Breves notas; 2. Os programas de *compliance* e a prática de infracções; II. A culpa no ilícito de mera ordenação social; 1. O fundamento da culpa das pessoas jurídicas no direito contra-ordenacional: a racionalidade dos lugares inversos (Faria Costa); 2. Critérios de atribuição de responsabilidade à pessoa jurídica no direito de mera ordenação social; *a) O critério do Regime Geral das Contra-ordenações*; *b) Outros critérios legais*; Conclusão.

Introdução

A propósito do tema que aqui nos traz, a culpa da pessoa colectiva e cultura empresarial, bem como a sua responsabilidade em determinados casos, importa ressaltar que a análise a efectuar se situará, dentro da medida em que tal se afigure possível, no âmbito do direito contra-ordenacional. Todavia, não poderemos deixar de convocar o direito penal para a nossa

---

* Doutora em Direito pela Universidade de Coimbra, Professora Auxiliar da Faculdade de Direito e Ciência Política da Universidade Lusófona do Porto e investigadora do I2J. Investigadora do Centro de Investigação em Direito Penal e Ciências Criminais e do Instituto Jurídico.
** O presente artigo está redigido de acordo com a antiga ortografia e corresponde à versão desenvolvida e aprofundada da nossa Comunicação apresentada no Iº Curso de Pós-Graduação – *Law Enforcement, Compliance* e Direito Penal nas atividades bancárias, financeira e económica, na sessão sobre "Culpa da pessoa colectiva e Cultura empresarial e Responsabilidade da pessoa colectiva em casos de transformação, cisão e fusão", a 15/12/2015.

ESTUDOS SOBRE *LAW ENFORCEMENT, COMPLIANCE* E DIREITO PENAL

reflexão, porquanto aludir aos problemas do direito contra-ordenacional é, em grande medida, aludirmos aos do direito penal.

Deste modo, importa que tenhamos como pano de fundo a ideia – de resto transversal à problemática em análise – de que o plano económico-financeiro tem sido favorável ao desenvolvimento de um direito penal da empresa que se socorre, nas palavras de Silva Sánchez, de "modelos de solução específicos de um direito penal do risco"[1], todos eles caracterizados por uma antecipação da tutela penal. Por entre estes, o Autor destaca o do risco permitido condicionado, o do princípio da precaução[2] ou o da mera proibição da suspeita do risco"[3].

Prossegue Silva Sánchez, salientando que, ao lado da estrutura da proibição do risco, existem estruturas destinadas à gestão daqueles mesmos riscos e, consequentemente, à ameaça que eles representam para alguns bens jurídicos. E se é certo que essas estruturas podem pertencer à administração pública, hipótese em que temos um controlo técnico centralizado, garantido através de novas categorias de normas penais, e consequentemente de crimes[4], o facto é que, no momento actual, assistimos a um movimento descentralizador, próprio de um novo modelo de Estado, o

---

[1] É sabido que são traços do direito penal do risco ser expansivo, protector de novos bens jurídicos de perfil vago ou pouco concisos e criados a pensar na antecipação da protecção de bens jurídicos do direito penal clássico. Nele abundam, outrossim, os crimes de perigo abstracto. Assume-se, enfim, como um direito eminentemente preventivo, orientado para a redução de riscos. Cf., a este propósito, entre outros, Silva Sánchez., J.-M., "Cambios de perspectiva: la «administrativización» del Derecho penal", in: *La expansión del Derecho Penal, Aspectos de la Política criminal en las sociedades postindustriales*, Montevideo-Buenos Aires: Editorial B de Faira, 2006, (pp. 131-164) p. 131 e ss. Sobre o problema conexo, da administrativização do direito penal, temática que também mereceu a reflexão deste autor, veja-se o que dizemos em Vilela, A., *O Direito de Mera Ordenação Social: entre a Ideia de "Recorrência" e a de "Erosão do Direito Penal Clássico"*, Coimbra: Coimbra Editora, 2013, p. 255 e ss.

[2] Sobre a distinção entre o risco permitido e o risco permitido condicionado, bem como sobre o princípio da precaução, cf. Silva Sánchez, "Teoría del delito e Derecho penal económico empresarial", in: Silva Sánchez, J.-M., *Fundamentos del Derecho Penal de la Empresa*, Segunda edición ampliada y actualizada, Montevideo-Buenos Aires: Editorial B de Faira, 2016, (pp. 1-53), p. 16 e ss.

[3] Cf. Silva Sánchez, J. M., "Introducción", in: AA.VV., *Criminalidad de empresa y Compliance, Prevención y reacciones corporativas*, (org.: J.-M. Silva Sánchez, coord.: R. Montaner Fernández), Atelier – Libros Jurídicos, Barcelona, 2013, (pp. 13-14) p. 13.

[4] Cf. Silva Sánchez, J.-M., *Criminalidad de empresa y Compliance, Prevención y reacciones corporativas* (n. 3), p. 13.

"Estado Regulador"[5]. Segundo o Autor, ele é formalmente caracterizado pela delegação de poderes próprios das suas instituições centrais em agências reguladoras independentes, as quais, em última instância, enquanto poder técnico, decidem o que vai ser sancionado e como o vai ser[6], o que, segundo nos dá conta, origina a transição de um Estado prestacional para um Estado de Garantia ou um Estado Garante[7].

Acrescente-se que, se é certo que as agências reguladoras actuam por si próprias, estando-se, dentro dessa medida, perante uma heterorregulação, também não é menos verdade que elas tendem, cada vez mais, a cooperar com os próprios agentes privados, desenvolvendo-se assim uma auto-regulação e execução regulada, ao lado daquela regulação técnica[8]. No fundo, a gestão das fontes do risco passa a ser efectuada não só por pessoas alheias àquele risco, mas também pelos próprios sujeitos que se encontrem vinculados a essa mesma fonte de risco. É, pois, aqui, neste preciso ponto, que situamos a problemática dos programas normativos de *compliance* das pessoas colectivas – e, dentro destes, os programas de *compliance* jurídico-penais, enquanto soluções de "auto-regulação regulada".

No "Estado Regulador" são as agências de controlo que fixam o modelo de regulação e, por assim ser, as suas infracções paradigmáticas relacionam-se com o incumprimento daquele modelo, com a ausência de estabelecimento de qualquer espécie de auto-regulação, com o facto de esta ser ditada sem levar em conta o modelo regulador, com a falta de colaboração com as agências e, por fim, com o incumprimento das disposições do próprio modelo de auto-regulação[9].

---

[5] Cf. Silva Sánchez, J. M., "Derecho Penal Regulatorio", in: Silva Sánchez, J.-M., *En busca del Derecho penal, Esbozos de una teoría realista del delito y de la pena*, Montevideo-Buenos Aires: Editorial B de Faira, 2015, (pp. 145-151) p. 145, (também disponível em http://www.raco.cat/index.php/InDrct/article/view/293084). Não se pense que o fenómeno descrito por Silva Sánchez é próprio dos ordenamentos jurídicos europeus, como é o caso do espanhol, ou até mesmo do português. Com efeito, também no ordenamento jurídico norte-americano a tendência para a regulação privada se generaliza, assim dando origem a que empresas privadas se substituam ao Estado no exercício da actividade regulatória. Cf., a este propósito, Brown, D., "Criminal Law's Unfortunate Triumph Over Administrative Law", *Public Law and Legal Theory Research Paper Series – University of Virginia School of Law* 9 (2011), (pp. 658-684) p. 680, consultável em: http://papers.ssrn.com/sol3/papers.cfm?abstract_id=1792524.

[6] Cf. Silva Sánchez, J.-M., *En busca del Derecho penal* (n. 5), p. 145.

[7] Cf. Silva Sánchez, J.-M., *En busca del Derecho penal* (n. 5), p. 146.

[8] Cf. Silva Sánchez, J.-M., *En busca del Derecho penal* (n. 5), p. 146

[9] Cf. Silva Sánchez, J.-M., *En busca del Derecho penal* (n. 5), p. 149.

Silva Sánchez coloca, então, a questão de saber qual a razão pela qual estas infracções podem ser classificadas como crimes. É que, refere: "o fundamento da intervenção penal, apoiando a auto-regulação regulada, é a necessidade de pena concebida como princípio utilitarista de fundamentação da incriminação de condutas prescindindo de toda a consideração de merecimento [subentende-se de *pena*]. A lógica da proporcionalidade em sentido estrito ou os critérios próprios de um conceito material de delito estão ausentes por completo. Trata-se de melhorar o «law enforcement system»"[10].

É contundente e sobretudo pertinente a análise levada a cabo pelo autor, pois que dela resulta, sem margem para dúvida, um aumento exponencial de normas incriminatórias que, a nosso ver, lidará de forma tensa com o direito penal tributário do Iluminismo[11]. E, a partir daqui, duas distintas preocupações nos assaltam: a primeira consiste em indagarmos acerca da possibilidade de criação de novos bens jurídicos próprios do "Estado Regulador" e, concomitantemente, questionarmo-nos sobre a legitimidade de todo o direito penal que se desenvolve a partir daqui[12]. No que respeita à segunda, trata-se de nos questionarmos sobre a viabilidade de um outro caminho que não passe pelo "uso excessivo", e mesmo ilegítimo, do direito penal, assim se abrindo as portas para um maior e mais eficaz recurso ao direito de mera ordenação social.

---

[10] Cf. Silva Sánchez, J.-M., *En busca del Derecho penal* (n. 5), p. 149 e s.

[11] Sobre a importância do Iluminismo para o direito penal, cf. Faria Costa, J., *Noções fundamentais de Direito Penal*, 4ª edição, Coimbra: Coimbra Editora, 2015, pp. 148 e s.

[12] Como sabemos, para quem defende um direito penal que não prescinde da sua principal função de protecção de bens jurídicos (por exemplo, Faria Costa e também nós), coloca-se a questão de se saber por qual dos "modelos de densificação do bem jurídico" optar. Nesse sentido, e a este propósito, defendendo que "a categoria operatória para o direito penal é aquela que se estrutura no eixo vertical da compreensão dos bens jurídicos vistos a partir do indivíduo", cf. Faria Costa, J., "Sobre o objecto de protecção do direito penal: o lugar do bem jurídico na doutrina de um direito penal não iliberal", in: *Revista de Legislação e Jurisprudência* 3978 (2013), (pp. 158-173), pp. 160 e 161. Note-se, todavia, que tal posição do autor não o leva a afastar a possibilidade de o direito penal proteger bens jurídicos supra-individuais. Condu-lo apenas a afastar tal protecção daquilo que o autor caracteriza como "«falsos» ou «aparentes» bens jurídicos supra-individuais". Cf. novamente o mesmo estudo, p. 161. Igualmente a propósito do tema em texto referido e que, a nosso ver, se relaciona com o direito penal secundário, cf. Vilela, A., *O Direito de Mera Ordenação Social: Entre a Ideia de "Recorrência" e a de "Erosão do Direito Penal Clássico"* (n. 1), pp. 287-299.

É, pois, sobre esta segunda questão que pretendemos reflectir. Não sem antes perceber dentro de que medida é que o direito penal se relaciona com a problemática dos programas normativos de *compliance*.

I. Os programas normativos de *compliance* e o direito sancionatório
1. Breves notas

Como é sabido, podem ser dadas diferentes noções de programas de *compliance*, sendo certo que optaremos por esta, que nos é indicada por Morales Romero e Nieto Martín: "uma forma de auto-regulação que combina regras e procedimentos internos, códigos éticos, etc., que, por vezes, derivam de directrizes ou de normas administrativas de âmbito local, estatal, ou até mesmo internacional, e cuja finalidade é a prevenção não só da prática de crimes como também de outro tipo de infracções à lei"[13]. Deste modo, ainda segundo os autores, os elementos comuns dos mencionados programas são as avaliações de riscos internos e externos a que se encontra exposta a empresa, no exercício da sua actividade; o código ético de conduta e a política de cumprimento; os programas de formação; os procedimentos internos de controlo, os canais de informação e os mecanismos de *due diligence* interno e, por fim, a instituição dos *Compliance Officers*[14].

Assim, se com as avaliações de riscos internos e externos se tem em vista evitar a prática de crimes ou de qualquer outro tipo de infracções, bem como identificar em que parte da estrutura da pessoa jurídica é mais provável que aqueles venham a ser praticados[15], já o código ético de conduta (que não se confunde com o programa de *compliance*, o qual visa enfatizar a necessidade de cumprir as normas escritas) relaciona-se com os valores presentes na prática diária empresarial (como, por exemplo, a honra, a justiça e a integridade) e é constituído pelas políticas corporativas cla-

---

[13] Esta noção foi colhida em Morales Romero, M., Nieto Martín, A., "Mucho más que una circunstancia atenuante: contenido y efectos prácticos de los programas de cumplimiento normativo en el derecho penal comparado, in: AA.VV., *Crisis financiera y Derecho Penal Económico* (dir.: E. Demetrio Crespo, coord.: M. Maroto Calatayud), B de Faira, Monteviedeo-Buenos Aires, 2014, (pp. 465-505), p. 465, a qual, por sua vez, segundo salientam, é inspirada na de Biegelman, M., conforme referem estes autores, na n. 1 do texto já referido.

[14] Cf. Morales Romero, M., Nieto Martín, A., *Crisis financiera y Derecho Penal Económico* (n. 13), p. 483-502.

[15] Cf. Morales Romero, M., Nieto Martín, A., *Crisis financiera y Derecho Penal Económico* (n. 13), p. 483 e s.

ramente articuladas e visíveis contra qualquer conduta ilegal[16]. Todavia, segundo nos apontam Morales Romero e Nieto Martín, não é suficiente a existência do código ético de conduta, na medida em que este, para ser eficaz, deve ser acompanhado de medidas sancionatórias e da indicação do respectivo procedimento interno. Tal desiderato é, pois, logrado, graças à existência de uma política de cumprimento, que se pretende clara e eficazmente divulgada[17].

Por sua vez, ainda de acordo com os mencionados autores, os programas de formação, enquanto parte de um programa de *compliance*, são susceptíveis de se reconduzir "a um bom método que ensine os empregados a comunicar os incidentes de condutas suspeitas sem temer represálias; um método que os informe que, no caso de se verificarem infracções, haverá lugar à aplicação de sanções disciplinares". Por isso, decorre da exposição daqueles que os mencionados programas deverão realizar-se com frequência e assiduidade, tendo como destinatários todos quantos exercem funções na pessoa jurídica, mas devendo o seu conteúdo ser elaborado de acordo com as diferentes categorias de profissionais a que se destinam (por isso, devem ser levadas em conta as respectivas posições e as funções que desempenham, entre outros)[18].

Como vimos, da estrutura do programa de *compliance* fazem parte, outrossim, os procedimentos de informação e o controlo interno, sendo certo que, segundo os autores de que nos socorremos, a não existência destes determina que o respectivo programa não seja adequado, devendo ainda, dentro do controlo interno, haver lugar para o procedimento de *due diligence*[19].

Em síntese conclusiva, com os autores, diríamos que toda a institucionalização dos programas de *compliance*, se se quer efectuosa, carece, inquestionavelmente, de pessoas que se encarreguem dessa mesma tarefa, o que competirá aos *Compliance Officers*[20] que, justamente por tal motivo, se revelam uma peça fundamental nos programas de *compliance*.

---

[16] Cf. Morales Romero, M., Nieto Martín, A., *Crisis financiera y Derecho Penal Económico* (n. 13), p. 487, bem como a n. 52.

[17] Cf. Morales Romero, M., Nieto Martín, A., *Crisis financiera y Derecho Penal Económico* (n. 13), p. 490.

[18] Cf. Morales Romero, M., Nieto Martín, A., *Crisis financiera y Derecho Penal Económico* (n. 13), p. 490 e s.

[19] Cf. Morales Romero, M., Nieto Martín, A., *Crisis financiera y Derecho Penal Económico* (n. 13), pp. 492-494.

[20] Cf. Morales Romero, M., Nieto Martín, A., *Crisis financiera y Derecho Penal Económico* (n. 13), p. 497.

Do que vai dito, concluímos, com Teresa Quintela de Brito, que efectivamente as regras do *compliance* não se confundem com as normas de organização, na medida em que nestas últimas "está em causa a organização e funcionamento quotidianos da pessoa colectiva para o desenvolvimento da sua específica actividade económica". Ainda com a autora, através delas são estabelecidos "competências, papéis, funções, procedimentos, políticas", etc., desiderato este que não é o próprio dos programas de *compliance*[21]. Resulta, outrossim, que a implementação de programa de *compliance* na pessoa jurídica, com os seus diferentes elementos, pode constituir um factor de diminuição do risco de comissão de infracções, sejam elas penais ou contra-ordenacionais, hipótese em que nos encontramos no âmbito dos programas preventivos[22]. Todavia, para que assim seja, é necessário que os mesmos sejam adequados à pessoa jurídica e que se encontrem devidamente actualizados, devendo, em consequência, ser periodicamente revistos.

Por conseguinte, revela-se importante verificar agora se os mencionados programas contribuem para a redução de infracções, ou se a sua inexistência determina a responsabilidade da pessoa jurídica, o que em seguida se analisa.

2. Os programas de *compliance* e a prática de infracções

Seguindo o raciocínio que foi sendo desenvolvido, e portadores que somos dos diferentes elementos dos programas de *compliance*, dizíamos, importa perceber em que medida é que a implementação de um destes programas releva no sentido de afastar a responsabilidade da pessoa jurídica, ou se a sua inexistência (ou inadequação) determinam desde logo que estejamos perante uma infracção. Por outras palavras ainda, qual a relação que se estabelece entre os mencionados programas e a responsabilidade da pessoa jurídica.

Como primeira ideia respeitante à questão ora em apreço, começamos por salientar que não cremos que a simples implementação de um pro-

---

[21] Cf. Quintela de Brito, T., "Relevância dos mecanismos de «compliance» na responsabilização penal das pessoas colectivas e dos seus dirigentes", *Anatomia do Crime* 0 (2014), (pp. 75-91), p. 79.

[22] Quanto à implementação de programas preventivos de *compliance* no ordenamento jurídico norte-americano, cf. Brown, D., "Criminal Law's Unfortunate Triumph Over Administrative Law" (n. 5), p. 681.

grama de *compliance* determine de imediato e de forma automática o afastamento da culpa da pessoa jurídica e, em consequência, que esta fique de antemão eximida da sua responsabilidade jurídico-penal. Deste modo, secundamos as palavras de Teresa Quintela de Brito ao salientar que "a mera existência de programas de cumprimento do Direito ou de códigos de ética não elimina necessariamente defeitos organizativos que se repercutem no facto da pessoa singular, dando origem a um ilícito-típico colectivo e, até, a uma culpa da pessoa jurídica", acrescentando, ainda, que aqueles programas não devem ser considerados em abstracto, mas sim relativamente ao facto concreto que se pretende imputar à pessoa jurídica[23].

A autora, a este respeito, analisa o teor do artigo 6º do Decreto-legislativo italiano nº 231/2001, de 8 de Junho, o qual, entretanto, parece ter sido a fonte da solução que se encontra plasmada no nº 2 do artigo 31bis Código Penal Espanhol desde Março de 2015 (alteração levada a cabo pela Lei Orgânica nº 1/2015 de 30 de Março), onde, efectivamente, a responsabilidade penal da pessoa jurídica pode ser afastada verificada que seja a implementação de um programa de *compliance*, mas aliada ao cumprimento de outras condições[24].

Detenhamo-nos, por conseguinte, na mencionada norma do Código Penal e vejamos como se encontra desenhada. Assim, da leitura do nº 2 decorre que a pessoa jurídica fica isenta de responsabilidade se o crime tiver sido praticado por um conjunto de pessoas identificadas na alínea *a)* do nº 1 do mencionado artigo, desde que se verifiquem as seguintes condições: 1ª – "o órgão de administração tenha adoptado e executado com eficácia, antes da prática do crime, modelos de organização e gestão que incluam as medidas de vigilância e de controlo idóneas para prevenir crimes da mesma natureza ou para reduzir de forma significativa o risco da sua prática"; 2ª – "a supervisão do funcionamento e do cumprimento do

---

[23] Cf. Quintela de Brito, T., "Relevância dos mecanismos de «compliance» na responsabilização penal das pessoas colectivas e dos seus dirigentes" (n. 21), p. 81.

[24] Cf. Quintela de Brito, T., "Relevância dos mecanismos de «compliance» na responsabilização penal das pessoas colectivas e dos seus dirigentes" (n. 21), p. 81. Também Silva Sánchez salienta que o texto da norma espanhola segue de perto o da italiana, bem como o da chilena. No entanto, refere também a influência da obra *Responsabilidad penal de las personas jurídicas: un modelo legislativo*, de 2008, de Nieto Martín, em tal norma. Cf. "La eximente de «modelos de prevención de delitos». Fundamentos y bases para una dogmática", in: *Fundamentos del derecho penal de la Empresa*, Segunda edición ampliada y actualizada, Madrid: Edisofer, 2016, (pp. 379-419), p. 380, n. 1.

modelo de prevenção implementado tenha sido confiada a um órgão da pessoa jurídica com poderes autónomos de iniciativa e de controlo ou que lhe tenha sido confiada legalmente a função de supervisionar a eficácia dos controlos internos da pessoa jurídica", e (4ª condição) que este órgão, encarregue de tal vigilância, não tenha omitido ou exercido de forma insuficiente as suas funções de supervisão, vigilância e controlo; 3ª – que "os autores individuais tenham cometido o crime iludindo de forma fraudulenta os modelos de organização e de prevenção (3ª condição do nº 2)[25].

Assim, da mencionada norma podemos retirar, essencialmente, que a existência de um programa de *compliance* normativo efectivamente implementado e realmente operativo e a instituição de um *compliance officer* diligente no exercício das suas funções de supervisão, vigilância e controlo (4ª condição do nº 2), somadas ao facto de os agentes individuais identificados na alínea *a)* do nº 1 (entre os quais os representantes legais) terem cometido a infracção iludindo de forma fraudulenta os modelos de organização e de prevenção (3ª condição do nº 2), eximem de responsabilidade penal a pessoa colectiva.

Certamente que a consagração de tal regra, quer no ordenamento jurídico-penal espanhol, quer no italiano, teve como desiderato dar cumprimento a uma das directrizes prevista na Recomendação nº R (88) 18 do Comité de Ministros do Conselho da Europa, adoptada em 20 de Outubro de 1988, sobre a responsabilidade penal das pessoas colectivas. Mais especificamente aquela que preconizava que a empresa "deveria ficar isenta de responsabilidade quando a sua organização não estivesse implicada com o crime cometido e quando tenha tomado as medidas necessárias para impedir a sua prática"[26]. Ao mesmo tempo, não deixa de ser curioso salientar que no Preâmbulo do diploma em causa se afirme que

---

[25] As expressões entre aspas correspondem à letra da lei. Saliente-se que o regime de isenção de responsabilidade não se esgota no nº 2 do artigo em causa, porquanto também os nºs 3 (aplicável a empresas de pequenas dimensões), 4 (caso em que o autor do crime é uma das pessoas identificadas na alínea *b)* do nº 1) e 5 (requisitos dos modelos de organização e gestão) versam sobre esta matéria.

[26] Cf. Silva Sánchez, J-M., "La responsabilidad penal de las personas jurídicas en derecho español", in: AA.VV., *Criminalidad de empresa y Compliance, Prevención y reacciones corporativas*, (org.: J.-M. Silva Sánchez, coord.: R. Montaner Fernández), Atelier – Libros Jurídicos, Barcelona, 2013, (pp. 15-42) p. 30 e s. No Preâmbulo da Lei aqui em causa é mencionado que se assumem certas recomendações de organizações internacionais. Cf. Boletín Oficial del Estado, 77, de 31 de Março de 2015, Sec. I, p. 27063, ponto III.

a alteração levada a cabo no seio desta norma colocava um ponto final "nas dúvidas interpretativas que a anterior regulação havia colocado, pois alguns sectores interpretavam-na como um regime de responsabilidade vicarial"[27]. Assim, por exemplo, analisando o significado da ausência de uma disposição legal semelhante a esta, Silva Sánchez, em momento anterior a 2015, afirmava que tal ausência representa "uma manifestação significativa da opção pelo modelo de transferência e a rejeição do modelo da responsabilidade por facto próprio"[28], posição que reitera mesmo depois daquela revisão, embora apontando que as incoerências da norma aumentaram[29].

Regressando à questão que tratamos, a propósito da norma inserta no Código Penal Espanhol no ano de 2015, ou de qualquer outra com o mesmo espírito, consideramos que a sua inexistência, em qualquer ordenamento jurídico-penal, não obsta ao afastamento da responsabilidade penal da pessoa colectiva, na medida em que o juiz, nesse caso, não fica impedido de declarar o afastamento daquela responsabilidade. Segundo cremos, para que isso possa acontecer, revela-se, sim, necessário que seja feita prova de que o cumprimento de um programa de *compliance*, aliado, ou não, à observação de outras condições, significou, *naquele caso concreto*, um esforço de actuação da pessoa jurídica conforme ao direito penal e que, por isso mesmo, não lhe pode ser assacada qualquer culpa.

---

[27] Cf., novamente, Boletín Oficial del Estado, 77, de 31 de Março de 2015, Sec. I, p. 27063, ponto III. Cf. Silva Sánchez, J.-M., Sánchez, *Criminalidad de empresa y Compliance, Prevención y reacciones corporativas* (n. 26), p. 30 e s. Sobre a questão do modelo de responsabilidade penal e a existência dos programas de *compliance*, tenhamos presente as palavras de Morales Romero, M. e de Nieto Martín, A., segundo as quais, nos ordenamentos jurídicos que adoptam o sistema da responsabilidade vicarial, o programa de *compliance* normativo "pouco ou nada têm a dizer", na medida em que a responsabilidade advém da prática do facto por alguém que tenha poderes de representação da pessoa colectiva e no interesse desta. Ao invés, nos casos em que a responsabilidade é própria, baseada em um defeito de organização, aí, sim, os programas de *compliance* são decisivos. Cf. Morales Romero, M., Nieto Martín, A., *Crisis financiera y Derecho Penal Económico* (n. 13), p. 468.

[28] Quanto às considerações do autor tecidas anteriormente à revisão de 2015, cf. Silva Sánchez, J-M., *Criminalidad de empresa y Compliance, Prevención y reacciones corporativas* (n. 26), p. 30 e s. Por sua vez, no que se refere à análise após aquela revisão, cf., o mesmo autor, *Fundamentos del derecho penal de la Empresa* (n. 24), pp. 379-419, em especial, p. 381 e ss. A este respeito, nesta mesma obra, cf., outrossim do autor, "El sistema de responsabilidade de las personas jurídicas", pp. 367-378.

[29] Cf. Silva Sánchez, *Fundamentos del derecho penal de la Empresa* (n. 24), p. 382.

Se bem vemos o problema, normas deste tipo revelam que o legislador, em sede de criminalidade económica, envereda por um caminho que, a nosso ver, não é o desejável, qual seja o de previsão de casos específicos (a existência de programas de *compliance* somada a outras condições) que permite que a pessoa jurídica seja eximida de responsabilidade. Em rectas contas, consideramos tais normas desnecessárias e, em certa medida, deslocadas no direito penal. E diga-se que este juízo vale não apenas para códigos penais como o nosso, que remete as infracções contra a economia para leis extravagantes, mas igualmente para os que as disciplinam no seu seio, como acontece, por exemplo, com o espanhol[30].

Em uma lógica inversa, tal como Teresa Quintela de Brito, também não aceitamos, sem mais, o facto de a ausência de programas de *compliance* de carácter jurídico-penal poder constituir o fundamento da responsabilidade penal das pessoas jurídicas[31]. Isto, pese embora o facto de Silva Sánchez nos ter dado conta (em momento anterior à revisão de Março 2015) de que, em Espanha, essa ideia seja defendida por um "amplo sector doutrinário"[32]. Entendemos, ainda, que a inadequação de tais programas para determinada pessoa jurídica, ou mesmo a sua violação, não fundamentam de forma automática aquela responsabilidade.

Aliás, nesta sede, recorrendo aos afeiçoamentos da teoria do risco, aquando da imputação objectiva, concretamente recorrendo ao afeiçoamento dos comportamentos lícitos alternativos, bem poderá o juiz concluir que, mesmo na hipótese de a pessoa jurídica ter implementado um programa normativo de *compliance* (somado a outros requisitos) no seu seio, ainda assim, o ilícito sempre se verificaria, facto que, como sabemos, é susceptível de conduzir, em alguns casos, ao afastamento da responsabilidade penal[33].

Posto isto, quedamo-nos apenas por esta ideia: a existência e a adequação de programas normativos de *compliance* preventivos, somadas ainda à sua supervisão e vigilância, devem ser levadas em conta aquando da apre-

---

[30] Cf. Faria Costa, J., *Noções fundamentais de Direito Penal* (n. 11), p. 22.

[31] Cf. Quintela de Brito, T., "Relevância dos mecanismos de «compliance» na responsabilização penal das pessoas colectivas e dos seus dirigentes" (n. 21), p. 80.

[32] Cf. Silva Sánchez, J.-M., *Criminalidad de empresa y Compliance, Prevención y reacciones corporativas* (n. 3), p. 31.

[33] A propósito da imputação objectiva e especificamente sobre o critério em texto mencionado, cf. Faria Costa, J., *Noções fundamentais de Direito Penal*, (n. 11), p. 228.

ciação da infracção, podendo, em alguns casos, conduzir a que a pessoa jurídica não seja responsabilizada.

Do mesmo modo, aos programas normativos de *compliance* aplicados apenas depois da prática da infracção também lhes pode ser atribuída a benesse de serem considerados para efeitos de atenuação da pena, sendo certo que, para que tal aconteça, também não se nos afigura necessário que o código penal o preveja expressamente, como o faz o artigo 31º quáter do Código Penal Espanhol.

Com efeito, a nosso juízo, tal desiderato é susceptível de ser alcançado lançando mão do artigo 71º/2/*e*) do nosso Código Penal, na medida em que, chegado o momento de levar a cabo a tarefa da determinação da medida da pena, é possível considerar circunstâncias posteriores à prática do crime.

Aqui chegados, e dado que as pessoas jurídicas são uma "obra da liberdade" ou "realizações do ser-livre" que se apresentam como "centros ético-sociais de imputação jurídico-penal"[34], importa que percebamos como é possível sobre elas formular um juízo de culpa, no âmbito da responsabilidade contra-ordenacional.

II. A culpa no ilícito de mera ordenação social[35]

1. O fundamento da culpa das pessoas jurídicas no direito contra-ordenacional: a racionalidade dos lugares inversos (Faria Costa)

Todos sabemos que um dos principais obstáculos à responsabilidade penal das pessoas colectivas é justamente a sua incapacidade de agir e a de sofrer um juízo de censura ética. Todavia, em Portugal, esta responsabilidade é praticamente contemporânea ao Código Penal de 1982, sendo certo

---

[34] Cf. Figueiredo Dias, "Para uma dogmática do direito penal secundário", in: AA.VV., *Direito Penal Económico e Europeu: Textos doutrinários*, I, Coimbra Editora, Coimbra, 1998, (pp.35-74) p. 68.

[35] A maioria das considerações constante deste Capítulo já foi por nós tecida aquando da nossa intervenção no Curso de Outono Direito Penal da Pessoa Colectiva, do Centro de Investigação em Direito Penal e Ciências Criminais, na Faculdade de Direito de Lisboa, em Outubro de 2014 e, de forma mais ou menos desenvolvida, encontram-se, também, em Vilela, A., *O Direito de Mera Ordenação Social: entre a Ideia de "Recorrência" e a de "Erosão do Direito Penal Clássico"* (n. 1), p. 528-533.

A propósito do tema em questão, continua actual o estudo de Teresa Serra, "Contra-ordenações: responsabilidade de entidades colectivas. A propósito dos critérios de imputação previstos no regime geral do ilícito de mera ordenação social e em diversos regimes especiais. Problemas de inconstitucionalidade", in: *Revista Portuguesa de Ciências Criminais* 1 (1999), (pp. 187-212).

que não levanta celeuma doutrinal ou jurisprudencial[36]. Com efeito, partindo da ideia de necessidade e de conveniência sob o ponto de vista político-criminal de responsabilizar jurídico-penalmente as pessoas colectivas, Figueiredo Dias recorre à analogia material entre a culpa individual e a responsabilidade por culpa relativamente às pessoas colectivas, tendo cabido a Faria Costa fundamentar essa responsabilidade recorrendo à racionalidade dos lugares inversos quanto à imputabilidade daquelas[37]. Todavia, se esta forma de fundamentar a responsabilidade das pessoas colectivas é válida para o direito penal, importa perceber se ela também pode ser transposta para o ilícito de mera ordenação social.

Dado que estamos em presença de um direito sancionatório, parece-nos de meridiana evidência, como já afirmámos anteriormente, que não podemos prescindir de um princípio de culpa, não só relativamente às pessoas físicas que cometem ilícitos contra-ordenacionais, como também às pessoas jurídicas a quem se imputam esses mesmos ilícitos, ainda que um princípio da culpa diferente, em alguns casos, daquele que é proprio do direito penal[38]. Por conseguinte, afastamos a admissibilidade de uma qualquer espécie de responsabilidade objectiva ou de responsabilidade por facto de outrem, sendo também certo que a culpa no ilícito contra-ordenacional, em alguns casos, não se esgota "na imputação do facto à responsabilidade social do seu autor"[39].

Consideramos que, existindo contra-ordenações que possuem relevância ético-social (porquanto se traduzem em ofensas directas a bens jurídico-penais), ao lado de outras destituídas de tal sentido, relativamente às primeiras devem valer os princípios que valem para a culpa em direito penal. Por assim ser, segundo o nosso ponto de vista, a problemática da culpa relativamente às pessoas jurídicas pode efectivamente beneficiar da lógica dos lugares inversos de que nos fala Faria Costa.

Assim sendo, é chegado o momento de analisarmos qual o critério de atribuição de responsabilidade à pessoa jurídica no âmbito do regime geral das contra-ordenações.

---

[36] Cf. Figueiredo Dias, *Direito Penal Económico e Europeu: Textos doutrinários*, I (n. 34), pp. 68 e s. e Faria Costa, J., *Noções fundamentais de Direito Penal* (n. 11), pp. 235 e s.

[37] Cf. Faria Costa, J., *Noções fundamentais de Direito Penal* (n. 11), pp. 237-239.

[38] A este respeito e de forma mais desenvolvida, veja-se o que dizemos em Vilela, A., *O Direito de Mera Ordenação Social: entre a Ideia de "Recorrência" e a de "Erosão do Direito Penal Clássico"* (n. 1), pp. 546 e s., onde também se poderão encontrar posições próximas da nossa.

[39] Cf. Figueiredo Dias, J., *Direito Penal Económico e Europeu: Textos doutrinários*, I (n. 34), p. 29.

2. Critérios de atribuição de responsabilidade à pessoa jurídica no direito de mera ordenação social

a) O critério do Regime Geral das Contra-ordenações

No nº 1 do artigo 7º do Regime Geral das Contra-Ordenações (RGCO) encontramos consagrado o princípio da responsabilidade geral contra-ordenacional das pessoas colectivas, assim se procedendo à equiparação da responsabilidade destas à das pessoas singulares. Não admira que o legislador do RGCO tenha seguido este caminho, porquanto este direito foi criado para abarcar apenas ilícitos destituídos de conteúdo ético. Logo, bem poderia nele vigorar um princípio de responsabilidade geral das pessoas colectivas, onde não se colocariam grandes problemas relacionados com a culpa.

Por sua vez, seguindo Teresa Serra, o nº 2 do mencionado artigo 7º parte da teoria da identificação fundada em uma concepção orgânica, segundo a qual a vontade dos órgãos da pessoa colectiva é, desde início, aceite como sendo da pessoa colectiva[40]. E, na medida em que "os actos dos órgãos são os actos da própria entidade colectiva"[41], podemos afirmar que estamos perante um caso de responsabilidade directa.

---

[40] Cf. Serra, T., "Contra-ordenações: responsabilidade de entidades colectivas. A propósito dos critérios de imputação previstos no regime geral do ilícito de mera ordenação social e em diversos regimes especiais" (n. 35), p. 190. A propósito do que em texto se diz, refira-se que Teresa Quintela de Brito salienta que a teoria da identificação é adoptada "na sua versão originária e mais restritiva", porque "a pessoa jurídica apenas responde pelas contra-ordenações praticadas pelos seus órgãos no exercício das suas funções". Cf. Quintela de Brito, T., "Questões de prova e modelos legais de responsabilidade contra-ordenacional e penal de entes colectivos", in: AA.VV., *Direito Penal – Fundamentos dogmáticos e político-criminais. Homenagem ao Prof. Peter Hünerfeld*, (org.: Manuel da Costa Andrade, José de Faria Costa; Anabela Miranda Rodrigues; Helena Moniz; Sónia Fidalgo), Coimbra Editora, Coimbra, 2013, (pp. 1209-1264) pp. 1228 e s.

[41] No que tange a este ponto, cf. Serra, T., "Contra-ordenações: responsabilidade de entidades colectivas. A propósito dos critérios de imputação previstos no regime geral do ilícito de mera ordenação social e em diversos regimes especiais" (n. 35), pp. 191 e s. Numa formulação pura deste modelo, como escreve Germano Marques da Silva, "a imputação é imediatamente dirigida ao comportamento da pessoa colectiva sem necessária intermediação de pessoas físicas". Cf. Marques da Silva, G., *Responsabilidade penal das sociedades e dos seus administradores e representantes*, Lisboa: Verbo, 2009, p. 175. O mesmo autor também nos dá conta de que, a par deste, há a considerar o da responsabilidade por substituição, em que a responsabilidade da sociedade é definida em função da acção e da culpa dos que actuam por ela. Os actos são considerados actos da sociedade através do mecanismo da imputação. É também designada

Verificamos, pois, que o legislador do regime geral se afastou de uma ideia de responsabilidade derivada, fundada numa ideia de vicariato, através da qual são imputados à pessoa jurídica actos de certas pessoas que ajam no interesse e em nome da empresa, assim imputando à pessoa colectiva a responsabilidade pelos actos cometidos em seu benefício e no âmbito da sua actividade.

Ora, daqui resulta, como primeira conclusão, que o regime contido no artigo 7º, nº 2 do DL nº 433/82 é altamente restritivo, dado que arreda a responsabilidade contra-ordenacional da pessoa jurídica em todas as situações em que a contra-ordenação não é praticada pelos "seus órgãos no exercício das suas funções", o que equivale a dizer que fora deste círculo ficam os representantes em geral e, de um modo geral, todos aqueles que legitimamente possam representar a pessoa jurídica.

Deste critério de responsabilização das pessoas colectivas resulta uma desarmonia entre o nº 2 do artigo 7º e o espírito contido no nº 1, porquanto este pretendeu que a responsabilidade contra-ordenacional das pessoas colectivas fosse ampla a um ponto total que fosse equiparada à da singular[42]. Assim, as portas abertas pelo nº 1 são praticamente fechadas pelo critério do nº 2 e que, a nosso ver, não pode sofrer uma interpretação extensiva conforme vem fazendo alguma jurisprudência, e tal como resulta do Parecer Consultivo da Procuradoria Geral da República nº P0000112013[43].

Não obstante, as críticas não se ficam por aqui porquanto, como a seu tempo assinalou Teresa Serra, o regime resultante do nº 2 do artigo 7º do RGCO gera desigualdades de tratamento entre as pessoas jurídicas e as físicas, sendo as primeiras beneficiadas. Isto porque, enquanto o nº 1 coloca as pessoas jurídicas no mesmo plano das físicas, o nº 2 restringe de forma inaceitável a responsabilidade contra-ordenacional das pessoas colectivas. Consequentemente, o nº 2 do artigo 7º acaba por redundar em inconsti-

---

a responsabilidade por reflexo ou ricochete. Cf. Germano Marques da Silva, nesta mesma obra, na p. 177.

[42] Em sentido crítico, cf., desde logo, Serra, T., "Contra-ordenações: responsabilidade de entidades colectivas. A propósito dos critérios de imputação previstos no regime geral do ilícito de mera ordenação social e em diversos regimes especiais" (n. 35), pp. 190 e 206 e ss.

[43] Cf. Publicado no Diário da República, 2ª Série – Nº 178, de 16 de Setembro de 2013. Também disponível em: http://www.dgsi.pt/pgrp.nsf/7fc0bd52c6f5cd5a802568c0003fb410/d74d5fc794d5302180257b6e0051c9ee?OpenDocument.

ESTUDOS SOBRE *LAW ENFORCEMENT, COMPLIANCE* E DIREITO PENAL

tucionalidade material, dada a violação dos princípios da universalidade, da igualdade e da proporcionalidade[44].

Acrescente-se ainda que o regime consagrado no artigo 11º do Código Penal, direito sancionatório mais gravoso do que o ilícito de mera ordenação social, pode conduzir a um maior número de casos de responsabilização penal das pessoas jurídicas face ao nº 2 do artigo 7º do RGCO, referente à responsabilidade contra-ordenacional destas. Ora, se assim é, facilmente encontramos aqui um claro tratamento desproporcionado entre os dois ilícitos. Na verdade, se algum dos direitos sancionatórios tivesse de ser mais apertado, teria de ser o direito penal e não o contra-ordenacional[45].

De facto, o artigo 11º do Código Penal, ao prever que as pessoas jurídicas respondem pelos crimes ali previstos quando os mesmos são praticados "em seu nome e no interesse colectivo por pessoas que nelas ocupem uma posição de liderança" ou "por quem aja sob a autoridade das pessoas referidas no número anterior em virtude de uma violação dos deveres de vigilância ou controlo que lhes incumbem", assim consagrando o modelo da responsabilidade do representante ou da responsabilidade vicarial[46], acaba por ser mais abrangente do que o artigo 7º, nº 2 do RGCO. Isto mesmo levando em consideração que o leque de pessoas singulares que pode estar na origem da responsabilidade penal da pessoa jurídica tem de actuar "em seu nome e no interesse colectivo", para responsabilizar a pessoa jurídica.

b) Outros critérios legais

Certamente por causa do teor altamente restritivo do regime previsto em sede do ilícito de mera ordenação social, nos últimos tempos, sobretudo no âmbito dos sectores regulados, os diplomas legais que prevêem a res-

---

[44] Cf. Serra, T., "Contra-ordenações: responsabilidade de entidades colectivas. A propósito dos critérios de imputação previstos no regime geral do ilícito de mera ordenação social e em diversos regimes especiais" (n. 35), pp. 206 e s.

[45] No seu estudo, publicado no ano de 1999, portanto anterior à alteração do artigo 11º do Código Penal, Teresa Serra salientava a este propósito ser inadmissível um critério de responsabilidade penal mais amplo que em matéria das contra-ordenações. Cf. Serra, T., "Contra-ordenações: responsabilidade de entidades colectivas. A propósito dos critérios de imputação previstos no regime geral do ilícito de mera ordenação social e em diversos regimes especiais" (n. 35), p. 197. Saliente-se que sobre este ponto não divergimos do que dissemos em Vilela, A., *O Direito de Mera Ordenação Social: entre a Ideia de "Recorrência" e a de "Erosão do Direito Penal Clássico"* (n. 1), p. 532.

[46] Cf. Faria Costa, J., *Noções fundamentais de Direito Penal* (n. 11), p. 240.

A RESPONSABILIDADE CONTRA ORDENACIONAL DA PESSOA COLECTIVA NO CONTEXTO...

ponsabilidade contra-ordenacional de pessoas jurídicas não seguem tal critério restritivo. Deste modo, temos uma norma no âmbito do RGCO que há muito deveria ter sido revista.

Aliás, esta tendência de afastamento do que se encontra previsto no RGCO, em matéria de responsabilidade das pessoas jurídicas, começou bem cedo, logo com o DL nº 28/84[47]. Com efeito, este diploma prevê, no seu artigo 3º, que as pessoas colectivas, sociedades e meras associações são responsáveis pelas infracções praticadas pelos seus órgãos e representantes em seu nome e no interesse colectivo, assim se aproximando do modelo da responsabilidade vicarial, tal como salienta Teresa Quintela de Brito[48].

Contrastando com o regime restritivo do nº 2 do artigo 7º, merece ainda referência a construção dual, que, de resto, nos parece equilibrada e sensata, da mencionada responsabilidade contra-ordenacional em sede do nº 1 do artigo 203º do Regime Geral das Instituições de Crédito e Sociedades Financeiras (RGICSF). Assim, para os titulares dos respectivos cargos de administração, de gerência, direcção ou chefia parece valer a teoria da identificação, pois para responsabilizar a pessoa jurídica é suficiente que aqueles actuem no exercício das suas funções. Por seu turno, para a pessoa jurídica ser responsabilizada por actos dos mandatários, representantes ou trabalhadores é necessário que a actuação destes tenha sido em nome e no interesse da pessoa colectiva. Assim, se na primeira hipótese nos aproximamos de um modelo de responsabilidade fundada na teoria da identificação, já neste segundo são revelados traços da responsabilidade vicarial.

Ao invés, se podemos admitir que todas as pessoas singulares identificadas no nº 2 do artigo 401º do Código de Valores Mobiliários (titulares dos órgãos sociais, mandatários, representantes, trabalhadores) possam praticar actos pelos quais a pessoa colectiva pode vir a responder, como se acabou de ver no âmbito do RGICSF, o facto é que não podemos concordar com o regime excessivamente aberto de tal norma, pois que a pessoa colectiva será responsabilizada pelas contra-ordenações praticadas por aquele leque de pessoas, desde que actuem ou no exercício das respectivas

---

[47] Salientando também esta questão, cf., novamente, Serra, T., "Contra-ordenações: responsabilidade de entidades colectivas. A propósito dos critérios de imputação previstos no regime geral do ilícito de mera ordenação social e em diversos regimes especiais" (n. 35), p. 195 e s. Veja-se em especial n. 28.

[48] Cf. Quintela de Brito, T., *Direito Penal – Fundamentos dogmáticos e político-criminais. Homenagem ao Prof. Peter Hünerfeld* (n. 40), pp. 1234 e s.

funções, ou em nome da pessoa colectiva ou por conta da pessoa colectiva. Apenas o nº 3 introduz uma pequena limitação, traduzida no facto de a responsabilidade da pessoa colectiva ser excluída quando o agente actuar contra as ordens ou instruções daquela[49].

Deste modo, impõe-se que digamos abertamente que esta forma de responsabilizar a pessoa colectiva, prevista no Código de Valores Mobiliários, é demasiado ampla, na medida em que, em última análise, o trabalhador, seja ele qual for, sem poderes de representação, sem poderes para vincular a pessoa jurídica, pode torná-la responsável pela prática da contra-ordenação, bastando, por exemplo, que actue em seu nome[50] e, deste modo, clarificamos, ou se se preferir corrigimos, o que dissemos em momento anterior a propósito desta mesma norma[51].

Em síntese conclusiva, se, por um lado, importa conceber um modelo de responsabilidade contra-ordenacional da pessoa colectiva que não seja de tal forma restritivo que deixe de fora casos que devam ser sancionados, por outro, a responsabilidade daquelas não pode ser pensada desligada da sua culpa, pilar essencial em qualquer direito sancionatório.

---

[49] É claro que também temos presente, conforme salienta Teresa Serra, que neste modelo existe "necessidade de individualização do agente pertencente à empresa, a quem seja possível atribuir a prática da contra-ordenação". Cf. Serra, T., "Contra-ordenações: responsabilidade de entidades colectivas. A propósito dos critérios de imputação previstos no regime geral do ilícito de mera ordenação social e em diversos regimes especiais" (n. 35), p. 200. No mesmo sentido, cf. Germano Marques da Silva, ao referir que "pelo menos como princípio", nos modelos de responsabilidade por substituição ou representação é essencial "a determinação dos agentes que podem comprometer a sociedade, actuando em sua representação". Cf. Marques da Silva, *Responsabilidade penal das sociedades e dos seus administradores e representante* (n. 41), p. 177.

[50] Cf. Marques da Silva, G., "Notas breves sobre o regime sancionatório do Código dos Regimes Contributivos do Sistema Previdencial da Segurança Social", in: *Revista de Finanças Públicas e Direito Fiscal* 4 (2009), pp. 87-99, 93. Tendo em conta o regime previsto no Código Contributivo, Germano Marques da Silva conclui dizendo que é gravíssimo o facto de um trabalhador que actua em nome da pessoa colectiva poder torná-la responsável por uma contra-ordenação, porquanto é violado o princípio da culpa. Recorda o autor que no modelo tradicional "a culpa da pessoa colectiva é construída normativamente na base da vontade manifestada por quem tem poderes para vinculá-la juridicamente (os titulares dos seus órgãos ou representantes), desde que actuem no interesse colectivo e não contrariem ordens ou instruções de quem de direito. Cf., novamente, o mesmo estudo na mesma página.

[51] Em texto estamos a referir-nos ao que escrevemos em Vilela, A., *O Direito de Mera Ordenação Social: entre a Ideia de "Recorrência" e a de "Erosão do Direito Penal Clássico"* (n. 1), pp. 531 e ss.

Conclusão

Começamos por verificar que a intervenção do direito penal no âmbito da criminalidade da empresa é excessiva, recorrendo não raras vezes a uma antecipação da tutela, por força da existência de crimes de perigo abstracto, da abundância de delitos de deveres e de normas penais em branco. Tudo somado faz com que nos distanciemos de um determinado direito penal tributário do mínimo ético e de pendor liberal, cuja apologia já aqui fizemos. Simultaneamente, com Silva Sánchez, questionamo-nos sobre a razão pela qual certas infracções próprias do direito penal económico-financeiro são consideradas crimes[52].

E se este sentimento de uso excessivo do direito penal é próprio de países europeus, como sejam Portugal e Espanha, o certo é que ele também existe no ordenamento jurídico norte-americano. Com efeito, a propósito do direito regulador e do fenómeno da hipercriminalização, Darryl Brown apela para o uso de mecanismos civis e administrativos, nesta sede, assim contribuindo, segundo o autor, para a "redução da regulação do direito penal", o qual deveria ser reservado para os "crimes dolosos que causam danos substanciais"[53].

Julgamos, pois, pertinente, em matéria de direito penal económico em geral, e nesta particular sede da *compliance* em especial, voltar o nosso olhar para o ilícito de mera ordenação social. É pois certo que, tal como na Alemanha (mas aí com o constrangimento de não ser possível a responsabilidade penal das pessoas colectivas, embora a discussão esteja em cima da mesa), também Portugal possui, no seu ordenamento jurídico, um direito sancionatório que, por força da sua estrutura, das suas garantias, por força, ainda, da sua aproximação ao direito penal e regime processual penal, pode contribuir para a contenção desse direito penal regulador de legitimidade duvidosa, segundo nos deu conta Silva Sánchez. Um direito sancionatório que há muito deixou de ser (se é que alguma vez o foi em pleno) um direito de pequenas violações de deveres administrativos. Um direito sancionatório, enfim, que há muito se abriu à protecção de bens jurídicos com dignidade penal, assim se aproximando do direito penal secundário e que da sua dogmática tem vindo a beneficiar[54].

---

[52] Cf. o que se disse na Introdução do presente trabalho.

[53] Cf. Brown, D., "Criminal Law's Unfortunate Triumph Over Administrative Law" (n. 5), p. 682 e s.

[54] Recentemente, e em termos semelhantes, veja-se a defesa que fizemos a favor do direito de mera ordenação social em geral e em especial no âmbito do sector financeiro em Vilela,

ESTUDOS SOBRE *LAW ENFORCEMENT, COMPLIANCE* E DIREITO PENAL

Ora, se assim é, pensamos que a problemática que actualmente gira em torno do *compliance*, e que faz dele matéria de direito penal, deveria ser tratada sobretudo dentro do direito de mera ordenação social. Por exemplo, a inexistência, a desadequação, ou o não cumprimento daquele tipo de programas normativos, poderiam dar origem a ilícitos contra-ordenacionais[55], contribuindo, deste modo, para a libertação do direito penal e para que este se centre efectivamente em ilícitos que ofendem bens jurídicos de natureza penal e onde a sua intervenção seja reclamada em *ultima ratio*. Aliás, se percorrermos o artigo 210º do Regime Geral das Instituições de Crédito e Sociedades Financeiras, referente aos ilícitos em especial, verificamos a existência de alguns daqueles cuja razão de ser se prende com o não cumprimento de regras legais e que poderiam perfeitamente fazer parte de uma programa de *compliance*. A título exemplificativo, podemos destacar as alíneas *a)* e *d)* onde se encontram previstas as infracções derivadas da violação de normas sobre registo no Banco de Portugal e de "relações e limites prudenciais determinados por lei ou pelo Ministério das Finanças ou pelo Banco de Portugal no exercício das respectivas atribuições" e cuja violação é punível com coima[56].

É claro que lançar mão do direito de mera ordenação social, criando um conjunto de contra-ordenações, exige, como já se deixou antever ao analisar a responsabilidade contra-ordenacional da pessoa colectiva prevista no artigo 7º do RGCO, que este seja revisto não apenas nessa norma, mas também em outras. Na verdade, tal como anteriormente defendemos[57],

A., "O direito contra-ordenacional: um direito com futuro?", in: *Anatomia do Crime* 2 (2015), (pp.149-162), pp. 153-155.

[55] Note-se que, ao defendermos a possibilidade de se criarem ilícitos contra-ordenacionais nesta sede, não estamos a fazer a apologia do uso deste direito tal como o fez o legislador alemão no âmbito da KWG, mais especificamente quando criou contra-ordenações para sancionar o incumprimento de deveres relacionados com a gestão do risco. Para um maior desenvolvimento a este respeito cf. Silva Dias, A., "O Direito Penal como instrumento de superação da crise económico-financeira: estado da discussão e novas perspectivas", in: *Anatomia do Crime* 0 (2014), (pp. 45-73) e Vilela, A., "O direito contra-ordenacional: um direito com futuro?" (n. 54), pp. 155-157.

[56] Com certeza podemos afirmar estarmos diante de contra-ordenações, na medida em que o artigo 1º do RGCO estatui que "constitui contra-ordenação todo o facto ilícito e censurável que preencha um tipo legal no qual se comine uma coima".

[57] Cf. Vilela, A., *O Direito de Mera Ordenação Social: entre a Ideia de "Recorrência" e a de "Erosão do Direito Penal Clássico"* (n. 1), pp. 401 e ss. e, mais recentemente, o nosso estudo "O direito contra-ordenacional: um direito com futuro?", (n. 54), pp.159-161.

A RESPONSABILIDADE CONTRA ORDENACIONAL DA PESSOA COLECTIVA NO CONTEXTO...

cremos mesmo que ele deve ser revisto de forma profunda, repensando algumas das suas categorias dogmáticas, criando outras e tendo, ainda, em mente que ele também carece de uma revisão em matéria processual. Revisão essa, que, mais cedo, ou mais tarde, surgirá inelutavelmente.

Referências bibliográficas

BROWN, D.,
"Criminal Law's Unfortunate Triumph Over Administrative Law", *Public Law and Legal Theory Research Paper Series – University of Virginia School of Law*, 2011, 9, pp. 658-684, consultável em: http://papers.ssrn.com/sol3/papers.cfm?abstract_id=1792524.

FARIA COSTA, J.,
"Sobre o objecto de protecção do direito penal: o lugar do bem jurídico na doutrina de um direito penal não iliberal", *Revista de Legislação e Jurisprudência*, 2013, 3978, pp. 158-173.

FARIA COSTA, J.,
Noções fundamentais de Direito Penal, 4ª edição, Coimbra Editora, Coimbra, 2015.

FIGUEIREDO DIAS, J.
"Para uma dogmática do direito penal secundário", in: AA.VV. *Direito Penal Económico e Europeu: Textos doutrinários*, I, Coimbra Editora, Coimbra, 1998, pp. 35-74.

MARQUES DA SILVA, G.,
"Notas breves sobre o regime sancionatório do Código dos Regimes Contributivos do Sistema Previdencial da Segurança Social", *Revista de Finanças Públicas e Direito Fiscal*, 2009, 4, pp. 87-99.

MARQUES DA SILVA, G.,
Responsabilidade penal das sociedades e dos seus administradores e representantes, Verbo, Lisboa, 2009.

MORALES ROMERO, M., NIETO MARTÍN, A.,
"Mucho más que una circunstancia atenuante: contenido y efectos prácticos de los programas de cumplimiento normativo en el derecho penal comparado", in: AA.VV., *Crisis financiera y Derecho Penal Económico* (dir.: E. Demetrio Crespo, coord.: M. Maroto Calatayud), B de Faira, Montevideo-Buenos Aires, 2014, pp. 465-505.

QUINTELA DE BRITO, T.,
"Questões de prova e modelos legais de responsabilidade contra-ordenacional e penal de entes colectivos", in: AA.VV., *Direito Penal – Fundamentos dogmáticos e político-criminais. Homenagem ao Prof. Peter Hünerfeld* (org.: Manuel da Costa Andrade, José de Faria Costa, Anabela Miranda Rodrigues, Helena Moniz, Sónia Fidalgo) Coimbra Editora, Coimbra, 2013, pp. 1209-1264.

QUINTELA DE BRITO, T.,
"Relevância dos mecanismos de «compliance» na responsabilização penal das pessoas colectivas e dos seus dirigentes", *Anatomia do Crime*, 2014, nº 0, pp. 75-91.

SERRA, Teresa
"Contra-ordenações: responsabilidade de entidades colectivas. A propósito dos critérios de imputação previstos no regime geral do ilícito de mera ordenação social e em

diversos regimes especiais. Problemas de inconstitucionalidade", *Revista Portuguesa de Ciências Criminais*, 1999, 1, pp. 187-212.

SILVA DIAS, A.,

"O Direito Penal como instrumento de superação da crise económico-financeira: estado da discussão e novas perspectivas", *Anatomia do Crime*, 2014, nº 0, pp. 45-73.

SILVA SÁNCHEZ, J-M.,

"La eximente de «modelos de prevención de delitos». Fundamentos y bases para una dogmática", in: SILVA SÁNCHEZ, J.M., *Fundamentos del derecho penal de la Empresa*, Segunda edición ampliada y actualizada, Edisofer, Madrid, 2016, pp. 379-419.

SILVA SÁNCHEZ, J-M.,

"Teoría del delito y Derecho penal económico empresarial", in: SILVA SÁNCHEZ, J.M., *Fundamentos del Derecho Penal de la Empresa*, Segunda edición ampliada y actualizada, Edisofer, Madrid, 2016, pp. 1-53.

SILVA SÁNCHEZ, J-M.,

"El sistema de responsabilidad de las personas jurídicas", in: AA.VV. *Criminalidad de empresa y* Compliance, *Prevención y reacciones corporativas*, Atelier – Libros Jurídicos, Barcelona, 2013, pp. 367-378.

SILVA SÁNCHEZ, J-M.,

"Derecho Penal Regulatorio", in: SILVA SÁNCHEZ, J.-M., *En busca del Derecho penal, Esbozos de una teoría realista del delito y de la pena*, Editorial B de Faira, Montevideo-Buenos Aires, 2015, pp. 145-151, também disponível em http://www.raco.cat/index.php/InDret/article/view/293084.

SILVA SÁNCHEZ, J-M.,

"Introducción", in: AA.VV., *Criminalidad de empresa y* Compliance, *Prevención y reacciones corporativas* (org.: J.-M. Silva Sánchez, coord.: R. Montaner Fernández), Atelier – Libros Jurídicos, Barcelona, 2013, pp. 13-14.

SILVA SÁNCHEZ, J-M.,

"La responsabilidad penal de las personas jurídicas en derecho español", AA.VV., *Criminalidad de empresa y* Compliance, *Prevención y reacciones corporativas* (org.: J.-M. Silva Sánchez, coord.: R. Montaner Fernández), Atelier – Libros Jurídicos, Barcelona, 2013, pp. 15-42.

SILVA SÁNCHEZ, J-M.,

"Cambios de perspectiva: la «administrativización» del Derecho penal", in: SILVA SÁNCHEZ, J.-M., *La expansión del Derecho Penal, Aspectos de la Política criminal en las sociedades postindustriales*, Editorial B de Faira, Montevideo-Buenos Aires, 2006, pp. 131-164.

VILELA, A.,

"O direito contra-ordenacional: um direito com futuro?", *Anatomia do Crime*, 2015, nº 2, pp.149-162.

VILELA, A.,

O Direito de Mera Ordenação Social: entre a Ideia de "Recorrência" e a de "Erosão do Direito Penal Clássico", Coimbra Editora, Coimbra, 2013.

A elaboração de programas de *compliance*

FILIPA MARQUES JÚNIOR[*]
JOÃO MEDEIROS[**]

Sumário: Introdução; I. A actividade de *compliance*; II. A evolução da actividade de *compliance*; 1. Principais tendências evolutivas; 2. O caso português; III. A elaboração de um programa de *compliance*; 1. A implementação de um programa de *compliance*; *a)* Análise do risco; *b)* Elaboração de códigos de conduta e regulamentos internos; *c)* Monitorização, controlo e comunicação; *d)* Investigação e processos disciplinares; *e)* Educação e formação dos colaboradores; 2. Riscos particulares; *a)* Pagamentos de facilitação; *b).* Gratificações e hospitalidade; *c)* Patrocínios. Conclusão.

Introdução

A presente publicação nasce da solicitação que nos foi feita no sentido de procurar dar forma escrita à apresentação verbal realizada pelos autores no âmbito da décima primeira sessão do I Curso de Pós-Graduação – Law Enforcement, *Compliance* e Direito Penal nas actividades bancária, financeira e económica, organizado pelo Centro de Investigação em Direito Penal e Ciências Criminais e pelo Instituto de Direito Penal e Ciências Criminais, que teve lugar no passado dia 11 de Fevereiro de 2016, na Faculdade de Direito da Universidade de Lisboa.

[*] Advogada. Sócia na *Morais Leitão, Galvão Teles, Soares da Silva & Associados.*
[**] Advogado. Sócio na *PLMJ Advogados.*

Conforme tivemos oportunidade de salientar quando da realização da apresentação oral e agora, por escrito, se reafirma, exercendo os autores a profissão de Advogados inseridos em estruturas profissionais que lidam diariamente e preferencialmente com empresas, mais do que pretensões de índole académica – que os autores manifestamente não têm – subjacente à presente comunicação está a visão de práticos do direito sobre a forma como as empresas nacionais encaram a actividade de *Compliance*, sobre as razões da sua fraca implementação em Portugal e do que poderia ser feito para incentivar a sua utilização e, finalmente, sobre o seu domínio concreto de aplicação. Paralelamente, pela importância prática que tem no dia-a-dia das empresas, analisar-se-á sumariamente as melhores práticas em matéria de pagamentos de facilitação, gratificações e hospitalidade e contratos de patrocínio.

Resta-nos agradecer ao Centro de Investigação em Direito Penal e Ciências Criminais e ao Instituto de Direito Penal e Ciências Criminais, em particular na pessoa do Prof. Doutor Paulo de Sousa Mendes, o honroso convite que nos foi endereçado.

I. A actividade de *compliance*

O termo "*Compliance*" vem do verbo em inglês "To Comply", que significa "Cumprir", "Executar", "Satisfazer", "Realizar o que lhe foi imposto" ou seja, numa noção despretensiosa e eminentemente prática, **compliance é o dever de cumprir, de estar em conformidade e fazer cumprir normas e regulamentos, internos e externos, impostos à actividade das empresas.**

A actividade de *compliance* visa assegurar, em conjunto com as demais áreas, a adequação, o fortalecimento e o funcionamento do sistema de controlos internos da pessoa colectiva, procurando mitigar os riscos de acordo com a complexidade de seus negócios.

Com efeito, na prossecução das suas actividades as empresas estão sujeitas a vários tipos de riscos, os quais podem ser definidos como eventos negativos (por oposição a oportunidades), com probabilidade de ocorrência que, caso sucedam, comprometem ou podem comprometer os objectivos da empresa e podem ser causa de responsabilidade legal, reputacional ou financeira.

Assim, de entre tais riscos destacam-se, desde logo, os riscos legais (riscos a que a empresa está sujeita em virtude da desconformidade com as normas aplicáveis à sua actividade, incluindo os riscos regulatórios e legislativos), reputacionais (e que afectam, desde logo, a imagem da empresa), bem como os riscos financeiros (com impacto financeiro na empresa).

Importa, pois, saber como se gere o risco de forma a torná-lo residual e aceitável, preservando a imagem, a reputação, a segurança jurídica e a sustentabilidade financeira da empresa.

Numa perspectiva de defesa empresarial, com uma vertente preventiva, podemos enunciar desde logo os seguintes princípios:

a) Antecipação: identificação atempada de riscos e vulnerabilidade a que a empresa está sujeita;

b) Prevenção: adopção de medidas para proteger a empresa dos riscos e vulnerabilidades detectados;

c) Detecção: adopção de mecanismos que permitam detectar possíveis indícios de ilícitos e violação de regras;

d) Reacção: Dotar a empresa de mecanismos que permitam uma reacção eficaz no caso de serem detectados indícios de irregularidade.

Pode, assim, afirmar-se que a finalidade dos programas de *compliance* consiste em, além do mais, reduzir ao mínimo razoável o risco de lesão dos bens jurídicos, achando um ponto de equilíbrio que não paralise a actividade da empresa.

De entre aquelas que são commumente enumeradas como as principais funções de um programa de *compliance*, no âmbito de uma estrutura empresarial, podemos identificar as seguintes:

a) Acompanhamento e verificação do cumprimento das leis, normas e regulamentos;

b) Acompanhamento e verificação de observância dos princípios éticos e de normas de conduta;

c) Verificação da correcta implementação e permanente atualização das normas e regulamentos;

d) Análise dos procedimentos e controlos internos existentes e constante melhoria dos mesmos;

e) Verificação da implementação e funcionalidade do sistema de informações interno;

f) Verificação da existência e efectividade dos planos de contingência e realização de testes periódicos aos mesmos;

ESTUDOS SOBRE *LAW ENFORCEMENT, COMPLIANCE* E DIREITO PENAL

g) Verificação de que é corretamente implementado um sistema de segregação de funções nas actividades da empresa (separação de funções potencialmente conflituantes, nomeadamente de autorização, aprovação, execução, controlo e contabilização das operações) a fim de evitar o conflito de interesses;

h) Prevenção de branqueamento e corrupção;

i) Proceder à elaboração de relatórios períodicos sobre o sistema de controlos internos, tendo por base as informações previamente obtidas junto dos vários departamentos da empresa;

j) Lidar com órgãos reguladores e fiscalizadores, garantir que a informação pedida por estas entidades é prontamente prestada e que informação se apresenta como objectiva e fidedigna;

k) Lidar com os auditores externos e internos;

l) Assegurar que quaisquer reservas manifestadas pelos auditores, que se traduzam em potencial desconformidade com leis ou regulamentos, são prontamente corrigidas pelas áreas respectivas.

II. Evolução da actividade de *compliance*

Assumindo-se a actividade de *compliance* como aquela que, em conjunto com as demais áreas da empresa, visa a adequação, fortalecimento e o funcionamento do sistema de controlos internos da pessoa colectiva, procurando mitigar os riscos de incumprimento legal e regulamentar do exercício da actividade empresarial, compreende-se que a sua evolução surja intimamente ligada às políticas legislativas de combate à criminalidade de índole económica.

De uma forma muito sintética[1], a origem dos programas de *compliance*, pode ser atribuída à promulgação do *Foreign Corrupt Practices Act* (FCPA) pelo Governo dos Estados Unidos da América, no ano de 1977, lei que teve como pano de fundo e instrumento percursor o escândalo *Watergate* e que criou severas penalidades para as empresas daquele país que se valessem da corrupção de oficiais de governos estrangeiros para expandir os seus negócios noutros países.

A adopção destas medidas por parte do Governo norte-americano gerou uma onda de contestação interna, que acusava o Governo de provocar uma

---

[1] E sem prejuízo de se poder recuar até à criação da U.S. Securities Exchange Comission, em 1934 que, na sequência do *crash* de 1929, veio estabelecer uma regulamentação dos mercados de capitais, essencialmente com vista à proteção dos investidores.

perda da competitividade das empresas norte-americanas em relação às empresas do resto do mundo.

Usando como bandeira a moralização do comércio internacional, o Governo norte-americano lançou uma ofensiva diplomática que visava que todos os países viessem a criar mecanismos desta natureza.

Neste movimento mundial pela expansão dos princípios previstos no FCPA, o Governo norte-americano intercedeu juntos das principais organizações internacionais, tendo tais esforços culminado na celebração de três Convenções internacionais sobre mecanismos para combater a prática da corrupção nas actividades comerciais: uma Convenção da ONU (Organização das Nações Unidas), uma Convenção da OCDE (Organização para a Cooperação e Desenvolvimento Econômico) e uma Convenção da OEA (Organização dos Estados Americanos)[2].

1. Principais tendências evolutivas

É possível afirmar que, presentemente, se assistem a dois fenómenos em sede da relevância da actividade de *compliance* aos olhos da lei. Por um lado, a expressa referência à actividade da *compliance*, como factor de possível afastamento ou diminuição da responsabilidade penal da pessoa colectiva e, por outro, a tentativa de objectivação da diminuição da culpa em função dos níveis de *compliance* em concreto verificados e do grau de cooperação das empresas com as respectivas autoridades.

Como exemplo da primeira tendência, podemos mencionar a Ley Organica 1/2015, de 31 de Março, da vizinha Espanha, na parte em que dispõe sobre as condições de isenção da responsabilidade da pessoa colectiva.

Já quanto à segunda tendência, merece destaque o Capítulo VIII do 2015 *United States Setencing Comission Guidelines Manual*[3], onde se atribui um *culpability score* que começa com um determinado número de pontos, o qual depois vai diminuindo em função dos comportamentos concreta-

---

[2] A par da temática da corrupção, a preocupação com políticas de *compliance* foi sendo desenvolvida essencialmente no domínio dos mercados financeiros, onde se destaca em termos necessariamente sintéticos e entre muitas outras, a *Financial Action Task Force* – FATF/GAFI, em 1989, o *Sarbanes-Oxley Act* (SOX), em 2002, a definição da função de *compliance* para as instituições financeiras, em 2003, as recomedações de *Know your Customer* aprovadas pelo Comité de Basileia, em 2004, e o *Dodd-Frank Act*, em 2010.

[3] Disponível em https://www.ussc.gov/sites/default/files/pdf/guidelines-manual/2015/GLMFull.pdf

mente adoptados pela empresa, em particular atenta a sua cooperação com as autoridades, bem como da existência de programas de *compliance* que se possam considerar eficientes.

Pela sua relevância e tratamento detalhado destas matéria, transcrevemos *infra* o artigo 31 bis da mencionada Ley Organica 1/2015, de 31 de Março, bem como o número 2, da parte (B) do Capítulo VIII do 2015 *United States Setencing Comission Guidelines Manual*.

Artigo 31 bis, Ley Organica 1/2015, 31 de Março:

> "**1.** *En los supuestos previstos en este Código, las personas jurídicas serán penalmente responsables:*
>
> > *a) De los delitos cometidos en nombre o por cuenta de las mismas, y en su beneficio directo o indirecto, por sus representantes legales o por aquellos que actuando individualmente o como integrantes de un órgano de la persona jurídica, están autorizados para tomar decisiones en nombre de la persona jurídica u ostentan facultades de organización y control dentro de la misma.*
> >
> > *b) De los delitos cometidos, en el ejercicio de actividades sociales y por cuenta y en beneficio directo o indirecto de las mismas, por quienes, estando sometidos a la autoridad de las personas físicas mencionadas en el párrafo anterior, han podido realizar los hechos por haberse incumplido gravemente por aquéllos los deberes de supervisión, vigilancia y control de su actividad atendidas las concretas circunstancias del caso.*
>
> **2.** *Si el delito fuere cometido por las personas indicadas en la letra a) del apartado anterior, la persona jurídica quedará exenta de responsabilidad si se cumplen las siguientes condiciones:*
>
> > *1ª el órgano de administración ha adoptado y ejecutado con eficacia, antes de la comisión del delito, modelos de organización y gestión que incluyen las medidas de vigilancia y control idóneas para prevenir delitos de la misma naturaleza o para reducir de forma significativa el riesgo de su comisión;*
> >
> > *2ª la supervisión del funcionamiento y del cumplimiento del modelo de prevención implantado ha sido confiada a un órgano de la persona jurídica con poderes autónomos de iniciativa y de control o que tenga encomendada legalmente la función de supervisar la eficacia de los controles internos de la persona jurídica;*
> >
> > *3ª los autores individuales han cometido el delito eludiendo fraudulentamente los modelos de organización y de prevención y*
> >
> > *4ª no se ha producido una omisión o un ejercicio insuficiente de sus funciones de supervisión, vigilancia y control por parte del órgano al que se refiere la condición 2ª*

En los casos en los que las anteriores circunstancias solamente puedan ser objeto de acreditación parcial, esta circunstancia será valorada a los efectos de atenuación de la pena.

3. *En las personas jurídicas de pequeñas dimensiones, las funciones de supervisión a que se refiere la condición 2ª del apartado 2 podrán ser asumidas directamente por el órgano de administración. A estos efectos, son personas jurídicas de pequeñas dimensiones aquéllas que, según la legislación aplicable, estén autorizadas a presentar cuenta de pérdidas y ganancias abreviada.*

4. *Si el delito fuera cometido por las personas indicadas en la letra b) del apartado 1, la persona jurídica quedará exenta de responsabilidad si, antes de la comisión del delito, ha adoptado y ejecutado eficazmente un modelo de organización y gestión que resulte adecuado para prevenir delitos de la naturaleza del que fue cometido o para reducir de forma significativa el riesgo de su comisión.*

En este caso resultará igualmente aplicable la atenuación prevista en el párrafo segundo del apartado 2 de este artículo.

5. *Los modelos de organización y gestión a que se refieren la condición 1ª del apartado 2 y el apartado anterior deberán cumplir los siguientes requisitos:*

1º *Identificarán las actividades en cuyo ámbito puedan ser cometidos los delitos que deben ser prevenidos.*

2º *Establecerán los protocolos o procedimientos que concreten el proceso de formación de la voluntad de la persona jurídica, de adopción de decisiones y de ejecución de las mismas con relación a aquéllos.*

3º *Dispondrán de modelos de gestión de los recursos financieros adecuados para impedir la comisión de los delitos que deben ser prevenidos.*

4º *Impondrán la obligación de informar de posibles riesgos e incumplimientos al organismo encargado de vigilar el funcionamiento y observancia del modelo de prevención.*

5º *Establecerán un sistema disciplinario que sancione adecuadamente el incumplimiento de las medidas que establezca el modelo.*

6º *Realizarán una verificación periódica del modelo y de su eventual modificación cuando se pongan de manifiesto infracciones relevantes de sus disposiciones, o cuando se produzcan cambios en la organización, en la estructura de control o en la actividad desarrollada que los hagan necesarios."*

2015 United States Setencing Comission Guidelines Manual:

"§8B2.1. Effective Compliance and Ethics Program

(a) To have an effective compliance and ethics program, for purposes of subsection (f) of §8C2.5 (Culpability Score) and subsection (b)(1) of §8D1.4 (Recommended Conditions of Probation Organizations), an organization shall:

(1) exercise due diligence to prevent and detect criminal conduct; and

(2) otherwise promote an organizational culture that encourages ethical conduct and a commitment to compliance with the law.

Such compliance and ethics program shall be reasonably designed, implemented, and enforced so that the program is generally effective in preventing and detecting criminal conduct. The failure to prevent or detect the instant offense does not necessarily mean that the program is not generally effective in preventing and detecting criminal conduct.

(b) Due diligence and the promotion of an organizational culture that encourages ethical conduct and a commitment to compliance with the law within the meaning of subsection (a) minimally require the following:

(1) The organization shall establish standards and procedures to prevent and detect criminal conduct.

(2) (A) The organization's governing authority shall be knowledgeable about the content and operation of the compliance and ethics program and shall exercise reasonable oversight with respect to the implementation and effectiveness of the compliance and ethics program.

(B) High-level personnel of the organization shall ensure that the organiza-tion has an effective compliance and ethics program, as described in this guideline. Specific individual(s) within high-level personnel shall be assigned overall responsibility for the compliance and ethics program.

(C) Specific individual(s) within the organization shall be delegated day-to-day operational responsibility for the compliance and ethics program. Individual(s) with operational responsibility shall report periodically to high-level personnel and, as appropriate, to the governing authority, or an appropriate subgroup of the governing authority, on the effective¬ness of the compliance and ethics program. To carry out such operational responsibility, such individual(s) shall be given adequate resources, appropriate authority, and direct access to the governing authority or an appropriate subgroup of the governing authority.

(3) The organization shall use reasonable efforts not to include within the substantial authority personnel of the organization any individual whom the organization knew, or should have known through the exercise of due diligence, has engaged in illegal activities or other conduct inconsistent with an effective compliance and ethics program.

A ELABORAÇÃO DE PROGRAMAS DE *COMPLIANCE*

(4) (A) The organization shall take reasonable steps to communicate periodically and in a practical manner its standards and procedures, and other aspects of the compliance and ethics program, to the individuals referred to in subparagraph (B) by conducting effective training programs and otherwise disseminating information appropriate to such individuals' respective roles and responsibilities.

(B) The individuals referred to in subparagraph (A) are the members of the governing authority, high-level personnel, substantial authority personnel, the organization's employees, and, as appropriate, the organization's agents.

(5) The organization shall take reasonable steps

(A) to ensure that the organization's compliance and ethics program is followed, including monitoring and auditing to detect criminal conduct;

(B) to evaluate periodically the effectiveness of the organization's compliance and ethics program; and

(C) to have and publicize a system, which may include mechanisms that allow for anonymity or confidentiality, whereby the organization's employees and agents may report or seek guidance regarding potential or actual criminal conduct without fear of retaliation.

(6) The organization's compliance and ethics program shall be promoted and enforced consistently throughout the organization through (A) appropriate incentives to perform in accordance with the compliance and ethics program; and (B) appropriate disciplinary measures for engaging in criminal conduct and for failing to take reasonable steps to prevent or detect criminal conduct.

(7) After criminal conduct has been detected, the organization shall take reasonable steps to respond appropriately to the criminal conduct and to prevent further similar criminal conduct, including making any necessary modifications to the organization's compliance and ethics program.

(c) In implementing subsection (b), the organization shall periodically assess the risk of criminal conduct and shall take appropriate steps to design, implement, or modify each requirement set forth in subsection (b) to reduce the risk of criminal conduct identified through this process "

Estas tendências evolutivas da função de *compliance* em geral, encontram depois algumas particularidades, por exemplo, no domínio da prevenção do fenómeno da corrupção, onde podemos destacar uma vez mais o já mencionado *Foreign Corrupt Practices Act* dos Estados Unidos da América, o *Bribery Act*, promulgado em 2010 pelo Reino Unido e a Lei anti-corrupção brasileira (Lei nº 12.846, de 2 de Agosto de 2013) que, a par

ESTUDOS SOBRE *LAW ENFORCEMENT, COMPLIANCE* E DIREITO PENAL

de uma evolução no sentido de uma certa extra territorialidade, ao consagrarem não só a punição de empresas nacionais por actos praticados no estrangeiro, mas também a punição de empresas estrangeiras que desenvolvam actividades em território do Estado detentor da pretensão punitiva, consagram expressamente soluções em que a responsabilidade da pessoa colectiva é afastada ou diminuída em caso da existência de efectivos e funcionais programas de *compliance*, que incidam expressamente sobre o risco de corrupção.

2. O caso português

Em alinhamento com as tendências internacionais, e muito fruto do impulso decorrente da legislação europeia, Portugal tem vindo a apetrechar-se de instrumentos legislativos tendentes quer à repressão substantiva de fenómenos ligados à criminalidade económica, quer ao reforço de meios e poderes para a investigação de tais fenómenos.

Com efeito, a par das múltiplas convenções e tratados internacionais sobre a matéria de que Portugal é parte e que constituem fonte de direito, é possível identificar-se um conjunto muito significativo de diplomas em matéria de criminalidade económico-financeira[4].

Em paralelo, e fruto das recentes e sucessivas crises envolvendo instituições financeiras, também se têm multiplicado as obrigações que impendem sobre as actividades sujeitas a regulação, em particular, no sector bancário e financeiro.

Paradoxalmente, excepção feita ao segmento bancário, aos serviços financeiros, às sociedade cotadas em bolsa e às grandes multinacionais,

---

[4] Sem qualquer preocupação de se ser exaustivo e apenas a título exemplificativo, destaca-se a Lei nº 36/94, de 29 de Setembro (Medidas de combate à corrupção e criminalidade económica e financeira); Lei nº 101/2001, de 25 de Agosto (Estabelece o Regime jurídico das acções encobertas para fins de prevenção e investigação criminal), Lei nº 5/2002, de 11 de Janeiro (Estabelece medidas de combate à criminalidade organizada e económico-financeira); Lei nº 52/2003, de 22 de agosto (Lei de combate ao terrorismo); Lei nº 19/2008, de 21 de Abril (Aprova medidas de combate à corrupção); Lei nº 20/2008, de 21 de Abril (Cria o novo regime penal de corrupção no comércio internacional e no sector privado); Lei nº 25/2008, de 5 de Junho (Estabelece medidas de natureza preventiva e repressiva de combate ao branqueamento de vantagens de proveniência ilícita e ao financiamento do terrorismo); Lei 30/2015, de 22 de Abril (Estabelece alterações ao Código Penal e a outra legislação, no sentido de dar cumprimento às recomendações dirigidas a Portugal em matéria de corrupção pelo Grupo de Estados do Conselho da Europa contra a Corrupção, pelas Nações Unidas e pela Organização para a Cooperação e Desenvolvimento Económico).

A ELABORAÇÃO DE PROGRAMAS DE *COMPLIANCE*

o incremento legislativo, regulatório e sancionatório que se tem vindo a assistir, não tem tido o esperado reflexo na actividade interna e *espontânea* de *compliance* (entendida como a actividade que procura mitigar os riscos de incumprimento legal e regulamentar do exercício da actividade empresarial).

Varias ordens de razões têm vindo a ser apontadas:

i) **Falta de consciência ética** da pessoa colectiva como instrumento ao serviço da comunidade em que se insere e que a ultrapassa;

ii) **Resistência empresarial à mudança:**

- **Nos cargos dirigentes** – A actividade de *compliance* é vista, muitas vezes, como abdicar de poder. Ora, como já mencionado, para ser efectiva esta actividade tem de ter a capacidade de agir sobre as regras de organização da empresa, entendidas estas como aquelas que estabelecem competências, funções, procedimentos, políticas ou objetivos de produção de bens ou serviços. Como veremos, um importante instrumento de *compliance* é a criação de *Compliance Officers*, os quais não se devem assumir como representantes do interesse dos sócios, mas salvaguardar determinados interesses coletivos (*v.g.* consumidores, meio ambiente). Estes *Compliance Officers* devem ter poderes de auditoria interna para vigiar, rever e actualizar a referida cultura empresarial, cabendo-lhes vigiar e supervisionar a própria direcção da actividade empresarial, os seus objetivos financeiros e a capacidade dos altos dirigentes da empresa. Neste sentido, há como que uma relutância destes orgãos dirigentes em aceitar limitações ao seu poder de direcção.

- **Nos trabalhadores em geral** – A actividade de *compliance* é vista como gerando trabalho adicional das estruturas de reporte, afastando-se daquilo que o trabalhador entende que deve ser o foco da sua actividade e fazendo com que sinta que está a realizar tarefas desnecessárias relativamente ao que são os objectivos de produção da empresa.

- **Nas estruturas comerciais em particular** – Existe a percepção de que a actividade de *compliance* origina perda de capacidade competitiva relativamente aos concorrentes e que tem um reflexo negativo no negócio, com prejuízo para a empresa e prejuízo particular para o comercial individual (comissionistas).

iii) **Falta de consciência do risco e gravidade do incumprimento legal e regulamentar** – necessidade de conhecimento pela totalidade das pessoas da empresa das consequências colectivas e individuais do incumprimento das disposições normativas.

iv) **Deficiente abordagem político-legislativa:** aparente opção do legislador pela repressão em detrimento da prevenção, o que sucede não obstante:

- Existir a plena noção que a repressão apenas incide sobre um número diminuto de situações;
- Existir plena noção que envolve muitos recursos em sede de investigação criminal por estar associada a uma criminalidade de ponta e normalmente transfronteiriça;
- E existir noção da relativa eficácia condenatória decorrente das dificuldades probatórias, existindo por isso a tentação do alargamento dos tipos criminais e/ou do aligeiramento das exigências probatórias relativamente aos ilícitos de índole económica.

Com efeito, se bem atentarmos, as nossas soluções legislativas têm vindo a ser pouco *compliance friendly,* sendo certo que não seria preciso ser muito imaginativo para estabelecer algumas medidas destinadas a incentivar o recurso a mecanismos de *compliance, jogando* na antecipação da actividade delitual.

Apresentamos de seguida alguns exemplos de medidas que contribuiriam para o desenvolvimento das estruturas internas de *compliance*:

- Implementação da obrigatoriedade de estruturas de *compliance* certificadas acima de determinado volume de negócios e/ou em determinadas actividades;
- A concessão de subsídios e/ou empréstimos e/ou incentivos a taxas bonificadas a empresas, condicionada à verificação da adopção por parte destas de práticas de conformidade, adopção e implementação de códigos de conduta;
- Referência expressa na legislação penal, em sede de responsabilidade penal das pessoas colectivas, a programas de *compliance* como factor de afastamento da responsabilidade ou diminuição da culpa das pessoas colectivas, à semelhança dos exemplos acima referidos de Espanha ou Brasil.

- Apetrechamento dos operadores judiciários e autoridades administrativas com institutos processuais que os habilitem a ter uma política formativa em sede de repressão de comportamentos, de que seriam exemplos:
  - A possibilidade de utilização do mecanismo da suspensão provisória do processo (com eventual alargamento da moldura penal dos casos em que é permitido) condicionada, como injunção comportamental, à adopção pela pessoa colectiva de mecanismos efectivos de *compliance*;
  - Possibilidade de consagração de suspensão de pena aplicada à pessoa colectiva, subordinada a regime de prova nos termos do artigo 53º do Código Penal, em que, em lugar de um plano de reinserção social, fosse exigido a adopção de um plano concreto de *compliance*;
  - Possibilidade de acordos com Reguladores orientados não apenas a mecanismos de clemência de arrependidos, mas à diminuição da medida da coima em função da adopção de mecanismos efectivos de *compliance*.

III. A elaboração de um programa de *compliance*

Aqui chegados importa, tentativamente, dar nota de alguns aspectos que, em nosso entender, se devem tomar em linha de conta na elaboração de um programa de *compliance*.

Antes, porém, duas notas adicionais:

A primeira para dizer que, por definição, um programa de *compliance* é um produto dinâmico, constantemente inacabado e em contínua mutação. Tendencialmente, os testes a realizar servirão para revelar as suas imperfeições, as quais são o factor impulsionador de novas e desejáveis alterações. E não há, naturalmente, programas de *compliance* perfeitos, o que equivale a dizer que, sob pena de se paralisar a actividade da empresa, é impossível eliminar por completo o risco do incumprimento, desde logo, legal.

A segunda nota, que tem ligação com a primeira, é que não se pode compactuar com situações de falsa tranquilidade, ou seja, permitir à empresa e à sua alta administração pensar que pela circunstância de terem adoptado um programa de *compliance* podem ficar descansadas, a coberto da eventual exclusão da responsabilidade penal nos termos do artigo 11º nº 6 do Código Penal.

ESTUDOS SOBRE *LAW ENFORCEMENT, COMPLIANCE* E DIREITO PENAL

Nada mais falso. Como bem refere Teresa Quintela de Brito[5]*"A exclusão da responsabilidade penal do ente nos termos do artigo 11º/6 está antes condicionada pela clareza, efectividade e eficácia das ordens ou instruções em contrário, tendo em conta o concreto modo de organização, funcionamento e actuação jurídico-económica (e até ética) da pessoa jurídica"*. Acrescentando, ainda, invocando Pablo González Sierra *"uma pessoa jurídica pode estar perfeitamente organizada, sem criar riscos para bens juídicos, apesar da ausência de um progrmama de cumprimento do Direito ou de um código de ética"*[6].

E, permitimo-nos nós acrescentar, uma empresa pode ter uma dúzia de programas de *compliance* e apresentar enormes defeitos organizativos geradores de potenciais riscos. Basta, para isso, ter um programa desajustado às suas necessidades, ou sendo ajustado, não existir vontade da alta administração para o implementar.

1. A implementação de um programa de *compliance*

A implementação de um programa de *compliance* é um processo complexo. Envolve, num primeiro momento, uma profunda reflexão da empresa sobre o seu próprio negócio e sobre a sua concreta actividade, identificando as suas fraquezas e fragilidades. Só após esse procedimento de "conhece-te a ti mesmo" e em função deste, podem ser definidos os concretos procedimentos a adoptar. Mas a adopção deste conjunto de procedimentos, não pode ser vista como um fim em si mesmo. Para que estes possam ser melhorados, deve a actividade da empresa estar em permanente monitorização e devem ser estabelecidos mecanismos que facilitem a comunicação de eventuais irregularidades, de forma a afastar o receio de represálias. Finalmente, identificada que se mostre uma irregularidade perpetrada, deve a empresa agir de forma exemplar sobre o prevaricador, independentemente do seu cargo ou função, construindo-se um sistema de tolerância zero relativamente à actividade delitual.

Assim, a implementação de um programam de *compliance* passa necessariamente, e pelo menos, pelos seguintes passos:

a) Análise do risco (gerais e específicos da actividade);
b) Elaboração de Códigos de Conduta e Regulamentos internos;

---

[5] Cf. Quintela, T., "Relevância dos mecanismos de *compliance* na responsabilização penal da pessoa colectiva e dos seus dirigentes", *Anatomia do Crime* 0 (2014), (pp. 75-91), p. 83.
[6] Cf. Quintela, T., *Anatomia do Crime* 0 (2014), (pp. 75-91), p. 80.

c) Monitorização, Controlo e Comunicação;
d) Investigação e Processos Disciplinares;
e) Educação e Formação dos colaboradores.

Por esta ordem nos debruçaremos sumariamente sendo que, por ser um fenómeno, transversal e mais facilmente perceptível, o nosso exercício irá ter em conta alguns aspectos com relevância primordial na prevenção da corrupção.

a) Análise do risco (gerais e específicos da actividade)

Um programa de *compliance*, é um "fato feito à medida". É feito especificamente para aquela empresa, para aquele sector de actividade e para uma realidade e mercados concretos.

Em sede de análise do risco, o primeiro aspecto que se deve ter em linha de conta é o **risco da própria organização**, o que pressupõe um conhecimento detalhado dos procedimentos internos da empresa e do seu negócio.

Nesta empresa e no domínio deste negócio, impõe-se desde logo identificar quem são as pessoas e serviços mais susceptíveis e vulneráveis ao incumprimento legal, bem como quais as práticas e procedimentos seguidos nesses serviços. Com vista a responder a estas questões, impõe-se a realização de uma *due diligence*, que, exemplificativamente, deve ser capaz de dar resposta a questões como as seguintes:

Do ponto de vista de organização da empresa e gestão corrente:

- Em termos estruturais, como se organiza a empresa?;
- Existe uma distribuição de concretos "pelouros" por cada membro do Conselho de Administração da empresa?
- E Direcções? Existem? Como se estruturam?
- Que matérias são cometidas a cada pelouro? E a cada Direcção? Qual o conteúdo funcional de cada uma das categorias de funcionários existentes? A descrição do conteúdo funcional de cada trabalhador consta de documento escrito?
- Existe uma política de segregação de funções? Na afirmativa, em que termos?
- Como se procede à comunicação de normas de aplicação permanente na empresa?

Do ponto de vista de reporte e gestão de informação:

- A empresa está dotada de um sistema informático de gestão de informação e de acesso documental?
- Existem patamares / escalões / graus de acessibilidade à informação no seio de empresa?
- Existem autorizações específicas / pontuais concedidas a determinados quadros da empresa em função de determinados e concretos negócios desenvolvidos?
- O correio electrónico da empresa está armazenado em servidores instalados no seio da própria empresa?

Do ponto de vista da área comercial:

- Existe um pelouro próprio para a área comercial afecto a um membro concreto do Conselho de Administração?
- Qual o modelo funcional / estruturante da área comercial da empresa?
- Qual o grau de autonomia atribuído aos Directores / Quadros / Trabalhadores da empresa nesta área?
- São outorgadas procurações a Directores / Quadros / Trabalhadores, ou a terceiros estranhos à empresa para a concretização de negócios / vendas concretas?
- Os contratos de compra e de venda de bens e/ou serviços passam obrigatoriamente pelo Departamento Jurídico da empresa e/ou Advogados (em *outsourcing*)?
- Existem graus de "aprovação" dos contratos / vendas em função do respectivo valor (por exemplo, a partir de X, o contrato tem de ser aprovado pelo Conselho de Administração e abaixo desse valor pode ser aprovado pelos escalões de decisão abaixo do Conselho de Administração)?

Avaliado o risco próprio importa proceder à avaliação de outros riscos potenciais, os quais serão naturalmente variáveis em função dos países onde se pretende actuar, do sector de actividade, do valor do capital em causa, da duração do projecto e de quem são os parceiros económicos com quem a empresa estabelece relações comerciais.

Nesse sentido, importa, por exemplo, saber como se classifica o país nos índices de corrupção, saber se o país aderiu a convenções internacionais sobre a matéria em causa e o que referem as mesmas.

De igual forma, e como é sabido, existem negócios e áreas de actividade mais susceptíveis de aumentar a exposição à corrupção. Tal será o exemplo das actividades em que se torna necessário obter licenças e autorizações, em que a contratação é essencialmente feita através de concursos públicos, em que existe um elevado número de donativos e contribuições políticas ou em que negócios com intermediários são frequentemente realizados.

Por outro lado, a forma como se prevê efectuar determinadas transacções, o número de pagamentos previstos, os pagamentos antecipados, a existência de pagamentos através de várias jurisdições ou de centros *off-shore*, são também factores que devem ser tidos em conta na análise de risco.

Por fim, e ainda neste âmbito, é sabido que na prossecução da sua actividade a generalidade das empresas necessita de estabelecer relações comerciais com entidades terceiras, como agentes, intermediários, consultores, entidades associadas operando em "jointventure" ou, ainda, fornecedores. O facto da generalidade destes contratos ser celebrado em regime de comissão sobre os negócios angariados pode aumentar, por exemplo, o risco de corrupção.

Com efeito, a contratação de parceiros de negócios aumenta exponencialmente o risco de terceiros concederem benefícios indevidos em nome e/ou por conta da empresa, devido às inevitáveis assimetrias de informação existentes neste tipo de relações. Sempre a título meramente exemplificativo, em sede de medidas preventivas importa:

- Fazer uma *due diligence* ao historial, *curriculum* e reputação dos parceiros de negócio através de pesquisas na internet, contactos junto das empresas do sector, consulta junto das câmaras de comércio locais, associações empresariais, ou, inclusivamente, através da análise declarações financeiras dos novos parceiros;
- Reavaliar o modelo de actuação utilizado na contratação de parceiros de negócio, de modo a diminuir assimetrias de informação e dissidências no que concerne à política anti-corrupção;
- Procurar conhecer em profundidade os serviços que serão prestados pelo novo parceiro e os métodos de compensação e pagamento acordados;

ESTUDOS SOBRE *LAW ENFORCEMENT, COMPLIANCE* E DIREITO PENAL

- Emissão de uma declaração exigindo uma política de transparência e tolerância zero em relação à corrupção na prossecução dos negócios. A declaração deve ser comprovadamente comunicada a todos os colaborares da empresa parceira, aos consultores e, em geral, a todos os contactos externos, tais como os organismos sectoriais e câmara de comércio local;
- Reflectir nos contratos escritos celebrados com entidades externas o compromisso de tolerância zero em relação à corrupção e suborno e estabelecer critérios claros no que concerne às gratificações concedidas em nome da empresa;
- A empresa deverá, sempre que possível, assegurar que os terceiros com quem mantém relações comerciais estão a respeitar integralmente a sua política interna anti-corrupção, nomeadamente adoptando procedimentos de monitorização dos pagamentos efectuados pelos parceiros de negócio em nome e/ou por conta da empresa;
- Definir em detalhe a remuneração devida no âmbito de avenças, incluindo as despesas extraordinárias pagas à parte;
- Exigir a autorização prévia da administração para proceder à remuneração de agentes, intermediários e consultores;
- Prever a revisão e renovação periódica dos contratos celebrados com entidades terceiras;
- Exigir que todos os pagamentos de bens ou serviços sejam efectuados à pessoa que os forneceu ou prestou e sejam realizados por transferência bancária.

b) *Elaboração de códigos de conduta e regulamentos internos*

Feita a avaliação dos vários riscos, e com base nestes, importa elaborar um documento escrito de boas práticas. Deve tratar-se de um Código de Conduta, contendo procedimentos claros, concretos e acessíveis a todos, que funcione como um guião concreto de actuação e que seja visto como uma mensagem da administração.

Os membros dos órgãos de administração, fiscalização e contabilidade da empresa devem aprovar o Código de Conduta e emitir uma declaração escrita de compromisso de estrito cumprimento de todas as normas de conduta nelas previstas.

Como se mencionou já, uma declaração de política de transparência e tolerância zero relativamente à corrupção na prossecução dos negócios deverá ser emitida pelo órgão da administração da empresa e comunicada a todos os parceiros de negócio, intermediários, agentes e consultores e, em geral, a todos os contactos externos, tais como os organismos sectoriais e câmara de comércio local

É igualmente importante que o código de conduta seja divulgado por trabalhadores, colaboradores, parceiros comerciais, intermediários e consultores que actuem em nome e/ou por conta da empresa, devendo os trabalhadores ficar cientes de que o seu não cumprimento acarretará responsabilidade disciplinar, mais determinando a cessação da relação contratual com terceiros que não tenham vínculo laboral.

Todos devem ser convidados a ler e assinar o documento interno de boas práticas da empresa. A contratação de novos colaboradores ou parceiros de negócio deve estar dependente da assinatura deste documento.

No caso de multinacionais, as empresas devem certificar-se que os códigos de conduta são prontamente divulgados e efectivamente adoptados junto de todas as suas unidades de negócio, sucursais ou filiais, independentemente da sua localização geográfica, sem descurar que diferentes mercados podem exigir diferentes medidas de combate à corrupção, que podem aconselhar uma adaptação destes instrumentos.

c) Monitorização, controlo e comunicação

Para uma eficaz monitorização e controlo é recomendável a criação de um departamento interno de *Compliance*, em estrita cooperação com a administração, dedicado à elaboração de directrizes, princípios e metodologias para a identificação, mitigação e monitorização de más práticas no seio da empresa.

A título meramente exemplificativo, apontam-se algumas exemplos de medidas de monitorização:

- Criação de uma *"Caixa de sugestões"* junto dos colaboradores da empresa sobre melhorias a implementar na política de *compliance* da empresa;
- Criação de um meio de comunicação confidencial para que os trabalhadores, colaboradores e parceiros comerciais possam denunciar operações suspeitas de que tenham conhecimento;
- Exigir que a realização de despesas acima de um determinado limite sejam previamente aprovadas por um administrador sénior;

ESTUDOS SOBRE *LAW ENFORCEMENT, COMPLIANCE* E DIREITO PENAL

- Elaboração de um compromisso escrito em não adoptar políticas de atribuição de bónus que premeiem excessivamente a assunção de risco;
- Elaboração de um relatório anual contendo uma análise dos índices de cumprimento da política interna anti-corrupção por sector de mercado, país e unidade de negócio.

As empresas que enfrentem riscos mais elevados e/ou regulamentação mais apertada, poderão recorrer a consultores externos – *Gatekeepers* – com vista à realização de auditorias independentes às práticas de *compliance* adoptadas pela empresa e o seu efectivo sucesso na mitigação do risco.

Uma referência também para a ISO 19600 (*International Organisation for Standadisation – Compliance Management Systems – Guidelines*), a qual fornece algumas linhas orientadoras para a instituição de mecanismos de *compliance* e recomenda algumas *best practices*, que podem ser adaptadas a várias organizações, dependendo da sua dimensão, modelo de *governance* e actividade.

d) Investigação e processos disciplinares

A monitorização, o controlo e os canais de comunicação servem para identificar situações potencialmente delituais. Surgindo algum alerta, deve o mesmo ser objecto das correspondentes investigações, as quais podem ser internas, externas ou internas com auxílio externo (o que pode ajudar a promover maior independência, imparcialidade e menor constrangimento).

Antes de se começar uma investigação, a empresa deve ser clara sobre o que pretende atingir, devendo dar-se conhecimento da investigação à administração, a qual deve estar envolvida no processo e, no final, deverá ponderar-se a comunicação às autoridades, mantendo o contacto e o acompanhamento da situação e prestando a necessária colaboração.

e) Educação e formação dos colaboradores

Qualquer exercício de *compliance* está votado ao insucesso se a administração da empresa não for capaz de sensibilizar os seus colaboradores para as consequências nefastas de actividade delitual e de envolver os seus colaboradores no compromisso colectivo de a erradicar.

A educação e a formação devem ser contínuas e incidir sobre procedimentos concretos.

2. Riscos particulares[7]
a) Pagamentos de facilitação
Os pagamentos de facilitação são pagamentos de baixo valor, comummente praticados em alguns países, tendo em vista acelerar certas diligências de rotina que o funcionário tenha a clara e não arbitrária obrigação de realizar.

Esta prática, não tendo por base taxas, tarifas ou outros encargos legalmente previstos, poderá consubstanciar, à luz da lei portuguesa, desde logo um crime de corrupção (eventualmente com prejuízo do comércio internacional), o qual poderá, em determinadas circunstâncias, ser punível independentemente do local em que é praticado.

Neste âmbito, as empresas que tenham actividades comerciais no estrangeiro devem ter em conta, pelo menos, as seguintes normas de conduta:

- Comunicar por escrito aos parceiros locais a política interna da empresa de não realização de pagamentos para a prática de quaisquer actos sem justificação legal;
- Procurar aconselhamento sobre a lei do país relativamente a certificados de inspecção, taxas e outros encargos legais, de modo a poder diferenciá-los de solicitações ilícitas;
- Incorporar no plano do projecto prazos realistas para a importação/exportação, transporte e entrega das mercadorias, de modo a desincentivar a realização de pagamentos para facilitação de fiscalização alfandegária e importação/exportação de mercadorias;
- Exigir que os parceiros locais estejam cientes das disposições da lei portuguesa e da responsabilidade criminal em que a empresa irá incorrer caso sejam realizados este tipo de pagamentos.

As empresas devem ainda procurar incluir nos contratos celebrados com os parceiros locais uma cláusula referente aos procedimentos a adoptar tendo em vista evitar a realização deste tipo de pagamentos, nomeadamente:

---

[7] Não abordamos aqui o tema da corrupção no sector público, onde existe regulamentação adicional e devem ser considerados outros potenciais ilícitos. De qualquer forma, e porque pode servir de orientação, importará ainda tomar em atenção as recentes disposições do Código de Conduta do XXI Governo Constitucional, aprovado pela Resolução do Conselho de Ministros nº 53/2016, de 21 de Setembro, o qual estabelece limites, desde logo monetários, para determinado tipos de comportamento como ofertas, convites e benefícios similares.

ESTUDOS SOBRE *LAW ENFORCEMENT, COMPLIANCE* E DIREITO PENAL

- Questionar a legitimidade dos pagamentos solicitados pelas autoridades ou funcionários públicos;
- Exigir a emissão de recibo e a identificação detalhada do oficial que exige o pagamento;
- Em caso de dúvida pedir para consultar o superior hierárquico;
- Evitar pagar em dinheiro ou directamente ao oficial "taxas de inspecção alfandegária" ou qualquer outro encargo administrativo, salvo se legalmente exigido;
- Exigir que os parceiros locais informem a embaixada portuguesa da natureza dos pagamentos exigidos.

b) *Gratificações e hospitalidade*

Uma das principais preocupações das empresas sujeitas a responsabilidade criminal pela prática em seu nome e no seu interesse de actos de corrupção no sector privado prende-se com o grau de hospitalidade que poderão proporcionar aos seus clientes, colaboradores e parceiros comerciais.

A lei portuguesa não proíbe de forma absoluta a hospitalidade ou a atribuição de gratificações, desde que as mesmas sejam consideradas razoáveis e não sejam idóneas a causar uma distorção da concorrência ou um prejuízo patrimonial para terceiros. A pedra de toque está nas circunstâncias concretas que estiveram subjacentes à hospitalidade e, bem assim, no nível de influência que a mesma possa ter tido na decisão comercial em questão.

Assim, as gratificações e actos de hospitalidade não podem significar ou aparentar qualquer forma de pressão ou influência sobre decisões, devendo ser sempre mantidas dentro dos limites razoáveis do comum e socialmente aceite no sector de mercado no qual a empresa actua.

Para se assegurarem que as gratificações e hospitalidades por si concedidas caem dentro deste critério de razoabilidade, as empresas devem avaliar as suas práticas de hospitalidade e gratificações à luz do seguinte questionário:

- Qual a intenção da gratificação ou hospitalidade – fomentar boas relações comerciais ou influenciar determinantemente uma decisão do gratificado?
- A hospitalidade ou gratificação a conceder é prática comum no sector de actividade em que a sua empresa actua? Se os detalhes da mesma viessem a ser publicados no jornal com tiragem nacional, as empresas do sector considerariam tais práticas desapropriadas?

A ELABORAÇÃO DE PROGRAMAS DE *COMPLIANCE*

- A concreta gratificação oferecida ou hospitalidade concedida poderá, de algum modo, pôr em causa o livre arbítrio da pessoa gratificada?
- Se lhe concedessem gratificação ou hospitalidade idêntica, sentiria o seu livre arbítrio comprometido?

Se do questionário resultar algum risco a empresa deverá dar indicações no sentido de as pessoas a ela associadas se absterem de conceder a hospitalidade ou gratificação em questão, sob pena de correr o perigo de vir a ser responsabilizada criminalmente, para além de possíveis danos reputacionais.

Embora a razoabilidade das gratificações e actos de hospitalidade dependa grandemente de uma análise das circunstâncias do caso concreto, as seguintes práticas devem ser, de todo o modo, banidas no seio da empresa: hospitalidade ou gratificações em regime de reciprocidade; gratificações em dinheiro ou equivalente (i.e. vouchers, títulos de crédito, etc...); entretenimento de natureza sexual ou similar; gratificações a funcionários e autoridades públicas e seus familiares.

Dado a delicadeza do assunto, é recomendável que as empresas publiquem e divulguem uma circular interna contendo uma listagem das gratificações que estão de acordo com as práticas sociais e comerciais de cada país e mercado em que a empresa actua e, bem assim, dos níveis adequados de hospitalidade num diferente conjunto de situações.

A empresa deverá, ainda, implementar um eficaz sistema de consulta prévia da administração quando o acto de hospitalidade ou gratificação a conceder estiver fora da listagem realizada pela empresa, de modo a assegurar uma efectiva concertação de práticas em toda a empresa.

Na elaboração da circular a empresa deve ter em conta, pelo menos, as seguintes directrizes:

- A hospitalidade deve reflectir o desejo de cimentar boas relações e visar demonstrar apreciação;
- As despesas de promoção devem procurar melhorar a imagem comercial da empresa, apresentar os seus produtos ou serviços ou estabelecer relações cordiais;
- Ao beneficiário da hospitalidade ou gratificação não deve ser dada a impressão de ao aceitar ficar obrigado a atribuir à empresa qual-

ESTUDOS SOBRE *LAW ENFORCEMENT, COMPLIANCE* E DIREITO PENAL

quer vantagem comercial ou a sua independência ficar prejudicada de algum modo;

- Guardar em arquivo todas as facturas, recibos e notas de entrega relacionadas com hospitalidade, gratificações ou despesas de promoção;
- Monitorizar e analisar regularmente a política interna no que concerne à hospitalidade e atribuição de gratificações e avaliar o seu cumprimento;
- Prestar formação adequada aos funcionários da empresa às práticas adequadas de hospitalidade.

c) Patrocínios

Um grande número de empresas, conscientes do seu papel na sociedade, aliam a promoção das suas marcas ao desenvolvimento e enriquecimento de diversos eventos que se revelem do interesse da sociedade e possuam objectivos de inquestionável alcance social, desportivo ou cultural.

Neste âmbito, as empresas transferem avultadas quantias para as empresas organizadoras dos eventos a título de patrocínios, as quais, em troca, se comprometem a divulgar a marca junto das pessoas que participam no evento.

A crescente complexificação dos contratos de patrocínio evidencia sérios riscos de corrupção no sector privado, nomeadamente quando a atribuição dos patrocínios fique condicionada à obtenção ou manutenção de outros negócios susceptíveis de causar uma distorção da concorrência ou um prejuízo patrimonial para terceiros.

Assim, os contratos de patrocínio não podem ser usados como meio de exercer influência ou pressão sobre uma qualquer decisão comercial da entidade beneficiada, nem servir como associação empresarial camuflada. A atribuição de patrocínios deverá ser sempre transparente, rigorosa, coerente e mantida dentro dos limites razoáveis do comum e socialmente aceite.

Para diminuir o risco de responsabilização criminal e assegurar que os patrocínios por si contratualizados não são idóneos a causar uma distorção da concorrência, as empresas devem elaborar um documento escrito contendo a política interna da empresa no que diz respeito à atribuição de patrocínios, a qual deverá abarcar, pelo menos, os seguintes pontos: determinar quais as áreas de alcance social, desportivo ou cultural que a empresa se compromete a patrocinar; identificar a todo o tempo as entidades a quem a empresa concedeu patrocínios e a justificação para o mesmo; evitar patrocinar entidades que tenham relações comerciais com a empresa; privilegiar iniciativas claramente associáveis à empresa, ainda que em termos simbólicos; privilegiar entidades que beneficiem/visem um público-alvo considerado especialmente relevante económico ou socialmente e/ou que prossigam actividades que se adequem à política interna ou social da empresa.

A política interna de atribuição de patrocínios da empresa deverá ser divulgada a todos os empregados, colaboradores e parceiros da empresa e até, eventualmente, publicada no sítio da internet de modo a que seja facilmente consultada a todo o tempo pelo público em geral.

Conclusão

A actividade de *compliance* tem vindo a sofrer nos últimos anos um acentuado desenvolvimento, chegando mesmo a adquirir, principalmente em certos domínios, consagração legal, podendo levar ao afastamento ou diminuição da responsabilidade das pessoas colectivas. Mas mesmo em tais casos, não basta elaborar programas de *compliance* ou apregoar-se o vínculo das empresas a tais programas. Importa, isso sim, ser-se *compliant*.

Para tal, as empresas têm de se dotar de mecanismos que lhes permitam antecipar riscos e prevenir situações de desconformidade com a lei. *Ser compliant* é ser conforme, é desempenhar a actividade de modo diligente, acautelando riscos, perspectivando situações e antecipando defesas. Para isso, importa desenvolver toda uma cultura de *compliance* e transmitir tal cultura, dentro de uma organização, como fazendo parte do centro da actividade da mesma, reconhecendo que qualquer empresa, em qualquer sector de actividade, está sujeita a riscos, designadamente legais e reputacionais, no desenvolvimento da sua actividade. E é, também, perceber que a melhor forma de lidar com o risco, minimizando-o e tornando-o residual, é apostar na antecipação, prevenção, detecção e reacção.

Para tal, devem as empresas desenvolver planos de prevenção de risco e programas de *compliance* que sejam entendidos por todos os colaboradores como parte da actividade da empresa, com empenho directo da administração. Devem, assim, ser identificadas as áreas mais sensíveis ao risco (pedindo a colaboração e participação activa de todos os departamentos da empresa, de forma a legitimar o "processo" e conferir um sentimento de "projecto colectivo" ao programa a implementar) e as respectivas medidas de prevenção. De seguida, devem ser estabelecidos procedimentos para lidar com a detecção de situações desconformes, envolvendo toda a estrutura da empresa nestes programas, designadamente através de formação adequada e periódica, bem como ponderando a introdução de mecanismos que permitam a participação activa de todos os colaboradores. E é, também, essencial reagir de modo adequado à eventual detecção de situações não conformes, promovendo uma resposta que seja percebida pela restante organização como o "desfecho" lógico da situação que se assinalou, o que poderá, em muitos casos, passar pela instauração de processos de natureza disciplinar.

As empresas não devem olhar para a actividade de *compliance* como uma imposição, muitas vezes com desconfiança quanto aos seus objectivos e méritos, mas sim entender esta actividade como uma forma de prevenção e antecipação, a qual é susceptível de gerar uma mais-valia também comercial ao definir a empresa como uma organização com preocupações sérias com a conformidade legal, permitindo assim distinguir-se em relação aos restantes *players* do mercado.

Olhar-se a actividade de *compliance* como factor gerador não de custos acrescidos, mas de mais-valias, significa perceber e, acima de tudo, interiorizar que no actual quadro legal e do ponto de vista do sentimento ético reinante, a não conformidade acarreta custos incomportáveis, expressos quer de forma imediata em termos de multas, indemnizações e representação legal, quer em custos reputacionais e de imagem, a maioria das vezes irremediáveis.

II
QUESTÕES PROCESSUAIS

Questões processuais da responsabilidade penal das pessoas colectivas

GERMANO MARQUES DA SILVA[*/**]

Sumário: Introdução; I. Dos requisitos da imputação e dos pressupostos processuais; 1. Dos requisitos da imputação; 2. Da conexão processual; II. Constituição do ente colectivo como arguido; III. Representação dos entes colectivos; 1. Representação das pessoas colectivas; 2. Representação dos entes colectivos sem personalidade jurídica; 3. Alteração da representação legal; 4. Irregularidade da representação; 5 Notificações; IV. Medidas de coacção; 1. Medidas aplicáveis: 2. O termo de identidade; V. A acusação e a determinação da responsabilidade dos entes colectivos; VI. Declarações da pessoa colectiva na qualidade de arguida; VII. Conflito de defesas entre a pessoa colectiva e o seu representante também arguido; VIII. Extinção, fusão e cisão da pessoa colectiva e os seus efeitos processuais. Conclusão

Introdução

O tema que me foi distribuído neste I Curso de Pós-graduação sobre *Law enforcement, Compliance* e Direito penal nas atividades bancária, financeira e económica / papel e responsabilidades das autoridades independentes, das empresas e dos seus dirigentes, organizado pelo Instituto de Direito Penal e Ciências Criminais da Faculdade de Direito da Universidade de Lisboa, tem, porventura, dignidade dogmática menor, mas é de muita

---

* Professor Catedrático da Faculdade de Direito da Universidade Católica Portuguesa.
** Texto escrito para servir de suporte à exposição oral.

ESTUDOS SOBRE *LAW ENFORCEMENT, COMPLIANCE* E DIREITO PENAL

importância prática no processamento da imputação às pessoas coletivas e entidades equiparadas de crimes e contraordenações perpetrados pelos seus dirigentes. Mas, porque o Direito é uma ciência prática e a questão é relevante tenho-lhe dedicado atenção desde há alguns anos e as posições que defendo têm merecido, em geral, acolhimento na jurisprudência, certamente porque fui dos primeiros a tratar da matéria[1].

A responsabilidade cumulativa dos agentes dos crimes e contraordenações e das pessoas coletivas e entidades equiparadas ocorre nos casos em que a lei responsabiliza juntamente os agentes e as pessoas coletivas pelos mesmos factos praticados por aqueles, órgãos ou representantes da pessoa coletiva, na expressão originária do art. 2º do Decreto-Lei nº 28/84, de 20 de Janeiro, depois repetida em vários outros diplomas e acolhida, com algumas alterações formais, no Código Penal pelas alterações introduzidas pela Lei nº 59/2007, de 4 de Setembro. A responsabilização penal e contra-ordenacional das pessoas coletivas e entidades equiparadas arrasta consigo múltiplas, complexas e interessantes questões de natureza substantiva e processual. Cabe-me apenas tratar de algumas de natureza processual.

O Código de Processo Penal vigente não trata das várias questões que a responsabilização da pessoa coletiva suscita: há muitas lacunas. A matéria não tem também merecido os favores da doutrina, com raras exceções[2]. É estranho que assim seja dada a amplitude com que é admitida no nosso sistema jurídico a responsabilidade dos entes coletivos, sobretudo no direito penal secundário e no ilícito de mera ordenação social, mas também no direito penal de justiça a partir de 2007.

Procurarei identificar as principais questões e integrar as lacunas da lei como determina o art. 4º do Código de Processo Penal, ou seja, por analogia com as disposições do Código, com recurso às normas do processo civil que se harmonizem com o processo penal e, na falta de umas e outras, aos princípios gerais do processo penal. É tarefa que se afigura deveras interessante, mas que acarreta muitas dificuldades e divergências nas soluções preconizadas.

---

[1] Cf. a minha conferência proferida em 23.3.07 no "Simpósio em Homenagem a Jorge de Figueiredo Dias, por ocasião dos 20 anos do Código de Processo Penal Português", com o título «Questões Processuais da Responsabilidade Cumulativa das Empresas e seus Gestores», in *Que Futuro para o Direito Processual Penal*, Coimbra Editora, 2009, pp. 789 ss.

[2] Tratando de praticamente todas as questões, cf. Albuquerque, Paulo Pinto de, *Comentário do Código de Processo Penal*, 2ª ed., Universidade Católica Editora, Lisboa, 2008.

As principais lacunas respeitam à representação no processo, às medidas de coação, às notificações, às alterações ocorridas no ente coletivo e à sua extinção, ao exercício da defesa e ao contraditório. Idênticas questões se levantam relativamente às pessoas coletivas na posição de ofendidas e assistentes, mas só me ocuparei de espaço sobre as que respeitam aos entes coletivos arguidos no processo, que, resolvidas estas, aquelas são análogas.

Finalmente, nesta introdução, a lembrar que a imputabilidade penal dos entes coletivos não pressupõe a sua personalidade jurídica, o que vai ser decisivo para algumas das questões a tratar na exposição. A lei é expressa quando se refere à responsabilidade das «pessoas coletivas, sociedades e meras associações de facto» (art. 3º do DL nº 28/84) e à responsabilidade das «pessoas coletivas, sociedades, ainda que irregularmente constituídas, e outras entidades fiscalmente equiparadas (art. 7º do RGIT). Também o Código Penal refere «as pessoas coletivas e entidades equiparadas» (nºs 2 e 5 do art. 11º do CP). São realidades diversas a imputabilidade penal, a personalidade jurídica e a personalidade judiciária, podendo responsabilizar-se penalmente entidades coletivas sem personalidade jurídica às quais é atribuída personalidade judiciária para responderem em juízo.

I. Dos requisitos da imputação e da capacidade e conexão processuais
1. Dos requisitos da imputação

Tomemos o art. 11º do Código Penal como paradigma: «As pessoas coletivas e entidades equiparadas são responsáveis pelos crimes [...], quando cometidos: *a)* Em seu nome e no interesse coletivo por pessoas que nela ocupem uma posição de liderança; *b)* Por quem aja sob a autoridade das pessoas referidas na alínea anterior em virtude de uma violação dos deveres de vigilância ou controlo que lhes incumbem.» Condição da imputação à pessoa coletiva é, pois, que as infrações sejam perpetradas pelos órgãos ou representantes da pessoa coletiva ou quem nela tiver autoridade para exercer o controlo da sua atividade [alínea *a)* do nº 2 e nº 4] ou por terceiro subordinado à autoridade daqueles que cometa a infração em virtude da violação dos deveres de vigilância ou controlo que lhes incumbem [alínea *b)* do nº 2 e nº 4]. Não cuidaremos de analisar cada um destes requisitos de natureza substantiva porque nos importa agora tão só o aspeto processual, mas importa clarificar.

Abreviando e simplificando pode dizer-se que para que uma infração seja imputada a uma pessoa coletiva ou equiparada tem de ser, no plano

ESTUDOS SOBRE *LAW ENFORCEMENT, COMPLIANCE* E DIREITO PENAL

material, cometida por um órgão, representante, pessoa que nela tiver autoridade para exercer o controlo da sua atividade e que seja praticada em nome e no interesse da pessoa coletiva ou por subordinado de qualquer delas desde que a infração possa ser-lhes atribuída em virtude de falta de vigilância ou controlo que deviam exercer sobre os seus subordinados[3]. Essas condições são elementos materiais da imputação à pessoa coletiva. Notemos desde já a incorreção do texto da lei. As infrações não podem ser cometidas por órgãos, mas pelas pessoas que os integram e por isso que com mais rigor o Código Penal se refira antes às infrações cometidas «por pessoas que nelas ocupem uma posição de liderança» [art. 11º, nº 2, al. *a)*]. A referência aos "órgãos" da pessoa coletiva significa que o agente, pessoa física, age nessa qualidade, enquanto órgão..

Recordemos que a pessoa coletiva ou equiparada não comete infrações; a lei é clara, desde logo na sua letra. As infrações que podem ser imputadas à pessoa coletiva são sempre praticadas por outrem que tenha com ela determinados vínculos. Depois, por força do disposto nos nº 2 e 7º do art. 11º do Código Penal e outras análogas da legislação avulsa, a infração é cumulativamente imputada às pessoas coletivas.

O ter de ser a infração imputada objetivamente aos órgãos, representantes ou pessoas que tenham autoridade para exercer o controlo da atividade da pessoa coletiva acarretará necessariamente consequências processuais? As condições para a imputação substantiva constituirão pressuposto processual para a perseguição da pessoa coletiva? Mais simplificadamente: podem as pessoas coletivas estar processualmente sós no processo ou a sua legitimidade processual pressupõe a presença dos agentes singulares que cometam a infração? São realidades jurídicas diversas as condições de imputação material e a personalidade judiciária da pessoa coletiva. Desde logo, os órgãos, enquanto tais, não têm capacidade jurídica nem capacidade processual; têm-na os respetivos titulares, enquanto pessoas físicas, mas não os órgãos enquanto tais, e a condição de imputação à pessoa cole-

---

[3] É interessante observar que só a alínea *a)* do nº 2 do art. 11º exige que a infracção seja cometida em nome e no interesse da pessoa coletiva, mas já não assim na sua alínea *b)*. Esta diferença merece ser aprofundada, mas não é aqui o lugar para o fazer. Diremos simplesmente que relativamente a alguns dos crimes imputáveis às pessoas colectivas (ex: arts. 163º a 166º, sendo vítima menor) não se alcança como podem ser praticados em nome e no interesse da pessoa coletiva. Por isso que entendamos que a al. *b)* do nº 2 do art. 11º tem subjacente um dever de garante da pessoa coletiva e por isso que a omissão seja punível.

tiva é que a infração seja cometida pelos órgãos ou representantes, dito agora abreviadamente

A responsabilidade da pessoa coletiva é diversa da responsabilidade dos agentes da infração. O serem as infrações cometidas pelos órgãos ou representantes é uma condição material da imputação e não um pressuposto da personalidade judiciária da pessoa coletiva.

Pode, aliás, suceder, e na prática sucede com frequência, que ao tempo do processo a responsabilidade se tenha extinguido relativamente ao agente da infração, nomeadamente por morte ou prescrição do procedimento, e nem por isso se extingue a responsabilidade da pessoa coletiva e o respetivo processo. Pode mesmo suceder não ser possível determinar qual a pessoa física que cometeu a infração, nomeadamente nos órgãos de composição plural, mas ser possível determinar no plano material que a infração é da responsabilidade do órgão e por ricochete ser também imputada à pessoa coletiva: a cumulação de responsabilidades tem natureza material e não processual, donde que o processo possa correr contra a pessoa coletiva, independentemente de correr também contra a pessoa ou pessoas físicas agentes do facto. Acresce que na legislação avulsa, em matéria de contraordenações, nomeadamente no Regime Geral das Infrações Tributárias, há casos de responsabilidade exclusiva da pessoa coletiva, ou seja, não cumulativa com a dos agentes da infração[4].

É claro que para decidir da responsabilidade da pessoa coletiva o tribunal tem de determinar que a infração foi cometida pelo órgão ou representante, mas não necessariamente a pessoa física que foi agente da infração[5]; a atribuição, no plano material, da infração a um órgão ou representante é elemento necessário para a imputação da infração à pessoa coletiva, condição material da imputação e consequentemente objeto de prova e decisão no processo, mas nada tem a ver com o pressuposto para que a pessoa coletiva possa ser sujeito processual.

Um breve desvio. Em razão das dificuldades teóricas e de aplicação prática dos modelos de representação, a doutrina tem procurado modelos de imputação direta dos factos ao ente coletivo, quer ao exigir que os representantes atuem em conformidade com a política do ente coletivo, afastando desse modo os atos aberrantes dos seus representantes enquanto

---

[4] É o caso das contraordenações tributárias, por força do disposto no nº 4 do art. 7º do RGIT.
[5] Esta questão é controversa, mas não a aprofundaremos por se tratar de matéria substantiva.

ESTUDOS SOBRE *LAW ENFORCEMENT, COMPLIANCE* E DIREITO PENAL

desconformes com a orientação dominante, com a *corporate culture*, quer ao considerar a conformidade do facto típico com as rotinas e organização interna do ente coletivo (*strategic mens rea*), quer presumindo a culpabilidade do ente, admitindo ou não a prova em contrário (*absolute liability* e *strict liability*), quer ao considerar com mais ou menos enfase e por caminhos diversos que os entes coletivos são por si próprios capazes de ação e de culpa autónoma da dos seus órgãos ou representantes.

Na Europa, o mais lídimo representante do modelo de imputação direta é Klaus Tiedemann que reelaborou o conceito de culpabilidade das pessoas coletivas. Não podemos aprofundar, nem sequer nos parece importante porque não é, em nossa opinião, o modelo consagrado na legislação portuguesa[6].

2. Da conexão processual

A responsabilidade cumulativa consiste, em síntese, em responsabilizar pela infração tanto a pessoa ou pessoas físicas que sejam os seus agentes como o ente coletivo em nome e no interesse de quem a infração foi cometida ou que tem o dever de garante de que determinados crimes não sejam praticados no âmbito da sua atividade.. Devem todos os responsáveis pela infração (pessoa coletiva e agentes da infração) ser processados juntamente, à semelhança do que sucede com a comparticipação [art. 24º, nº 1, al, *c*) do CPP]? Assim o imporia a economia processual, mas a lei não prevê a hipótese em qualquer das alíneas do art. 24º do Código de Processo Penal.

Parece que a solução está na interpretação extensiva ou da alínea *c*) ou alínea *d*): a razão do processamento conjunto vale tanto para os crimes cometidos em comparticipação ou na mesma ocasião ou lugar como, porventura por maioria de razão, para os crimes em que ocorra responsabilidade cumulativa: é a economia processual relativa a muitos elementos de prova comuns.

II. Constituição e representação do ente colectivo como arguido e participação no processo
1. Sobre a constituição da pessoa coletiva como arguida
Nada de novo quanto aos pressupostos, tempo e modo de constituição da pessoa coletiva ou entidade equiparada como arguida no processo. De

---

[6] Para uma aproximação a esta problemática, cf. o nosso *Responsabilidade Penal das Sociedades e dos seus Administradores e Representantes*, Editorial Verbo, Lisboa, 2009, p- 184 ss.

notar apenas que a constituição de arguida deve ser feita na pessoa do seu legal representante. Isto não significa, evidentemente, que o legal representante passe a ser arguido; arguida é a pessoa coletiva, mas, no exercício dos direitos e cumprimento dos deveres inerentes ao estatuto de arguido. a pessoa coletiva é representada pelo seu legal representante à semelhança da representação das pessoas coletivas em processo civil. Por isso que o Ministério Público deve cuidar de identificar com rigor quem legalmente representa o ente coletivo.

Os direitos e deveres inerentes à qualidade de arguido valem tanto para as pessoas singulares como para os entes coletivos, naturalmente com as necessárias adaptações (*v.g.* não podem ser sujeitas à medida de coação de prisão preventiva), sendo exercidos e cumpridos pelo representante legal que assuma a representação da pessoa coletiva como arguida (a quem a constituição de arguida da pessoa coletiva deve ser feita em conformidade com o disposto no nº 2 do art. 58º do CPP).

Embora não sendo pessoalmente arguido, o representante da pessoa coletiva que assume a representação fica sujeito a alguns deveres pessoais, resultantes da representação judiciária do ente coletivo. Desde logo comparecer perante o juiz, o Ministério Público ou os órgãos de polícia criminal, sempre que a lei o exigir; responder com verdade às perguntas feitas sobre a identidade da pessoa coletiva e sobre os seus antecedentes criminais, prestar termo de identidade (art. 61º, nº 3, do CPP).

A lei nada refere sobre a constituição de arguido da pessoa coletiva nem sobre os deveres pessoais que recaem sobre o seu representante. Paulo Pinto de Albuquerque[7] entende que o representante da arguida não tem o dever de responder com verdade às questões sobre a identidade da pessoa coletiva e antecedentes criminais, mas não nos parece. Julgamos que o art. 359º do Código Penal é aplicável ao representante da pessoa coletiva por força do disposto no seu art. 12º.

2. Representação dos entes coletivos
a) Representação das pessoas coletivas e entidades que careçam de personalidade jurídica
O arguido tem o poder/dever de estar presente e comparecer aos atos processuais que diretamente lhe digam respeito; deve estar pessoalmente no

---

[7] Albuquerque, Paulo Pinto de, *ob. cit.*, p. 184.

processo, mas em se tratando de pessoa coletiva a sua presença e participação só pode fazer-se através do seu representante legal. Não temos norma expressa no Código de Processo Penal, mas são aplicáveis os art. 25º e 26º do Código de Processo Civil, por força do disposto no art. 4º do Código de Processo Penal. É a solução que a regulamentação material da atuação das pessoas coletivas impõe. Não parece oferecer dificuldades.

O que é importante destacar é que a representação da pessoa coletiva no decurso do processo nada tem que ver com a condição de imputação da infração; trata-se simplesmente de determinar quem a representa em juízo. Podem coincidir o representante da pessoa coletiva e a pessoa física agente da infração cumulativamente responsável, mas trata-se de mera coincidência, ainda que muito frequente. Em termos processuais são diversas as qualidades em que o agente, pessoa física, e a pessoa que representa a pessoa coletiva intervêm no processo.

A pessoa coletiva deve estar no processo pelo seu representante legal ao tempo do ato processual e que pode ser diverso do representante legal à data da prática da infração objeto do processo. É importante esta lembrança porque frequentemente sucede que a representação legal muda entre a prática da infração e a instauração do processo e até na sua pendência. O arguido deve participar pessoalmente no processo e fá-lo, em se tratando de pessoa coletiva, por meio de representação orgânica, por quem a lei, os estatutos ou o pacto social designarem à data do ato, porque só eles podem manifestar a vontade da pessoa coletiva.

Também no que respeita à representação das entidades que careçam de personalidade jurídica, a lacuna deve ser preenchida por recurso ao Código de Processo Civil.

Dispõe o art. 26º do Código de Processo Civil que «salvo disposição em contrário, os patrimónios autónomos são representados pelos seus administradores e as sociedades e associações que careçam de personalidade jurídica [...] são representados pelas pessoas que ajam como diretores, gerentes ou administradores.»

Insista-se que a representação dos entes coletivos nada tem a ver com a responsabilidade criminal dos representantes; trata-se apenas da representação judiciária: o modo dos entes coletivos estarem em juízo. Deve estar em juízo quem, ao tempo do ato processual, for, nos termos a lei, o representante judiciário do ente coletivo.

b) Representação judiciária das pessoas coletivas e entidades que careçam de quem legalmente as represente

(i) Questão muito importante e que tem já suscitado muitas controvérsias é a da representação judiciária dos entes coletivos que não tenham quem legalmente as represente. A questão põe-se com frequência nos casos de declaração de insolvência, mas não só.

Com efeito, o nº 2 do art. 127º do Código Penal dispõe expressamente que «no caso de extinção de pessoa coletiva ou entidade equiparada, o respetivo património responde pelas multas e indemnizações em que aquela for condenada».

Ainda a alteração do Código Penal a consagrar a admissibilidade da responsabilidade das pessoas coletivas não tinha ocorrido e já nos pronunciávamos no sentido que consta agora do nº 2 do art. 127º, por entendermos que relativamente ao ente coletivo não pode dizer-se em bom rigor que com a sua "morte" acaba a necessidade da pena porque a extinção voluntária da pessoa coletiva podia ser causada para evitar as sanções, nomeadamente as pecuniárias, em proveito de terceiros. Temos lei. A responsabilidade penal não se extingue pela dissolução da pessoa coletiva.

Resolvida, em termos gerais, a questão substantiva, e dizemos em termos gerais porque a aplicação do nº 2 do art. 127º vai ainda suscitar complexos problemas, desde logo se o património da pessoa coletiva já tiver sido liquidado, resta a questão processual que nos cumpre tratar especialmente. Pode a pessoa coletiva ou entidade equiparada estar "morta", ou seja, dissolvida, e continuar viva no processo, a intervir na qualidade de arguida? É esta a questão e a resposta não pode ser senão afirmativa: pode, tem de estar no processo quando se decida sobre a sua responsabilidade criminal. Mas quem a representa? Quem deve assumir a representação da pessoa coletiva que já não existe?

(ii) Se a pessoa coletiva ou equiparada já está extinta não tem, em princípio, quem a represente; não tem mais administradores, diretores, gerentes ou representantes legais. Quem está então em nome dela no processo? Julgamos ser necessário aplicar subsidiariamente o art. 25º, nº 2, do Código de Processo Civil (*ex vi* do art. 4º do CPP), com as necessárias adaptações, isto é, deverá ser nomeado um representante especial. Outra solução poderia ser a de fazer intervir no processo a(s) pessoa(s) a quem pode ser exigido o pagamento das multas e indemnizações, mas parece-nos que neste caso

ESTUDOS SOBRE *LAW ENFORCEMENT, COMPLIANCE* E DIREITO PENAL

essas pessoas estariam mais em nome próprio do que em representação da pessoa coletiva. Inclinámo-nos para o representante especial.

(iii) Uma situação especial respeita às pessoas coletivas em situação de liquidação em processo de insolvência. Quem a representa? O liquidatário? Parece-nos que não. O liquidatário tem as suas competências delimitadas por lei e respeitam apenas a questões patrimoniais.

A lei dispõe que não obstante a declaração de insolvência, os órgãos sociais se mantêm em funções, embora com poderes limitados, salvo se renunciaram nos casos e termos em que lhes é permitida a renúncia. Por isso nos pareça que a representação em processo crime da pessoa declarada insolvente continua a ser da competência do representante legal, nos termos da lei ou do pacto social, até que seja efetuado o registo do encerramento da liquidação, momento em que a sociedade se extingue.

(iv) Esta questão da representação judiciária dos entes coletivos que careçam de quem legalmente as represente é muito delicada porque implica diretamente com os direitos de defesa e o cumprimento dos deveres processuais do arguido no decurso do processo.

Na prática processual tem-se recorrido à constituição de arguida da pessoa coletiva na pessoa de um seu representante legal anterior à dissolução, mas esta solução pode ser muito inconveniente e prejudicial para a defesa da pessoa coletiva e andamento do processo, por uma parte, e muito onerosa para o nomeado, por outra. Sendo nomeado representante da pessoa coletiva uma pessoa que não tenha já qualquer vínculo com o ente é natural que não tenha interesse na defesa da pessoa coletiva. Quem custeará as despesas que realize para assegurar a defesa, nomeadamente com honorários de advogados? As mais das vezes será uma representação meramente formal porque o representante limitar-se-á a deixar correr o processo. Esta questão necessita de regulamentação legal porque nos termos em que atualmente se processa é, pelo menos, desprestigiante para a justiça penal.

c) *Alteração da representação legal e irregularidade da representação*
(i) Se após a constituição do ente coletivo como arguido, o que necessariamente deve ser feita na pessoa do seu legal representante, ocorrer a alteração de quem legalmente a represente, necessariamente que essa

alteração tem imediata repercussão no processo: a pessoa coletiva tem, como referimos já, de estar em juízo representada pelo seu legal representante no momento do exercício dos direitos ou cumprimento de deveres processuais. Percebe-se que tenha de ser assim: o representante legal que entretanto deixe de o ser, seja qual for a razão, carece de poderes de representação e consequentemente não pode atuar em nome do ente coletivo que já não representa.

(ii) No processo civil a irregularidade da representação sana-se mediante a intervenção do representante legal. Se este ratificar os atos anteriormente praticados o processo segue como se o vício não existisse; caso contrário fica sem efeito todo o processado posterior ao momento em que a falta se deu ou a irregularidade foi cometida, correndo novamente os prazos para a prática dos atos não ratificados, que podem ser renovados (art. 27º do CPC). Será assim também em processo penal? Será esta regulamentação aplicável também ao processo penal? O art. 119º, al. c), do Código de Processo Penal comina com a sanção da nulidade «a ausência do arguido» nos casos em que a lei exigir a respetiva comparência. Como referimos, o arguido é representado por quem a lei, os estatutos ou o pacto social designarem.

Se o arguido estiver no processo representado por quem não tenha poderes de representação, parece ser necessário distinguir os atos em que o arguido deve estar presente (*v.g.* na audiência), naturalmente representado pelo seu legal representante, e os demais. Relativamente aos atos em que deva estar presente, a sua falta constitui nulidade insanável – na terminologia da lei, embora errada – e a consequência é a nulidade do ato que não pode ser sanada. Nos demais casos, o vício será a irregularidade e por isso deve ser arguida nos termos do disposto no art. 122º do Código de Processo Penal, ficando sanada se o não for.

d) *Notificações*

Nos termos dos artigos 111º e seguintes do Código de Processo Penal, as notificações efetuam-se por formas várias. Não vamos analisar cada uma dessas formas de comunicação, mas centrar a nossa atenção apenas na notificação pessoal imposta por lei.

Desde logo a convocação para interrogatório no decurso do Inquérito (art. 272º). É um direito do arguido o ser interrogado no decurso do Inquérito. Também o despacho de acusação (nº 6 do art. 283º) e o de abertura da instrução (art. 287º, nº 5). O despacho a designar data para o debate instrutório e leitura da decisão instrutória (297º, nº 3 e 307º, nº 5); também o despacho a designar data para a audiência (art. 313, nºs 2 e 3). São tudo normas que impõem a notificação pessoal.

Como referimos já, o Código de Processo Penal não contém qualquer norma atinente às notificações dos entes coletivos. Poder-se-ão aplicar por analogia as normas pertinentes do processo civil? Será que estas normas se harmonizam com o processo penal? Julgamos que não.

Dispõe o art. 246º do CPC que as pessoas coletivas podem ser citadas por carta endereçada para a sede da citanda e que o aviso de receção pode ser assinado por funcionário da citanda.

A notificação feita na pessoa de qualquer empregado será válida no processo penal? Não o cremos. A lei processual penal exige a notificação pessoal e por isso que deva ser feita na pessoa do representante legal à data da notificação e se entretanto já tiver sido constituída arguida na pessoa que a representa nessa qualidade.

III. Medidas de coação
1. Medidas de coação aplicáveis às pessoas coletivas

Consideremos já a problemática das medidas de coação porque se suscitam aqui também questões complexas relativas aos deveres pessoais dos representantes do ente coletivo.

Os entes coletivos podem ser sujeitos a medidas de coação e de garantia patrimonial? Julgamos não haver qualquer impedimento à aplicação das medidas de garantia patrimonial e de algumas medidas de coação porque o seu pressuposto, no que à pena aplicável respeita, é referido ao crime e não à pena concretamente aplicável em razão do sujeito passivo. É também possível que relativamente ao ente coletivo ocorra algum dos requisitos de que a lei faz depender a aplicação de medidas de coação, nomeadamente os das alíneas *b)* e *c)* do art. 204º do Código de Processo Penal.

É claro que há medidas de coação que por natureza não são aplicáveis aos entes coletivos, desde logo a prisão preventiva, mas não nos parece existir impedimento à aplicação de outras, nomeadamente à caução e suspensão do exercício de direitos (arts.197º e 199º do CPP).

As lacunas da lei são muitas. Nada é tratado de plano na lei processual.

2. O termo de identidade

Sendo o arguido um ente coletivo fica também sujeito a Termo de Identidade, pois o TIR é aplicável a «todo aquele que for constituído arguido». Se é certo que a lei processual penal foi pensada para as pessoas físicas, a finalidade do TIR admite sem esforço a interpretação extensiva.

O TIR é aplicável à pessoa coletiva mas deve ser prestado pelo seu legal representante e dele devem constar as menções das várias alíneas do nº 3 do art. 196º do Código de Processo Penal, ainda que necessariamente com adaptações.

Parece-nos que as obrigações impostas, recaindo sobre o ente coletivo, são razoavelmente oponíveis ao seu representante legal, enquanto se trate de cumprir obrigações impostas ao ente coletivo, pois cumpre ao representante legal exercer os direitos e cumprir as obrigações do ente coletivo constituído arguido.

Verificam-se, porém, algumas lacunas e dificuldades que importava preencher e ultrapassar. Assim, a residência ou o domicílio à escolha é o da sede da pessoa coletiva ou a do seu representante? Inclinamo-nos a considerar que é o domicílio do representante porque esta indicação releva sobretudo para efeito das notificações posteriores e estas devem ser feitas ao representante.

E se entretanto, no decurso do processo, mudar o representante do ente coletivo? O anterior tem o dever de comunicar essa mudança ou a responsabilidade pela indicação do novo representante compete à nova administração do ente porque é esta que é a arguida? Se o representante legal mudar não deveria ter de comunicar ao processo essa mudança para ser substituído e legitimar as consequências da prestação do TIR? Parece razoável, mas a lei nada dispõe e não se podem impor deveres sem previsão legal.

E se o representante legal mudar de residência? Deve indicar a nova? Julgamos que sim, para efeito das notificações. E a obrigação de não se ausentar da residência por tempo superior a 5 dias sem comunicar a ausência ao Tribunal vale também para o representante legal da pessoa coletiva? Pensamos que sim, atenta a finalidade do TIR.

Estas insuficiências podem comprometer a regularidade do procedimento e é precisamente a regularidade do procedimento que as obrigações impostas pelo TIR visam realizar

IV. A acusação e a determinação da responsabilidade dos entes coletivos

(i) Ocorre com frequência na praxe dos nossos tribunais que, nos casos de responsabilidade cumulativa, se descrevem os factos constitutivos da infração típica e outras circunstâncias relevantes que fundamentam a aplicação aos arguidos pessoas singulares de uma pena ou medida de segurança e se omite a indicação dos demais elementos constitutivos da responsabilidade das pessoas coletivas, como se a responsabilidade destas seja simplesmente uma responsabilidade por ricochete, uma necessária consequência da responsabilidade dos agentes individuais. Não deve ser assim.

Não deve ser assim porque a responsabilidade das pessoas coletivas não é consequência necessária da do agente, ainda que este tenha as qualidades funcionais que a lei exige. A responsabilidade da pessoa coletiva exige ainda, além dos elementos essenciais do facto típico, que o facto seja praticado em seu nome e no seu interesse, nos casos da al. *a)* do nº 2 do art. 11º do Código Penal, ou resulte da omissão do controlo ou vigilância no âmbito da pessoa coletiva (art. 11º, nº 2, al. *b)*. Ser a infração praticada em nome e no interesse da pessoa coletiva [art. 11º, nº 2, al. *a)* do CP] ou o facto ser praticado em virtude da violação dos deveres de vigilância ou controlo são condição material essencial para lhe ser imputada. Por isso que estas condições têm também de ser narradas na acusação, sem o que sobre elas não pode incidir a prova em audiência e porque elementos essenciais da imputação não se presumem, têm de ser objeto da prova.

É importante relevar que a lei se refere sempre às infrações praticadas pelos órgãos e representantes da pessoa coletiva. Os órgãos não se confundem necessariamente com os seus titulares, sobretudo quando se trata de órgãos de composição plural. Assim, para determinar se o facto pode ser imputado à pessoa coletiva é necessário determinar a vontade da pessoa coletiva, ou seja, se o agente individual realiza no facto a vontade da pessoa coletiva e se essa vontade foi formada nos termos legais ou estatutários porque não o sendo pode ser responsabilizado o agente, mas não a pessoa coletiva. Por isso que a lei se refere sempre às infrações cometidas pelos órgãos e não às infrações cometidas pelos titulares dos órgãos; não é por acaso nem por deficiência de redação que a lei assim se exprime; é porque é essencial que a vontade do facto seja a vontade da pessoa coletiva.

Também no que respeita à culpa. A culpa da pessoa coletiva é culpa própria, não se confundindo com a culpa dos agentes do facto. Pode verificar-se a responsabilidade do agente, titular do órgão, e não a da pessoa coletiva. Não basta a determinação da culpa dos agentes para fixar a culpa da pessoa coletiva e por isso que deve ser objeto de comprovação autónoma e por isso também que na acusação devem ser enunciados os factos que a sustentam. É certo que a culpa da pessoa coletiva se forma com referência à culpa dos agentes titulares dos órgãos, mas não se confundem, não é consequência necessária da culpa dos agentes. A matéria da culpa das pessoas coletivas é complexa, mas extravasa o objeto desta comunicação[8].

Não posso nem devo intrometer-me na problemática da culpa que foi já objeto de uma sessão neste Curso[9], mas devo fazer-lhe referência no plano processual.

Para quem entenda, como entendo e já referi, que a culpabilidade da pessoa coletiva não é mero reflexo da dos agentes da infração, tem de considerar absolutamente necessário que todos os elementos que permitam formular o juízo de culpabilidade da pessoa coletiva têm necessariamente de constar da acusação.

(ii). Temos bem presente a insuficiência da praxe judiciária no que respeita à narração dos factos reveladores da culpabilidade. O acórdão do STJ, de uniformização de jurisprudência, n.º 1/2015, veio resolver a questão ao fixar a seguinte interpretação da lei:

> *«A falta de descrição, na acusação, dos elementos subjetivos do crime, nomeadamente dos que se traduzem no conhecimento, representação ou previsão de todas as circunstâncias da factualidade típica, na livre determinação do agente e na vontade de praticar o facto com o sentido do correspondente desvalor, não pode ser integrada, em julgamento, por recurso ao mecanismo previsto no art. 358.º do Código de Processo Penal.»*

A acusação é nula quando dela não conste a alegação dos factos que permitam qualificar os factos como crime ou contraordenação, nomeadamente em razão da falta de descrição dos seus elementos subjetivos. A omissão não pode ser integrada, em julgamento, por recurso ao mecanismo do art. 358.º do Código de Processo Penal. Por isso que é necessário que da acusação constem também os elementos necessários para determinar a culpa da pessoa coletiva.

---

[8] Cf. o nosso *Responsabilidade Penal das Sociedades e dos seus Administradores e Representantes*, *cit*, pp. 268 ss.
[9] Sessão de 15 de Dezembro.

V. Declarações da pessoa coletiva na qualidade de arguida

(i) A pessoa coletiva tem todos os direitos do arguido pessoa física e desde logo o de prestar declarações no processo na fase do inquérito, na instrução e no julgamento; fá-lo através do seu representante.

E o representante legal, que manifesta a vontade da pessoa coletiva, pode remeter-se ao silêncio, nos mesmos termos que o pode fazer o arguido pessoa física? Parece-nos que sim, que pode.

(ii). Questão mais complexa, mas que nos parece dever ter a mesma solução, respeita ao direito ao silêncio dos demais titulares dos órgãos da pessoa coletiva, ainda que não tenham o poder de representação judiciária. Estes administradores e demais titulares de órgãos da pessoa coletiva são parte da pessoa coletiva e, por isso, que nos pareça que têm também o direito ao silêncio no que respeita aos factos imputados à pessoa coletiva. Não o diz a lei em parte alguma, mas o princípio parece deduzir-se do direito do arguido a não responder sobre factos que lhe são imputados. É que, se por razões de praticabilidade, a pessoa coletiva deve estar no processo apenas por um representante, a quem a lei ou os estatutos confiram a capacidade de representação judiciária, os outros titulares dos órgãos fazem também parte da pessoa coletiva e participam na formação da sua vontade.

(iii) Outra questão não resolvida por lei. Como se determina a vontade processual da pessoa coletiva se o órgão de administração da pessoa coletiva for um órgão de composição plural? Pode o representante legal assumir uma posição desconforme com a vontade da pessoa coletiva formada no órgão próprio para formar a vontade coletiva? Julgamos que não, mas então será necessário retirar ao representante da arguida a capacidade para a representar, substituindo-o por outro com competência legal ou estatutária. Esta competência, parece-nos, cabe exclusivamente ao órgão da pessoa coletiva com poderes para formar a sua vontade, mas deve ter incidência processual, substituindo o representante judiciário.

VI. Extinção, fusão e cisão da pessoa coletiva e os seus efeitos processuais
1. A extinção da pessoa coletiva

(i) A morte das pessoas físicas é causa extintiva da responsabilidade criminal e consequentemente do procedimento (art.127º e 128º CP). Não assim no que respeita às pessoas coletivas e equiparadas.

Com efeito, o nº 2 do art. 127º do Código Penal dispõe expressamente que «no caso de extinção de pessoa coletiva ou entidade equiparada, o respetivo património responde pelas multas e indemnizações em que aquela for condenada». Temos lei: a responsabilidade penal não se extingue pela dissolução da pessoa coletiva.

Resolvida, em termos gerais, a questão substantiva, e dizemos em termos gerais porque a aplicação do nº 2 do art. 127º vai ainda suscitar complexos problemas, desde logo se o património da pessoa coletiva já tiver sido liquidado, resta a questão processual que nos cumpre tratar especialmente. Pode a pessoa coletiva ou entidade equiparada estar "morta", ou seja, extinta, e continuar "viva" no processo, a intervir na qualidade de arguida? É esta a questão e a resposta não pode ser senão afirmativa: pode, tem de estar no processo quando se decida sobre a sua responsabilidade criminal. Mas quem representa a pessoa coletiva já extinta?

Se a pessoa coletiva ou equiparada já está extinta não tem, em princípio, quem a represente; não tem mais administradores, diretores, gerentes ou representantes legais. Quem está então em nome dela no processo? Julgamos ser necessário aplicar subsidiariamente o art. 25º, nº 2, do Código de Processo Civil (ex vi do art. 4º do CPP), com as necessárias adaptações, isto é, deverá ser nomeado um representante especial.

Já acima nos referimos à situação da pessoa coletiva em processo de insolvência. Para lá remetemos.

(ii) Uma outra questão. Na hipótese de o património da pessoa colectiva extinta estar em liquidação ou já ter sido rateado em razão da sua liquidação, como se executa o disposto na alínea *a)* do nº 8 do art. 11º e nº 2 do art. 127º, ambos do Código Penal?

2. Fusão e cisão da pessoa colectiva

Outra questão, mas esta agora de algum modo resolvida, pelo menos em parte, respeita à fusão e cisão das pessoas coletivas.

Dispõe agora o nº 8 do art. 11º do Código Penal que «a cisão e a fusão não determinam a extinção da responsabilidade da pessoa coletiva oui entidade equiparada, respondendo pela prática do crime: *a)* A pessoa coletiva ou entidade equiparada em que a fusão se tiver efetivado, e *b)* As pessoas coletivas ou entidades equiparadas que resultarem da cisão».

Disse que para a fusão e cisão a lei dá a resposta, pelo menos em parte. É que se relativamente à questão processual da representação das entida-

ESTUDOS SOBRE *LAW ENFORCEMENT, COMPLIANCE* E DIREITO PENAL

des que sucedem à pessoa coletiva ou entidade fundida a lei nos dá a resposta, já no que respeita às consequências substantivas da cisão a lei não é clara, pelo menos. Vejamos.

Em caso de cisão, porque respondem pela prática do crime da entidade cindida as entidades que resultarem da cisão, cada uma destas entidades deve estar no processo e será representada pelo seu representante legal. Parece-nos que a questão não oferece dificuldades.

Se a sanção penal envolvesse apenas a multa, a solução seria relativamente fácil se se tratasse de responsabilidade apenas pelo seu pagamento, ou seja, se a responsabilidade fosse meramente civil pelo pagamento das multas aplicadas à entidade cindida, mas não parece ser essa a solução legal que resulta da alínea *b)* do nº 8 do art. 11º do Código Penal. O nº 8 do art. 11º do Código Penal dispõe expressamente que respondem pela prática do crime as entidades que resultarem da cisão. Não se trata, pois, de responsabilidade civil pelo pagamento das multas aplicadas à entidade cindida, trata-se da atribuição às entidades que resultam da cisão da responsabilidade criminal pelos factos anteriormente à cisão imputados à pessoa cindida e que a partir da cisão são imputados às pessoas ou entidades que resultaram da cisão.

Recordemos que a responsabilidade penal não envolve apenas a condenação em multa, há outras penas aplicáveis: a principal de dissolução (nº 1 do art. 90ºA) e as acessórias estabelecidas pelo nº 2 do art. 90ºA e que são frequentemente mais gravosas do que a pena principal de multa. A questão resume-se: a pena de dissolução e as penas acessórias são aplicáveis indistintamente a todas as pessoas e entidades que resultaram da cisão? Não me compete resolver a questão no plano substantivo, mas sempre adiantarei que me parece que todas as entidades que resultaram da cisão são igualmente responsáveis e respondem em nome próprio porque todas elas incorporaram a pessoa ou entidade cindida e por isso que ao puni-las se está ainda a punir a pessoa coletiva incorporada.

Conclusão

Suscitei questões e propus soluções. As soluções que apontei são naturalmente discutíveis. Espero que no debate que se segue possamos confrontar outras propostas.

Para fechar, a dizer simplesmente ser urgente que o legislador atente nas lacunas da lei adjetiva no que respeita à intervenção processual das entidades coletivas como arguidas no processo penal. É importante que o faça e é urgente.

Nem sequer será tarefa muito difícil. Bastará que o legislador se inspire, como fez no domínio substantivo, na lei francesa, que serviu de fonte ao regime consagrado no Decreto-Lei nº 28/84, de 20 de janeiro. O que é inaceitável é que passados mais de 30 anos sobre a consagração pela nossa lei da admissibilidade da responsabilidade penal das pessoas coletivas não haja legislação processual penal adequada.

Muito obrigado.

O advogado interno (*in-house lawyer*): estatuto e particularidades do segredo profissional

FILIPE MATIAS SANTOS[*/**]

Sumário: Introdução; I. Estatuto do Advogado: regulação, deontologia profissional e modalidades de exercício; 1. Regulação e deontologia profissional do advogado; 2. Modalidades de exercício profissional; II. Caracterização do advogado in-house; 1. A independência do advogado interno; 2. O regime de exclusividade; 3. Os conflitos de interesses próprios dos advogados internos; III. A prerrogativa do segredo profissional do advogado instrutor de processos sancionatórios e do advogado interno de empresa investigada; 1. Sigilo profissional do advogado interno instrutor de processos sancionatórios; 2. Sigilo profissional em caso das buscas e apreensões em escritórios de advogados internos; *a)* Caso AM&S Europe Limited; *b)* Caso AZKO, *c)* Jurisprudência nacional; Conclusão.

---

[*] Licenciado e Mestre em Ciências Jurídico Empresariais pela Faculdade de Direito da Universidade Nova de Lisboa (FDUNL). Advogado, Diretor de Serviços Jurídicos da Entidade Reguladora dos Serviços Energéticos (ERSE).
As opiniões e interpretações expressas no presente documento são pessoais e não podem ser imputadas à ERSE ou a terceiros.
[**] O presente artigo corresponde, no essencial, a um sumário da minha intervenção no I Curso de Pós-graduação sobre *Law enforcement, Compliance* e Direito Penal nas atividades bancária, financeira e económica. Felicito o Prof. Doutor Paulo de Sousa Mendes, antigo colega na Comissão do Mercado de Valores Mobiliários (CMVM), pela realização deste curso, bem como pelo convite formulado, estendendo as minhas saudações ao Prof. Doutor Pedro Barbas Homem, a quem coube o encargo de moderar a conferência em causa, e ao Dr. Carlos Pinto de Abreu, ilustre colega que também interveio na qualidade de conferencista.

Introdução

O exercício da advocacia *in-house* tem, consabidamente, vindo a ganhar expressão e importância crescentes, o que se verifica de forma continuada desde finais do século XIX, quando o dinamismo da economia norte-americana fez surgir um departamento jurídico na *Standard Oil Company* e noutras grandes empresas. O fenómeno é habitualmente atribuído à necessidade percecionada pelas empresas de alcançar um aconselhamento especializado, permanente e próprio, num tempo marcado pela globalização, pelo comércio transnacional, pela intensificação das forças de concorrência e regulação, conducentes a uma complexificação e sofisticação, não só económicas, mas também jurídicas, dos negócios e dos mercados que lhes estão associados.

Nesta sede, não cabe, naturalmente, fazer o debate em torno das opções e políticas empresariais de recrutamento e aconselhamento jurídicos. Cabe, sim, partilhar algumas reflexões jurídicas relacionadas com o Estatuto do próprio advogado quando este é um colaborador (exclusivo ou tendencialmente exclusivo) da própria empresa, na medida em que este apresente particularidades.

Começaremos, assim, por traçar o quadro jurídico que regula o exercício da profissão nas suas duas grandes modalidades – advogado externo (liberal ou societário) e advogado *in-house* –, inclusive no plano das prerrogativas legalmente conferidas e dos deveres deontológicos que lhe estão associados, focando-nos no regime do segredo profissional (*attorney privilege*).

Seguidamente, procederemos a uma caracterização do advogado *in-house*, perspetivando a sua independência, as implicações do possível regime de exclusividade a que se encontre sujeito e os conflitos de interesses próprios da advocacia *in-house*.

À luz do exposto, no quadro das obrigações de *compliance* das empresas e dos processos de *enforcement* promovidos pelos reguladores, selecionámos dois temas que, pela sua importância e desenvolvimento jurisprudenciais, merecem a atenção não só dos *in-house lawyers* e das empresas, mas da comunidade jurídica em geral. Ocupar-nos-emos, então, das implicações em torno da prerrogativa do segredo profissional do advogado interno, tanto quando este assume o estatuto de instrutor de um processo sancionatório, como quando assume a posição de advogado de empresa investigada e, nesse âmbito, são realizadas buscas e apreensões, verificando o conteúdo e extensão do direito à confidencialidade.

Feito este percurso estaremos, então, em condições de retirar algumas conclusões sobre as especificidades do estatuto do advogado interno e, em especial, sobre o quadro de proteção efetiva do segredo profissional que é conferido aos *in-house lawyers* em Portugal.

I. Estatuto do Advogado: regulação, deontologia profissional e modalidades de exercício

1. Regulação e deontologia profissional do advogado

A advocacia é reconhecidamente uma profissão jurídica indispensável à boa administração da justiça. Os advogados assumem uma função social de intervenção e colaboração na prossecução do interesse público, garantindo o respeito pela liberdade e pelos direitos das pessoas. Neste âmbito, os advogados prestam serviços de assistência jurídica na preparação de pareceres e contratos, no aconselhamento legal e através de outros atos próprios da profissão, bem como a representação e defesa em juízo[1].

É consabido que, quer a Constituição, quer a lei ordinária, conferem um conjunto de imunidades e prerrogativas que os advogados devem utilizar atendendo aos valores e aos interesses tutelados, por forma a escudar estes profissionais jurídicos de possíveis ações e pressões alheias, preservando a sua independência e os melhores interesses dos cidadãos e das pessoas coletivas que estes representem, num exercício livre e consciencioso. Tal é reconhecido, não só em Portugal e nos países do Ocidente, mas de forma mais universal, e a título exemplificativo, na Declaração do 8º Congresso das Nações Unidas sobre a Prevenção de Crime e Tratamento dos Infratores[2].

Assim, no nosso ordenamento jurídico, aos advogados é garantida a salvaguarda das imunidades necessárias ao exercício do mandato (artigo 208º da Constituição), a proteção da independência e a reserva do exer-

---

[1] Miranda, Jorge, Medeiros, Rui, *Constituição Portuguesa Anotada*, tomo III, Coimbra: Coimbra Editora, 2007, pp. 98-103.

[2] Esta declaração visa garantir o acesso, por todos, aos serviços jurídicos de advogados, aos quais deve ser garantida a necessária independência – cf. *United Nations Congress on the Prevention of Crime and the Treatment of Offenders – Basic Principles on the Role of Lawyers, Eighth United Nations Congress on the Prevention of Crime and the Treatment of Offenders*, Havana, Cuba, 27 August to 7 September 1990.

Reconhecendo o *"professional privilege" vd.* Acórdão do Tribunal Europeu dos Direitos Humanos, "André e outro contra França" (Processo nº 18603/03), de 24/07/2008.

ESTUDOS SOBRE *LAW ENFORCEMENT, COMPLIANCE* E DIREITO PENAL

cício da profissão[3], em especial a intermediação necessária no direito de acesso aos tribunais, o direito de os cidadãos se fazerem acompanhar por advogado junto de quaisquer autoridades, a assistência legal obrigatória dos arguidos, bem como a proteção do segredo profissional[4]. O advogado é, as mais das vezes, um interface necessário entre os cidadãos, as empresas e o sistema de justiça, por forma a acautelar os próprios interesses dos seus clientes e valores supra-indivuais como, desde logo, a realização da justiça. É nessa medida que são garantidas imunidades e direitos especiais aos profissionais do foro.

Em contrapartida das prerrogativas concedidas, a lei impõe aos advogados não apenas uma adequada idoneidade científica e técnica, mas também deontológica, que se encontra devidamente regulada. Vale isto por dizer que as prerrogativas conferidas têm como reverso exigências de disciplina profissional imposta e controlada por razões de interesse geral[5].

A lei, fazendo relevar a função ético-social da advocacia, exige um comportamento profissional e cívico do advogado que o distinga como servidor da justiça e do Direito, seja no exercício da profissão ou fora dela, fazendo impender sobre os advogados um amplo conjunto de incompatibilidades, impedimentos (reguladores de conflitos de interesses) e deveres deontológicos de índole comportamental[6].

Os advogados estão sujeitos a deveres que se encontram geralmente agregados em função de diferentes destinatários: deveres do advogado para para com a comunidade, para com a Ordem respetiva, para com os clientes e para com os próprios colegas. De entre esses deveres, para além das incompatibilidades e impedimentos, que procuram garantir a independên-

---

[3] *Vd.* atos reservados por lei aos advogado recortados pela Lei nº 49/2004, de 24 de Agosto, sob pena de prática do crime de procuradoria ilícita.

[4] Direitos previstos, desde logo, nos artigos 20º, nº 2, 32º, nº 3 e 208º da Constituição e em diversas leis ordinárias, designadamente no EOA e no Código de Processo Penal. Sobre o segredo profissional *vd.* Parecer do Consultivo da Procuradoria-Geral da República nº 25/2009, de 08 de outubro de 2009.

[5] Arnaut, António, *Estatuto da Ordem dos Advogados Anotado*, 14ª edição revista, Coimbra, Coimbra Editora, 2012, pág. 90-93.

[6] A principal fonte dos deveres deontológicos é o EOA, aprovado pela Lei nº 145/2015 de 9 de setembro.
Sobre incompatibilidades *vg.* Acórdão do Tribunal Constitucional nº 588/2001, de 21/12/2001 (Tavares da Costa).

cia e a prevenção de conflitos de interesses[7], avultam as matérias em torno do segredo profissional. As regras de conflito de interesses[8] determinam o dever de recusa do patrocínio em situações que, objetivamente, se apresentam como potenciadoras desse conflito, por impedirem o total alinhamento de incentivos com os melhores interesses do cliente, implicarem o risco acrescido de violação do segredo profissional ou do conhecimento de assuntos dos quais resultem vantagens ilegítimas ou injustificadas para o novo cliente, ou qualquer outra forma que resulte em diminuição da independência.

Neste âmbito, importa atentar que às imunidades e prerrogativas conferidas aos advogados correspondem, não raras vezes, deveres de natureza deontológica. Assim, tanto a independência garantida ao advogado, como o segredo profissional, sendo prerrogativas, constituem simultaneamente deveres profissionais.

Destarte, a independência, tal como consagrada no Código de Deontologia dos Advogados Europeus[9], implica que o advogado esteja isento de qualquer pressão, especialmente a que possa resultar dos seus próprios interesses ou de influências exteriores. Assim, o advogado não pode sofrer qualquer influência dos poderes públicos, de outros operadores ou de terceiros, devendo ser-lhe conferida a liberdade de oferecer, de forma conscienciosa, a garantia de que todas as iniciativas que toma no processo são realizadas no interesse exclusivo do cliente. Como é fácil de perceber, uma tal independência é tão necessária à confiança da justiça como a imparcialidade do juiz (2.1. do Código de Deontologia dos Advogados Europeus), sob pena dos cidadãos não poderem confiar que estão a receber, genuinamente, o melhor apoio jurídico possível. É, justamente, nessa medida que o advogado, em contrapartida, está sujeito a um regime de estritas incompatibilidades e impedimentos, que procuram garantir a independência e a prevenção de conflitos de interesses.

---

[7] São ainda impostas fortes restrições em matéria de informação e publicidade, proibição da *quota litis* ou a segregação patrimonial entre os fundos dos clientes e os fundos próprios.

[8] Artigo 99º do EOA.

[9] Cf. Deliberação nº 2511/2007 OA (2ª série), de 27 de dezembro de 2007, que aprova a tradução na língua portuguesa do Código de Deontologia dos Advogados Europeus, originalmente adoptado na sessão plenária do Conseil des Barreaux européens (CCBE), de 28 de Outubro de 1988, e subsequentemente alterado.

ESTUDOS SOBRE *LAW ENFORCEMENT, COMPLIANCE* E DIREITO PENAL

Por conseguinte, o segredo profissional goza de prerrogativas legais, mas gera igualmente deveres para os advogados. Em boa verdade, o segredo profissional (ou confidencialidade) é um traço comum unificador da advocacia no mundo, visando proteger direitos e interesses constitucionalmente consagrados, designadamente a administração da justiça e a defesa dos interesses dos clientes, em especial o direito ao bom nome e reputação, bem como à reserva da vida privada destes últimos. Neste domínio, entre os Estados de matriz anglo-saxónica e os Estados de matriz continental, exite uma dictonomia relativamente ao centro de gravidade do regime do segredo profissional. Nos países que seguem aquela primeira matriz, o segredo profissional centra-se no interesse do cliente (*attorney–client privilege*) e na natureza e conteúdo dos documentos ou informações deste. Por sua vez, nos sistemas continentais, acentua-se o interesse público do dever de segredo do advogado, incluindo a documentação e/ou informações emitidas pelo advogado no seu exercício funcional[10].

Em qualquer caso, por toda a parte, o segredo profissional do advogado é protegido uma vez que estes profissionais são *confidentes necessários,* por tal ser imprescindível à boa assessoria jurídica[11]. Os clientes, por natureza, necessitam de transmitir tudo o que conhecem aos seus advogados, para melhor proteção dos seus interesses, incluindo segredos e confidências, tendo de poder confiar que a informação será mantida sob sigilo. Pudessem os advogados ser forçados a revelar os segredos dos seus clientes, incluindo aqueles que (ainda que aparentemente) lhes possam ser desfavoráveis ou comprometedores, e estariam criados incentivos perversos ao sistema de justiça: os clientes tenderiam a ocultar informação cujas implicações jurídicas, por natureza, não sabem avaliar adequadamente, impedindo que fosse alcançada a melhor defesa dos seus interesses. Para que tal não se verifique, os clientes têm de confiar plenamente nos seus advogados, tendo de poder contar com a manutenção da confidencialidade. Assim, ancorado na confiança entre o advogado e cliente, o segredo profissional constitui simultaneamente uma prerrogativa, mas também um dever, que serve um inarredável interesse público.

Entre nós, o segredo profissional dos advogados, com previsão legal expressa no 81º, nº 4, do Estatuto da Ordem dos Advogados (EOA), funda-se

---

[10] Parecer da Ordem dos Advogados E-07/07.

[11] Santiago, Rodrigo, "Considerações acerca do regime estatutário do segredo profissional dos advogados", *Revista da Ordem dos Advogados*, nº 1, janeiro, 1997, (pp. 229-247), p. 230.

não só numa dimensão pessoal interindividual, mas também numa dimensão institucional supra-individual ou de ordem pública[12]. Ou seja, o segredo assume natureza social e deontológica e não meramente contratual[13], o que tem justificado interpretações jurisprudenciais ciosas do cumprimento dos procedimentos que só excecionalmente permitem a quebra deste segredo[14]. Contudo, ainda assim, o segredo profissional não é um valor absoluto e não tem favor pleno na nossa lei[15]. O artigo 135º do Código do Processo Penal (CPP) consagra a possibilidade de quebra do segredo segundo um critério da prevalência do interesse preponderante, nomeadamente tendo em conta a imprescindibilidade do depoimento para a descoberta da verdade, a gravidade do crime e a necessidade de proteção de bens jurídicos. Esta solução visou afastar as soluções extremadas de fazer invariavelmente prevalecer o segredo sobre o dever de colaboração com a justiça ou o seu inverso, remetendo para um critério material de ponderação de interesses[16].

O controlo dos deveres deontológico-profissionais, em Portugal, está a cargo da Ordem dos Advogados. É a esta que cabe zelar pelo cumprimento dos deveres profissionais, acionando meios disciplinares sempre que se revele necessário (*enforcement*). O que significa que os advogados estão sujeitos ao poder disciplinar exclusivo dos órgãos desta ordem profissional, nos termos previstos nos seus Estatutos e respetivos regulamentos[17].

---

[12] Acórdãos do Supremo Tribunal Administrativo, processos nº 01264/03, de 13/11/2003 (Cândido de Pinho) e nº 01862/03, de 15/12/2004 (Angelina Domingues). *Vd.* também Campos, Carlos da Silva, "O sigilo profissional do advogado e seus limites", *Revista da Ordem dos Advogados*, ano 48, setembro, 1988, (pp. 471-510), pp. 472-477.

[13] Acórdão do Tribunal da Relação do Porto, processo nº 0425585, de 01/02/2005 (Luís Antas de Barros).

[14] Acórdãos do Supremo Tribunal Administrativo, processos nº 01264/03, de 13/11/2003 (Cândido de Pinho) e nº 01862/03, de 15/12/2004 (Angelina Domingues) e acórdão do Tribunal da Relação do Porto, processo nº 0425585, de 01/02/2005 (Luís Antas de Barros). *Vd.* também Parecer do Conselho Distrital de Lisboa da Ordem dos Advogados, Consulta 3/2013, de 6 de Agosto.

[15] Sobre as exclusões e causas de cessação do dever de sigilo *vd.* Campos, Carlos da Silva, "O sigilo profissional do advogado e seus limites", ob. cit., 479-507. *Vd.* também Pareceres do Conselho Consultivo da Procuradoria-Geral da República nº 16/94, de 2 de maio de 1996, e nº 25/2009, de 08 de outubro de 2009.

[16] Acórdão do Tribunal da Relação de Coimbra, processo 1345/04, de 28/04/2004 (Agostinho Torres).

[17] Campos, Carlos da Silva – "O sigilo profissional do advogado e seus limites", ob. cit., pp. 508-510.

A Ordem dos Advogados constitui no quadro do Direito português uma associação pública, constituída exclusivamente por advogados, que assume as funções de ente público regulador, no quadro da lei (autorregulação pública)[18]. Ou seja, estamos perante uma associação pública formada pelos membros da própria profissão, no quadro de regras democráticas, considerada como de interesse público, com o fim de, nos termos da lei, por ampla devolução de poderes do Estado, regular e disciplinar o exercício da respetiva atividade profissional. Enquanto ordem profissional, goza do privilégio da unicidade (monopólio das funções), do benefício da inscrição obrigatória e de poder para impor quotização, controlando o acesso à profissão (inscrição) e exercendo sobre os seus membros o poder disciplinar. A Ordem dos Advogados integra, pois, a designada administração autónoma do tipo associativo, podendo definir com independência, sem prejuízo dos mecanismos de tutela, a orientação das suas próprias atividades.

A advocacia colegiada é a forma encontrada, em Portugal, como em muitos outros países na Europa ocidental e alguns países da América do Sul, da Ásia e de África, de compatibilizar, com equilíbrio, a liberdade e independência da profissão com as necessidades de proteção de interesse público[19] – o exercício privado de uma função que é pública –, afastando-se da imposição do "Advogado de Estado" ou da designada "Advocacia Livre"[20]. O primeiro destes dois modelos está associado ao regime soviético e ao da República Popular da China, que, acentuando em demasia a componente publicista, coloca o advogado na dependência do Estado, numa relação subordinada típica do funcionalismo público. O último, associado ao modelo norte-americano, suíço, e de alguns países nórdicos (Noruega e Finlândia), permite aos advogados a inscrição em associações profissionais representativas da profissão, desde que reúnam os respetivos requisitos de admissão, mas comete aos tribunais o exercício do poder disciplinar sobre a conduta dos advogados.

---

[18] A Lei nº 2/2013, de 10 de Janeiro, regula a criação, organização e funcionamento das associações públicas profissionais.

[19] A jurisprudência do Tribunal de Justiça da União Europeia tem considerado que a atividade dos advogados cabe no conceito de empresa e que as Ordens Profissionais, entre nós a Ordem dos Advogados, podem ser consideradas associações de empresas, para efeitos de aplicação do Direito da Concorrência.

[20] Arnaut, António, *Estatuto da Ordem dos Advogados Anotado*, ob. cit., p. 15.

2. Modalidades de exercício profissional

Tradicionalmente e até à primeira metade do século XX, os advogados trabalhavam em regime liberal, em prática isolada. No período que se seguiu à segunda guerra mundial, sobretudo em países como os Estados Unidos, o Reino Unido, França e Espanha, em resposta aos desafios gerados pela necessidade de especialização sentida pelos clientes, surgiram as sociedades de advogados. Quer isto dizer que alguns associaram-se, criando organizações hierarquizadas, compostas por advogados que assumem diferentes posições (sócios, associados, estagiários)[21], mas que exercem a profissão de forma conjunta.

Ao mesmo tempo, a industrialização e empresarialização da economia, num tempo marcado pela globalização, pelo comércio transnacional, pela complexificação da regulação, levou as empresas a recrutarem advogados para trabalharem nas próprias empresas, a tempo tendencialmente integral (os *in-house lawyers*).

Os primeiros departamentos jurídicos nas grandes empresas surgiram, de forma pioneira, nos Estados Unidos da América, por força do dinamismo da economia, logo no século XIX. Um dos primeiros foi estabelecido em 1882 na *Standard Oil Company*, à data a maior empresa petrolífera do mundo, fundada pela família Rockefeller. Seguiram-se as grandes empresas de caminhos de ferro, as seguradoras e as *public utilities* (energia e telecomunicações). Depois da segunda guerra mundial, a expansão das agências governamentais e o incremento da regulação e correspondente regulamentação levou a que os departamentos jurídicos, compostos por advogados internos, se generalizassem em múltiplos setores e que, em tantos casos, passassem a conhecer dimensões apreciáveis[22].

Assim, o exercício da profissão de advogado passou a estruturar-se em função de duas grandes modalidades, (i) o advogado externo, liberal ou integrado em sociedades de advogados e (ii) o advogado interno (também denominado *in-house*)[23], igualmente inscrito na Ordem dos Advogados, mas atuando em regime de contrato de trabalho.

---

[21] Questão diversa, dentro da advocacia societária, é a da possibilidade de criação em Portugal de sociedades multidisciplinares (*alternative business structures*), como se verifica há muito noutas jurisdições (*v.g.* Espanha, Inglaterra).

[22] European Company Lawyers Association, *A European Company Lawyers' History, Celebrating 30 years of ECLA*, 26 de setembro de 2013.

[23] Esta modalidade é, por vezes, também designada por advogado de empresa, mas o advogado interno, em rigor, pode trabalhar numa entidade que não seja uma empresa, pelo que a designação advogado de empresa tende a não refletir todo o universo.

O legislador português admite o exercício da profissão nas duas modalidades, estando os advogados internos sujeitos aos deveres profissionais que impendem sobre os advogados externos, com a mesma exata intensidade. Nada no EOA ou noutra lei exclui ou diminui os deveres dos advogados internos, sem prejuízo das especificidades que adiante convocaremos. Neste aspeto, o legislador português, ao estabelecer a equiparação dos deveres que impendem sobre advogados internos e os advogados externos, segue o quadro legal aplicável em muitos outros países, num quadro de geometria variável. Com efeito, não sendo assim em todos os países europeus, o regime português – de equiparação das duas modalidades de exercício – está em linha, a título exemplificativo, com o modelo do Reino Unido, de Espanha, dos Países Baixos ou da Alemanha[24].

Assim, não existe no ordenamento jurídico nacional qualquer distinção a fazer, nomeadamente em matéria de segredo profissional, entre advogados internos e advogados externos, merecendo ambos a mesma salvaguarda[25].

Note-se que, diferentemente dos advogados internos, os juristas que não são advogados ou, sendo-o, não têm inscrição em vigor na Ordem dos Advogados, não estão sujeitos às mesmas regras deontológicas e, correspondentemente, não beneficiam das prerrogativas exclusivas dos advogados. À luz da lei dos atos próprios do advogado (Lei 49/2004, de 24 de agosto) e do Estatuto daquela ordem profissional, salvo previsão legal expressa, apenas os advogados podem exercer, no âmbito profissional e interesse de terceiros, mandato forense[26], prestação de consulta jurídica[27], elaboração de contratos e praticar atos preparatórios tendentes à constituição, alteração ou extinção de negócios jurídicos, designadamente os

---

[24] Fora da Europa, por exemplo, o Brasil segue o modelo de equiparação. Adotando um modelo diferente, em França, Suécia, Suiça e em alguns estados dos EUA, essa equiparação não é feita. *Vd.* Gomes, Márcio Schlee, "As buscas e apreensões nos escritórios de advogados de empresas", *Revista de Concorrência e Regulação*, Ano III, nº 10, abril/junho 2012, (pp. 159-193), pp. 174-176, 181, 188.

[25] Neves, Rita Castanheira, *As ingerências nas comunicações electrónicas em processo penal: natureza, respectivo regime jurídico do correio electrónico enquanto meio de obtenção de prova*, Lisboa: Wolters Kluwer, 2011, p. 301. *Vd.* também Parecer da Ordem dos Advogados nº E-07/07.

[26] Considera-se mandato forense o mandato judicial conferido para ser exercido em qualquer tribunal, incluindo os tribunais ou comissões arbitrais e os julgados de paz.

[27] Considera-se consulta jurídica a atividade de aconselhamento jurídico que consiste na interpretação e aplicação de normas jurídicas mediante solicitação de terceiro.

praticados junto de conservatórias e cartórios notariais, bem como proceder à negociação tendente à cobrança de créditos[28] e todos aqueles que resultem do exercício do direito dos cidadãos a fazer-se acompanhar por advogado perante qualquer autoridade. O exercício destes atos está, pois, vedado aos juristas que não sejam advogados ou que não tenham inscrição vigente na Ordem dos Advogados.

II. Caracterização do advogado *in-house*

Sem prejuízo da equiparação estatutária das duas modalidades de exercício da profissão, a advocacia *in-house* convoca, naturalmente, especificidades que devem ser consideradas.

O exercício profissional da advocacia interna distingue-se estruturalmente da consultoria jurídica externa dada a existência, na primeira modalidade, de um vínculo laboral. Assim, enquanto o advogado interno exerce a atividade em regime de subordinação jurídica, o advogado externo é um prestador de serviços.

O que vale por dizer, noutra perspetiva, que o advogado interno tem, nessa qualidade, apenas um cliente, a sua entidade empregadora. Ao passo que o advogado externo, por natureza, presta serviços, mantendo relações profissionais com múltiplos clientes, diferentes pessoas e instituições, sem qualquer vínculo jurídico laboral.

O advogado interno, do ponto de vista funcional, vem dar resposta, como vimos, à complexificação crescente gerada pela industrialização e empresarialização da economia, pelo comércio transnacional, e pela própria regulação. Longe de ser apenas um interface com os advogados externos, hodiernamente o advogado interno não se tende a dedicar apenas à defesa dos interesses da empresa em contencioso ou pré-contencioso, ao cumprimento dos deveres estatutários ou ao *compliance*, tendo passado antes a assumir verdadeiras funções de *risk management*, geralmente confiadas, nas grandes empresas, ao *general counsel*, a quem é atribuída a liderança de uma equipe de advogados.

Do ponto de vista laboral, o advogado interno é um trabalhador. Beneficia, por isso, dos mesmos direitos e encontra-se vinculado aos mesmos deveres gerais que os demais trabalhadores, entre os quais o dever de obediência (artigo 128º do Código do Trabalho). Esta relação de subordinação

---

[28] Ressalva-se casos em que a cobrança de dívidas constitua o objeto ou atividade principal destas pessoas.

levanta, naturalmente, questões ao nível da independência, da gestão dos conflitos de interesses e do segredo profissional, que podem ser adensadas se considerarmos que, por via de regra (exceção feita aos advogados com vínculo ao setor público), o advogado *in-house* não está obrigado à exclusividade. O que vale por dizer, sem prejuízo do dever de lealdade para com a entidade empregadora e das normas deontológicas, que o advogado interno não estará proibido de, complementarmente, acumular o exercício profissional com a advocacia liberal.

Assim, o exercício do advogado interno (nessa qualidade) é essencialmente caracterizado, não só pela inexistência de uma clientela – *rectius*, existe apenas uma relação de mono-clientela, sem preocupações de angariação, tantas vezes em regime exclusividade –, mas também pela vinculação a um contrato de trabalho e pela relação mais aprofundada com a atividade da entidade para quem trabalha. O que, como veremos, pode colocar algumas especificidades, designadamente no âmbito dos conflitos de interesses que podem surgir e que será necessário dirimir à luz das regras deontológicas aplicáveis.

1. A independência do advogado interno

As questões que se podem colocar, no plano da independência, dizem respeito não tanto à possível existência de potenciais pressões externas que possam prejudicar a posição do cliente, mas sobretudo ao nível da liberdade do advogado interno para emitir opiniões e tomar posições de forma conscienciosa, em fidelidade à lei e à justiça. Ao cabo e ao resto, é necessário garantir que o dever de obediência não leva o advogado interno a exercer contra o direito, a patrocinar causas injustas ou a promover diligências prejudiciais à correta aplicação de lei ou a descoberta da verdade.

Neste quadro, há quem defenda que o advogado *in-house* está, em regra, melhor posicionado para executar uma política coerente de gestão e prevenção de riscos e para intervir ao lado de outras áreas operacionais da empresa, com idêntica disponibilidade e eficácia, sem que isso ponha em causa a sua independência. Em contraponto, os detratores da advocacia *in-house* questionam a independência e autonomia técnica efetiva que é conferida àqueles profissionais[29].

---

[29] Numa posição extremada, num artigo publicado na *Revista da Ordem dos Advogados* em 1988, entendia Alberto Luís que não é possível conciliar trabalho subordinado com independência

As discussões em torno deste tema geram-se normalmente em torno do binómio independência económica e independência funcional[30], sendo que as cogitações em torno do mesmo convocam argumentos ambivalentes. Sem vínculo jurídico e sendo remunerado exclusivamente por via de honorários eventuais, o advogado externo beneficiará, pode conceder-se, por regra, de uma maior liberdade funcional. O advogado interno, poderia ser mais pressionável pela entidade empregadora a quem deve obediência. Em contrapartida, o advogado *in-house* poderá estar numa posição de maior independência económica face ao seu cliente do que o advogado externo, sobretudo se pensarmos que um só cliente do advogado externo pode representar parte muito expressiva dos honorários mensais do mesmo, em regime de avença. O advogado externo ao aconselhar o seu cliente poderá, indevidamente, sentir-se tentado, por exemplo, a alimentar um litígio, que poderia ser encerrado em proveito do seu próprio cliente. Nesta medida, um advogado de uma grande empresa (um banco, uma seguradora ou uma elétrica), que atue ao abrigo de um contrato de trabalho sem termo, poderá estar em melhor posição de aconselhar, com independência e de forma conscienciosa o seu cliente, do que um advogado externo.

Para que a especial proximidade e relação de subordinação não possa colocar em causa a independência do advogado *in-house*, o EOA (artigo 73º) confere competência exclusiva a esta ordem profissional para apreciar da conformidade do clausulado dos contratos de trabalho com os princípios deontológicos, incluindo os celebrados com entidades públicas, sancionando com nulidade quer as cláusulas contratuais, quer orientações ou instruções da entidade empregadora, que violem aqueles princípios, ou restrinjam a isenção e independência do advogado. Consequentemente, o advogado interno não pode sofrer pena disciplinar por não obedecer quando isso ponha em causa a sua independência técnica[31], estando habi-

---

técnica. Para este advogado, a profissão implica livre exercício, "fora de toda a relação de subordinação" (p. 598). Dizia mesmo, "tenhamos coragem de reconhecer que a única liberdade de quem trabalha em regime de emprego é deixá-lo" (p. 597). *Vd.* Luís, Alberto, "As funções e o posicionamento do jurista na empresa", *Revista da Ordem dos Advogados*, ano 2, setembro, 1988, (pp. 591-600).

[30] *No European Company Lawyers Association – ECLA White Paper, Company Lawyers: independent by design*, 2012, pode ler-se que a independência dos advogados internos deriva de um dever intelectual, ético, contratual, uma responsabilidade e até um *driver* para a integridade das empresas e ao nível da sua *corporate governance*.

[31] Artigo 73º, nº 3 do EOA.

ESTUDOS SOBRE *LAW ENFORCEMENT, COMPLIANCE* E DIREITO PENAL

litado a solicitar parecer ao conselho geral da Ordem dos Advogados, com carácter vinculativo, sempre que se coloque alguma questão relativa à validade do clausulado ou de atos praticados na execução do contrato de trabalho celebrado com um empregador privado[32], o qual é obrigatório em caso de litígio. Estas disposições legais são, portanto, aptas a garantir que o advogado interno aja com espírito de independência.

O exercício profissional da advocacia por advogados internos, ao longo dos anos, tem confirmado que a relação de subordinação jurídica, no quadro da proteção legal conferida, não é apta a colocar em causa a independência do exercício profissional.

2. O regime de exclusividade

Não obstante o exercício da advocacia *in-house* pressupor sempre que o advogado tenha como único cliente a sua entidade empregadora, a relação do advogado interno com a sua entidade empregadora pode não ser exclusiva.

No setor privado, tal como sucede nos termos gerais com qualquer trabalhador, o dever acessório de exclusividade pode ser pactuado nos termos do Código de Trabalho. Anote-se, contudo, que, porque contrárias aos princípios de flexibilidade e liberdade de trabalho, segundo jurisprudência, tal cláusula de exclusividade acessória do contrato de trabalho – segundo a qual o trabalhador se vincula a não aceitar outros trabalhos ou exercer outras atividades para terceiros, remuneradas ou não, ou a levar a cabo negócios por conta própria, em contrapartida de recebimento de compensação –, não tem relevância autónoma e só será admissível enquanto interpretada no sentido de reforçar a proteção jurídica contra o perigo de concorrência. Assim, quando vista na perspetiva de proibir o exercício de atividade concorrente à do empregador, a cláusula é lícita, embora sem autonomia, por ser uma decorrência do dever de lealdade. Quando se refira a atividades não concorrentes, a sua licitude terá de ser averiguada segundo critérios de adequação e proporcionalidade, em função do efetivo interesse do empregador, tendo em conta o sector económico em que se insere e a natureza das funções objeto do contrato de trabalho, de modo a apurar se a restrição é essencial à prossecução dos fins do contrato[33].

---

[32] Relativamente aos empregadores públicos, a Ordem dos Advogados pode sempre solicitar o acesso aos clausulados contratuais, por sua iniciativa ou a instâncias de advogado.

[33] Acórdão do Supremo Tribunal de Justiça, Processo nº 09S0625, de 10/12/2009 (Vasques Dinis).

Não sendo celebrado tal pacto, não existirá exclusividade. Todavia, as regras de conflitos de interesse, previstas no EOA, e o dever de lealdade para com a entidade empregadora, previsto no Código do Trabalho, sempre diminuirão a latitude do campo de potencial clientela do advogado.

No caso dos trabalhadores de entidades empregadoras de natureza pública, o EOA obriga à exclusividade no que respeita à prática de atos próprios do advogado[34]. Com efeito, sem prejuízo dos direitos legalmente adquiridos e das regras aplicáveis a cargos de entidades ou estruturas com caráter temporário, os trabalhadores com vínculo de emprego público ou que sejam contratados de quaisquer serviços ou entidades que possuam natureza pública ou prossigam finalidades de interesse público, de natureza central, regional ou local, bem como os membros de órgão de administração, executivo ou diretor com poderes de representação orgânica dessas entidades só podem exercer advocacia em regime de subordinação e em exclusividade, ao serviço dessas mesmas entidades[35].

A limitação do exercício da advocacia em exclusividade, para os advogados *in-house* que sejam trabalhadores de entidades do setor público, constituindo um entrave à liberdade de exercício da profissão com relevância no contexto concorrencial da advocacia, tem sido justificada pela alegada necessidade de proteção do Estado – garantir que os seus advogados internos não usam (ilicitamente) informação recolhida no seu posto de trabalho em favor de clientes privados –, e também proteção do cliente, uma vez que o advogado sempre estaria impedido de peticionar contra entidades públicas (por força do regime de conflito de interesses), limitando os meios de ação dos clientes. Esta limitação pode ser discutida quanto à sua universalidade, por ser desproporcionada, tanto mais que a lei consagra significativas exceções ao regime de incompatibilidade para um conjunto alargado de situações que, nalguns casos, podem constituir, justamente, o arquétipo das preocupações que aquela norma visa tutelar[36].

---

[34] Não assim no que respeita ao exercício de outras funções, que não se insiram no círculo de atos que são próprios do advogado.

[35] Artigos 82º e 86º do EOA.

[36] São excecionadas do regime de incompatibilidades, pelo artigo 82º, nº 2 do EOA, os membros da Assembleia da República, bem como dos respetivos adjuntos, assessores, secretários, trabalhadores com vínculo de emprego público ou outros contratados dos respetivos gabinetes ou serviços – ficando apenas impedidos, em qualquer foro, de patrocinar ações pecuniárias contra o Estado –, os que estejam aposentados, reformados, inativos, com licença ilimitada

3. Os conflitos de interesses próprios dos advogados internos

O advogado, devendo exercer a defesa dos direitos e interesses que lhe sejam confiados com plena autonomia técnica, de forma isenta, independente e responsável, está geralmente impedido de exercer a atividade em situações que diminuam a amplitude do seu exercício, por força das relações com o cliente e com os assuntos em causa ou de inconciliável disponibilidade[37].

As regras de conflitos de interesses que impõem a recusa de patrocínio estão, sobretudo, desenhadas no pressuposto de que o advogado possa ser consultado por diferentes partes. Assim, nos termos do artigo 99º do EOA, o patrocínio de uma questão deve ser recusado se o advogado já tiver intervindo em qualquer outra qualidade na questão ou a mesma seja conexa com outra em que represente, ou tenha representado, a parte contrária. Da mesma forma, o advogado deve recusar o patrocínio contra quem, noutra causa pendente, seja por si patrocinado, estando impedido de aconselhar, representar ou agir por conta de dois ou mais clientes, no mesmo assunto ou em assunto conexo, se existir conflito entre os interesses dos mesmos. O advogado deve, ainda, abster-se de aceitar um novo cliente se tal puser em risco o cumprimento do dever de guardar sigilo profissional relativamente aos assuntos de um anterior cliente, ou se do conhecimento destes assuntos resultarem vantagens ilegítimas ou injustificadas para o novo cliente.

A existência de uma relação de mono-clientela poderia levar a pensar que o exercício da advocacia *in-house* está isenta de conflitos de interesses. Não é assim, nem mesmo quando o advogado interno se encontra vinculado ao exercício em exclusividade.

Quando o advogado representa um grupo económico, constituído por diversas empresas, detido por múltiplos acionistas e governado por um conjunto de administradores, apoiados por dirigentes, não é difícil verificar a ocorrência de potenciais conflitos de interesses. O cliente do advogado interno é a própria empresa, representada pelo seu Conselho Administração. Todavia, nas orientações e decisões diárias, caberá a diferentes administradores e diretores, tantas vezes isoladamente, tomar as decisões em

---

ou na reserva; os docentes; e os que estejam contratados em regime de prestação de serviços ou de comissão de serviço para o exercício de funções de representação em juízo no âmbito do contencioso administrativo e constitucional ou para o exercício de funções de consultor nos termos do disposto no artigo 10º do Decreto-Lei nº 163/2012, de 31 de julho.

[37] Artigo 83º do EOA.

nome da sociedade. Para além de situações de indefinição, os diferentes intervenientes que tomam decisões poderão, em certas circunstâncias, não estar intertemporalmente alinhados, o que pode acrescentar dificuldades ao advogado interno que, naturalmente, tem de defender os direitos do seu cliente respeitando, como qualquer advogado, as posições respeitáveis do seu cliente.

Noutro plano, os interesses de diferentes empresas (filiais), detidas por uma mesma empresa-mãe (*holding*), nem sempre são coincidentes. Sendo que o próprio interesse de uma empresa filial pode colidir, nalguns aspetos, com o interesse da *holding*. Se o advogado interno estiver ao serviço do grupo empresarial, poderá ser levado a prestar aconselhamento, num primeiro momento, à filial, sem poder antecipar que isso poderá colocar, ulteriormente, constrangimentos aos interesses de outra filial ou da própria *holding*.

Dentro de uma mesma sociedade existem, igualmente, conflitos possíveis entre a empresa e seus trabalhadores. As situações de conflito são ainda mais frequentes se o advogado, não atuando em exclusividade, puder licitamente prestar consulta jurídica individual a dirigentes ou trabalhadores da empresa na qual é *in-house*, acedendo a segredos profissionais.

Naturalmente, todas estas situações podem verificar-se, ainda que em moldes algo diferentes, no que respeita aos advogados externos, devendo ser dirimidas à luz das regras deontológicas contidas no EOA[38].

O advogado *in-house*, paradigmaticamente, só tem como cliente a empresa (ou entidade contratante) e deve deixar essa relação sempre clara. Sem prejuízo, em algumas situações, a empresa é funcionalmente representada por trabalhadores seus que, nessa medida, são aconselhados pelo advogado interno, naquela qualidade. Nesses casos, sempre que se coloquem situações de possível não alinhamento entre os trabalhadores (representantes da empresa) e a própria empresa ou entidade, as mesmas

---

[38] Nos Estados Unidos são conhecidas situações de trabalhadores que consideram ter sido mal aconselhado pelo advogado interno, nomeadamente em casos que resultaram em despedimento, em virtude do conflito de interesses gerado: o advogado interno tem como cliente a empresa e não o trabalhador, que é seu colega. Noutro caso, o advogado prestou aconselhamento a um trabalhador sobre o exercício de opções de compra de ações da empresa (*stock options*), tendo, ulteriormente, o trabalhador vindo a entender que tinha recebido um mau aconselhamento jurídico – *vd.* Dinger v. Allfirst Fin., Inc., 82 Fed. Appx. 261 (3d Cir. 2003) – *apud* Tanner, Jack, *Top Ten Things In-House Lawyers Need to Know about Ethics*, Fairfield and Woods, P.C., Denver, CO: Association of Corporate Council, 16/01/2015.

ESTUDOS SOBRE *LAW ENFORCEMENT, COMPLIANCE* E DIREITO PENAL

devem, assim que indiciadas, ser assumidas com total transparência e de acordo com as regras deontológicas. De resto, situações próximas também se podem verificar relativamente aos advogados externos, caso disponham de vários interlocutores que representem a pessoa coletiva.

Assim, a posição de advogado interno não dispensa o advogado de estar atento e evitar situações potenciadoras de conflitos de interesses ou geradoras de situações diminuidoras da sua independência.

III. A prerrogativa do segredo profissional do advogado instrutor de processos sancionatórios e do advogado interno de empresa investigada

Feito este excurso em torno do estatuto do advogado *in-house*, verificada a equiparação de deveres e prerrogativas entre advogados internos e externos, e percorridas algumas especificidades, importa atentar nas implicações em torno da prerrogativa do segredo profissional do advogado interno, tanto quando este assume o estatuto de instrutor de um processo sancionatório, como quando assume a posição de advogado de empresa investigada e nesse âmbito são realizadas buscas e apreensões. Desta forma confrontaremos as conclusões alcançadas com dois temas concretos que, pela sua relevância, merecem apreciação.

1. Sigilo profissional do advogado interno instrutor de processos sancionatórios

As empresas e outras entidades recorrem à via sancionadora, verificados os seus pressupostos, por forma a assegurar a organização do trabalho e o seu êxito, no caso dos processos disciplinares, ou a punição de factos ilícitos e censuráveis que preencham tipos legais cominados com coimas e outras sanções acessórias, no caso dos processos contraordenacionais. Estes visam essencialmente finalidades de prevenção geral e especial, evitando que se possam tomar comportamentos infratores como modelo de conduta possível, colocando em causa a injuntividade das normas violadas e a tutela efetiva dos bens jurídicos protegidos.

As tarefas de instrução de processos sancionatórios não penais, sejam disciplinares ou contraordenacionais, são tantas vezes levadas a cabo por advogados, sejam internos ou externos, os quais propõem a tomada de decisões aos órgãos decisórios competentes.

Neste plano têm-se colocado, perante os nossos tribunais, casos em que os arguidos nestes processos pretendem arrolar os instrutores como testemunhas, seja durante, seja após a instrução do processo. A questão que se coloca, entre outras, é a de saber se o segredo profissional do advogado prevalece e em que termos.

Ao equacionar a questão importa ter presente que, nestes casos, o instrutor, por exercer materialmente funções de administração da justiça administrativa com manifesta relevância no plano decisional, está vinculado ao princípio da imparcialidade. Com efeito, contrariamente ao que é mais habitual – o advogado representar uma parte ou um dos sujeitos processuais –, nestas circunstâncias o advogado atua como instrutor e nessa medida deve, naturalmente, ser imparcial. Cumulativamente, o advogado, por exercer funções instrutórias, não deixa de estar sujeito aos deveres deontológicos do advogado.

No que à primeira dimensão respeita, a jurisprudência tem entendido que atentas as funções materiais desempenhadas pelos instrutores, não existindo norma própria, é de aplicar a estes o disposto no artigo 39º, nº 2 do CPP, em razão do princípio da imparcialidade, o qual dispõe que se o juiz tiver sido oferecido como testemunha, declara, sob compromisso de honra, por despacho nos autos, se tem conhecimento de factos que possam influir na decisão em causa. Em caso afirmativo verifica-se o impedimento; em caso negativo deixa de ser testemunha[39].

Neste sentido, a título exemplificativo, pronunciou-se o Supremo Tribunal de Justiça, em Acórdão de 24 de setembro de 2003: *"O impedimento a que se refere o artigo 39º, nº 2, do Código de Processo Penal, no ponto em que representa um meio de realização do princípio da imparcialidade, é aplicável, enquanto princípio geral de direito, ao instrutor do processo disciplinar laboral.".* Mais tendo esclarecido o Tribunal em questão que *"Não se trata aí – como logo se antevê – de um trâmite específico de lei processual penal e que só deva ter lugar no âmbito processo penal; mas de um verdadeiro princípio geral de direito que, pela sua vocação genérica, tem pleno cabimento em qualquer tipo de processo sancionador".*

---

[39] Disposição também aplicável aos magistrados do Ministério Público nos termos do artigo 54º/1 do CPP. Também é assim no processo civil, cuja lei processual estabelece no seu atual artigo 499º (que corresponde ao artigo 620º do Código de Processo Civil de 1961) que *"O juiz da causa que seja indicado como testemunha deve declarar sob juramento no processo, logo que este seja concluso ou lhe vá com vista, se tem conhecimento de factos que possam influir na decisão: no caso afirmativo, declarar-se-á impedido, não podendo a parte prescindir do seu depoimento; no caso negativo, a indicação fica sem efeito.".*

ESTUDOS SOBRE *LAW ENFORCEMENT, COMPLIANCE* E DIREITO PENAL

O regime previsto pelo artigo 39º, nº 2 do CPP representa, assim, um ponto de equilíbrio entre, por um lado, o direito do arguido à prova e a proibição da utilização do conhecimento privado dos factos pelo julgador e, por outro, a necessidade de evitar que o arguido consiga, sem fundamento, afastar aqueles que têm função, material, de administrar a justiça, mediante o expediente de o dar como testemunha[40]. A decisão material depende da questão de saber se os instrutores têm, ou não, conhecimento de factos que possam influir na decisão em causa, senão por via dos autos e por força das suas funções. O que declaram sob compromisso de honra. Quando os instrutores não têm conhecimento dos factos senão através do processo, não está, pois, em causa, verdadeiramente, o direito do arguido à prova, nem pode por natureza existir qualquer risco de utilização do conhecimento privado dos factos. Nesse caso o arguido não tem fundamento (legítimo) algum para afastar aqueles que têm por função tramitar o processo. Caso fossem ouvidos como testemunhas isso determinaria impedimento do exercício das suas funções no processo.

Não obstante, importa ressalvar que o exposto não exclui, nem enfraquece, de modo algum o segredo profissional. Nos termos das regras deontológicas, apenas o Advogado que ainda não patrocinou ou não teve como cliente alguma das partes do processo pode depor como testemunha. Ora, o advogado interno pode ter, a todo o tempo, como cliente a entidade com poderes decisórios. Pelo que, aplicando a regra explicitada, o mesmo estará impedido de depor. De resto, tem sido reconhecido pela jurisprudência que se o instrutor for advogado do empregador, ao dever de testemunhar sobrepõe-se o dever de sigilo profissional[41].

Destarte, sempre que mantenha uma relação jurídico-profissional com alguma das partes do processo, o advogado não pode depor como testemunha, porque tal contraria, igualmente, um princípio fundamental do direito processual[42]. O advogado que mantém em vigor aquela relação não

---

[40] Neste sentido, embora referindo-se ao artigo 620º do Código de Processo Civil e sendo igualmente aplicável *mutatis mutandis* ao artigo 39º do Regime Geral das Contraordenções, *vide* Freitas, José Lebre de e Alexandre, Isabel, *Código de Processo Civil Anotado*, volume 2º, 3ª edição, Coimbra: Almedina, 2017, p. 362.

[41] Acórdão do Tribunal da Relação do Porto, Processo nº 0840611, de 18/06/2008 (Paula Leal de Carvalho).

[42] Acórdão do Tribunal da Relação do Porto, Processo nº 874/08.TAVCD-A.P1, de 07 de outubro de 2009 (Castela Rio) e Pareceres do Conselho Geral da Ordem dos Advogados nº

pode testemunhar colocando em causa o segredo profissional[43]. O exposto tem aplicação, não sendo forma de contornar a tutela do direito à prova, caso os factos advenham efetivamente do exercício das suas funções de advogado, nos termos e com o perímetro previstos no EOA.

Pelo que, no que respeita à posição do instrutor de processos sancionatórios, as regras deontológicas de proteção do segredo profissional impedem o advogado instrutor de depor, não existindo qualquer distinção a fazer entre a proteção conferida ao advogado externo face ao advogado interno. Ambos são, como se viu, advogados, sendo a ambos garantido o poder-dever de recusar depor sobre matérias a coberto do segredo profissional. Pelo que o sigilo, inclusivamente no que respeita ao advogado interno que seja instrutor de processos sancionatórios, prevalece.

2. Sigilo profissional em caso das buscas e apreensões em escritórios de advogados internos

Vimos que o segredo profissional é legalmente protegido em Portugal no que respeita a todos os factos cujo conhecimento advenha ao advogado por força do exercício das suas funções ou da prestação dos seus serviços. Esta garantia, a par das demais prerrogativas atribuídas aos advogados, é conferida pelo EOA e, no que à investigação criminal respeita, pelo Código de Processo Penal, tanto aos advogados *in-house*, como aos advogados liberais ou societários, em total equiparação.

Por forma a garantir o sigilo profissional e a atuação livre e independente do advogado, a lei prevê que não possa ser apreendida a correspondência, seja qual for o suporte utilizado, que respeite ao exercício da profissão de advogado, exceto se a mesma respeitar a facto criminoso relativamente ao qual o advogado tenha sido constituído arguido[44].

Também a imposição de selos, o arrolamento, as buscas e diligências equivalentes no escritório ou sociedade de advogados ou em qualquer outro local onde faça arquivo, assim como a interceção e a gravação de conversações ou comunicações, através de telefone ou endereço eletrónico, utilizados pelo advogado no exercício da profissão, constantes do registo da

---

E-950, de 22/09/1995, e nº 44/PP/2009-G, de 10/02/2010.

[43] Acórdão do Tribunal da Relação de Lisboa, Processo nº 2042/09.1IDLSB-A.L1-9, de 07/03/2013 (Cristina Branco).

[44] Artigo 76º do EOA.

Ordem dos Advogados, só podem ser decretados e presididos pelo juiz competente. Nesses casos, por regra, com a necessária antecedência, o juiz deve convocar para assistir à diligência o advogado a ela sujeito, bem como membro da Ordem dos Advogados[45].

Consequentemente, nos termos da lei processual penal, a utilização de provas obtidas mediante intromissão ilícita e não consentida na vida privada, domicílio, na correspondência ou telecomunicações é proibida[46], estando ainda determinado, sob pena de nulidade, que tratando-se de busca em escritório de advogado a mesma tenha de ser presidida pessoalmente pelo juiz, o qual avisa previamente o presidente do conselho local da Ordem dos Advogados, para que o mesmo, ou um seu delegado, possa estar presente[47].

As prerrogativas dos advogados são, também, expressamente reconhecidas no direito nacional em diplomas aplicáveis ao direito público sancionatório não penal. A título exemplificativo, tanto o novo regime jurídico da concorrência, como o regime sancionatório do setor energético, dispõem que, tratando-se de busca em escritório de advogado, esta é realizada, sob pena de nulidade, nos termos e com as formalidades acima identificadas[48].

Não obstante ser este o quadro legal português, como salientado anteriormente, o segredo profissional não assume o mesmo âmbito e centro gravitacional em todos os países do globo. Adicionalmente, mesmo no contexto da União Europeia, existindo muitos Estados-Membros que, como Portugal, consagram um regime único de prerrogativas e imunidades para os advogados (sejam internos ou externos, em perfeita equiparação), outros não consideram os *in-house lawyers* como advogados, considerando-os meros consultores jurídicos quando atuam nessa qualidade.

Em particular, o anteriormente exposto quanto à proteção legal conferida ao segredo profissional do advogado interno – pacífica no quadro do direito português vigente –, tem de ser confrontado com os relevantes desenvolvimentos jurisprudenciais tomados pelo Tribunal de Justiça da União Europeia (TJUE), que se tem pronunciado sobre o segredo profissional do advogado interno no contexto do Direito da Concorrência.

---

[45] Artigo 75º do EOA

[46] Artigo 126º, nº 3 do Código de Processo Penal.

[47] Artigo 177º, nº 5 do Código de Processo Penal.

[48] Referimo-nos concretamente ao artigo 19º, nº 7 da Lei nº 19/2012, de 8 de maio, bem como ao artigo 11º, nº 7 da Lei nº 9/2013, de 28 de janeiro.

Com efeito, a jurisprudência do TJUE introduziu destrinças, a propósito do Direito da Concorrência, entre a posição dos advogados internos e a dos demais advogados, discriminando negativamente os primeiros[49], por não lhes considerar aplicáveis as mesmas garantias de confidencialidade em caso de buscas e apreensões, nos escritórios em que exercem a profissão, no âmbito de investigação movida no âmbito do Direito da Concorrência fundada no Direito da União Europeia.

Não obstante, como veremos pela jurisprudência dos tribunais portugueses, a par do decidido mais recentemente no *Cour d'Appel de Bruxelles*, a posição do TJUE não parece poder ter outro alcance possível em Estados-Membros como Portugal, nos quais vigora um regime de proteção do segredo profissional que se estende aos advogados internos, aplicando-se estritamente nas investigações movidas por procedimentos comunitários, em que a atuação tenha por base os artigos 101º e 102º do Tratado de Funcionamento da União Europeia.

a) Caso AM&S Europe Limited

O *leading case* no direito europeu no reconhecimento e recorte do segredo profissional do advogado é o caso *AM&S Europe Limited* (Case 155/79)[50], julgado por Acórdão do TJUE, de 18 de maio de 1982. A AM&S (Australian Mining and Smelting Europe Ltd.) foi investigada, em 1979, por infrações ao Direito da Concorrência. No âmbito da investigação à empresa, a Comissão Europeia realizou uma inspeção na qual ordenou a entrega de documentação que estava na posse dos seus advogados internos (*attorney privilege*)[51].

---

[49] Não obstante o Tribunal, como será exposto, ter afastada esta qualificação, existem boas razões para assim entender, como será demonstrado.

[50] Anastácio, Gonçalo e Alfafar, Diana, Anotação ao artigo 20º ("Apreensão"), in: Porto, Manuel Lopes, et al., (coords.), *Lei da Concorrência – Comentário Conimbricense*, Coimbra: Almedina, 2013, (pp. 224-241), p. 239-240.

[51] Sobre esta decisão judicial e suas implicações *vd.* Vilaça, José Luís da Cruz, Romão, Luís Miguel e Mestre, Alexandre Miguel, *Conteúdo e extensão do direito à confidencialidade das comunicações entre advogado e cliente à luz do Direito comunitário e do Direito nacional, Parecer (inédito)*, junho de 2007, pp. 1-18; Gomes, Márcio Schlee, "As buscas e apreensões nos escritórios de advogados de empresas", ob. cit., pp. 163 e 170-173; Anastácio, Gonçalo e Alfafar, Diana, Anotação ao artigo 20º ("Apreensão"), ob. cit.,, pp. 224-241; Cardoso, Tânia Vanessa Nunes, "O segredo profissional e o regime das buscas e apreensões em escritório de advogado.

A *AM&S Europe Limited*, uma empresa de minas e fundição, sediada no Reino Unido, ao abrigo do artigo 173º Tratado da Comunidade Europeia, requereu a anulação da Decisão da Comissão (nº 79/760, de 6 de julho de 1979), que obrigava a empresa a apresentar documentos aos agentes da Comissão Europeia que realizassem a inspeção. Para o efeito, foi invocado o segredo profissional de advogado.

A empresa, alegando a existência, em todos os Estados-Membros, do conceito de segredo profissional do advogado, ainda que o mesmo não esteja harmonizado, defendeu que devia apresentar uma descrição dos documentos protegidos por segredo de advogado e que, caso a Comissão Europeia não estivesse convencida quanto ao carácter confidencial, a empresa deveria permitir um exame de terceiro independente que verificasse o conteúdo dos documentos e determinasse se os mesmos estão protegidos por segredo.

O Advogado-Geral defendeu que o exame dos documentos, atenta a proteção que deve ser conferida ao segredo profissional dos advogados, consubstanciaria uma violação do princípio da confidencialidade. Então, defendeu que a AM&S deveria oferecer elementos suficientes (exibição de extratos) para que pudesse ser verificado que os mesmos estavam sujeitos a confidencialidade. Caso, em face desses elementos, a Comissão Europeia apresentasse um entendimento contrário, os mesmos deveriam ser examinados por um terceiro independente.

Sobre o caso pronunciou-se o Reino Unido, entendendo que o procedimento apropriado consistirá na decisão por um perito independente sobre o carácter confidencial de determinados documentos, bem como a Comissão Consultiva dos Colégios de Advogados da União Europeia (CCBE)[52], defendendo que o segredo das comunicações com advogados é um direito constitucional fundamental e uma questão de direitos humanos, devendo ser reconhecido e aplicado no ordenamento jurídico comunitário. Mais defendeu este órgão que, em caso de dúvida sobre se determinado documento está protegido, a decisão deve caber a uma arbitragem.

A problemática do advogado in-house", *RED – Revista Eletrónica de Direito*, nº 1, fevereiro de 2015 (pp. 1-25), pp. 10-15.

[52] CCBE – *Conseil des Barreaux de L'Union Europeenne*, oficialmente reconhecida como a organização representativa da profissão de advogado na União Europeia, é o órgão de ligação entre as Ordens dos Estados-Membros da União Europeia, representando-os junto das instituições europeias.

Por sua vez, a Comissão Europeia opôs-se a este entendimento. Reconhecendo que existe um princípio geral de proteção da confidencialidade na correspondência entre o advogado e seus clientes, alegou que caso o procedimento proposto fosse procedente isso tornaria inoperante a atuação da Comissão Europeia nas ações que visam descobrir possíveis infrações aos artigos 85º e 86º do Tratado da Comunidade Europeia [regras de concorrência][53], frustrando o objetivo do Regulamento nº 17, do Conselho. Por sua vez, a França fez saber que entendia que o direito comunitário não contém disposição alguma que consagre a proteção da correspondência entre o advogado e seus clientes.

O TJUE começou por reconhecer que os ordenamentos jurídicos dos diferentes Estados-Membros protegem, de um modo geral, a correspondência entre advogado e cliente, embora com alcances e critérios diversos. Nuns casos protege-se a própria natureza da profissão de advogado. Noutros, a exigência mais específica, também reconhecida pelos primeiros, mais ligada aos direitos de defesa.

Seguidamente, o TJUE enuncia como critérios comuns aos diferentes Estados-Membros no que respeita à proteção do segredo profissional de advogados que: **(i)** se trate de correspondência elaborada a propósito e no interesse dos direitos de defesa do cliente (parecer jurídico solicitado e emitido no âmbito do exercício do direito de defesa) e **(ii)** que a comunicação respeite a advogado independente, habilitado a exercer advocacia num dos Estados-Membros, não vinculado ao cliente por uma relação laboral[54].

É nestes termos que, segundo o Acórdão, deve interpretar-se o Regulamento Comunitário em causa, salvaguardado o pleno exercício do direito de defesa, incluindo o *attorney privilegie*. O Acórdão exige que essa correspondência tenha sido trocada com um advogado independente por ser este um colaborador da Justiça que deve proporcionar, com toda a independência e no interesse superior desta, a assistência legal que o cliente necessita, sublinhando que a contrapartida desta proteção é a disciplina profissional, imposta e controlada pelas instituições legalmente habilitadas. O que, segundo o TJUE, deve aplicar-se indistintamente a todos os advo-

---

[53] Correspondem aos atuais artigos 105º e 106º do Tratado sobre o Funcionamento da União Europeia.
[54] *Vd.* também Silva, Miguel Moura e, *Direito da Concorrência: uma introdução jurisprudencial*, Coimbra: Almedina, 2008, p. 117.

gados habilitados a exercer em algum Estado-Membro, qualquer que seja o Estado de residência do cliente. Todavia, para o TJUE, a proteção não pode estender-se para além disto, isto é, não deve abranger os *in-house lawyers*.

Assim, segundo este acórdão, a Comissão Europeia pode em sede inspetiva exigir todos os documentos profissionais que estime necessário conhecer, incluindo a correspondência com advogados. Esta faculdade é, no entanto, limitada pela exigência de respeito pela confidencialidade, designadamente, por envolver um advogado não vinculado ao cliente por uma relação laboral. O cliente pode, por último, revelar a correspondência trocada com o seu advogado independente, caso o considere oportuno.

Por conseguinte, segundo o TJUE, quando a empresa invocar a proteção da correspondência por segredo de advogado, deve entregar os elementos probatórios que permitam determinar se a dita correspondência reúne os requisitos que justificam a sua proteção legal. Contudo, se existirem divergências, não pode atribuir-se esse poder a um árbitro ou a uma autoridade nacional. O controlo deve ser feito no patamar europeu. A Comissão Europeia deve determinar a entrega da correspondência, sob pena de multa, e o recurso da empresa não terá efeito suspensivo (o que acautela preocupações da Comissão Europeia, quanto à eficácia do controlo, e da empresa, por poder pedir que seja ordenada essa suspensão).

O acórdão AM&S tem o mérito incontornável de ter reconhecido, pela primeira vez, a prevalência do segredo profissional de advogado no plano europeu, ainda que o tenha feito de forma muito restritiva.

Não obstante, a decisão foi muito criticada, pelos seus fundamentos, uma vez que o TJUE, para além de excluir discriminatoriamente os advogados vinculados ao cliente por uma relação laboral (mesmo quando no Estado-Membro em causa estejam sujeitos às mesmas regras deontológicas), restringe ainda a proteção do segredo profissional à correspondência elaborada a propósito e no interesse dos direitos de defesa do cliente dos advogados externos e, dentro destes, apenas aos habilitados a exercer advocacia num dos Estados-Membros. Ou seja, não parece incluir no âmbito de proteção da norma qualquer correspondência trocada entre o advogado e o seu cliente no âmbito profissional, antes de iniciada qualquer investigação e, além disso, com exclusão dos advogados de países terceiros à União Europeia.

Estas restrições geraram um grande debate europeu e, neste âmbito, acérrimas críticas ao quadro jurídico europeu, por desconsiderar a verdadeira natureza e importância do segredo profissional de advogado e redundar numa desproteção das empresas. Tanto mais que, subsequentemente, a Comissão Europeia chegou a basear acusações de atuação dolosa, por violações ao Direito da Concorrência, em documentos preparados por advogados internos que preveniam a empresa para os potenciais riscos jurídicos gerados pela sua atuação[55].

Os advogados internos dos diferentes Estados-Membros reagiram a este acórdão, do ponto de vista institucional, criando a *ECLA – European Company Lawyers Association*, uma associação europeia que congrega atualmente dezassete ordens e associações profissionais de advogados de empresa de diferentes países europeus, com o objetivo de promover a plena afirmação e desenvolvimento do papel dos advogados de empresa nos sistemas jurídicos respetivos e no quadro europeu.

As críticas à posição da Comissão Europeia, que havia sido, no essencial, confirmada no acórdão AM&S, ressurgiram, mais tarde, quando a própria Comissão decidiu seguir um critério diferente nos casos *Carlsen*, de 3 de março de 1998[56], e *Interporc*, de 7 de dezembro de 1999[57], rejeitando o pedido de acesso de particulares a documentos elaborados pela Comissão argumentando, justamente, que os mesmos tinham sido elaborados por juristas internos (que nesse caso, nem eram advogados internos) da própria Comissão Europeia[58].

b) Caso AKZO

Longos anos decorreram até que o TJUE voltasse a pronunciar-se sobre o tema. Assim, já depois da prolação de acórdão no *Caso Wouters* (Acórdão do TJCE, de 19 de fevereiro de 2002) – que atribui significativa relevância às regras deontológicas dos advogados (sem distinguir ou excluir os advogados *in-house*) mas, sobretudo, discute a atividade dos advogados como uma atividade económica, numa ótica de possíveis restrições à concor-

---

[55] Jean-François Bellis, *Legal Professional Privilege: An Overview of EU and National Case Law*, e-Competitions, No39467, October 2011.

[56] Despacho do Presidente do Tribunal de Primeira Instância, de 03/03/1998, Carlsen e outros contra Conselho da União Europeia, Processo T-610/97 R.

[57] Acórdão do Tribunal de Justiça das Comunidades Europeias, de 06/03/2003, Interporc Im- und Export GmbH contra Comissão, C-41/00.

[58] Cardoso, Tânia Vanessa Nunes, "O segredo profissional e o regime das buscas e apreensões em escritório de advogado", ob. cit., p. 14.

ESTUDOS SOBRE *LAW ENFORCEMENT, COMPLIANCE* E DIREITO PENAL

rência[59], em especial o caso das sociedades multidisciplinares[60] – o TJUE votou a pronunciar-se sobre a contenda no *Caso Akzo* (C-550/07), a 14 de setembro de 2010.

O caso remonta a 2003, quando agentes da Comissão Europeia realizaram uma inspeção à Akzo Nobel Chemicals Ltd. (AKZO) e à sua subsidiária, Akcos Chemicals Ltd. (AKCROS), ambas sedeadas no Reino Unido, fotocopiando diversos documentos que, segundo representantes das empresas, estavam protegidas por segredo de advogado (interno)[61].

Concretamente, no decurso de diligência de instrução nas instalações da AKZO os funcionários desta empresa indicaram que determinados documentos podiam estar cobertos por confidencialidade nas comunicações entre advogados e clientes. O responsável pela diligência consultou sumariamente os documentos na presença de um representante da AKZO e, nesse âmbito, surgiu um diferendo a propósito de cinco documentos. Dois desses documentos eram mensagens eletrónicas trocadas entre o diretor geral e o coordenador da AKZO para o Direito da Concorrência, advogado inscrito na Ordem dos Advogados dos Países Baixos, membro do serviço jurídico da empresa e empregado permanente desta. Apesar disso, a Comissão Europeia recusou essa proteção à documentação em causa.

Em sede de recurso, não obstante a posição da empresa ter sido sustentada pelas observações do Reino Unido, Irlanda e Países Baixos, o Tribunal de primeira instância indeferiu o pedido de proteção da confidencialidade da correspondência, recusando anular a decisão da Comissão Europeia que ordenou as diligências de instrução, negando, assim, provimento ao recurso de anulação da decisão de indeferimento da proteção da confidencialidade dos documentos.

---

[59] O caso foi espoletado porque Wouters, advogado no foro de Amesterdão, tornou-se, em 1991, sócio da sociedade Arthur Andersen & Co. Belastingadviseurs (consultores fiscais).

[60] Sobre o assunto, de forma datada no tempo, *vd.* o Parecer ao Conselho Geral, ao Conselho de Deontologia de Lisboa e à Câmara dos Oficiais de Contas, Consulta nº 38/2008, de 26/10/2008.

[61] Sobre esta decisão judicial e suas implicações *vd.* Vilaça, José Luís da Cruz, Romão, Luís Miguel, e Mestre, Alexandre Miguel, *Conteúdo e extensão do direito à confidencialidade das comunicações entre advogado e cliente à luz do Direito Comunitário e do Direito nacional*, ob. cit. pp. 18-30; Gomes, Márcio Schlee, "As buscas e apreensões nos escritórios de advogados de empresas", ob. cit., pp. 164-166 e 170-173; Anastácio, Gonçalo e Alfafar, Diana, Anotação ao artigo 20º ("Apreensão"), ob. cit.,pp. 224-241; Cardoso, Tânia Vanessa Nunes, "O segredo profissional e o regime das buscas e apreensões em escritório de advogado.", ob. cit., pp. 9-14.

Em sede de resposta ao recurso, a Comissão Europeia colocou em causa o próprio interesse em agir da AKZO e AKCROS à luz dos critérios do Caso AM&S uma vez que os documentos em causa, duas mensagens de correio eletrónico, eram, no primeiro caso, um pedido de comentários a um projeto de carta e, no segundo, uma simples alteração de redação. Destarte, segundo o seu entendimento baseado no Caso AM&S, estes documentos, mesmo que tivessem sido trocados com um advogado externo não estavam a coberto do segredo profissional de advogado por não preencherem o primeiro dos dois critérios formulados (não haviam sido preparados a propósito da defesa do cliente).

A este argumento responderam as empresas recorrentes, ao afirmarem que o Tribunal de primeira instância exclui a proteção com base na confidencialidade por estar em causa correspondência que não foi trocada com um advogado externo (e não em razão do conteúdo dos documentos). Mais realçaram que o acórdão AM&S não equiparou falta de independência à existência de relação de emprego, pelo que não se pode excluir o segredo dos assessores jurídicos que sejam advogados internos. Defenderam, por isso, que um jurista de empresa, inscrito na ordem profissional, é tão independente como um advogado externo, uma vez que as regras de deontologia e disciplina profissional aplicáveis tornam compatível relação de emprego com o conceito de advogado independente. Com esta argumentação as empresas recorrentes, ao resto e ao cabo, alegaram violação do princípio da igualdade, na dimensão da proibição de não discriminação.

O TJUE entendeu, todavia, que não existia violação da igualdade de tratamento entre consultor interno inscrito na Ordem dos Advogados e o advogado externo, uma vez que razões de integração pessoal e dependência económica resultam numa posição substancialmente diferente. Este entendimento foi acompanhado, desta feita, pela Advogada-Geral que, contrariamente ao que havia sucedido no Caso AM&S, sublinhou que o conceito de advogado no âmbito europeu é definido pela positiva, mediante referência a deveres deontológicos, mas também pela negativa, implicando a inexistência de relação de emprego[62].

---

[62] Segundo este sujeito processual, para um assessor jurídico, mesmo inscrito na ordem profissional dos advogados, é mais difícil gerir conflitos de interesses entre os seus deveres profissionais e os objetivos prosseguidos pelo seu cliente. Para a Advogada-Geral a independência do advogado interno não é comparável à de um advogado externo dado ser assalariado o que, pela sua natureza, não lhe permite afastar-se das estratégias comerciais

De outro passo, as empresas tinham pedido modificação da jurisprudência AM&S com base na evolução dos sistemas jurídicos nacionais e do panorama jurídico, uma vez que o conhecimento profundo das empresas e suas atividades pelos advogados *in-house* e a execução de programas de cumprimento pressupõem comunicação interna da empresa ou grupo com assessores jurídicos num ambiente de confiança.

Sobre este ponto, o Tribunal entendeu que, à data, não é possível identificar uma tendência uniforme ou claramente maioritária no sentido da confidencialidade da correspondência com assessores jurídicos, mesmo que sejam advogados, sublinhando que ainda existia um número significativo de Estados-Membros que excluem juristas de empresa da proteção de confidencialidade. Isto é, inexistindo Direito europeu que disciplinasse o assunto, bem como uma tendência evolutiva nos Estados-Membros que se identificasse como clara, o TJUE permitiu-se manter a jurisprudência anterior.

As empresas recorrentes alegaram, também, que a interpretação do Tribunal da primeira instância diminuía o nível de proteção da defesa das empresas, dado estas não poderem recorrer aos seus consultores jurídicos. Alegaram, também, a violação da segurança jurídica, invocando que a proteção de comunicação com assessores jurídicos não pode ficar dependente da investigação ser realizada pela Comissão Europeia ou pela autoridade nacional da concorrência.

Relativamente a este argumento, o Tribunal sublinhou a existência de certas restrições e modalidades, porque os juristas de empresa nos diferentes Estados-Membros nem sempre têm a possibilidade de representar o seu empregador perante os órgãos jurisdicionais, dando o argumento por

---

prosseguidas pelo seu empregador e, assim, coloca em questão a sua capacidade de agir com independência profissional. Ainda segundo a Advogada-Geral, quando o assessor jurídico é chamado a exercer outras tarefas, tais funções reforçam os laços estreitos entre o advogado e seu empregador. Ou seja, a Advogada-Geral subscreveu a opinião de que a pretensa dependência económica do advogado interno face à empresa e os laços estreitos entre ambos diminuem a independência do advogado.

Os argumentos da Advogada-Geral foram *supra* equacionados, neste documento, sendo de refutar que exista uma diminuição do advogado interno. Como se viu, se abstratamente se pode conceder no reconhecimento aos advogados externos de uma tendencialmente maior liberdade funcional, os mesmos estão, porém, tantas vezes, consideravelmente mais expostos aos riscos de dependência económica, sobretudo quando comparados com advogados internos de instituições que sejam sólidas.

improcedente. Por outro lado, considerou que a não proteção da correspondência quanto a assessores internos não provoca insegurança jurídica. Com efeito, segundo o Tribunal, os dois tipos de procedimentos baseiam-se numa repartição de competências entre diferentes autoridades, sendo que as práticas restritivas da concorrência (investigadas pelas autoridades nacionais ou pela Comissão Europeia), assumem ângulos diferentes. As empresas poderiam, pois, orientar-se utilmente em função das competências das referidas autoridades e dos seus poderes concretos no que diz respeito à apreensão de documentos. Mais afirmou, a propósito do princípio da autonomia processual nacional e do princípio das competências de atribuição, que estava em causa a atuação de uma instituição da União, com base em regulamentação adotada ao nível da União, que não tem remissão para Direito nacional e que, nessa medida, a interpretação e aplicação uniformes não pode depender do lugar da investigação e de eventuais particularidades dos regimes nacionais. Desta forma, deu por improcedente o recurso.

Do exposto retira-se, em primeiro lugar, que nesta decisão o TJUE não parece reiterar o primeiro critério enunciado no Caso AM&S quanto aos critérios que permitem recortar a informação que fica a coberto de segredo profissional de advogado. Destarte, o TJUE acaba por centrar-se, apenas, no segundo critério enunciado, que destrinça entre advogados interno e externo. Note-se, ainda, que o Tribunal parece ter mantido a jurisprudência anterior por não ter reconhecido, à data, a existência de uma tendência na maioria dos Estados-Membros no sentido da equiparação entre as duas modalidades de advocacia, não fechando a possibilidade de o vir a reconhecer no futuro.

Por fim, no que importa para esta análise, o TJUE reconhece expressamente que pode estar a criar, em muitas jurisdições, a aplicação de dois procedimentos legais diferentes relativos à proteção do segredo profissional das comunicações trocadas com advogados internos. Não obstante, segundo o Tribunal, tal não é suscetível de violar a segurança jurídica, sendo antes justificável à luz da existência, justamente, de dois tipos diferentes de procedimentos legais aplicáveis nas investigações às práticas restritivas da concorrência. Estas baseiam-se, lembra o Tribunal, na repartição de competências entre a Comissão Europeia e as autoridades nacionais da concorrência, assumindo ângulos diferentes em função dos obstáculos ao comércio poderem ser gerados entre os Estados-Membros ou apenas neste âmbito nacional (cf. acórdão do Tribunal de Justiça das Comunidades Europeias, 16 de Julho de 1992, Asociación Española de Banca Privada, Processo C-67/91). Assim, segundo o Tribunal, as empresas podem orientar-se utilmente em função das competências das referidas autoridades e dos seus poderes concretos no que diz respeito à apreensão de documentos.

c) *Jurisprudência nacional*

Em face da citada jurisprudência do TJUE coloca-se a questão de saber, no plano dos Estados-Membros que equiparam os deveres deontológicos a cargo dos advogados internos e externos, como o português, como têm os tribunais nacionais decidido as questões colocadas, quando estão em causa procedimentos movidos pelas autoridades nacionais.

Entre nós, o Tribunal de Comércio[63], com base justamente nas normas do citado EOA, proferiu uma decisão na qual protege a aplicabilidade do segredo profissional aos advogados que exercem funções em empresas, no âmbito de inspeções feitas pela Autoridade da Concorrência[64].

Esta decisão reconhece que o EOA não discrimina legal e estatutariamente os advogados internos de empresa dos demais advogados e, consequentemente, decide que as inspeções surpresa daquele regulador nacional têm de respeitar as regras nacionais.

O Tribunal de Comércio considerou ainda que a atuação de inspetores daquela Autoridade na diligência de inspeção ao gabinete do advogado de empresa, constituiu uma violação do EOA e do Código Penal, aderindo ao sentido do Parecer da Ordem dos Advogados nº E-07/07.

---

[63] Sentença do Tribunal de Comércio de Lisboa, de 16/01/2008, Unilever Jerónimo Martins, Ldª., Processo nº 572/07.9TYLSB, *vd.* Gomes, Márcio Schlee, "As buscas e apreensões nos escritórios de advogados de empresas", ob. cit., pp. 166-187; Cardoso, Tânia Vanessa Nunes, "O segredo profissional e o regime das buscas e apreensões em escritório de advogado.", ob. cit. , pp. 15-17.

[64] *Vd.* Vilaça, José Luís da Cruz, Romão, Luís Miguel, e Mestre, Alexandre Miguel, *Conteúdo e extensão do direito à confidencialidade das comunicações entre advogado e cliente à luz do Direito Comunitário e do Direito nacional*, ob. cit., pp. 41-49; Gomes, Márcio Schlee, "As buscas e apreensões nos escritórios de advogados de empresas", ob. cit., pp. 166-187; Cardoso, Tânia Vanessa Nunes, "O segredo profissional e o regime das buscas e apreensões em escritório de advogado.", ob. cit., pp. 15-17. Sobre a aplicabilidade do segredo profissional ao advogado interno e o regime das apreensões *vd.* também Parecer do Conselho Geral da Ordem dos Advogados nº 14/PP/2008-G, de 28/07/2008, e Parecer do Conselho Consultivo da Procuradoria Geral da República nº 127/2004, de 17/03/2004.

Note-se que o Tribunal reconheceu, ainda, que os documentos que se encontrem no gabinete do Advogado interno ou, caso este não disponha de gabinete próprio, na sua secretária ou nos locais sobre os quais disponha de domínio exclusivo, estão automaticamente protegidos pelas regras do sigilo profissional do Advogado.

Posteriormente, o Tribunal de Comércio veio reconhecer expressamente que os documentos da autoria do Advogado de empresa beneficiam de idêntica proteção legal, por se encontrarem igualmente cobertos por sigilo profissional, independentemente do local da empresa em que se encontrem. A diferença reside na circunstância de os primeiros gozarem de uma proteção automática, decorrente da sua localização geográfica, ao passo que o conteúdo dos segundos terá que ser perfunctoriamente analisado para que se possa determinar se têm a natureza de correspondência do Advogado interno e/ou instruções ou informações escritas da autoria deste. Segundo o Tribunal, só nestes casos se encontram cobertos por sigilo profissional, não podendo ser objeto de apreensão[65].

Mais recentemente, a 4 de março de 2013, no Reino da Bélgica, o *Cour d'Appel de Bruxelles* decidiu no mesmo sentido do Tribunal português, numa ação que envolvia a autoridade nacional para a concorrência belga e a empresa Belgacom[66]. A autoridade da concorrência daquele país tinha-se recusado a aceitar como protegida por segredo profissional a correspondência trocada com advogados internos, limitando aquele privilégio à correspondência trocada com advogados externos. O *Cour d'Appel de Bruxelles* entendeu mesmo que a correspondência com advogado interno era subsumível aos artigos 8º da Convenção Europeia dos Direitos Humanos e 7º da Carta dos Direitos Fundamentais da União Europeia, que protege o direito à privacidade e a proibição de ingerências desproporcionais, designadamente do domicílio e da correspondência[67].

---

[65] Gomes, Márcio Schlee, "As buscas e apreensões nos escritórios de advogados de empresas", ob. cit., pp. 166-187; Cardoso, Tânia Vanessa Nunes, "O segredo profissional e o regime das buscas e apreensões em escritório de advogado.", pp. 15-17

[66] Acórdão do *Cour d'Apelle de Bruxelles*, 18ième *chambre*, 5 de março de 2013, R.G. n.º 2011/MR/3.

[67] O Acórdão do Tribunal Europeu dos Direitos Humanos, Niemietz contra Alemanha, de 16/12/1992 (série A, n.º 251-B), já havia declarado que o artigo 8.º da Convenção Europeia dos Direitos Humanos é susceptível de se aplicar a certas atividades ou a certas instalações profissionais ou comerciais.

Conclusão

Ao longo deste documento foram, pontualmente, sendo retiradas diversas conclusões, alicerçadas nas premissas enunciadas, que agora importa recuperar e formular de forma sintética e integrada. Assim, em face do exposto, podem enunciar-se as seguintes conclusões principais:

§1 A Lei confere um conjunto de imunidades e prerrogativas aos advogados que devem ser utilizadas atendendo aos valores e interesses em causa, por forma a escudar estes profissionais jurídicos de possíveis ações e pressões alheias, preservando a sua independência e os melhores interesses dos cidadãos e das pessoas coletivas que estes representem, num exercício livre e consciencioso.

§2 Em contrapartida das prerrogativas concedidas, a Lei impõe aos advogados não apenas uma adequada idoneidade científica e técnica, mas também deontológica, que se encontra devidamente regulada, sujeita a fiscalização e sanção pela Ordem dos Advogados (advocacia colegiada).

§3 O exercício da profissão de advogado estrutura-se em função de duas grandes modalidades, (i) o advogado externo, liberal ou integrado em sociedades de advogados e (ii) o advogado interno (também denominado *in-house*), igualmente inscritos na Ordem dos Advogados, mas atuando em regime de contrato de trabalho.

§4 Em Portugal, como em muitos outros países, vigora um regime de equiparação dos advogados internos aos advogados externos, estando os primeiros sujeitos, com a mesma intensidade, aos deveres profissionais que cabem aos segundos.

§5 Não existe, no ordenamento jurídico nacional, qualquer distinção a fazer, nomeadamente em matéria de segredo profissional, entre advogados internos e advogados externos, merecendo ambos a mesma salvaguarda.

§6 O exercício da advocacia interna é, essencialmente, caracterizada pela relação de dedicação exclusiva a um único cliente (mono-clientela), em regime de vinculação jurídica, num quadro de aconselhamento especializado, permanente e próprio, que permite o conhecimento aprofundado do cliente e da sua atividade.

§7 O EOA, ao estabelecer competência exclusiva àquela ordem profissional para apreciação da conformidade do clausulado dos contratos de trabalho com os princípios deontológicos e para a emissão de pareceres vinculativos, sancionando com nulidade cláusulas e orientações ou instruções da entidade empregadora que violem aqueles princípios ou restrinjam a independência ou isenção do advogado, prevê mecanismos adequados à garantia de independência dos advogados internos.

§8 No que respeita à posição do instrutor de processos sancionatórios, as regras deontológicas de proteção do segredo profissional impedem o advogado de depor, não existindo qualquer distinção a fazer entre a proteção conferida ao advogado externo face ao advogado interno.

§9 Em caso de investigação movida no âmbito do Direito da União Europeia em matéria de concorrência, à luz da jurisprudência do Tribunal de Justiça da União Europeia (Casos AM&S e AKZO), não é reconhecida a equiparação da posição do advogado interno face ao advogado externo, por, designadamente, não existir à data uma tendência uniforme ou claramente maioritária no sentido de proteger a confidencialidade dos assessores jurídicos que sejam advogados internos.

§10 Pode reclamar-se que o critério aplicado pelo Tribunal de Justiça da União Europeia nos acórdãos AM&S e AKZO é excessivamente formalista e discriminatório, na medida em que admite a proteção do segredo profissional de um advogado externo avençado que, no limite, pode ter como único cliente a empresa investigada, num quadro de relação continuada, e que, inclusivamente, pode ter gabinete em instalações desse mesmo cliente, desprotegendo concomitantemente o segredo profissional do advogado *in-house* que, materialmente, se encontre na mesma situação.

§11 A jurisprudência do Tribunal de Justiça da União Europeia, como já decidido judicialmente em Portugal e na Bélgica, só poderá ter aplicação em Portugal (e nos demais países que, como este, equiparam advogados internos e externos) no caso de investigações de Direito da Concorrência movidas por procedimentos europeus, em que a atuação tenha por base os artigos 101º e 102º do Tratado sobre o Funcionamento da União Europeia.

§12 Em todas as situações em que seja aplicável o regime jurídico da concorrência ou qualquer outra disposição de direito nacional, as buscas e apreensões a escritório de advogados, incluindo quando

ESTUDOS SOBRE *LAW ENFORCEMENT, COMPLIANCE* E DIREITO PENAL

este tem domicílio na empresa onde exerce funções como advogado interno, devem respeitar as disposições do Direito português, incluindo todas as prerrogativas aplicáveis a qualquer advogado, uma vez que a Lei portuguesa equipara o advogado interno ao advogado externo.

Bibliografia

1. Doutrina

ANASTÁCIO, Gonçalo, ALFAFAR, Diana,
«Anotação ao artigo 20º ("Apreensão")», in: AA.VV., *Lei da Concorrência – Comentário Conimbricense* (org.: Manuel Lopes Porto, José Luís da Cruz Vilaça, Carolina Cunha, Miguel Gorjão-Henriques, Gonçalo Anastácio), Almedina, Coimbra, 2013, pp. 224-241.

ARNAUT, António,
Estatuto da Ordem dos Advogados Anotado, 5ª ed., Coimbra Editora, Coimbra, 2000.

BELLIS, Jean-François,
Legal professional privilege: An overview of EU and national case law, e-Competitions, October 2011, nº 39467.

CAMPOS, Carlos da Silva,
«O sigilo profissional do advogado e seus limites», *Revista da Ordem dos Advogados*, 1998, ano 48, pp. 471-510.

CARDOSO, Tânia Vanessa Nunes,
«O segredo profissional e o regime das buscas e apreensões em escritório de advogado. A problemática do advogado in-house», *RED – Revista Eletrónica de Direito*, fevereiro de 2015, nº 1.

GOMES, Márcio Schlee,
«As Buscas e Apreensões nos Escritórios de Advogados de Empresas», *Revista de Concorrência e Regulação*, Abril/Junho 2012, Ano III, nº 10, pp. 159-193.

FREITAS, José Lebre de, MACHADO, A. MONTALVÃO, Pinto, Rui,
Código de Processo Civil Anotado, volume 2º, Coimbra Editora, Coimbra, 2001.

LUÍS, Alberto,
«As funções e o posicionamento do jurista na empresa», *Revista da Ordem dos Advogados*, 1998, ano 2, pp. 591-600.

MIRANDA, Jorge, MEDEIROS, Rui,
Constituição Portuguesa Anotada, tomo III, Coimbra Editora, Coimbra, 2007.

NEVES, Rita Castanheira,
As ingerências nas comunicações electrónicas em processo penal: natureza, respectivo regime jurídico do correio electrónico enquanto meio de obtenção de prova, Wolters Kluwer, Lisboa, 2011.

SANTIAGO, Rodrigo,
«Considerações acerca do regime estatutário do segredo profissional dos advogados», *Revista da Ordem dos Advogados*, 1997, nº 1, , pp. 229-247.

SILVA, Miguel Moura e,
Direito da Concorrência: uma introdução jurisprudencial, Almedina, Coimbra, 2008.
TANNER, Jack
Top Ten Things In-House Lawyers Need to Know about Ethics, Fairfield and Woods, P.C., Denver, CO, Association of Corporate Council.
VILAÇA, José Luís da Cruz, ROMÃO, Luís Miguel, MESTRE, Alexandre Miguel,
Conteúdo e Extensão do Direito à Confidencialidade das comunicações entre Advogado e Cliente à Luz do Direito Comunitário e do Direito Nacional, Parecer (inédito), junho de 2007.

2. Documentos

United Nations Congress on the Prevention of Crime and the Treatment of Offenders – *Basic Principles on the Role of Lawyers*, Eighth United Nations Congress on the Prevention of Crime and the Treatment of Offenders, Havana, Cuba, 27 August to 7 September 1990;

Ordem dos Advogados – Pareceres do Conselho Geral, Parecer nº E-950, de 22 de Setembro de 1995;

Conselho Consultivo da Procuradoria-Geral da República – Parecer nº 16/94 de 2 de maio de 1996;

Conselho Consultivo da Procuradoria-Geral da República – Parecer nº 127/2004, de 17 de março de 2004;

Ordem dos Advogados – Pareceres do Conselho Geral, Parecer nº E-07/07, de 27 de junho de 2007;

Ordem dos Advogados – Deliberação nº 2511/2007 OA (2ª série), de 27 de dezembro de 2007 (Código de Deontologia dos Advogados Europeus – Versão Oficial Portuguesa);

Ordem dos Advogados – Pareceres do Conselho Geral, Parecer nº 14/PP/2008-G, de 28 de julho de 2008;

Ordem dos Advogados – Parecer ao Conselho Geral ao Conselho de Deontologia de Lisboa e à Câmara dos Oficiais de Contas, Consulta nº 38/2008, de 26 de Outubro de 2008

Ordem dos Advogados – Pareceres do Conselho Geral, Parecer nº 44/PP/2009-G, de 10 de fevereiro de 2010;

Conselho Consultivo da Procuradoria-Geral da República – Parecer nº 25/2009, de 08 de outubro de 2009;

European Company Lawyers Association – *ECLA White Paper*, Company Lawyers: independent by design, 2012;

European Company Lawyers Association – *A European Company Lawyers' History*, Celebrating 30 years of ECLA, 26 de setembro de 2013.

Ordem dos Advogados, Pareceres do Conselho Distrital de Lisboa, Consulta 3/2013, de 6 de Agosto.

3. Jurisprudência

Acórdão do Tribunal de Justiça das Comunidades Europeias, 18 de maio de 1982, AM&S Europe Limited contra Comissão, Processo C-155/79;

ESTUDOS SOBRE *LAW ENFORCEMENT, COMPLIANCE* E DIREITO PENAL

Acórdão do Tribunal de Justiça das Comunidades Europeias, 16 de Julho de 1992, Asociación Española de Banca Privada, Processo C-67/91;

Tribunal Europeu dos Direitos do Humanos, de 16 de Dezembro de 1992, Niemietz contra Alemanha;

Despacho do Presidente do Tribunal de Primeira Instância, de 3 de março de 1998, Carlsen e outros contra Conselho da União Europeia, Processo T-610/97 R;

Acórdão do Tribunal de Justiça das Comunidades Europeias, de 19 de fevereiro de 2002, Wouters e outro contra Algemene Raad van de Nederlandse Orde van Advocaten, Processo C-309/99;

Acórdão do Tribunal Constitucional, Acórdão nº 588/01, Processo nº 794/99, 3ª seção, de 21 de Dezembro de 2001 (Tavares da Costa);

Acórdão do Tribunal de Justiça das Comunidades Europeias, de 6 de março de 2003, Interporc Im- und Export GmbH contra Comissão, C-41/00;

Acórdão do Supremo Tribunal de Justiça, Processo nº 02S3739, de 24 de setembro de 2003 (Fernandes Cadilha);

Acórdão do Supremo Tribunal Administrativo, Processo nº 01264/03, de 13 de novembro de 2003 (Cândido de Pinho);

Acórdão do Tribunal da Relação de Coimbra, Processo 1345/04, de 28 de abril de 2004 (Agostinho Torres);

Acórdão do Supremo Tribunal Administrativo, Processo nº 01862/03, de 15 de dezembro de 2004 (Angelina Domingues);

Acórdão do Tribunal da Relação do Porto, Processo nº 0425585, de 01 de fevereiro de 2005 (Luís Antas de Barros);

Acórdão do Tribunal de Comércio de Lisboa (3º Juízo), processo nº 572/07.9 TYLSB, 16 de Janeiro de 2008;

Acórdão do Tribunal da Relação do Porto, Processo nº 0840611, de 18 de junho de 2008 (Paula Leal de Carvalho);

Acórdão do Tribunal Europeu dos Direitos Humanos, André e outro contra França, Processo nº 18603/03, de 24 de julho de 2008;

Acórdão do Tribunal da Relação do Porto, Processo nº 874/08.TAVCD-A.P1, de 07 de outubro de 2009 (Castela Rio);

Acórdão do Supremo Tribunal de Justiça, Processo nº 09S0625, de 10 de dezembro de 2009 (Vasques Dinis);

Acórdão do Tribunal de Justiça da União Europeia, de 14 de setembro de 2010, Akzo Nobel Chemicals Ltd e Akcros Chemicals LTD contra Comissão, C-550/07;

Acórdão do Cour d'Apelle de Bruxelles, 18ième chambre, 5 de março de 2013, R.G. nº 2011/MR/3

Acórdão do Tribunal da Relação de Lisboa, Processo nº 2042/09.1IDLSB-A.L1-9, de 7 de março de 2013 (Cristina Branco).

O segredo de negócio como escudo e como espada*

NUNO SOUSA E SILVA**/***

Sumário: Introdução. I. Segredos de negócio: enquadramento. 1. Fontes. 2. Fundamento da protecção. 3. Conceito. *a)* Informações secretas. *b)* Valor económico derivado do secretismo. *c)* Objecto de diligências consideráveis de protecção. *d)* Exclusões. 4. Medidas de protecção. II. O segredo de negócio como espada. 1. A Concorrência Desleal: noção. 2. Actos lícitos e actos ilícitos. 3. Meios de tutela disponíveis. III. O segredo de negócio como escudo. 1. Enquadramento constitucional. 2. Acesso aos Documentos da Administração. 3. Direito da Concorrência. 4. A noção de segredo de negócio como escudo. 5. Sigilo profissional (menção). 6. Algumas implicações processuais. Conclusão.

Introdução

A relevância actual e crescente dos segredos de negócio é ponto assente.[1] Não obstante, trata-se de um tema habitualmente negligenciado – tanto

---

* Este texto constitui, com algum desenvolvimento, o suporte escrito da apresentação feita a 28 de Abril de 2016 na Faculdade de Direito da Universidade de Lisboa no âmbito do *I Curso de Pós-Graduação sobre Law Enforcement, Compliance e Direito Penal nas Atividades Bancária, Financeira e Económica* . O seu conteúdo é parcialmente tributário do texto "Um retrato do sistema português dos segredos de negócio" *ROA* (2015) pp. 223-257, sobretudo no que se refere ao enquadramento e à utilização dos segredos de negócio "como espada". Gostaria de agradecer ao Prof. Doutor Paulo Sousa Mendes e ao Mestre David Silva Ramalho o generoso convite que me endereçaram.

** Mestre em Direito. LLM. IP (MIPLC). Assistente da Universidade Católica Portuguesa (Porto). Advogado. E-mail: nsousaesilva@gmail.com.

** O autor optou por não usar o Novo Acordo Ortográfico.

[1] S. Almeling, David, "Seven Reasons Why Trade Secrets are Increasingly Important" *Berkeley Technology Law Journal* 27 (2012) pp. 1091-1118. Pooley, James, *Secrets: Managing Information*

em território nacional, como além fronteiras[2] –, de autonomia duvidosa e colocação sistemática difícil.[3]

Os segredos de negócio podem apresentar-se como um meio agressivo ("como *espada*"), nomeadamente como fundamento legal para impedir a utilização da informação secreta por terceiros (tutela repressiva) e/ou obter uma indemnização pela sua utilização ou divulgação (tutela reconstitutiva). Mas também podem servir como um meio defensivo ("como *escudo*"), implicando limites e excepções à publicidade de actos e documentos, designadamente impedindo o acesso a informações na posse da Administração, limitando os meios probatórios disponíveis em processo civil, penal ou contra-ordenacional ou impondo e protegendo sigilos de várias naturezas. Este artigo visa e descrever esta dupla faceta dos segredos de negócio, começando por apresentar os seus quadros gerais.

Assets in the Age of Cyberespionage, EUA: Versus Press, 2015 p. 1 vai ao ponto de considerar os segredos "the most important asset of modern business.".

[2] Wilkoff, Neil, "Trade secrets: a perfect storm of unavoidable neglect?" *JIPLP* (2012) p. 837 (destacando a marginalização do tema); Bone, Robert, "Trade secrecy, innovation and the requirements of reasonable secrecy precautions" in AAVV, *The Law and Theory of Trade Secrecy: A Handbook of Contemporary Research* Cheltenham: EE, 2011, p. 46 ("patinho feio"); Ann, Christoph,"Know-how – Stiefkind des Geistigen Eigentums?" *GRUR* (2007) p. 39 ("enteado da propriedade intelectual"); Friedman, David,Landes, Wiliiam, A. Posner, Richard, "Some Economics of Trade Secret Law' Journal of Economic Perspectives [1991] p. 61 ("órfão negligenciado da análise económica"). Sandeen, Sharon, "The Cinderella of Intellectual Property Law: Trade Secrets" in Yu, Peter (ed) *Intellectual Property and Information Wealth*, vol. 2, Westport: Praeger Publishers, 2007, p. 399. Porém, como escrevi recentemente (Sousa e Silva, Nuno, "A practical guide to a fast-changing and increasingly popular subject" *JIPLP* (2016) pp. 310-311, esta circunstância está a mudar, os segredos de negócio são matéria cada vez mais estudada e, actualmente, em ebulição nos dois lados do Atlântico. Sobre o Defend Trade Secrets Act, actualmente em discussão nos EUA cfr. B. Seaman, Christopher, "Introduction: The Defend Trade Secrets Act of 2015" *Washington & Lee Law Review Online* 72 (2015) pp. 278-283. Para uma comparação recente entre o actual direito norte-americano e a directiva proposta cfr. Aurora Wennakoski, Anna, "Trade secrets under review: a comparative analysis of the protection of trade secrets in the EU and in the US" *EIPR* (2016) pp. 154-171.

[3] Bone, Robert,"A New Look at Trade Secret Law: Doctrine in Search of Justification" *California Law Review*, (1998) p. 245 (uma colecção de outras normas legais). A. Lemley, Mark, "The Surprising Virtues of Treating Trade Secrets as IP Rights" in AAVV, *The Law and Theory* (n.2) p. 109 "...the puzzle is a theoretical one: no one can seem to agree where trade secret law comes from or how to fit it into the broader framework of legal doctrine".

I. Segredos de negócio: enquadramento

É importante sublinhar que o segredo de negócio não constitui Propriedade Intelectual.[4] Em relação ao segredo, o Direito (i.e. a tutela legal) actua apenas como forma suplementar de protecção de um exclusivo factual: o segredo.[5] Divulgado o segredo, a tutela repressiva cessa daí em diante.[6]

Não obstante, os segredos de negócio têm importantes pontos de contacto com os direitos de propriedade intelectual (DPI). Mais especificamente, os segredos de negócio podem apresentar-se como *antecâmara*, como *complemento* ou como *alternativa* a estes direitos.[7]

Parte dos DPI – mais concretamente os relativos à tutela da inovação – requerem a novidade para a respectiva concessão.[8] Assim, para que alguém possa obter uma patente ou um modelo de utilidade é necessário que mantenha a sua invenção em segredo até à data do pedido.[9]

Todavia, a escolha estratégica mais habitual, sendo possível, reside na utilização do segredo de negócio como complemento de DPI, reservando-o

---

[4] O próprio conceito de Propriedade Intelectual é de difícil definição. Sobre isso veja-se Ohly, Ansgar, "Geistiges Eigentum?" *JZ* (2003) pp. 545-554; Götting, Horst-Peter, "Der Begriff des Geistigen Eigentums" *GRUR* (2006) pp. 353-358; Carvalho, Nuno Pires de, "Towards a Unified Theory of Intellectual Property: The Differentiating Capacity (and Function) as the Thread That Unites All its Components" *JWIP* (2012) pp. 251-279.

[5] Zech, Herbert, "Information as Property" *JIPITEC* (2015) p. 196 "Trade secret protection acts as a legal intensifier of such factual exclusivity".

[6] Sousa e Silva, Nuno, "Quando o segredo é a "alma do negócio" *Revista da Associação Brasileira da Propriedade Intelectual*, n. º126 (2013) p. 19: "A indemnização pode ser grande e a tutela penal severa, mas o segredo desapareceu.". Pode discutir-se se aquele que divulgou o segredo (ou o adquiriu por meios impróprios) não deverá estar proibido de o explorar mesmo após a sua revelação. A admitir-se uma resposta positiva, o seu fundamento não me parece poder encontrar-se directamente na tutela do segredo, mas quiçá no abuso de direito na modalidade de *tu quoque* (comportamento anterior indevido). Como explica Cordeiro, Menezes, *Tratado de Direito Civil*, V, Almedina, 2011 p. 327: "A fórmula *tu quoque* (...) exprime a regra geral pela qual a pessoa que viole uma norma jurídica não pode depois, sem abuso (...) prevalecer-se da situação daí decorrente (...)".

[7] Sousa e Silva, Nuno, "Um retrato do sistema português dos segredos de negócio" *ROA* (2015) pp. 248-250.

[8] Nalguns casos (como os desenhos ou modelos) o efeito desta exigência é mitigado por um período de graça, de tal forma que a exploração pública de um imaterial pelo seu titular não destrói a novidade durante um ano (cfr. art. 180º/1/b) do CPI).

[9] Grassie, Gill, "Trade secrets: the new EU enforcement regime" *JIPLP* (2014) p. 678. A solução consagrada no art. 57º/1/b) CPI pode mitigar os efeitos destruidores da novidade resultantes da violação de segredos de negócio.

ESTUDOS SOBRE *LAW ENFORCEMENT, COMPLIANCE* E DIREITO PENAL

para o chamado *know-how* complementar.[10] Aqui os segredos de negócio e os DPI funcionam em relação de simbiose, protegendo aspectos diferentes da mesma tecnologia.

Tendo em conta o seu carácter transversal e dinâmico, a protecção de segredos de negócio é igualmente vista como alternativa (caso o objecto do segredo seja elegível para protecção através de DPI) ou como substituto (no caso de informação valiosa, mas insusceptível de apropriação por direitos de exclusivo) de DPI.[11] É claro que o tipo de tecnologia em causa desempenha um papel fundamental na opção a fazer. Quando se trate de tecnologia de fácil compreensão e imitação, a alternativa de segredos de negócio não será viável. Por outro lado, quando o objecto do segredo de negócio seja de difícil análise (como é normalmente o caso na indústria alimentar ou química) a sua duração é potencialmente eterna.[12]

1. Fontes

Na tutela dos segredos de negócio interagem normas de vários ramos do Direito.[13] Em Portugal, o regime próprio dos segredos de negócio encontra-se na *concorrência desleal,* mais especificamente nos arts. 317º e 318º do CPI.[14] O estudo da matéria deve começar por aí. É, porém, indispensá-

---

[10] Bently, Lionel, "Patents and trade secrets" in Aavv, *Overlapping Intellectual Property Rights,* Oxford: OUP, 2012, p .81. Para modelos dessa decisão de gestão cfr. Anton, James & Yao, Dennis, "Little Patents and Big Secrets: Managing Intellectual Property" *The RAND Journal of Economics* 35 (1) (2004), pp. 1-22 e Ottoz, Elizabetta Cugno, Franco, "Choosing the scope of trade secret law when secrets complement patents" *International Review of Law and Economics* 31 (2011) pp. 219-227.

[11] S. Almeling, David, "Seven Reasons (n.1) pp. 1107-1109.

[12] Frommer, Jeanne, "Trade secrecy in Willy Wonka's Chocolate Factory" in: AAVV, *The Law and Theory* (n.2), p. 13 ("...so long as a secret remains unrevealed, its cloak is everlasting.").

[13] Nas palavras de A. Rowe, Elizabeth, Sandeen, Sharon, *Trade Secrecy and International Transactions,* Cheltenham: EE, 2015, p. 154: "For trade secret purposes (...) legal research often requires an examination of multiple bodies of law due to the fact that ancillary principles of law, such as competition rules and employment law, are likely to apply in such cases".

[14] Marques, Remédio, *Biotecnologia(s) e Propriedade Intelectual,* vol. I, Coimbra: Almedina, 2007, p. 41. Apesar de termos como ponto assente que a Concorrência Desleal (CD) não integra o Direito Intelectual é tradicionalmente abordada neste domínio (Mendes, Oehen, *Direito Industrial,* Coimbra: Almedina, 1983, p. 11). Pode dizer-se que a CD é *compagnon de route* da Propriedade Intelectual, sendo frequentemente vista como equivalente funcional desta (Dreier, Thomas, "How much 'property' is there in intellectual property?" in Helena Howe, Jonathan Griffiths, *Concepts of Property in Intellectual Property Law,* Cambridge: CUP, 2013, p. 125).

vel ter em conta os contributos do Direito do Trabalho,[15] da Propriedade Intelectual,[16] do Direito das Obrigações (contratos, responsabilidade civil e enriquecimento sem causa), dos Direitos Reais, do Direito Penal, dos Direitos Fundamentais[17] e, ainda, de domínios mais específicos como a protecção de dados.[18]

Até 1994, a nível *internacional* não existia qualquer menção directa à protecção de segredos de negócio. Só com o acordo TRIPS é que esta surgiu.[19] O artigo 39º desse acordo, único da secção VII relativa a informações não divulgadas,[20] veio consagrar uma dupla protecção: segredos de negócio (nº 2) e informações relacionada com produtos químicos farmacêuticos ou para agricultura, na medida em que utilizem novos elementos químicos, cuja obtenção resulte de esforço considerável (nº 3). No seu nº 1 o artigo esclareceu ainda que estes meios de protecção se incluem no

---

[15] Sobre esta interacção pode ver-se Sousa e Silva, Nuno,"Trabalho e segredos de negócio – Pode um (ex-)trabalhador ser proibido de trabalhar?" *Questões Laborais* nº 47 (2015) pp. 217-271.

[16] Para uma análise recente veja-se Van Caenegem, William *Trade Secrets Law and Intellectual Property*, Alphen aan den Rijn: Wolters Kluwer, 2014.

[17] Cfr. a exposição em Sousa e Silva, Nuno, "Quando o segredo (n.6), pp. 14-15.

[18] Sobre a interacção veja-se, recentemente, Malgieri, Gianclaudio, "Trade Secrets v Personal Data: a possible solution for balancing rights" *International Data Privacy Law* (2016) pp. 102-116.

[19] O acordo TRIPS constitui um anexo ao tratado de Marraquexe de 1994 que estabeleceu a Organização Mundial de Comércio. Sobre este acordo veja-se, entre muitos outros, Ullrich et. al., Hanns, *TRIPS plus 20: From Trade Rules to Market Principles*, Berlin: Springer, 2016; Busche, Jan; Stoll, Peter-Tobias & Wieb, Andreas, *TRIPS*, Köln: Carl Heymanns Verlag, 2013; Gervais, Daniel *The TRIPS Agreement: Drafting History and Analysis*, Sweet, Maxwell, 2012; AAVV, *A Handbook on the WTO TRIPS Agreement*, Cambridge: Cambridge University Press, 2012; Correa, Carlos, Yusuf, Abduloawi (eds), *Intellectual Property and International Trade: The TRIPS Agreement*, Alphen aan den Rijn: Kluwer Law International, 2008; M Correa, Carlos, *Trade Related Aspects of Intellectual Property Rights: A Commentary on the TRIPS Agreement*, Oxford: OUP, 2007.

[20] A escolha desta designação (*informações não divulgadas*) explica-se pela preocupação em adoptar um termo neutro, isto é, que não fizesse referência a uma tradição normativa. A proposta veio da delegação da UE. Temia-se que a utilização da designação tradicional "segredos de negócio" (*trade secrets*) representasse uma concessão à visão americana, baseada na ideia de propriedade, que havia sido vigorosamente rejeitada pela delegação indiana. Mas, como é geralmente sublinhado, não se trata de informações não divulgadas, mas sim de informações divulgadas selectivamente e sob confidencialidade. Para uma detalhada história das negociações veja-se Pires de Carvalho, Nuno, *The TRIPS Regime of Antitrust and Undisclosed Information*, Alphen aan den Rijn: Kluwer Law International, 2008.

ESTUDOS SOBRE *LAW ENFORCEMENT, COMPLIANCE* E DIREITO PENAL

artigo 10*bis* da Convenção da União de Paris de 1883, relativo à repressão da concorrência desleal.[21]

Da conjugação dos nºs 1 e 2 do artigo 39º TRIPS, resulta que os Estado--Membros (actualmente 162) terão que consagrar os meios jurídicos para aquele que tiver legalmente o controlo (o titular) da informação relevante impedir a divulgação, aquisição ou utilização desta informação por terceiros de uma *forma contrária às práticas comerciais leais*. Em nota ao artigo densifica-se o conceito "forma contrária às práticas comerciais leais", através de uma enumeração exemplificativa. Em bom rigor, não se protegem segredos de negócio de forma absoluta; apenas se protegem segredos de negócio contra a aquisição, utilização ou divulgação *indevidas*. É necessário que a acção em causa seja contrária às práticas comerciais honestas, constituindo um acto de concorrência desleal, para que se afirme violação de segredos de negócio e, dessa forma, haja lugar a tutela.

É pouco claro se a parte III do Acordo TRIPS, relativa aos meios de tutela de direitos de propriedade intelectual, é aplicável aos segredos de negócio previstos no artigo 39º.[22] O problema reside em interpretar o artigo 1º/2 do Acordo que dispõe que "Para efeitos do presente Acordo, a expressão "propriedade intelectual" refere-se a todas as categorias da propriedade intelectual que constituem os objectos das secções 1 a 7 da parte II. Se, por um lado, os segredos de negócio constam da secção 7 da parte II, por outro não se devem considerar direitos de propriedade intelectual.[23] Em todo o caso as obrigações de tutela efectiva da parte III do acordo TRIPS são,

---

[21] Deve esclarecer-se que o artigo 10*bis* só adquiriu a sua configuração actual na revisão de Lisboa de 1958. Sobre a respectiva evolução cfr. Chorão, Bigotte, "Notas sobre o âmbito da Concorrência Desleal" *ROA* (1995) pp. 718-721 e, em maior detalhe, Ricketson, Sam, *The Paris Convention for the Protection of Industrial Property: A Commentary*, Oxford: OUP, 2015, pp. 686-714.

[22] Dando conta desta polémica e das sua implicações cfr. A. Rowe, ELizabeth, K. Sandeen, Sharon, *Trade Secrecy* (n.13), pp. 23-25.

[23] Neste sentido depõe o próprio artigo 39º/1 ao remeter para o artigo da Convenção da União de Paris relativo à Concorrência Desleal (art. 10*bis*). (Assim Koumantos, Georges, "Reflections on the concept of Intellectual Property" in Jan Kabel, Gerard Mom (eds), *Intellectual Property and Information Law: Essays in Honour of Herman Cohen Jeroham*, Alphen aan den Rijn: Wolters Kluwer, 1998, p. 41.) Por outro lado, como assinala Ricketson, Sam, *The Paris Convention* (n. 21), p. 711, a própria Convenção de Paris inclui a CD no Direito Industrial (e no mesmo sentido vai o artigo 1º do nosso CPI). Em sentido contrário, considerando que o artigo 39º constitui Propriedade Intelectual e que, por isso, lhe deve ser aplicada a Parte III, veja-se Bronckers, Marco, McNelis, Natalie "Is the EU obliged to improve the protection of trade secrets? An

no essencial, respeitadas pelo Estado Português. Mas nem todas. Como veremos (*infra* 3.6.), as obrigações de garantia de confidencialidade no processo (art. 42º e 43º/1 do Acordo TRIPS) não são plenamente respeitadas.

A nível do *Direito da União Europeia* foi aprovada há poucos dias (dia 14 de Abril) pelo Parlamento Europeu a última versão de uma directiva sobre segredos de negócio, faltando agora deliberação do Conselho.[24] A proposta, que com toda a probabilidade será aprovada, está organizada em 4 capítulos. O primeiro versa sobre o objecto e âmbito de aplicação, definindo noções essenciais como "segredo comercial", "titular do segredo", "infractor" e "mercadoria em infracção". O segundo capítulo determina o que constitui infracção, ou seja, em que condições é que a aquisição, utilização e divulgação de segredos de negócio será ou não ilegal. O terceiro capítulo refere-se aos meios de tutela que o titular de um segredo de negócio terá ao seu dispor. O quarto e último capítulo contém normas relativas à transposição e avaliação da directiva.

Apesar da controvérsia em torno da extensão da harmonização (em especial a sua relação com a tutela penal), a directiva deverá ser de harmonização mínima[25] e estabelecer o carácter objectivo da violação. Em contraste com o actual direito português, a principal novidade poderá ser a extensão da tutela dos segredos de negócio mesmo contra não concorrentes[26] e na ausência de culpa.[27]

---

inquiry into TRIPS, the European Convention on Human Rights and the EU Charter of Fundamental Rights" *EIPR* (2012) pp. 677 e 679.

[24] Para uma análise das propostas pode ver-se Laposterle et al., Jean "What protection for trade secrets in the European Union? A comment on the Directive proposal" *EIPR* (2016) pp. 255-261; Aplin, Tanya "A critical evaluation of the proposed EU Trade Secrets Directive" *IPQ* (2014) pp. 257-279; Sousa e Silva, Nuno "A Proposta de Directiva em matéria de Segredos de Negócio – Estado e Perspectivas" in *Revista de Direito Intelectual II* (2014) pp. 285-319.

[25] Particularmente crítica desta opção *vide* Falce, Valeria "Trade Secrets – Looking for (Full) Harmonization in the Innovation Union" *IIC* (2015) pp. 940-964.

[26] Este aspecto (ao abrigo da lei antiga) foi alvo de alguma controvérsia (cfr. Paul, Patrício, "Concorrência desleal e segredos de negócio", in: AAVV, *Direito Industrial*, vol. II, Coimbra: Almedina, 2002, p. 150).

[27] Como escrevem Laposterle Jean, et al., "What protection (n. 24), p. 259 "By proposing to remove this subjective element, the Council has opened the way for an increase in legal proceedings that may be brought against employees without having the opportunity to demonstrate their good faith.".

ESTUDOS SOBRE *LAW ENFORCEMENT, COMPLIANCE* E DIREITO PENAL

2. Fundamento da protecção

Para justificar a protecção de segredos de negócio, são ensaiados argumentos de natureza categórica e de natureza pragmática e nenhum é isento de críticas.[28] Entre os primeiros aponta-se a *ética comercial,* a protecção de *direitos fundamentais* ou direitos de personalidade.[29] A protecção legal de segredos de negócio seria um imperativo resultante, para uns, da privacidade das empresas,[30] e, para outros, do seu direito de propriedade.[31] Neste último aspecto parece confluir a ideia de *protecção do investimento*[32] e da concorrência pela prestação (*Leistungwettbewerbs*).[33]

De entre os argumentos de natureza pragmática, refere-se a *poupança de custos ou investimentos com a protecção do segredo,*[34] a promoção da *partilha*

[28] Assim, Aplin, Tanya et al., *Gurry on the Breach of Confidence,* Oxford: OUP, 2012 p. 93. Sobre este ponto, mais detalhadamente e com adicionais referências, cfr. Sousa e Silva, Nuno, "Um retrato (n.7), pp. 228-233.

[29] Como explica Miranda, Jorge, *Manual de Direito Constitucional,* IV, Coimbra: Coimbra Ed. 2008, p. 69, "não obstante largas zonas de coincidência, não são, contudo, assimiláveis direitos fundamentais e direitos de personalidade (...). Os direitos fundamentais pressupõem relações de poder, os direitos de personalidade relações de igualdade (...). Os direitos fundamentais pertencem ao domínio do Direito Constitucional, os direitos de personalidade ao do Direito Civil." Além disso, "nem a todos os direitos de personalidade (...) correspondem direitos fundamentais." [de Sousa, *Capelo, O Direito Geral de Personalidade,* Coimbra: Coimbra Ed., 1995, p. 584].

[30] Bone, Robert, "The (Still) Shaky Foundations of Trade Secret Law", disponível em https://ssrn.com/abstract=2445024, p. 11 nega que as pessoas colectivas possam gozar de um direito de privacidade. Partilha dessa opinião em face do direito inglês Aplin, Tanya, "A Right of Privacy for Corporations?", in: Torremans, Paul (ed.), *Intellectual Property and Human Rights,* Alphen aan den Rijn: Wolters Kluwer, 2008, pp. 475-505. No entanto essa possibilidade é pacificamente aceite em Portugal (cfr. Sousa e Silva, Nuno, "Quando o segredo (n.6), p. 14), gozando aliás de consagração constitucional (art. 12º/2 CRP).

[31] Epstein, Richard, "The Constitutional Protection of Trade Secrets Under the Takings Clause." *The University of Chicago Law Review* (2004) pp. 57-73. Em Portugal, pode acrescentar-se a tutela da iniciativa privada (art. 61º CRP).

[32] Próximo do fundamento Lockeano de justificação de propriedade. Em apoio desta justificação a doutrina norte-americana cita frequentemente a passagem do caso *Peabody v. Norfolk,* 98 Mass. 452, 457 (1868): "It is the policy of the law, for the advantage of the public, to encourage and protect invention and commercial enterprise. If a man establishes a business and makes it valuable by his skill and attention, the good will of that business is recognized by the law as property.".

[33] Sobre a respectiva aplicação cfr. Ascensão, Oliveira "O princípio da prestação: Um novo fundamento para a Concorrência Desleal?" *ROA* (1996), pp. 5-40.

[34] Friedman, David; Landes, William, A. Posner, Richard, "Some Economics of Trade Secret Law", *Journal of Economic Perspectives* (1991), p. 62.

(selectiva) de informação, o estímulo à inovação e à produção de informação[35] e ainda como uma possível *resolução do paradoxo de* ARROW.[36]

3. Conceito

Algo a assinalar é que o conceito de segredo de negócio é um conceito "de geometria variável". Na terminologia de ARHTUR KAUFMANN,[37] trata-se um conceito jurídico impróprio, ou seja, o seu sentido depende da relação jurídica em que ele é usado.[38]

O artigo 318º do CPI,[39] cujo texto reproduz fielmente o artigo 39º(2) do Acordo TRIPS,[40] define segredos de negócio como:

> "(...) informações [que]:
> *a)* sejam secretas, no sentido de não serem geralmente conhecidas ou facilmente acessíveis, na sua globalidade ou na configuração e ligação exactas dos seus elementos constitutivos, para pessoas dos círculos que lidam normalmente com o tipo de informações em questão;
> *b)* tenham valor comercial pelo facto de serem secretas;
> *c)* tenham sido objecto de diligências consideráveis, atendendo às circunstâncias, por parte da pessoa que detém legalmente o controlo das informações, no sentido de as manter secretas."

---

[35] A. Rowe, Elizabeth, K. Sandeen, Sharon, *Trade Secrecy* (n.13), p. 9. Este é aliás o fundamento mencionado nos considerandos da proposta de directiva sobre segredos de negócios. Para uma análise aprofundada da validade desta justificação cfr. Risch, Michael "Trade Secret Law and Information Development Incentives", in: AAVV, *The Law and Theory* (n.2), pp. 152-182.

[36] K. Sandeen, Sharon, A. Rowe, Elizabeth, *Trade Secret Law in a Nutshell*, St. Paul: West, 2013, p. 5. Num conhecido artigo de 1962 ("Economic Welfare and the Allocation of Resources for Invention", in: AAVV, *The Rate and Direction of Inventive Activity: Economic and Social Factors*, National Bureau of Economic Research, 1962, pp. 609 e ss.) o economista norte- americano Keneth Arrow identificou a dificuldade que há em comercializar informação: para que um "comprador" possa avaliar o seu valor tem que a inspeccionar primeiro, no entanto, após a inspecção, o "comprador" já possui a informação e não tem razão para pagar por ela. Para evitar que, após a revelação confidencial de informação, outrem pudesse utilizá-la livremente, a protecção de segredos de negócio (de forma análoga à Propriedade Intelectual) limita esse uso, criando assim condições necessárias para a comercialização e exploração do valor da informação.

[37] *Filosofia do Direito* (trad. Cortês, António), Lisboa: FCG, 2014, pp. 142-145.

[38] Sobre este aspecto pode ver-se *infra* **3.4.**

[39] Sobre os antecedentes normativos desta disposição em Portugal cfr. Sousa e Silva, Nuno, "Quando o segredo (n.6), p. 12.

[40] Por sua vez baseado no artigo 1(4) do Uniform Trade Secrets Act. Sublinhado as pequenas diferenças linguísticas cfr. A. Rowe, Elizabeth, K. Sandeen, Sharon, *Trade Secrecy* (n.13), pp. 37-38.

PATRÍCIO PAUL[41] dividia estes requisitos de protecção em três elementos: um elemento objectivo (o segredo), um elemento subjectivo (a vontade de o manter secreto) e um elemento normativo (existir interesse legítimo nessa reserva).[42] Em alternativa, parece-me melhor seguir a sistematização utilizada pela jurisprudência alemã decompondo a análise em quatro pressupostos: tratar-se de (1) informação, (2) secreta, (3) com valor comercial derivado do secretismo e (4) objecto de diligências consideráveis no sentido de a manter secreta.[43]

Existe alguma *dispersão terminológica* nesta matéria. Segredo comercial, *know-how*, informação confidencial, são designações utilizadas pelo legislador e na doutrina. O seu conteúdo e alcance não é exactamente igual.

'Informações não divulgadas' e 'segredos de negócio' são expressões sinónimas neste contexto. Atendendo à noção jurídica de comércio deve preferir-se 'segredos de negócio' a 'segredos de comércio' ou 'segredos comerciais'.

'*Know-how*' é uma noção por um lado mais ampla que 'segredos de negócio', incluindo frequentemente informação não secreta, e por outro lado, mais restrita, excluindo informação sem carácter técnico ou de aplicação técnica.[44]

Num outro contexto, o Regulamento (UE) nº 316/2014 de 21 de Março de 2014 relativo à aplicação do artigo 101º nº 3, do Tratado sobre o Funcionamento da União Europeia a certas categorias de acordos de transferência de tecnologia, adopta o conceito de saber-fazer (*know-how*) que tem clara afinidade com o conceito de segredo de negócio. Nos termos do artigo 1º/1/i) desse Regulamento «Saber-fazer» constitui "um conjunto de informações práticas, decorrentes da experiência e de ensaios, que são: *i)* secretas, ou seja, geralmente não conhecidas nem de fácil acesso, *ii)* substanciais, ou seja, importantes e úteis para o fabrico dos produtos contratuais, e *iii)* identificadas, ou seja, descritas de forma suficientemente

---

[41] "Concorrência desleal e segredos (n 26), p. 148.

[42] Por sua vez Segade, Gomez, *El Secreto Industrial (Know-how)*, Tecnos, 1974 pp. 187-249, apresenta uma tripartição diferente: carácter oculto do segredo, elemento subjectivo (a vontade manter o segredo) e elemento objectivo (interesse em manter o segredo).

[43] Cfr. Sousa e Silva, Nuno, "What exactly is a trade secret under the proposed directive?" *JIPLP* (2014) pp. 925 e ss. W. Quinto, David, H. Singer, Stuart, *Trade Secrets: Law and Practice*, Oxford: OUP, 2009, pp. 3-23, utilizam a mesma abordagem.

[44] Sousa e Silva, Nuno, "What exactly (n.43), p. 926.

completa, de maneira a permitir concluir que o saber-fazer preenche os critérios de carácter secreto e substancial.". Este conceito não coincide com o de segredo de negócio visto que exige um carácter prático e a respectiva identificação.

A definição da proposta de directiva corresponde totalmente à que consta do artigo 39º/2 do Acordo TRIPS e do artigo 318º do CPI, que analisaremos seguidamente.

a) Informações secretas

Para que algo seja um segredo de negócio é necessário que constitua *informação*,[45] a qual pode ser definida como um conjunto de dados organizados/estruturados.[46] Uma questão debatida é se a informação tem que ser *verdadeira* para ser protegida. Creio que sim, com base no requisito de valor comercial (se a informação não é verdadeira, não terá valor comercial).[47] Por seu lado FRANÇOIS DESSEMONTET[48] considera que também a informação falsa ou enganadora poderá gozar de protecção.

Esta exigência (de que se trate de informação) não tem um efeito delimitador relevante. Os Tribunais norte-americanos já consideraram que informação genética contida numa espécie de ananás,[49] as propostas negociais de uma empresa de distribuição de revistas em aviões[50] ou os textos

---

[45] Pires de Carvalho, Nuno, *The TRIPS Regime* (n.20), p. 225.

[46] Roberts, Joanne "From Know-how to Show-how? Questioning the Role of Information and Communication Technologies in Knowledge Transfer" *Technology Analysis, Strategic Management* 12 (2000) p. 430 ("Information is defined as data that has been arranged into a meaningful pattern"). Floridi, Luciano, *Information – A very short introduction*, Oxford: OUP, 2010, p. 88 ("structured, semantic, and factual data"). Zech, Herbert, *Information als Schutzgegenstand*, Tübingen: Mohr Siebeck, 2012, *passim*, esp. pp. 46-59, que propõe um modelo geral para análise da informação como objecto jurídico, também inclui o segredo na informação semântica. Galán Corona, Eduardo, "Tipos de deslealtad en matéria de secretos empresariales" in Alonso, Luis, Blanco, Miguel(coord.), *Estudios de Derecho Mercantil en homenaje al Professor José Maria Muñoz Planas*, Madrid: Civitas, 2011, pp. 236-237, considera que a informação tem que ser susceptível de transmissão, excluindo-se por isso as habilidades e qualidades subjectivas.

[47] Sousa e Silva, Nuno, "What exactly (n.43), p. 927.

[48] "Protection of Trade Secrets and Confidential Information", in: Correa, Carlos, A Yusuf, Abduloawi (eds), *Intellectual Property and International Trade: The TRIPS Agreement*, Alphen aan den Rijn: Wolters Kluwer, 2008, p. 281

[49] *Del Monte Fresh Produce Co. v. Dole Food Co.*, 136 F. Supp. 2d. 1271 (S.D. Fla. 2001).

[50] *Inflight Newspapers, Inc. v. Magazines In-Flight, LLC*, 990 F. Supp. 119 (E.D.N.Y. 1997).

ESTUDOS SOBRE *LAW ENFORCEMENT, COMPLIANCE* E DIREITO PENAL

sagrados de Cientologia[51] eram susceptíveis de protecção como segredos de negócio.[52]

Exige-se igualmente que a informação seja *secreta*.[53] Algo secreto é algo segregado, que não é do conhecimento geral.[54] Trata-se de informação cujo conhecimento é apartado, que não está facilmente disponível para qualquer um, que integra uma esfera reservada de conhecimento.[55] Este requisito significa também que, a partir do momento em que a informação seja publicada, o segredo perde-se.

Só se protege informação de carácter secreto, mas admitem-se combinações secretas de elementos conhecidos, melhoramentos de processos conhecidos e o chamado *know-how* complementar. Nesses casos a protecção só abrange os elementos secretos da informação.

Não se exige secretismo absoluto, definido como os casos em que o segredo se mantém numa empresa não podendo ser partilhado.[56] Pelo contrário admitem-se as impropriamente chamadas licenças, isto é, a partilha selectiva e confidencial de segredos de negócio. Daí que se diga que apenas se exige *secretismo relativo*.[57]

Discute-se se existe um *limiar* objectivo (uma quota) de divulgação a partir do qual deixe de se considerar existir segredo. Esta posição é defendida por INGO MEITINGER.[58] Outros autores, como NUNO PIRES DE CARVALHO, entendem que ainda que a informação seja do conhecimento

---

[51] *Religious Technology Center v. Netcom On-Line Com*, 923 F. Supp. 1231 (N.D. Cal. 1995).

[52] Para mais exemplos veja-se W. Quinto, David, H. Singer, Stuart, (n.43), p. 7.

[53] A. Rowe, Elizabeth "Rethinking "Reasonable Efforts To Protect Trade Secrets In A Digital World" in http://works.bepress.com/elizabeth_rowe/2/ p. 4 ("Secrecy is thus the *sine qua non* of trade secret protection").

[54] Claro que algo que é de conhecimento específico de uma dada indústria e portanto não é "cultura geral" continua, para este efeito, a ser considerado de conhecimento geral. (A. Rowe, Elizabeth, K. Sandeen, Sharon, *Trade Secrecy* (n.13), p. 39).

[55] Sousa e Silva, Nuno, "Quando o segredo (n.6), p. 8. Com exemplos da jurisprudência *vide* Myers, Gary, *Principles of Intellectual Property*, St Paul: West, 2012, pp. 364-367.

[56] Sousa e Silva, Nuno, "What exactly (n.43), p. 928.

[57] *Hoechst Diafoil Company v. Nan Ya Plastics Corporation* 174 F.3d 411 (1999): "Still, most courts and commentators have not treated the secrecy requirement as an absolute, but as a relative concept."

[58] *Concise International and European IP Law*, Alphen aan den Rijn: Wolters Kluwer, 2011, p. 115. Defende-o em razão da necessidade de segurança jurídica e para impedir que a classificação seja arbitrária. No entanto, essas mesmas críticas poderão ser dispensadas à fixação de um limite.

de muitos, enquanto não for disponibilizado para conhecimento geral, o segredo permanece.[59] O que caracterizaria o segredo, neste âmbito, não seria a quantidade de pessoas que o conhece, mas sim a dificuldade que houvesse em aceder-lhe.

Parece-me que, se não se estabelecer um limiar absoluto de conhecimento "dentro de um ramo de actividade", os segredos de negócio podem constituir barreiras à entrada no mercado por colusão entre empresas. Uma interpretação sistemática e à luz das preocupações do Direito da Concorrência levará a que, acima de um dado limite de conhecimento, não se deva considerar existir segredo. A dificuldade residirá em determinar (e provar) esse limite.[60]

b) *Valor económico derivado do secretismo*

A designação 'valor comercial' é passível de críticas, devendo preferir-se a expressão *valor económico*.[61] Este requisito exige, não só um valor económico, mas também a existência de um nexo causal entre o valor e o secretismo. O segredo deve constituir uma *vantagem concorrencial*.[62]

Deste modo, não se protegerá o segredo que não tenha qualquer valor económico. Este valor deverá ser aferido objectivamente (na perspectiva de um concorrente-tipo),[63] mas o limiar quantitativo não é muito exigente.[64] Uma forma de medir este valor é atender ao investimento colocado na sua criação (custo histórico)[65], outra forma é utilizar procura de mercado fictícia (*fictitious market demand*) ou atender à vantagem competitiva que

---

[59] *The TRIPS Regime* (n.20), p. 233: "Até ao último concorrente (...) Se dez empresas concorrem num mercado e nove delas conhecem (secretamente) uma informação e a décima desconhece-a e não tem acesso a ela, então no que lhe diz respeito trata-se de um segredo de negócio.".

[60] Assim Galán Corona, Eduardo, (n.16), p. 238.

[61] Sousa e Silva, Nuno, "Quando o segredo (n.6), p. 8.

[62] Galán Corona, Eduardo, (n.46), p. 238, W. Quinto, David, H. Singer, Stuart, (n.43), p. 11 destacam a dificuldade prática de determinar a vantagem de uma ideia não utilizada.

[63] Sousa e Silva, Nuno, "Quando o segredo (n.6), p. 8.

[64] Dessemontet, François, (n. 48), p. 280 ("o requisito de valor comercial não passa de um limiar abaixo do qual não se concederá protecção"); segade, Goméz, *El secreto industrial (know-how) – concepto y protection*, Editorial Tecnos, 1974, p. 116 (não se exige um valor acima do normal).

[65] Se se tratar de custos do próprio. Claro que a perspectiva a adoptar pode ser a dos custos em que um concorrente teria que incorrer para produzir essa informação (K. Sandeen, Sharon, A. Rowe, Elizabeth, *Trade Secret* (n.36), p. 69).

ESTUDOS SOBRE *LAW ENFORCEMENT, COMPLIANCE* E DIREITO PENAL

o titular extrai do segredo.[66] A prova de diligências consideráveis poderá facilitar o estabelecimento do valor económico do segredo.[67] Adicionalmente, entende-se que a circunstância de alguém litigar um segredo de negócio constitui indício da existência de segredos de negócio.[68]

Exige-se ainda *causalidade*: o valor terá que resultar da circunstância de a informação ser secreta. Tendo em conta que grande parte do valor da informação resulta da sua escassez,[69] esse aspecto não gerará grandes dificuldades.[70]

As opiniões dividem-se quanto à necessidade de o valor ser actual. Há quem afirme que *valor potencial é valor*[71] e quem exija a *actualidade do valor*.[72] Eu sigo esta última orientação.[73]

c) Objecto de diligências consideráveis de protecção

Para que um segredo goze de tutela legal exige-se que o seu titular tome medidas razoáveis para o manter em segredo.[74] A informação que reúna os outros requisitos enunciados, mas que não seja guardada em termos restritivos, não pode ser considerada um segredo de negócio. Este é frequente-

---

[66] Sobre a avaliação económica de segredos de negócio cfr. Halligan, R., Weyand, R., "The economic valuation of trade secret assets" in W Anson, Suchy, D., *Fundamentals of Intellectual Property Valuation: A Primer for Identifying and Determining Value*, Chicago: American Bar Association, 2005, pp. 84 e ss.

[67] V.g. a decisão *Rockwell Graphic Systems*, 925 F.2d 174 (7th Cir. 1991). Nas palavras de Risch, Michael, "Why Do We Have Trade Secrets?" *Marquette Intellectual Property Law Review* (2007) p. 52: "... "improper means" is a signal to the fact-finder regarding both the value of the trade secret and the reasonable efforts of the trade secret owner.".

[68] Sousa e Silva, Nuno, "What exactly (n.43), p. 930. W. Quinto, David, H. Singer, Stuart, (n.43), , p. 10 criticam esta inferência que consideram ilógica.

[69] Dessemontet, François, (n. 48), p. 281.

[70] Sousa e Silva, Nuno, "Quando o segredo (n.6), p. 8.

[71] Pires de Carvalho, Nuno, *The TRIPS Regime* (n.20), p. 22. No mesmo sentido em face do direito norte-americano A. Rowe, Elizabeth, K. Sandeen, Sharon, *Trade Secrecy* (n.13), p. 37 e W. Quinto, David, H. Singer, Stuart, (n.43), p. 10.

[72] Assim, Correa, Carlos M., *TRIPS* (n. 19) p. 373.

[73] Sousa e Silva, Nuno, "What exactly (n.43), p. 929. O artigo citado foi escrito antes da modificação da proposta de directiva pelo Conselho. O novo considerando 8 adopta a posição contrária, admitindo valor potencial. Como já escrevi, entendo que valor potencial não tem real significado; tudo o que existe tem valor potencial.

[74] Para um conjunto alargado de exemplos da jurisprudências de medidas razoáveis *vide* W. Quinto, David, H. Singer, Stuart, (n.43), pp. 19-21.

mente o aspecto decisivo para negar a tutela.[75] No caso *Electro-Craft Corp. v. Controlled Motion*,[76] decidido no Minnesota, o Tribunal deixou isto bem claro ao afirmar: "The employees were never put on notice of any duty of confidentiality. The employee agreements do not help ECC's claim for the same reason ECC never treated specific information as secret. Therefore, the agreements' vague language prohibiting the employee from taking "secrets" did not create a duty of confidentiality in the employee, and no misappropriation occurred.".

Tem-se entendido que este requisito implica um *mínimo de exigência*, apoiando-se numa noção de voluntariedade de protecção e impondo (apenas) um cuidado razoável,[77] concretizando uma ideia de *proporcionalidade* e funcionando como um critério de repartição entre a tutela privada e a tutela pública.[78]

d) *Exclusões*

A avaliação da existência ou não de um segredo de negócio deve ser feita holística e casuisticamente. É esta a abordagem da jurisprudência norte--americana que frequentemente pondera seis elementos, conhecidos como os *Restament Factors*[79] para determinar se estamos ou não perante um segredo de negócio. Tem-se em conta o grau de conhecimento do segredo fora da empresa, o grau de conhecimento por empregados e outros envolvidos na empresa, a extensão das medidas de protecção adoptadas, o valor da informação para a empresa e para os seus concorrentes, a quantidade de dinheiro e esforço colocado no desenvolvimento da informação e a facilidade ou dificuldade de aquisição ou duplicação da informação por terceiros.[80]

---

[75] Galán Corona, Eduardo, (n.46), p. 239.

[76] 332 N.W.2d 890 (1983).

[77] Galán Corona, Eduardo, (n.46), p. 239. Cundiff, Victoria, "Reasonable Measures to Protect Trade Secrets in a Digital Environment", 49 IDEA, 2009, p. 359 ("the law does not require the trade secret owner to build an impenetrable fortress around the secret"). W. Quinto, David, H. Singer, Stuart, (n.43), p. 17 ("Heroic" measures need not be employed to protect secrecy").

[78] Sousa e Silva, Nuno, "Quando o segredo (n.6), p. 9.

[79] Baseados no §757 com. b do Restatement (first) of Torts. Em bom rigor este teste visaria apenas determinar se as medidas de protecção eram razoáveis.

[80] Para um bom exemplo da sua aplicação veja-se *Learning Curve Toys Incorporated v. Playwood Toys Incorporated* 342 F. 3d 714 (7th Circuit 2003).

Como vimos, trata-se de uma *definição ampla*, compreendendo listas de clientes, cadeia de distribuição, preço e datas de lançamento de produtos, estruturas de custos, receitas, fórmulas, procedimentos, código-fonte de *software* e algoritmos, planos, factos, descobertas, ideias e conceitos abstractos e até a chamada informação negativa (v.g. os erros mais frequentes).

No entanto, nem tudo é abrangido. *Exclui-se informação pessoal,*[81] informação caída *no domínio público,*[82] informações demasiado *óbvias* ou sem valor, o chamado *"tool kit" de um trabalhador,* isto é, o conjunto de informações e competências adquiridas no desempenho normal das suas funções, na medida em que estas informações não estejam especificamente abrangidas por uma obrigação determinada (dirigida àquelas informações concretas e identificadas) de confidencialidade.[83] Parece-me que também a *informação esquecida* está excluída de protecção por já integrar o domínio público.

---

[81] Sousa e Silva, Nuno, "Quando o segredo (n.6), p. 7. Isto é particularmente claro no âmbito da jurisprudência alemã que exige expressamente que a informação se insira no âmbito da actividade empresarial ("im Rahmen der geschäftlichen Tätigkeit"). *Vide* a decisão do BGH *Kundendatenprogramm GRUR* (2006) p. 1045. A exclusão resulta sobretudo da exigência de valor comercial (Ricketson, Sam, *The Paris Convention* (n. 21), p. 707). No entanto, há quem argumente que os dados da vida pessoal dos gerentes e administradores também deveriam ser abrangidos (Lin, Tom, "Executive trade secrets", *Notre Dame Law Review* (2012) pp. 911-971). Laposterle, Jean et al., What protection (n. 24), p. 260 sublinham a necessidade de aplicar esta exclusão de forma clara.

[82] Clarke, Graeme, "Confidential Information & trade secrets: When is a trade secret in the public domain?" 83 *Australian Law Journal* (2009) pp. 242 e ss., explica que um segredo de negócio relativo a um produto fica no domínio público em três situações: quando seja publicado num pedido de patente; através de publicação em qualquer forma de um documento contendo o segredo de negócio, desde que um numero suficientemente relevante de pessoas experientes tenha ou seja provável que tenha acedido ao documento; e através de venda ou exibição pública, sem qualquer restrição contratual relevante, de um produto que incorpore o segredo de negócio ou que tenha sido feito usando o segredo de negócio, se essa informação for de fácil apreensão para as pessoas experientes sem necessidade de realizarem qualquer trabalho, análise ou cálculo. No entanto, como sublinha Cundiff, Victoria, (n. 77), p. 362: "... if the trade secret owner moves quickly, even the posting of a trade secret on the Internet does not necessarily destroy the status of the information as a trade secret as a matter of law".

[83] Silva e Sousa, Sofia, *Obrigação de não concorrência com efeitos "post contractum finitum",* UCP Editora, 2012, p. 49. Para Mota, *Laura, O Dever de Lealdade do Trabalhador após a Cessação do Contrato de Trabalho,* Coimbra: Almedina, 2015, o fundamento do sigilo pode encontrar-se igualmente na pós-eficácia do dever de lealdade.

Um outro aspecto discutido prende-se com a protecção de *segredos ilegais*. Autores como STEFAN RÜTZEL[84] consideram que tais segredos não devem ser protegidos, a fim de evitar contradição do sistema legal. Creio que deve ser feita uma distinção entre segredos de negócio cujo conteúdo é ilegal (v.g. a adulteração do produto aquando do seu fabrico) e aqueles em que terá havido preterição de algumas regras legais (frequentemente as regras relativas à protecção de dados pessoais) mas cujo conteúdo nada tem de ilegal (v.g. uma lista de clientes). Enquanto os primeiros não deverão gozar de tutela, já os segundos sim.[85] No entanto, esta orientação está longe de ser consensual. Há quem considere que a ilegalidade do segredo não obsta à sua protecção.[86]

4. Medidas de protecção

Constitui um elemento essencial para a tutela dos segredos de negócio a adopção de medidas de protecção do segredo. Essas medidas podem ser factuais/técnicas ou jurídicas.[87]

Entre as medidas *factuais*, destacam-se: instituir acesso restrito (colocando passwords, cadeados, guardando os suportes do segredo em cofres, etc.), classificação de documentos, avisos, formação dos trabalhadores e de outros colaboradores, instituir medidas de controlo (p. ex. em termos digitais),[88] tratar o lixo e procurar a destruição controlada de documentos contendo informação sensível.[89]

As medidas *jurídicas* são sobretudo contratuais. É normal no início de uma negociação ou relação comercial assinar acordos de confidencialidade. Os pactos de não concorrência assim como, em menor medida, os pactos de permanência ajudam a densificar a protecção contractual dos segre-

---

[84] "Illegale Unternehmensgeheimnisse?" *GRUR* (1995) pp. 557-561.

[85] Sousa e Silva, Nuno, "What exactly (n.13), p. 928. Outro aspecto que pode excluir a protecção de segredos ilegais é a falta de valor objectivo da informação derivado do secretismo.

[86] A opinião maioritária na Alemanha vai precisamente no sentido da irrelevância da imoralidade ou ilicitude do segredo (cfr. Ohly, Ansgar, Sosnitza, Olaf, *UWG Kommentar*, München: C.H. Beck, 2015, §17 rn.12 e von Pelchrizm, Gero, "Whistleblowing und der strafrechtliche Geheimnisschutz nach §17 UWG", *Corporate Compliance Zeitschrift*, 2009, p. 26).

[87] Galán Corona, Eduardo, (n.46), p. 239.

[88] Alguns destes aspectos tem que ser analisados em face de outros quadros normativos, nomeadamente a protecção de dados e a privacidade.

[89] Para mais sugestões práticas *vide* Pooley, James, (n.1), pp. 72 e ss.; Snyder, Darin & Almeling, David, *Keeping Secrets*, Oxford: OUP, 2012; e Westermann, Ingo, *Handbuch Know-how-Schutz*, München: C.H. Beck, 2007.

dos.[90] Frise-se, no entanto, que, no contexto laboral, decorrido o termo desse(s) contracto(s), não é claro que o trabalhador fique livre de utilizar o segredo de negócio. Por outras palavras, o dever de lealdade na sua vertente de direito de sigilo pode ter pós-eficácia.[91]

Especialmente recomendável para uma empresa que queira optar pela utilização intensiva de segredos de negócio é a elaboração de um *plano de protecção* de segredos de negócio.[92] Deverá proceder-se a um levantamento e avaliação dos intangíveis de que a empresa dispõe e a uma classificação daqueles que vale a pena proteger por via do segredo.[93] Após esta recolha é essencial investir em formação dos trabalhadores e outros colaboradores, instituindo uma política de publicações,[94] medidas reforçadas de segurança informática (v.g. utilização de criptografia) e restringindo o acesso. O plano de protecção deve incluir auditorias e análises periódicas.[95]

II. O segredo de negócio como espada

Em relação à tutela "agressiva" dos segredos de negócio é fácil comprovar que um jurista não aplica uma norma, mas aplica, a cada momento, o sistema jurídico como um todo.[96] Não obstante, a sede principal da tutela dos segredos de negócio é a Concorrência Desleal.

1. A Concorrência Desleal: noção

A Concorrência Desleal é um instituto jurídico que através de uma cláusula geral determina a ilicitude de um conjunto de comportamentos econó-

---

[90] Sobre o regime destas figuras contratuais neste contexto e com adicionais referências, cfr. Sousa e Silva, Nuno, "Trabalho e segredos (n.15), pp. 220-226. Extensivamente sobre o tema veja-se Zenha Martins, João, *Dos Pactos de Limitação à Liberdade de Trabalho*, Coimbra: Almedina, 2016.

[91] Silva e Sousa , Sofia, (n.83), p. 49. Defendendo a existência de uma pós-eficácia do dever de lealdade que se traduz numa amplíssima obrigação de confidencialidade veja-se Mota, Laura, (n. 83), *passim* esp. pp. 179-202. Em sentido contrário cfr. Gomes, Júlio, *Direito do Trabalho*, vol. I, Coimbra: Coimbra Ed., 2007, p. 543.

[92] Snyder, Darin, Almeling, David, (n. 89), pp. 35 e ss.

[93] Snyder, Darin, Almeling, David, (n. 89), pp. 52-53.

[94] Isto é particularmente relevante quando o segredo de negócio surja no âmbito de actividade científica com ligações ao mundo académico, onde há um grande interesse em publicar com celeridade os resultados obtidos.

[95] Snyder, Darin, Almeling, David, (n. 89), pp. 104-105.

[96] W. Quinto, David, H. Singer, Stuart, (n.43), pp. 50-77, apresentam dezoito (!) alternativas para a tutela directa ("agressiva") dos segredos de negócio.

micos considerados contrários a certos princípios éticos.[97] Esta ilicitude pode ter repercussões civis, contra-ordenacionais e/ou penais. Em Portugal, o objectivo primordial do instituto passa pela protecção dos concorrentes.[98]

As normas da CD são normas que protegem interesses (normas de protecção), não procedendo à atribuição de direitos subjectivos.[99] Este é um ponto central na definição da CD e da respectiva distinção face à Propriedade Intelectual. É actualmente pacífico que, apesar de ter relações próximas a vários níveis com os direitos de exclusivo, a Concorrência Desleal não se confunde com a Propriedade Intelectual.[100]

O instituto da CD, de acordo com o direito português (art. 317º CPI), pressupõe a existência de um *acto de concorrência*,[101] que seja contrário às normas e usos honestos de qualquer ramo de actividade (*desleal*).[102] Assim, por

---

[97] Sobre o tema veja-se Gonçalves, Couto, *Manual de Direito Industrial*, Coimbra: Almedina, 2015 pp. 367-393; Sousa e Silva, Pedro, *Direito Industrial*, Coimbra: Coimbra Ed, 2011, pp. 315-342; Olavo, Carlos, *Propriedade Industrial*, vol. I, Coimbra: Almedina, 2005, pp. 245-310; Paúl, Patrício, "Breve análise do regime da concorrência desleal no novo Código da Propriedade Industrial", *ROA* (2003) pp. 229-243; Ascensão, Oliveira, *Concorrência Desleal* Coimbra: Almedina, 2002; Menezes Leitão, Adelaide, *Estudo de Direito Privado sobre a Cláusula Geral de Concorrência Desleal*, Coimbra: Almedina, 2000.

[98] Gonçalves, Couto, "Evolução Histórica da Propriedade Industrial" in António Campinos / Couto Gonçalves (coord.), *Código da Propriedade Industrial Anotado*, Coimbra: Almedina, 2015, p. 73.

[99] Costa e Silva, Paula "Meios de reacção civil à concorrência desleal", in AAVV, *Concorrência Desleal*, Coimbra: Almedina, 1997, p. 102: "estamos perante normas de conduta e não perante normas de afectação. (...) Não lidamos com os típicos direitos subjectivos em que alguém tem direito a ser satisfeito através da realização de uma prestação ou através do aproveitamento de uma coisa.". Mendes, Oehen, (n.14), p. 18: "Porque estes interesses privados dignos de protecção legal se acham normalmente acompanhados por outros de natureza diversa (máxime interesses da generalidade – consumidores – ou mesmo de mais intenso carácter público – o regime concorrencial, o mercado em si mesmo considerado como um bem), a tutela jurídica expressa aqui não já através de direitos subjectivos...". Em termos semelhante *vide* Gonçalves, Couto, *Manual* (n. 97), p. 20.

[100] Por isso, em matéria de segredos de negócio, o *tribunal competente* será o tribunal comum segundo os critérios gerais de competência territorial (arts. 70º e ss. CPC) e não o tribunal da Propriedade Intelectual. Claramente nesse sentido veja-se Ac. TRC 16.IV.2013 (rel. Maria José Guerra).

[101] Menezes Leitão, Adelaide, *Estudo* (n. 97), p. 39 e ss. A respectiva amplitude é debatida (Sousa e Silva, Pedro, (n. 97), pp. 324-327).

[102] As sistematizações são várias. Sousa e Silva, Pedro, (n. 97), pp. 324-332, propõe: a existência de um acto de concorrência, a deslealdade do acto e a censurabilidade da conduta. A estes requisitos Paul, Patrício, "Concorrência desleal e segredos (n 26), p. 140 acrescenta "de

ESTUDOS SOBRE *LAW ENFORCEMENT, COMPLIANCE* E DIREITO PENAL

enquanto, a aquisição ilícita de segredos de negócio por pessoas que não sejam consideradas concorrentes não pode ser resolvida por via dos artigos 317º e 318º do CPI.[103] Acresce que, tanto no plano contra-ordenacional, por aplicação do DL 433/82 de 27 de Outubro, quer no plano civil, por decorrência do art. 483º do CC, se exige *dolo ou*, neste último caso, *mera culpa*.[104]

Neste sentido, existindo um segredo de negócio, para recorrer à tutela "agressiva" é necessário que ocorra um *acto desleal* praticado por um *concorrente*, com *culpa*.

2. Actos lícitos e actos ilícitos

A tutela dos segredos de negócio pressupõe que *a aquisição, utilização ou divulgação* do segredo de negócio seja feita *de forma desleal* (por meios impróprios).[105]

A aquisição caracteriza-se pelo acesso directo ou indirecto (por interposta pessoa) à informação que compõe o segredo. O conceito de divulgação abrange a comunicação da informação secreta a qualquer outra pessoa, incluindo àqueles que não a compreendam.[106] A exploração, que é sobreponível com a divulgação (pense-se no caso de um tablóide ou outra actividade económica baseada na divulgação de informação ou, mais simplesmente, na "venda" de segredos alheios), diz respeito a qualquer utilização do segredo com vantagem própria directa ou indirecta.[107]

---

qualquer ramo de actividade", que não parece ser um requisito, mas sim uma expressão determinante do âmbito de aplicação do instituto (assim Sousa e Silva, Pedro, (n. 97), p. 329).

[103] Assim já, perante o CPI de 1995, Ascensão, Oliveira, (n. 97), p. 466. A directiva proposta vem fazer face a isto, afastando essa limitação. É curioso assinalar que em Espanha a Ley de Competencia Desleal de 1991 que, de um modo geral, exige que o acto ilícito se realize "no mercado e com fins concorrenciais" (art. 2), prescinde dessa exigência em relação aos segredos de negócio (Galán Corona, Eduardo, (n.46), p. 236). Explorei em Sousa e Silva, Nuno, "Trabalho e segredos (n.15), pp. 239-252, alguns meios de minorar ou superar essa dificuldade. Mendes, Oehen, (n.14), p. 157, sugeria que bastaria uma intenção de promover o êxito económico de uma outra empresa para que um determinado acto de apropriação ou utilização de um segredo de negócio fosse punível.

[104] Neste sentido Sousa e Silva, Pedro, (n. 97), pp. 331-332.

[105] Bronckers, Marco, McNelis, Natalie (n. 23), p. 677. Nas palavras de Bone, Robert, "The (still) shaky (n. 30), p. 1-2, "a responsabilidade pela violação de segredos de negócio resulta da forma de apropriação ao contrário de outras regras de Propriedade Intelectual, cuja responsabilidade nasce da apropriação propriamente dita.".

[106] Galán Corona, Eduardo, (n.46), p. 243.

[107] Galán Corona, Eduardo, (n.46), pp 244-245.

Podem ser vários os aspectos em que a *deslealdade* se manifesta, sendo que a falta de autorização do titular do segredo é sempre pressuposta. O mais comum será a violação de contratos ou acordos (ainda que implícitos) de confidencialidade.[108] O artigo 128º/1/f) do Código do Trabalho impõe o dever de "guardar lealdade ao empregador, nomeadamente não negociando por conta própria ou alheia em concorrência com ele, nem divulgando informações referentes à sua organização, métodos de produção ou negócios" aos trabalhadores.[109] Releva, igualmente, o dever geral de boa-fé (com assento normativo no artigo 762º CC, artigo 126º do CT), além de outras normas legais que imponham deveres de lealdade (v.g. art. 64º CSC)[110] ou sigilo.[111]

Também a violação de propriedade ou esfera privacidade, e outros actos perpetrados no sentido de contornar medidas de protecção (a chamada "espionagem industrial"), constituem formas "típicas" de violação de segredos de negócio. É ainda de referir o desvio sistemático de colaboradores como forma possível de aquisição ilícita de segredos de negócio.[112] A nota 10 ao Acordo TRIPS apresenta os seguintes exemplos de formas contrárias às práticas comerciais leais: ruptura de contrato, abuso de confiança e incitação à infracção, incluindo aquisição de segredos de negócio por parte de terceiros que conheciam ou ignoravam por negligência grave que a aquisição envolvia tais práticas.

Em contraste existem *formas lícitas* de *aquisição* de informação que constitua segredo de negócio. Por definição, todas as formas honestas serão

---

[108] Parece-me que, mesmo na ausência de um negócio jurídico, isto é, de um encontro de vontades com relevância jurídica, no caso dos chamados "acordos de cavalheiros" poderá haver fundamento para "deslealdade" visto estarmos no domínio da ética comercial. Sobre este tipo de acordos e a normatividade dos contratos em geral cfr. Gomes, Júlio, Frada de Sousa, António, "Acordos de honra, prestações de cortesia e contratos" in AAVV, *Estudos dedicados ao Prof. Doutor Mário Júlio de Almeida Costa*, Lisboa: UCE, 2002, pp. 861-932.

[109] O artigo 8º do Decreto-Lei 178/86 de 3 de Julho relativo ao contrato agência, consagra igualmente uma obrigação de segredo.

[110] *Vide* Abreu, Coutinho de, "Os deveres de cuidado e de lealdade dos administradores e interesse social" in AAVV, *Reformas do Código das Sociedades*, Coimbra: Almedina, 2007, pp. 17-47.

[111] Cfr. *infra* **3.5.**

[112] Ressalve-se que este desvio pode, em si, constituir Concorrência Desleal (cfr. Sousa e Silva, Pedro, (n. 97), p. 336). Sobre o tema mais detalhadamente cfr. Noronha dos Santos, Lourenço, "Desvio de Trabalhadores e Concorrência Desleal" *ROA* (2015) pp. 369-423.

ESTUDOS SOBRE *LAW ENFORCEMENT, COMPLIANCE* E DIREITO PENAL

lícitas. Aquelas tipicamente apontadas são a *engenharia inversa* e a *descoberta independente.*

Engenharia inversa é definida como o processo cognitivo em que se parte do resultado final (produto conhecido) para perceber o respectivo processo de produção.[113] Em relação à engenharia inversa, ANSGAR OHLY[114] aponta três motivos para que esta tenha lugar: como parte do processo criativo (estudar soluções existentes no mercado para produzir algo novo), para imitar um produto na totalidade ou para determinar se há violação de DPI. Em princípio a primeira e a última são livres, existindo excepções para o efeito, mesmo no domínio da Propriedade Intelectual.[115] A engenharia inversa para imitação de um produto na totalidade não coloca problemas de segredos de negócio, mas poderá relevar em sede de imitação servil/concorrência parasitária.[116]

Outras vezes há em que o que está em causa não é a aquisição, mas a *utilização* ou *divulgação* de segredo de negócio. À partida segredos ilicitamente adquiridos não poderão ser licitamente utilizados ou divulgados e vice-versa: segredos licitamente adquiridos serão livremente utilizáveis e divulgáveis. No entanto, há situações em que o segredo foi fortuitamente adquirido (logo de forma lícita) mas que, após notificação por parte do titular do segredo de negócio, será ilícito divulgá-lo ou utilizá-lo.[117]

---

[113] *Kewanee Oil* 416 US 470.

[114] "Reverse Engineering: Unfair Competition or Catalyst for Innovation?" in: Prinz zu Waldeck, Wolrad, et. Al., *Patents and Technological Progress in a Globalized World*, Berlin: Springer, 2009, pp 535-552. Para uma análise aprofundada veja-se ainda Aplin, Tanya, "Reverse Engineering and Commercial Secrets", *Current Legal Problems*, Vol. 66, 2013, pp. 341-377.

[115] V.g. art. 102º/c) CPI. Refira-se que o *software* tem um tratamento especial e mais restritivo da engenharia inversa. A Directiva 2009/24 /CE relativa à protecção jurídica dos programas de computador prevê no seu artigo 5º/3 uma excepção (estudo) e no artigo 6º condições restritivas para admitir engenharia inversa (descompilação para efeitos de interoperabilidade). Estas excepções têm um âmbito bastante limitado. O TJUE já confirmou no caso C-406/10, *SAS Institute* (EU:C:2012:259), §58 e 59 que a análise (engenharia inversa) de *software* não pode ser proibida por contrato. Sobre este tema cfr. Schweyer, Florian *Die rechtliche Bewertung des Reverse Engineering in Deutschland und den USA*, Tübingen: Mohr Siebeck 2012 e, mais recentemente, Surblyté, Gintare, "Enhancing TRIPS: Trade Secrets and Reverse Engineering" in Hanns Ullrich et al., *TRIPS Plus 20* (n.19), pp. 725-760.

[116] Sobre o assunto veja-se Amorim, Ana, *Parasitismo Económico e Direito*, Coimbra: Almedina, 2009; e Menezes Leitão, Adelaide, "Imitação servil, concorrência parasitária e concorrência desleal" in: AAVV, *Direito Industrial* vol. I, Coimbra: Almedina, 2001, pp. 119-155.

[117] Assim Paul, Patrício, "Concorrência desleal e segredos (n 26), pp. 149-150 (apresentando o exemplo de uma divulgação no âmbito de negociações goradas).

Há ainda situações em que um segredo ilicitamente adquirido pode ser licitamente divulgado ou utilizado[118] com fundamento em *defesas* como liberdade de expressão[119] ou conflito de deveres.[120] A maior parte destes casos será resolvido com apelo a considerações de proporcionalidade.

Um aspecto importante a realçar é que os *consumidores finais*, ainda que beneficiem de um segredo de negócio ilicitamente adquirido, não são responsáveis pela sua violação.[121]

3. Meios de tutela disponíveis

O titular de segredos de negócio, tendo conseguido afirmar a existência de um segredo de negócio e a sua aquisição, utilização ou divulgação de forma desleal, poderá lançar mão de medidas de tutela de natureza repressiva/conservatória e de natureza sancionatória/compensatória. As primeiras pressupõem que o segredo ainda mantenha a sua qualidade, as segundas já não.

De entre as medidas de natureza conservatória destaca-se a *providência cautelar*, prevista no artigo 338º-I CPI, aplicável *ex vi* artigo 317º(2) CPI. Uma vez decretada a providência, poderá ser adequado decretar da inversão do contencioso (art. 369º CPC), uma vez que o efeito que se pretende obter (a final) coincide frequentemente com a tutela cautelar.[122]

As medidas de natureza sancionatória e compensatória compreendem *coimas e indemnização*. Com o CPI de 2003 a Concorrência Desleal deixou de constituir crime.[123] Continua, no entanto, a ser exigido dolo para se verificar contra-ordenação de Concorrência Desleal (331º CPI).[124] A indemnização devida por actos de concorrência desleal funda-se no artigo 483º do Código Civil, não prescindido, por isso, da demonstração de culpa.

---

[118] Discordamos, por isso, de Paul, Patrício, "Concorrência desleal e segredos (n 26), p. 149,que defende que "Se a apropriação for ilícita, não pode haver utilização nem divulgação lícitas.".

[119] Sobre o estado da lei norte-americana quanto a este aspecto cfr. Samuelson, Pamela, "First Amendement defences in trade secrecy cases" in: AAVV, *The Law and Theory* (n.2), pp. 269-298.

[120] Para um enquadramento *vide* Geraldes, Olindo, "Conflito de deveres", *O Direito* 141º, II (2009), pp. 411-428.

[121] Sousa e Silva, Nuno, "Um retrato (n.7), pp. 247-248.

[122] Sobre a figura veja-se Teixeira de Sousa, Miguel, "As providências cautelares e a inversão do contencioso" disponível em http://tinyurl.com/nt6u3ng e Gonçalves, Marco, Providências Cautelares, Coimbra: Almedina, 2015, pp. 158-166.

[123] Sobre as alterações verificadas nesta matéria veja-se v.g. Paul, Patrício, "Breve análise do regime da concorrência desleal no novo CPI'", *ROA* (2003), pp. 329-343.

[124] Sousa e Silva, Pedro, (n. 97), pp. 337-342.

ESTUDOS SOBRE *LAW ENFORCEMENT, COMPLIANCE* E DIREITO PENAL

Frequentemente a violação de segredos de negócio implica simultaneamente *responsabilidade contratual* (v.g. por violação de um pacto de confidencialidade) e responsabilidade extracontratual (ilicitude fundada no artigo 317º CPI).[125] Além disso, no âmbito de contratos de trabalho pode haver lugar a *responsabilidade disciplinar*.[126]

Existem também normas *penais* que tutelam situações de violação de segredos de negócio.[127] O artigo 195º do Código Penal prevê uma pena de prisão até 1 ano ou até 240 dias de multa para aquele que, "sem consentimento, revelar segredo alheio de que tenha tomado conhecimento em razão do seu estado, ofício, emprego, profissão ou arte". O artigo 196º do Código Penal prevê igual pena para aquele que, "sem consentimento, se aproveitar de segredo relativo à actividade comercial, industrial, profissional ou artística alheia, de que tenha tomado conhecimento em razão do seu estado, ofício, emprego, profissão ou arte, e provocar deste modo prejuízo a outra pessoa ou ao Estado".[128]

Quando a violação de segredos de negócio implique também a violação de outras normas (v.g. direitos de autor, direito societário ou direito de propriedade) haverá ainda que tomar em conta as formas de tutela respectivas e o seu efeito de normas de protecção.[129] Frequentemente, a utilização de segredos de negócio constitui igualmente *enriquecimento sem causa*, havendo lugar à restituição do indevido, na falta de outra resposta do sistema legal (arts. 473º e ss.CC).

Apesar da duração da protecção ser a duração do segredo – enquanto este não integrar o domínio público, estará protegido –, há *limites temporais* para a reacção legal do seu titular.

---

[125] Zenha Martins, João, (n. 90), p. 579. Sobre as situações de concurso de pretensões em responsabilidade civil e a sua resolução cfr. Teixeira de Sousa, Miguel, *O Concurso de Títulos de Aquisição da Prestação*, Coimbra: Almedina, 1988, e o acórdão particularmente claro do Tribunal da Relação de Lisboa de 27 de Setembro de 2012 (rel. Teresa Albuquerque) (disponível em www.dgsi.pt). Para uma exposição sumária do problema veja-se Trigo, Maria da Graça, *Responsabilidade Civil Delitual Por Facto de Terceiro*, Coimbra: Coimbra Editora, 2009, pp. 23-27.

[126] Sobre o poder disciplinar laboral cfr., *inter alia*, Palma Ramalho, Maria, *Tratado de Direito do Trabalho*, Parte II, Coimbra: Almedina, 2012, pp. 629-678.

[127] Para uma análise mais detalhada cfr. Sousa e Silva, Nuno, "Quando o segredo (n.6), pp. 13-14.

[128] Para uma análise aprofundada dos antecedentes normativos destas disposições cfr. Santiago, Rodrigo, *Do Crime de Violação de Segredo Profissional no Código Penal de 1982*, Coimbra: Almedina, 1992.

[129] Sobre o tema cfr. Menezes Leitão, Adelaide, *Normas de protecção e danos puramente patrimoniais*, Coimbra: Almedina, 2009.

Assim, a *responsabilidade civil* prescreve no prazo de 20 anos, caso seja de natureza contratual (artigo. 309º CC), ou no prazo de 3 ou 5 anos (art. 498º CC), caso seja extra-contratual, dependendo da existência de responsabilidade criminal. Em sede de *tutela penal* o direito de queixa prescreve no prazo de 6 meses (art. 115º CP)[130] e a pena (em relação aos crimes p.e.p. nos artigos 195º e 196º do CP) no prazo de 5 anos (art. 118º/1/c) CP) A acção fundada em *enriquecimento sem causa* terá que se proposta no prazo de 3 anos (art. 482º CC).

III. O segredo de negócio como escudo

São vários os pontos do nosso sistema jurídico em que se reconhece a importância do segredo de negócio como fundamento para limitar a publicidade dos actos públicos ou para recusar prestação de informações. Aí trata-se de limitar o alcance dos poderes do Estado ou de particulares. O segredo funciona então "como escudo".

A Administração Pública está obrigada a garantir e a respeitar o sigilo e a propriedade, incumbindo-lhe um dever de protecção,[131] que se aplica igualmente às autoridades administrativas independentes.[132] No plano europeu, o art. 339º do TFUE impõe "aos membros das instituições da União, os membros dos Comités, bem como os funcionários e agentes da União" uma obrigação de "não divulgar as informações que, por sua natureza, estejam abrangidas pelo segredo profissional, designadamente as respeitantes às empresas e respectivas relações comerciais ou elementos dos seus preços de custo", sendo que esta obrigação se mantem mesmo após a cessação de funções.

Ainda que sua abrangência seja consideravelmente mais ampla, o segredo de justiça e os sigilos profissionais podem escudar segredos de negócio e frequentemente são mecanismos importantes para o efeito.[133] A necessidade de garantir a privacidade e a propriedade dos titulares dos segredos de negócio não é (nem poderia ser) ignorada.

---

[130] Os crimes de violação e aproveitamento de segredo de negócio são ambos dependentes de queixa (art. 198º Código Penal).

[131] Sobre os deveres de protecção do Estado veja-se Pereira da Silva, Jorge, *Deveres do Estado de Protecção de Direitos Fundamentais*, Lisboa: UCE, 2015.

[132] P. ex. no caso da Entidade Reguladora para a Comunicação Social consagra-o o art. 53º/3 da Lei nº 53/2005, de 8 de Novembro, impondo o respeito pelo sigilo profissional e pelo sigilo comercial.

[133] O espinhoso tema do segredo de justiça está excluído desta exposição.

ESTUDOS SOBRE *LAW ENFORCEMENT, COMPLIANCE* E DIREITO PENAL

Estes interesses têm especial repercussões na relação do cidadão com o Estado. Ainda que o titular de um segredo de negócio nem sempre negocie com o Estado, a intervenção regulatória deste exige frequentes vezes que lhe sejam prestadas informações.[134] No âmbito do processo de aprovação de medicamentos e produtos alimentares isto é particularmente claro e o valor económica dessas informações é elevado.[135] No entanto, tendo em conta as especificidades do respectivo regime, não o irei abordar.[136]

Uma questão duvidosa é saber se as empresas públicas terão direito a segredos de negócio e, em caso afirmativo, se poderão invocar o seu carácter de escudo. O entendimento da Comissão de Acesso aos Documentos Administrativos tem sido no sentido da aplicação da LADA, com as consequentes obrigações de publicidade e transparência, a todas as empresas públicas, mesmo que actuem ao abrigo do direito privado.[137] A jurisprudência tem aderido a este entendimento.[138] Quanto à possibilidade de as pessoas colectivas de direito público invocarem segredos de negócio, esta não estará excluída, mas, atento o carácter das empresas públicas, poder--se-á excluir (ou relativizar) a sua dimensão jusfundamental.[139]

---

[134] Rowe, Elizabeth A., Sandeen, Sharon K., *Trade Secrecy* (n.13), p. 132.

[135] É essa a razão que justificou a tutela prevista no artigo 39º/3 TRIPS para "informações relacionada com produtos químicos farmacêuticos ou para agricultura, na medida em que utilizem novos elementos químicos, cuja obtenção resulte de esforço considerável". Muitos dos litígios neste domínio relacionam-se precisamente com o acesso a este tipo de informações (veja-se v.g. Ac. TCA Sul 30.IV.2015 (rel. Nuno Coutinho)). No Ac. TC 2/2013 (rel. Maria José Rangel de Mesquita) julgou-se inconstitucional a norma do nº 5 do artigo 188º do Decreto-Lei nº 176/2006, de 30 de agosto (Estatuto do Medicamento) por dar demasiada prevalência ao segredo, afectando o núcleo essencial do art. 268º CRP.

[136] Sobre este pode ver-se, Xavier Fellmeth, Aaron, "Secrecy, Monopoly, and Access to Pharmaceuticals in International Trade Law: Protection of Marketing Approval Data Under the TRIPs Agreement", *Harvard International Law Journal* 45(2) (2004), pp. 443-502; Taubman, Anthony, "Unfair competition and the financing of public-knowledge goods: the problem of test data protection", *JIPLP* (2008), pp. 591-606; Reichman, Jerome H., "Rethinking the Role of Clinical Trial Data in International Intellectual Property Law: The Case for a Public Goods Approach", *Marquette Intellectual Property Law Review* 13 (2009), pp. 1-68; Correa, Carlos, "Test Data Protection: Rights Conferred Under the TRIPS Agreement and Some Effects of TRIPS-plus Standards" in AAVV, *The Law and Theory* (n.2), pp. 568-590.

[137] Veja-se, com um voto de vencido, o Parecer nº 38/2005 (em www.cada.pt).

[138] V.g. Ac. STA 30.IX.2009 (rel. Costa Reis).

[139] Vieira de Andrade, José Carlos, *Os Direitos Fundamentais na Constituição Portuguesa de 1976*, Coimbra: Almedina, 2012, pp. 122-125, dá conta da recente tendência para admitir, com muitas reservas, direitos fundamentais de pessoas colectivas públicas.

1. Enquadramento Constitucional

Esta é uma área onde tipicamente se dão colisões de direitos fundamentais.[140] Normalmente tratar-se-ão das chamadas colisões reais de 1º grau, isto é, aqueles conflitos que envolvem o conteúdo protegido mas não essencial dos direitos fundamentais em causa.[141] A sua resolução passa então pela ponderação dos interesses em jogo fazendo valer, no caso concreto, princípios de concordância prática e restrição mínima, informados pela lógica da proporcionalidade.[142]

Se, por um lado, é certo que o acesso aos documentos da administração e a respectiva publicidade constituem direitos fundamentais dos cidadãos (art. 268º CRP)[143] e a liberdade de expressão (art. 37º CRP) é um valor essencial em democracia, não se podem ignorar outros interesses igualmente importantes e muitas vezes conflituantes.

A nível constitucional os segredos de negócio podem ser incluídos no âmbito de protecção do direito de propriedade (art. 62º CRP)[144] assim

---

[140] Precisamente nestes termos Ac. STA 13.VIII.1997 (rel. Gonçalves Loureiro). O Ac. TC nº136/05 (rel. Paulo Mota Pinto) rejeitou a perspectiva segundo a qual o segredo de negócio seria um limite imanente ao direito de acesso à informação.

[141] Seguimos aqui a tipologia proposta por Casalta Nabais, José, *O dever fundamental de pagar impostos*, Coimbra: Almedina, 1998, pp. 25-26.

[142] Vieira de Andrade, José Carlos, (n.139), pp. 298-306. Vaz Patto, Pedro, "O segredo de negócio e o segredo de Justiça no direito sancionatório das autoridades reguladoras" in Palma, Fernanda, Silva Dias, Augusto, Sousa Mendes, Paulo (coord.), *Direito Sancionatório das Autoridades Reguladoras*, Coimbra: Coimbra Ed., 2009, pp. 234-235. Dando conta desta necessidade pode ver-se a decisão do TJUE, em sede de contratação pública, C-450/06, *Varec* (EU:C:2008:91), §51-52. Por outro lado, quando haja norma-regra que tenha resolvido o conflito esta deverá ser a norma a aplicar, como bem sublinhou o Ac. TCA Sul 12.II.2015 (rel. Pereira Gouveia).

[143] Detalhadamente sobre o tema *vide* Carvalho, Raquel, *O Direito à Informação Administrativa Procedimental*, Porto: UCE, 1999 e Miranda, Jorge, "Direito à informação dos administrados", *O Direito* nº120 (1988), pp. 457-462.

[144] Como afirmado no Ac. TC 178/07: "...o direito de propriedade a que se refere aquele artigo da Constituição não abrange apenas *proprietas rerum*, os direitos reais menores, a propriedade intelectual e a propriedade industrial, mas também outros direitos que normalmente não são incluídos sob a designação de 'propriedade', tais como, designadamente, os direitos de crédito e os 'direitos sociais' – incluindo, portanto, partes sociais como as acções ou as quotas de sociedades." Cfr. igualmente Acs. TC 257/92, 491/02, 374/03 e 620/04. Esta concepção amplíssima da propriedade a nível constitucional é unanimemente assinalado pelos comentadores (v.g. Gomes Canotilho, J., Moreira, Vital, *Constituição da República Portuguesa anotada*, vol. I, Coimbra: Coimbra Editora, 2007, p. 800). Na verdade, a inclusão dos segredos

ESTUDOS SOBRE *LAW ENFORCEMENT, COMPLIANCE* E DIREITO PENAL

como no âmbito da reserva da intimidade da vida privada (arts. 26º/1), sendo certo que outros direitos fundamentais como a inviolabilidade do domicilio (art. 34º)[145] ou a protecção de dados pessoais (art. 35º)[146] podem contribuir para a respectiva tutela, ainda que de forma indirecta. Além disso, a iniciativa privada e a liberdade de concorrência (art. 61º CRP) também incluirão os segredos de negócio.[147]

Estes interesses conflituantes têm acolhimento nos instrumentos europeus, como a CDFUE[148] e CEDH, e internacionais, nomeadamente a DUDH.[149] Tal como afirmado pelo TJUE:[150] "...a protecção dos segredos

de negócio no âmbito das cláusulas constitucionais de propriedade verifica-se em muitas jurisdições. Para uma perspectiva norte-americana veja-se Epstein, Richard, (n.31).

[145] Pinto de Albuquerque, Paulo, *Comentário ao Regime Geral das Contra-Ordenações*, Lisboa: UCE, 2011, p. 164, entende que a protecção do domicilio não abrange as instalações das pessoas colectivas.

[146] Como dá detalhadamente conta Sousa Pinheiro, Alexandre, *Privacy e Protecção de Dados Pessoais: A construção dogmática do direito à identidade informacional*, Lisboa: AAFDL, 2015, pp. 761-776, apesar de ter existido alguma assimilação, o direito à protecção dos dados pessoais deve distinguir-se dos conceitos de privacidade e intimidade da vida privada. Na verdade o conceito de dados pessoais encontra-se restrito às pessoas singulares mas o conceito de privacidade abrange pessoas colectivas e pode tutelar os segredos (Oliver, Peter, "The Protection of Privacy in the Economic Sphere before the European Court of Justice" *CMLR* (2009), p. 1451).

[147] Gonçalves, José Renato, "A Protecção dos Segredos de Empresa", *Revista da Banca* nº53 (2002), pp. 19 e 22.

[148] Desde cedo que a jurisprudência europeia reconheceu a propriedade como sendo "tutelada pelo direito comunitário com base nas tradições constitucionais comuns aos Estados-Membros, igualmente reflectidas no Primeiro Protocolo da Convenção Europeia dos Direitos do Homem" – 44/79, *Hauer* (EU:C:1979:290), §17. Hoje em dia esta proteção consta do artigo 17º da CDFUE. Por outro lado, a jurisprudência europeia extrai do artigo 339º TFUE um *princípio geral de protecção dos segredos de negócio* (C-36/92P *SEP* (EU:C:1994:205), §36 e C-1/11, Interseroh (EU:C:2012:194), §43). Sobre a protecção dos segredos de negócio "como propriedade" veja-se Aplin, Tanya, "Right to Property and Trade Secrets" in Geiger, Christophe (ed), *Research Handbook on Human Rights and Intellectual Property*, Cheltenham;: EE, 2015, pp. 421-437.

[149] Helfer, Laurence R., Austin, Graeme W., *Human Rights and Intellectual Property: Mapping the Global Interface*, Cambridge: Cambridge University Press, 2011, pp. 62-63. Sobre o assunto pode ver-se também Sousa e Silva, Nuno, "What if IP is abolished? – Does the Charter of Fundamental rights of the EU make any difference?", *O Direito* 146º, IV (2014), pp. 961-970.

[150] C-1/11, *Interseroh* §43. Cfr. ainda a jurisprudência referida na nota 177 *infra*. Como escreve Papp, Konstanze von, "Case C-450/06", *CMLR* (2009) p. 995, "The protection of confidentiality and business secrets (...) receives the same level of protection as the right to a fair hearing. Hence, the right of access to documents does not automatically "trump" confidentiality interests. Instead, a balancing exercise becomes necessary.".

de negócios constitui, como resulta igualmente de jurisprudência assente, um princípio geral do direito da União.".

Por isso mesmo a solução consiste na ponderação e equilíbrio. Esta tem sido estabelecida em leis harmonizadoras em vários domínios.[151]

2. Acesso aos Documentos da Administração

As exigências de transparência do Estado (como pressuposto do controlo da sua actividade por parte dos cidadãos)[152] levam a que sejam adoptadas medidas no sentido facilitar o acesso aos documentos do Estado. Em Portugal, a principal disciplina legal é a Lei de Acesso aos Documentos da Administração (Lei nº 46/2007, de 24 de Agosto) que concretiza e modula as exigências do artigo 268º CRP.

Neste contexto, vale a regra geral do direito de acesso aos documentos administrativos (arquivo aberto), concretizado na possibilidade de consulta, reprodução e divulgação de informação sobre a sua existência e conteúdo (art. 5º).[153] No entanto, o *segredo* é apontado como um *limite* ao *direito de acesso*. Nos termos do artigo 6º/6 "Um terceiro só tem direito de acesso a documentos administrativos que contenham segredos comerciais, industriais ou sobre a vida interna de uma empresa se estiver munido de autorização escrita desta ou demonstrar interesse directo, pessoal e legítimo suficientemente relevante segundo o princípio da proporcionalidade.", sendo que poderão ser "objecto de comunicação parcial sempre que seja possível expurgar a informação relativa à matéria reservada." (art. 6º/7).

O Código de Procedimento Administrativo (DL nº 4/2015, de 7 de Janeiro) consagra uma solução idêntica. Apesar de valer o princípio da administração aberta (art. 17º), as preocupações de privacidade e protecção de segredos são acauteladas. Nos termos do art. 83º/1: "Os interessados têm o direito de consultar o processo que não contenha documentos

---

[151] As leis poderão, em certos casos, ser antes leis restritivas, indiscutivelmente sujeitas ao regime de reserva material e formal dos artigos 18º e 165º da CRP. Sobre a distinção cfr. Vieira de Andrade, José Carlos, (n.139), pp. 217-218.

[152] Sobre os fundamentos e funções da transparência do Estado pode ver-se Pratas, Sérgio, "O Acesso à Informação Administrativa no Século XXI" in 12º Relatório de Atividades da Comissão de Acesso aos Documentos Administrativos, Lisboa, CADA (2014).

[153] É de assinalar que esta disposição representa uma inversão total do paradigma anterior, o do segredo administrativo (Freitas do Amaral, Diogo, *Curso de Direito Administrativo*, vol. II, Coimbra: Almedina, 2011, pp. 338-340).

ESTUDOS SOBRE *LAW ENFORCEMENT, COMPLIANCE* E DIREITO PENAL

classificados ou que revelem segredo comercial ou industrial ou segredo relativo à propriedade literária, artística ou científica.".[154] De igual modo o artigo 84º/2 esclarece que o dever de passar certidões e facultar documentos não abrange "os documentos classificados ou que revelem segredo comercial ou industrial ou segredo relativo à propriedade literária, artística ou científica.". No contexto dos poderes de inquisitório, na formação dos actos administrativos, o artigo 117º/2/a) do CPA assinala que será legítima a recusa de obediência às solicitações da Administrações quando esta envolva "violação de sigilo profissional ou segredo comercial ou industrial".

Por sua vez, e apesar de na contratação pública valer o princípio da publicidade,[155] o art. 66º Código dos Contratos Públicos admite que aqueles que apresentem uma proposta num procedimento de contratação pública peçam a classificação de documentos que a integrem, "por motivos de segredo comercial, industrial, militar ou outro (...), para efeitos da restrição ou da limitação do acesso aos mesmos na medida do estritamente necessário.".[156]

A tendência para o aumento da transparência verifica-se não só no plano nacional, mas igualmente no *plano europeu,* sendo que o artigo 15º do TFUE estabelece esse princípio,[157] concretizado no Regulamento (CE) 1049/2001 do Parlamento Europeu e do Conselho de 30 de Maio de 2001 relativo ao acesso do público aos documentos do Parlamento Europeu, do Conselho e da Comissão. Também aqui a legislação estabelece, no Art. 4º, limites à obrigação de transparência, entre os quais se conta aqueles "documentos cuja divulgação pudesse prejudicar a protecção de interesses comerciais

---

[154] Este artigo corresponde ao artigo 62º do antigo CPA. O segredo relativo à propriedade literária, artística ou científica será sobretudo aquele que garante o direito ao inédito, direito moral do autor.

[155] Esteves de Oliveira, Mário, Esteves de Oliveira, Rodrigo, *Concursos e outros procedimentos de contratação Pública,* Coimbra: Almedina, 2011, pp. 229-236.

[156] A Directiva 2004/18/CE também previa no seu artigo 6º a protecção de informação confidencial, incluindo segredos de negócio. Esta foi substituída pela Diretiva 2014/24/UE que prevê igual protecção no seu artigo 21º.Também a Diretiva 2014/25/UE relativa à contratação pública nos sectores especiais (água, energia, transportes e serviços postais) prevê a tutela da confidencialidade no artigo 39º.

[157] Também a CDFUE no art. 42º adopta um princípio geral de transparência nos documentos mas o artigo 41º/2 identifica o limite "do respeito dos legítimos interesses da confidencialidade e do segredo profissional e comercial.".

das pessoas singulares ou colectivas, incluindo a propriedade intelectual". Porém, estes limites são interpretados restritivamente.[158]

A solução é sensivelmente a mesma noutros domínios sectoriais. Assim, na Directiva 2003/4/CE relativa ao acesso do público às informações sobre ambiente,[159] o artigo 4º/2 reconhece como possíveis motivos de indeferimento de um pedido de informação várias preocupações tais como a segurança pública, "a confidencialidade das informações comerciais ou industriais, sempre que essa confidencialidade esteja prevista na legislação nacional ou comunitária para proteger um interesse económico legítimo, incluindo o interesse público em manter a confidencialidade estatística e o sigilo fiscal;" (alínea *d*)) e "Os direitos de propriedade intelectual;" (alínea *e*)), tendo o cuidado de assinalar que os motivos de indeferimento devem ser interpretados de forma restritiva, à luz do interesse público servido pela divulgação da informação. A necessidade de obstar à invocação abusiva de segredos é demonstrada no caso *Križan*,[160] em que o TJUE não admitiu que se invocasse esse fundamento para recusar a prestação de informações relativas ao planeamento urbanístico de um aterro de resíduos.

Quanto à necessidade *fundamentação* da justificação invocada esta deverá ser feita com "menção das circunstâncias abstractas que justifiquem o sigilo [segredo] mas omitindo os factos concretos [que o compõe]".[161]

3. Direito da Concorrência

Como é sabido, no domínio do Direito da Concorrência, a aplicação do Direito da União Europeia é repartida pela Comissão Europeia, pelos tribunais nacionais e pelas autoridades nacionais da concorrência.[162]

Tal como estabelecido no Regulamento 1/2003, a Comissão Europeia dispõe de amplos poderes de investigação, nomeadamente o poder de

---

[158] C-506/08P, *Reino da Suécia contra Comissão* (EU:C:2011:496) §75.

[159] Transposta para o direito português pela Lei nº 19/2006, de 12 de Junho.

[160] C-416/10, *Križan* (EU:C:2013:8), §78-91.

[161] Pinto de Albuquerque, Paulo, *Comentário ao Código de Processo Penal*, Lisboa: UCE, 2011, p. 256.

[162] Sobre a relação veja-se, *inter alia*, Sousa Ferro, Miguel, "A obrigatoriedade de aplicação do Direito Comunitário da Concorrência pelas autoridades nacionais", *Revista da Faculdade de Direito de Lisboa* (2007) pp. 271-351 e Feteira, Lúcio Tomé, *The Interplay between European and National Competition Law after Regulation 1/2003. United (Should) We Stand?*, Alphen aan den Rijn: Wolters Kluwer, 2015.

ESTUDOS SOBRE *LAW ENFORCEMENT, COMPLIANCE* E DIREITO PENAL

requisitar documentos (art. 18º), de registar declarações (art. 19º) e de proceder a inspecções (ainda que não anunciadas) de instalações de empresas ou casas de particulares, veículos e documentos (incluindo a possibilidade de os copiar) (arts. 20º e 21º).[163] Estes vastos poderes têm impactos vários nos direitos fundamentais.[164] Assinalam-se que as inspecções restringem a *privacidade* e inviolabilidade do *domicílio* das pessoas (art. 34º CRP e art. 8º CEDH). Não obstante têm sido admitidas.[165]

Um outro aspecto controverso é a eventual da violação da *garantia contra a auto-incriminação* (coberta pelo artigo 6º/1 CEDH mas apenas para as pessoas singulares[166]). No caso *Orkem*,[167] o TJUE adoptou uma abordagem, confirmada em jurisprudência subsequente,[168] segundo a qual as empresas não podem ser obrigadas a admitir que cometeram uma infracção, mas são obrigadas a responder a questões e fornecer documentos que poderão ser usados contra elas próprias. Trata-se de um entendimento minimalista desta garantia.[169]

Na verdade, o âmbito de aplicação dos direitos fundamentais prende-se com a discussão acerca da natureza da investigação em sede de direito da concorrência. Tal como reconheceu o TJUE, se as coimas aplicadas no

[163] Sobre estes poderes em detalhe pode ver-se Ortiz Blanco, Luis, *EU Competition Procedure*, Oxford: OUP, 2013 e Kerse, Christopher, Khan, Nicholas, *EU Antitrust Procedure*, London: Sweet & Maxwell, 2012.

[164] Sobre isso veja-se Pais Antunes, Luís, *Direito da Concorrência – Os Poderes de Investigação da Comunidade Europeia e a Protecção dos Direitos Fundamentais*, Coimbra: Almedina, 1995; Andreangeli, Arianna, *EU Competition Enforcement and Human Rights*, EE, 2008; Bombois, Thomas, *La protection des droits fondamentaux des entreprises en droit européen répressif de la concurrence*, Bruxelles: Larcier, 2012. Para uma análise sumária dos últimos desenvolvimentos nesta matéria veja-se Oliver, Peter, Bombois, Thomas, "Competition and Fundamental Rights", *Journal of European Competition Law & Practice* (2015), pp. 598-608.

[165] Este assunto discutiu-se logo aquando do primeiro "raid surpresa" no caso 136/79 *National Panasonic v. Commission* (EU:C:1980:169) tendo o Tribunal rejeitado o argumento. Van Bael, Ivo, *Due Process in EU Competition Proceedings*, Alphen aan den Rijn: Wolters Kluwer, 2011, p. 100 sublinha o carácter limitado da aplicabilidade de direitos fundamentais no contexto do direito da concorrência.

[166] Sousa Mendes, Paulo, "As garantias de defesa no processo sancionatório especial por práticas restritivas da concorrência confrontadas com a jurisprudência do tribunal europeu dos direitos do homem", *C&R* 1 (2010), p. 136. Sobre o tema podem confrontar-se vários textos nesse número da Revista.

[167] C-374/87, *Orkem* (EU:C:1989:387).

[168] Nomeadamente o caso C-301/04P, *Tokai Carbon* (EU:C:2006:432) §43-50.

[169] Whish, Richard, Bailey, David, *Competition Law*, Oxford: OUP, 2012, pp. 269-270.

processo de concorrência tivessem natureza penal a sua eficácia poderia ser comprometida.[170]

Em qualquer caso são reconhecidos *limites aos poderes de investigação*. Um primeiro consiste na necessidade de existir um mínimo de *indícios* para recorrer ao procedimento.[171] Estes indícios também limitam o âmbito da investigação. Tal como afirmado recentemente:[172] "quando a Comissão efetua uma inspeção nas instalações de uma empresa ao abrigo do artigo 20.°, n° 4, do Regulamento n° 1/2003, é obrigada a limitar as suas pesquisas às atividades dessa empresa relativas aos setores indicados na decisão que ordena a inspeção e, por isso, quando concluir, após análise, que um documento ou uma informação não estava relacionado com essas atividades, a abster-se de a utilizar para efeitos da sua investigação.".

Um outro limite é o *sigilo profissional* e a *confidencialidade*. No caso *AM&S*[173] o TJUE reconheceu a importância do sigilo profissional do advogado, "princípio comum ao direito dos Estados Membros" como limite aos poderes de investigação da Comissão. No entanto, o sigilo profissional encontra-se subjectivamente limitado a advogados independentes, isto é, sem contrato de trabalho[174] e objectivamente limitado às questões ligadas aos direitos de defesa do cliente.[175]

As referidas restrições aos poderes de investigação permitem, em certa medida, proteger segredos de negócio.

Um outro aspecto em que o segredo de negócio intervém como escudo no Direito da Concorrência prende-se com o acesso por parte de terceiros à informação que a Comissão Europeia detenha sobre uma empresa. No decurso de uma investigação deste tipo dá-se frequentemente o caso de, no exercício seu direito de defesa, uma empresa querer ter acesso aos documentos e informações de um ou mais concorrentes. É ponto assente que as empresas devem ter acesso aos documentos que a Comissão dete-

---

[170] C-338/00P, *Volkswagen* (EU:C:2003:473) §96-97. Mais recentemente (a 27.IX.2011) o TEDH no caso *Menarini* (43509/08) afirmou que os procedimentos sancionatórios no domínio da concorrência podem ser considerados de natureza penal.

[171] Jones, Alison, Suffrin, Brenda, *EU Competition Law*, Oxford: OUP, 2014, pp. 944-945.

[172] T-135/09, *Nexans France* (EU:T:2012:596) §64.

[173] C-155/79, *AM&S* (EU:C:1982:157). Esta abordagem foi confirmada no caso C-550/07P, *Akzo Nobel* (EU:C:2010:512) §56-59, §73-76 e §85-87.

[174] Jones, Alison, Suffrin, Brenda, (n.171), p. 961.

[175] C-550/07P, *Akzo Nobel*, §41.

nha sobre o seu caso.[176] Mas, tal como dispõe o artigo 8º Regulamento 773/2004 (relativo à instrução de processos pela Comissão para efeitos dos artigos [101º] e [102º] do [TFUE]), este direito de acesso encontra limite nos segredos de negócio de outras empresas.

Nas palavras do TJUE:[177] "...por força de um princípio geral no qual se inspiram as regras processuais do direito da concorrência, deve ser garantida "uma protecção especial" aos segredos de negócios, (...). Assim, quando deva determinar, em casos concretos, a existência de segredos de negócios nos documentos cuja transmissão a terceiros esteja em causa, a Comissão deve submeter esta transmissão a um processo apropriado destinado a garantir o interesse legítimo das empresas a que estes se refiram, no sentido de não serem divulgados os seus segredos de negócios.". Esse procedimento especial está estabelecido nos artigos 7º e 8º da decisão do Presidente da Comissão Europeia de 13 de Outubro de 2011 (2011/695/EU). Está igualmente previsto que os documentos tenham duas versões: uma versão confidencial e uma outra versão, expurgada dos segredos de negócio e outra informação confidencial, revelada ao público em geral. Em geral, incumbe àquele que apresente documentos com conteúdo confidencial apresentar essas duas versões.[178]

O artigo 27º/2 do Reg. 1/2003 dispõe, entre outras coisas que "As partes têm direito a consultar o processo em poder da Comissão, sob reserva do interesse legítimo das empresas na protecção dos seus segredos comerciais.". No mesmo sentido depõem os artigos 15º/2 e 16º/1 Regulamento 773/2004.[179] O conceito de segredos comerciais aqui adoptado parece ser **mais restrito** do que aquele que é empregue noutros contextos. O TJUE, no caso *Postbank*[180] afirmou que: "Os segredos de negócios são informações em relação às quais não apenas a divulgação ao público, mas também a simples transmissão a um sujeito jurídico diferente daquele que forneceu a informação podem gravemente lesar os interesses deste último.".

---

[176] Jones, Alison, Suffrin, Brenda, (n.171), pp. 970-973.

[177] T-353/94, *Postbank* (EU:T:1996:119), §87. Cfr. também 53/85, *AKZO* (EU:C:1986:256), §28 e C-36/92P *SEP*, §37.

[178] Arts. 5º e 6º do Regulamento 773/2004.

[179] Vejam-se ainda os considerandos 8,13 e 14 desse regulamento.

[180] T-353/94, *Postbank* (EU:T:1996:119), §87. Esta abordagem foi confirmada no caso T-109/05 e T-444/05, *NLG* (EU:T:2011:235), §140

Ao direito europeu acresce o *direito nacional da concorrência*, actualmente regido pela Lei nº 19/2012 de 8 de Maio. O funcionamento desta lei é muito semelhante ao das normas do Regulamento 1/2003. O artigo 30º/1 começa por reconhecer que "Na instrução dos processos, a Autoridade da Concorrência acautela o interesse legítimo das empresas, associações de empresas ou outras entidades na não divulgação dos seus segredos de negócio...". Isto traduz-se em limites à publicidade nos termos do artigo 32º/6 e 48º/3 da mesma lei.

O artigo 15º/1/c) prevê o limite dos segredos de negócio na instrução de um pedido de informações dirigido a uma empresas. Caso uma empresa entenda que os documentos solicitados pela AdC contêm segredos de negócio deverá identifica-los de maneira fundamentada e tem o ónus de apresentar uma cópia expurgada dos elementos confidenciais. Em caso de inobservância desse ónus, os documentos ter-se-ão por não confidencias (art. 30º/4).

Após a realização de diligências probatórias por parte da Autoridade da Concorrência em que tenham sido recolhidos elementos contendo segredos de negócio, as empresas têm o ónus de, num prazo de 10 dias úteis, indicar fundamentadamente quais são esses elementos e juntar cópias não confidenciais dos mesmos (art. 30º/3). Não obstante, estes documentos (incluindo os segredos) podem ser utilizados como prova contra a empresa (art. 31º/3).[181] Cabe à AdC apreciar a classificação dos documentos estando obrigada a informar as empresas caso não concorde com o respectivo pedido.

Nos termos do artigo 32º/6: "A Autoridade da Concorrência deve publicar na sua página eletrónica as decisões finais adotadas em sede de processos por práticas restritivas, sem prejuízo da salvaguarda dos segredos de negócio e de outras informações consideradas confidenciais.". Isto implica que, existindo segredos de negócio, haja uma versão confidencial e uma versão não confidencial da decisão. No entanto, como decidido no Ac. TRL de 11.III.2015 (rel. Carlos Almeida), a sentença e o acórdão que procedam à aplicação do direito da concorrência deverão ser sempre públicos.[182]

---

[181] É duvidoso que esta desprotecção total dos segredos de negócio seja conforme à Constituição (nesse sentido Botelho Moniz, Carlos (coord.), *Lei da Concorrêcia Anotada*, Coimbra: Almedina, 2016, p. 322).

[182] O acerto desta decisão suscita dúvidas.

Ainda no domínio do Direito da Concorrência, a tensão entre acesso à informação e tutela dos segredos coloca-se igualmente nos programas de *clemência* (especialmente quando esteja em causa a preparação de acções de indemnização).[183] O TJUE já apontou que, também neste contexto, se revela necessário proceder a uma ponderação de interesses,[184] sendo incompatível com o direito europeu uma solução que dê total preponderância aos interesses do beneficiário do programa de clemência.[185] Em Portugal, o artigo 81º da Lei da Concorrência disciplina esta matéria considerando como confidencial a documentação entregue nesse contexto.[186]

4. A noção de segredo de negócio como escudo

Um ponto nodal nestas discussões é saber se o segredo de negócio invocado "como escudo" tem a mesma definição que aquela que analisámos a propósito do artigo 318º do CPI.

A jurisprudência administrativa tem recorrido ao CPI e à respectiva noção para averiguar do conceito de segredo comercial, sublinhando a necessidade de evitar o aproveitamento indevido de informações confidenciais contra as regras da livre concorrência entre as empresas.[187] Apesar

---

[183] Pais, Sofia, "Entre clemência e responsabilidade – Uma história de sucesso?", *CdP* n. º37 (2012), pp. 6-7. Este regime, em Portugal, está previsto na lei da Concorrência. A nível europeu vale a Comunicação da Comissão relativa à imunidade em matéria de coimas e à redução do seu montante nos processos relativos a cartéis (2006/C 298/11). O regime português actual encontra-se mais alinhado com o do direito europeu (Anastácio, Gonçalo, Saavedra, Alberto, "A Nova Lei da Concorrência Portuguesa – Notas Preliminares", *ROA* (2013), p. 334).

[184] C-360/09, *Pfleiderer* (EU:C:2011:389), §30-32.

[185] C-536/11, *Donau Chemie* (EU:C:2013:366), §49.

[186] Há ainda a referir os artigos 5º a 7º da Directiva 2014/104/UE que resolvem a questão com base na proporcionalidade, ou seja, em grande medida por remissão para o julgador. No considerando 18 pode ler-se que "...as medidas de proteção dos segredos comerciais e de outras informações confidenciais não deverão impedir o exercício do direito a reparação.".

[187] Neste sentido veja-se o Ac. TCA Sul de 26.X.2006 (rel. António Coelho da Cunha); Ac. TCA Sul 12.VII.2012 (rel. António Vasconcelos) e Ac. TCA Sul 12.II.2015 (rel. Pereira Gouveia). Na doutrina Moura Vicente, Dário, "Segredo Comercial e Acesso à Informação Administrativa" in AAVV, *Estudos em Homenagem ao Prof. Doutor Sérvulo Correia*, vol. III, Coimbra: Coimbra Ed., 2010, p. 297, "O segredo comercial constante de documentos administrativos não é (...) protegido em si mesmo, mas tão-só e na medida em que o acesso ao mesmo possibilite no caso singular, a prática de actos de concorrência desleal.". Assim, ainda cfr. Pareceres nº 44/2002 e 247/2008 da CADA (ambos em www.cada.pt). Também Gonçalves, José Renato, *Acesso à Informação das Entidades Públicas*, Coimbra: Almedina, 2002, pp. 132-136, recorre ao conceito da concorrência desleal (então artigo 260º/i) do CPI 1995). O autor sublinha igualmente a

O SEGREDO DE NEGÓCIO COMO ESCUDO E COMO ESPADA

de esta interpretação teleologicamente informada ser tendencialmente correcta[188], não se deve ignorar que, tendo em conta o carácter de bem público da informação, uma vez transmitida a alguém que até pode não ter interesses concorrenciais, não existe forma efectiva de impedir que os concorrentes tenham acesso a essa informação. E, nesses casos, não parece líquido que o acesso à informação se possa considerar sempre desleal, despoletando a aplicação dos meios repressivos acima identificados. Valerá somente o disposto no artigo 8º da LADA. Assim, apesar de a definição do CPI ser mais ampla que outras neste contexto, incluir aí considerações que exigem um acto ou relação de concorrência parece-me desajustado.

A outra interpretação, que se aproxima na sua formulação do Direito Europeu da Concorrência, é *mais exigente* que aquela que se encontra no CPI.[189] Neste sentido depõe a interpretação da Comissão de Acesso aos Documentos Administrativos que tem limitado a interpretação da excepção de segredos comerciais aos "aspectos particulares de financiamento, as previsões de viabilidade e de rendibilidade específicas de uma empresa (privada), as estratégias de captação de clientes ou de desenvolvimento futuro, a identificação de modelos ou de técnicas a seguir no desenvolvimento da actividade.".[190] No mesmo sentido, a Comunicação da Comissão relativa às regras de acesso ao processo no direito da concorrência[191] adopta a definição restrita do caso *Postbank*, focada no dano potencial da revelação da informação.[192]

---

necessidade de atender ao tipo de lesão em causa, ponderando todos os interesses e valores em jogo (p. 139).

[188] Nesse sentido depõe também o limite à reutilização do artigo 18º/b) da LADA. Impõem-se ainda uma interpretação conforme à Directiva 2003/98/CE relativa à reutilização de informações no sector público, cujo artigo 1º/2/c) exclui, *inter alia*, a respectiva aplicação a documentos não acessíveis por razões de confidencialidade comercial.

[189] Veja-se *supra* nota 180 e texto que a acompanha. Com uma abordagem restritiva, considerando que não pode haver segredo comercial em facturas e recibos emitidos por uma entidade "em execução de um contrato público, no âmbito de um concurso público, cujo acesso ao Programa do Concurso e Caderno de Encargos são públicos", cfr. Ac. TCA Norte de 13.VII.2012 (rel. Antero Pires Salvador).

[190] Pareceres nºs 147/2001, 38/2005, 81/2008, 148/2008, 247/2008 (todos em www.cada.pt). Curiosamente no Parecer 248/2008 (sucessivamente replicado, v.g. nos Pareceres 225/2013, 464/2014 e 408/2015) a interpretação é feita também com base no CPI.

[191] 2005/C 325/07, ponto 18.

[192] Encontra-se posição igual em Botelho Moniz, Carlos (coord.), (n. 181), p. 313. A formulação assente no prejuízo está também no artigo 43º/4 da lei da concorrência a propósito da

ESTUDOS SOBRE *LAW ENFORCEMENT, COMPLIANCE* E DIREITO PENAL

Por outro lado, na Comunicação da Comissão relativa ao sigilo profissional nas decisões em matéria de auxílios de Estado,[193] lê-se: "Os segredos comerciais dizem apenas respeito a informações que se relacionem com uma actividade com valor económico efectivo ou potencial, cuja a divulgação ou utilização possa proporcionar vantagens financeiras para outras empresas. Podem citar-se como exemplos típicos os métodos de avaliação dos custos de produção e distribuição, os segredos de produção (...) e processos, fontes de fornecimento, quantidades produzidas e vendidas, quotas de mercado, listas de clientes e distribuidores, planos de comercialização, estrutura de preços de custo, política de vendas e informações sobre a organização interna da empresa." Esta é uma formulação que se aproxima do conceito amplo do CPI, podendo até transcendê-la.[194]

Poder-se-á concluir que, apesar de esta não ser uma matéria em que as ideias estejam totalmente organizadas, a tendência é para adoptar um conceito mais exigente de segredo do que aquele que consta do artigo 318º CPI, focado no dano da respectiva revelação, quando este seja invocado como "escudo".

Apesar disso, não creio que existam grandes vantagens na adopção de conceitos diferentes. Parece-me que será metodologicamente mais correcto adoptar uma definição única, a do CPI,[195] e ter em conta o valor do segredo e os prejuízos que a sua divulgação possa causar em sede de ponderação concreta.[196] Afinal de contas, um conceito unitário não quer dizer que os segredos sejam todos iguais e recebam sempre igual tratamento.

"informação respeitante à vida interna das empresas". Será essa a fonte indirecta desta interpretação?

[193] 2003/C 4582.

[194] Defendendo uma formulação equivalente à citada pode ver-se Brandão Veiga, Alexandre, *Acesso à Informação da Administração Pública pelos Particulares*, Coimbra: Almedina, 2007, pp. 110-111.

[195] Neste sentido Moura Vicente, Dário, "Segredo Comercial (n.187), p. 296, destacando o papel do elemento sistemático de interpretação. Lopes, Patrícia, "Segredos de Negócio Versus Direitos de Defesa do Arguido nas Contra-Ordenações da Concorrência", *Revista de Concorrência & Regulação* I(3) (2010), p. 86, sugere uma definição ("... toda a informação de uma empresa que, não sendo do domínio público, reveste, em si mesma, um valor económico.") que se afasta (desnecessariamente) dos termos do CPI. Também Gonçalves, José Renato, "Protecção dos Segredos (n. 147), p. 32 propõe uma definição alternativa e muito exigente, centrada na necessidade do segredo e no prejuízo da divulgação.

[196] Lopes, Patrícia, "Segredos (n.195), pp. 94-95, sugere igualmente uma solução de ponderação e propõe um mecanismo processual que permita resolver esse assunto como questão prejudicial (pp. 96-98).

5. Sigilo profissional (menção)

O sigilo profissional é configurado simultaneamente como um dever, e também como um direito. Existem várias profissões onde a lei impõe o dever de sigilo e reconhece a sua relevância. É o caso dos médicos,[197] dos advogados,[198] dos contabilistas,[199] dos jornalistas,[200] dos padres (quando em confissão),[201] dos psicólogos,[202] dos enfermeiros,[203] dos notários,[204] dos agentes de execução.[205] Também certas funções impõem a confidencialidade em relação aos dados com que entrem em contacto. É esse o caso das entidades de supervisão.[206] Existem ainda outros tipos de sigilo, como

---

[197] Art. 139º do Estatuto da Ordem dos Médicos (DL nº 282/77, de 5 de Julho). Sobre o tema veja-se, entre muitos outros, Hünerfeld, Peter, "Esfera Privada e Segredo", *Revista Portuguesa de Ciência Criminal* 14 (2004), pp. 197-212 e Ferreira Leite, Inês, "Direito à Saúde – Direito à Informação Média – Sigilo Médico – Interesse Público: Critérios de Orientação do Juízo de Concordância Prática", *Anatomia e Crime* nº 0 (2014), pp. 141-165.

[198] Art. 92º do Estatuto da Ordem dos Advogados (Lei nº 145/2015, de 9 de Setembro). Como frisa Canas, Vitalino, "O segredo profissional dos advogados" in AAVV, *Estudos em Memória do Professor Doutor António Marques dos Santos*, vol. II, Coimbra: Almedina, 2005, pp. 792-794, o segredo dos advogados tem natureza distinta de outros sigilos profissionais e deve ser entendido como um direito-dever.

[199] Art. 3º/1/f) e art. 10º do Código Deontológico dos Contabilistas Certificados (Decreto-Lei nº 310/2009, de 26 de outubro, alterado pela Lei nº 139/2015, de 7 de setembro que o republicou como Anexo II).

[200] Artigo 11º do Estatuto do Jornalista (Lei nº 1/99, de 1 de Janeiro).

[201] É certo que o sigilo da confissão é mais do que um sigilo profissional (falando-se em sigilo religioso) e, na doutrina da igreja católica, é algo absolutamente inviolável (mesmo que as leis dos Estados procurem forçar um clérigo a revelar informações). Reza a lenda que São João Nepomuceno, confessor da Rainha da Boémia, sofreu martírio antes de ceder às pressões do Rei da Boémia, que queria saber se esta o tinha traído. Em Portugal, todas as escusas baseadas em segredo religioso são consideradas justificadas (art. 87º/5 CPP).

[202] Art. 112º do Estatuto da Ordem dos Psicólogos (Lei nº 57/2008, de 4 de Setembro).

[203] Art. 85º do Estatuto da Ordem dos Enfermeiros (Decreto Lei nº 104/98, de 21 de Abril).

[204] Artigo 37º do Estatuto da Ordem dos Notários (Decreto-Lei nº26/2004, de 4 de Fevereiro).

[205] Art. 141º do Estatuto da Ordem dos Solicitadores e dos Agentes de Execução (Lei nº 154/2015, de 14 de Setembro).

[206] V.g. art. 44º do DL nº 1/2015, de 06 de Janeiro, Estatutos da Autoridade de Supervisão de Seguros e Fundos de Pensões (ASF). No caso C-140/13, *Altmann* (EU:C:2014:2362), o TJUE conclui que: "O artigo 54.º, nºs 1 e 2, da Diretiva 2004/39/CE do Parlamento Europeu e do Conselho, de 21 de abril de 2004, relativa aos mercados de instrumentos financeiros, (...) deve ser interpretado no sentido de que uma autoridade nacional de supervisão pode invocar, no quadro de um procedimento administrativo, a obrigação de guardar o segredo profissional perante uma pessoa que, fora do âmbito de um caso abrangido pelo direito penal ou de um processo de direito civil ou comercial, lhe solicitou o acesso a informações relativas a uma

ESTUDOS SOBRE *LAW ENFORCEMENT, COMPLIANCE* E DIREITO PENAL

o sigilo bancário[207] e o sigilo fiscal,[208] que são de definição sectorial e que têm sido consideravelmente diminuídos no seu âmbito. Tipicamente o sigilo e as obrigações de confidencialidade estendem-se aos colaboradores e empregados daqueles sobre quem o sigilo incide "a título principal".[209]

Os motivos que levam à consagração e protecção de sigilos profissionais não são todos da mesma ordem. Por isso mesmo, a configuração especifica das regras de cada deontologia profissional diferem, nomeadamente quanto à latitude com que admitem a respectiva dispensa.[210] Estas regras nem sempre coincidem com as regras do processo penal, área em que o conflito se agudiza.[211] Além da diversidade de regras, na análise de um caso concreto, as ponderações a fazer têm que ser teleologicamente informadas.

A jurisprudência tem seguido esta abordagem, encontrada v.g. no Ac. do TRG de 14-V-2009 (rel. ANTERO VEIGA), em que o Tribunal começou por sublinhar que "A tutela do segredo profissional visa a garantia da confiança que em determinadas relações profissionais se estabelece e as mais das vezes tais relações pressupõe, constituindo necessidade social, e assim interesse público, a confiança nessas profissões e profissionais.", destacando que "Tal interesse pode conflituar com outros interesses públicos, designadamente com o interesse na realização da justiça e o inerente dever

empresa de investimento que se encontra em liquidação judicial, mesmo quando o modelo de negócio essencial desta empresa consistia numa fraude em larga escala com a intenção de prejudicar os investidores, e os responsáveis desta empresa foram condenados a penas privativas de liberdade.".

[207] Arts. 78º a 80º do Regime Geral das Instituições de Crédito e Sociedades Financeiras (DL nº 298/92, de 31 de Dezembro). Existem outras normas no sistema jurídico onde este sigilo tem expressão.

[208] Art. 64º LGT.

[209] V.g. art. 92º/7 do do Estatuto da Ordem dos Advogados .

[210] Assim, se o segredo bancário admite a dispensa por parte do cliente, o mesmo não ocorre em relação ao sigilo profissional do advogado. Como concluiu o Ac. TRP 23.II.2011 (rel. Élia São Pedro): "O segredo profissional de advogado é de interesse público, não sendo por isso suficiente para o afastar a vontade do cliente.".

[211] Os tribunais não se consideram vinculados pelas decisões dos órgãos profissionais (art. 135º/4 CPP). Neste sentido o Ac. STJ 21.IV.2005 (rel. Pereira Madeira): "A dispensa de depor concedida pela Ordem respectiva a um solicitador seu afiliado, podendo, eventualmente, e em face do respectivo Estatuto, ter valor vinculativo nas «relações internas», isto é, nas relações Ordem-afiliado, não tem eficácia «erga omnes», não se impondo, nomeadamente, aos tribunais, a quem cabe decidir, caso a caso, com supremacia sobre o parecer dado, e face à ponderação dos concretos interesses em presença, se se justifica ou não, a dispensa de sigilo profissional.".

de colaboração.". Assim, deverá proceder-se à "...ponderação dos interesses em jogo de acordo com princípio da prevalência do interesse preponderante", tal como disposto no artigo 135º/3º CPP. Essa ponderação é da competência dos tribunais superiores.[212]

No ac. TRG 30.I.2012 (rel. FERNANDO CHAVES), o Tribunal considerou que, sendo o testemunho de um advogado o único meio processual idóneo para provar a prática de um crime de falsificação de documentos (especificamente de uma procuração), se impunha a quebra do segredo profissional. No Ac. TRP de 13.III.2013 (rel. ÁLVARO MELO), estando em causa crimes de burla tributária (acesso ao subsidio de doença, usando atestados médicos falsos), considerou-se admissível a violação do sigilo médico, ordenando-se a apreensão do processo clínico do arguido. No Ac. TRC de 15.V.2013 (rel. OLGA MAURÍCIO) concluiu-se que: "Mostrando-se essencial para a sua defesa enquanto arguida no processo em que se discute a insolvência dolosa da empresa em que exerceu as suas funções profissionais de advogada, o depoimento da requerente, justifica-se a quebra do segredo profissional, a fim de que possa depor sobre factos de que teve conhecimento em tal qualidade.". Também no Ac. TRC 25.XI.2009 (rel. ESTEVES MARQUES) foi admitido que uma advogada, arguida de um crime de difamação em peça processual, pudesse quebrar o sigilo profissional para exercício do seu direito de defesa.

Por outro lado, no Ac. TRL 25.III.2014 (rel. CONCEIÇÃO SAAVEDRA) em que estava em causa o incumprimento de um contrato-promessa, o Tribunal aceitou a recusa de depor do ex-advogado da Autora, sublinhado que "a quebra do segredo profissional, interesse relevante a proteger, tem carácter verdadeiramente excepcional e só deve ser determinada por razões imperiosas, doutro modo inultrapassáveis.".

O art. 135º do CPP disciplina o incidente de quebra de sigilo profissional em processo penal, admitindo, em certos casos, que o segredo profissional constitui uma legítima causa de escusa de depor. Nos termos do n.º 3 deste artigo admite-se um depoimento "com quebra do segredo profissional sempre que esta se mostre justificada, segundo o princípio da prevalência do interesse preponderante, nomeadamente tendo em conta a imprescindibilidade do depoimento para a descoberta da verdade, a gravidade do crime e a necessidade de protecção de bens jurídicos.", excepto em

---

[212] Isto resulta aliás de imposição constitucional (cfr. Ac. TC 7/87, rel. Vital Moreira).

ESTUDOS SOBRE *LAW ENFORCEMENT, COMPLIANCE* E DIREITO PENAL

relação ao segredo religioso (nº 5). O artigo 136º estende a aplicação deste regime ao segredo de funcionários. O artigo 137º disciplina o segredo de Estado,[213] indicando que as testemunhas não podem ser inquiridas sobre factos que constituam segredo de Estado, nomeadamente, os factos cuja revelação, ainda que não constitua crime, possa causar dano à segurança, interna ou externa, do Estado Português ou à defesa da ordem constitucional. O Código de Processo Civil contem, nos artigos 417º e 497º, idêntica solução, remetendo para o disposto no CPP. O CPP prevê ainda especiais garantias em relação às buscas efectuadas no domicílio profissional de médicos ou advogados (art. 177º CPP).

6. Algumas implicações processuais

A protecção dos segredos de negócio, apesar de ser de carácter substantivo, tem também relevantes implicações processuais.[214] Apesar da sua importância, também nesta sede, não abordarei a questão do *segredo de justiça* devido à respectiva complexidade.[215]

O primeiro aspecto relevante diz respeito aos *meios de prova* admitidos. O artigo 42º/1 do Regime Geral das Contra-Ordenações[216] proíbe a utilização de provas que impliquem a violação do segredo profissional. PAULO PINTO DE ALBUQUERQUE[217] parece ir mais longe afirmando mesmo que: "Salvo previsão expressa em contrário, os segredos profissionais, industriais e comerciais beneficiam de protecção absoluta no âmbito do processo contra-ordenacional, não havendo previsão legal no RGCO que habilite a autoridade administrativa ou o tribunal a quebrar esses segredos.". Tam-

---

[213] Este é regulado na Lei Orgânica 2/2014, de 6 de Agosto.

[214] C-450/06, *Varec*, §28.

[215] Sobre o tema pode ver-se, entre muitos outros, Castanheira Neves, Alfredo, "A publicidade e o segredo de justiça no Processo Penal Português após as revisões de 2007 e 2010", in Carmo, Rui do, Leitão, Helena (coord), *As Alterações de 2010 ao Código Penal e ao Código de Processo Penal*, Coimbra: Coimbra Ed., 2011, pp. 87-118; Marques Da Silva, Germano, "A Publicidade do Processo Penal e o Segredo de Justiça. Um novo paradigma?", *Revista Portuguesa de Ciência Criminal* 18 (2008), pp. 257-276; Vaz Patto, Pedro, "O Regime do Segredo de Justiça no Código de Processo Penal Revisto", *Revista do CEJ* 9 (2008), pp. 45-69; Antunes, Maria João, "O segredo de justiça e o direito de defesa do arguido sujeito a medida de coacção", in AAVV, *Liber Discipulorum para Jorge de Figueiredo Dias*, Coimbra: Coimbra Ed., 2003, pp. 1237-1268.

[216] DL nº 433/82, de 27 de Outubro.

[217] *Comentário ao Regime* (n. 145), p. 165.

bém o Código Comercial consagra o regime do segredo da escrituração comercial (arts. 41º a 44º) mas em termos muito limitados.[218]

Para tutela dos segredos de negócio revela-se importante que a audiência de julgamento possa ser feita "à porta fechada".[219] O art. 14º do Regulamento 773/2004 no âmbito das investigações do Direito Europeu da Concorrência admite esta possibilidade em sede de investigação.[220] O artigo 87º do CPP prevê igualmente que oficiosamente ou a requerimento de qualquer sujeito processual, o juiz decida, por despacho, restringir a livre assistência do público ou que o acto, ou parte dele, decorra com exclusão da publicidade. Este despacho "deve fundar-se em factos ou circunstâncias concretas que façam presumir que a publicidade causaria grave dano à dignidade das pessoas, à moral pública ou ao normal decurso do acto e deve ser revogado logo que cessarem os motivos que lhe deram causa." (art. 87º/2) revelando-se eventualmente possível, através de uma interpretação conforme à Constituição, incluir aqui os segredos de negócio.[221]

No entanto, esta exclusão da publicidade nunca poderá abranger a leitura da sentença (87º/5), o que naturalmente implica que os factos provados sejam sempre revelados, com o consequente risco de perda da tutela do segredo.[222] Esta solução representa uma contradição valorativa: se o segredo é tão importante ao ponto de receber tutela penal nos artigos

---

[218] Pinto Coelho, J.G., *Lições de Direito Comercial*, vol. I, Lisboa, 1957, p. 566. Como afirmado no Ac. TCA Norte 23.X.2008 (rel. Aragão Seia): "O segredo comercial que protege a escrituração comercial deve ceder perante o dever de cooperação para a descoberta da verdade". Com um entendimento igualmente restrito cfr. ainda Ac. TRC 12.III.2013 (rel. Catarina Gonçalves). Num sentido mais protector veja-se Ac. TRC 19.I.2010 (rel. Gregório Jesus).

[219] O próprio acordo TRIPS, no artigo 42º, impõe esta obrigação aos Estados. Parece duvidoso que Portugal respeite plenamente esta sua obrigação. Sobre o problema e a sua ponderação na ordem jurídica holandesa pode ver-se Gielen, Charles, "Trade Secrets and Patent Litigation" in Prinz zu Waldeck, Wolrad, et. Al., (n. 114), pp. 391-400.

[220] Veja-se ainda o art. 13º da decisão do Presidente da Comissão Europeia de 13 de Outubro de 2011 (2011/695/EU).

[221] O Parecer do Conselho Consultivo da PGR nº 25/2009 conclui nesse sentido, ainda que a propósito do sigilo fiscal. Pronuncia-se em sentido contrário Pinto de Albuquerque, Paulo, *Comentário ao Código* (n. 161), p. 257.

[222] Naqueles casos em que a informação que compõe o segredo seja importante no processo e, por isso, tenha que integrar a sentença. Esta solução parece contrária ao disposto no considerando 20 da proposta de Directiva. Fica, no entanto, a dúvida sobre se esta matéria estará no âmbito de aplicação da Directiva (que exclui o Direito Penal).

195º e 196º CP não parece fazer muito sentido que nas medidas utilizadas para a respectiva tutela se imponha a sua divulgação, afectando de forma irremediável o bem jurídico que se quer proteger.

Em Processo Civil, o artigo 164º CPC prevê limitações à publicidade do processo. No nº 1 refere-se que o acesso aos autos pode ser restringido naqueles casos em que "a divulgação do seu conteúdo possa causar dano à dignidade das pessoas, à intimidade da vida privada ou familiar ou à moral pública, ou pôr em causa a eficácia da decisão a proferir", apresentando-se no nº 2 uma enumeração exemplificativa. Parece-me que as considerações de eficácia da decisão são particularmente importantes neste domínio. O artigo 606º/1 só admite desvios à regra da publicidade da audiência "para salvaguarda da dignidade das pessoas e da moral pública, ou para garantir o seu normal funcionamento".[223] À primeira vista, revela-se difícil integrar nesta alínea a tutela de segredos de negócio, mas, na medida em que tal não contrariar a teoria da alusão, deverá "forçar-se" essa inclusão.[224] Estas disposições são aplicáveis ao processo administrativo e fiscal por via de remissão.[225]

Em sede de contratação pública, avaliando a legislação belga, o TJUE já afirmou que:[226] "...no quadro de um recurso interposto de uma decisão tomada por uma entidade adjudicante num processo de adjudicação de um contrato de direito público, o princípio do contraditório não implica um direito de acesso ilimitado e absoluto das partes à totalidade das informações relativas ao processo de adjudicação em causa que foram apresentadas à instância responsável pelo recurso. Pelo contrário, esse direito de acesso deve ser ponderado com o direito de outros operadores económicos à protecção das suas informações confidenciais e dos seus segredos de negócios.".

Assim, "O princípio da protecção dessas informações confidenciais e dos segredos de negócios deve ser concretizado de forma a conciliá-lo com as exigências de uma protecção jurídica efectiva e com o respeito pelos direitos de defesa das partes no litígio (...) Para esse efeito, a ins-

---

[223] Exactamente no mesmo sentido dispõe o artigo 25º da Lei Da Organização Do Sistema Judiciário (Lei nº 62/2013, de 26 de Agosto).

[224] Caso a Directiva sobre segredos de negócio proposta seja aprovada, o Código deveria ser alterado expressamente nesse sentido para aumentar a segurança jurídica.

[225] Arts. 30º e 91º CPTA e art. 2º CPPT.

[226] C-450/06, *Varec*, §51.

tância responsável pelos recursos deve necessariamente poder dispor das informações requeridas para estar em condições de se pronunciar com todo o conhecimento de causa, incluindo as informações confidenciais e os segredos de negócios.".[227]

No entanto, "Tido em conta o prejuízo extremamente grave que poderá resultar da comunicação irregular de determinadas informações a um concorrente, a referida instância deve, antes de comunicar essas informações a uma parte no litígio, dar ao operador económico em causa a possibilidade de fazer valer o carácter confidencial ou de segredo de negócios dessas informações. (...) Cabe a essa instância decidir em que medida e segundo que modalidades deve garantir-se a confidencialidade e o segredo dessas informações, face às exigências de uma protecção jurídica efectiva e ao respeito dos direitos de defesa das partes no litígio (...) a fim de que o processo respeite, no seu conjunto, o direito a um processo equitativo.".[228]

A lei portuguesa não parece acautelar completamente as necessidades de sigilo que garantam uma tutela efectiva dos segredos de negócio. Está em causa sobretudo a possibilidade de iniciar um processo judicial e não perder o direito à protecção respectiva por divulgação do segredo. A interpretação conforme à Constituição pode levar a esse efeito, mas a lei processual ganhava com uma clarificação. A ser aprovada, a directiva irá impô-la.

Conclusão

Os segredos de negócio, como activos intangíveis valiosos, são objecto de protecção no nosso sistema jurídico. Esta protecção é multifacetada, umas vezes agressiva, outras defensiva. Para uns é insuficiente, para outros excessiva. A sua tutela gera dúvidas, perplexidades e conflitos de várias ordens. Em cada ponto, a cada passo, em face de cada pequena controvérsia, é indispensável começar por atender aos fundamentos da respectiva protecção e ao impacto que ela tem. No fundo, a interrogação central é: até que ponto e com que custos queremos proteger os segredos de negócio?

---

[227] C-450/06, *Varec*, §52-53.
[228] C-450/06, *Varec*, §54-55.

Referências bibliográficas

A. LEMLEY, Mark,
"The Surprising Virtues of Treating Trade Secrets as IP Rights" in: AA.VV., *The Law and Theory of Trade Secrecy: A Handbook of Contemporary Research*, EE, Cheltenham, 2011, pp. 109-139.

A. ROWE, Elizabeth,
"Rethinking "Reasonable Efforts To Protect Trade Secrets In A Digital World", *Expresso*, 2008, disponível em http://works.bepress.com/elizabeth_rowe/2/

A. ROWE, Elizabeth, SANDEEN, Sharon,
Trade Secrecy and International Transactions, EE, Cheltenham, 2015.

AA.VV.,
A Handbook on the WTO TRIPS Agreement, Cambridge University Press, Cambridge, 2012.

ABREU, Coutinho de,
"Os deveres de cuidado e de lealdade dos administradores e interesse social" in: AA.VV., *Reformas do Código das Sociedades*, Almedina, Coimbra, 2007, pp. 17-47.

AMORIM, Ana,
Parasitismo Económico e Direito, Almedina, Coimbra. 2009.

ANASTÁCIO, Gonçalo, SAAVEDRA, Alberto,
"A Nova Lei da Concorrência Portuguesa – Notas Preliminares", *ROA*, 2013, pp. 327-360.

ANDREANGELI, Arianna,
EU Competition Enforcement and Human Rights, EE, Cheltenham, 2008.

ANN, Christoph,
"Know-how – Stiefkind des Geistigen Eigentums?" *GRUR*, 2007, pp. 39-43.

ANTON, James, YAO, Dennis,
"Little Patents and Big Secrets: Managing Intellectual Property" *The RAND Journal of Economics*, 2004, vol. 35, nº 1.

ANTUNES, Maria João,
"O segredo de justiça e o direito de defesa do arguido sujeito a medida de coacção", in AA.VV., *Liber Discipulorum para Jorge de Figueiredo Dias*, Coimbra Editora, Coimbra, 2003, pp. 1237-1268.

APLIN, Tanya
"A critical evaluation of the proposed EU Trade Secrets Directive" *IPQ*, 2014, nº 4, pp. 257-279.

APLIN, Tanya et al.,
Gurry on the Breach of Confidence, OUP, Oxford, 2012.

APLIN, Tanya,
"A Right of Privacy for Corporations?", in: AA.VV., *Intellectual Property and Human Rights* (org.: Paul Torremans), Wolters Kluwer, Alphen aan den Rijn, 2008, pp. 475-505.

APLIN, Tanya,
"Reverse Engineering and Commercial Secrets", *Current Legal Problems*, 2013, Vol. 66, pp. 341–377.

APLIN, Tanya,
"Right to Property and Trade Secrets" in: AA.VV., *Research Handbook on Human Rights and Intellectual Property* (org.: Christophe Geiger), EE, Cheltenham, 2015, pp. 421-437.

ARROW, K.

"Economic Welfare and the Allocation of Resources for Invention", in: AAVV, *The Rate and Direction of Inventive Activity: Economic and Social Factors*, Princeton University Press, Princeton, 1962, pp. 609-626.

ASCENSÃO, Oliveira

"O princípio da prestação: Um novo fundamento para a Concorrência Desleal?", *ROA*, 1996, nº 56 , pp. 5-40.

ASCENSÃO, Oliveira,

Concorrência Desleal, Almedina, Coimbra, 2002.

AURORA WENNAKOSKI, Anna,

"Trade secrets under review: a comparative analysis of the protection of trade secrets in the EU and in the US", *EIPR*, 2016, nº 38 , pp.154-171.

B. SEAMAN, Christopher,

"Introduction: The Defend Trade Secrets Act of 2015", *Washington & Lee Law Review Online*, 2015, 72, pp. 278-283.

BENTLY, Lionel,

"Patents and trade secrets", in: AA.VV., *Overlapping Intellectual Property Rights*, OUP, Oxford, 2012,

BOMBOIS, Thomas,

La protection des droits fondamentaux des entreprises en droit européen répressif de la concurrence, Larcier, Bruxelles, 2012.

BONE, Robert,

"The (Still) Shaky Foundations of Trade Secret Law", disponível em https://ssrn.com/abstract=2445024,

BONE, Robert,

"Trade secrecy, innovation and the requirements of reasonable secrecy precautions" in: AA.VV., *The Law and Theory of Trade Secrecy: A Handbook of Contemporary Research* EE, Cheltenham, 2011, pp. 46-76.

BONE, Robert,

"A New Look at Trade Secret Law: Doctrine in Search of Justification" *California Law Review*, 1998, pp. 241-313.

BOTELHO MONIZ, Carlos (org.)

Lei da Concorrência Anotada, Almedina, Coimbra, 2016.

BRANDAO VEIGA, Alexandre,

Acesso à Informação da Administração Pública pelos Particulares, Almedina, Coimbra, 2007.

DRONCKERS, Marco, MCNELIS, Natalie

"Is the EU obliged to improve the protection of trade secrets? An inquiry into TRIPS, the European Convention on Human Rights and the EU Charter of Fundamental Rights" *EIPR*, 2012, nº 34 , pp. 673-688.

BUSCHE, Jan, STOLL, Peter-Tobias, WIEB, Andreas,

TRIPS, Carl Heymanns Verlag, Köln, 2013.

CANAS, Vitalino,

"O segredo profissional dos advogados" in: AAVV, *Estudos em Memória do Professor Doutor António Marques dos Santos*, vol. II, Almedina, Coimbra, 2005, pp. 791-803.

ESTUDOS SOBRE *LAW ENFORCEMENT, COMPLIANCE* E DIREITO PENAL

CARVALHO, Raquel,
O Direito à Informação Administrativa Procedimental, UCE, Porto, 1999.

CASALTA NABAIS, José,
O dever fundamental de pagar impostos, Almedina, Coimbra, 1998.

CASTANHEIRA NEVES, Alfredo,
"A publicidade e o segredo de justiça no Processo Penal Português após as revisões de 2007 e 2010", in: AA.VV., *As Alterações de 2010 ao Código Penal e ao Código de Processo Penal* (org.: Rui do Carmo, Helena Leitão), Coimbra Editora, Coimbra, 2011, pp. 87-118.

CHORÃO, Bigotte,
"Notas sobre o âmbito da Concorrência Desleal" *ROA*, 1995, nº 55, pp. 713-755.

CLARKE, Graeme,
"Confidential Information & trade secrets: When is a trade secret in the public domain?" disponível e http://barristers.com.au/wp-content/uploads/2012/03/confidentialinformationandtradesecretspublication_3_.pdf

CORDEIRO, Menezes, *Tratado de Direito Civil*, V, Almedina, 2011

CORREA, Carlos,
"Test Data Protection: Rights Conferred Under the TRIPS Agreement and Some Effects of TRIPS-plus Standards" in: AA.VV., *The Law and Theory of Trade Secrecy: A Handbook of Contemporary Research*, EE, Cheltenham, 2011, pp. 568-590.

CORREA, Carlos, YUSUF, Abduloawi (org.),
Intellectual Property and International Trade: The TRIPS Agreement, Kluwer Law International, Alphen aan den Rijn, 2008.

COSTA E SILVA, Paula
"Meios de reacção civil à concorrência desleal", in AAVV, *Concorrência Desleal*, Almedina, Coimbra, 1997.

CUNDIFF, Victoria,
"Reasonable Measures to Protect Trade Secrets in a Digital Environment", *IDEA*, 2009, nº 49, pp. 359-410.

DE SOUSA, Capelo,
O Direito Geral de Personalidade, Coimbra Editora, Coimbra, 1995.

DESSEMONTET, François,
"Protection of Trade Secrets and Confidential Information", in: AA.VV., *Intellectual Property and International Trade: The TRIPS Agreement* (Carlos Correa, Abduloawi A Yusuf), Wolters Kluwer, Alphen aan den Rijn, 2008.

DREIER, Thomas,
"How much 'property' is there in intellectual property?" in: AA.VV., *Concepts of Property in Intellectual Property Law* (org.: Helena Howe, Jonathan Griffiths), CUP, Cambridge, 2013.

EPSTEIN, Richard,
"The Constitutional Protection of Trade Secrets Under the Takings Clause", *The University of Chicago Law Review*, 2004, , nº 71, pp. 57-73.

ESTEVES DE OLIVEIRA, Mário, ESTEVES DE OLIVEIRA, Rodrigo,
Concursos e outros procedimentos de contratação Pública, Almedina, Coimbra, 2011.

FALCE, Valeria,
"Trade Secrets – Looking for (Full) Harmonization in the Innovation Union", *IIC*, 2015, nº 46, pp. 940-964.

FERREIRA LEITE, Inês,
"Direito à Saúde – Direito à Informação Média – Sigilo Médico – Interesse Público: Critérios de Orientação do Juízo de Concordância Prática", *Anatomia do Crime*, 2014, nº 0, pp. 141-165.

FETEIRA, Lúcio Tomé,
The Interplay between European and National Competition Law after Regulation 1/2003. United (Should) We Stand?, Wolters Kluwer, Alphen aan den Rijn, 2015.

FLORIDI, Luciano,
Information – A very short introduction, OUP, Oxford, 2010.

FREITAS DO AMARAL, Diogo,
Curso de Direito Administrativo, vol. II, Almedina, Coimbra, 2011.

FRIEDMAN, David; LANDES, William, A. POSNER, Richard,
"Some Economics of Trade Secret Law", *Journal of Economic Perspectives*, 1991, nº 5, pp. 61-72.

FROMMER, Jeanne,
"Trade secrecy in Willy Wonka's Chocolate Factory" in: AA.VV., *The Law and Theory of Trade Secrecy: A Handbook of Contemporary Research*, EE, Cheltenham, 2011.

GALÁN Corona, Eduardo,
"Tipos de deslealtad en matéria de secretos empresariales" in: AA.VV., *Estudios de Derecho Mercantil en homenaje al Professor José Maria Muñoz Planas* (org.; Luis Alonso, Miguel Blanco), Civitas, Madrid, 2011.

GERALDES, Olindo,
"Conflito de deveres", *O Direito*, 2009, 141º, II, pp. 411-428.

GERVAIS, Daniel,
The TRIPS Agreement: Drafting History and Analysis, Maxwell, Sweet, 2012.

GOMES CANOTILHO, J., MOREIRA, Vital,
Constituição da República Portuguesa anotada, vol. I, Coimbra Editora, Coimbra, 2007.

GOMES, Júlio,
Direito do Trabalho, vol. I, Coimbra Editora, Coimbra, 2007.

GOMES, Júlio, FRADA DE SOUSA, António,
"Acordos de honra, prestações de cortesia e contratos" in: AA.VV., *Estudos dedicados ao Prof. Doutor Mário Júlio de Almeida Costa*, UCE, Lisboa, 2002, pp. 861-932.

GONÇALVES, Couto,
"Evolução Histórica da Propriedade Industrial" in AA.VV., *Código da Propriedade Industrial Anotado* (António Campinos, Couto Gonçalves), Almedina, Coimbra, 2015.

GONÇALVES, Couto,
Manual de Direito Industrial, Almedina, Coimbra, 2015.

GONÇALVES, José Renato,
"A Protecção dos Segredos de Empresa", *Revista da Banca*, 2002, nº 53 pp. 15-40.

GONÇALVES, José Renato,
Acesso à Informação das Entidades Públicas, Almedina, Coimbra, 2002.

GONÇALVES, Marco,
Providências Cautelares, Almedina, Coimbra, 2015.

GÖTTING, Horst-Peter,
"Der Begriff des Geistigen Eigentums", *GRUR*, 2006, nº 108, pp. 353-358.

ESTUDOS SOBRE *LAW ENFORCEMENT, COMPLIANCE* E DIREITO PENAL

GRASSIE, Gill,
"Trade secrets: the new EU enforcement regime", *JIPLP*, 2014, nº 9, pp. 677-683.

HALLIGAN, R., WEYAND, R.,
"The economic valuation of trade secret assets" in: AA.VV., *Fundamentals of Intellectual Property Valuation: A Primer for Identifying and Determining Value* (Wes Anson, Donna Suchy), American Bar Association, Chicago, 2005.

HELFER, Laurence R., AUSTIN, Graeme W.,
Human Rights and Intellectual Property: Mapping the Global Interface, Cambridge University Press, Cambridge, 2011.

HÜNERFELD, Peter,
"Esfera Privada e Segredo", *Revista Portuguesa de Ciência Criminal*, 2004, nº 14, pp. 197-212.

JONES, Alison, SUFFRIN, Brenda,
EU Competition Law, OUP, Oxford, 2014,.

K. SANDEEN, Sharon, A. ROWE, Elizabeth,
Trade Secret Law in a Nutshell, West, St. Paul, 2013,

KAUFMANN, Arthur
Filosofia do Direito (trad. Cortês, António), FCG, Lisboa, 2014.

KERSE, Christopher, KHAN, Nicholas,
EU Antitrust Procedure, Sweet & Maxwell, London, 2012.

KOUMANTOS, Georges,
"Reflections on the concept of Intellectual Property" in: AA.VV. *Intellectual Property and Information Law: Essays in Honour of Herman Cohen Jeroham* (org.: Jan Kabel, Gerard Mom), Wolters Kluwer, Alphen aan den Rijn, 1998, pp. 39-45.

LAPOSTERLE et al., Jean
"What protection for trade secrets in the European Union? A comment on the Directive proposal" *EIPR*, 2016, pp. 255-261.

LIN, Tom,
"Executive trade secrets", *Notre Dame Law Review*, 2012, nº 87 , pp. 911-971.

LOPES, Patrícia,
"Segredos de Negócio Versus Direitos de Defesa do Arguido nas Contra-Ordenações da Concorrência", *Revista de Concorrência & Regulação*, 2010, Ano I, nº 4, pp. 65-107.

M CORREA, Carlos,
Trade Related Aspects of Intellectual Property Rights: A Commentary on the TRIPS Agreement, OUP, Oxford, 2007.

MALGIERI, Gianclaudio,
"Trade Secrets v Personal Data: a possible solution for balancing rights", *International Data Privacy Law*, 2016, nº 6, pp. 102-116.

MARQUES DA SILVA, Germano,
"A Publicidade do Processo Penal e o Segredo de Justiça. Um novo paradigma?", *Revista Portuguesa de Ciência Criminal*, 2008, 18, pp. 257-276.

MARQUES, Remédio,
Biotecnologia(s) e Propriedade Intelectual, vol. I, Almedina, Coimbra, 2007.

MEITINGER, Ingo,
Concise International and European IP Law, Alphen aan den Rijn: Wolters Kluwer, 2011.

MENDES, Oehen,
Direito Industrial, Almedina, Coimbra, 1983.

MENEZES LEITÃO, Adelaide,
"Imitação servil, concorrência parasitária e concorrência desleal" in: AAVV, *Direito Industrial*, vol. I, Almedina, Coimbra, 2001, pp. 119-155.

MENEZES LEITÃO, Adelaide,
Estudo de Direito Privado sobre a Cláusula Geral de Concorrência Desleal, Almedina, Coimbra, 2000.

MENEZES LEITÃO, Adelaide,
Normas de protecção e danos puramente patrimoniais, Almedina, Coimbra, 2009.

MIRANDA, Jorge,
"Direito à informação dos administrados", *O Direito*, 1988, nº 120, pp. 457-462.

MIRANDA, Jorge,
Manual de Direito Constitucional, IV, Coimbra Editora, Coimbra, 2008.

MOTA, Laura,
O Dever de Lealdade do Trabalhador após a Cessação do Contrato de Trabalho, Almedina, Coimbra, 2015.

MOURA VICENTE, Dário,
"Segredo Comercial e Acesso à Informação Administrativa" in: AA.VV., *Estudos em Homenagem ao Prof. Doutor Sérvulo Correia*, vol. III, Coimbra Editora, Coimbra, 2010, pp. 289-297.

MYERS, Gary,
Principles of Intellectual Property, West, St Paul, 2012,

NORONHA DOS SANTOS, Lourenço,
"Desvio de Trabalhadores e Concorrência Desleal" *ROA*, 2015, nº 75, pp. 369-423.

OHLY, Ansgar,
"Geistiges Eigentum?", *JZ*, 2003, nº 58, pp. 545-554

OHLY, Ansgar,
"Reverse Engineering: Unfair Competition or Catalyst for Innovation?" in: AA.VV., *Patents and Technological Progress in a Globalized World* (Wolrad Prinz zu Waldeck), Springer, Berlin, 2009, pp. 535-552.

OHLY, Ansgar, SOSNITZA, Olaf,
UWG Kommentar, C.H. Beck, München, 2015.

OLAVO, Carlos,
Propriedade Industrial, vol. I, Almedina, Coimbra, 2005.

OLIVER, Peter,
"The Protection of Privacy in the Economic Sphere before the European Court of Justice" *CMLR*, 2009, nº 46, pp. 1443-1483.

OLIVER, Peter, BOMBOIS, Thomas,
"Competition and Fundamental Rights", *Journal of European Competition Law & Practice*, 2015, nº 7, pp. 711-722.

ORTIZ BLANCO, Luis,
EU Competition Procedure, OUP, Oxford, 2013

OTTOZ, Elizabetta, CUGNO, Franco,
"Choosing the scope of trade secret law when secrets complement patents", *International Review of Law and Economics*, 2011, nº 31, pp. 219-227.

PAIS ANTUNES, Luís,
Direito da Concorrência – Os Poderes de Investigação da Comunidade Europeia e a Protecção dos Direitos Fundamentais, Almedina, Coimbra, 1995.

PAIS, Sofia,
"Entre clemência e responsabilidade – Uma história de sucesso?", *CdP*, 2012, nº 37, pp. 3-11.

PALMA RAMALHO, Maria,
Tratado de Direito do Trabalho, Parte II, Almedina, Coimbra, 2012.

PAPP, Konstanze von,
"Case C-450/06", *CMLR*, 2009, nº 46 , pp. 991-1000

PAÚL, Patrício,
"Breve análise do regime da concorrência desleal no novo Código da Propriedade Industrial'", *ROA*, 2003, nº 63 , pp. 329-343.

PAÚL, Patrício,
"Concorrência desleal e segredos de negócio", in: AAVV, *Direito Industrial*, vol. II, Almedina, Coimbra, 2002.

PEREIRA DA SILVA, Jorge,
Deveres do Estado de Protecção de Direitos Fundamentais, UCE, Lisboa, 2015.

PINTO COELHO, J.G.,
Lições de Direito Comercial, vol. I, Lisboa, 1957.

PINTO DE ALBUQUERQUE, Paulo,
Comentário ao Código de Processo Penal à luz da Constituição da República e da Convenção Europeia dos Direitos do Homem, 4ª edição, UCE, Lisboa, 2011.

PINTO DE ALBUQUERQUE, Paulo,
Comentário ao Regime Geral das Contra-Ordenações à luz da Constituição da República e da Convenção Europeia dos Direitos do Homem, UCE, Lisboa, 2011.

PIRES DE CARVALHO, Nuno,
The TRIPS Regime of Antitrust and Undisclosed Information, Kluwer Law International, Alphen aan den Rijn, 2008.

PIRES DE CARVALHO, Nuno,
"Towards a Unified Theory of Intellectual Property: The Differentiating Capacity (and Function) as the Thread That Unites All its Components" *JWIP*, 2012, nº 15 , pp. 251-279.

POOLEY, James,
Secrets: Managing Information Assets in the Age of Cyberespionage, Versus Press, EUA, 2015.

PRATAS, Sérgio,
"O Acesso à Informação Administrativa no Século XXI" in 12º Relatório de Atividades da Comissão de Acesso aos Documentos Administrativos, Lisboa, CADA (2014).

REICHMAN, Jerome H.,
"Rethinking the Role of Clinical Trial Data in International Intellectual Property Law: The Case for a Public Goods Approach", *Marquette Intellectual Property Law Review*, 2009, 13, pp. 1-68.

RICKETSON, Sam,
The Paris Convention for the Protection of Industrial Property: A Commentary, OUP, Oxford, 2015.

RISCH, Michael,
"Trade Secret Law and Information Development Incentives", in: AAVV, *The Law and Theory of Trade Secrecy: A Handbook of Contemporary Research*, EE, Cheltenham, 2011, pp. 152-182.

ROBERTS, Joanne,
"From Know-how to Show-how? Questioning the Role of Information and Communication Technologies in Knowledge Transfer", *Technology Analysis, Strategic Management*, 2000, nº 12, pp. 429-433.

RÜTZEL, Stefan,
"Illegale Unternehmensgeheimnisse?", *GRUR*, 1995, nº 97 , pp. 557-561.

S. ALMELING, David,
"Seven Reasons Why Trade Secrets are Increasingly Important" *Berkeley Technology Law Journal*, 2012, nº 27, pp. 1091-1118.

SAMUELSON, Pamela,
"First Amendement defences in trade secrecy cases" in: AAVV, *The Law and Theory of Trade Secrecy: A Handbook of Contemporary Research* EE, Cheltenham, 2011, pp. 269-298.

SANDEEN, Sharon,
"The Cinderella of Intellectual Property Law: Trade Secrets" in: AA.VV., *Intellectual Property and Information Wealth*, vol. 2 (org.: Yu, Peter), Praeger Publishers, Westport, 2007.

SANTIAGO, Rodrigo,
Do Crime de Violação de Segredo Profissional no Código Penal de 1982, Coimbra: Almedina, 1992.

SCHWEYER, Florian,
Die rechtliche Bewertung des Reverse Engineering in Deutschland und den USA, Tübingen: Mohr Siebeck 2012

SEGADE, Gomez,
El secreto industrial (know-how) – concepto y protection, Editorial Tecnos, Madrid, 1974

SILVA E SOUSA, Sofia,
Obrigação de não concorrência com efeitos "post contractum finitum", UCE, Lisboa, 2012.

SNYDER, Darin, ALMELING, David,
Keeping Secrets, OUP, Oxford, 2012.

SOUSA E SILVA, Nuno
"A Proposta de Directiva em matéria de Segredos de Negócio – Estado e Perspectivas", *Revista de Direito Intelectual*, 2014, II, pp. 285-319.

SOUSA E SILVA, Nuno,
"A practical guide to a fast-changing and increasingly popular subject", *JIPLP*, 2016, nº 11, pp. 310-311.

SOUSA E SILVA, Nuno,
"Quando o segredo é a "alma do negócio", *Revista da Associação Brasileira da Propriedade Intelectual*, 2013, n. º126, pp. 3-26.

SOUSA E SILVA, Nuno,
"Um retrato do sistema português dos segredos de negócio", *ROA*, 2015, nº 75, pp.248-250.

SOUSA E SILVA, Nuno,
"What exactly is a trade secret under the proposed directive?", *JIPLP*, 2014, nº 9, pp. 923-932.

ESTUDOS SOBRE *LAW ENFORCEMENT, COMPLIANCE* E DIREITO PENAL

SOUSA E SILVA, Nuno,
"What if IP is abolished? – Does the Charter of Fundamental rights of the EU make any difference?", *O Direito*, 2014, 146º, IV, pp. 961-970.

SOUSA E SILVA, Nuno,
"Trabalho e segredos de negócio – Pode um (ex-)trabalhador ser proibido de trabalhar?" *Questões Laborais*, 2015, nº 47, pp. 217-271.

SOUSA E SILVA, Pedro,
Direito Industrial, Coimbra Editora, Coimbra, 2011.

SOUSA FERRO, Miguel,
"A obrigatoriedade de aplicação do Direito Comunitário da Concorrência pelas autoridades nacionais", *Revista da Faculdade de Direito de Lisboa*, 2007, nº 48, pp. 271-351.

SOUSA MENDES, Paulo,
"As garantias de defesa no processo sancionatório especial por práticas restritivas da concorrência confrontadas com a jurisprudência do tribunal europeu dos direitos do homem", *C&R*, 2010, Ano 1, nº 1, pp. 121-144.

SOUSA PINHEIRO, Alexandre,
Privacy e Protecção de Dados Pessoais: A construção dogmática do direito à identidade informacional, AAFDL, Lisboa, 2015.

SURBLYTÉ, Gintare,
"Enhancing TRIPS: Trade Secrets and Reverse Engineering", in: AA.VV., *TRIPS plus 20: From Trade Rules to Market Principles* (org.: Hanns Ullrich et al.), Springer, Berlin, pp. 725-760.

TAUBMAN, Anthony,
"Unfair competition and the financing of public-knowledge goods: the problem of test data protection", *JIPLP*, 2008, nº 3, pp. 591-606.

TEIXEIRA DE SOUSA, Miguel,
"As providências cautelares e a inversão do contencioso" disponível em http://tinyurl.com/nt6u3ng e

TEIXEIRA DE SOUSA, Miguel,
O Concurso de Títulos de Aquisição da Prestação, Almedina, Coimbra, 1988.

TRIGO, Maria da Graça,
Responsabilidade Civil Delitual Por Facto de Terceiro, Coimbra Editora, Coimbra, 2009.

VAN BAEL, Ivo,
Due Process in EU Competition Proceedings, Wolters Kluwer, Alphen aan den Rijn, 2011.

VAN CAENEGEM, William,
Trade Secrets Law and Intellectual Property, Wolters Kluwer, Alphen aan den Rijn, 2014.

VAZ PATTO, Pedro,
"O Regime do Segredo de Justiça no Código de Processo Penal Revisto", *Revista do CEJ*, 2008, nº 9, pp. 45-69.

VAZ PATTO, Pedro,
"O segredo de negócio e o segredo de Justiça no direito sancionatório das autoridades reguladoras" in: AA.VV., *Direito Sancionatório das Autoridades Reguladoras* (Maria Fernanda Palma, Augusto Silva Dias, Paulo Sousa Mendes), Coimbra Editora, Coimbra, 2009, pp. 225-235.

VIEIRA DE ANDRADE, José Carlos,
Os Direitos Fundamentais na Constituição Portuguesa de 1976, Almedina, Coimbra, 2012.

VON PELCHRIZM, Gero,
"Whistleblowing und der strafrechtliche Geheimnisschutz nach §17 UWG", *Corporate Compliance Zeitschrift*, 2009, nº 2, pp. 25-29.

W. QUINTO, David, H. SINGER, Stuart,
Trade Secrets: Law and Practice, OUP, Oxford, 2009.

WESTERMANN, Ingo,
Handbuch Know-how-Schutz, C.H. Beck, München, 2007.

WHISH, Richard, BAILEY, David,
Competition Law, OUP, Oxford, 2012.

WILKOFF, Neil,
"Trade secrets: a perfect storm of unavoidable neglect?", *JIPLP*, 2012, nº 7, p. 837.

XAVIER FELLMETH, Aaron,
"Secrecy, Monopoly, and Access to Pharmaceuticals in International Trade Law: Protection of Marketing Approval Data Under the TRIPs Agreement", *Harvard International Law Journal*, 2004, vol. 45, nº 2, pp. 443-502.

ZECH, Herbert,
"Information as Property", *JIPITEC*, 2015, nº 3, pp.192-197.

ZECH, Herbert,
Information als Schutzgegenstand, Mohr Siebeck, Tübingen, 2012.

ZENHA MARTINS, João,
Dos Pactos de Limitação à Liberdade de Trabalho, Almedina, Coimbra, 2016.

III
RESPONSABILIDADE DO *COMPLIANCE OFFICER*

A responsabilidade penal do *compliance officer*: fundamentos e limites do dever de auto-vigilância empresarial

TIAGO GERALDO[*/**]

Sumário: Introdução; I. O novo papel dos *gatekeepers* no contexto empresarial; *a)* Surgimento dos *gatekeepers* internos; *b)* Deveres de vigilância, controlo e responsabilidade; II. Do *compliance* ao *criminal compliance*; 1. Noções gerais; 2. A empresa como fonte de perigo e auto-garante; *a)* O *compliance* como dever de prevenir e evitar crimes de empresa; *b)* O *compliance* empresarial como posição de garante; *c)* Objecto de referência e modalidades de *compliance* empresarial; 3. Delegação de funções de *compliance*; III. Função e responsabilidade do *compliance officer*; 1. Posição e competências; 2. Modalidades de intervenção delituosa; *a)* Por omissão pura: violação de deveres gerais de vigilância e controlo; *b)* Por omissão impura: violação de deveres de garante (em particular, a decisão do BGH de 17.07.2009); 3. Hipóteses de comissão por omissão. Posição adoptada; *a)* Por falta de implementação ou implementação defeituosa do programa de *compliance*; *b)* Por falta de reporte ou investigação após conhecimento (indiciário) de *crime de empresa*.

Introdução

De forma aproximativa, mas nem por isso menos esclarecedora, pode dizer-se que o presente trabalho tem por finalidade responder a uma nova variante da velha questão colocada por Juvenal: *quem guarda os guardas?*

---

* Assistente Convidado na Faculdade de Direito da Universidade de Lisboa. Associado Principal na *Morais Leitão, Galvão Teles, Soares da Silva & Associados*.
** Por opção do autor, o texto está escrito segundo a norma anterior ao último acordo ortográfico.

No *guardar dos guardas*, e no *se* e *como* desse *guardar*, reside um problema jurídico de sempre. E um problema jurídico que convoca questões de garantia, controlo e responsabilidade, não só mas também no plano do relacionamento e da tensão estrutural entre os ditos *guardas* e os autores do facto punível.

Tratando-se, nessa acepção e dimensão geral, de um problema jurídico clássico, o *guardar dos guardas* e a discussão sobre a sua conveniência e necessidade constitui hoje objecto de estudo privilegiado no âmbito do chamado Direito penal da empresa [1].

Fruto dos tempos, e daquilo que os tempos reclamam no e do Direito Penal, em que a pessoa colectiva – ou, mais lata e expressivamente, a *empresa* – emerge com protagonismo claro e crescente[2], a responsabilidade de quem *guarda*, de quem *vigia*, de quem *controla* a organização empresarial vem-se consolidando como tema de marcada actualidade.

A tendência explica-se, designadamente, em razão dos desvios que, no âmbito do combate à criminalidade económico-financeira, vêm sendo introduzidos à lógica de hetero-conformação de comportamentos que caracteriza tradicionalmente o Direito Penal.

---

[1] Que vai naturalmente muito além do chamado Direito Penal societário (*i.e.*, dos crimes especificamente relacionados com a actividade societária e o seu quadro normativo, previstos entre nós no Título VII do Código das Sociedades Comerciais), definindo-se não tanto em função de critérios objectivos (reportados ao conjunto dos tipos penais relevantes), mas numa perspectiva sobretudo subjectiva, de base criminológica, que elege como objecto de análise a criminalidade económico-financeira praticada no âmbito de uma empresa ou em benefício desta – aquilo, em síntese, que nos países anglo-saxónicos se vem definindo como *corporate crime*. Neste exacto sentido, com profundidade e muito interesse, veja-se MATOS VIANA, João, *Autoria na criminalidade de empresa*, Dissertação de Mestrado em Ciências Jurídico-Criminais, n.p., Faculdade de Direito de Lisboa, 2007, pp. 23 e ss., que identifica como "pedra de toque da criminalidade de empresa" a circunstância de "o crime ser praticado através da empresa e no interesse da empresa", pelo que tal conceito "apenas terá utilidade se for orientado por um critério criminológico, que permita englobar todas as formas de criminalidade que [...] suscitem dificuldades ao nível da imputação jurídico-penal, por terem sido realizadas através da interposição de uma organização empresarial e no interesse da mesma". Sobre a relevância e autonomia crescentes do Direito Penal da empresa, e da relação com o (mais amplo) Direito Penal económico, veja-se MARTÍNEZ-BUJÁN PÉREZ, Carlos, *Derecho Penal Económico y de la Empresa. Parte General*, Valencia: Tirant lo Blanch, 2014, pp. 123 e ss.

[2] Basta lembrar estudos recentes na Alemanha, que apontam para que 80% da criminalidade esteja de alguma forma associada a actuações em benefício de pessoas colectivas: cf., nesse sentido, REYNA ALFARO, Luis Miguel, "La responsabilidad penal del compliance officer: algumas consideraciones iniciales sobre el nuevo delito de omisión culposa de comunicación de operaciones sospechosas", *Anuario de Derecho Penal Económico y de la Empresa*, 3, 2015, p. 273.

A RESPONSABILIDADE PENAL DO *COMPLIANCE OFFICER*

Por razões sobretudo pragmáticas e de eficácia, o pêndulo tradicional dessa (hetero-)pretensão normativa de *cumprimento* da norma penal e de *conformidade*, conatural a qualquer sistema punitivo, vem sendo progressivamente complementado com novos quadros normativos, internos às próprias organizações, que assim se convertem elas próprias na primeira barreira de contenção e prevenção de riscos legais, incluindo penais, e dos efeitos danosos (para a própria instituição, mas também para bens jurídicos externos, afectados pela actividade daquela) que aí vão pressupostos e implicados.

É neste contexto que desponta a função de *compliance officer* – o *guarda* sobre o qual nos debruçamos neste trabalho. Analisar este *vigilante interno da empresa* no plano do Direito Penal justifica-se pelo reconhecimento, hoje já praticamente transversal, dos contornos e missões nucleares desta posição e da necessidade de uma função de *compliance* em organizações de média e grande dimensão ou que operam em sectores mais densamente regulados. A análise sai enriquecida pelo intenso debate doutrinário desencadeado pelo acórdão do Supremo Tribunal Federal alemão (BGH) de 17.07.2009[3], que veio atribuir ao *compliance officer* um dever de garante de enorme amplitude, vinculando-o à prevenção de todas as infracções da empresa externamente danosas.

Independentemente do que possa dizer-se sobre o (des)acerto deste marco jurisprudencial, certo é que o *compliance officer* se transformou numa função quase omnipresente na generalidade dos organogramas empresariais, concentrando em si (ou na divisão ou departamento que dirige) uma responsabilidade fundamental. Cabe-lhe, em traços gerais, assegurar que o exercício da actividade pela instituição se desenvolve em estrita conformidade com as normas legais e regulamentares aplicáveis, velando pela implementação de sistemas de *compliance* destinados a propiciar tal cumprimento e, por essa via, criando e sedimentantando condições estruturais de prevenção do risco (de ocorrência) de resultados lesivos associados à actividade empresarial.

Por isso, e depois de inúmeras investigações sobre a determinação das autorias individuais no âmbito da *criminalidade de empresa*, centradas sobretudo na perspectiva dos dirigentes da organização, a responsabilidade do *compliance officer*, como primeira expressão e possível denominador comum no apuramento da responsabilidade penal de outros *gatekeepers* da empresa

---

[3] BGH 5 StR 394/08.

ESTUDOS SOBRE *LAW ENFORCEMENT, COMPLIANCE* E DIREITO PENAL

(*e.g.*, auditores internos e externos), mantém-se um tema de marcada actualidade na literatura penal, desde logo na Alemanha.

É esse o objecto do presente estudo, que começa por retratar sumariamente a evolução do papel e função dos chamados *gatekeepers* no contexto empresarial – em que se inclui, na dimensão interna das organizações, o *compliance officer*. Discute-se de seguida a autonomia do conceito de *compliance* (e de *criminal compliance*) enquanto realidade jurídica, em contraponto com os tradicionais deveres de vigilância e controlo da empresa, cuidando-se depois dos efeitos decorrentes da delegação desses deveres por parte da administração em órgãos encarregues da função de *compliance* empresarial. No último capítulo é enquadrada e criticamente concretizada a resposta ao problema essencial que colocamos neste estudo: em que medida pode ser fundamentada a responsabilidade penal do *compliance officer*, em particular no campo da comissão por omissão? Concluímos a final, como é de regra, com uma síntese das principais ideias que fomos fixando ao longo deste estudo.

I. O novo papel dos *gatekeepers* no contexto empresarial
a) Surgimento dos Gatekeepers *internos*
A crise financeira iniciada em 2007/2008 tornou claro que as infracções económico-financeiras podem implicar a ruína de grandes empresas e com isso causar prejuízos transversais à sociedade global. E as crises exigem respostas; desde logo, respostas que tracem o competente diagnóstico, muitas vezes com certo clamor quanto à identificação de *causas* e *responsáveis*, e que apontem meios de reacção capazes de prevenir a sua repetição no futuro.

Neste contexto, para além da consagração e reforço de mecanismos de imputação de responsabilidade directamente a pessoas colectivas, em particular no contexto da criminalidade dita económico-financeira, as estratégias de controlo de riscos associados à actividade empresarial têm-se concretizado igualmente na criação de novas funções de vigilância e controlo.

Em reacção à crise de 2007/2008[4] e às práticas empresariais delitivas por ela reveladas, verificou-se um movimento transnacional de robusteci-

---

[4] Para um panorama geral dos desafios colocados ao Direito penal pela crise de 2007/2008, veja-se, com múltiplas referências, recenseando a doutrina penal nesse domínio e os seus principais núcleos problemáticos, SILVA DIAS, Augusto, "O Direito penal como instrumento

mento das competências dos reguladores e de expansão dos deveres legais e regulamentares aplicáveis aos regulados. Mas não só: paralelamente a esse incremento na perspectiva do *enforcement*, promoveu-se também a adopção de modelos de descentralização do controlo de riscos jurídicos por parte das empresas. Em termos gerais, o fenónemo tem sido reconduzido à ideia de *"auto-regulação regulada"*[5].

Entre outras consequências, estas tendências conduziram a uma reconfiguração do estatuto, deveres e fontes de responsabilidade – também na esfera penal – dos chamados *gatekeepers*. Na acepção tradicional, a categoria dos *gatekeepers*, quando reportada ao meio empresarial, incluía apenas profissionais independentes, externos à empresa, que prestavam serviços auxiliares de interesse público, tendo por função controlar a actividade empresarial com vista a proteger determinados interesses colectivos (*e.g.*, auditores externos)[6].

Mais recentemente, porém, em razão da referida crise financeira e da mudança de paradigma que se impôs à realidade empresarial, além do engrossamento de fileiras dos *gatekeepers* externos da empresa (que passaram a abranger, designadamente, a actividade de notação de risco, algu-

---

de superação da crise económico-financeira: estado da discussão e novas perspectivas", *Anatomia do Crime – Revista de Ciências Jurídico-Criminais*, nº 0 (2014), pp. 45-73. Sobre o mesmo tema, congregando questões dogmáticas gerais (*e.g.*, política criminal e globalização financeira, respostas europeias e internacionais, princípios constitucionais no Direito penal económico e responsabilidade penal das pessoas colectivas) e problemas específicos (*e.g.*, fraude fiscal e contra a segurança social e regulação penal do mercado de valores mobiliários), cf. *Crisis financiera y Derecho Penal Económico*, Demetrio Crespo, E. (dir.), Maroto Calatayud, M. (coord.), Montevideo/Buenos Aires: Editorial B de F, 2014.

[5] Trata-se, sobretudo na formulação inglesa – *"regulated self-regulation"* – , de expressão com uso corrente no Direito penal da empresa, acentuando a relação de associação progressiva entre medidas de auto-controlo empresarial e a sua promoção ou imposição por via legislativa. Assim, SIEBER, Ulrich, "Programas de *compliance* en el derecho penal de la empresa. Una nueva concepción para controlar la criminalidad económica", in: *El Derecho Penal Económico en la era Compliance* (Dir. Luis Arroyo Zapatero, Adan Nieto Martín), Valencia: Tirant lo Blanch, 2013, (pp. 63-109) p. 108.

[6] Sobre o conceito de *gatekeepers*, veja-se NIETO MARTÍN, Adán, "Responsabilidad social, gobierno corporativo y autorregulación: sus influencias en el derecho penal de la empresa", *Política Criminal*, nº 5 (2008), Ano 3-5, (pp. 1-18) p. 13. Na perspectiva societária, com referências, cf. NEVES, Rui de Oliveira, "Fiscalização e Protecção do Investidor. Alguns problemas do governo societário", in: *I Congresso Direito das Sociedades em Revista* (org. Rui Pinto Duarte, Pedro Pais de Vasconcelos, J. Coutinho de Abreu), Coimbra: Almedina, 2011, p. 336.

ESTUDOS SOBRE *LAW ENFORCEMENT, COMPLIANCE* E DIREITO PENAL

mas actividades dos bancos de investimentos e ainda a prestação de certos serviços jurídicos por advogados[7]), um novo vértice de análise começou a incidir sobre as empresas e a sua estrutura interna, em particular a administração e restantes instâncias orgânicas de controlo, segundo a mesma ideia e lógica fundamental da *autovigilância empresarial*.

É neste quadro que surgem os *gatekeepers* internos da empresa, em que se incluem, nomeadamente, os responsáveis pela fiscalização societária interna, os auditores internos e os mencionados *compliance officers*. A estes últimos, normalmente membros da administração ou seus delegados, compete-lhes controlar riscos legais, incluindo sancionatórios (penais ou contra-ordenacionais), gerados pela actividade empresarial, como veremos com maior detalhe no ponto III. 1. *infra*.

b) Deveres de vigilância, controlo e responsabilidade

Não há poder sem responsabilidade, reza a conhecida máxima. Com o incremento de deveres e poderes dos *gatekeepers*, segue-se, pois, a pergunta inevitável: podem os responsáveis (internos ou externos) pelo controlo de riscos empresariais ser sancionados, incluindo penalmente, se não cumprirem com eficácia os seus deveres?

Um exemplo mais concreto e preciso: podem os *gatekeepers* internos da empresa incorrer em responsabilidade penal, designadamente, pela prática de um crime de corrupção cometido por um administrador se tinham em seu poder informação que os levaria já a desconfiar de que algo de anormal estava a acontecer e não procuraram saber mais, designadamente investigando, ou desconsiderando uma denúncia recebida que apontava para a existência de irregularidades suspeitas num determinado negócio? Outros exemplos podem ser dados: responderá pelo crime de poluição o *gatekeeper* da empresa que, sabendo estar em curso acção poluidora, se abstém de accionar mecanismos internos que poderiam evitar que a empresa prosseguisse com a actividade em questão? E se nada fizer depois de tomar conhecimento de práticas de perseguição (na acepção do artigo 154º-A do Código Penal) que atingem trabalhadores da empresa[8]? Ou depois de

---

[7] Concretamente sobre os riscos associados à assessoria jurídica prestada por advogados, reconduzidos à categoria e à lógica geral dos *gatekeepers*, cf. ROBLES PLANAS, Roberto, "Riesgos penales del asesoramiento jurídico (I)", *Diario La Ley*, 7015 (2008).

[8] Este e outros exemplos podem ser encontrados em GRECO, Luís, ASSIS, Augusto, "O que significa a teoria do domínio do fato para a criminalidade de empresa", *Autoria como domínio*

ser informado de que determinado trabalhador dedica parte do horário de expediente a transferir vídeos de pornografia infantil?

A estas interrogações seguem-se outras de carácter geral, já pressupostas nas primeiras, como a que que recai sobre a extensão dos deveres dos *gatekeepers*: considerar-se-á cumprido o dever de agir relevante quando a administração é informada dos indícios que chegaram ao conhecimento daqueles *gatekeepers*? E se, informando-se a administração, nenhuma medida é tomada, estarão os *gatekeepers* da empresa pessoalmente *obrigados*, como último recurso, a informar as autoridades judiciárias ou reguladoras competentes?

Na resposta a estas perguntas, e no quadro do apuramento de responsabilidades por eventuais consequências danosas *produzidas* pela actividade empresarial, têm sido convocados diferentes ramos do direito: o Direito Civil, o Direito Societário, o Direito dos Valores Mobiliários, o Direito Bancário, o Direito Administrativo e agora, crescentemente, também o Direito Penal. Neste último domínio, são aliás vários os autores que atribuem à responsabilidade dos *gatekeepers* o papel de terceiro pilar de um Direito penal da empresa verdadeiramente *eficaz* [9], a par das responsabilidades individuais tradicionais e da responsabilidade directa da pessoa colectiva.

A eficácia desta *terceira via* resultaria, desde logo, da circunstância de os chamados *gatekeepers* terem à partida pouco a ganhar com a prática de infracções dentro da empresa e ao mesmo tempo muito a perder com a sua responsabilização, não só pela sanção em que podem incorrer, naturalmente, mas ainda, ou porventura até sobretudo, pelos danos irreversíveis que podem ser causados à sua reputação. Sem necessidade de entrar em explicações minuciosas, serve a título de ilustração o que sucedeu à auditora *Arthur Anderson* na sequência do escândalo financeiro que, nos idos de 2001, envolveu e arruinou definitivamente a *Enron*, então uma das maiores empresas petrolíferas norte-americanas [10].

---

do facto. Estudos introdutórios sobre concurso de pessoas no direito penal brasileiro (coord. Luís Greco, Alaor Leite, Adriano Teixeira e Augusto Assis), São Paulo: Marcial Pons, 2014, p. 115.

[9] Assim, NIETO MARTÍN, Adán, "Responsabilidad social, gobierno corporativo y autorregulación: sus influencias en el derecho penal de la empresa", cit., p. 13. Realça esta ideia, também, QUINTELA DE BRITO, Teresa, "Relevância dos mecanismos de 'compliance' na responsabilização penal", *Anatomia do Crime – Revista de Ciências Jurídico-Criminais*, nº 0 (2014), (pp. 75-91) p. 89.

[10] Sobre o caso *Enron*, com profundidade, cf. CARREÑO AGUADO, Julen, *El tratamiento jurídico-penal de la inveracidad en la información social. Una propuesta de revisión del artículo 290*

Em todo o caso, e para além de algumas dificuldades dogmáticas, existem riscos e efeitos perniciosos potencialmente decorrentes dessa imputação directa – ou *alternativa* – de responsabilidade. A criminologia das organizações sinaliza, em particular, a hipótese de deslocação do risco (*risk shifting*): o fenómeno através do qual os dirigentes da empresa tentam eximir-se de responsabilidade por condutas ilícitas, alocando o risco a terceiros ou a falhas estruturais da organização[11]. Ainda que sob diferentes e novas roupagens, trata-se também aqui de manifestação do problema e da tensão subjacente à relação entre *guardas* e autores do facto punível, a que aludimos logo na Introdução, e da eventual transferência de responsabilidade(s) dos últimos para os primeiros, eximindo estes.

II. Do *compliance* ao *criminal compliance*
1. Noções gerais
Contextualizado o surgimento da figura do *compliance officer*, cabe precisar o que deve entender-se por *compliance*.

Uma definição possível e recorrente, que arranca do significado literal da expressão (*"to comply"* significa simplesmente cumprir), identifica o *compliance* com a actuação conforme ao Direito vigente. Nesta perspectiva, e segundo ROTSCH, o *compliance* limitar-se-ia a concretizar e sistematizar *"o princípio, vigente em qualquer ordenamento estadual, de que as empresas e os seus órgãos devem actuar em conformidade com o Direito vigente"*[12].

---

del Código Penal, Madrid: La Ley, 2013, pp. 35-95. Como aí é explicitado, e ao contrário da ideia generalizada, a *Arthur Anderson* nunca chegou a ser definitivamente condenada pela prática de qualquer infracção. Depois de, em Dezembro de 2011, a *Enron* ter-se submetido formalmente a processo de insolvência, admitindo que durante mais de três anos havia sobrevalorizado proveitos e ganhos, em violação das regras de qualificação de *entidades veículo* (*special purpose vehicles*) – que envolviam, entre o mais, relações comerciais fraudulentas –, foi iniciado, em Março de 2002, procedimento criminal contra a *Arthur Anderson* por obstrução de justiça decorrente da destruição de documentação da *Enron*, que culminou em condenação em Junho do mesmo ano. Em Maio de 2005, porém, o Supremo Tribunal dos Estados Unidos da América viria a anular essa condenação (decisão disponível em https://supreme.justia.com/cases/federal/us/544/696/). O que ainda assim de nada valeu à *Arthur Anderson*, pois nessa data já se encontrava extinta, em razão do referido escândalo financeiro e das suas extensíssimas e severas consequências reputacionais.

[11] Sobre a questão, cf. BERMEJO, Mateo G. / PALERMO, Omar, "La intervención delictiva del *compliance officer*", in: Compliance *y teoría del Derecho Penal*, Madrid: Marcial Pons, 2013, (pp. 171-205) p. 175, nota nº 14.

[12] ROTSCH, Thomas, "Criminal compliance", *Indret*, nº 1, 2012, (pp. 1-12) p. 2.

Sem trair o essencial desta noção, têm sido propostas várias caracterizações alternativas. SILVA SÁNCHEZ, por exemplo, fala a este respeito de *"autovigilância"*[13]. De forma descritiva, KUHLEN designa por *compliance "o sistema estruturado de medidas através das quais as empresas pretendem assegurar-se de que são cumpridas as normas a que estão sujeitas, bem com os seus administradores e trabalhadores, que as infracções sejam descobertas e eventualmente punidas a nível interno"*[14].

Como síntese destas várias noções, é possível fazer corresponder o *compliance* a um sistema ordenado, transversal à organização empresarial, de prevenção e monitorização de riscos legais. Esta e as restantes definições avançadas apresentam um ponto em comum: o cariz eminentemente preventivo que vai associado ao *compliance*.

Ao jeito da conhecida máxima de que *mais vale prevenir do que remediar*, o interesse e a discussão sobre o *compliance* surgiram precisamente a propósito de situações de flagrante *incumprimento*. Na Alemanha, o conhecido caso de corrupção que envolveu a *Siemens* é apontado como exemplo-charneira no estudo do *compliance* e das suas relações com o Direito Penal[15].

---

[13] SILVA SÁNCHEZ, Jesús María, *"Deberes de vigilancia y* compliance empresarial*"*, in: *Fundamentos del Derecho penal de la empresa*, Buenos Aires: Edisofer, 2013, pp. 192-193.

[14] KUHLEN, Lothar, *"Cuestiones fundamentales de compliance y Derecho penal"*, in: Compliance *y teoría del Derecho penal* (org. Lothar Kuhlen, Juan Pablo Montiel e Ínigo Ortiz de Urbina Gimeno), Madrid: Marcial Pons, 2013, (pp. 51-76) p. 51.

[15] Sobre o caso, com profundidade, cf. KUHLEN, Lothar, *"Cuestiones fundamentales de* compliance *y Derecho penal"*, cit., p. 52. No âmbito do chamado caso *Siemens*, foram condenados vários colaboradores da empresa, incluindo um gerente de área, por corrupção no comércio privado (§ 299 do StGB). A condenação viria a ser anulada pelo BGH, por decisão de 29.08.2008 (2 StR 587/07), com fundamento na circunstância de, no momento da prática dos factos relevantes, a incriminação em causa não abarcar condutas praticadas em prejuízo do comércio internacional (como passou a prever-se expressamente, com a alteração introduzida em 2003, no novo 3º do referido § 299 do StGB). O mesmo caso levou ainda à condenação do antigo director do sector de telecomunicações da *Siemens*, pelo *Landgericht* de Munique, a dois anos de prisão (suspensos na respectiva execução) e 108.000 euros de pena de multa. No plano do Direito europeu da concorrência, o caso *Siemens* foi também apreciado pela Comissão, que condenou a empresa numa multa de quase 420 milhões de euros. Para além do acordo celebrado com a autoridade fiscal alemã, que levou ao confisco de 395 milhões de euros de lucros da empresa, a *Siemens* firmou ainda dois outros acordos, respectivamente com o *Department of Justice* (DOJ) e com a *Securities and Exchange Comission* (SEC): no âmbito do primeiro pagou uma multa de 450 milhões de dólares; no segundo, a multa suportada pela *Siemens* foi de 350 milhões de dólares.

ESTUDOS SOBRE *LAW ENFORCEMENT, COMPLIANCE* E DIREITO PENAL

Como veremos de seguida, é por essa via, que parte do *problema* para o *diganóstico* e, finalmente, do *diagnóstico* para a *solução*, que o *compliance* poderá adquirir relevância e autonomia enquanto matéria especificamente criminal. Desse trajecto nasceu a expressão, consagrada inicialmente na Alemanha, de *criminal compliance*[16], identificado com a finalidade de evitar sanções jurídico-penais, num duplo sentido: prevenir a infracção de regras jurídico-penalmente relevantes, *rectius*, a mera suspeita dessa infracção[17] e, por essa via, prevenir a responsabilização penal individual de dirigentes e trabalhadores da empresa, em virtude de condutas relacionadas ou dimanadas da organização.

2. A empresa como fonte de perigo e auto-garante

a) O compliance *como dever de prevenir e evitar crimes de empresa*

Adiantadas algumas ideias gerais, a razão de ordem do presente trabalho impõe que se enfrente a questão da putativa autonomia do *compliance* na (re)definição dos deveres de vigilância e controlo da empresa, considerada a potencial relevância desses deveres no quadro da fundamentação da responsabilidade penal.

A relação entre vigilância, controlo e *compliance* parece surgir de forma espontânea e intuitiva. Resulta, em certa medida, do que se convencionou designar por fenómeno de delegação nas próprias empresas, enquanto fonte de riscos (também criminais) que são, das funções de prevenção de ilícitos tipicamente associadas ao controlo e repressão estadual. Isto porque as empresas assumem essa "delegação" do poder público mediante adopção de medidas de *"auto-regulação regulada"* – corporizadas e sistematizadas, nomeadamente, nos referidos programas de *compliance*.

A ideia não é inédita: já no final dos anos 70 do século XX SCHÜNEMANN identificava o controlo interno das organizações empresariais complexas como estratégia de prevenção complementar, dada a ineficácia do recurso exclusivo ao Direito penal clássico no domínio empresarial[18].

---

[16] Sobre a origem e evolução do conceito, veja-se ROTSCH, Thomas, "Sobre las preguntas científicas y prácticas del criminal compliance", *Anuario de Derecho Penal Económico y de la Empresa*, 3 (2015), pp. 13 e ss.

[17] Assim, precisamente, ROTSCH, Thomas, "Sobre las preguntas científicas y prácticas del criminal compliance", cit., p. 21: "[d]a perspectiva da empresa, o criminal compliance deve visar impedir que chegue sequer a formar-se a suspeita da prática de um crime".

[18] SCHÜNEMANN, Bernd, *Unternehmenskriminalität und Strafrecht: eine Untersuchung der Verantwortlichkeit der Unternehmen und ihrer Führungskräfte nach geltendem und geplantem Straf und Ordnungswidrigkeitenrecht*, Heymann: Köln, 1979, p. 22.

A RESPONSABILIDADE PENAL DO *COMPLIANCE OFFICER*

Será, então, que o *compliance* vem trazer de facto dados novos ou projectar uma diferente luz na delimitação e no preenchimento de conteúdo dos deveres de vigilância e controlo da empresa? Na nossa perspectiva, sim: o *compliance*, tal como vem sendo entendido e configurado (também por via legal), não consiste simplesmente num reagrupamento ou resistematização do conjunto de deveres de vigilância a que as empresas se encontram vinculadas pelo exercício da sua actividade, promovendo o correspondente cumprimento.

Mais do que isso, ou para além disso, o *compliance*, em certa medida, modifica e reconfigura estes deveres, tendo, nesse sentido, um significado constitutivo, que não meramente declarativo ou agregador. Um sistema de *compliance* em sentido verdadeiro e próprio tem por finalidade neutralizar *ex ante* os potenciais factores criminógenos da organização, desenhando e implementando os mecanismos estruturais para esse efeito[19]. Não se reduz, por isso, aos sistemas tradicionais de controlo de gestão e monitorização do risco, nem se esgota no exercício de deveres de supervisão entre dirigentes e subordinados. Está em causa um controlo mais amplo, robusto e estrutural de riscos empresariais[20].

Um tal enquadramento dos deveres fundados e irradiados através da adopção de um sistema de *compliance* comporta consequências relevantes no apuramento de hipotéticas responsabilidades penais. Assim será, desde logo, na extensão das fontes e dos mecanismos de responsabilidade penal por comissão por omissão e, correlativamente, no alargamento das hipóteses de comissão por omissão negligente relativamente a riscos da empresa que sejam materializados em resultados lesivos externos (*e.g.*, riscos ambientais, riscos para a saúde de consumidores, segurança e higiene no trabalho, etc.).

Paralelamente, a adopção de um sistema de *compliance* introduz uma instância adicional de controlo entre o dirigente e os trabalhadores da

---

[19] Neste sentido, SILVA SÁNCHEZ, Jesús María, "*Deberes de vigilancia y compliance empresarial*", cit., p. 195, extraindo dos programas de *compliance* um dever de acção transversal e reforçado sobre as pessoas singulares que actuam no contexto da e *pela* organização, tendo como finalidade neutralizar defeitos estruturais ou potenciais da pessoa colectiva que facilitem a ocorrência de infracções individuais, substituindo-os progressivamente por *estados de coisas* favoráveis a uma cultura de plena conformidade.

[20] Assim, FEIJOO SÁNCHEZ, Bernardo, "Autorregulación y Derecho penal de la empresa", in: *Cuestiones actuales de Derecho penal económico*, Montevideo/Buenos Aires: Editorial B de F, 2009, (pp. 49-121) p. 120.

ESTUDOS SOBRE *LAW ENFORCEMENT, COMPLIANCE* E DIREITO PENAL

empresa, cometendo-se a essa nova posição uma função de "*dupla certificação*" ou "*dupla garantia*"[21].

A interposição de uma nova instância de controlo empresarial vai necessariamente condicionar a valoração de critérios de imputação de responsabilidade – por exemplo, em matéria de princípio da confiança, de que os *gatekeepers* à partida não se poderão prevalecer. Pela natureza da função de vigilância e controlo empresarial, a lógica será precisamente a inversa: aos *gatekeepers*, em que se inclui o *compliance officer*, será quando muito oponível um *princípio da desconfiança*, concretizado no dever de compensar e corrigir condutas irregulares de terceiros sem nelas dever ou poder validamente confiar.

Nesse princípio da desconfiança estarão investidos, por definição, os auditores de contas – também eles *gatekeepers* empresariais, embora externos –, na exacta medida em que só poderão exercer fiel e eficazmente as suas funções se não partirem do princípio de que a documentação financeira e contabilística da empresa está correcta. Mas não só. O impacto do *compliance* nas estruturas e nos critérios de imputação de responsabilidade manifesta-se também, e desde logo, perante os designados *gatekeepers* internos da empresa, *i.e.*, aqueles que estão integrados na estrutura orgânica da instituição. Assim sucede, em particular, na fundamentação da posição de garante que tem origem na própria empresa, de que cuidamos no ponto seguinte.

b) O compliance *empresarial como posição de garante*

Partindo de uma teoria material das posições de garante, e de acordo com o entendimento doutrinário hoje dominante, a empresa assume uma posição de garantia originária que se funda na potencialidade danosa (para terceiros, desde logo) associada à prossecução da sua actividade, ficando os respectivos dirigentes vinculados ao dever de evitar a concretização dos correspondentes riscos[22].

---

[21] FEIJOO SÁNCHEZ, Bernardo, "Autorregulación y Derecho penal de la empresa", cit. p. 120.
[22] Sobre o tema, cf. ROXIN, Claus, *Derecho Penal. Parte General*, Tomo II (Especiales Formas de aparición del delito) (trad. Diego Manuel Luzón Peña, José Manuel Paredes Castañón, Miguel Díaz y García Conlledo e Javier de Vicente Remesal), Editorial: Civitas Colección, Madrid, 2014, pp. 895 e ss., FIGUEIREDO DIAS, Jorge de, *Direito Penal. Parte Geral*, Tomo I (Questões Fundamentais. A Doutrina Geral do Crime), 2ª ed., Coimbra: Coimbra Editora, 2007, p. 947, SILVA DIAS, Augusto, *Protecção Jurídico-Penal dos Interesses dos Consumidores* (policopiado),

A literatura penal sobre a extensão e o conteúdo dessa posição de garante é praticamente inabarcável. Procurando sintetizar o essencial, deixam-se de seguida alinhadas algumas premissas e ideias-chave que relevam directamente na economia deste estudo.

Assim, e em primeiro lugar, a posição de garante da empresa é tradicionalmente identificada com o dever de vigilância, por contraposição aos designados deveres de protecção que fundamentam obrigações de controlo da integridade de bens jurídicos (*e.g.*, relação entre pais e filhos), independentemente do tipo de risco ou ameaça[23].

São vários os fundamentos avançados para justificar a posição da empresa como garante de vigilância, imputando-lhe o correspondente dever de agir: a actuação empresarial anterior (por ingerência, por comportamento lícito ou por desestabilização de um foco de perigo pre-xistente, como defende GIMBERNAT[24]), a responsabilidade por fontes de perigo próprias da empresa (HEINE)[25], a competência organizativa (JAKOBS)[26] e o domínio ou controlo de domínio (SCHÜNEMANN)[27]. Esta última orientação vem sendo complementada com critérios normativos como a ponderação de interesses (FRISCH)[28], a ideia de equidade social

---

2001, pp. 69 e ss., ALBERGARIA, Pedro Soares, "A posição de garante dos dirigentes no âmbito da criminalidade da empresa", *Revista Portuguesa de Ciência Criminal*, 9 (1999), pp. 617 e ss. Com desenvolvimento, veja-se ainda DEMETRIO CRESPO, Eduardo, *Responsabilidad penal por omisión del empresario*, Iustel: Madrid, 2009, pp. 50 e ss. e 91 e ss.

[23] Excluindo expressamente da esfera empresarial a lógica ampla dos deveres de protecção, no quadro da fundamentação de posições de garante nesse contexto, cf. DEMETRIO CRESPO, Eduardo, *Responsabilidad penal por omisión del empresario*, cit., p. 125.

[24] GIMBERNAT ORDEIG, Enrique, "Omisión impropia e incremento del riesgo en el Derecho penal de la empresa", in: *Anuario de derecho penal y ciencias penales*, Vol. LIV, 2001, pp. 12 e ss.

[25] HEINE, Günther, "Modelos de responsabilidad jurídico-penal originaria de la empresa", in: *Modelos de autorresponsabilidad penal empresarial. Propuestas globales contemporáneas*, (ed. Carlos Gómez-Jara Díez), Navarra: Thomson & Arazandi, 2006, pp. 25-67. Neste sentido, também, FIGUEIREDO DIAS, Jorge de, *Direito Penal. Parte Geral*, Tomo I, cit., p. 947.

[26] JAKOBS, Günther, "La competencia por organización en el delito omissivo", *Estudios de Derecho Penal*, Madrid: Civitas, 1997, pp. 346 e ss.

[27] SCHÜNEMANN, Bernd, "Responsabilidad penal en el marco de la empresa. Dificultades relativas a la individualización de la imputación", in: *Anuario de derecho penal y ciencias penales*, Vol. LV, 2002, pp. 30 e ss.

[28] FRISCH, Wolfgang, "Problemas fundamentales de la responsabilidad penal de los órganos de dirección de la empresa. Responsabilidad penal en el ámbito de la empresa y de la división del trabajo", in: *Responsabilidad penal de las empresas y sus órganos y responsabilidad por el producto*, Barcelona: Bosch, 1996, pp. 112 e ss.

(Bottke)[29] e o exercício de faculdades individuais de auto-organização (Lascuraín Sánchez)[30].

Independentemente da sua específica fundamentação dogmática, há consenso entre as várias orientações num ponto fundamental: seguindo a lógica própria dos deveres de vigilância, de menor extensão que os aludidos deveres de protecção, a posição de garante da empresa surge estritamente vinculada e circunscrita ao controlo de uma fonte de perigo, que é identificada com a própria actividade empresarial.

Apontam também neste sentido as propostas de explicitação dos fundamentos de responsabilidade penal dos dirigentes da empresa por violação (omissiva) do dever de obstar a condutas ilícitas de terceiros.

Na versão de 1997 do anteprojecto de *Corpus Juris para a Protecção dos Interesses Financeiros da União Europeia*[31], que procurou forjar as traves-mestras de um Direito Penal económico europeu, consagrava-se, no respectivo artigo 13º, a responsabilidade penal do dirigente da empresa ou de pessoa com poder de decisão ou de controlo por ordens e instruções dadas para a prática de ilícitos a quem actuasse sob a sua autoridade e, bem assim, por omissão da acção adequada a evitar a prática desses ilícitos, mencionando-se expressamente a hipótese de delegação de poderes.

Na mesma linha, a versão final do *Corpus Juris*, aprovada em 2000, em Florença, viria a consagrar, no seu artigo 12º, a responsabilidade penal (omissiva) do director da empresa e daquele que assume competências de controlo e decisão se conscientemente permitirem a realização do crime por pessoa submetida à sua autoridade ou se facilitarem a sua execução por subordinado, em virtude de violação do dever de vigilância.

No projecto dos *Eurodelitos*[32], que foi coordenado por Tiedemann e servia o mesmo propósito de harmonização europeia no domínio das

---

[29] Bottke, Wilfried, "Responsabilidad por la no evitación de hechos punibles de subordinados en la empresa económica", in: *Responsabilidad penal de las empresas y sus órganos y responsabilidad por el producto* (org. Santiago Mir Puig, D. M. Luzón Peña), Barcelona: Bosch, 1996, pp. 142 e ss.

[30] Lascuraín Sánchez, Juan Antonio, "Fundamento y límites del deber de garantía del empresario", in: *Hacia un Derecho penal económico europeo. Jornadas en Honor del Profesor Klaus Tiedemann*, Madrid: BOE, LH Tiedemann, 1995, pp. 210 e ss.

[31] Cf. Bacigalupo, Enrique / Castaño, María Luísa Silva, *Un Derecho Penal para Europa – Corpus Juris 2000: un modelo para la protección de los bienes jurídicos comunitarios*, Madrid: Dykinson, 2004.

[32] Cf. Tiedemann, Klaus, e Martín, Adán Nieto (org.), *Eurodelitos – El Derecho Penal Económico en la Unión Europea*, Cuenca: Ediciones de la Universidad de Castilla-La Mancha, 2003, pp. 137 e ss.

A RESPONSABILIDADE PENAL DO *COMPLIANCE OFFICER*

infracções económicas e contra o ambiente, previa-se uma disposição de conteúdo idêntico: nos termos do respectivo artigo 15º, sob a epígafe "*Responsabilidade por comportamentos alheios*", o dirigente empresarial poderia ser responsabilizado por comportamento de terceiro quando este, sendo autor (imediato) do facto punível, actuasse sob sua autoridade e preenchesse total ou parcialmente o tipo penal relevante, por falta de vigilância e controlo devido do dirigente.

Nos termos do nº 1 do mencionado artigo 15º, valeria quanto ao dirigente uma atenuação da pena em um quarto quando aquele apenas pudesse ter dificultado a realização do facto mediante a sua intervenção. O nº 3 da mesma disposição, por seu turno, cuidava da autoria por omissão daquele que está juridicamente obrigado a impedir a verificação de um resultado decorrente de facto ilícito, em virtude da relação de domínio que mantém perante terceiro (enquanto garante de vigilância) ou sobre a protecção da vítima (enquanto garante de protecção): a pena, nestes casos, poderia atenuar-se, face à pena aplicável ao autor (imediato), até um quarto desta.

c) *Objecto de referência e modalidades de* compliance *empresarial*

A actividade empresarial como fonte de perigo – fundamentadora da posição de garante-vigilante da empresa, nos termos acima expostos – comporta diferentes dimensões e objectos de referência.

Do ponto de vista da materialização do risco e dos seus efeitos, cabe distinguir entre dimensão empresarial interna e externa. Na primeira, o dever de garante releva na óptica da prevenção de resultados lesivos para a própria empresa. Na segunda, o dever de acção é orientado para a prevenção de resultados lesivos externos (à empresa), produzidos pela actividade empresarial [33]. Está em causa, nesta segunda dimensão, um dever de contenção de riscos para bens jurídicos de terceiros que resultam (podem resultar) da prossecução do objecto social, que traz associado e pressuposto um dever de informação e monitorização permanente sobre a actividade da empresa.

No contexto do dever de garante sobre a empresa como fonte de perigo, distingue-se ainda entre vigilância reportada a produtos gerados pela actividade empresarial e vigilância relativa a colaboradores da organização.

---

[33] Resultados que FEIJOO SÁNCHEZ, Bernardo, "Autorregulación y Derecho penal de la empresa", cit., p. 120, designa expressivamente por "*outputs* lesivos da empresa (riscos ambientais, riscos para a saúde dos consumidores, riscos relacionados com a segurança e higiene no trabalho, etc.)".

O conhecido caso do *Lederspray*, decidido pelo BGH em 1995[34], serve de exemplo para o primeiro conjunto de hipóteses. Sintetizando a matéria de facto relevante:

A *Werner und Mertz BmbH*, empresa alemã, dedicava-se ao fabrico e à comercialização de um *spray* imperbeabilizante de produtos de couro, como sapatos e casacos, respeitando nesse processo as normas de segurança aplicáveis. Todavia, em 1980, e depois de vários anos de actividade sem ser detectado qualquer problema, alguns consumidores do produto começaram a apresentar problemas de saúde, como tosse convulsiva, febre e até mesmo edemas pulmonares. A empresa ordenou nessa sequência a realização de testes que viriam a apontar para para uma elevada probabilidade de ser o uso do produto a causar aqueles problemas de saúde. Cientes dessa conclusão, os administradores da empresa decidiram não fazer nada, continuando o produto em comercialização.

Embora permaneça em discussão na doutrina e na jurisprudência qual seja o concreto fundamento da posição de garante num caso com estes contornos, há consenso sobre a existência de um dever (empresarial) de agir para impedir danos resultantes de produtos fabricados e comercializados pela empresa e, bem assim, sobre a relevância penal da inobservância desse dever no quadro dogmático da omissão imprópria (*e.g.*, por homicídio ou ofensa à integridade física dos consumidores desses produtos).

Por seu turno, e passando ao segundo conjunto de hipóteses, entende-se que o dever de vigilância empresarial há-de igualmente abranger a actuação dos colaboradores da organização.

Embora se trate aqui da mesma posição de garante (empresarial) adstrita a uma fonte de perigo (a própria actividade da empresa), a doutrina tende a circunscrever o dever de vigilância aos chamados *crimes de empresa*[35]. O que significa que o apontado dever de vigilância só abrangerá aqueles comportamentos que, assumindo potencial relevância penal, tenham uma relação funcional clara com a actividade da empresa[36].

---

[34] BGH 2 StR 549/89.

[35] Cf., neste sentido, com referências, GRECO, Luís, ASSIS, Augusto, "O que significa a teoria do domínio do fato para a criminalidade de empresa", cit., p. 114.

[36] Esta limitação está implícita no critério de imputação de responsabilidade da pessoa colectiva consagrado no artigo 11º, nº 2, alínea *b*), do Código Penal, segundo o qual a pessoa colectiva responderá penalmente, considerando o catálogo de crimes previsto naquela disposição, quando o facto seja praticado por trabalhador seu com concomitante violação

Vale o seguinte exemplo: numa dada organização empresarial, um dos trabalhadores é furtado por outro. Embora seja pacífico que a empresa está obrigada a actuar no sentido de prevenir (e reprimir) tais comportamentos, deve a empresa responder ela própria penalmente, por omissão imprópria, no caso de nada fazer? O BGH, num caso de *mobbing* entre trabalhadores (decisão de 20.10.2011)[37], entendeu que não, pela seguinte razão: em rigor, a prática de crimes entre funcionários, como crimes contra o património, delitos sexuais ou constrangimentos da liberdade, pode ocorrer em qualquer empresa, independentemente da sua actividade e ou condições de actuação. Por essa razão, não estamos, nessas hipóteses, perante *crimes de empresa*.

Pronunciando-se sobre esta decisão do BGH, Roxin defende que os *crimes de empresa* que delimitam a posição (empresarial) de garante-vigilância devem incluir apenas aqueles comportamentos que se relacionam com a actividade concreta, a política geral ou as regras de conduta aprovadas e vigentes na organização[38].

A relevância das regras de *compliance* neste domínio, e nesta perspectiva, é manifesta. Estando essas regras corporizadas e concentradas num programa, como normalmente sucederá, a respectiva violação associa e vincula o comportamento em causa à vigilância que decorre da posição de garante empresarial. Ou seja: ao inscrever a regra (violada) no seu programa de *compliance*, a empresa assume por inerência – e tendencialmente também para efeitos penais – o corespondente dever de agir no sentido de obstar à verificação dessa infracção.

3. Delegação de funções de *compliance*

É pacífico na doutrina que o *compliance officer* não assume uma posição de garante originária[39]. Como tal, fixada a titularidade e o conteúdo essencial

---

dos deveres de vigilância ou controlo que incumbem a quem ocupa uma posição de liderança na organização. Embora se trate aqui de um critério de atribuição de responsabilidade penal à pessoa colectiva, a norma em causa tem subjacente a mesma lógica de vinculação funcional entre o facto e o dever de vigilância omitido, que relevará depois, bem assim, na fundamentação da responsabilidade penal do omitente.

[37] BGH 4 StR 71/11.

[38] Roxin, Claus, comentário ao acórdão do BGH de 20.10.2011 (4 StR 71/11 – "Garantenpflicht eines Betriebsinhabers bzw. Vorgesetzten zur Verhinderung von Straftaten nachgeordneter Mitarbeiter – Mobbing"), *Juristische Rundschau*, 2012, p. 307.

[39] Por todos, cf. Robles Planas, Roberto, "El responsable de cumplimiento (*«Compliance Officer»*) ante el Derecho penal", in: Silva Sánchez, J.M. (dir.), Montaner Férnandes, R. (coord.),

ESTUDOS SOBRE *LAW ENFORCEMENT, COMPLIANCE* E DIREITO PENAL

da posição de garante que impende orignariamente sobre a empresa, cabe agora enquadrar o fenómeno da delegação de poderes no contexto empresarial, por via da qual a generalidade dos *gatekeepers* internos, incluindo o *compliance officer*, são investidos nas suas funções.

A delegação pode consistir ela própria numa forma de cumprimento da posição de garante originária. É esse o entendimento dominante: o dever associado à apontada posição de garante, originariamente adstrito aos dirigentes da instituição, considera-se cumprido com a adopção de mecanismos de vigilância sobre o curso de processos próprios (potencialmente danosos) da actividade empresarial[40].

Tal não significa, porém, que a delegação de poderes esvazie de conteúdo aquela posição de garante originária, que recai em primeira linha sobre os dirigentes da empresa. Pelo contrário, a delegação de poderes produz um duplo efeito, simultaneamente de transferência e de transformação da posição de garante originária[41]. De *transferência*, por um lado, porque a delegação gera uma nova posição de garante, que passa recai sobre delegado, fragmentando e reduzindo a extensão da posição de garante originária. De *transformação*, por outro lado, porque a posição de garante originária, em rigor, não desparece – transforma-se simplesmente numa posição de garante sem contacto directo com as fontes de perigo, sem que fique por isso votada à irrelevância.

Concretizando: por via da delegação, o (dirigente) delegante deixa de estar obrigado a controlar *directamente* os focos de risco que estejam incluídos na esfera de competência do delegado. Mas permanece obrigado a esco-

---

Criminalidad de empresa y Compliance: *Prevención y reacciones corporativas*, Barcelona: Atelier, 2013, (pp. 319-331) p. 321.

[40] Neste sentido, mais uma vez, ROBLES PLANAS, Roberto, "El responsable de cumplimiento («*Compliance Officer*») ante el Derecho penal", cit., p. 323: "[...] vai-se impondo progressivamente na doutrina o ponto de vista segundo o qual não se pode exigir à cúpula da empresa um controlo total dos riscos gerados pela mesma, incluindo os que decorram da actuação dos seus subordinados, mas antes que essa exigibilidade termina com uma adequada organização da vigilância com vista a evitar a realização de riscos tipicamente empresariais nos diversos níveis da empresa. Naturalmente, tal implica uma *correcta organização* dos processos internos, a criação de *mecanismos de segurança* e a implementação de *sistemas de vigilância e controlo* reportados às funções próprias da actividade empresarial que ficam nas mãos dos trabalhadores".

[41] Sobre o aludido duplo efeito (de transferência e transformação), veja-se FEIJOO SÁNCHEZ, Bernardo, *Derecho Penal de la Empresa e Imputación Objectiva*, Madrid: Editorial Reus, 2007, pp. 194-197.

lher criteriosamente o delegado desses poderes, a formá-lo (se e quando necessário), a facultar-lhe toda a informação relevante e a conceder-lhe os meios necessários para o exercício rigoroso e eficaz da sua função.

A jusante, o dirigente permanece também e ainda obrigado a informar-se sobre o desempenho do delegado no exercício das suas funções, pedindo-lhe informação, prestação de contas, etc.: em suma, fica *obrigado* a monitorizar, vigiar e controlar o exercício das funções de vigilância por parte do delegado.

É este, no essencial, o conteúdo dos deveres que a doutrina normalmente associa à posição de garante num cenário pós-delegação.

A nosso ver, contudo, subsistirá no garante originário – o dirigente – um outro poder-dever fundamental: o de decidir sobre o curso de acções delituosas, já consumadas ou ainda (indiciariamente) em preparação. Isto porque o delegado, como resulta do que se referiu acima, tem sobretudo uma função de informação e monitorização de riscos, em resultado do exercício dos seus poderes de vigilância, que serve de suporte ao exercício daquela função.

Contudo, o delegado não tem – não terá, tendencialmente – competências decisórias genéricas e autónomas; as suas competências são de vigilância, com o inerente poder de decidir o que se mostre funcionalmente necessário ao exercício dessa vigilância. A tomada de decisão nesses domínios, sobre o curso da actividade social e os seus termos, continuará (normalmente) a ser função e missão de quem delega.

III. Função e responsabilidade do *compliance officer*
1. Posição e competências

Feita a caracterização do *compliance* entre os deveres de vigilância e controlo que recaem sobre a empresa, e enunciados os efeitos essenciais sobre esses deveres no quadro do fenómeno delegatório, interessa agora apurar em que termos esse enquadramento pode ser transposto para a análise das vias de responsabilização penal do *compliance officer*.

Como referimos acima, o *compliance officer* é um *gatekeeper* interno da organização, actuando enquanto delegado dos poderes que lhe foram delegados pela administração e tendo por função assegurar-se de que a empresa desenvolve a sua actividade em conformidade com as normas a que está sujeita.

Para esse efeito, o *compliance officer* tem o poder(-dever) de recolher informação sobre o risco de ocorrência de resultados lesivos produzidos a

ESTUDOS SOBRE *LAW ENFORCEMENT, COMPLIANCE* E DIREITO PENAL

partir da actividade empresarial, assumindo a responsabilidade pela implementação e monitorização do programa de *compliance*, idealmente desenhado e implementado com vista a evitar a materialização daquele risco.

Como em qualquer questão jurídico-penal, o que interessa aqui é, naturalmente, a substância e a *materialidade subjacente*, sem dependência formal de quaisquer nominalismos. Muitas empresas, mesmo de média ou grande dimensão, não contemplam na sua estrutura orgânica um *compliance officer*; prevêem antes um director jurídico ou um director de auditoria interna, com ou sem competência transversal. Tais posições, no essencial, estão investidas em funções equivalentes às que se inscrevem na posição de *compliance officer*, com os contornos acima descritos. A questão da eventual responsabilidade penal dos titulares daquelas posições deve, pois, ser enquadrada e enfrentada nos mesmos exactos termos que a responsabilidade penal do *compliance officer*[42].

A caracterização que avançámos ficará sempre sujeita, claro está, a inúmeros matizes, consoante a empresa e a sua dimensão, sector de actividade, estrutura de controlo, etc. A imprecisão é exponenciada pela circunstância de o *compliance officer* não ter sequer estatuto legal definido, pelo menos em termos gerais. Ainda assim, e não obstante as limitações apontadas, a doutrina, num esforço de sistematização, tem vindo a apontar alguns elementos estruturais que caracterizam e individualizam a actual função de *compliance officer* no quadro empresarial. São eles: o papel bem definido; dotação com recursos (financeiros, materiais e humanos) adequados; reporte directo à administração; independência; e autoridade para que sejam concretizadas as suas recomendações e decisões[43].

Num estudo empírico com coordenação científica de SIEBER e ENGELHART[44], em que se procedeu à análise dos programas de *compliance* destinados à prevenção do crime económico de mais de uma centena de

---

[42] O contrário também é verdade, naturalmente: cf. NIETO MARTÍN, Adán, "Introducción", in: *El Derecho Penal Económico en la era Compliance* (Dir. Luis Arroyo Zapatero, Adan Nieto Martín), Valencia: Tirant lo Blanc, 2013, p. 28.

[43] Assim, com referências, QUINTELA DE BRITO, Teresa, "Relevância dos mecanismos de 'compliance' na responsabilização penal", *Anatomia do Crime – Revista de Ciências Jurídico-Criminais*, nº 0 (2014), p. 85.

[44] SIEBER, Ulrich / ENGELHART, Marc, *Compliance Programs for the Prevention of Economic Crimes: An Empirical Survey of German Companies*, Schriftenreihe des Max-Planck-Instituts für ausländisches und internationales Strafrecht, Reihe S: Strafrechtliche Forschungsberichte (MPIS), vol. 140, Berlin: Duncker & Humblot, 2014.

empresas alemãs, estas características encontram-se bem vincadas: mais de 40% das empresas alocam a função de *compliance* a um departamento autónomo, cujos responsáveis reportam directamente, em mais de 70% dos casos, ao presidente da comissão executiva.

A norma ISO 19600, de 2014, que reúne directivas sobre gestão de sistemas de *compliance*, aponta no mesmo sentido, recomendando a inclusão da função de *compliance* na gestão de topo, com apoio da administração e acesso directo a esta, conhecendo e participando nos processos decisórios e, por essa via, estando em condições de actuar como freio e contra-peso, para o que é essencial que a função de *compliance* tenha autoridade para actuar com independência e sem condicionamentos ou conflitos internos de qualquer ordem[45].

Nos vários estudos citados, a independência surge como elemento essencial da função de *compliance*: dela depende a própria eficácia da posição. E independência, em primeira instância, perante a própria administração, evitando conflitos de interesse e sujeição a pressões vindas de cima: tudo de modo a que o *compliance officer* possa suscitar livremente as questões que entenda relevantes no âmbito da aplicação do programa de controlo.

Porém, uma independência absoluta e incondicionada constituirá, na maioria dos casos, mera pretensão ideal. Sendo o *compliance officer*, por definição, um delegado da administração, e respondendo perante ela, não é concebível uma tal independência absoluta.

---

[45] Determina-se no respectivo 5.3.3, sob a epígrafe "Governing body and top management role and responsibility":
"The governing body and top management should:
[...];
c) include compliance responsibilities in position statements of top managers;
d) appoint or nominate a compliance function with:
1) authority and responsibility for the design, consistency and integrity of the compliance management system;
2) clear and unambiguous support from and direct access to the governing body and top management;
3) access to:
– senior decision-makers and the opportunity to contribute early in the decision-making processes;
– all levels of the organization;
– all documented information and data needed to perform compliance tasks;
– expert advice on relevant laws, regulations, codes and organizational standards;
4) the authority and capacity to execute countervailling power, by showing any consequences for compliance in relevant decision-making processes;
e) ensure that the compliance function has authority to act independently and is not compromised by conflicting priorities, particularly where compliance is embedded in the business."

ESTUDOS SOBRE *LAW ENFORCEMENT, COMPLIANCE* E DIREITO PENAL

É possível, ainda assim, incorporar no sistema de controlo interno algumas medidas promotoras dessas desejáveis independência e autonomia: por exemplo, a fixação de um período máximo para o mandato do *compliance officer*, com renovação periódica dos titulares do cargo; ou a institucionalização de um canal externo de denúncias (normalmente, uma sociedade de advogados), com a função de receber e dar seguimento ao reporte de indícios detectados no âmbito da gestão do sistema de controlo.

A modelação da posição de *compliance officer*, desde logo no plano da sua independência, mas também no plano dos respectivos recursos e da capacidade factual e efectiva de interferir no processo decisório, não condiciona apenas a eficácia da função. Dessa concreta modelação depende também, e decisivamente, o enquadramento das suas eventuais vias de responsabilização penal, que são analisadas de seguida.

2. Modalidades de intervenção delituosa

a) *Por omissão pura: violação de deveres gerais de vigilância e controlo*

Feita a caracterização – possível e tendencial – da função de *compliance officer* e do seu alcance material de actuação, é chegado o momento de apurar se e em que termos podem responder jurídico-penalmente os titulares dessa função.

Considerando a lógica preventiva que caracteriza a posição de *compliance* no seio da empresa, pode equacionar-se como fonte de responsabilidade penal a falta de vigilância devida. Falamos, nesta perspectiva, de responsabilidade omissiva própria[46], fundada simplesmente na violação do dever de vigilância no contexto empresarial.

A verdade, porém, é que permanecem marginais e residuais as incriminações que, prevendo omissões puras, atingem penalmente a simples violação do dever de vigilância empresarial por parte dos dirigentes ou seus delegados.

Na Alemanha, está consagrado um dever geral de vigilância empresarial no § 130 da OWiG[47], em que se determina o seguinte: na eventualidade de

---

[46] As condutas activas do *compliance officer* que sejam penalmente relevantes não assumem, naturalmente, qualquer autonomia que justifique o seu tratamento neste trabalho: tais hipóteses serão enquadradas e resolvidas de acordo com as regras gerais de autoria e de imputação objectiva nos crimes activos.

[47] É o seguinte o teor do § 130 da OWiG:

"(1) Aquele que, como titular de um estabelecimento ou de uma empresa, omitir dolosa ou negligentemente a adopção das medidas de vigilância necessárias para prevenir a ocorrência

A RESPONSABILIDADE PENAL DO *COMPLIANCE OFFICER*

ser praticada uma infracção (penal ou contra-ordenacional) no contexto empresarial, a violação dolosa ou negligente de deveres de vigilância, para além da responsabilidade directa pela infracção que caberá aos respectivos agentes individuais (a título activo ou omissivo), responsabilizará a própria pessoa colectiva envolvida e os restantes titulares do respectivo órgão directivo (ou de outros órgãos sociais) quando estes, caso tivessem actuado, sem o terem feito, pudessem ter evitado ou pelo menos dificultado a prática da referida infracção. Trata-se, contudo, de norma vigente apenas no âmbito contra-ordenacional, com um âmbito de aplicação muito mais amplo do que aquele para que aponta a posição de garante empresarial [48].

Entre nós, o cenário é diferente, existindo apenas normas sectoriais e fragmentárias que permitem fundamentar responsabilidade sancionatória individual por falhas de vigilância empresarial.

É esse o caso do crime previsto no artigo 379º, nº 3, do Código dos Valores Mobiliários, que sanciona os titulares do órgão de administração e as pessoas responsáveis pela direcção ou pela fiscalização de áreas de actividade de um intermediário financeiro que, tendo conhecimento de práticas de manipulação de mercado praticadas por pessoas directamente sujeitas à sua direcção ou fiscalização e no exercício das suas funções, não

---

de infracções relacionadas com a actividade do estabelecimento ou da empresa, consistentes na violação dos deveres de que é destinatário o proprietário da empresa e cuja violação é punida com pena ou coima, pratica uma contra-ordenação quando a execução da infracção pudesse ter sido evitada ou dificultada através da vigilância devida. As medidas de vigilância devidas compreendem a nomeação, selecção cuidadosa e monitorização dos responsáveis por funções de vigilância.

(2) Estabelecimento ou empresa no sentido do primeiro parágrafo incluem a empresa pública.

(3) Quando a infracção do dever seja punida com pena, a contra-ordenação é punível com coima até 1 milhão de euros. Quando a infracção do dever seja punida com coima, a coima máxima aplicável por violação do dever de supervisão é correspondente ao máximo da coima aplicável pela infracção do dever em causa. A mesma sanção é aplicável nos casos em que a infracção do dever em causa implica simultaneamente a aplicação de pena e de coima, quando o máximo da coima aplicável pela infracção do dever exceda o limite máximo previsto no primeiro parágrafo."

[48] Como salienta ROBLES PLANAS, Roberto, "El responsable de cumplimiento («*Compliance Officer*») ante el Derecho penal", cit., p. 322, o citado § 130 da OWiG tem sido convocado por alguns sectores da doutrina alemã para afastar a responsabilidade individual por omissão impura no contexto empresarial, com o argumento de que aquela disposição legal consumiria a relevância da violação de deveres organizativos, atribuindo-lhe apenas dimensão contra-ordenacional.

ESTUDOS SOBRE *LAW ENFORCEMENT, COMPLIANCE* E DIREITO PENAL

lhes ponham imediatamente termo. Trata-se, contudo, de um crime *subsidiário* – como resulta expresso da cláusula final –, que recuará perante a imputação ao agente de crime mais grave, como será o caso de comissão por omissão da prática de manipulação de mercado em apreço.

No contexto contra-ordenacional, podemos encontrar regimes jurídicos idênticos ao vertido no referido § 130 da OWiG. Exemplo disso, que vale apenas no sector bancário, é o Aviso nº 5/2008 do Banco de Portugal (BdP), que impõe a todas as instituições de crédito a adopção de um sistema de controlo interno, determinando ainda os princípios e requisitos mínimos a que o mesmo deverá obedecer. Para além desse dever geral, o artigo 4º do mesmo Aviso, sob a epígrafe *"Responsabilidades gerais do órgão de administração"*, atribui a este órgão responsabilidade directa pela implementação e manutenção de um sistema de controlo interno adequado e eficaz[49]. E não só: o artigo 17º do mesmo Aviso do BdP impõe que as instituições abrangidas por este instrumento regulatório estabeleçam e mantenham uma função de *compliance "independente, permanente e efectiva, para controlar o cumprimento das obrigações legais e dos deveres a que se encontram sujeitas"*[50]. Sendo certo que a violação (dolosa ou negligente) de qualquer um destes

---

[49] O nº 2 do artigo 4º deste Aviso acrescenta:

"Para efeitos do número anterior, o órgão de administração deve:

a) Detalhar os objectivos e princípios subjacentes ao sistema de controlo interno, incorporando-os na estratégia e políticas da instituição, e assegurar o seu
cumprimento pelos colaboradores da instituição;

b) Garantir a existência de recursos materiais e humanos suficientes e adequados para a execução das funções e tarefas inerentes ao sistema de controlo interno e promover as necessárias acções de formação em matéria de controlo interno."

[50] Nos termos da mesma disposição, a função de *compliance* assume responsabilidade:

"*a)* Pelo acompanhamento e a avaliação regular da adequação e da eficácia das medidas e procedimentos adoptados para detectar qualquer risco de incumprimento das obrigações legais e deveres a que a instituição se encontra sujeita, bem como das medidas tomadas para corrigir eventuais deficiências no respectivo cumprimento;

b) Pela prestação de aconselhamento aos órgãos de administração e de gestão, para efeitos do cumprimento das obrigações legais e dos deveres a que a instituição se encontra sujeita;

c) Pelo acompanhamento e avaliação dos procedimentos de controlo interno em matéria de prevenção do branqueamento de capitais e do financiamento do terrorismo, bem como pela centralização da informação e respectiva comunicação às autoridades competentes;

d) Pela prestação imediata ao órgão de administração de informação sobre quaisquer indícios de violação de obrigações legais, de regras de conduta e de relacionamento com clientes ou de outros deveres que possam fazer incorrer a instituição ou os seus colaboradores num ilícito de natureza contra-ordenacional;

A RESPONSABILIDADE PENAL DO *COMPLIANCE OFFICER*

deveres é susceptível de conduzir a responsabilidade contra-ordenacional, nos termos do artigo 210º, alínea m), do RGICSF[51].

O referido Aviso e os deveres nele consagrados, porém, e como dizíamos, valem apenas para as entidades que operam no sector bancário, não podendo ser transpostos para a actividade empresarial em geral. Para além disso, mesmo naquele domínio estrito, a inobservância daqueles deveres legais pode tão-somente fundar responsabilidade contra-ordenacional. Não parece assim possível, portanto, encontrar no sistema jurídico-penal português uma fonte de responsabilidade transversal, a título de omissão própria, que se reporte à actividade da pessoa colectiva em termos similares aos que resultam do citado § 130 da OWiG.

Assim, e no quadro da responsabilidade penal por omissão própria, a omissão de deveres gerais de vigilância e controlo no contexto empresarial, independentemente de qualquer resultado, só poderá, quando muito, fundar a punição por omissão de auxílio, nos termos gerais do artigo 200º do CP.

Sem prejuízo do que se expôs, cabe indagar se o critério de imputação consagrado no artigo 11º, nº 2, alínea *b*), do Código Penal, que permite atribuir um facto material (de conexão) à pessoa colectiva, responsabilizando-a, não assume por si só relevância no quadro dos deveres jurídico-penalmente relevantes de acção que recaem sobre os dirigentes em matéria de vigilância e controlo da actuação de terceiros.

A resposta não pode deixar de ser afirmativa: a violação omissiva dos deveres de vigilância ou controlo que incumbem aos dirigentes da empresa ou seus delegados, consagrada no referido preceito legal como base idónea de responsabilidade penal da pessoa colectiva, assume indiscutível relevância na potencial responsabilização penal do dirigente. Mas não a

e) Pela manutenção de um registo dos incumprimentos e das medidas propostas e adoptadas nos termos da alínea anterior;

f) Pela elaboração e apresentação ao órgão de administração e ao órgão de fiscalização de um relatório, de periodicidade pelo menos anual, identificando os incumprimentos verificados e as medidas adoptadas para corrigir eventuais deficiências."

[51] Que dispõe:

"São puníveis com coima de (euro) 3000 a (euro) 1 500 000 e de (euro) 1000 a (euro) 500 000, consoante seja aplicada a ente coletivo ou a pessoa singular, as infrações adiante referidas:

[...]

m) As violações dos preceitos imperativos do presente Regime Geral e da legislação específica, incluindo a legislação da União Europeia, que rege a atividade das instituições de crédito e das sociedades financeiras, não previstas nas alíneas anteriores e no artigo seguinte, bem como dos regulamentos emitidos em cumprimento ou para execução dos referidos preceitos."

ESTUDOS SOBRE *LAW ENFORCEMENT, COMPLIANCE* E DIREITO PENAL

título de *mera inactividade*, que caracteriza a omissão pura, e que não é autonomamente incriminada no referido artigo 11º, nº 2, alínea *b*), do Código Penal. Na perspectiva da responsabilidade penal individual do dirigente, tal preceito deve ser encarado como explicitação legal da posição de garante empresarial, que incumbe em primeira linha aos dirigentes da organização, sem prejuízo da delegação de poderes e seus efeitos. Trata-se, em suma, de norma a considerar no quadro dos crimes de omissão impura.

Por fim, poderia ainda conjecturar-se uma via alternativa de responsabilidade do *compliance officer* por omissão pura, fundada na omissão de denúncia relativamente a crime iminente vinculado ao âmbito funcional da organização.

Porém, um tal dever de denúncia externa, ao menos com carácter geral, não encontra amparo no nosso sistema jurídico-penal. Nos termos do artigo 242º do Código de Processo Penal, só estão obrigados ao dever em causa as entidades policiais e os funcionários (na acepção do artigo 386º do Código Penal), nas estritas condições aí descritas, sendo além disso duvidoso que a mera infracção desse dever possa, por si só, gerar responsabilidade penal. A apontada norma legal não permite, por conseguinte, fundar uma eventual responsabilidade penal omissiva de carácter geral.

b) Por omissão impura: violação de deveres de garante (em particular, a decisão do BGH de 17.07.2009)

Cabe agora analisar a possibilidade de responsabilizar o *compliance officer* por omissão impura, que tem como requisito típico fundamental a existência de uma posição de garante que lhe seja oponível.

Começamos a análise recuperando um pressuposto essencial: em função da delegação de poderes de vigilância e controlo que recebe do dirigente, o *compliance officer* assumirá uma efectiva posição de garante-vigilância, ainda que de âmbito menos vasto àquele que subjaz à posição de garante originária que recai sobre os dirigentes da empresa.

Conforme anteriormente mencionado, aquela posição originária não é integralmente transferida para a esfera jurídica do delegado, mantendo-se no delegante um poder fundamental: o poder-dever de decisão, em particular quanto a cursos delitivos, *i.e.*, quanto a processos de concretização potencial ou iminente de *outputs* lesivos da actividade empresarial.

O que interessa na aferição do exacto conteúdo dessa posição de controlo, porém, não é o título jurídico formal que documenta a delegação, mas

A RESPONSABILIDADE PENAL DO *COMPLIANCE OFFICER*

a assunção efectiva de funções pelo *compliance officer*. Ou seja: só cabe falar em posição de garante do *compliance officer* quando este assume e possa assumir efectivamente funções de controlo, com autonomia e independência.

É nessa perspectiva que a posição *penal* do *compliance officer* tem sido predominantemente tratada e estudada pela doutrina, sobretudo na Alemanha, e em particular na sequência da decisão do BGH de 17.07.2009[52]. Trata-se de um verdadeiro *leading case* neste domínio, pelo que vale a pena dedicar algum tempo à análise da matéria de facto subjacente. Resumindo os factos essenciais:

> W., jurista de formação, era Director de Auditoria Interna da *BSR*, empresa pública responsável pelos Serviços de Limpeza de Berlim, que tinha a seu cargo a limpeza das vias públicas da cidade. Nas competências da *BSR* incluía-se também a limpeza das ruas utilizadas pelos proprietários de terrenos privados contíguos à via pública.
>
> De acordo com a lei aplicável, os proprietários desses terrenos contíguos estavam obrigados a suportar 75% do valor associado à limpeza desses terrenos, sendo os restantes 25% assumidos pelo Estado de Berlim.
>
> O regulamento tarifário para o período de 1999-2000 foi elaborado por uma equipa de projecto coordenada por W., com base numa estimativa de custos, sendo depois aprovado pela administração da *BSR*, tal como resultava da proposta. Na fixação das tarifas para aquele período, e na rúbrica relativa aos mencionados 75% que deveriam ser suportados pelos proprietários de terrenos privados contíguos à via pública, assumiu-se como base de cálculo, por manifesto lapso, os custos de limpeza das ruas que não incluíam terrenos privados contíguos, em muito maior número. O lapso foi entretanto detectado, mas não corrigido.
>
> No âmbito da elaboração do regulamento tarifário para o período imediatamente subsequente (2000-2001), a equipa de projecto criada não era integrada por W., sendo coordenada por H., subordinado daquele. O referido W. participou ainda assim em algumas reuniões dessa equipa, no âmbito das quais foi apresentada uma proposta no sentido de corrigir o erro de cálculo que remontava ao período tarifário anterior. Todavia, e seguindo-se

---

[52] Cf. BGH 5 StR 394/08. Há tradução parcial (não oficial) da decisão para espanhol, disponível em https://www.kpmg.com/ES/es/servicios/Abogados/Legal/Mercantil/Documents/Cuadernos-Legales-N9.pdf (pp. 25 e ss.). Sobre o caso, com indicação da literatura relevante sobre a decisão do BGH, veja-se ROBLES PLANAS, Roberto, "El responsable de cumplimiento («*Compliance Officer*») ante el Derecho penal", cit., p. 320.

ESTUDOS SOBRE *LAW ENFORCEMENT, COMPLIANCE* E DIREITO PENAL

instruções dadas por G., director da empresa, não foi feita a correcção do apontado lapso. W., sabendo de tudo, nada fez, não tendo sequer informado o presidente do conselho de administração da *BSR*, a quem reportava, de que o lapso se mantinha.

Em razão da manutenção do erro de cálculo, foram cobrados 23 milhões a mais aos proprietários dos terrenos privados contíguos à via pública, a maioria dos quais pagou o valor que lhes foi imputado.

Com base nestes factos, o Tribunal Regional de Berlim condenou G. como autor mediato do crime de burla em relação ao período 2001/2002. Quanto a W., foi considerado cúmplice por omissão do mesmo crime, por não se conseguir provar a factualidade necessária à imputação da autoria imediata.

Em recurso, o BGH confirmou na íntegra a decisão do Tribunal Regional de Berlim. Sobre a posição de garante de W. (de acordo com o § 13 do StGB), o BGH afirmou que a mesma decorria do facto de W. ter sido chefe da equipa que se ocupou da fixação de tarifas no período 2001/2002 e responsável *originário* pelo erro de cálculo cometido no período anterior. Como tal, W., uma vez detectado o lapso, ficara constituído na obrigação de corrigi-lo no período tarifário posterior.

Foram igualmente relevadas, para afirmação da apontada posição de garante, as funções de W. enquanto Director de Auditoria Interna, por via das quais estaria obrigado a garantir o cumprimento da lei também em defesa dos proprietários de terrenos privados obrigados a pagar as tarifas, tendo sido considerada também a circunstância de W. ser jurista e especialista em direito tarifário (o que em primeira linha, aliás, teria justificado a sua nomeação para o cargo de Director de Auditoria Interna).

A posição de garante afirmada na decisão decorre assim, segundo o BGH, da área de competência assumida por W., recaindo sobre este um dever não só de impedir danos e prejuízos materiais à empresa, mas também de actuar no sentido de impedir infracções praticadas através da organização que sejam lesivas de interesses de terceiros. Segundo o BGH, W. actuou como cúmplice ao solidarizar-se com a actuação fraudulenta de G. (membro da direcção da empresa), sem nada fazer para obstar à perpetuação (dos efeitos) do mencionado erro de cálculo.

A referência expressa ao *compliance officer* nesta decisão do BGH surge depois da fundamentação da posição de garante, num único parágrafo (nº 27), com o seguinte teor:

A RESPONSABILIDADE PENAL DO *COMPLIANCE OFFICER*

"Tal prática, recentemente denominada *compliance* nas grandes empresas, é concretizada no mundo económico através de programas de cumprimento, criando assim os chamados *compliance officers* (veja-se BGHSt 52, 323,335; Hauschka, *Corporate Compliance*, 2007, pág. 2 e seguintes). A sua área de competência abrange a prevenção de infracções legais, especialmente delitos puníveis, que sejam cometidos a partir da empresa e que possam causar-lhe dados graves em virtude do risco de incorrer em responsabilidades ou de prejudicar a sua reputação (veja-se Bürke em Hauschka, *Corporate Compliance*, 2007, pág. 128 e ss.). Estes *compliance officers* terão uma posição de garante no sentido do § 13, nº 1, do StGB, estando obrigados a impedir delitos puníveis cometidos pelos trabalhadores da empresa em relação com a actividade desta, como parte da responsabilidade assumida perante a administração da empresa de impedir infracções legais e especialmente delitos puníveis (veja-se Kraft/Winkler CCZ, 2009, 29, 32)."

Segundo o BGH, em síntese, o *compliance officer* assumiria uma posição de garante nos termos do § 13, nº 1, do StGB (no essencial equivalente aos nºs 1 e 2 do artigo 10º do nosso Código Penal), estando obrigado a impedir crimes praticados pelos funcionários da empresa que fossem enquadráveis na actividade desta – ou seja, *crimes de empresa*, na acepção acima fixada, e como decorrência da responsabilidade assumida perante a própria administração da empresa.

Embora tenha conhecido algumas recensões favoráveis, a decisão do BGH, em particular quanto ao referido *obiter dictum*, tem merecido críticas bastante contundentes, que acompanhamos no essencial.

A objecção mais recorrente aponta para a confusão, que ressalta da decisão, entre deveres de protecção e deveres de vigilância[53]. Na prática, de facto, o BGH atribui ao *compliance officer* um dever geral de protecção, que o vincularia a controlar a integridade de todos os bens jurídicos ameaçados pela organização empresarial, independentemente da fonte de perigo e da sua (não) vinculação ao respectivo objecto social, quando é hoje consensual que sobre a empresa recai tão-somente uma posição de garante-vigilância, circunscrita às fontes de perigo empresariais e, enquanto tal, apenas no quadro das actividades e comportamentos que tenham uma

---

[53] Neste sentido, Prittwitz, Cornelius, "La posición jurídica (en especial, posición de garante) de los *compliance officers*", in: *Compliance y teoría del Derecho penal* (org. Lothar Kuhlen, Juan Pablo Montiel e Íñigo Ortiz de Urbina Gimeno), Madrid: Marcial Pons, 2013, p. 215.

ESTUDOS SOBRE *LAW ENFORCEMENT, COMPLIANCE* E DIREITO PENAL

relação funcional necessária com a actividade da empresa (os mencionados *crimes de empresa*, portanto).

A via de responsabilização trilhada pelo BGH mostra-se também polí-
tico-criminalmente desadequada, associando ao *compliance officer* uma
espécie de *omnicompetência* no domínio decisório empresarial que, por se
aproximar perigosamente de uma mera *responsabilidade pela posição*, não
só não terá, na generalidade dos casos, qualquer correspondência com
a realidade material, como poderá ainda conduzir ao aligeiramento da
(necessidade de) investigação e perseguição penal dos concretos autores
individuais do facto punível praticado através da empresa[54].

No mesmo plano político-criminal, a construção do BGH parece trair-
-se ao promover uma ameaça de punibilidade amplíssima sobre os *compliance officers*, levando os titulares dessa função a adoptar, em sua defesa
(preventiva), uma posição de inércia e imobilismo, desde logo quanto ao
reconhecimento de falhas próprias ou insuficiências do sistema de controlo interno.

3. Hipóteses de comissão por omissão. Posição adoptada

Ainda que o entendimento acima adoptado não consinta a mesma amplitude punitiva que vai (aparentemente) pressuposta no *obiter dictum* do
BGH, é possível avançar, em abstracto, algumas hipóteses de potencial
responsabilidade penal do *compliance officer* em comissão por omissão.

Pela sua relevância teórica e prática, interessa-nos sobretudo tratar duas
constelações de casos: (*i*) a falta de implementação ou implementação
defeituosa do programa de *compliance* e (*ii*) a falta de reporte ou investigação após conhecimento (indiciário) de um *crime de empresa*.

a) Por falta de implementação ou implementação defeituosa do programa de compliance

A primeira função de um *compliance officer* passa naturalmente por implementar o programa de *compliance*.

Cabe assim questionar o que pode suceder, em termos penais, na eventualidade de o *compliance officer* omitir em absoluto a implementação desse
programa de controlo interno ou essa implementação ser levada a cabo de
forma incompleta ou defeituosa (designadamente, e a título de exemplo,

---

[54] Está em causa, pois, o perigo de *risk shifting* a que aludimos no ponto I. *b) supra*.

em razão de insuficiente avaliação de riscos empresariais ou formação desadequada aos trabalhadores da empresa).

Entre nós, a pura e simples omissão do dever de *compliance* não constirui infracção – ao contrário, como vimos, do que sucede na Alemanha, ainda que apenas no plano contra-ordenacional –, o que afasta a hipótese de responsabilização exclusivamente com tal enquadramento. Porém, nos casos em que, não sendo criadas, por via da (omitida) implementação do programa, barreiras de contenção de riscos que, a final, se vêm a materializar na prática de infracções, pode o *compliance officer* responder criminalmente?

A implementação de um sistema de controlo interno assume-se, desde logo, como forma de cumprimento do dever de garante do *compliance officer*, que só dessa forma pode assumir cabal e eficazmente a sua função de monitorização de riscos empresariais.

Nestes tipo de casos, contudo, e em virtude do tendencial desfasamento temporal entre a omissão imputável ao *compliance officer* e a infracção material, é difícil imaginar a hipótese de imputação dolosa, por falta de actualização do conhecimento da situação de risco no momento da sua concretização. Pelo contrário, já não será difícil admitir uma responsabilidade penal omissiva e negligente – no caso em que o crime em causa admita essa modalidade combinada de imputação –, reconduzível às situações ditas de negligência na assunção.

Por seu turno, quando sejam cometidas ao *compliance officer* funções de formação dos colaboradores das empresa (por exemplo, após alterações legislativas ou regulatórias), a falta de formação atempada – ou defeituosa – poderá, sem obstáculos dogmáticos de maior, ser enquadrada e resolvida no mesmo quadro de responsabilidade omissiva negligente, desde que, evidentemente, entre o comportamento omissivo relevante e o resultado tipicamente desvalioso possa reconhecer-se o necessário nexo de imputação objectiva.

b) Por falta de reporte ou investigação após conhecimento (indiciário) de crime de empresa

No quadro de um sistema (implementado) de controlo interno, será normalmente o *compliance officer* a centralizar o canal de denúncias, para posterior reporte à administração.

Em razão da monitorização permanente que lhe cabe fazer do sistema de controlo, podem chegar ao seu conhecimento suspeitas de infracção iminente, geradas por esse sistema. É neste contexto que tem sido estudada a eventual responsabilização do *compliance officer* por falta de reporte ou de investigação após conhecimento (indiciário) de um crime instante ou em execução.

É de admitir que quando o *compliance officer* não denuncia nem investiga indícios de infracção de que toma conhecimento (no exercício das suas funções ou por qualquer outra forma) possa responder em comissão por omissão pelo crime que venha a ser praticado, por não ter adoptado acção idónea a eliminar ou, pelo menos, diminuir o risco de ocorrência do resultado danoso.

Com uma excepção, naturalmente: a omissão de reporte ou denúncia interna de crimes já consumados. Se o *compliance officer* tem notícia de que foi praticado um crime, já consumado, no seio da empresa, e *silencia* esses indícios e a identificação dos seus responsáveis, não os denunciando nem desencadeando a competente investigação interna, não cabe naturalmente falar em responsabilidade penal por omissão em relação ao crime que foi praticado, pela simples e objectiva razão de que, numa tal hipótese, já não é possível colocar sequer a hipótese de uma acção *salvadora* ou mitigadora do risco para os bens jurídicos concretamente afectados.

Como tal, as hipóteses mais evidentes de potencial responsabilização do *compliance officer* em comissão por missão resultarão, pois, de um *olhar para o lado* – doloso ou negligente –, de um *saber o suficiente para não querer saber mais*, não denunciando nem promovendo a instauração dos inquéritos internos destinados a confirmar indícios de que tenha tomado conhecimento.

E assim será, e justifica-se que seja, porque nestes casos, na realidade, o *compliance officer*, em direitas contas, substitui-se à administração da empresa no exercício de poderes decisórios, chamando a si o que fazer sobre o curso de um *crime de empresa*.

É verdadeiramente esse, numa palavra, o fundamento material da sua responsabilidade: o *compliance officer* deve responder penalmente – em termos, aliás, materialmente idênticos àqueles que regem a responsabilidade penal dos dirigentes – quando assuma o *senhorio* do curso da acção delituosa produzida no contexto empresarial.

O mesmo é dizer que o *compliance officer* só responderá penalmente quando se substituir à administração no poder-dever de decidir o que fazer perante a detecção de indícios de práticas ilícitas, não praticando a acção adequada a obstaculizá-las (a denúncia interna, desde logo). E nesses

A RESPONSABILIDADE PENAL DO *COMPLIANCE OFFICER*

casos responderá como autor por omissão[55], paralelamente – ou seja, em autoria paralela – com o colaborador ou administrador que pratica (activa ou omissivamente) a conduta ilícita.

É sempre necessário, em todo o caso, demonstrar que o comportamento devido do *compliance officer* obstaria ou dificultaria, com probabilidade para além da dúvida razoável, à verificação do resultado. Ou seja, é necessário que o comportamento esperado e imposto ao *compliance officer*, e não praticado, possa ser visto, numa perspectiva *ex ante*, como uma *acção adequada a evitar o resultado*, nos termos do artigo 10º/1 do CP.

Caso contrário, só poderá haver responsabilidade por tentativa, e isto no pressuposto de haver, a montante, *decisão criminosa*, com o indispensável dolo (cf. artigo 22º, nº 1, do Código Penal).

Com efeito, não obstante o *compliance officer* não assumir poderes decisórios primários, o alerta e o reporte de indícios pode considerar-se uma acção adequada a evitar o resultado – o que dificilmente poderá ser afirmado naqueles casos em que o autor que pratica a acção que constitui o facto típico seja o dirigente a quem o *compliance officer* deve reportar a existência de infracções.

Referências bibliográficas

AA.VV.,
 Crisis financiera y Derecho Penal Económico, (dir. E. Demetrio Crespo, coord. M. Maroto Calatayud), Editorial B de F, Montevideo/Buenos Aires, 2014.

ALBERGARIA, Pedro Soares,
 "A posição de garante dos dirigentes no âmbito da criminalidade da empresa", *Revista Portuguesa de Ciência Criminal*, 9, 1999, pp. 605-626.

---

[55] Seguimos de perto, neste ponto, MORÃO, Helena, *Autoria e execução comparticipadas*, Coimbra: Almedina, 2014, pp. 281 e 284-285, que adopta um conceito unitário de autoria na omissão, rejeitando a hipótese de cumplicidade omissiva, aliás dificilmente conciliável com o artigo 10º, nº 1, do CP. Nas palavras da referida autora, com a habitual clareza e definitividade, "não se vislumbra como possível este tipo de diferenciação, uma vez que quem não dificulta a execução pura e simplesmente não intervém, tendo esse dever e podendo fazê-lo – sendo, portanto e desde logo, autor por omissao e nao cúmplice"; como tal, "querer distinguir uma cumplicidade omissiva numa execução igualmente omissiva, por o garante não poder realizar por si, total ou parcialmente, a acção que impede a lesão do bem jurídico, mas apenas um comportamento que dificulte esse dano – por exemplo, através da oposição a uma conduta lesiva e igualmente omissiva de um terceiro – equivale a desconhecer que o conteúdo da acção adequada a evitar o resultado a que se refere o nº 1 do artigo 10º só pode resultar da modelação concreta do dever de agir em função de um determinado conjunto de pressupostos fácticos de perigo e de uma certa capacidade de actuar: o que se exige ao garante é que, numa dada situação de risco, faça o que lhe for possível para obstar à produção do resultado típico."

ESTUDOS SOBRE *LAW ENFORCEMENT, COMPLIANCE* E DIREITO PENAL

BACIGALUPO, Enrique, CASTAÑO, María Luísa Silva,
Un Derecho Penal para Europa – Corpus Juris 2000: un modelo para la protección de los bienes jurídicos comunitarios, Dykinson, Madrid, 2004.

BERMEJO, Mateo G., PALERMO, Omar,
"La intervención delictiva del compliance officer", in: Compliance y teoría del Derecho Penal (org. Lothar Kuhlen, Juan Pablo Montiel e Íñigo Ortiz de Urbina Gimeno), Marcial Pons, Madrid, 2013, pp. 171-205.

BOTTKE, Wilfried,
"Responsabilidad por la no evitación de hechos punibles de subordinados en la empresa económica", in: Responsabilidad penal de las empresas y sus órganos y responsabilidad por el producto (org. Santiago Mir Puig, D. M. Luzón Peña), Bosch, Barcelona, 1996, pp. 129-197.

BRITO, Teresa Quintela de,
"Relevância dos mecanismos de 'compliance' na responsabilização penal", Anatomia do Crime – Revista de Ciências Jurídico-Criminais, nº 0, 2014, pp. 75-91.

CARREÑO AGUADO, Julen,
El tratamiento jurídico-penal de la inveracidad en la información social. Una propuesta de revisión del artículo 290 del Código Penal, La Ley, Madrid, 2013.

DEMETRIO CRESPO, Eduardo,
Responsabilidad penal por omisión del empresario, Iustel, Madrid, 2009.

DIAS, Augusto Silva,
Protecção Jurídico-Penal dos Interesses dos Consumidores (policopiado), 2001.

DIAS, Augusto Silva,
"O Direito penal como instrumento de superação da crise económico-financeira: estado da discussão e novas perspectivas", Anatomia do Crime – Revista de Ciências Jurídico-Criminais, nº 0, 2014, pp. 45-73.

DIAS, Jorge de Figueiredo,
Direito Penal. Parte Geral, Tomo I (Questões Fundamentais. A Doutrina Geral do Crime), 2ª ed., Coimbra Editora, Coimbra, 2007.

FEIJOO SÁNCHEZ, Bernardo,
"Autorregulación y Derecho penal de la empresa", in: Cuestiones actuales de Derecho penal económico, Editorial B de F, Montevideo/Buenos Aires, 2009, pp. 49-121.

FEIJOO SÁNCHEZ, Bernardo,
Derecho Penal de la Empresa e Imputación Objectiva, Editorial Reus, Madrid, 2007.

FRISCH, Wolfgang,
"Problemas fundamentales de la responsabilidad penal de los órganos de dirección de la empresa. Responsabilidad penal en el ámbito de la empresa y de la división del trabajo", in: Responsabilidad penal de las empresas y sus órganos y responsabilidad por el producto (org. Santiago Mir Puig, D. M. Luzón Peña), Bosch, Barcelona, 1996, pp. 99-127.

GIMBERNAT ORDEIG, Enrique,
"Omisión impropria e incremento del riesgo en el Derecho penal de la empresa", Anuario de derecho penal y ciencias penales, Vol. LIV, 2001, pp. 1-20.

GRECO, Luís, ASSIS, Augusto,
"O que significa a teoria do domínio do fato para a criminalidade de empresa", in: Autoria como domínio do facto. Estudos introdutórios sobre concurso de pessoas no direito penal brasi-

leiro (org. Luís Greco, Alaor Leite, Adriano Teixeira e Augusto Assis), Marcial Pons, São Paulo, 2014.

HEINE, Günther,
"Modelos de responsabilidad jurídico-penal originaria de la empresa", in: AA.VV., *Modelos de autorresponsabilidad penal empresarial. Propuestas globales contemporáneas* (ed. Carlos Gómez-Jara Díez), Thomson & Arazandi, Navarra, 2006, pp. 25-68.

JAKOBS, Günther,
"La competencia por organización en el delito omissivo", in: *Estudios de Derecho Penal* (trad. E. Peñaranda Ramos), Civitas, Madrid, 1997, pp. 347-363.

KUHLEN, Lothar,
"Cuestiones fundamentales de *compliance* y Derecho penal", in: Compliance *y teoría del Derecho Penal* Compliance *y teoría del Derecho penal* (org. Lothar Kuhlen, Juan Pablo Montiel e Íñigo Ortiz de Urbina Gimeno), Marcial Pons, Madrid, 2013, pp. 51-76.

LASCURAÍN SÁNCHEZ, Juan Antonio,
"Fundamento y límites del deber de garantía del empresario", in: AA.VV., *Hacia un Derecho penal económico europeo. Jornadas en Honor del Profesor Klaus Tiedemann*, BOE, Madrid, LH Tiedemann, 1995, pp. 209-227.

MARTÍNEZ-BUJÁN PÉREZ, Carlos,
Derecho Penal Económico y de la Empresa. Parte General, Tirant lo Blanch, Valencia, 2014.

NEVES, Rui de Oliveira,
"Fiscalização e Protecção do Investidor. Alguns problemas do governo societário", in: AA.VV., *I Congresso Direito das Sociedades em Revista* (org. Rui Pinto Duarte, Pedro Pais de Vasconcelos, J. Coutinho de Abreu), Almedina, Coimbra, 2011, pp. 235-351.

MORÃO, Helena,
Autoria e execução comparticipadas, Almedina, Coimbra, 2014.

NIETO MARTÍN, Adán,
"Responsabilidad social, gobierno corporativo y autorregulación: sus influencias en el derecho penal de la empresa Política Criminal", *Política Criminal*, Ano 3-5, nº 5, 2008, pp. 1-18.

NIETO MARTÍN, Adán,
"Introducción", in: *El Derecho Penal Económico en la era Compliance* (Dir. Luis Arroyo Zapatero, Adan Nieto Martín), Tirant lo Blanch, Valencia, 2013, pp. 11-29.

PRITTWITZ, Cornelius,
"La posición jurídica (en especial, posición de garante) de los *compliance officers*", in: *Compliance y teoría del Derecho penal* (org. Lothar Kuhlen, Juan Pablo Montiel e Íñigo Ortiz de Urbina Gimeno), Marcial Pons, Madrid, 2013, pp. 207-218.

REYNA ALFARO, Luis Miguel,
"La responsabilidad penal del compliance officer: algumas consideraciones iniciales sobre el nuevo delito de omisión culposa de comunicación de operaciones sospechosas", *Anuario de Derecho Penal Económico y de la Empresa*, 2015, 3, pp. 273-287.

ROBLES PLANAS, Roberto,
"Riesgos penales del asesoramiento jurídico (1)", *Diario La Ley*, nº 7015, 2008, pp. 1-15.

ROBLES PLANAS, Roberto,
"El responsable de cumplimiento («*Compliance Officer*») ante el Derecho penal", in: *Criminalidad de Empresa y Compliance "Prevención y Reacciones Corporativas"* (dir. Jesús-

ESTUDOS SOBRE *LAW ENFORCEMENT, COMPLIANCE* E DIREITO PENAL

-María Silva Sánchez; coord. Raquel Montaner Fernández), Atelier Libros, Barcelona, 2013, pp. 319-331.

ROTSCH, Thomas,

"Criminal compliance", *Indret*, nº 1, 2012, pp. 1-12.

ROTSCH, Thomas,

"Sobre las preguntas científicas y prácticas del criminal compliance", *Anuario de Derecho Penal Económico y de la Empresa*, nº 3, 2015, pp. 13-29.

ROXIN, Claus,

Comentário ao acórdão do BGH de 20.10.2011 (4 StR 71/11 – "Garantenpflicht eines Betriebsinhabers bzw. Vorgesetzten zur Verhinderung von Straftaten nachgeordneter Mitarbeiter – Mobbing"), *Juristische Rundschau*, 2012.

ROXIN, Claus,

Derecho Penal. Parte General, Tomo II (Especiales Formas de aparición del delito) (trad. Diego Manuel Luzón Peña, José Manuel Paredes Castañón, Miguel Díaz y García Conlledo e Javier de Vicente Remesal), Editorial: Civitas Colección, Madrid, 2014.

SCHÜNEMANN, Bernd,

"Responsabilidad penal en el marco de la empresa. Dificultades relativas a la individualización de la imputación", *Anuario de derecho penal y ciencias penales*, Vol. LV, 2002, pp. 9-38.

SIEBER, Ulrich,

"Programas de *compliance* en el derecho penal de la empresa. Una nueva concepción para controlar la criminalidad económica", in: *El Derecho Penal Económico en la era Compliance* (Dir. Luis Arroyo Zapatero, Adan Nieto Martín), Tirant lo Blanch, Valencia, 2013, pp. 63-109.

SIEBER, Ulrich, ENGELHART, Marc,

Compliance Programs for the Prevention of Economic Crimes: An Empirical Survey of German Companies, Schriftenreihe des Max-Planck-Instituts für ausländisches und internationales Strafrecht, Reihe S: Strafrechtliche Forschungsberichte (MPIS), vol. 140, Duncker & Humblot, Berlin, 2014.

SILVA SÁNCHEZ, Jesús María,

"*Deberes de vigilancia y* compliance empresarial", in: *Fundamentos del Derecho penal de la empresa*, Edisofer, Buenos Aires, 2013.

TIEDEMANN, Klaus, MARTÍN, Adán Nieto (org.),

Eurodelitos – El Derecho Penal Económico en la Unión Europea, Ediciones de la Universidad de Castilla-La-Mancha, Cuenca, 2004.

VIANA, João Matos,

Autoria na criminalidade de empresa, Dissertação de Mestrado em Ciências Jurídico-Criminais, n.p., Faculdade de Direito de Lisboa, 2007.

Responsabilidade penal das instituições de crédito e do *Chief Compliance Officer* no crime de branqueamento

José Neves da Costa[*]

Sumário: Introdução; I. Caso de estudo; II. Do banqueiro ao banco: a responsabilidade penal pelo branqueamento cometido por pessoas em posição de liderança; 1. Branqueamento de capitais alheios por omissão; 2. A responsabilidade da instituição de crédito e do *Chief Compliance Officer* no crime de branqueamento cometido por pessoa em posição de liderança; *a)* Responsabilidade penal do *Chief Compliance Officer* pela comissão do crime de branqueamento na atividade bancária; *b)* O *Chief Compliance Officer* como pessoa em posição de liderança para efeitos de responsabilidade penal da pessoa coletiva; *c)* Comissão em nome da pessoa coletiva; *d)* Comissão do ilícito típico no interesse coletivo; *e)* Deveres de organização conforme ao Direito e autorregulação regulada; *f)* Culpa da instituição pelo ilícito cometido; 3. O programa de *compliance* na mitigação ou exclusão da responsabilidade das instituições de crédito pela comissão do crime de branqueamento, *a)* O *compliance* e o branqueamento nas instituições de crédito, *b)* O artigo 11º, nº 6, do CP e a influência dos programas de *compliance* na responsabilidade da instituição de crédito pelo crime de branqueamento; Conclusão.

---

[*] Mestre em Ciências Jurídico-Criminais pela Faculdade de Direito da Universidade de Lisboa; Investigador não-integrado do Centro de Investigação em Direito Penal e Ciências Criminais. Contacto do autor: jose.s.nevesdacosta@gmail.com

Introdução

No panorama internacional vêm sendo desenvolvidos esforços cada vez mais intensos no sentido de combater o fenómeno do branqueamento de capitais, positivado atualmente, sob a epígrafe "branqueamento", no artigo 368º-A do CP português, mas mais conhecido pelo vulgo "lavagem de dinheiro", termo que acolhe a influência da terminologia anglo-saxónica *money laundering* e que foi adotado, por exemplo, na Lei brasileira nº 9.613, de 3 de março de 1998, e no § 261 do StGB alemão que prevê o crime de *Geldwäsche* (à letra, "lavagem de dinheiro").

Parte fundamental das políticas de combate ao branqueamento tem assentado na prevenção da instrumentalização do sistema bancário para a concretização do branqueamento e para a inserção de vantagens de proveniência ilícita no sistema financeiro regular. Para tal, têm sido impostos sobre as instituições financeiras fortes deveres de implementação de mecanismos de *compliance* que procurem dar cumprimento às pretensões de prevenção e repressão do branqueamento.

Não obstante, vimos também assistindo, no panorama internacional, a diversos casos polémicos com cena no teatro financeiro que envolvem precisamente a comissão de crimes de branqueamento pelas próprias instituições bancárias e pelos seus agentes. Assim, partindo de um caso da jurisprudência nacional, baseado num processo do Tribunal Central de Instância Criminal de Lisboa e a cujo despacho de pronúncia nos foi autorizado o acesso para os devidos efeitos do presente estudo, propomo-nos apreciar algumas questões relacionadas com a responsabilidade penal das pessoas coletivas bancárias e do respetivo *Chief Compliance Officer* (doravante, CCO) pela comissão do crime de branqueamento.

Neste sentido, e porque um estudo exaustivo desta temática seria extenso e desfasado dos objetivos aqui pretendidos, procuraremos enfocar a nossa análise, por um lado, na responsabilidade penal do CCO pela comissão do crime de branqueamento no âmbito do desempenho das suas tarefas profissionais e, por outro lado, na responsabilidade penal das próprias instituições de crédito pela comissão do mesmo crime quando cometido por pessoas em posição de liderança, apreciando o papel do CCO enquanto pessoa em tal posição e estudando a responsabilidade da instituição de crédito *a se*, averiguando como é este cometido em nome e no interesse coletivo, qual a dimensão dos deveres de autorregulação e auto-

-organização da instituição e a forma como pode a esta imputar-se um juízo de culpa pelo ilícito típico verificado.

Procuraremos ainda estudar a relevância do programa de *compliance* na responsabilidade da instituição de crédito através da eventual mitigação ou exclusão da responsabilidade pelo crime de branqueamento, averiguando se, para efeitos do nº 6 do artigo 11º do CP, os imperativos de tal programa podem ser tido como "ordens ou instruções expressas de quem de direito", podendo desde já adiantar-se que, cremos, à luz do ordenamento jurídico português, a resposta não pode deixar de ser a negação da relevância do programa de *compliance a se* como motivo de exclusão da culpa das pessoas coletivas, valendo este antes como exteriorização de algo mais profundo ao nível do *compliance*: uma cultura corporativa de cumprimento, a qual defende e se esforça por preservar e moldar.

Por fim, procuraremos ainda ir relacionando a análise efetuada com o caso de estudo. Porém, devido às limitações do mesmo no respeitante à matéria de *compliance*, as quais contrastam com a respetiva riqueza fáctica, serão efetuadas alterações ocasionais à factualidade do caso em ordem a adaptá-lo ao estudo que se leva a cabo e que ora se inicia.

I. Caso de estudo

AA, reputado e respeitado banqueiro nacional, aceitou um convite que lhe fora endereçado para liderar o projeto de crescimento do Banco Fictício Português (BFP), impondo, porém, como condição de tal aceitação a conquista de controlo acionista do Banco[1]. Aceite pelos acionistas do BFP, esta condição colocou AA na presidência do Grupo BFP, tendo o controlo acionista em questão sido conseguido, por um lado, pela aquisição de ações por um conjunto restrito de pessoas da confiança de AA, que pudessem ser instrumentalizadas para apoiar a definição de estratégias do Grupo BFP e, por outro lado, pela criação de uma SGPS controlada por AA e por outras pessoas próximas de si que emergisse como sociedade-mãe do Grupo e na qual se procedesse à concentração de um conjunto significativo de ações do Banco, permitindo o controlo do mesmo.

---

[1] O presente caso de estudo inspira-se no despacho de pronúncia proferido no âmbito de processo judicial, cujos autos, à data de término do presente estudo, correm termos junto do Tribunal Central de Instância Criminal de Lisboa. Foi-nos autorizado o acesso ao despacho pelo Senhor Juiz de Direito responsável pela tramitação do processo, tendo todos os nomes dos envolvidos, bem como todos demais elementos individualizadores do processo, sido ocultados no presente artigo para prevenir o efeito de *"name-and-shame"*.

ESTUDOS SOBRE *LAW ENFORCEMENT, COMPLIANCE* E DIREITO PENAL

O interesse de AA na assunção do controlo da maioria do capital social da instituição de crédito era, assim, a obtenção de poder pessoal e de influência, ainda que em prejuízo do próprio Banco. Para cumprir esse seu desígnio, e com a colaboração de pessoas da sua confiança, às quais sempre aceitou dar compensações sacadas sobre o BFP em prejuízo do mesmo, AA desenvolveu esquemas de extraordinária complexidade envolvendo-se numa gigantesca teia de *holdings, sub-holdings* e sociedades *offshore* procurando ocultar operações de financiamento dentro do próprio Grupo BFP, camuflar operações destinadas a garantir o referido controlo acionista, parquear custos, deter ações e ativos de sociedades do Grupo e servir-se do BFP como veículo de passagem de fundos.

Neste contexto, AA, em colaboração com as pessoas que recrutou para o auxiliar, realizou inúmeras e complexas operações penalmente ilícitas com recurso ao capital do BFP, lesando amplamente a instituição e os seus clientes e conseguindo iludir todas as instâncias de supervisão (*maxime*, o Banco de Portugal). Assim, tanto AA como o BFP obtiveram capitais ilicitamente que careciam de branqueamento.

Para proceder à "lavagem do dinheiro", o banqueiro firmou um acordo com BB, proprietário da galeria de arte FSS, nos termos do qual este auxiliaria aquele primeiro a criar uma aparência de realização de ativos para o BFP através de uma venda de quadros do Banco à Galeria, com posterior recompra dos mesmos pelo Banco ou por outra entidade a indicar por este. Porém, tal venda queria-se estritamente formal, não chegando sequer a dar-se qualquer tradição das obras. Procurava-se criar a aparência de aumento de resultados do BFP e o branqueamento dos capitais da esfera jurídica do Banco. AA sabia que o capital poderia ser recuperado e, quando o fosse, teria nova justificação para o mesmo.

Assim, AA e BB acordaram que o BFP venderia à Galeria FSS um conjunto de quadros, incluindo-se no contrato uma obrigação de recompra, assegurando-se inclusive o pagamento de um preço que seria acrescido de uma percentagem de cerca de 5%, a título de remuneração da Galeria. Assim, entre o BFP e a Galeria foi celebrado um negócio nos moldes do qual aquele vendia a esta um lote de quadros por um determinado montante e, de seguida, uma outra sociedade recomprava as mesmas peças por um valor superior ao da primeira venda. Com o dinheiro obtido na revenda, a Galeria pagava ao Banco o valor da venda original, obtinha lucro e o BFP criava a ilusão de ter uma entrada de capital, quando na verdade estava a

RESPONSABILIDADE PENAL DAS INSTITUIÇÕES DE CRÉDITO E DO CHIEF *COMPLIANCE...*

ter prejuízo e os quadros nunca haviam sequer saído das suas instalações. O prejuízo, para que se compreenda, tinha origem no facto de a sociedade que procedia à recompra das obras de arte integrar, sem que ninguém o soubesse (particularmente, as autoridades de supervisão), o Grupo BFP, sendo financiada pelo próprio Banco, pelo que a recompra das obras era feita com dinheiro do próprio BFP.

Por outro lado, o próprio AA procedeu ao branqueamento de capitais próprios através de esquema similar, tendo acordado com BB operação semelhante, mas na qual era o próprio AA quem garantia a disponibilização de parte dos fundos para a aquisição primária pela referida Galeria dos quadros e com termos que ditavam que, caso esta não conseguisse vender as obras a terceiros no prazo de 3 anos, o BFP se obrigava a recomprá-las, diretamente ou por entidade participada, por um preço equivalente ao da venda, acrescido de 5%.

Porém, AA nunca pretendeu, ao transferir fundos da sua conta pessoal para a conta da Galeria, levar a cabo uma liberalidade em benefício do BFP. Na verdade, sabendo que a origem dos seus fundos pessoais era ilícita, AA pretendia que os fundos por si transferidos para a Galeria, depois de utilizados na pretensa compra e venda, e depois da própria recompra pelo BFP, permanecessem na Galeria à sua disposição. Desta forma, AA conseguia cortar a ligação dos referidos fundos com os ilícitos típicos que os haviam gerado, recuperando depois os fundos com uma justificação nova e aparentemente lícita.

AA, na sequência do desenho de inúmeros esquemas ilícitos que, pessoalmente, lhe deram grandes ganhos económicos e que macularam de ilicitude os fundos do próprio BFP, com o apoio de BB e da sua Galeria, conseguiu a "lavagem" de parte dos capitais que obtivera, dando-lhes uma nova roupagem: compra e venda e peças de arte.

II. Do banqueiro ao banco: a responsabilidade penal pelo branqueamento cometido por pessoas em posição de liderança

A responsabilidade penal das pessoas coletivas prevista, *maxime*, no nº 2 do artigo 11º do CP[2], está limitada a um catálogo fechado de crimes que hoje prevê expressamente o crime de branqueamento (artigo 368º-A do CP).

---

[2] Outras previsões encontram-se, por exemplo, no artigo 7º do Regime Geral das Infrações Tributárias (Lei nº 15/2001, de 5 de junho, alterada pela última vez pela Lei nº 24/2016, de 22 de agosto).

ESTUDOS SOBRE *LAW ENFORCEMENT, COMPLIANCE* E DIREITO PENAL

Assim, onde uma instituição de crédito, enquanto pessoa jurídica, for autora de um crime de branqueamento, a própria será penalmente responsabilizável pelo facto quando este for cometido dentro das condições previstas nas duas alíneas do artigo 11º, nº 2, do CP, a saber: 1) quando a comissão for executada por pessoas que ocupem uma posição de liderança e atuem em nome da pessoa jurídica e no interesse coletivo [alínea *a)*]; ou 2) quando seja cometido por quem aja sob a autoridade das tais pessoas em posição de liderança e em virtude de uma violação dos deveres de vigilância ou controlo que lhes incumbem [alínea *b)*].

Não obstante a alínea *b)* levantar questões interessantes e de importante análise, situaremos o nosso foco na alínea *a)*, dado o objeto do presente trabalho incidir – sendo inclusive esse o caso de estudo – na responsabilidade das pessoas coletivas no crime de branqueamento resultante da atuação dos seus dirigentes.

1. Branqueamento de capitais alheios por omissão

O tema da responsabilização das instituições de crédito pela comissão do crime de branqueamento assume uma dupla vertente, cada uma com contornos específicos: por um lado releva ao nível da responsabilidade pelo branqueamento de capitais próprios e, por outro lado, ao nível da vertente do branqueamento de capitais alheios. Esta dupla vertente é particularmente acentuada na questão da responsabilidade penal das instituições de crédito porque, como se compreende, o sistema bancário é, simultaneamente, um elemento fundamental no circuito do branqueamento e no sistema preventivo de tal ilícito.

A tipificação penal do crime de branqueamento é bastante ampla, incluindo, para além da conversão ou transferência de vantagens obtidas pelo próprio agente, o auxílio ou facilitação de conversão ou transferência de vantagens obtidas por terceiros[3]. Destarte, e sabendo também que o recurso a contas bancárias e, nomeadamente, ao sucessivo crédito e débito

---

[3] Para além de a previsão do artigo 368º-A do CP ser já, só por si, bastante ampla e complexa, a Lei nº 83/2017, de 18 de agosto, que entrou em vigor a 17 de setembro de 2017, incompreensivelmente, na alínea *j)* do nº 1 do seu artigo 2º, amplia ainda mais o conceito de branqueamento para os devidos efeitos da respetiva aplicação, entendendo como branqueamento factos que, inclusive, configurariam tradicionalmente outros tipos penais como o crime de recetação (nomeadamente, adquirir bens com conhecimento, no momento da sua receção, de que têm origem criminosa). Para efeitos da aplicação da Lei nº 83/2017, por exemplo, a mera associação para prática de atos de branqueamento constitui já ela própria o dito branqueamento.

de valores, é um método paradigmático de execução do branqueamento dadas as dificuldades que um complexo circuito de transferência de fundos (inclusive de dimensão internacional) gera na execução do *follow the money*, onde uma instituição de crédito execute, facilite ou auxilie este tipo de operações, poderá haver, na sua esfera jurídica, responsabilidade penal pelo branqueamento de capitais – próprios e/ou alheios.

Assim, compreende-se que tratar a comissão do crime de branqueamento por uma instituição de crédito implica um seu tratamento na dupla vertente do branqueamento de capitais próprios ou de terceiros. Tanto mais é assim quanto a Banca está sujeita a sólidos deveres de prevenção do branqueamento, conforme resulta, *maxime*, da "bíblia" nacional anti branqueamento de capitais (e financiamento do terrorismo), composta pela conjugação da Lei nº 83/2017, de 18 de agosto, e do Aviso do Banco de Portugal (doravante, BdP) nº 5/2013[4]. Entre os diversos deveres a que as instituições bancárias se encontram sujeitas, incluem-se, por um lado, deveres de diligência e de exame (artigos 23º e seguintes e 52º) que, em suma, comprometem as instituições, em função do risco representado pelos seus clientes, com, por um lado, o conhecimento mais ou menos detalhado da identidade e do perfil destes bem como da origem e do destino dos fundos creditados e debitados das respetivas contas bancárias e, por outro lado, com o exame cuidadoso de todas as transações processadas cujas características as tornem particularmente suscetíveis de poder estar relacionadas com os ilícitos de branqueamento ou de financiamento do terrorismo. Por outro lado ainda, e entre outros, as instituições bancárias estão igualmente sujeitas a deveres de controlo (artigos 12º e seguintes) e de comunicação ao Departamento Central de Investigação e Ação Penal da Procuradoria-Geral da República e à Unidade de Informação Financeira de transações tidas como suspeitas (artigos 43º e 44º), emergindo aquele dever de controlo, desde a Lei nº 83/2017, de 18 de agosto, como um dever central na arquitetura da prevenção bancária do branqueamento de capitais e do financiamento do terrorismo.

Como se compreende, estes deveres decorrentes da Lei nº 83/2017, de 18 de agosto, impõem sobre as instituições de crédito (e não só) uma obrigação de colaboração na prevenção. Ora, desta perspetiva, e na ótica da

---

[4] A Lei nº 83/2017, de 18 de agosto, revogou expressamente a Lei nº 25/2008, de 5 de junho, não sendo ainda conhecido, porém, até ao momento de fecho do presente texto, correspondente regulamento do BdP em substituição do Aviso 5/2013.

ESTUDOS SOBRE *LAW ENFORCEMENT, COMPLIANCE* E DIREITO PENAL

atuação da instituição de crédito, um dos melhores auxílios que esta pode dar à comissão do branqueamento será o não cumprimento dos deveres decorrentes da normatividade aplicável – ou seja, o melhor auxílio que uma instituição de crédito pode oferecer ao agente de branqueamento será, precisamente, não fazer nada. Como tal, tendo presente que decorre do próprio artigo 368º-A, nº 2, do CP, que incorre no crime de branqueamento quem auxiliar terceiros nas operações de conversão ou transformação de vantagens por estes obtidas, assim como quem facilitar as ditas operações, dir-se-ia que esta omissão por parte da instituição de crédito dos deveres legais a que está sujeita não pode deixar de preencher o tipo em causa. Efetivamente, essa omissão auxilia e facilita o branqueamento. Porém, será assim?

O que fica dito implicaria uma comissão por omissão do crime de branqueamento[5], a qual, nos crimes de omissão impuros, como decorre do nº 1 do artigo 10º do CP, apenas se pode dar quando o tipo compreenda um crime de resultado e não um crime de mera atividade[6]. E aqui, se a conversão, a transferência, a ocultação e a dissimulação de vantagens são efetivamente formas de consumação do branqueamento assentes em resultados, o auxílio e a facilitação daqueles resultados configuram mera atividade[7], pelo que, por definição não podem ser cometidos por omissão. Ou antes: a um crime de mera atividade apenas corresponderá, por norma, um crime omissivo próprio e tão-só onde a lei penal o preveja tipicamente[8]. E, cremos, esta é precisamente a situação do crime de branqueamento numa

---

[5] Defendendo a comissão omissiva do crime de branqueamento, ainda que apenas na sede da omissão impura, cf. Santiago, R., "O «branqueamento» de capitais e outros produtos do crime: contributos para o estudo do art. 23º do Decreto-Lei 15/93, de 22 de janeiro e do regime da prevenção da utilização do sistema financeiro no «branqueamento» (Decreto-Lei nº 313/93, de 15 de setembro)", *Revista Portuguesa de Ciência Criminal* 4, nº 4, (out.-dez. 1994), (pp. 497-560), pp. 548-549.

[6] Tal é assim, inclusive, pela própria natureza das coisas, na medida em que, tratando-se um crime de mera atividade, por definição, de um crime cujo preenchimento típico se dá pela simples adoção de um determinado comportamento, a omissão desse mesmo comportamento impossibilita a verificação do delito penal e é precisamente o pretendido pela Lei.

[7] Albuquerque, P. P., "Nota prévia ao artigo 368º-A" e "Artigo 368º-A, *Branqueamento*" in: *Comentário ao Código Penal á luz da Constituição da República e da Convenção Europeia dos Direitos do Homem*, 3ª edição atualizada, Lisboa: Universidade Católica Editora, 2015, (pp. 1146-1157).

[8] Figueiredo Dias, J., *Direito Penal – Parte geral, tomo I: Questões fundamentais; A doutrina geral do crime*, 2ª edição, Coimbra: Coimbra Editora, 2007, pp. 914-916.

vertente da sua parte de mera atividade (o auxílio e a facilitação da comissão do facto por terceiros).

A etimologia dos conceitos de "auxiliar" e "facilitar" engloba uma ideia de omissão de deveres, não remetendo exclusivamente para uma ideia de ação. Uma pessoa pode auxiliar outra ou facilitar um determinado resultado reduzindo-se, precisamente, a um espectador passivo e omitindo qualquer ação que preveniria o dito resultado. E isto resulta particularmente evidente na atividade bancária de *compliance*, como visto *supra*.

As contas bancárias são os principais instrumentos na execução do branqueamento de capitais e as instituições bancárias são dos principais atores dos atuais mecanismos de combate ao branqueamento. Deste modo, e na sequência do que fica exposto atrás, onde uma instituição bancária omita o cumprimento dos seus deveres de *compliance*, não punir esta omissão que auxilia e/ou facilita a ação branqueadora conduziria àquele que não podemos deixar de classificar como um buraco esquizofrénico no sistema penal nacional, comprometendo inclusive a unidade do sistema jurídico, unidade esta que, como se sabe, é um dos princípios-base da interpretação da Lei[9]: não tem sentido que, num lado, o legislador imponha às instituições de crédito uma obrigação de prevenção de uma ideia latíssima de branqueamento, noutro lado, o mesmo legislador fixe como agente do crime de branqueamento quem auxilia terceiros na sua atividade branqueadora e, num outro lado ainda, o mesmo legislador não considere como agentes de branqueamento as instituições de crédito que violem os seus deveres de prevenção, prestando grande auxílio ao terceiro branqueador.

Como tal, é nosso entendimento que nos conceitos de "auxiliar" e "facilitar" tipificados no nº 2 do artigo 368º-A do CP não podem deixar de caber as omissões que prestem auxílio ou que facilitem a atividade branqueadora de terceiros, particularmente quanto sejam omissões de deveres legais de prevenção do branqueamento de capitais a que o agente esteja vinculado. Destarte, a ser assim – como cremos que é – o branqueamento, nesta parte, engloba em si uma vertente de crime de omissão pura ou própria, justamente porque as condutas em causa correspondem materialmente a situações de cumplicidade no branqueamento praticado por outrem, todavia equiparadas à autoria deste.

---

[9] Cf. artigo 9º do CC.

2. A responsabilidade da instituição de crédito e do *Chief Compliance Officer* no crime de branqueamento cometido por pessoa em posição de liderança

O entendimento expedido até aqui é particularmente relevante numa situação em que, por omissão dos deveres de diligência, de exame e/ou de comunicação que impendem sobre as instituições de crédito, seja auxiliada ou facilitada uma operação de branqueamento de capitais. Nesta situação, se a referida omissão for levada a cabo pelo CCO em nome da pessoa jurídica e no respetivo interesse coletivo, haverá lugar, cremos e como veremos *infra*, a responsabilidade penal da instituição de crédito pelo crime de branqueamento, nos termos cumulados dos n°s 1 e 2 do artigo 368°-A e 2 alínea *a)* do artigo 11°, ambos do CP.

Mas, não obstante estas conclusões, outra questão de importante tratamento se levanta: há responsabilidade penal do próprio CCO, enquanto pessoa singular, pela comissão dos factos em questão? A resposta, sem prejuízo da responsabilidade contraordenacional a que eventualmente haja lugar[10], será positiva ou negativa em função da própria organização interna do departamento de *compliance* da instituição.

---

[10] Tratamos, no presente estudo, da responsabilidade penal das instituições de crédito e do CCO pela comissão do crime de branqueamento *a se*. Para além de responsabilidade penal, tanto a instituição como o CCO são suscetíveis de responsabilidade contraordenacional onde hajam violado deveres previstos na Lei n° 83/2017, de 18 de agosto, nos termos dos respetivos artigos 161° a 163°. De notar que o regime sancionatório contraordenacional aqui em questão sofreu alterações bastante consideráveis por via da Lei n° 83/2017, de 18 de agosto, sendo que, por exemplo, a Lei n° 25/2008, de 5 de junho, no seu artigo 46°, n° 1, alínea *c)*, resumia expressamente a responsabilidade singular pela prática de contraordenações nela previstas às pessoas que fossem membros dos órgãos sociais, diretores, chefes, gerentes ou representantes das entidades bancárias, sendo os restantes colaboradores – permanentes ou ocasionais – responsáveis tão-só no caso de violação do dever de segredo. A nova Lei n° 83/2017, de 18 de agosto, na conjugação dos seus artigos 161°, n°s 1 e 2, e 163°, n° 1, responsabiliza pela prática das contraordenações tipificadas todos os indivíduos singulares que por ação ou omissão, contribuam causalmente para a sua produção, alargando a responsabilidade individual das pessoas singulares a todos os que sejam administradores, gerentes, diretores, chefes ou supervisores, representantes, trabalhadores ou demais colaboradores da instituição. Outra importante alteração resulta de termos passado de um regime que previa 30 contraordenações (cf. artigo 53° da Lei n° 25/2008, de 5 de junho), para um que contempla quase quatro voltas completas ao abecedário, positivando 96 contraordenações entre as alíneas *a)* e *rrrr)* do artigo 169° da Lei n° 83/2017, de 18 de agosto.

a) Responsabilidade penal do Chief Compliance Officer *pela comissão do crime de branqueamento na atividade bancária*

O CCO, enquanto responsável pelo departamento de *compliance* da instituição bancária, é o responsável pelo controlo do cumprimento da legalidade (*lato sensu*) na atuação da instituição, competindo-lhe assegurar, entre o mais e num contexto de combate ao branqueamento de capitais, que as operações que o banco processa não configuram este ilícito penal. Não obstante, o CCO, pelo simples facto de ocupar a posição que ocupa, não pode ser responsabilizável por toda e qualquer operação bancária processada que, por ventura, culmine em branqueamento – importando ora sublinhar, e porque tratamos aqui de responsabilidade penal pelo crime de branqueamento *a se*, que qualquer eventual investigação penal que recaia sobre o CCO ou sobre a instituição de crédito eventualmente em questão, terá de estar em causa o tipo de branqueamento nos termos resultantes do artigo 368º-A do CP e não do alargamento conceptual levado a cabo na Lei nº 83/2017, de 18 de agosto.

Uma instituição de crédito é, por norma, uma entidade de dimensões muito grandes, tendo o respetivo departamento de *compliance* de, necessariamente e conforme resulta do artigo 17º, nº 2, alínea *c*) do Aviso do BdP nº 5/2008, acompanhar essa dimensão ao nível de recursos humanos. Queremos com isto dizer que nem todas as questões carentes de decisão e resolução são tratadas pelo CCO (e nem têm de o ser, nem o podem ser), assim como uma parte importante do cumprimento dos deveres preventivos resultantes da Lei nº 83/2017, de 18 de agosto, não dependem (nem podem depender) do departamento de *compliance* mas antes da rede de filiais, balcões e sucursais das instituições, as quais lidam diretamente com os clientes, competindo ao departamento de *compliance*, nestas situações, o desempenho de uma função de controlo, a qual, na maioria das vezes, será necessariamente posterior à concretização do facto violador dos deveres – veja-se, nomeadamente, o cumprimento do dever de identificação.

Daqui, cremos, resultam duas importantes conclusões: à uma, numa situação em que o crime de branqueamento seja cometido pela própria instituição de crédito em violação dos deveres de prevenção impostos pela Lei nº 83/2017, de 18 de agosto, a responsabilidade não pode ser quase automaticamente imputada ao departamento de *compliance* da instituição; e, à outra, onde haja, *de facto*, responsabilidade do departamento de *compliance* da instituição bancária, não cremos que a responsabilidade possa recair quase automaticamente sobre o CCO pelo simples facto de este ser o responsável do departamento. Tal, inclusivamente e no limite, corresponderia a uma situação constitucionalmente vedada de transmissibilidade da responsabilidade penal (artigo 30º, nº 3 da CRP).

Onde a atuação haja sido levada a cabo por um outro colaborador sem a intervenção – ou o dever de intervenção – do CCO, não poderá este ser responsabilizado, devendo-o ser antes o colaborador atuante. Terá sido este quem, em autoria imediata, terá facilitado ou auxiliado a prática do facto. Este será o caso, por exemplo, em que o departamento de *compliance* recebe um *e-mail* de um balcão da instituição de crédito a reportar uma série de transferências suspeitas de configurar uma situação de branqueamento, sendo esse *e-mail* eliminado por um colaborador, ao invés de ser internamente reencaminhado para o destinatário devido em ordem a permitir a atuação necessária sobre o risco.

Deste modo, o CCO apenas poderá ser responsabilizado pelos factos nos quais tenha intervenção ou que, não tendo, devesse ter. Será a situação em que seja sua, por exemplo, a decisão final de não comunicar às autoridades competentes uma transação suspeita de branqueamento de capitais ou de negligenciar o dever de exame sobre uma transação dessa natureza. Só nesta situação existirá uma atuação por parte do CCO adequada à criação de um risco para os bens jurídicos em causa e só neste contexto será o CCO responsabilizável pela autoria de um crime de branqueamento no âmbito da sua atuação profissional. E sublinhe-se que, caso essa responsabilização seja por comissão por omissão, como defendemos atrás ser possível, haverá responsabilidade independentemente da aferição da existência na sua esfera de uma posição de garante que o vincule à prevenção do branqueamento, uma vez que, como vimos, e salvo melhor opinião, o auxílio ao branqueamento, conforme previsto no artigo 368º-A, nº 2, do CP, não pode deixar de ter em si incluído um crime de omissão própria.

Em termos algo mais práticos, e regressando ao nosso caso de estudo, as características das operações processadas nas contas particulares de AA domiciliadas junto do BFP (nomeadamente, os valores envolvidos, a ausência de relação evidente entre AA e os destinatários das operações, a ausência de racionalidade económica evidente subjacente à operação, a opacidade da origem dos fundos), deveriam ter suscitado alertas e suspeitas junto do departamento de *compliance*. Perante tais suspeitas, seria obrigação da equipa de *compliance* do BFP, liderada, em última instância, pelo

CCO, investigar a situação e procurar junto de AA obter esclarecimentos relativamente à racionalidade económica das operações, bem como averiguar da existência de comprovativos documentais que sustentassem as explicações eventualmente fornecidas.

Independentemente do motivo para tal (nomeadamente, deixando-se impressionar por AA ser o CEO do BFP), onde o CCO haja omitido a atuação devida, não diligenciando no sentido da cooperação para o apuramento da verdade sobre a licitude ou a ilicitude das operações, seria ele próprio responsabilizável como autor de branqueamento – caso haja atuado de forma dolosa, dado ser o dolo um elemento do próprio tipo de branqueamento. Sem prejuízo, e como se compreende já, se a ausência das ditas diligências se ficasse a dever à atuação ou à inação de um outro colaborador do departamento de *compliance* ou se ficasse a cargo deste o tratamento das operações processadas por AA, acabando por ser deste mesmo colaborador a decisão final relativamente à comunicação ou não das transações às autoridades competentes, sem que houvesse ou devesse haver qualquer intervenção do CCO, então a eventual responsabilidade penal pelo crime de branqueamento seria deste outro colaborador e não do CCO.

b) O Chief Compliance Officer *como pessoa em posição de liderança para efeitos de responsabilidade penal da pessoa coletiva*
Se a determinação de quem é "pessoa em posição de liderança", à primeira vista, se afigura evidente, especialmente à luz da letra do nº 4 do artigo 11º do CP, parece-nos que o tratamento da questão da responsabilidade das instituições de crédito pela comissão (por ação ou omissão) do crime de branqueamento implica que nos detenhamos um pouco sobre o tema.

O referido nº 4 do artigo 11º do CP determina que, no seio da pessoa jurídica, para além dos órgãos e representantes respetivos, tem ainda uma posição de liderança qualquer pessoa que nela tenha autoridade para exercer controlo sobre a sua atividade. Assim, desde logo, o preceito encerra uma *contraditio in terminis* ao, literalmente, englobar na categoria de pessoas em posição de liderança os representantes da pessoa coletiva. Como tal, esta ideia de representante terá necessariamente de ser interpretada à luz da exigência primária de que apenas as pessoas numa posição de liderança – os líderes – poderão desencadear a responsabilidade penal da entidade bancária, leitura que inclusivamente emerge reforçada pela exigência presente na parte final do nº 4 do artigo 11º, onde se prevê que são

ESTUDOS SOBRE *LAW ENFORCEMENT, COMPLIANCE* E DIREITO PENAL

pessoas em posição de liderança os indivíduos com autoridade para exercer o controlo sobre a pessoa jurídica[11].

Uma instituição bancária não pode ser jurídico-penalmente responsabilizada por um qualquer erro de um seu qualquer colaborador – os quais, numa empresa de grandes dimensões como as que aqui temos por paradigma, serão milhares. Compreende-se, então, que apenas os atos dos líderes da instituição de crédito poderão desencadear responsabilidade da mesma[12], uma vez que apenas estes se encontram numa posição jurídica passível de determinar a direção da atividade da instituição. Esta posição emerge reforçada pelo previsto na alínea *b)* do nº 2 do artigo 11º, de onde resulta que, para a existência de responsabilidade penal da pessoa jurídica por um ato praticado por um colaborador subordinado, é necessário que tal ato tenha resultado da violação de deveres de vigilância ou de controlo por parte do dirigente superior hierárquico.

Assim, dentro da estrutura coletiva, e nos termos conjugados da alínea *a)* do nº 2 e do nº 4 do artigo 11º do CP, estarão em posição de desencadear responsabilidade coletiva os órgãos e representantes da pessoa coletiva que estejam em posição de liderança, bem como os indivíduos que, não sendo representantes ou integrantes de órgãos sociais, tenham autoridade para o exercício do controlo da atividade da pessoa coletiva. Este último é, inclusive, o critério para compreender se há ou não posição de liderança por parte dos representantes – haverá, se, enquanto representante, puder controlar a atividade da pessoa jurídica. E será assim, inclusivamente, porque o que está aqui em causa é, efetivamente, a responsabilização da pessoa coletiva pela atuação de uma outra pessoa, pelo que esta "comunicação" de responsabilidade só poderá ocorrer no pressuposto de uma ligação estreita entre o ente coletivo cuja organização cunhou a atuação e o agente singular que atuou pela e para a coletividade.

Num contexto de responsabilidade penal, o ente coletivo vai responder criminalmente como titular da empresa/organização, sendo que esta

---

[11] Quintela de Brito, T., *Domínio da organização para a execução do facto: responsabilidade penal de entes colectivos, dos seus dirigentes e "actuação em lugar de outrem"*, Dissertação de Doutoramento n.p., Faculdade de Direito da Universidade de Lisboa, 2012, pp. 345-346.

[12] Stratenwerth, G., "Strafrechtliche Unternehmenshaftung?", in: Geppert, K., Behnert, J., Rengier, R. (orgs.), *Festschrift für Rudolf Schmitt zum 70. Geburtstag*, Tübingen: J.C.B. Mohr (Paul Siebeck), 1992, (pp. 295-307), pp. 297-298; Quintela de Brito, T., Domínio da organização para a execução do facto (n. 11), pp. 346 348.

serve os seus propósitos, amplia a respetiva esfera e os seus meios de atuação e é por ele modelada e dirigida. Então, apenas os factos dos órgãos e representantes da pessoa coletiva e dos responsáveis pelos vários setores da empresa de que aquela é titular, podem dar origem à sua responsabilidade, na medida em que são estas pessoas singulares que materializam o referido titular do negócio e que estão numa posição de dever jurídico-penal semelhante à do próprio ente coletivo[13]. Porém, esta posição de dever é restrita ao âmbito de responsabilidade pessoal do dirigente, o qual é delimitado pelos poderes e competências que lhe foram atribuídas pelo titular da organização (o ente coletivo) e que por si foram aceites e assumidas.

Compreende-se então que apenas as referidas pessoas singulares – titulares de órgãos ou representantes em posição de liderança da pessoa coletiva ou responsáveis por setores de atividade da organização titulada pelo ente coletivo que tenham poder para controlar a sua atividade – estão em posição de vincular jurídico-penalmente a pessoa jurídica quando atuem em seu nome ou no interesse coletivo, não havendo lugar a responsabilidade coletiva quando o agente do crime tenha sido um colaborador inferior.

Importante é ainda que se assente em que a autoridade para o exercício do controlo da atividade não tem de se alargar à totalidade da atividade da empresa, podendo antes limitar-se ao controlo da atividade de um determinado setor da pessoa coletiva. Não cremos que tenha sentido a exigência de controlo da totalidade da atividade da pessoa coletiva, bastando, em nosso entendimento, o controlo de determinado setor da atividade da pessoa coletiva, na medida em que os diretores das várias áreas e setores da atividade de uma empresa terão recebido as suas competências por delegação de funções levada a cabo por quem tem o poder de controlo da totalidade da atividade da pessoa coletiva. O importante é que se identifique a realidade da atividade da pessoa jurídica que um determinado diretor pode dominar, sendo relevante o poder de decisão e de liderança no setor de atividade no qual se deu a conduta penalmente relevante[14]. Um agente com poder de controlo sobre um setor limitado da atividade da empresa

---

[13] Quintela de Brito, T., *Domínio da organização para a execução do facto* (n. 11), pp. 352-353.

[14] Lacerda da Costa Pinto, F., "O ilícito de mera ordenação social e a erosão do princípio da subsidiariedade da intervenção penal", in: AA.VV., *Direito Penal Económico e Europeu: textos doutrinários*, vol. I – Problemas Gerais, Coimbra: Coimbra Editora, 1998 (pp. 209-274), pp. 227-228; Quintela de Brito, T., Domínio da organização para a execução do facto (n. 11), pp. 351-352.

ESTUDOS SOBRE *LAW ENFORCEMENT, COMPLIANCE* E DIREITO PENAL

tem poder de determinar e condicionar a atuação da empresa num setor relevante, nomeadamente, para a prática de ilícitos penais.

Nas instituições de crédito, e à luz dos artigos 17º e 43º, respetivamente dos Avisos do BdP nºs 5/2008 e 5/2013, esta discussão assume particular relevo, na medida em que os referidos preceitos impõem sobre aquelas a obrigação de assegurar uma função de *compliance* independente, permanente e efetiva, à qual compete o controlo do cumprimento normativo. Por outras palavras, todas as instituições financeiras estão obrigadas a ter um departamento de *compliance* que, dirigido pelo CCO, garante a adesão voluntária da instituição à normatividade.

O CCO, nos termos regulamentares impostos pelo BdP, tem inúmeras responsabilidades, nomeadamente ao nível da deteção, avaliação e mitigação dos riscos de exposição da instituição, do aconselhamento da Administração, de supervisão comportamental dos colaboradores da instituição ou do reporte à Administração dos incumprimentos detetados e das medidas adotadas para corrigir deficiências.

Porém, aquela que cremos poder classificar-se como a primordial função de *compliance* nas instituições de crédito, conforme vem sendo delineado internacionalmente, prende-se com a prevenção do branqueamento de capitais e do financiamento do terrorismo, pelo que não surpreende que, porventura, onde o CCO tem mais responsabilidade é ao nível destas políticas, conforme resulta do referido artigo 43º do Aviso do BdP nº 5/2013.

Mas, não obstante as importantes responsabilidades que sobre o CCO e o respetivo departamento incidem, pode dizer-se que aquele ocupa uma posição de controlo sobre a atividade da pessoa jurídica? Por outras palavras, é o CCO uma pessoa em posição de liderança no seio da instituição de crédito, podendo a sua atuação gerar responsabilidade penal da pessoa coletiva? A resposta, cremos, é afirmativa.

Desde logo, decorre expressamente do artigo 16º, nº 1, da Lei nº 83/2017 de 18 de agosto, que o CCO será um elemento da direção de topo da instituição de crédito ou um elemento equiparado.

Por outro lado, decorre das normas que referimos dos Avisos do BdP acima identificados, que o departamento de *compliance* e o CCO de uma instituição financeira são independentes no seio da estrutura corporativa. Como tal, por definição, integram a organização mas, no que ao exercício das suas funções respeita, não se enquadram na estrutura vertical ou horizontal da mesma, não dependendo nem sequer da Administração. Aliás, a própria instituição de crédito está vinculada, nos termos do nº 2 do artigo 17º e do nº 3 do artigo 43º, respetivamente, dos já referidos Avisos do BdP nºs 5/2008 e 5/2013, ao cumprimento de vários deveres para assegurar a independência da função de *compliance*, o que emerge ora reforçado pela Lei nº 83/2017, de 18 de agosto, de cujo artigo 16º, nº 3, alínea *a*) resulta expressamente que integra o dever de controlo a que a instituição se encontra sujeita a garantia de independência do CCO.

A esta independência, soma-se ainda o disposto no artigo 43º, nº 2, alínea *c*) do Aviso do BdP nº 5/2013, que impõe que sejam centralizadas no CCO (não no departamento de *compliance* mas no próprio CCO, parecendo recair sobre este uma responsabilidade funcional nesta matéria) as "comunicações às autoridades competentes previstas na lei" – consequentemente, parece, fica igualmente centralizado como função de *compliance* o cumprimento do dever de exame a que as instituições de crédito estão vinculadas (artigo 52º da Lei nº 83/2017, de 18 de agosto).

Resulta então do padrão normativo visto que, no seio de uma instituição de crédito, o CCO é a pessoa singular com a autoridade necessária para o exercício do controlo da atividade da pessoa jurídica na parte em que esta coincide com o exercício das funções de *compliance*, especialmente no respeitante ao cumprimento das políticas de prevenção do branqueamento de capitais e do financiamento do terrorismo. Destarte, cremos que o CCO de uma instituição financeira configura, para efeitos do nº 4 do artigo 11º do CP, uma pessoa que ocupa uma posição de liderança.

c) *Comissão em nome da pessoa coletiva*

O facto de branqueamento cometido em nome da instituição de crédito será aquele que seja imputável a esta, isto é, a origem do crime de branqueamento encontra-se na própria instituição de crédito, dado ter sido esta quem habilitou o colaborador com os poderes e as funções em cujo exercício o facto foi cometido. Porém, só isto não chega: é necessário ainda que os poderes e funções que a instituição bancária atribuiu ao agente a possam vincular ao facto imputando-o a si mesma. E aqui, como já se compreende, apenas as pessoas singulares com funções de controlo sobre a atividade económica da entidade podem agir em seu nome[15]. A atuação

---

[15] Rocha, M. A. L., "A responsabilidade penal das pessoas colectivas – novas perspectivas", in: AA.VV., *Direito Penal Económico e Europeu: textos doutrinários*, vol. I – Problemas Gerais, Coimbra:

ESTUDOS SOBRE *LAW ENFORCEMENT, COMPLIANCE* E DIREITO PENAL

em nome da pessoa coletiva significa a comissão do facto com o auxílio da força da própria instituição, com recurso aos poderes que a própria pessoa coletiva confere, o que não está ao alcance um qualquer colaborador. Um colaborador subordinado não tem poder para determinar a atuação do coletivo para o ilícito[16].

d) Comissão do ilícito típico no interesse coletivo

Para além de cometido em seu nome, para que haja lugar a responsabilidade da pessoa jurídica o facto tem ainda de ser cometido no interesse coletivo, requisito que se afigura mais complexo e de difícil delimitação do que aquele que acabamos de ver. Não sendo esta a sede para a sua apreciação *ex professo*[17], vejamos de forma algo sumária e no que aqui releva, em que consiste a comissão do crime no interesse coletivo.

A ideia de responsabilização da pessoa coletiva apenas pelos factos que hajam sido cometidos no interesse coletivo procura impedir que a entidade jurídica seja responsabilizada numa situação em que não foi ela, através da organização que desenhou, quem configurou os elementos do facto. De modo a evitar esta possibilidade, os n.ºs 2, alínea a), e 6 do artigo 11.º do CP exigem, respetivamente, que o facto seja cometido no interesse coletivo e que o agente não tenha atuado contra ordens ou instruções expressas de quem de direito.

Assim, diga-se que o crime será cometido no interesse coletivo quando os elementos essenciais da sua execução tiverem sido configurados pela organização, pelo funcionamento e/ou pelo modo de prossecução do seu fim da pessoa coletiva, ou seja, quando a pessoa jurídica haja cunhado e modelado o facto punível ao nível organizativo, operativo e cultural intra-empresarial[18]. Por outras palavras, o facto terá sido cometido no interesse

---

Coimbra Editora, 1998 (pp. 431-488), p. 472; Quintela de Brito, T., *Domínio da organização para a execução do facto* (n. 11), pp. 364-365.

[16] Cf. Sousa, J. C., *As pessoas colectivas em face do Direito Criminal e do chamado Direito de Mera Ordenação Social*, Coimbra: Coimbra Editora, 1985, p. 90. Importa excetuar, porém, do que se afirma, os casos do artigo 11.º, n.º 2, alínea b), do CP, dado que à atuação criminógena do colaborador subordinado, nesses casos, soma-se a violação de deveres do superior em posição de liderança.

[17] Para uma completa análise deste requisito, veja-se, por todos, Quintela de Brito, T., *Domínio da organização para a execução do facto* (n. 11), pp. 367-407.

[18] Quintela de Brito, T., *Domínio da organização para a execução do facto* (n. 11), pp. 379-382, 398-399. Cf. ainda, da mesma Autora, "Relevância dos mecanismos de 'Compliance' na

coletivo quando, nos seus elementos essenciais, refletir o modo de organização e funcionamento da pessoa coletiva, bem como a respetiva política empresarial.

Esta pré-configuração, porém, deve ainda atualizar-se e refletir-se no momento da prática do facto, manifestando-se na própria pessoa coletiva um domínio da realização típica do facto[19]. Quer isto dizer que a pessoa jurídica deve ter o domínio do "se" e do "como" do facto, o qual só se poderá dizer praticado no seu interesse se a coletividade controlar se o mesmo se verifica ou não. Este controlo existirá à luz da informação detida pela pessoa jurídica bem como do cumprimento por parte desta dos seus deveres de organização, direção, gestão e supervisão no sentido do cumprimento da legislação penal, competindo-lhe diligenciar sempre no sentido de evitar a comissão de ilícitos cunhados pelo seu específico modo de organização, funcionamento e atuação jurídico-económica.

Assim, a exigência de que a comissão do facto se dê no interesse coletivo, remete diretamente para a autorregulação e auto-organização da pessoa jurídica[20], havendo responsabilidade penal desta onde haja um cumprimento defeituoso dos deveres de organização em conformidade com a normatividade, deveres estes que colocam a pessoa jurídica numa posição de garante por domínio social do facto, legitimando a respetiva responsabilização por omissão organizativo-preventiva[21]. O facto terá sido cometido no

responsabilização penal das pessoas coletivas e dos seus dirigentes", *Anatomia do crime* 0 (jul.-dez. 2014), (pp. 75-91), p. 76.

[19] Quintela de Brito, T., *Domínio da organização para a execução do facto* (n. 11), pp. 399-402.

[20] Este foi já o entendimento do TRP no seu acórdão de 27 de junho de 2012, relatado por Élia São Pedro no âmbito do processo 7402/11.5TBMAI.P1, onde se lê que só há lugar a responsabilidade da pessoa coletiva (no caso do acórdão, por ilícito contraordenacional) quando o colaborador atue "de acordo com instruções da sua entidade patronal, ou, pelo menos, num quadro de ação previamente traçado e delineado pelos órgãos sociais". De outro modo, o agente não pode "ser definido como um instrumento dos órgãos sociais" não podendo, "a sua ação (modo de agir) [ser] imputável aos órgãos da pessoa coletiva". Para o ser, tais órgãos teriam de ter definido "esse modo de agir" pelo que, "se o funcionário agir espontaneamente, sem estar a obedecer a ordens genéricas, ou num quadro de ação previamente definido pelos órgãos da sociedade, não é a esta entidade que pode imputar-se o facto, mas ao próprio agente". Ac. disponível *online* in: www.dgsi.pt e referido, neste preciso contexto, por Quintela de Brito, T., "Relevância dos mecanismos de 'Compliance'" (n. 18), pp. 83-84.

[21] Silva Dias, A., *Ramos emergentes do Direito Penal relacionados com a protecção do futuro (ambiente, consumo e genética humana)*, Coimbra: Coimbra Editora, 2008, pp. 228-229; Quintela de Brito, T., *Domínio da organização para a execução do facto* (n. 11), pp. 400-401.

interesse coletivo, então, onde a pessoa jurídica tiver o domínio positivo da execução do ilícito típico coletivo, modelando ela própria o crime cometido.

Estamos então em crer que onde, ao nível autorregulador e auto-organizacional, uma instituição de crédito faça assentar a sua atuação numa cultura empresarial de cumprimento que possa servir de sustento ao *enforcement* efetivo de um programa de *compliance* sério, operativo e ético-axiologicamente orientado que extravase a mera existência formal de normativos, não será responsabilizada jurídico-penalmente pelos ilícitos típicos praticados pelos seus colaboradores, na medida em que estes não terão sido cometidos no seu interesse coletivo.

E o que fica exposto é precisamente o oposto do que parece ter sucedido no caso de estudo do BFP com que abrimos o presente texto. Parece estarmos ali perante uma instituição cuja auto-organização se direcionou no sentido da maximização do lucro dos respetivos administradores através da deslealdade ao Direito e de atuações penalmente ilícitas, pelo que o branqueamento que vimos se terá dado efetivamente no interesse coletivo. Quando AA assume a liderança da instituição bancária, impondo como condição o controlo acionista da mesma, em ordem a poder organizá-la e instrumentalizá-la, no sentido da satisfação do seu lucro pessoal e do dos seus amigos próximos, parece ser evidente que as linhas orientadoras da atuação do próprio BFP determinaram a realização típica do facto de branqueamento.

Esta posição resulta densificada, inclusive, pelo nº 6 do artigo 11º do CP uma vez que, como teremos oportunidade de ver mais abaixo, resulta deste que uma auto-organização e uma cultura empresarial de cumprimento poderão conduzir à não responsabilização penal da pessoa coletiva, na medida em que o ilícito da pessoa singular será uma atuação contrária a ordens ou instruções de quem de direito, emergindo deste preceito um poder-dever da coletividade de se organizar de forma leal ao Direito[22].

e) *Deveres de organização conforme ao Direito e autorregulação regulada*
Perante o que até agora ficou exposto, compreende-se já que a comissão do ilícito no interesse coletivo se relaciona diretamente com o poder-dever que a pessoa coletiva tem de se auto-organizar de forma a evitar a comissão de ilícitos na sua esfera densificando, inclusiva e positivamente,

---

[22] Quintela de Brito, T., "Relevância dos mecanismos de 'Compliance'" (n. 18), pp. 82-83.

essa obrigação. E sobre a pessoa coletiva pendem, efetivamente, deveres de organização, gestão, supervisão, direção e controlo, no cumprimento dos quais compete àquela procurar estruturar-se no sentido da conformidade ao Direito.

O desenvolvimento de uma sociedade descentralizada e policêntrica[23], a cuja acentuação se assiste desde o século XX e que, ao invés de se ter dissolvido no Estado, evidenciou uma dinâmica própria, conduziu a que as empresas se tornassem em unidades autonomamente organizadas. Assim, a única forma de assegurar a manutenção da ordem social é, à semelhança do que sucedeu no âmbito da responsabilização das pessoas singulares, impor sobre elas a obrigação de se organizar de forma leal ao Direito[24].

Numa sociedade corporativa, as empresas emergem como sistemas sociais autopoiéticos com uma complexidade tal (pelos menos as de grande dimensão, como as instituições bancárias) que não estão sujeitos a intervenção estatal direta, vendo-se o Estado obrigado a permitir margens de autorregulação dos entes empresariais, controlando antes, em segundo plano e de modo a alinhar os interesses individuais das empresas com os interesses gerais da sociedade democrática, os moldes e os contextos em que essa autorregulação se verifica. É o chamado controlo do contexto. O Estado não está mais disponível para regular sozinho os setores de atividade económica empresarial, devido à elevada complexidade social, técnica e tecnológica que estes vêm atingindo e que, cumulada com a progressiva globalização, fez com que aquele deixasse de ter a capacidade regulatória necessária para uma heterorregulação adequada. Atinge-se, portanto, um

---

[23] Transmite-se com esta noção a ideia de uma sociedade sem um único centro organizador, antes operando paralelamente diversos centros sociais autónomos – consequência da diferenciação funcional das sociedades modernas, – como o Direito, a política ou a Economia. Tal impactua na forma de organização do próprio Estado e no modo de este se relacionar com os seus agentes económicos, em particular as empresas. Sobre o Estado policêntrico, cf. Willke, H., *Ironie des Staates – Grundlinien einer Staatstheorie polyzentrischer Gesellschaft*, Frankfurt am Main: Suhrkamp, 1995.

[24] Gómez-Jara Díez, C., *La culpabilidad penal de la empresa*, Madrid: Marcial Pons, Ediciones Jurídicas y Sociales, 2005, p. 262; Esteve Pardo, J., "El reto de la autorregulación o cómo aprovechar en el sistema jurídico lo que se gesta extramuros del mismo. Mito y realidad del caballo de troya", in: Arroyo Jiménez, L., Nieto Martín, A., *Autorregulacion y sanciones*, 2008, (pp. 30-50), p. 39-40.

sistema de autorregulação regulada, corregulação ou heterorregulação da autorregulação, típico do Direito reflexivo[25].

Nestas circunstâncias, o Estado cede parte do seu monopólio de ente regulador em prol da autorregulação levada a cabo pelas próprias entidades empresariais, a qual, porém, se desenvolve dentro dos moldes heterorregulados por si próprio, tendo aquela emergido como uma opção eficiente que cumpre uma função socialmente necessária. Porém, não quer isto dizer que assuntos de importante regulação pública fiquem nas mãos dos privados, antes significando o erguimento de uma ponte de colaboração entre os setores público e privado, intervindo os entes particulares na administração pública sem que nunca o Estado renuncie à sua função reguladora, a qual sofre, ao invés, uma transformação. O Estado regula e controla, indiretamente e à distância, as esferas da atividade empresarial, chamando o privado a regular-se a si próprio mas subordinando-o sempre aos interesses públicos predefinidos[26].

---

[25] Braithwaite, J., "Enforced Self-Regulation: A New Strategy for Corporate Crime Control", *Michigan Law Review* 80, nº 7, junho 1982, (pp. 1466-1507), pp. 1467-1470; Schünemann, B., "La punibilidade de las personas jurídicas desde la perspectiva europea", in: AA.VV., *Hacia un Derecho Penal Económico europeo: Jornadas en honor del Profesor Klaus Tiedemann*, Madrid: Boletin Oficial del Estado, 1995 (pp. 565-600), p. 572 e "Criticising the Notion of a Genuine Criminal Law Against Legal Entities", in: Eser, A., Heine, G., Huber, B., *Criminal Responsibility of Legal and Collective Entities, International Colloquium, Berlin, May 4-6, 1998*, Freiburg im Breisgau: Edition Iuscrim, 1999, (pp. 225-233), p. 232; Gómez-Jara Díez, C., La culpabilidade penal de la empresa (n. 24), pp. 265-266, 271; "Autoorganización empresarial y autorresponsabilidad empresarial: Hacia una verdadera responsabilidad penal de las personas jurídicas", *Revista electrónica de ciencia penal y criminologia*, nº 8, 2006, (pp. 1-27), disponível *online* in: http://criminet.ugr.es/recpc., e "Responsabilidad Penal de todas las personas jurídicas? Una antecrítica al símil de la ameba acuñado por Alex Van Weezel", *Política Criminal* 5, (dez. 2010), nº 10, (pp. 455-475), p. 463; Feijoo Sanchez, B. "Autorregulación y derecho penal de la empresa: ¿Una questión de responsabilidad individual?", in: *Cuestiones actuales de Derecho Penal Económico*, Montevideo: Editorial B de F, (pp. 49-121), pp. 53-54; Coca Vila, I., "¿Programas de cumplimiento como forma de autorregulación regulada?", in: Silva Sánchez, J.-M. (Dir.), Montaner Fernández, R. (coord.), *Criminalidad de empresa y compliance: prevención y reacciones corporativas*, Barcelona: Atelier, 2013, (pp. 43-76), pp. 43-48; González Sierra, P., *La imputación penal de las personas jurídicas: Análisis del art. 31-Bis CP*, Valencia: Tirant Lo Blanch, 2014, pp. 386-387; Nieto Martín, A., "Lección I: El cumplimiento normativo", in: Nieto Martín, A. (Dir.), et al., *Manual de cumplimiento penal de la empresa*, Valencia: Tirant lo blanch, 2015, (pp. 25-48), pp. 31-33.

[26] Coca Vila, I. "¿Programas de cumplimiento como forma de autorregulación regulada?" (n. 25), pp. 51-52; González Sierra, P., La imputación penal de las personas jurídicas (n. 25), p. 387; Nieto Martín, A., "Lección I" (n. 25), pp. 33-35.

Hoje é já visível que esta regulação da autorregulação das empresas se dá também no campo do Direito Penal, não podendo o Estado abdicar da sua ferramenta mais poderosa para regular áreas de particular complexidade e que representam riscos particularmente consideráveis – precisamente o caso, por exemplo, do setor bancário[27]. E, assim, no âmbito do Direito Penal da empresa, a autorregulação deve estar orientada para as funções que àquele ramo do Direito competem, procurando conseguir o cumprimento voluntário da normatividade e a fidelidade ao Direito por parte da entidade coletiva.

É neste sentido que se aferirá se o ilícito típico cometido no seio da instituição de crédito enquanto pessoa coletiva foi ou não cometido no interesse coletivo. Tê-lo-á sido se os elementos da sua execução tiverem sido cunhados pela organização, nos moldes que acabámos de ver e como vimos atrás parecer acontecer no caso do BFP, isto é, quando a dinâmica organizativa interna da pessoa coletiva, que a coloca numa posição de garante relativamente à não comissão de crimes por si cunhados, explica o "se" e o "como" modelando as próprias comissão e execução do tipo.

f) Culpa da instituição pelo ilícito cometido

Também relacionada com o poder-dever de auto-organização que pende sobre a pessoa coletiva está a questão da sua culpa penal, fundamental para a compreensão da relevância dos mecanismos de *compliance* na responsabilidade penal dos entes coletivos.

O que fica visto *supra* relativamente à autorregulação regulada implica, em nossa opinião, que a responsabilidade penal da pessoa coletiva por culpa própria no ilícito penal assentará na existência ou não de esforços corporativos de implementação de uma estrutura cumpridora do Direito. Assim é, segundo cremos, porque, num Estado de Direito democrático, a culpa penal assenta – e não pode deixar de assentar – na liberdade de atuação da pessoa: seja ela singular ou coletiva. Então, a responsabilidade penal da pessoa coletiva aferir-se-á, e porque aquela não pode existir sem culpa, em

---

[27] Coca Vila, I. "¿Programas de cumplimiento como forma de autorregulación regulada?" (n. 25), p. 44; Schünemann, B., "Strafrechtliche Sanktionen gegen Wirtschaftsunternehmen?", in: Sieber, U., et al., *Strafrecht und Wirtschaftsstrafrecht – Dogmatik, Rechtsvergleich, Rechtstatsachen – Festschrift für Klaus Tiedemann zum 70. Geburtstag*, Berlin: Carl Heymanns Verlag, 2008, (pp. 429-447), pp. 442-445.

função da liberdade que o ordenamento jurídico concede àquela para se organizar e para controlar os riscos próprios da sua atividade económica[28].

Com a concessão pelo ordenamento jurídico de uma margem de autorregulação livre às pessoas jurídicas, emerge na esfera destas uma obrigação respetiva de organização adequada e conforme ao Direito, isto é, de criação de uma organização que mitigue ao máximo irredutível e razoável as possibilidades de comissão de ilícitos por parte dos indivíduos que a integram. Destarte, a culpa penal assenta precisamente aqui: na liberdade de auto-organização. Haverá culpa da pessoa jurídica no facto cometido no seu âmbito (e, consequentemente, responsabilidade penal por culpa própria se verificados todos os outros requisitos para a responsabilidade penal das pessoas coletivas) onde não tiver havido da parte desta um esforço organizativo no sentido da criação e manutenção de uma estrutura leal ao Direito, de mitigação até ao limite mínimo razoável dos seus defeitos organizativos e de promoção de uma ética empresarial[29]. Isto não obstante o facto de a culpa da pessoa jurídica dever ser aferida em relação com o ilícito cometido, pelo que aquela só será culpabilizada quando o ilícito se caracterizar, na sua origem, por um defeito organizativo negligenciado pela pessoa coletiva ou por uma ética empresarial insuficiente.

No caso do BFP que vimos apreciando, o modelo organizativo da instituição em questão estava dependente de si próprio – a intervenção pública no BFP reduzia-se à regulação geral e abstrata do modo como a sua auto-organização (e a de todas as outras instituições de crédito nacionais) deveria ser concretizada. No entanto, como cremos que se compreende, a factualidade do dito caso parece apontar claramente no sentido da existência de culpa da entidade coletiva BFP, tendo em mente o facto de AA, com o apoio de indivíduos próximos de si, ter pretendido assumir o controlo da instituição para poder modelar a sua organização em proveito próprio, prejudicando os valores dos clientes do Banco e em clara desconformidade com os imperativos da ordem jurídica. A auto-organização livre da pessoa coletiva, foi concretizada em ilegalidade pela respetiva administração de topo.

---

[28] González Sierra, P., La imputación penal de las personas jurídicas (n. 25), p. 378.
[29] Dannecker, G., "Reflexiones sobre la responsabilidad penal de las personas jurídicas", *Revista penal* 7 (2001), (pp. 40-54), p. 47-48; Quintela de Brito, T., Domínio da organização para a execução do facto (n. 11), p. 380.

3. O programa de *compliance* na mitigação ou exclusão da responsabilidade das instituições de crédito pela comissão do crime de branqueamento

Assentes em quanto fica exposto, concluindo-se que o crime de branqueamento foi cometido em nome e no interesse coletivo da instituição bancária em cujo seio se verificou, haverá lugar a responsabilidade penal coletiva desta última. Esta responsabilidade, porém, será excluída quando o agente singular tiver atuado "contra ordens ou instruções expressas de quem de direito" (artigo 11º, nº 6, do CP). Assim, e no relevante ao estudo que ora se desenvolve, emerge premente a questão de saber se os mecanismos de *compliance* existentes no seio da instituição de crédito poderão ser tidos como "instruções expressas de quem de direito" que influam na responsabilidade da pessoa coletiva. Se o BFP tivesse, no seu seio, um programa de *compliance* que expressa e claramente, em geral, impusesse sobre todos os seus colaboradores uma atuação no sentido do estrito cumprimento da legalidade, e que, em particular, promovesse uma cultura preventiva do branqueamento de capitais, a sua responsabilidade penal enquanto pessoa coletiva seria excluída?

Resposta afirmativa resulta expressa em ordenamentos jurídico-penais continentais como o espanhol e o italiano. Em Itália, o *Decreto Legislativo 8 giugno 2001, n. 231*, que regula a *"responsabilità amministrativa"* das pessoas jurídicas, prevê, nos seus artigos 6º e 7º, no que aqui releva, que o ente coletivo não será "administrativamente" responsabilizável se se comprovar que o "órgão de direção adotou e eficazmente implementou, previamente à prática do facto, modelos de organização e de gestão idóneos a prevenir crimes do tipo do verificado"[30], cujo funcionamento é vigiado e fiscalizado por um organismo dotado de autonomia e de poderes de iniciativa e de controlo (cf. alíneas *a*) e *b*) do nº 1 do artigo 6º e nº 2 do artigo 7º). Este preceito surge replicado em Espanha, no *artículo* 31-Bis do CP espanhol, mais especificamente nos pontos 1º e 2º do nº 2 e no nº 4, que, na sequência da reforma penal de 2015 introduzida no país de *nuestros hermanos* através da *Ley Orgánica 1/2015, de 30 de marzo, por la que se modifica la Ley Orgánica 10/1995, de 23 de noviembre, del Código Penal*, consagrou a mesma solução de administrativização da responsabilidade (dita penal) das pessoas coletivas.

---

[30] No original italiano: *"l'organo dirigente ha adottato ed efficacemente attuato, prima della commissione del fatto, modelli di organizzazione e di gestione idonei a prevenire reati della specie di quello verificatosi".*

ESTUDOS SOBRE *LAW ENFORCEMENT, COMPLIANCE* E DIREITO PENAL

Não sendo esta a sede para apreciar a bondade destas soluções[31], importa ver se elas têm lugar no ordenamento jurídico português. E aqui, a resposta não pode deixar de ser, num primeiro momento, negativa. As soluções italiana e espanhola admitem a isenção de responsabilidade (administrativa) da pessoa coletiva a partir do imediato momento em que na sua organização seja adotado e eficazmente implementado e fiscalizado um programa de *compliance*, ainda que este tenha sido incapaz de impedir a comissão do ilícito concreto verificado.

Ora, esta solução não existe no ordenamento jurídico nacional. A cláusula do nº 6 do artigo 11º do CP implica – e parece-nos que bem – que se aprecie se, no caso concreto, havia uma ordem expressa em sentido contrário ao da atuação do agente. Quer isto então dizer que, independentemente da resposta que se dê acerca da relevância dos mecanismos de *compliance* para efeitos de responsabilização ou não da pessoa coletiva, nunca, à luz da letra da Lei, estes poderão valer de forma genérica como acontece em Espanha e em Itália, sendo sempre necessária a apreciação do programa de *compliance* à luz do caso concreto. A Lei penal portuguesa parece sempre apontar para a apreciação no caso concreto da atuação do agente contra ordens ou instruções expressas e não para a apreciação em abstrato da existência das ditas ordens ou instruções.

Assim é – e assim deve ser – porque, ainda que haja uma efetiva adoção e eficaz execução de um programa de *compliance* prévio à comissão do facto, nenhum programa será capaz de eliminar por completo o risco de ilícitos penais, pelo que quando este risco se concretiza, o ilícito verificado na esfera da pessoa coletiva será indiciário da possível insuficiência e/ou desatualização do dito programa, o que poderá originar responsabilidade da pessoa coletiva quando o crime for ainda refletor do seu modo de organização, funcionamento e atuação[32]. Além de que não se pode permitir que o programa de *compliance* se torne numa forma fácil de maquilhar a realidade da pessoa coletiva obtendo um escape automático à responsabilidade penal, devendo os programas ser sérios e ter como intuito último a

---

[31] Por demais já amplamente criticadas por Teresa Quintela de Brito (cf. *Domínio da organização para a execução do facto* [n. 11], pp. 241 ss.), críticas que a Autora renovou, tratando esta questão, na sua exposição de 15 de dezembro de 2015 na sexta sessão do "I curso de pós-graduação sobre *Law Enforcement, Compliance* e Direito Penal nas atividades bancária, financeira e económica", cujo texto encontra publicação nesta coletânea.

[32] Quintela de Brito, T., "Relevância dos mecanismos de 'Compliance'" (n. 18), p. 81.

prevenção do ilícito e o cumprimento normativo[33]. Como tal, importará sempre averiguar se o ilícito que se verificou configura um acaso na organização e atuação jurídico-económica da pessoa jurídica[34] ou se, pelo contrário, reflete a postura desta perante o Direito.

Posto então que a mera existência de um programa de *compliance* não será suficiente, só por si, para eximir a pessoa coletiva de responsabilidade penal pelo ilícito verificado na sua esfera de atuação, importa, não obstante, ver se tal programa tem relevo, para efeitos da aplicação do nº 6 do artigo 11º do CP, na apreciação casuística da responsabilidade coletiva. Por outras palavras, importa apurar se os preceitos de um programa de *compliance* valem como "ordens ou instruções expressas de quem de direito", na parte em que prevejam mecanismos de mitigação de risco para a concretização do ilícito típico que se verificou.

a) O compliance *e o branqueamento nas instituições de crédito*

Se não existe no ordenamento jurídico nacional um qualquer normativo que imponha às instituições de crédito a obrigação de adotar um efetivo e formal programa de *compliance*, o Aviso do BdP nº 5/2008, porém, do mesmo modo que sujeita as instituições de crédito ao estabelecimento e manutenção de uma função de *compliance*, define como função de *compliance*, no nº 1, alínea *a)*, do seu artigo 17º, o acompanhamento e a avaliação regular da adequação e eficácia das medidas de cumprimento do Direito e de mitigação dos riscos de incumprimento. Ou seja, se a formalização de um programa de *compliance* não é obrigatória para uma instituição de crédito, já o é a existência de medidas de *compliance* e a sua atualização, fiscalização e manutenção.

Esta obrigação enrobustece-se no que respeita à prevenção do branqueamento de capitais, uma vez que o Aviso do BdP nº 5/2013, por um lado e como tivemos já a oportunidade de ver, no nº 1 do seu artigo 43º, reforça a

---

[33] Sousa Mendes, P., "O crime não compensa! Da criminalização da lavagem de dinheiro à perda alargada", texto não publicado e com citação gentilmente autorizada pelo Autor, correspondente a apresentação na conferência realizada a 13 de setembro de 2016 no segundo curso sobre Direito Penal e Processual Penal transnacional, organizado pelo centro de estudos de Direito Penal e Processual Penal Latino-Americano (CEDPAL) e pelo Departamento de Direito Penal estrangeiro da Universidade de Göttingen, (2016).
[34] Um "acidente de percurso" na elucidativa expressão de Teresa Quintela de Brito (cf. "Relevância dos mecanismos de 'Compliance'" [n. 18], p. 81).

ESTUDOS SOBRE *LAW ENFORCEMENT, COMPLIANCE* E DIREITO PENAL

obrigação das instituições de crédito de estabelecer e manter uma função de *compliance* e, por outro lado, prevê, nas alíneas *a)* e *b)* do nº 2 do mesmo artigo 43º, como tais funções no seio da instituição, entre outras, a participação na definição do sistema de controlo interno para prevenção do branqueamento e o acompanhamento permanente da sua implementação, avaliando a adequação, suficiência e atualidade das suas políticas e dos seus meios e procedimentos.

Assim, as instituições de crédito estão vinculadas à formalização e à eficaz e eficiente implementação, fiscalização e atualização de medidas de cumprimento do dever-ser normativo, com particular incidência na prevenção do branqueamento de capitais e do financiamento do terrorismo.

Porém, estas medidas, e ainda que, no fundo, constituam parte essencial de um qualquer desses programas, não têm de estar formalizadas num programa de *compliance*. É fundamental que não se confunda medidas de *compliance* com programa de *compliance*, tendo-se presente sempre que a existência avulsa daquelas primeiras, conforme exigem os Avisos do BdP, não torna desnecessária a existência deste último, nem significa que este já existe. O programa de *compliance* deve constituir uma "bíblia" intraempresarial vinculativa de boas práticas que, a par de outros instrumentos (códigos de ética, programas de responsabilidade social empresarial, medidas de *corporate governance*[35]), procure minimizar o risco de responsabilização da pessoa jurídica e dos seus administradores. Assim, o programa de *compliance* deve poder caracterizar-se, figurativamente, como um "polvo" ou um "guarda-chuva" que abrace e permeie toda a atividade da instituição bancária. Tal não sucede com medidas avulsas de *compliance* direcionadas para a prevenção do branqueamento, as quais têm a potencialidade de abranger a atuação dos agentes de *compliance* e não atingir a totalidade do horizonte de atuação da instituição bancária, uma instituição organizativamente complexa e de grandes dimensões.

De todo o modo, se não existe uma obrigação jurídica direcionada à implementação de um programa de *compliance* no seio das instituições de crédito, facto é que tal implementação é vantajosa para a pessoa jurídica porque, ao abraçar toda a sua área de atuação, esta ganha em eficiência e minimização dos riscos de exposição a um ilícito, *maxime* ao branqueamento de capitais, ilícito penal em cujo circuito de execução, como já

---

[35] Sobre estes três conceitos conexos ao de *compliance*, cf. Nieto Martín, A., "Lección I" (n. 25), pp. 35-45.

referido, os bancos desempenham um papel fundamental. Por outro lado, adiante-se já, a instituição de crédito que implemente no seu seio um programa de *compliance* pode também ser beneficiada aquando do apuramento da responsabilidade criminal pela comissão do crime de branqueamento[36].

b) O artigo 11º, nº 6, do CP e a influência dos programas de compliance na responsabilidade da instituição de crédito pelo crime de branqueamento

Tivemos já a oportunidade de aflorar que o artigo 11º, nº 6, do CP não prevê expressamente o programa de *compliance* como dirimente da responsabilidade da pessoa coletiva, excluindo antes esta responsabilidade nos casos em que o agente atue contra "ordens ou instruções expressas de quem de direito". Surge, então, a questão: o programa de *compliance* implementado no seio de uma pessoa coletiva e difundido pelos respetivos colaboradores permeando a sua atividade, é uma ordem ou instrução expressa no sentido da oposição à comissão do branqueamento?

O caráter expresso da ordem ou instrução exigido pelo CP não depende tanto da emissão de um comando explícito no sentido da contrariedade à comissão do facto ilícito em causa, antes sendo condicionado, como bem ensina Teresa Quintela de Brito[37], pela clareza, efetividade e eficácia das ditas ordens ou instruções em relação ao modo de organização, funcionamento e atuação da pessoa coletiva e ao concreto ilícito em causa. Isto porque, na medida em que nos reportamos à responsabilidade penal da própria instituição, uma ordem avulsa nada diz sobre a postura desta perante a normatividade penal.

Compreende-se então, a esta luz, que se o programa de *compliance*, por si só, não é relevante para efeitos de exclusão da responsabilidade da pessoa coletiva por via do nº 6 do artigo 11º do CP, tal não significa que a sua existência seja indiferente. Será, aliás, neste contexto que, cremos, os mecanismos de *compliance* assumem relevância para efeitos de imputação ou exclusão da responsabilidade penal das pessoas coletivas, competindo-lhes assegurar-se de que a atuação dos colaboradores da empresa se dá num contexto de lealdade ao Direito. Porém, esta lealdade ao Direito só

---

[36] Esta foi também a posição defendida por Teresa Quintela de Brito na sua exposição já referida (cf. *supra* n. 29) no "I curso de pós-graduação sobre *Law Enforcement, Compliance* e Direito Penal nas atividades bancária, financeira e económica", cujo texto se encontra publicado nesta coletânea.

[37] Cf. Quintela de Brito, T., "Relevância dos mecanismos de 'Compliance'" (n. 18), pp- 82-83.

ESTUDOS SOBRE *LAW ENFORCEMENT, COMPLIANCE* E DIREITO PENAL

existirá onde existir uma cultura empresarial de cumprimento – por outras palavras, ser fiel ao Direito é implementar uma cultura empresarial de *compliance*[38]. Vejamos mais em detalhe.

Os programas de *compliance*, surgindo no seio da própria pessoa coletiva[39], são elementos integrantes de um sistema de autocontrolo, isto é, conformam-se como mecanismos de autorregulação, nos moldes que vimos atrás[40]. Porém, é fundamental que se compreenda que estes programas não são, *per se*, mecanismos de auto-organização da pessoa coletiva, antes incidindo sobre a organização já existente na estrutura corporativa.

Os programas de *compliance*, evoluídos dos tradicionais códigos de conduta empresarial, surgem em consequência do elevado poder que as empresas foram adquirindo na sociedade e na necessidade de existência de autorregulação da sua atividade[41]. São, portanto, como já se compreende, mecanismos de autorregulação da atividade empresarial através dos quais as empresas, elencando um conjunto de medidas tendentes a assegurar o cumprimento da Lei por parte de todos os seus colaboradores – desde o CEO ao mais recente estagiário – exterioriza a sua intenção de cumprimento do Direito[42].

Porém, o programa de *compliance* é, de facto, "apenas" isto: a exteriorização da vontade cumpridora. Não é um mecanismo de organização adequada, podendo a pessoa coletiva ter no seu seio um programa de *compliance* e estar defeituosamente organizada, como aconteceria no caso do BFP caso este tivesse no seu seio um daqueles programas, assim como pode a pessoa coletiva estar adequadamente organizada sem o ter[43]. Os programas de cumprimento não dizem respeito a esta matéria.

A matéria organizativa, isto é, a regulamentação e gestão da organização diária do modo de funcionamento da empresa e de cumprimento da

---

[38] Gómez-Jara Díez, C., La culpabilidade penal de la empresa (n. 24), pp. 271-272.

[39] Não quer isto dizer que os programas têm de ser efetivamente feitos por elementos da empresa. Por norma nem o são, recorrendo as empresas a advogados e/ou consultores para os concretizar. De todo o modo, o desígnio de implementar um programa de *compliance* na atividade empresarial parte da própria pessoa coletiva, sendo este o critério relevante: a vontade da própria pessoa em garantir que a sua atividade é desenvolvida dentro da legalidade.

[40] González Sierra, P., La imputación penal de las personas jurídicas (n. 25), pp. 388-389.

[41] Gómez-Jara Díez, C., La culpabilidade penal de la empresa (n. 24), pp. 255-256.

[42] Coca Vila, I. "¿Programas de cumplimiento como forma de autorregulación regulada?" (n. 25), pp. 54-55.

[43] González Sierra, P., La imputación penal de las personas jurídicas (n. 25), p. 381.

respetiva atividade económica, é tratada em sede de definição de normas organizativas. O programa de *compliance* não distribui tarefas nem define competências e objetivos de produção e eficiência, antes encontrando o seu campo de atuação numa organização já pré-existente e procurando que esta se assuma inócua. Assim, o programa aqui em questão dedica-se, nomeadamente, à análise de riscos de comissão de ilícitos emergentes da atividade da empresa e à promoção de uma cultura empresarial de cumprimento do Direito e de uma atuação empresarial assente em princípios éticos[44] / [45]. E, neste sentido, o programa de *compliance* vai, inclusivamente, ao encontro da exigência feita na alínea *d)* do nº 2 do artigo 13º da Lei nº 83/2017, de 18 de agosto, a qual sujeita a Administração das instituições bancárias ao dever de promoção de uma cultura de *compliance* assente em elevados padrões de ética e integridade.

No fundo, o programa de *compliance* dedica-se à execução exteriorizada da vontade da pessoa coletiva de atuar conforme ao Direito, pelo que pode dizer-se que aquele consiste num conjunto de normas internas dirigidas à própria pessoa coletiva e a todas as pessoas que integram a sua organização vinculando-as a uma atuação conforme à normatividade e a permanente controlo, vigilância e auditoria[46].

De todo o modo, e apesar de o programa de *compliance* se limitar a exteriorizar a vontade cumpridora já materialmente pré-existente no seio da pessoa coletiva, é um elemento fundamental no que respeita à apreciação da filosofia de funcionamento e de atuação existente no contexto da atividade da entidade, uma vez que deve procurar, por um lado, assegurar-se de que toda a atividade empresarial está em conformidade com a normatividade em que a atividade económica da empresa se enquadra e, por outro lado, atuar sobre as situações *noncompliant* identificadas, garantindo que a atividade económica da pessoa jurídica, conforme foi organizacionalmente definida, não coloca em risco bens jurídicos protegidos

---

[44] González Sierra, P., La imputación penal de las personas jurídicas (n. 25), pp. 381-384.

[45] O *compliance* e a ética empresarial são fenómenos distintos mas conexos e que devem andar de mãos dadas. Se é possível o desenho de um programa de *compliance* não assente em valores éticos, a verdade é que um sistema de cumprimento assente num sistema ético é mais legítimo e eficaz. Sobre o tema, cf. Nieto Martín, A., "Lección I" (n. 25), pp. 43-44 e "Lección III: Fundamento y estructura de los programas de cumplimiento normativo", in: Nieto Martín, A. (Dir.), et al., *Manual de cumplimiento penal de la empresa*, Valencia: Tirant lo blanch, 2015, (pp. 111-134), pp. 121-123.

[46] González Sierra, P., La imputación penal de las personas jurídicas (n. 25), pp. 388-389.

ESTUDOS SOBRE *LAW ENFORCEMENT, COMPLIANCE* E DIREITO PENAL

e que não haverá delinquência empresarial juridicamente relevante por parte dos colaboradores.

Isto assume especial relevância no contexto de atuação de uma pessoa coletiva com a dimensão e estrutura de uma instituição bancária, na medida em que, enquanto pessoa jurídica altamente complexa e influente, tal entidade tem um potencial lesivo de bens jurídico-penais elevadíssimo, carregando na sua estrutura o sustento da economia mundial e a confiança dos cidadãos que lhes confiam em depósito as suas finanças. Então, será de premente importância que este tipo de pessoas coletivas promova no seu seio a implementação de um programa de *compliance*.

Mas, se o programa de *compliance* é apenas a exteriorização da vontade da pessoa coletiva e se, à luz da normatividade penal em vigor em Portugal, não basta (e bem) a mera formalização do programa para a exclusão da responsabilidade penal da pessoa coletiva, será então fundamental que o programa de cumprimento assuma uma dimensão material idónea e que seja efetivamente implementado e eficazmente fiscalizado, atualizado e auditado, encontrando verdadeiro reflexo na atuação dos colaboradores. Não basta que o programa exista como uma espécie de maquilhagem da realidade corporativa, uma vez que o programa de cumprimento *a se* não é suficiente para uma decisão sobre a responsabilidade penal da pessoa coletiva ou a sua culpa. Um ilícito penal pelo qual a pessoa jurídica seja, à partida, responsabilizável, não se torna culpável pela inexistência de um programa de cumprimento na sua esfera, assim como não se torna desculpável pela sua existência. O que se vai apreciar na culpa da pessoa jurídica pelo ilícito penal cometido, como se compreende já, são os esforços por esta efetivamente encetados para que a sua atividade económica se organize num contexto de cumprimento normativo.

Só uma empresa com um programa de *compliance* efetivamente em vigor e permanentemente atualizado e fiscalizado tem uma intenção firme de cumprir com a normatividade em vigor. E só desta forma se poderá afirmar que a atuação ilícita de um colaborador, quando contrária à intenção séria e manifestada de boa fé no programa implementado previamente à comissão do ilícito, não é representativa da postura da empresa, não podendo esta ser penalmente responsabilizada[47]. Só desta forma se poderá afirmar que o ilícito foi um acidente de percurso.

---

[47] Lacovara, P. A., Nicoli, D. P., "Vicarious Criminal Liability of Organizations: RICO as an Example of a Flawed Principle in Practice", *St. John's Law Review* 64, nº 4 (1990), (pp. 725-

Já se compreende então que a ideia de *compliance* no seio da corporação extravasa o simples programa. Assentando o *compliance* em vários pilares[48], não cremos errar quando afirmamos que o pilar mestre na arquitetura do *compliance* será a cultura de cumprimento, devendo encontrar-se enraizada em todos os colaboradores da empresa a necessidade de toda a atividade corporativa se dar de forma cumpridora do e leal ao Direito[49]. A eficácia de qualquer sistema de *compliance* depende da existência, em toda a empresa, de uma vontade de cumprimento[50], a qual se traduz na elucidativa expressão alemã *"Compliance muss gelebt werden"*[51].

O programa de *compliance* deve espelhar a cultura corporativa da pessoa coletiva a qual, não sendo exatamente determinável pelo sistema organizativo da empresa, uma vez que é controlada pela própria organização empresarial, pode ser modificada por aquele sistema[52]. Porém, note-se, não através de normas positivadas, uma vez que a cultura não é um elemento componente dos estatutos do coletivo, mas antes por via de políticas de promoção, educação e sensibilização dos colaboradores – efetiva formação dos profissionais – que devem ser promovidas através dos mecanismos de *compliance*. A cultura empresarial não é uma matéria organizativa da

---

777), p. 738-739.

[48] Ivó Coca Vila elenca sete pilares de uma estrutura de *compliance*, a saber: 1) cultura de cumprimento; 2) predefinição de objetivos empresariais; 3) avaliação de riscos; 4) adoção de medidas necessárias para a contenção de riscos; 5) delimitação dos âmbitos de competência; 6) sistemas internos de comunicação e 7) sistemas de supervisão e sanção. Cf. "¿Programas de cumplimiento como forma de autorregulación regulada?" (n. 25), pp. 55 ss.

[49] Coca Vila, I. "¿Programas de cumplimiento como forma de autorregulación regulada?" (n. 25), p. 56.

[50] Pelz, C., Theusinger, I., Klindt, T., "Compliance im Spiegel der Rechtsprechung", *Neue Juristische Wochenschrift* 33 (2010), (pp. 2385-2391), p. 2385.

[51] A expressão, que se pode traduzir por "o *compliance* tem de ser vivido", pode encontrar-se em KPMG, *Risk & Compliance: Compliance-Management-Systeme*, Wien: KPMG, 2011, p. 6, e em Quentmeier, H., *Praxishandbuch Compliance: Grundlagen, Ziele und Praxistipps für Nicht-Juristen*, Heidelberg: Gabler Verlag, 2012, p. 25. Foi recuperada recentemente em Montaner Fernández, R., "La estandarización alemana de los sistemas de gestión de cumplimiento: Implicaciones jurídico-penales", in: Silva Sánchez, J.-M. (Dir.), Montaner Fernández, R. (coord.), *Criminalidad de empresa y compliance: prevención y reacciones corporativas*, Barcelona: Atelier, 2013 (pp. 143-160), p. 148.

[52] Gómez-Jara Díez, C., "Autoorganización empresarial y autorresponsabilidad empresarial" (n. 25), pp. 14-16, e "El modelo constructivista de autorresponsabilidad penal empresarial", in: *Modelos de autorresponsabilidad penal empresarial, propuestas globales contemporáneas*, Navarra: Editorial Aranzadi, 2006, (pp. 93-161), p. 153.

empresa, não deve ser tratada em sede de regulamentos e normas internas. É matéria de *compliance*, pelo que devem os programas de cumprimento incluir medidas esforçadas de promoção de uma cultura conforme ao Direito, que primem pela sensibilização dos colaboradores no sentido da *compliance awareness* – até porque, note-se, uma cultura de incumprimento é um risco muito grande na atuação económica da pessoa coletiva.

Atente-se em que a cultura corporativa não se dissocia substancialmente da cultura social que nos define a todos e que é, sempre e em suma, o modo de ser, agir, pensar e sentir de uma pessoa, conforme moldado pelo coletivo em que cada um se encontra inserido. Destarte, o comportamento profissional individual do colaborador será definido pela cultura coletivamente implementada no seu seio pela própria pessoa jurídica. Então, quando a empresa sensibiliza e acultura corporativamente os seus colaboradores e membros num sentido de *compliance*, exibindo-se com uma sólida postura de lealdade ao Direito, é isso que será relevado ao nível da sua responsabilidade criminal, uma vez que é também aqui que encontra reflexo o modo de organização, funcionamento e atuação da instituição.

Apenas a institucionalização de uma cultura de *compliance* dará verdadeiro cumprimento à obrigação de autorregulação em conformidade com o Direito que vimos atrás. É consequência necessária do reconhecimento à pessoa jurídica de uma esfera de liberdade auto-organizativa a sua consideração como cidadã corporativa, pelo que a esta, *mutatis mutandis*, cabem todas as obrigações que cabem aos cidadãos individuais[53]. As entidades coletivas da contemporaneidade não são – nem devem ser – meros agentes económicos, emergindo como entes socialmente responsáveis que se inserem na e interagem fortemente com a sociedade. Por este motivo, as empresas contemporâneas têm de dar resposta às necessidades que esta tem, inserindo-as nas suas próprias necessidades coletivas, particularmente nas de maximização dos lucros[54] / [55]. Então, a não institucionaliza-

---

[53] Gómez-Jara Díez, C., "Autoorganización empresarial y autorresponsabilidad empresarial" (n. 25), p. 17.

[54] Lampe, E.-J., "Systemunrecht und Unrechtssysteme", *Zeitschrift für die gesamte Strafrechtswissenschaft* 106, nº 4, (1994), (pp. 683-745), p. 699.

[55] O papel sociopolítico da empresa deve andar de mãos dadas com o seu papel económico, potenciando, reforçando e incrementando a produtividade e a eficiência empresariais num processo contínuo de crescimento e de atração de investidores. Todos estes elementos são favorecidos quando aquela se assume como cidadã sociopoliticamente responsável e implementa, de forma assertiva e vinculativa e com vista a integrá-las na sua cultura corporativa,

ção, promoção e manutenção de uma cultura de cumprimento representa uma violação desse papel de cidadã, não permitindo a exclusão da culpa da pessoa coletiva em relação ao ilícito penal cometido na sua esfera organizativa. Apenas haverá exclusão dessa culpa onde se puder afirmar que a pessoa jurídica efetivamente configurou corretamente a sua organização no sentido de sólidas coordenadas éticas e do cumprimento da lei[56].

Assim, cremos ser então percetível que, ao nível da aplicabilidade do nº 6 do artigo 11º do CP, a existência na estrutura de uma instituição de crédito de um programa de *compliance* não é, *per se*, suficiente para se poder afirmar a existência de uma atuação contrária a ordens expressas de quem de direito. No caso do BFP, ainda que existisse um programa de *compliance* na sua esfera de atuação, dificilmente se poderia afirmar a inexistência de responsabilidade penal da pessoa coletiva, uma vez que tal programa assentaria numa estrutura organizada no sentido da ilicitude e na qual imperava uma cultura de incumprimento, pelo que o programa de *compliance* não passaria de uma maquilhagem da realidade. O programa não pode exteriorizar uma organização cumpridora quando ela não existe. Porém, onde exista essa organização, tal programa, se efetiva e eficazmente aplicado, será muito relevante enquanto exteriorização da cultura corporativa de cumprimento da empresa assente nessa estrutura de organização ética direcionada para o cumprimento da normatividade que desvincule a pessoa coletiva do ilícito praticado no seu seio.

Conclusão

O crime de branqueamento de capitais, originariamente construído em torno do tráfico de droga, surge hoje como um fenómeno pluriofensivo de dimensões de tal ordem imensas que põe em perigo diversos bens jurídicos dignos de tutela penal.

---

entre outras, medidas promotoras da igualdade e de integração da diversidade, de promoção dos direitos humanos, de respeito por um ambiente laboral saudável e seguro, de diálogo com as comunidades residentes nas geografias de atuação da corporação, de promoção de atividades solidárias e caritativas ou ainda de filantropia empresarial apoiando vários projetos nas áreas, nomeadamente, da cultura, educação, saúde ou ciência. E foi precisamente neste sentido que a ONU adotou o seu *Global Compact*, assente num compromisso de sustentabilidade que, traduzido em 10 princípios, procura que as empresas contribuam para um mundo melhor, cf. *online* e em língua portuguesa, http://globalcompact.pt/.

[56] Dannecker, G., "Reflexiones sobre la responsabilidad penal de las personas jurídicas" (n. 29), p. 47.

ESTUDOS SOBRE *LAW ENFORCEMENT, COMPLIANCE* E DIREITO PENAL

Sendo as instituições bancárias, como se compreende, um elemento fundamental na execução do branqueamento, parte significativa da perseguição que se pretende fazer a este crime conduziu à imposição de sólidos deveres de *compliance* sobre estas instituições. Não obstante, casos há em que é a própria instituição de crédito, através de uma pessoa com posição de liderança no seu seio, como é o caso do próprio CCO, a cometer um crime de branqueamento de capitais (próprios ou de terceiros), podendo originar-se responsabilidade da pessoa coletiva por culpa própria pelo facto cometido em seu nome e no interesse coletivo.

Esta responsabilidade, porém, pode ser excluída ou mitigada, nos termos do nº 6 do artigo 11º do CP, numa circunstância em que, no seio da pessoa jurídica, haja uma efetiva aplicação de um programa de *compliance* que sirva a exteriorização de uma organização interna da instituição no sentido do cumprimento do Direito e que espelhe a existência, no seio da pessoa jurídica, de uma cultura corporativa de lealdade ao Direito. Assim, para efeitos de exclusão da culpa da instituição de crédito pela comissão do crime de branqueamento, é irrelevante, só por si, a existência de um programa de *compliance* no seu seio, emergindo este como relevante apenas quando seja o espelho, efetiva e materialmente aplicado, atualizado, supervisionado e auditado, de algo mais profundo: uma efetiva vontade cultural e ética de cumprimento da normatividade por parte da pessoa coletiva.

Referências bibliográficas

ALBUQUERQUE, Paulo Pinto de,
  "Nota prévia ao artigo 368º-A" e "Artigo 368º-A, *Branqueamento*", *Comentário ao Código Penal á luz da Constituição da República e da Convenção Europeia dos Direitos do Homem*, 3ª edição atualizada, Universidade Católica Editora, Lisboa, 2015.

BRAITHWAITE, John,
  "Enforced Self-Regulation: A New Strategy for Corporate Crime Control", *Michigan Law Review*, 1982, 80, nº 7, junho 1982, pp. 1466-1507.

BRITO, Teresa Quintela de,
  Domínio da organização para a execução do facto: responsabilidade penal de entes colectivos, dos seus dirigentes e "actuação em lugar de outrem", Dissertação de Doutoramento n.p., Faculdade de Direito da Universidade de Lisboa, 2012.

BRITO, Teresa Quintela de,
  "Relevância dos mecanismos de 'Compliance' na responsabilização penal das pessoas coletivas e dos seus dirigentes", *Anatomia do crime*, 2014, nº 0, pp. 75-91.

COCA VILA, Ivó,
  "¿Programas de cumplimiento como forma de autorregulación regulada?", in: AA.VV., *Criminalidad de empresa y compliance: prevención y reacciones corporativas* (dir.:

J.M. Silva Sánchez, coord.: R. Montaner Fernández, R.), Atelier, Barcelona, 2013, pp. 43-76.

Dannecker, Gerhard,
"Reflexiones sobre la responsabilidad penal de las personas jurídicas", *Revista penal*, 2001, 7, pp. 40-54.

Esteve Pardo, José,
"El reto de la autorregulación o cómo aprovechar en el sistema jurídico lo que se gesta extramuros del mismo. Mito y realidad del caballo de troya", in: AA.VV., *Autorregulacion y sanciones* (org.: L. Arroyo Jiménez, A. Nieto Martín), 2008.

Feijoo Sanchez, Bernardo,
"Autorregulación y derecho penal de la empresa: ¿Una questión de responsabilidad individual?", in: Feijoo Sanchez, Bernardo., *Cuestiones actuales de Derecho Penal Económico*, Editorial B de F, Montevideo, pp. 49-121.

Figueiredo Dias, Jorge de,
Direito Penal – Parte geral, tomo I: Questões fundamentais; A doutrina geral do crime, 2ª edição, Coimbra Editora, Coimbra, 2007.

Gómez-Jara Díez, Carlos,
La culpabilidade penal de la empresa, Marcial Pons, Madrid, 2005.

Gómez-Jara Díez, Carlos,
"Autoorganización empresarial y autorresponsabilidad empresarial: Hacia una verdadera responsabilidad penal de las personas jurídicas", *Revista electrónica de ciencia penal y criminologia*, 2006, nº 8, pp. 1-27, disponível *online* in: http://criminet.ugr.es/recpc.

Gómez-Jara Díez, Carlos,
"El modelo constructivista de autorresponsabilidad penal empresarial", in: Gómez--Jara Díez, Carlos, *Modelos de autorresponsabilidad penal empresarial, propostas globales contemporáneas*, Editorial Aranzadi, Navarra, 2006, pp. 93-161.

Gómez-Jara Díez, Carlos,
"Responsabilidad Penal de todas las personas jurídicas? Una antecrítica al símil de la ameba acuñado por Alex Van Weezel", *Política Criminal* dez. 2010, 5, nº 10, pp. 455-475.

González Sierra, Pablo,
La imputación penal de las personas jurídicas: Análisis del art. 31-Bis CP, Tirant Lo Blanch, Valencia, 2014.

KPMG,
Risk & Compliance: Compliance-Management-Systeme, KPMG, Wien, 2011.

Lacovara, Phillip A., Nicoli, David P.,
"Vicarious Criminal Liability of Organizations: RICO as an Example of a Flawed Principle in Practice", *St. John's Law Review*, 1990, 64, nº 4, pp. 725-777.

Lampe, Ernst-Joachim, "Systemunrecht und Unrechtssysteme", *Zeitschrift für die gesamte Strafrechtswissenschaft*, 1994, 106, nº 4, pp. 683-745.

Mendes, Paulo Sousa de,
"O crime não compensa! Da criminalização da lavagem de dinheiro à perda alargada", texto não publicado e gentilmente cedido pelo Autor, correspondente a apresentação na conferência realizada a 13 de setembro de 2016 no segundo curso sobre Direito Penal

ESTUDOS SOBRE *LAW ENFORCEMENT, COMPLIANCE* E DIREITO PENAL

e Processual Penal transnacional, organizado pelo centro de estudos de Direito Penal e Processual Penal Latino-Americano (CEDPAL) e pelo Departamento de Direito Penal estrangeiro da Universidade de Göttingen, (2016).

NIETO MARTÍN, Adán,

"Lección I: El cumplimiento normativo", in: AA.VV., *Manual de cumplimiento penal de la empresa*, Tirant lo blanch, Valencia, 2015, pp. 25-48.

NIETO MARTÍN, Adán,

Lección III: Fundamento y estrutura de los programas de cumplimiento normativo", in: AA.VV., *Manual de cumplimiento penal de la empresa*, Tirant lo blanch, Valencia, 2015, pp. 111-134.

MONTANER FERNÁNDEZ, Raquel,

"La estandarización alemana de los sistemas de gestión de cumplimiento: Implicaciones jurídico-penales", in: AA.VV., *Criminalidad de empresa y compliance: prevención y reacciones corporativas* (dir.: J.M. Silva Sánchez, coord.: R. Montaner Fernández, R.), Atelier, Barcelona, 2013, pp. 143-160.

PELZ, Christian, THEUSINGER, Ingo, KLINDT, Thomas,

"Compliance im Spiegel der Rechtsprechung", *Neue Juristische Wochenschrift*, 2010, 33, pp. 2385-2391.

PINTO, Frederico Lacerda da Costa,

"O ilícito de mera ordenação social e a erosão do princípio da subsidiariedade da intervenção penal", in: AA.VV., *Direito Penal Económico e Europeu: textos doutrinários*, vol. I – Problemas Gerais, Coimbra Editora, Coimbra, 1998, pp. 209-274.

QUENTMEIER, Helma,

Praxishandbuch Compliance: Grundlagen, Ziele und Praxistipps für Nicht-Juristen, Gabler Verlag, Heidelberg, 2012.

ROCHA, Manuel António Lopes,

"A responsabilidade penal das pessoas colectivas – novas perspectivas", in: AA.VV., *Direito Penal Económico e Europeu: textos doutrinários*, vol. I – Problemas Gerais, Coimbra Editora, Coimbra, 1998, pp. 431-488.

SANTIAGO, Rodrigo,

"O «branqueamento» de capitais e outros produtos do crime: contributos para o estudo do art. 23º do Decreto-Lei 15/93, de 22 de janeiro e do regime da prevenção da utilização do sistema financeiro no «branqueamento» (Decreto-Lei nº 313/93, de 15 de setembro)", *Revista Portuguesa de Ciência Criminal*, 1994, 4, nº 4, pp. 497-560.

SCHÜNEMANN, Bernd,

"La punibilidad de las personas jurídicas desde la perspectiva europea", in: AA.VV., *Hacia un Derecho Penal Económico europeo: Jornadas en honor del Profesor Klaus Tiedemann*, Boletin Oficial del Estado, Madrid, 1995, pp. 565-600.

SCHÜNEMANN, Bernd,

"Criticising the Notion of a Genuine Criminal Law Against Legal Entities", in: AA.VV., *Criminal Responsibility of Legal and Collective Entities, International Colloquium, Berlin, May 4-6, 1998* (org.: A. Eser, G. Heine, B. Huber), Edition Iuscrim, Freiburg im Breisgau, 1999, pp. 225-233.

SCHÜNEMANN, Bernd,
"Strafrechtliche Sanktionen gegen Wirtschaftsunternehmen?", in: AA.VV., *Strafrecht und Wirtschaftsstrafrecht – Dogmatik, Rechtsvergleich, Rechtstatsachen – Festschrift für Klaus Tiedemann zum 70. Geburtstag*, (org. Ulrich Sieber), Carl Heymanns Verlag, Berlin, 2008, pp. 429-447.

SILVA DIAS, Augusto,
Ramos emergentes do Direito Penal relacionados com a protecção do futuro (ambiente, consumo e genética humana), Coimbra Editora, Coimbra, 2008.

SOUSA, João Castro e,
As pessoas colectivas em face do Direito Criminal e do chamado Direito de Mera Ordenação Social, Coimbra Editora, Coimbra, 1985.

STRATENWERTH, Günter,
"Strafrechtliche Unternehmenshaftung?", in: *Festschrift für Rudolf Schmitt zum 70. Geburtstag* (org.: K. Geppert, J. Behnert, R. Rengier), Tübingen: J.C.B. Mohr (Paul Siebeck), 1992, pp. 295-307.

WILLKE, Helmut,
Ironie des Staates – Grundlinien einer Staatstheorie polyzentrischer Gesellschaft, Suhrkamp, Frankfurt am Main, 1995.

IV
RESPONSABILIDADE CONTRAORDENACIONAL

Compliance em processo contra-ordenacional: da alegação à decisão através da prova

ALEXANDRE LEITE BAPTISTA[*/**]

> **Sumário:** Introdução – Razão, motivação e finalidade; I. Do modelo de imputação aos procedimentos de prevenção de risco de comissão de infrações na responsabilidade contra-ordenacional dos entes colectivos; II. Em busca de um conceito discursivo de *compliance* e de um conceito jurídico de *compliance eximente* da responsabilidade contra-ordenacional das pessoas jurídicas; III. *Compliance eximente*: problemas de Direito Processual e de Direito Probatório; Conclusão e Síntese.

Introdução – Razão, motivação e finalidade

A razão de ordem deste trabalho é proceder a uma aproximação ao conceito de *compliance* perante a imputação contra-ordenacional, partindo-se da construção jurídica de um modelo de responsabilidade de entes colectivos de aplicação transversal no DMOS, e que supere as limitações do art° 7°, n° 2 do RGCO, até à definição dos seus pressupostos como causa eximente da responsabilidade. A motivação do trabalho tem que ver com a minha experiência prática, junto do TCRS, sobre o modo como a defesa por *compliance* é normalmente veiculada, melhor dizendo e mais das vezes, *aflorada* em recursos de impugnação judicial, enquanto fundamento de defesa

---

* Juíz de Direito.
** Utlizar-se-á o Acordo Ortográfico de 1945 e não o Acordo Ortográfico de 1990 (Novo Acordo Ortográfico).

ESTUDOS SOBRE *LAW ENFORCEMENT, COMPLIANCE* E DIREITO PENAL

das entidades visadas em processos sancionatórios de DMOS. O enquadramento ainda é, por regra, meramente conclusivo, sem contexto de facto ou de Direito e sem suporte probatório sequente. O objectivo do trabalho é contribuir para que os mecanismos[1] de *compliance* sejam introduzidos como elementos operantes e eficazes da defesa em processo sancionatório, para melhor apuramento dos factos e da responsabilidade sancionatória da pessoa colectiva, depurando o conceito como causa eximente da responsabilidade dos entes colectivos ou, subsidiariamente, como circunstância atenuante da culpa.

I. Do modelo de imputação aos procedimentos de prevenção de risco de comissão de infrações na responsabilidade contra-ordenacional dos entes colectivos

Sob o avanço troiano do DL nº 28/84 de 20/01 e através da frontal declaração do legislador na Lei nº 59/2007, de 04/09[2], a responsabilidade criminal das pessoas colectivas representa hoje um instituto residente da dogmática do Direito Penal Português, ainda que represente uma inesgotável fonte de debate e de constante depuramento técnico.

Outrossim, a responsabilidade sancionatória dos entes colectivos no Direito contra-ordenacional ou de mera ordenação social, especialmente nos sectores regulados da economia, sempre foi um instituto, sobremaneira, mais insinuante, presente[3] e insuspeito[4]. Aliás, a perspectiva evolutiva do sancionamento das pessoas colectivas e equiparadas no Direito contra-ordenacional traz consigo a afirmação da autonomia científica deste

---

[1] Aqui a expressão *mecanismos* serve de entorno às similares categorias de sistema, programas e procedimentos.

[2] "Reflexo de um *sistema que há muito deu como adquirida a capacidade de acção, de culpa e de punibilidade das pessoas colectivas e que tomou consciência das instantes necessidades político-criminais da responsabilidade penal das colectivas na sociedade contemporânea e futura, e um passo preconizado pela doutrina mais credenciada e que tem atrás de si o lastro do labor legislativo, doutrinal e jurisprudencial das últimas duas décadas*" – NUNO BRANDÃO, 2009, pp. 461 e 462.

[3] Ao ponto de se afirmar, sem reservas, que a responsabilidade das pessoas coletivas é um princípio fundamental do direito das contraordenações, ao contrário do que acontecia no Direito Penal, no âmbito do qual apenas alguns tipos penais são susceptíveis de incriminação das pessoas coletivas. Neste sentido, TERESA SERRA, 1999, p. 189.

[4] No RGCO estabelece-se a regra que no Direito Penal constitui excepção. !*A qualidade jurídica do agente não corresponde a uma agravante mas sim a uma qualificativa*" – ANTÓNIO JOAQUIM FERNANDES (2002) p. 33.

ramo do Direito face ao Direito matriz e, no mesmo passo, a *fatal recorrência* à subsidiariedade daquele Direito para que a compreensão e aplicação do princípio se possa concretizar plenamente. A *irrestrita responsabilidade* das pessoas colectivas no campo do DMOS, demonstra que a aceitação da responsabilidade começou por esta consagração no RGCO[5].

Igualmente curioso é o tratamento legislativo deste princípio nas múltiplas fontes sectoriais do Direito Contra-ordenacional por confronto com o art.º 7º do RGCO, sinalizador da inexistência de um pensamento sistemático que venha introduzir alguma consolidação absolutamente vital para uma administração da justiça obediente aos superiores princípios da igualdade e da tutela jurisdicional efectiva.

No entender de **TERESA SERRA**, 1999, o art.º 7º, nº 2 do RGCO aduz um *verdadeiro privilégio sancionatório[6], não justificado pela distinta natureza dos sujeitos jurídicos, contrário ao plano de igualdade do 7º, nº 1, inadmissível para com o critério que vigora no Direito penal secundário[7]*.

Na aparência do art.º 7º, nº 2 do RGCO (objecto de profusa crítica doutrinária[8]), os actos dos órgãos são, *ab initio*, tomados como factos da própria pessoa colectiva[9], imputados sem mais exigência, somente em razão da qualidade de quem os pratica e na qual são praticados, criando-se uma formal presunção de responsabilidade da própria pessoa colectiva, só cor-

---

[5] FARIA COSTA apud MIGUEZ GARCIA e CASTELA RIO (2014), p. 93.

[6] P. 207, radicando a importância daquele texto na inquirição da constitucionalidade deste modelo orgânico e restritivo do RGCO (p. 189), sublinhando sempre que se trata de uma *solução pouco utilizada* (p. 191), apesar das *tendências recentes de alargamento do círculo de agentes individuais* capazes de gerar responsabilidade (p.193) e não obstante os regimes especiais terem *ultrapassado largamente* o regime geral (p. 196).

[7] TERESA QUINTELA DE BRITO, 2013, p. 1228, em sinopse do pensamento de TERESA SERRA.

[8] PAULO PINTO ALBUQUERQUE, 2011, p. 50, defende que a literalidade do art.º 7º, nº 2 do RGCO, (p. 50), configura uma *insustentável situação actual*, suscitando evidentes lacunas de punibilidade; uma vez que a punibilidade está dependente da punição do facto material do sócio. Sobre a limitação desta restrição, TERESA SERRA, 1999, p. 194 "*só às contraordenações cometidas pelos órgãos é atribuída pela lei relevância para efeitos de desencadear a responsabilidade colectiva. Este regime parece pelo menos incompreensível, quando confrontado com um critério de imputação que permite uma inegável maior amplitude da responsabilidade criminal de entidade coletivas, em matérias muito específicas, é verdade, mas em todo o caso presente na ordem jurídica portuguesa, nos termos referidos desde 1984*".

[9] Como define TERESA SERRA, 1999, p. 190, este critério de imputação parte de uma concepção orgânica, nos termos da qual apenas os órgãos da entidade coletiva exprimem a vontade juridicamente relevante desta, sendo-lhe o respectivo acto imputado desde o início.

ESTUDOS SOBRE *LAW ENFORCEMENT, COMPLIANCE* E DIREITO PENAL

rigida e contrariada pela definição do ilícito de mera ordenação social do artº 1º, que, sem essa leitura, só valeria para pessoas singulares[10].

Atente-se, todavia, que, se no nº 2 do artº 7º do RGCO a responsabilização das pessoas colectivas surge consagrada de modo mais restrito do que os títulos de imputação previstos no artº 11º, nº 2 do CP na versão da Lei nº 59/2007, o legislador optou, em casos específicos, por estabelecer a responsabilidade contra-ordenacional das pessoas colectivas de modo mais abrangente[11] e em linha com o novo paradigma penal.

Veja-se, a título de exemplo, o artº 3º do RQCOSC (aprovado pela Lei nº 99/2009, de 04/09); o artº 73º do NRJC (aprovado pela Lei nº 19/2012, de 08/05); o artº 401º do CdVM (aprovado pelo DL nº 486/99, de 13/11); o artº 203º do RGICSF (aprovado pelo DL nº 298/92, de 31/12); o artº 3º, nº 4 do RACOAC (aprovado pelo DL nº 10/2004, de 09/01); o artº 7º do RGIT (aprovado pela Lei nº 15/2001, de 05 de Junho); o artº 320º do CPI (aprovado pelo DL nº 36/2003, de 05/03) que remete para o 3º do DL

---

[10] Cfr. TERESA QUINTELA DE BRITO, 2013, p. 1229, defendendo, mais adiante, que o regime de responsabilidade do artº 11 é, por um lado, mais restrito e, por outro, mais amplo que o previsto no artº 7º, nº 2 do RGCO (p.1251) no mesmo sentido de TERESA SERRA, 1999, pp. 208-209. No RGCO, provada a infracção por um dos órgãos no exercício abstracto (ou no quadro geral) das suas funções, a pessoa colectiva e equiparada só verá excluída a responsabilidade se ilidir a presunção de um comportamento ilícito e culposo da sua parte (pp. 1251 e 1252), uma vez que o artº 7º, nº 2 não exige facto individual de conexão e não justifica a demanda de um facto individual de conexão para a responsabilização da colectividade. A menor densidade social dos entes colectivos contra-ordenacionalmente responsáveis, a menor exigência de individualização da responsabilidade por um ilícito de violação dos deveres inerentes a um determinado papel social e diferente natureza e o gravame das sanções impõe uma maior restrição do regime de responsabilidade e imputação no Direito Penal (p.1253). Por outro lado, o critério de atribuição de responsabilidade no RGCO é muito mais restritiva do que no Direito Penal, apesar de constitucionalmente inadmissível por violação dos princípios de intervenção mínima ou máxima restrição do Direito penal e não do Direito de mera ordenação social; da universalidade de direitos e deveres das pessoas jurídicas com idêntica densidade social e organizativa e de proibição de privilegiamento sancionatório (p. 1254).

[11] Neste sentido BEÇA PEREIRA, 2009, p.41. O artigo 7º do RGCO transmite, inclusivamente, uma posição igualitária entre pessoas singulares e pessoas colectivas por indiferenciação enquanto destinatárias das normas que tipificam contra-ordenações, o que representa uma importante demarcação do Direito de mera ordenação social (e do Direito Penal secundário) para com o Direito Penal primário, sendo característica destacada do RGCO – TERESA QUINTELA DE BRITO, 2010, pp. 43 e 44. PAULO PINTO ALBUQUERQUE, 2015, p. 137, também sublinha que o artº 11º do CP consagra um critério mais amplo do que o Direito Penal Secundário e DMOS, criando um grave problema grave de proporcionalidade.

nº 28/84, de 20/01, ou o artº 37º do RSSE (aprovado pela Lei nº 9/2013, de 28/01)[12], entre outros[13].

A assinalada desconexão entre regime geral e regimes sectoriais ou especiais do DMOS acarreta do aplicador um esforço interpretativo, pronunciadamente actualista, no que respeita à concretização dos títulos de imputação previstos no nº 2 do artº 7º do RGCO e a superação de um modelo puro de autoresponsabilidade. O caminho legiferante tem sido de uma assimilação integral com o modelo de punição de pessoas colectivas previsto no artº 11º, nº 2 do CP[14].

Outrossim, se a Lei nº 59/2007 surge em linha com o abandono progressivo do brocardo *societas delinquere non potest*[15], estendendo a responsabilidade penal às pessoas colectivas em função de actuações de outros

---

[12] Segundo Teresa Quintela de Brito, 2013, p. 1252, a actuação no interesse colectivo não tem significado diferente da actuação por conta da pessoa colectiva no regime de imputação das contra-ordenações da área dos valores mobiliários, da concorrência ou do ambiente, reiterando uma ideia primacial para o que nos interessa: nesses regimes a exclusão da responsabilidade por ordens e instruções serve para densificar e concretizar o próprio conceito de actuação por conta da pessoa colectiva.

[13] Paulo Pinto Albuquerque, 2011, p. 52, anota o artº 202º do RGCISF como um exemplo do modelo de imputação representativa, inclusivamente de representantes de facto, e os artsº 203º do RGCISF e 401 do CdVM como exemplo do modelo de imputação funcional, mediante a responsabilização de actos cometidos por funcionários ou trabalhadores desde que tenham agido no interesse da pessoa colectiva.

[14] Pelo qual, segundo Teresa Quintela de Brito, 2013, e através do interesse colectivo, a infracção pode ser objectivamente modelada nos seus elementos essenciais e pelas condições criminógenas de organização e funcionamento da pessoa colectiva e pela sua filosofia de actuação jurídica e económica e não necessariamente pelo proveito económico ou financeiros. O interesse colectivo reflecte o modelo de organização e funcionamento da pessoa colectiva e a sua filosofia de prossecução do fim social, sendo que o facto punível explicar-se-á pela estrutura, funcionamento ou cultura da pessoa colectiva (p. 57).

[15] Para uma breve análise do estado da doutrina a propósito da versão precedente do artº 11º do Código Penal, cfr. Leal-Henriques e Simas Santos, pp. 195 a 198 com resenha sobre os pressupostos da punição de pessoas jurídicas e a discussão em torno de teorias de ficção ou organicistas. Filipa Figueroa Quelhas (2008), neste novo paradigma do Direito penal, a pessoa colectiva é capaz de *vontade, nasce e vive de encontro das vontades individuais dos seus membros* (em citação remissiva de Lopes Rocha, 1998), e a sua responsabilidade penal não advém de facto punível por outrem, pressupondo domínio do facto típico pela própria pessoa colectiva (p. 16), com avisado recorte à análise critico-reflexiva de que o abandono do brocardo se faz numa mera eficácia de estratégia e utilitarismo da política criminal (p. 25). Noutra perspectiva, cfr. a interessante concepção da organização empresarial como *sistema autopoiético* com resenha em Carlos Gomez-Jara Diez, 2006, pp. 3 a 16.

ESTUDOS SOBRE *LAW ENFORCEMENT, COMPLIANCE* E DIREITO PENAL

sujeitos e agentes autónomos, ainda que se permitam caminhos de elisão dessa responsabilidade referentes à violação de ordens e instruções (que *cortam* a afectação da actuação ilícita ao interesse da infractora), o RGCO sempre viveu pacificamente com e nesse princípio de equipação entre pessoas singulares e pessoas jurídicas, sendo pouco arriscado dizer que os sobressaltos da aplicação pragmática dessa responsabilidade começaram ao mesmo tempo que o despertar da doutrina e jurisprudência para a problematização do tema no Direito Penal primário e secundário e após o dealbar do Direito criminal da empresa.

Não serve aqui proveito a discussão sobre os (diversos) fundamentos politico-criminais da responsabilização contra-ordenacional de pessoas jurídicas no Direito Público sancionatório[16], mas sempre se consignará que tal responsabilidade **deve ser, ainda e sempre, uma responsabilidade culposa**[17], afastando-se perspectivas de responsabilidade objectiva, por defeito de organização ou pelo risco de actividades empresariais.

Não obstante, é no *fio da navalha* que a assunção do princípio de responsabilização pela culpa de entes colectivos no DMOS se vem fazendo, com construções que podem resvalar para domínios de instrumentalização da imputação de facto do agente singular à esfera jurídica da pessoa colectiva, com implicações de difícil desenlace e que entorpecem a construção de um pensamento sistemático, como sejam a extensão da punibilidade por actuação em nome de outrem com fundamento interpretativo na culpa *in eligendo* ou *invigilando*[18].

---

[16] Essencialmente, por superação dos *anacronismos do princípio da responsabilidade individual*, segundo o qual as pessoas jurídicas seriam incapazes de acção e culpa – neste sentido cfr. MIGUEZ GARCIA e CASTELA RIO, 2014, pp. 92 e 93. Bem anotam TOLDA PINTO e JORGE REIS BRAVO, 2002 quando dizem que o princípio da individualidade da responsabilidade criminal não tem consagração constitucional expressa e que a responsabilidade criminal de entes colectivos não é susceptível de controvérsia doutrinal (p.35). Conferir também FARIA COSTA, 1998, p.514, em resumo: *"A pessoa colectiva enquanto centro de imputação jurídico-penalmente relevante não implica nada de específico, mas para se assumir como tal tem de actuar necessariamente através de órgãos ou representantes"*; e LOPES ROCHA, 1998, pp. 443 e 444, em resumo:*" a culpa social ou colectiva não implicará certamente maiores mistérios e obscuridades que a culpa individual"*.

[17] Ainda que essa ideia de culpa não corresponda à culpa por censura ética do Direito Penal.

[18] Cfr. TERESA QUINTELA DE BRITO, 2013, para resenha sobre jurisprudência da sobre contra-ordenações laborais. Com todo o respeito e reverência às lições expostas por essa jurisprudência, a redução semântica do título de imputação pode significar evidentes tensões com o estabelecimento de presunções de culpa que, inevitavelmente, implicarão transferências de ónus probatório do facto típico com a respectiva conformação do exercício

Nestes momentos de maior complexificação do discurso normativo, acompanhado por um contexto de forte incremento normativo, sectorial e especial, do ilícito de mera ordenação social, uma postura de *Anteu* servirá sempre de guia em jornadas e caminhos mais tortuosos. Numa palavra, importará sempre compreender a responsabilização de entes colectivos no DMOS a partir da estrutura do tipo sancionatório e da imputação de um facto ilícito e culposo, ainda que estes elementos tragam consigo a mais sonante afirmação da autonomia científica deste ramo de Direito face ao Direito matriz.

Neste conspecto, vejamos as seguintes preposições[19] e que estancam o objecto referencial do DMOS: (i) as proibições e comandos contra-ordenacionais têm por *destinatários papéis sociais*, nascidos da *transferência de necessidades de grupo para indivíduos sobre a forma de deveres*; (ii) as normas do DMOS referem-se ao *agente enquanto portador de um certo papel no exercício de certa actividade social* (produtor, transportador, empresário, comerciante); (iii) o ilícito contra-ordenacional consiste na infracção, a título doloso ou negligente, da *norma jurídica funcional* que regula a actividade no âmbito da qual o agente desempenha determinado papel; (iv) ilícito contra-ordenacional é

do direito de defesa das entidades visadas, além de legitimarem a aceitação de espaços de reserva de punição no DMOS sem culpa. Partilhamos, pois, das preocupações e certeiros reparos de Teresa Quintela de Brito, 2013, pp. 1220 e 1221, sobre aquela forma redutora da imputação de factos à pessoa colectiva através de *culpa in vigilando*. Efectivamente, por si só, a *culpa in vigilando* nada elucida sobre o domínio da realização da conduta pela pessoa colectiva, não pode substituir o pressuposto da predeterminação do ilícito contra-ordenacional pelo ente colectivo, mediante a não adopção das medidas organizativas, de gestão e de supervisão necessárias e adequadas a evitar a preterição da norma de dever, e, quiçá o mais importante na decisão jurisdicional, deve ser materialmente comprovada além da mera conjugação histórica entre o facto e o exercício de funções do subordinado. De frontal tomada de posição é a construção de Teresa Serra, 1999, p. 201 203, quando explica que os regimes especiais não devem contrariar *"substancialmente os princípios contidos no regime geral"*, limitando-se à sua adaptação *"a circunstâncias particulares impostas pelas concretas situações da vida que se propõe regular"* (p. 196), mais defendendo que nas *opções fundamentais* do regime geral dos actos ilícitos de mera ordenação social deverá incluir-se, não apenas a definição da natureza do ilícito, os tipos de sanção e os seus limites, mas também os pressupostos da respectiva punibilidade, e principalmente quando defende que, havendo um critério de imputação para as pessoas jurídicas no regime geral, haverá que respeitá-lo nos regimes especiais. A prática do legislador Português no DMOS desautoriza flagrantemente esta visão sistemática.

[19] Por reverência à lição de Augusto Silva Dias, 2008, pp. 743-746, sobre os problemas de qualificação entre o Direito Penal e outros ramos do Direito sancionatório e sobre a estrutura dos tipos infraccionais *delicta mere prohibita*.

ESTUDOS SOBRE *LAW ENFORCEMENT, COMPLIANCE* E DIREITO PENAL

na sua estrutura básica um *delito de desobediência, de divergência face ao comportamento regulador do papel*; (v) a culpa contra-ordenacional corresponde à *censura por um comportamento defeituoso relativamente ao papel, suposto pela norma e assumido pelo agente*; (vi) os papéis são *mediadores adequados da atribuição da culpa no âmbito das contra-ordenações*; (vii) enquanto infracções de incumprimento de deveres inerentes a dado papel social, as contra-ordenações são *infracções pouco exigentes em matéria de individualização de responsabilidade*.

A ilicitude e censurabilidade da conduta, como consagrado no artº 1º do RGCO, integram a definição da natureza do ilícito de mera ordenação social, mesmo que se entenda a censurabilidade como imputação de facto à *responsabilidade social do agente* e não como reprovação ética.

"No Direito das Contra-ordenações o que é axiologicamente neutral não é o ilícito mas a conduta em si mesma, divorciada da proibição legal, sem prejuízo de, uma vez conexionada com esta, ela passar a constituir substrato idóneo de um desvalor ético-social" – **Figueiredo Dias**, 1998, p.27, podendo-se falar *"em culpa, mas não em culpa baseada numa censura ética como a culpa jurídico-penal, dirigida à pessoa e à sua atitude interna, mas apenas de uma imputação do facto à responsabilidade social do seu autor, de adstrição social de uma responsabilidade que se reconhece exercer ainda uma função positiva e adjuvante das finalidades admonitórias da coima"* – p. 29, esclarecendo que, apesar das dúvidas quanto à extensão da punibilidade da actuação em nome de outrem, terá certamente lugar a aplicação de normas penais em matéria de causas de exclusão da ilicitude – *"quando não se deva considerar a sua aplicação como directa e imediata por força do princípio da unidade e da totalidade da ordem jurídica que se espelha no artº 31 do Código Penal"*- p. 28[20]. Ora, estas perspectivas dogmáticas, por um lado, não implicam, *per se*, um regime substantivamente diferenciado de imputação dos entes colectivos entre o DMOS e do Direito Penal, e, por outro, subentendem que os modelos terão de assumir alguma continuidade.

Tanto no regime geral como nos regimes sectoriais ou especiais do DMOS, na senda de uma orientação de convergência dos títulos de imputação objectiva (requisitos especiais da actuação típica em nome e interesse da pessoa colectiva ou por violação de deveres de vigilância e controlo) e

---

[20] Também no mesmo sentido de negação da inferioridade hierárquica do Direito de mera ordenação social, cfr. Eduardo Correia, 1998, p. 15: *"Estas violações* [violações de normas de ordenação social correspondente a uma actividade preventiva-ordenadora da Administração] *não representam um minus relativamente ao ilícito penal mas constituem coisa diferente"*.

subjectiva (dirigentes e subordinados que integrem o núcleo dos sujeitos qualificados dos quais podem provir as actuações ilícitas potencialmente imputáveis às pessoas jurídicas)[21], *joga-se a opção por um modelo de heterorresponsabilidade* – parte-se de elementos constitutivos da infracção do concreto agente e depois procede-se à transposição do dolo e da negligência para a colectividade, *ou de autoresponsabilidade*[22] – em que se prescinde totalmente do elemento do facto de conexão realizado pela pessoa singular e busca os elementos constitutivas da infracção na pessoa colectiva, modelos esses que na sua definição mais depurada implicam determinadas consequências ablativas do direito de defesa do ente colectivo nos processos sancionatórios[23].

Independentemente das razões para o estabelecimento de uma presunção de culpa[24] ou, melhor dizendo, de presunção de imputação do facto à

---

[21] Aproveitando-se a esquematização de FILIPA FIGUEROA QUELHAS, 2008, pp. 33 e 44 e seguintes, sendo a qual a teoria da imputação objectiva consubstancia um importante mecanismo de correcção do perigo de um modelo de responsabilidade penal (objectiva) das pessoas colectivas, que se funde na ocorrência e consumação de riscos para bens jurídico-penais, por mera ocasião da actividade, permitindo afastar a necessidade de aferição da linha divisória que destrinça entre riscos permitidos ou riscos proibidos, não obstante citar a revisão crítica desta responsabilidade pelo risco. Também próxima, cfr. a anotação de PAULO PINTO ALBUQUERQUE, 2015, p. 136, que enuncia um duplo critério de imputação: imputação da actuação do agente em nome e no interesse da pessoa colectiva, através da posição de liderança baseada na sua pertença a órgão competente para decisões, fiscalização ou presentação imputação da actuação do agente no interesse da pessoa colectiva pela pessoa singular em posição subordinada em virtude de uma violação dos deveres de controlo e supervisão. Sendo o critério taxativo; centra a responsabilidade nos actos de pessoas colocadas em posição de liderança dentro da pessoa colectiva; esclarece o conteúdo dessa posição de liderança e o nexo de imputação de actos de pessoas subordinadas.

[22] Cfr., sobre os modelos de auto e hétero regulação na perspectiva da culpa, CARLOS GOMEZ-JARA DIEZ, 2006), pp. 21 a 27.

[23] No primeiro um excessivo antropomorfismo que ignora a pessoa colectiva como centro de imputação autónomo, e no segundo substitui-se como objecto de imputação e responsabilidade o concreto ilícito por um *nebuloso facto colectivo de auto-organização deficiente ou de gestão defeituosa dos riscos típicos de exploração das pessoas jurídicas* – TERESA QUINTELA DE BRITO, 2013, pp. 1227 e 1228. Em TERESA QUINTELA DE BRITO, 2010, pp. 1227 e 1228, a mesma A. expõe, na perspectiva do Direito Penal, a crítica à ideia de imputação de facto típico culposo ao estado de perigosidade da organização em que o crime corresponderia a *"condição objectiva de punibilidade de um nebuloso facto colectivo em lugar de constituir o verdadeiro objecto de imputação"*.

[24] Centrados na menor exigência de individualização da responsabilidade por um ilícito de violação de deveres inerentes a um certo papel social, segundo TERESA QUINTELA DE BRITO, 2013, p. 1231.

ESTUDOS SOBRE *LAW ENFORCEMENT, COMPLIANCE* E DIREITO PENAL

actuação do ente colectivo mediante a descrição de um facto praticado por um dirigente ou por um subordinado em nome e no interesse da pessoa colectiva, as garantias constitucionais e de legalidade do processo sancionatório só ficarão devidamente salvaguardadas se for possível concatenar os artigos 1º e 7º do RGCO para aceitar a prova dos elementos da ilicitude e da culpa também ao nível da pessoa colectiva mediante um facto de conexão, ou pelo menos o acesso à demonstração de a ocorrência do facto ilícito a *"correspondeu a uma decisão contrária aos procedimentos de contenção dos riscos próprios de exploração que eficazmente implementou"*[25].

Neste conspecto analítico, **a actuação interna da pessoa colectiva perante o risco de cometimento do ilícito pelos seus dirigentes e subordinados determinará, fatalmente, o caminho da culpa e da atribuição de responsabilidade no processo sancionatório**, no sentido em que a inexistência de *culpa in vigilando* ou a inoperância da presunção orgânica de imputação do facto dependem do comportamento prévio à verificação do facto ilícito e do modo como aquela pessoa colectiva procurou evitar que os seus agentes cometessem factos constantes do tipo objectivo da previsão legal.

Este é um ponto nevrálgico do nosso trabalho. Seja qual for o ângulo de aproximação/definição ao modelo de responsabilidade dos entes colectivos no DMOS, **a demonstração da existência de procedimentos empresariais internos de contenção do risco de comissão de infracções está intimamente relacionada e consubstancia um elemento preponderante da realização da culpa dessas pessoas jurídicas e, por sua vez, da realização do título de imputação, especialmente nos casos em que esse título ocorre pela conduta de um subordinado no interesse da visada**[26].

---

[25] TERESA QUINTELA DE BRITO, 2013, pp. 1229 e 1230, interrogando o alcance do modelo de heteroresponsabilidade previsto no artº 7º, nº 2 do RGCO.

[26] A propósito do artº 11º, nº 2, al. *b)* do Código Penal, MIGUEZ GARCIA e CASTELA RIO, 2014, p.95, e PAULO PINTO ALBUQUERQUE, 2015, p.136, marcam que os actos de agentes subordinados só são imputáveis se realizados no interesse da pessoa colectiva se as pessoas em posição de liderança não tiverem exercido ou tiverem exercido deficientemente o seu poder de controlo e supervisão sobre aqueles subordinados que se encontrem sob a sua autoridade, constituindo-se garantes da não produção de resultados típicos, quando a falta de vigilância ou controlo tenha tornado possível a prática do facto por uma pessoa sob a sua autoridade (subordinado).

Vencida a aceitação da responsabilidade das pessoas jurídicas no Direito Público Sancionatório, importa perceber o momento que atravessamos de *transformação da lógica da narrativa jurídica* sobre a punibilidade de pessoas jurídicas, entendendo a empresa *como centro gerador de normatividade*[27] e as pessoas colectivas e equiparadas como centros sociais *geradores de riscos de lesão de bens jurídicos*[28].

A efectiva vigência de procedimentos internos de controlo do risco não deve ser um qualquer *elemento alienígena* da responsabilidade das pessoas jurídicas, reduzida à criação académica e adversativa da prática casuística apenas porque se aplica o RGCO. Estes procedimentos estiveram, desde o início, no cerne da problematização da responsabilidade penal das pessoas colectivas[29] e auferem de presença inelutável no DMOS, como o comprovam os novíssimos regimes sectoriais na área dos SIEG ou de prestação de actividades de regulação económica.

O cumprimento do papel social do ente colectivo, na respectiva actividade, associado a um padrão de **actuação empresarial de efectiva, eficaz e adequada contrariedade e oposição ao risco de comissão de factos típicos pelos seus dirigentes e subordinados transporta consigo uma atitude organizativa de obediência formal e material à norma jurídica funcional e de dever**, e que impossibilita a imputação de *comportamento defeituoso relativamente ao papel, suposto pela norma e assumido pelo agente.*

E o espaço natural da previsão da relevância contra-ordenacional destes *procedimentos de contenção dos riscos próprios eficazmente implementados pela pessoa colectiva* corresponde, exactamente, à previsão legal de que *a responsabilidade das pessoas colectivas e entidades equiparadas é excluída quando o agente tiver actuado contra ordens ou instruções expressas de quem de direito*[30].

---

[27] *"Em termos de linguagem jurídica, comunicacionalmente relevante, a empresa, tal como o homem concreto, passou a ser uma entidade que o campo discursivo considerou susceptível de gerar comunicação; considerou susceptível de produzir uma narrativa jurídica, designadamente jurídico-penal. A aceitação destes pressupostos leva também a que não possamos deixar de considerar que a empresa passou a ser, nesta óptica, um centro gerador de normatividade"* – FARIA COSTA, 1998, p. 503.

[28] FILIPA FIGUEROA QUELHAS, 2008, p. 25.

[29] Cfr. CARLOS GOMEZ-JARA DIEZ, 2011, pp. 25 a 26 sobre a (re)valorização da autorregulação perante a assunção da responsabilidade penal dos entes colectivos.

[30] Na formulação lapidar de TERESA QUINTELA DE BRITO, 2010, pp. 57 e 58, o art° 11°, n° 6 do Código Penal não corresponde a uma presunção de culpa da colectividade perante a infracção funcional, serve antes para densificar o conceito de actuação no interesse colectivo,

Actuando contra ordens e instruções, a infracção não poderá considerar-se realizada no interesse colectivo[31], sendo de grande acerto a formulação da questão de saber se as ordens e instruções exprimem apenas presunção de culpa ou se, porventura, servem para esclarecer o conceito de actuação no interesse colectivo.

No entanto, se bem lemos, quando TERESA QUINTELA DE BRITO, 2013, p. 1231, refere que a presunção de comportamento ilícito e culposo da pessoa colectiva é facilitada pela inferior densidade social dos entes colectivos contra-ordenacionalmente responsáveis, subentendemos que o aludido padrão de actuação empresarial de efectiva, eficaz e adequada contrariedade e oposição ao risco de comissão é menos intenso naquelas organizações, mercê da menor autonomização entre o domínio individual e colectivo do facto típico. No entanto, esta ideia de menor densidade dos entes responsáveis em DMOS é uma simplificação que não resiste à actual complexidade da actividade sancionatória das autoridades administrativas; ao crescimento legal dos tipos de infracção e à realidade dos destinatários em processos sancionatórios.

Concordamos que o que também importará na imputação do facto ilícito contra-ordenacional é a conexão do mesmo com o exercício de funções e a conduta comissiva *modelada, nos seus elementos essenciais, pelas condições de organização ou funcionamento da pessoa colectiva ou pela sua filosofia de actuação* e de modo a que se identifique *a predeterminação pela pessoa colectiva dos ele-*

---

conectando tal interesse com o poder-dever da colectividade de se organizar e vigiar de modo a evitar a prática de factos tipicamente sancionados: *"poder dever em que se consubstancia um fundamento de imputação específico da colectividade e expressão do seu poder colectivo: o domínio da organização para a não comissão do facto"*.

[31] Como claramente afirma LOPES ROCHA, 1998, p. 472. Também PAULO PINTO ALBUQUERQUE, 2011, apesar das críticas ao artº 7º, nº 2 do RGCO e à insuficiência do modelo de representação orgânica, não deixa de admitir a exclusão da responsabilidade da pessoa colectiva se o agente actuar no exercício das suas funções, mas contra ordens e instruções expressas da pessoa colectiva (p. 50), anotando que a jurisprudência tem procedido ao alargamento do sentido da expressão do artº 7º do RGCO nela incluindo os trabalhadores, remetendo para opiniões doutrinárias que admitem a exclusão da responsabilidade se ocorrer actuação no exercício das suas funções mas contra ordens expressas da pessoa colectiva ou em seu interesse exclusivo, apesar de sublinhar que tem de haver uma conexão de sentido entre o órgão ou agente e as funções por ele exercidas: *por ocasião e por causa das funções*. Com eles ANTÓNIO JOAQUIM FERNANDES, 2002, p. 33, quando afirma que o nº 2 do artº 7º do RGCO estabelece uma presunção que pode ser ilidida, podendo o ente colectivo provar em sede de apuramento de culpa que o seu órgão actuou ao arrepio de instruções ou ordens expressas.

COMPLIANCE EM PROCESSO CONTRA-ORDENACIONAL: DA ALEGAÇÃO À DECISÃO...

mentos essenciais da infracção ou da violação do dever em que se consubstancia o ilícito[32].

Será, portanto, de afastar, por imperativo constitucional e por observância dos aludidos princípios da *unidade e totalidade da ordem jurídica sancionatória*, uma responsabilização contra-ordenacional da colectividade por mera comissão objectiva do acto no interesse económico-financeiro, independentemente do modo de organização.

Por conseguinte, a condenação administrativa terá de fundamentar a conexão com a organização ou com o funcionamento da pessoa colectiva e com a sua *filosofia de prossecução do fim social*, não se limitando a imputação a uma simples aproximação ou concessão ao princípio da *vicarius liability* – responsabilidade por facto de outrem, sobre o qual se construiria subsequentemente a culpa da pessoa colectiva, em que a pessoa colectiva se limita a responder pelo facto da pessoa física.

Esta posição é directamente beligerante com aqueles que defendem que o artº 7º, nº 2 do RGCO, desgarrado da interpretação sistemática com o Direito subsidiário ou com os regimes sectoriais e especiais, pode apenas envolver um modelo purista de autoresponsabilidade do ente colectivo[33], de mal disfarçada responsabilidade objectiva pelo facto cometido por um determinado tipo de agentes, ou de presunção de culpa por factos praticados no exercício da actividade empresarial.

O artº 7º, nº 2 do RGCO, como o testemunham as sucessivas intervenções legislativas na criação e actualização de regimes sectoriais e especiais (e bem assim a aplicação casuística do artigo pela jurisprudência[34]),

---

[32] Cfr. Teresa Quintela de Brito, 2013, p. 1236 sobre o artº 3º, nº 2 do DL nº 28/84).

[33] Segundo Frederico Lacerda da Costa Pinto, 1999, p. 315, o próprio artigo 7º do RGCO veio adoptar, de modo equívoco, um *modelo de imputação autónoma*, o qual, por razões históricas e lógico sistemáticas (p. 314 e 315) seria o único compatível com o âmbito de aplicação do RGCO e com o sentido de não fazer depender a responsabilidade das pessoas colectivas da imputação às pessoas singulares. Não obstante, o A. Aponta que *"para além do disposto no artº 7º, seguramente se aplicarão as regras gerais de atribuição de responsabilidade, nomeadamente de imputação objectiva e subjectiva"* (p. 312 e 313), e que os regimes sectoriais, no caso do CdVM, vieram corrigir o modelo de responsabilidade autónoma.

[34] *"A responsabilidade contra-ordenacional das pessoas colectivas ou equiparadas não tem carácter objectivo, já que pressupõe a prática do facto típico pelos seus "órgãos" no exercício das suas funções, que só terá sentido quando praticada por pessoas singulares. Daí que a expressão "órgãos" deva ser identificada com as pessoas físicas que, enquanto tais, actuam em nome do ente colectivo"* – Ac. RP de 21-03-2013. *"As pessoas colectivas ou equiparadas devem ser responsabilizadas pelas contraordenações praticadas*

ESTUDOS SOBRE *LAW ENFORCEMENT, COMPLIANCE* E DIREITO PENAL

representa um normativo de literalidade atávica, cuja manutenção mais não será de que um resquício do imobilismo legiferante tão característico do regime geral, um anátema no actual panorama de alargamento e aprofundamento da intervenção do DMOS.

Face à subsidiariedade e clarificação do artº 11 do CP, não faz sentido isolar o artº 7º, nº 2 do RGCO dos restantes regimes sectoriais e especiais do DMOS, ainda que tal se faça a expensas de regras de interpretação estritamente literal.

Não enjeitamos a circunstância de que o recurso, no DMOS, a papéis sociais, por natureza *abstractos, objectivos e mais distantes,* na atribuição de culpa, exige uma menos intensa personalização do juízo de culpa, bastante diferente do que sejam as reais possibilidades de cumprimento do dever jurídico omitido por parte do infractor, pelo que, atenta a importância dos interesses sociais em causa e a gravidade do sancionamento, admitimos que possa haver uma compressão do grau das exigências de imputação, mas nas seguintes condições e termos:

– A exigência de entes colectivos socialmente responsáveis que revistam a densidade de uma instituição, com organização, suficientemente estável e complexa, capaz de contestar a vigência das normas jurídicas através de uma actuação e funcionamento tendente à prática de ilícitos; com autonomia e não hétero-administradas por pessoas físicas ou colectividades que as controlam totalmente e a cujo serviço se encontram (*coorporate vehicles, empresas espantalho, sujeitos*

---

pelos seus órgãos nos exercícios das suas funções e também quando cometido em seu nome e no interesse colectivo por pessoas que nelas ocupem uma posição de liderança, ou quando cometidas por quem aja sob a autoridade das pessoas antes referidas em virtude de uma violação dos deveres de vigilância ou controlo que lhes incumbam" – Ac. RP de 06-06-2012, nosso destacado. Para tal, importa *"um conceito amplo de órgão, nele se englobando toda aquela pessoa física que age em nome e em representação da pessoa colectiva, no exercício das funções que lhe foram cometidas, e cujos efeitos se repercutem na esfera jurídica daquela. Consequentemente, a pessoa colectiva é responsável pela actuação do seu trabalhador, que agiu em exercício de funções, sob a sua subordinação e segundo as instruções recebidas"* – Ac. RP de 16-01-2013. No mesmo sentido, *"A questão está em saber quem são os "órgãos" da pessoa colectiva. E "órgãos" aqui tem uma maior abrangência do que os centros institucionalizados de poderes funcionais a exercer pelo indivíduo ou pelo colégio de indivíduos. Aqui, a expressão "órgãos" integra os trabalhadores ao serviço da pessoa colectiva ou equiparada, desde que actuem no exercício das suas funções ou por causa delas". Quando se fala de uma empresa como a da recorrente o rosto da mesma são os trabalhadores. São estes que praticam ou omitem os actos susceptíveis de censura contra-ordenacional"* – Ac. RC de 09-11-2011.

instrumento)[35] não é exclusiva do Direito Penal (primário ou secundário), sendo inclusive a regra em áreas sectoriais do DMOS como sejam os ilícitos na área das instituições financeiras, nas práticas restritivas de concorrência; nas comunicações electrónicas ou na aérea de prestação de serviços de interesse e utilidade pública;

- Por conseguinte, apesar das diferenças dogmáticas entre Direito Penal e DMOS[36] assinaladas pelo princípio da ofensividade e da tutela de bens jurídicos[37], o *domínio da organização para a execução do facto e o domínio da organização para a não comissão*[38] também deve constituir fundamento de responsabilidade contra-ordenacional de entes colectivos, especialmente naquelas em que o destinatário

---

[35] Cfr. TERESA QUINTELA DE BRITO, 2013, pp. 1242 e 1243. TERESA QUINTELA DE BRITO, 2010, p. 49, por referência à lição de CARLOS GOMEZ-JARA DIEZ, defende que os entes colectivos só serão destinatários de imputações jurídico-penais se desenvolverem complexidade própria que permita *auto-observação* e *auto-diferenciação em relação ao entorno*, que permita desenvolver uma cultura empresarial capaz de questionar a vigência do Direito, aceitando-se a exclusão de responsabilidades das pessoas jurídicas destituídas de complexidade própria e de autonomia por serem hétero-administradas, carecendo de complexidade própria e auto-referencialidade.

[36] FIGUEIREDO DIAS, 1998, p. 22, é apodíctico ao encontrar o espaço de reserva do Direito Penal quando estejam em *"causa lesões insuportáveis das condições comunitárias essenciais de livre realização e desenvolvimento da personalidade de cada homem"*, e do DMOS quando estiverem em causa *"condutas que não violem bens jurídicos claramente individualizáveis e controladas por meios não criminais de política social"*.

[37] Aliás, os tradicionais critérios de diferenciação qualitativa (em função da protecção de bens jurídicos com maior ressonância ética) ou quantitativa (referente ao quantum da ilicitude ou gravidade da conduta) entre o Direito Penal e o DMOS são recorrentemente postos em debate e crise quanto às suas formulação mais absolutas, apontando COSTA ANDRADE, 1998, p. 97 que a descriminalização de extensas zonas da vida social fez com que o Direito das Contra-ordenações se tivesse convertido num *reservatório de recolha de infracções de proveniência muito díspar*, desde autenticas infracções administrativas à pequena criminalidade, incluindo delitos de perigo abstracto orientados para a tutela dos bens individuais ou supra individuais, terminando que *"esta pluralidade perturba mais a teoria do que a praxis"* (citando TIEDMANN) e que *"não será realista encontrar na experiencia legislativa uma lógica capaz de lhe emprestar racionalidade e sentido unívocos"*. MIGUEL PEDROSA, 1998, p. 164, refere que, apesar de assumir dúvidas sobre a constitucionalidade do novo sistema tributário da distinção meramente quantitativa entre ilícito contra-ordenacional, a contraposição entre o artº 11º (versão anterior à Lei nº 59/2007) do Código Penal e o 7º do RGCO *não é tanto causa como consequência do sistema contra-ordenacional introduzido*, fazendo, a p. 189, chamada para o preenchimento do regime jurídico do novo ilícito por recondução do sistema ao tronco comum do Direito Penal.

[38] Cfr. TERESA QUINTELA DE BRITO, 2013, p. 1244, apenas para a responsabilidade criminal.

da norma de previsão só pode ser uma pessoa colectiva, excluindo a punição de pessoas singulares por via da sua incapacidade original de actuação social naquele sector;

– Sendo o ilícito contra-ordenacional estruturalmente de violação de deveres inerentes a determinado papel social, a imputação a determinado órgão (no sentido lato conferido pela jurisprudência na aplicação do artº 7º, nº 2 do RGCO) efectivamente competente para o cumprimento do dever é, na nossa opinião, sempre necessário para apurar o exercício de funções em nome e no interesse da pessoa colectiva ou, eventualmente, a omissão de ordens e instruções contrárias à prática do facto;

– Este modo de imputação cumpre um desiderato duplamente fundamental, clarifica o elemento de conexão do facto do agente singular ou do órgão, possibilitando a imputação do ilícito segundo o princípio de culpa relevante para o Direito contra-ordenacional, mas também concede oportunidade de defesa à pessoa colectiva visada ao permitir a identificação da execução do facto que fundamenta a responsabilidade e a identificação de quem exerce autoridade sobre a actividade colectiva ou dos sectores que efectivamente dominaram a organização;

– Esta identificação permitirá, por sua vez, saber se o ente colectivo tomou, efectivamente, todas as medidas organizativas, de gestão e fiscalização idóneas e necessárias para obstar à prática do facto ilícito, dominando a organização para a não comissão do ilícito não obstante a ocorrência do facto objectivo, preenchendo-se o artº 11º, nº 6 do CP como causa de exclusão da responsabilidade;

– O argumento de que o artº 7º, nº 2 do RGCO consagra um modelo puro de autoresponsabilidade que não pressupõe um facto de conexão de uma pessoa singular, a imputar *ab initio* à colectividade, surge, como temos vindo a dizer, descontextualizado com uma perspectiva sistemática do DMOS, e cuja restrita interpretação organicista tem sido ultrapassada pela jurisprudência;

– A afirmação de que o artº 7º, nº 2 do RGCO se basta com a identificação do órgão, além de contraproducente com aquela visão totalizante do DMOS, é susceptível de introduzir uma preterição constitucionalmente inadmissível dos princípios de ofensividade, tipicidade, determinação e efectividade do facto punível, convolando a imputação do tipo objectivo numa simples presunção da violação de um dever, o que não encontra qualquer respaldo na diferença dogmática entre Direito Penal e DMOS, criando privilegiamentos sancionatórios e disrupções na universalidade de direitos e deveres das pessoas jurídicas com idêntica densidade social e organizativa desgarrados de justificação à luz do critério de censura ética;

– Os apontados regimes sectoriais e especiais reflectem a presença transversal do princípio de ofensividade do facto punível no Direito contra-ordenacional e que obriga à exclusão do modelo de autoresponsabilidade de entes colectivos[39];

– Tem de se escorar a afirmação de que o art⁰ 11⁰, n.⁰ 2 do CP **vale para o RGCO** enquanto direito subsidiário na fixação do regime geral substantivo de que fazem parte os critérios de imputação, com as devidas salvaguardas e *sob pena de inconstitucionalidade material* do art⁰ 7⁰, n.⁰ 2 do RGCO[40];

– *"A ampliação dos pressupostos de responsabilidade contra-ordenacional de pessoas jurídicas (...) é exigida pela diferente natureza dos ilícitos (...) e respectivas sanções; (...) pela muito diversa densidade social-organizativa das entidades colectivas contra-ordenacionalmente responsáveis* e por princípios constitucionais que *"impõem que se alargue o círculo de pessoas capazes de desencadear a responsabilidade contra-ordenacional de pessoas jurídicas aos representantes com posição de liderança e às pessoas com autoridade para exercer controlo sobre actividade colectiva"*, pois que tal não corresponde a uma analogia proibida pelo princípio de legalidade das contra-ordenações[41];

---

[39] Estas afirmações decorrem, primacialmente, da assinalada diversidade dos tipos legais previstos nos regimes sectoriais e especiais, de prolixo conteúdo, e que vão desde a defesa dos fins pedagógicos da actividade de televisão à defesa dos direitos dos consumidores, desde a prevenção do branqueamento de capitais ao tratamento ilícito de dados pessoais, e que, para nós, claramente transportam uma perspectiva de ablação das diferenças entre a estrutura típica do DMOS e do DP, utilizando o DMOS para protecção e tutela de interesses jurídicos imediatamente próximos ou até sobreponíveis de bens jurídicos tradicionalmente protegidos pelo DP.

[40] Cfr. Teresa Serra, 1999, p. 200 e ss. sobre os problemas de constitucionalidade material do art⁰ 7⁰ do RGCO.

[41] Teresa Quintela de Brito, 2013, pp. 1254 e 1255, defendendo que o art⁰ 11 do CP conforma um critério de imputação naturalmente valido para todo o Direito Sancionatório Público e que, por via do art⁰ 32 do RGCO, veio suprir a inconstitucionalidade por omissão

ESTUDOS SOBRE *LAW ENFORCEMENT, COMPLIANCE* E DIREITO PENAL

– Fazendo igualmente parte de extensas aéreas do DMOS, a actual versão do artº 11º do CP permite que se alargue a exigência prevista no nº 2 a todo o Direito Contra-ordenacional, não se opondo a tal a natureza do ilícito nem o RGCO, uma vez que o regime *guarda silêncio* quanto à aplicação subsidiária nos termos do seu artº 32º, sendo que a importação teria a grande vantagem de inutilizar presunções de culpa colectiva (ainda que ilidíveis)[42] e modelos de autoresponsabilidade sem facto de conexão ante a prática de uma contra-ordenação por um órgão da pessoa colectiva.

– A exigência de demonstração dos elementos subjectivos na imputação da infracção contra-ordenacional é imediatamente sequente deste entendimento, na perspectiva que a comissão negligente nunca poderá prescindir da identificação do dever de cuidado preterido nem da possibilidade de o mesmo ser cumprido, não obstante a falta de representação da violação da norma jurídica; sendo que o dolo apenas pode ser afirmado com base em elementos de prova indiciária ou circunstancial, obtida através de juízos de inferência, perante um circunstancialismo objectivo *"dotado de idoneidade e concludência necessárias a revelá-lo"*[43];

– Tanto o dolo como a negligência do ente colectivo devem ser *autónoma e normativamente construídos*[44], por via da *individualidade e da irredutibilidade* da pessoa colectiva face aos particulares agentes do elemento de conexão[45]; assumindo-se a presença do modelo de *heteroresponsabilidade*, uma vez que, imputado o facto típico nos termos consolidados no artº 11º, nº 2 do CP, os restantes elementos consti-

---

das medidas legislativas necessárias para dar cumprimento aos princípios jurídicos constitucionalmente conformadores do Estado de Direito, nomeadamente os vertidos nos artsº 18º, nº 2 e 3, 12º, nº 2 e 13 da CRP.

[42] TERESA QUINTELA DE BRITO, 2013, pp. 1252 e 1253.

[43] TERESA QUINTELA DE BRITO, 2013, pp. 1251-1256 (tendo por referência a jurisprudência do Tribunal Constitucional e a opinião de MARIA FERNANDA PALMA).

[44] Neste sentido, cfr. TERESA QUINTELA DE BRITO, 2013, pp. 1251-1257.

[45] Neste sentido, cfr. TERESA QUINTELA DE BRITO, 2010, pp. 59 e 60: *"afirmação do dolo do ente colectivo releva o conhecimento acumulado, por vias formais ou informais de comunicação, ao nível do sector em que o facto ocorreu e da direcção da pessoa colectiva, confrontado com o concreto contexto em que ocorreu o facto e com a linguagem social da intencionalidade e das suas formas"*, apesar de dolo e negligencia serem autonomamente construídos e não ocorrerem por transferência ou imputação do dolo ou negligência singulares.

tutivos da infracção devem ser autonomamente averiguados junto da pessoa colectiva;

Seja por via interpretativa, seja pela via da **normatização sectorial**, o pressuposto para a efectivação da responsabilidade contra-ordenacional das pessoas jurídicas pode sintetizar-se, também, na imputação da actuação representativa e/ou funcionalizada ao interesse daquela pessoa colectiva.

Muito embora o RGCO também não contemple norma semelhante às dos vários regimes sectoriais, vem-se aceitando que essa regra corresponde a um princípio de carácter geral do direito contra-ordenacional – vejam-se os Pareceres do Conselho Consultivo da Procuradoria-Geral da República de 07-07-94 e de 10-07-2013[46].

Assim, no que respeita ao Direito Público sancionatório e à revelia das amarras da literalidade das previsões normativas, será seguro dizer que o DMOS subsiste, no que respeita à responsabilização dos entes colectivos, numa coexistência simbiótica para com o quadro da responsabilização de entes colectivos no Direito Penal Primário.

A apontada interpretação actualista do nº 2 do artº 7º do RGCO e a consagração expressa dos regimes sectoriais vêm, portanto, dar expressão a um critério mais amplo da responsabilidade das pessoas jurídicas no DMOS, corolário de um modelo de imputação representativa/funcional, em superação do modelo de aparente imputação orgânica prevista na letra do artº 7º, nº 2 do R.G.CO.

Assim, arrematando este segmento do trabalho, *trampolim argumentativo* para o demais, o nº 6 do artº 11º do CP, aplicável ao RGCO, e as demais normas especiais dos regimes sectoriais do DMOS, ao excluírem a responsabilidade quando o agente tenha actuado *contra ordens e instruções de quem de direito*, alicerçam a responsabilidade de pessoas jurídicas no facto do agente de conexão, consolidando o critério de imputação do facto de conexão à pessoa colectiva, por via do domínio da organização para a execução do facto típico que aquela detém através da autoridade exercida pela pessoa

---

[46] Sumário: *"O preceito do número 2 do artigo 7º do Regime Geral das Contraordenações deve ser interpretado extensivamente, como, aliás, tem sido feito pela jurisprudência, incluindo do Tribunal Constitucional, de modo a incluir os trabalhadores, os administradores e gerentes e os mandatários ou representantes da pessoa coletiva ou equiparada, desde que atuem no exercício das suas funções ou por causa delas".*

física com posição de liderança e do seu poder de controlar a actividade ou um sector de actividade colectiva.

A capacidade de exclusão da responsabilidade contra-ordenacional de pessoas jurídicas pela demonstração da preterição de ordens e instruções no sentido normativo conferido pelo art° 11°, n° 6 do CP corresponde actualmente a um postulado do DMOS, a admitir sem norma especial.

II. Em busca de um conceito discursivo de *compliance* e de um conceito jurídico de *compliance eximente* da responsabilidade contra-ordenacional das pessoas jurídicas

Partindo da asserção, plenamente aplicável no DMOS, de que a demonstração da existência de procedimentos empresariais internos de contenção do risco de comissão de infracções está intimamente relacionada e consubstancia um elemento preponderante da realização da culpa dessas pessoas jurídicas e, por sua vez, da realização do título de imputação[47], e encontrada a via normativa da sua realização através da causa de exclusão da responsabilidade *quando o agente tenha actuado contra ordens ou instruções expressas da pessoa colectiva*, importa avançar na elaboração de um conceito discursivo de *compliance* e de um, sequente, conceito jurídico de *compliance eximente* da responsabilidade contra-ordenacional das pessoas jurídicas. *Prima facie*, o conceito discursivo (que prescinde de relevância jurídica) não se confunde com o conteúdo jurídico de *compliance eximente* porquanto apenas este estará dotado, na nossa perspectiva, de potencialidade de exclusão da responsabilidade dos entes colectivos no DMOS, sendo certo que nenhum deles se esgota na literalidade do pensamento histórico-legislativo subjacente à expressão *ordens e instruções*.

Para o que interessa no primeiro vector, *compliance* significará a expressão de uma ideia de cultura ou filosofia empresarial[48] de adopção de estra-

---

[47] TERESA QUINTELA DE BRITO, 2014, pp. 76 a 79, trata, a propósito da relevância dos mecanismos de *compliance* na responsabilidade penal, da exigência de domínio da organização para a execução do facto típico no interesse colectivo, depurando o problema da culpa como capacidade de culpa do ente responsável, e enfrentando a hipótese de inimputabilidade das pessoas colectivas por falta de domínio da organização para a não comissão do crime.

[48] Cfr. ANA MARÍA NEIRA, 2016, para uma aproximação a esta definição: "*Los compliance programs son sistemas organizativos que incluyen principios, reglas, procedimientos e instrumentos orientados a asegurar el cumplimiento de la legalidad en el desarrollo de las actividades de una organización, mientras que los criminal compliance programas*", avançando na concepção de uma ordenação

COMPLIANCE EM PROCESSO CONTRA-ORDENACIONAL: DA ALEGAÇÃO À DECISÃO...

tégias de reforço do cumprimento das regras jurídicas aplicáveis ao papel social ou à actividade social desenvolvida pelo ente colectivo[49]. O termo inglês, por decomposição da acção performativa *to comply*, remete para um significado de agir segundo as regras; de estar em conformidade, de adequar-se ou obedecer activamente a um padrão de comportamento. Em termos de gestão empresarial corresponderá à vigência interna (na pessoa colectiva) de sistemas de *auto-regulação ou auto-organização*[50] para a prevenção de riscos de cometimento de factos com relevância sancionatória, i.e., finalisticamente orientados para o cumprimento do Direito ou para a redução ao mínimo razoável do risco de lesão de bens jurídicos e outros interesses[51].

O interesse discursivo desta categoria conceptual de gestão empresarial está *umbilicalmente* conexionada com o risco normativo (diferente do risco económico) que a actuação dos entes colectivos implica no normal devir das sociedades modernas e cuja adquirida responsabilização sancionatória (transversalmente presente em vários domínios da actividade) chamou a atenção para o desenvolvimento e implementação de políticas internas de prevenção de riscos normativos específicos, evitando-se, desde logo, custos materiais e reputacionais, de primeira importância, e que, não raras vezes, advêm da comissão de factos ilícitos[52], além de se procurar uma nova forma de intervenção e actuação destinada a evitar o processo e a prevenir a eventual sujeição à acção sancionatória.

---

intra-empresarial vinculante para trabalhadores e dirigentes com valor quase normativo (p. 469 e ss.).

[49] Expressão deste entendimento é a presença e importância crescente da compliance empresarial ou institucional, definido como sistema de controlo interno adequado e eficaz com vista a garantir um efectivo cumprimento das obrigações legais e dos deveres a que as instituições ou empresas se encontram sujeitas, com uma apropriada gestão dos riscos inerentes às actividades desenvolvidas. Remete-se para a lição e resenha da problemática exposta em TERESA QUINTELA DE BRITO, 2014.

[50] Cfr. TERESA QUINTELA DE BRITO, 2014, para a distinção com o "*bom governo corporativo*" e outras regras de organização e funcionamento quotidiano da pessoa colectiva (p.. 79). Cfr., também, ADÁN NIETO, 2008, sobre as interligações entre auto-regulação, responsabilidade social e responsabilidade penal de pessoas jurídicas. ADÁN NIETO, 2008, sobre a defesa do argumento que a responsabilidade penal colectiva fundamentada na auto-regulação poderá um bom modelo de responsabilidade para o Direito Penal Europeu (p. 15 e ss).

[51] Neste sentido, TERESA QUINTELA DE BRITO, 2014, p. 80.

[52] Cfr. TERESA QUINTELA DE BRITO, 2014, pp. 85-87, sobre o surgimento de novos deveres dos administradores no âmbito empresarial.

Se a proposta deste trabalho está, ainda, longe da formulação de uma visão integrada de um suposto instituto normativo de *compliance* como imperativo de auto-regulação, com relevância operativa autónoma no campo da responsabilidade sancionatória das pessoas jurídicas[53], a dimensão conceptual jurídica que aqui procuramos trazer é a de concretizar os pressupostos que os programas de *compliance* devem observar para efeitos de negação da responsabilidade da pessoa colectiva no DMOS, e por via da aplicação transversal a este ramo do Direito da causa eximente prevista no art° 11°, n° 6 do CP e nas demais normas especiais dos regimes sectoriais do mesmo DMOS. **Ou seja, *quando, como e por que forma o compliance empresarial*, na sua asserção ampla ou discursiva, pode significar exclusão da culpa ou responsabilidade do ente colectivo consubstanciando, então, *compliance eximente*[54].**

Neste conspecto, renunciamos à utilidade da positivação de soluções como a versão original do ***Artículo 31 bis*** do Código Penal Espanhol, que passou a prever no seu n° 4 al. *d)* original, na sequência da introdução da responsabilização penal da pessoa colectiva pela Lei Orgânica 5/2010[55], que o estabelecimento, depois da comissão do facto e antes do julgamento, de medidas eficazes para prevenir e descobrir delitos susceptíveis de serem cometidos no futuro, pode relevar como circunstância modificativa da responsabilidade[56]. Esta forma legiferante de positivação apenas servirá para *espartilhar* o efeito dos procedimentos de compliance, e mediante a sua limitada pertinência como circunstância atenuantes da pena. Uma resposta deste tipo cercearia todo o acervo acumulado, jurisprudencial e doutrinário, quanto aos títulos de imputação de responsabilidade e capacidade de culpa das pessoas jurídicas que tentámos esquissar no ponto

---

[53] Perspectiva, em nosso entender, marcadamente incipiente no nosso Direito nacional e até comunitário, e sobretudo carente de um pensamento sistemático que se funde na relevância casuística dos programas de *compliance*.

[54] Exclusão da responsabilidade porque se demonstra um programa de controlo, preterido pelo agente do facto, é revelador de um interesse singular exclusivo desse agente na comissão do facto, que afecta a construção do princípio da culpa colectiva pela prática do facto e que, se posterior ao facto, demonstra uma actuação voluntária e proactiva de evitar o risco de comissão reiterada no futuro.

[55] Através da adenda do art° 31 bis ao Código Penal que veio consagrar um modelo de dupla via da responsabilidade de pessoas jurídicas – cfr. ANDRÉS DÍAZ GÓMEZ, 2011, pp. 3 a 6.

[56] Objecto de profusa e intensa crítica doutrinária, como se pode cfr. em ANDRÉS DÍAZ GÓMEZ, 2011, p. 8.

precedente. Actualmente, a redacção do **Artículo 31 bis** do Código Penal Espanhol, na versão conferida pela Ley Orgánica 1/2015, de 30 de Março, vem consagrar, como causa de isenção da responsabilidade penal de pessoas jurídicas e em caso de delitos cometidos pelos seus representantes legais ou titulares de órgãos, a adopção de modelos de organização e gestão que incluam medidas de controlo, vigilância e supervisão idóneas a prevenir delitos da mesma natureza ou para reduzir o risco da sua comissão. Este é um caminho deveras interessante e que, julgamos nós, tem sido tentado nas decisões judiciais do Tribunal da Concorrência, Regulação e Supervisão no que respeita ao DMOS e à sua ligação umbilical com o DP.

Claro que não negamos, que, *sob o capuz de nix*, a *compliance eximente* tem-se insinuado em regimes de *soft law* ou em sectores específicos de criminalidade empresarial mais prementes, com o exemplo maior do *Dodd-Frank Wall Street Reform and Consumer Protection Act*, no ano de 2010. A nível nacional essa *insinuação* ocorre pelo sancionamento contra-ordenacional do incumprimento do dever de implementar sistemas de controlo e prevenção de risco, com o exemplo maior da Lei nº 25/2008, de 05 de Junho, que estabelece medidas de natureza preventiva e repressiva de combate ao branqueamento de vantagens de proveniência ilícita e ao financiamento do terrorismo através da previsão de deveres específicos e das demais normas regulamentares do Banco de Portugal (entre as quais o Aviso do Banco de Portugal nº 5/2013).

Para o que aqui se cuida, "*a responsabilidade contra-ordenacional das pessoas colectivas é, pois, delimitada negativamente quando o agente/funcionário/subordinado não tenha actuado no círculo de ordens ou instruções expressas dadas pelo ente colectivo*"[57]. A justificação desta salvaguarda exculpativa tem que ver, então, com a falta de correspondência entre a vontade da pessoa colectiva e a actuação do agente de facto que viola determinadas ordens e instruções expressas, agindo de modo contraditório com o querer da pessoa colectiva, afectando o título de imputação e a conexão com o interesse colectivo, e conduzindo à exclusão total da responsabilidade da pessoa colectiva[58].

---

[57] Ac. RP de 06-06-2012.

[58] Consequência que, como vimos, o legislador Português admite plenamente e sem prejuízo do problema da coerência do artº 7º, nº 2 do RGCO no interior do DMOS. A solução preconizada no Direito Penal Espanhol seria, neste particular, um retrocesso, com enorme *perda de chance* no aprofundamento dos mecanismos de prevenção de risco.

ESTUDOS SOBRE *LAW ENFORCEMENT, COMPLIANCE* E DIREITO PENAL

Façamos então a incursão sobre os pressupostos de exclusão da responsabilidade e da culpa de entes colectivos no DMOS, relevantes para a *compliance eximente*.

Em primeiro lugar, não vemos obstáculo jurídico à consideração dos procedimentos empresariais, corporizados sinteticamente em manuais ou programas de observância de obrigações de conduta e procedimento, como *ordens e instruções expressas*. A cultura empresarial e a gestão de empresas em áreas de massificação comercial não são compatíveis com a exigência formalista de que a exclusão de responsabilidade só poderia ocorrer quando, para aquela situação, um concreto dirigente tiver emitido um comando especial, individualmente comunicado e casuisticamente motivado ao representante ou subordinado. Estas exigências seriam claramente paradoxais para com o normal funcionamento e actuação empresarial junto das fontes de risco de comissão de factos com relevância contra-ordenacional.

O volume de contactos dos entes colectivos no DMOS, e especialmente na área dos SIEG, com terceiros e através de um grande número de funcionários geograficamente dispersos e afastados dos centros de decisão, são susceptíveis de configurar, em cada um deles, actuação ilícita, e que deve legitimar o aplicador a uma interpretação ampla e actualista do conceito de ordens e instruções.

Em segundo lugar, a relevância eximente dos programas de *compliance* não pode estar circunscrita à presença de elementos organizacionais típicos sob pena de se limitar, abusivamente, a cláusula de exclusão da responsabilidade, modelando a conduta exculpativa com elementos discursivos. O artº 11º, nº 6 do CP configura uma causa de exclusão aberta e permeável à dinâmica própria do casuísmo dos factos colectivos[59].

Não obstante, a presença de elementos organizacionais -- *precedência de análise de riscos de comissão de ilícitos; implementação de cultura empresarial específica, com emissão de regras de conduta; criação de procedimentos formais de comunicação das regras e de formação contínua de subordinados; imposição de deveres de*

---

[59] Parecer-nos-ia falacioso que uma empresa de transportes que tivesse um eficaz e adequado programa de cumprimento das obrigações legais relacionadas com os tempos de descanso dos condutores e conformidade de transporte de cargas, estivesse impedida, à partida, da invocação da *compliance eximente* porque não procedeu à criação de *compliance officers* ou ao estabelecimento de auditorias externas.

observância de regras de conduta sob pena de responsabilidade disciplinar; criação de compliance officers[60] *(com amplos poderes de supervisão, autonomia e direcção do programa de compliance); contratação de gatekeepers (responsáveis por auditorias externas e certificação de programas de compliance); estabelecimento de sistemas de protecção e recompensa de denunciantes*[61] – representa um contexto de indiciação e de forte sinalização da eficácia e adequação dos programas de prevenção de riscos.

Digamos, então, que a presença cumulativa destes elementos num determinado caso concreto é susceptível de criar uma *forte* presunção judicial de que o ente colectivo desenvolveu a sua actividade em conformidade com as exigências jurídicas aplicáveis; que expressou um posicionamento de contrariedade a actuações contrárias à vigência da lei e que assumiu um domínio da organização e funcionamento empresarial finalisticamente orientados para o dever-ser jurídico, capaz de impedir a conexão do facto do agente com o interesse colectivo.

Claro que retemos a importância da configuração dos programas de compliance *como* efectiva *"causa de inculpabilidade da pessoa colectiva", e que "não sejam uma causa de organização adequada"*[62]. Todavia, o excesso de exigência de elementos formais ou organizacionais para demonstrar *compliance eximente* pode conduzir à sua absoluta impraticabilidade. Preferimos, então, um modelo de indiciação formal da existência de mecanismos de *compliance eximente* para aferir da sua relevância jurídica.

Em terceiro lugar, a capacidade eximente da culpa deve resultar do grau da sua vinculação para o subordinado ou agente singular (funcionário, trabalhador ou representante). Aqui vale um **critério material de aptidão vinculativa**. Ou seja, o cumprimento desse procedimento tem de ser mandatório e adequado, no caso concreto, a prevenir riscos de lesão dos interesses juridicamente tutelados pela norma contra-ordenacional. Numa palavra, cumprida a ordem ou a instrução, não haveria a

---

[60] *"Os compliance officers são administradores ou trabalhadores cuja função consiste apenas em controlar problemas organizativos concretos, relacionados ou não com a eventual conduta incorrecta de outros trabalhadores. Cabe-lhes uma "função de duplo asseguramento", operando como uma barreira adicional destinada a evitar out puts lesivos da empresa"* – TERESA QUINTELA DE BRITO, 2014, p. 87.

[61] Cfr. TERESA QUINTELA DE BRITO, 2014, p. 80; correspectivas ao art. 31 bis 4 do CP Espanhol, e para uma análise decantada desses requisitos de um programa de cumprimento eficaz; ANDRÉS DÍAZ GÓMEZ, 2011, pp. 10 a 12, e ANA MARÍA NEIRA, 2016, pp. 477 a 481.

[62] TERESA QUINTELA DE BRITO, 2014, p. 80.

criação de perigo ou o incumprimento do dever inerentes à estrutura da norma contra-ordenacional.

Em quarto lugar, a exclusão da responsabilidade do ente colectivo por inobservância de ordens e instruções expressas, projectados nos programas de *compliance*, depende da existência de uma relação de subordinação entre o agente incumpridor e a infractora imputável e de modo que a cultura ou filosofia de cumprimento do dever-ser jurídico se possa imputar efectivamente àquela mesma visada. Trata-se aqui de evitar que a simples externalização da criação e implementação dos procedimentos de prevenção de riscos a outras entidades que não a destinatária da norma possa servir na integração do conceito de *compliance eximente*. Uma absoluta externalização funcional dos programas de compliance pode impedir que o ente colectivo assuma perante o agente singular uma posição de superioridade jurídica ou que exerça a vigilância e controlo das actuações dos subordinados.

Atente-se que esta posição não fere com a imputação objectiva de actos praticados por agentes representantes da pessoa colectiva, como sejam as situações em que a infractora recorre, na totalidade, à externalização dos seus serviços e em que estes actuam exclusivamente em nome e por conta da pessoa colectiva. O que se discute aqui é saber se a violação de programas de compliance, formulados e implementados por pessoa juridicamente distinta do agente infractor, pode consubstanciar exclusão da culpa contra-ordenacional.

Em quinto lugar, o cumprimento do programa de compliance tem de esgotar a fonte de risco para a produção da conduta típica, ou, por outras palavras, a actuação do trabalhador/colaborador incumpridor tem de exaurir o domínio do facto pelo ente colectivo. É, certamente, um pressuposto a resolver pelo crivo da causalidade adequada ou do incremento do risco[63]. O incumprimento do dever ou a criação do perigo pre-

---

[63] *"Como método de resposta, proponho o seguinte procedimento: examine-se qual a conduta que não se poderia imputar ao agente como violação do dever de acordo com os princípios do risco permitido; faça-se uma comparação entre ela e a forma de actuar do arguido, e comprove-se então se, na configuração dos factos submetidos a julgamento, a conduta incorrecta do autor fez aumentar a probabilidade de produção do resultado em comparação com o risco permitido. Se assim for, existe uma violação do dever que integra na tipicidade (...). Se não houver aumento do risco, o agente não poderá ser responsabilizado pelo resultado e, consequentemente, deve ser absolvido"* – CLAUS ROXIN, 2004, pp. 256 a 258, nosso destacado. A pedra-de-toque do aumento do risco surge-nos de evidente e preclara operacionalidade,

vistos no tipo de previsão do ilícito contra-ordenacional têm de resultar, directa e imediatamente, da inobservância dos mecanismos de prevenção do risco no caso concreto e por aquele subordinado. Se o domínio da organização surge como pressuposto da comissão do facto ilícito, deve-se aferir se a actuação do subordinado, prévia e vinculativa da conduta típica, incrementa, de modo decisivo, a probabilidade do risco de preenchimento do tipo objectivo do ilícito contra-ordenacional. Noutra perspectiva, o cumprimento do procedimento interno de *compliance* por aquele subordinado terá de assumir uma elevada probabilidade de evitar a comissão do facto punível ou, por outro dizer, de impedir a causalidade eficiente para com o mesmo facto.

Em sexto lugar, a verificação da inexistência de outros factos típicos durante a vigência do programa de *compliance* deve funcionar apenas como factor indiciário de síntese entre os critérios enunciados de aptidão vinculativa e de esgotamento da fonte de risco. Não se trata de um critério de determinação da capacidade eximente dos procedimentos de *compliance*, mas serve para sinalizar, evidenciar e revelar a apetência desses sistemas de prevenção de actos lesivos, *i.e.*, a eficácia de um determinado procedimento de controlo ou de *compliance* estará directamente relacionado com a inexistência ou a baixa incidência de concretizações do risco ou do perigo face ao universo de situações.

Por último, fundamental mas igualmente complexo, a relevância jurídica dos mecanismos de *compliance* depende, intrinsecamente, do juízo que for feito sobre a acepção material da culpa da pessoa colectiva relevante para o DMOS, *"enquanto manifestação documentada no facto ilícito-típico de uma atitude ou posição desvaliosa do agente (normativa e comunicacionalmente reconstruída e afirmada)"*[64] ante a norma de conduta e através do princípio da ofensividade ao papel social. É o campo do bom senso e da ponderação casuística, tarefa insubstituível por qualquer normativização de causas eximentes, e que, no fundo, não representa nenhuma diferença para com a aplicação de causas típicas de exclusão da ilicitude ou de causas de exclusão da culpa à responsabilidade de entes colectivos. *"Não há*

---

sopesado o contributo subsidiário da solução preconizada para o Direito Penal (sublinhando, aparte maiores ponderações dogmáticas, que o DMOS é também Direito sancionatório do facto).

[64] Cfr. TERESA QUINTELA DE BRITO, 2014, p. 77, sobre o que consiste a culpa da pessoa jurídico no Direito Penal.

ESTUDOS SOBRE *LAW ENFORCEMENT, COMPLIANCE* E DIREITO PENAL

programas de compliance perfeitos que eliminem por completo o risco de comissão de factos puníveis da espécie do cometido. Por isso, é possível que, apesar da eficaz implementação de um programa de compliance, venha a verificar-se um facto punível revelador da insuficiência ou desactualização daquele programa. Facto punível no qual, além disso, se reflicta o específico modo de organização, funcionamento e actuação jurídico-económica do ente. Então, haverá que apurar se a pessoa colectiva deve ser censurada pelo ilícito-típico colectivo que dela irrompe, ou se este deve considerar-se um "acidente de percurso", no qual se não exprime a posição do ente perante as exigências do dever ser relevantes em concreto e no caso"[65].

III. Compliance eximente: problemas de Direito Processual e de Direito Probatório

Voltando ao princípio sob o impulso do entendimento que vimos expondo, os sistemas de *compliance eximente* não representam qualquer novidade enquanto instituto jurídico aplicável aos processos de responsabilização sancionatória das pessoas jurídicas pela omnipresença da causa prevista no artº 11º, nº 6 do CP, se bem que se revelem de uma extraordinária timidez no tratamento processual praticado nos TCRS.

Efectivamente, se a responsabilização sancionatória das pessoas colectivas e equiparadas é hoje transversal ao Direito penal primário e secundário e em linha com o DMOS, precoce neste aspecto (tornando o sistema jurídico do Direito Público sancionatório especialmente consolidado nessa dimensão), a coabitação com os programas de auto-regulação e prevenção de risco das entidades visadas pelas normas de previsão ainda é terreno fértil à problematização[66].

Tentemos, portanto, *agitar essas águas.*

---

[65] TERESA QUINTELA DE BRITO, 2014, p. 81, elucidando sobre disposição do regime italiano de atribuição de responsabilidade administrativa às pessoas colectivas previsto no artº 6º do *Decreto Legislativo 8 giugno 2001, n. 231*, o qual, pela leitura da referência, nos parece mais feliz na acomodação da relevância jurídica dos mecanismos de compliance do que do mencionado art. 31 bis do CP Espanhol na versão original e mais próximo da sua actual redacção ao prever que o ente visado não responde se, previamente à comissão do facto, tiver adoptado e implementado um modelo de organização e de gestão idóneo a prevenir factos da mesma espécie, e se a função de vigilância do funcionamento do modelo estiver acometido a um organismos dotado de poderes autónomos de autonomia e de controlo, estipulando-se exigências formais e de reporte institucional a observar por esse modelo.

[66] De importância vital é perceber que a relevância do *compliance* como objecto de prova no processo depende dos efeitos que a lei atribui à sua efectiva implementação, seja na

É insofismável o valor preventivo e organizativo que os sistemas de compliance podem adquirir no desenvolvimento da actividade de um ente colectivo. Diferente será ponderar se esses mecanismos podem assumir valor instrutório e se esses mesmos sistemas de compliance podem gerar prova. Os riscos são de monta, pois que podemos estar perante a possibilidade de se criarem procedimentos internos que excluam determinados agentes do círculo de suspeitas, ou perante a potencialidade de se formalizarem histórias e versões de cobertura da participação desses agentes. A apreciação exige, portanto, um elevado distanciamento, em que, sendo perfeitamente desejável o incremento da auto-regulação, o apuramento da capacidade eximente deve suscitar as maiores reservas.

A expensas das estratégias de litigância e do modo de alegação, a utilidade processual da *compliance eximente* só serve depois da superação positiva da tipicidade objectiva da responsabilidade contra-ordenacional da arguida, *i.e.*, configurando como causa de exclusão da responsabilidade, da capacidade de culpa e da possibilidade de atribuição de censura ao comportamento e desempenho do papel social, a pessoa colectiva visada tem de admitir na defesa (ainda que subsidiariamente) que um determinado facto punível foi circunstancialmente praticado em seu nome e na aparência do seu interesse colectivo, preenchendo-se o incumprimento do dever ou a criação de perigo previsto na norma sancionatória. Se a defesa quer atingir a tipicidade sancionatória, a prova da inexistência dos elementos objectivos, a inexistência de culpa negligente ou dolosa por erro ou falta de consciência, ou a infirmação da convicção condenatória, a estratégia probatória da *compliance eximente* é, mais das vezes, ineficaz ou contraproducente[67].

---

determinação da responsabilidade como na individualização as sanções – neste sentido Ana María Neira, 2016, p. 481, quanto à compliance criminal.

[67] É impossível dissociar a existência de programas de compliance da consciência da proibição legal e do conhecimento do dever. Mesmo quando o facto concreto revele a insuficiência ou desactualização do programa de Compliance na prevenção daquele tipo de ilícitos, a aptidão preventiva desse programa servirá para demonstrar que a pessoa colectiva internalizou, *cognitivamente*, o seu papel social, o risco de comissão de ilícitos e a necessidade de adoptar procedimentos internos para contrariar esse risco de comissão, ainda que não se tenha conformado com tal comissão. Em suma, se um programa de compliance existe, se foi criado e implementado pela destinatária da norma sancionatória, não se vislumbra como a recorrente alegação, em contencioso judicial, do erro sobre a proibição ou sobre o dever possa proceder ou merecer acolhimento lógico.

Se a defesa pretende legitimamente sindicar aqueles elementos prévios, a arguição de *compliance eximente* só trará perturbação da instância, prejudicando o esclarecimento dos factos e o apuramento da verdade materialmente relevante, certamente com efeitos perniciosos sobre a elucidação do juízo sobre a culpa do ente colectivo relevante para o DMOS.

Questão próxima é perceber de que modo a referência à existência de *procedimentos de contenção dos riscos próprios eficazmente implementados pela pessoa colectiva* deve consubstanciar um requisito de conformidade da decisão administrativa condenatória, com consequências na distribuição do ónus probatório.

Se por um lado concordamos que a renúncia à censurabilidade ética da contra-ordenação não pode envolver dispensa da prova do respectivo elemento subjectivo[68] e que a estrutura básica da contra-ordenação como delito de violação dos deveres jurídicos não demanda que a prova do facto ilícito se faça dependentemente da exacta determinação do titular do órgão infractor ou do subordinado que causou pessoalmente o facto, sendo esta uma grande distinção entre responsabilidade penal e contra-ordenacional, a resposta à questão supra enunciada depende do referido ângulo de aproximação/definição ao modelo de responsabilidade dos entes colectivos no DMOS.

Para nós, afigura-se-nos campo ideal para sublinhar a diferença do Direito de mera ordenação social face ao regime substantivo do Direito Penal. A circunstância de não se prescindir da demonstração de um elemento de conexão – em nome e no interesse da pessoa colectiva – com uma dupla função de garantia, aquando da imputação, não pode significar que a autoridade administrativa esteja obrigada a investigar a estrutura organizativa e de funcionamento da sociedade arguida e de modo a provar a inexistência de medidas organizativas, de gestão e fiscalização idóneas e necessárias para obstar à prática do facto ilícito[69]. O domínio da organização para a não comissão do ilícito, não obstante a ocorrência do facto objectivo, não configura, à partida, um elemento típico da norma de previsão do comportamento contra-ordenacional e também não se confunde, por si só, com o elemento de conexão.

---

[68] FIGUEIREDO DIAS, 1998, p.27 e TERESA QUINTELA DE BRITO, 2013, pp. 1242 e 1234.
[69] Contra TERESA QUINTELA DE BRITO, 2013, pp. 1248, a propósito de comentário a acórdão.

Deste modo, a existência, digamos de forma redutora, de ordens e instruções capazes de obstar à verificação do elemento de conexão do interesse da colectividade funcionará sempre, na óptica do nº 6 do artº 11º do CP e das demais normas especiais dos regimes sectoriais do DMOS, como um elemento negativo da responsabilidade contra-ordenacional das pessoas jurídicas, constitutivo de uma causa eximente da culpa e responsabilidade, cuja demonstração probatória da violação pelo subordinado caberá sempre à sociedade visada (cumprida que seja aquela dupla função de garantia na imputação), sob pena de se aportar às autoridade administrativas (e autoridades judiciárias) um ónus de prova diabólico e inibidor da eficácia da acção sancionatória contra-ordenacional[70].

No que respeita à temática dos *meios probatórios que, a priori, resultam mais adequados a introduzir no debate processual os programas de cumprimento normativo e acreditar na sua existência, vigência e eficácia*[71], a mera instrução dos processos com manuais de procedimentos escritos, ou códigos de conduta ou de ética, ou outros documentos de prova digital, enquanto prova documental terá um efeito manifestamente ineficiente[72] para a demonstração probatória de mecanismos de *compliance eximente*, desde logo porque aqueles documentos representam uma dimensão do funcionamento interno do ente visado de conteúdo abstracto, sem representação fáctica imediata, e que, em princípio, nada iluminará sobre o concreto facto que se pretende imputar à pessoa colectiva[73]. Este comportamento processual pode sinalizar, perfunctoriamente, que o ente modelou a sua organização, no que respeita à criação e implementação de procedimentos de controlo e prevenção de riscos, de modo conscientemente incipiente e sem investir material e efectivamente na formalização dos mencionados elementos

---

[70] Num raciocínio de convencimento por antítese (sempre falível) ilustrativo da nossa tese, imagine-se igual exigência no Direito Penal: a exigência de que a acusação da prática de um crime só estaria conforme quando, na narração dos factos, exaurisse todas as formas possíveis de exclusão da ilicitude ou da culpa, sob pena de ser rejeitada ao abrigo do artº 311º, nº 3 al. *b)* do CPP.

[71] Ana María Neira, 2016, p. 489.

[72] No mesmo sentido Ana María Neira, 2016, p. 468, afirmando, *à cabeça*, que " *la prueba documental resulta clave ya que sirve para introducir en el proceso los códigos, las políticas y los protocolos de actuación diseñados por la entidad para el desarrollo de su tarea de prevención delictiva, así como aquellas evidencias, en papel o electrónicas, que la aplicación práctica del programa vaya generando, asegurando, de este modo, la trazabilidad de la actividad de cumplimiento penal*".

[73] Neste sentido, Teresa Quintela de Brito, 2014, p. 81.

organizativos acima elencados, bastando-se com a aparência dos mecanismos e sem que disponha de outra e melhor prova[74].

Todavia, importa assinalar que os elementos organizativos supra descritos auferem de uma presunção de formalização documental ou com reflexo na estrutura empresarial, i.e., somente com elevada criatividade se pode conceber a existência de procedimentos de análise de riscos da actividade social, de implementação de cultura empresarial, de formação de trabalhadores, de comunicação de regras de conduta; de existência de *compliance officers* e *gatekeepers*, e de sistemas de supervisão dos programas de cumprimento, sem qualquer reflexo ou exteriorização formal. Estes elementos exigem, por si só, a afectação de meios e recursos e a criação de uma estrutura de funcionamento que deve ser imediatamente apreensível a qualquer entidade externa que intervenha na fiscalização da actividade da pessoa colectiva.

Assim, os mecanismos de *compliance eximente* ou *dirimente* devem configurar, por natureza e objecto, procedimentos de *public accountability* das empresas que os adoptem, em que o acesso por entes externos é concebido como parte integrante dessa implementação, revelador de um assertivo espírito de colaboração com as autoridades administrativas e judiciárias competentes, visando a demonstração de uma efectiva cultura e filosofia de cumprimento do dever-ser jurídico aplicável à actividade social.

Somente a partir desta formalização documental ou reflexo formal na estrutura empresarial, naturalmente ínsitos aos procedimentos de *compliance eximente*, é que a produção de prova testemunhal pode adquirir a devida valência e importância no apuramento dos factos[75]. Isto porque o contexto do depoimento de funcionários, colaboradores e outros representantes da empresa envolvidos na criação, implementação ou até na auditoria dos mecanismos envolverá uma certa posição de interesse, não conflitu-

---

[74] À partida, a prova documental gerada pelo sistema de *compliance* – maxime os relatórios de implementação, de acompanhamento preventivo e de reporte – não é controlada ou determinada pelo Tribunal ou pela autoridade administrativa, pelo que as condições da sua produção estarão vedadas a essa aferição de idoneidade.

[75] A prova testemunhal deve incidir sobre realidades, factos e ocorrências fenomenologicamente apreensíveis, distintas de um juízo opinativo e de valoração discursiva sobre essas mesmas realidades, factos e ocorrências. A prova testemunhal pode definir-se, então, como a declaração de ciência de um terceiro que não é parte na lide, sobre determinados factos que percepcionou sensorialmente, carreando-os, através da reconstrução memorial, para a presença judicial – cfr. neste sentido Luis Filipe de Sousa, 2014, pp. 173 e 174.

ante com os interesses da visada, e que nunca poderá corresponder a um meio de prova definitivo ou decisivo sobre o *thema probandum*[76]. E, atente--se, que além do subordinado(s) responsável(eis) pela actuação concreta (que teria de admitir factos com necessária relevância disciplinar[77]), os demais depoimentos terão uma conexão indirecta e *por ouvir* dizer quanto à factualidade típica. Por outro lado, a inquirição do *compliance officer*, do *gatekeeper*[78] ou de responsáveis por auditorias externas ou pela certificação do programa de compliance, deverá ser aproveitada apenas por respeito ao apuramento de factos indiciários ou instrumentais sobre a adequação e eficácia daqueles procedimentos de prevenção de risco e que revelem os pressupostos da relevância jurídica que acima enunciámos, sob pena de se investir num meio de prova de contornos difíceis e que, com pouca propriedade, se pode referir como *testemunhas-perito*[79].

Desta súmula, podem-se precipitar três características sobre a demonstração probatória dos mecanismos de *compliance eximente*: (i) os meios de prova típicos, nomeadamente documentais e testemunhais, não apresentam qualquer valor qualificado e, desgarrados de corroboração ou tomados isoladamente, não permitem a construção de qualquer presunção judicialmente operante; (ii) os meios de prova documental são, todavia, um indício qualificado desses mecanismos de *compliance* e da sua potencialidade exculpatória; (iii) o *compliance eximente* assume-se como um espaço em

---

[76] *"A prova testemunhal tem um problema recorrente que é a sua fiabilidade,* apesar de ainda ser o *meio corrente de prova"* – ANTÓNIO GAMA, 2009, p. 394.

[77] Aliás, os problemas com maior repercussão contendem com a intersecção e a dependência da responsabilidade dos entes colectivos relativamente à dos agentes individuais que contenham responsabilidade cumulativa e são problemas colocados pela apreciação da invalidade dos meios de prova produzidos quanto aos agentes individuais, bastando pensar nas situações em que subsista um interesse processual colidente – neste sentido JORGE BRAVO REIS, 2009, p. 325.

[78] Este tópico dos *gatekeepers* merece, por si só, um campo autónomo de análise no instituto da *compliance*, como o comprovam as implicações do desempenho dessas funções por advogado, cfr. JOHN COFFEE 2003.

[79] Esta definição conceptual é primacial para a distinção com outros meios de prova e de valoração probatória separada: *"A função característica da testemunha é narrar o facto; a função característica do perito é avaliar ou valorar o facto (emitir, quando a ele, juízo de valor, utilizando a sua cultura e experiência especializada) (...) O verdadeiro papel do perito é captar e recolher o facto para o apreciar como técnico, para emitir sobre ele o juízo de valor que a sua cultura especial e experiência qualificada lhe ditarem."* – ALBERTO DOS REIS, 1987, p. 171. Sobre o problema, cfr. também ANA MARÍA NEIRA, 2016, p.494.

ESTUDOS SOBRE *LAW ENFORCEMENT, COMPLIANCE* E DIREITO PENAL

que a prova indiciária e perfunctória cumpre um desiderato fundamental, beneficiário da formação de convicção judicial segundo regras da normal aparência e da experiência comum aplicados ao funcionamento de determinada actividade social[80].

Para a superação destas fragilidades (comuns a qualquer outra actividade de investigação sancionatória[81]) pode-se conceber, em abstracto, a criação de um sistema público de certificação dos programas de cumprimento, a desenvolver e a aplicar pelas autoridades administrativas respectivas ou por outras entidades de administração indirecta, em que se garantisse um controlo externo e independente sobre a potencialidade preventiva daqueles procedimentos internos de auto-regulação[82] (como aproximação a este controlo público, cfr. art° 27°, n° 9 e 11 da Lei da Televisão e dos Serviços Audiovisuais a Pedido, aprovada pela Lei n° 27/2007, de 30 de Julho, ou o art° 3° da Lei n° 41/2004, de 18 de Agosto, referente à protecção de dados pessoais e privacidade nas telecomunicações).

Para terminar este ponto[83], a falência probatória ou a impossibilidade de aplicar a asserção jurídica do conceito de *compliance* como causa de

---

[80] Cfr. ANA MARÍA NEIRA, 2016, p. 484, sobre como *acreditar processualmente na eficácia* de um programa de cumprimento, penitenciando o legislador espanhol pela falta de credibilidade que concede a estes mecanismos para a elisão da responsabilidade.

[81] Os problemas surgidos a propósito do direito probatório aplicado directamente aos entes colectivos não geram especificidades dogmático-jurídicas, que impliquem *um amolecimento ou relativização injustificados no tocante às exigências de produção de prova nesse domínio*, sendo muito mais reduzido o alcance dos meios de obtenção de elementos de prova- neste sentido JORGE BRAVO REIS (2009), p. 324, em sede da análise quanto ao Direito Penal secundário.

[82] *"Paralelamente* [à actividade de regulação] *procura-se também – quer no desígnio inicial do Estado quer no desenvolvimento das actividades reguladas – fomentar micro-sistemas de auto-regulação através da promoção de códigos de conduta, manual de boas práticas, cartas de direitos dos utentes ou sugestão de práticas concretas pela entidade reguladora"* – CARLOS ADÉRITO TEIXEIRA, 2009, p. 109, tratando, ainda e com interesse, problemas sobre a prova no DMOS (p. 123 e ss.).

[83] Ainda que de forma aligeirada e cirúrgica, com prejuízo para a profundidade do trabalho, perscrutemos da presença de *compliance eximente* ou atenuante em alguns recentes processos de contra-ordenações junto do TCRS, aferindo das dimensões processuais acima tratadas: – P. 227/15.0YUSTR (GALPvsERSE): em causa estava uma contra-ordenação por interrupção de fornecimento de gás em casos não excepcionados ou permitidos por lei, imputada casualmente a uma funcionária (em regime de outsorcing) no registo do pedido de resolução e que identificou erradamente o cliente comunicando a interrupção aos serviços da arguida de back office que procederam à execução. Sendo certo que o registo de *front office* não respeitou o procedimento interno de rescisão de contratos de fornecimento de gás natural e electricidade que obrigava a uma verificação dos elementos de identificação do cliente e de modo a evitar

exclusão da responsabilidade do ente colectivo, não deve obstar ao aproveitamento dos factos indiciários e instrumentais como circunstâncias

a execução de uma interrupção de um contrato vigente; e tendo esse procedimento interno sido valorado como um mecanismo de prevenção de riscos de comissão de factos ilícitos, a decisão acabou por considerar a compliance inadequada para a exclusão da responsabilidade por aplicação do critério da fonte de risco, visto que os procedimentos eram vinculativos apenas para o *front office* e que, caso existissem para o *back office*, a interrupção do fornecimento teria sido, com elevada probabilidade, evitada. Em temos de prova, importa relevar que a funcionária de *front office* não foi inquirida e que uma das testemunhas prestou depoimento enquanto *compliance officer* e em enquadramento da prova documental junta referente aos procedimentos internos de registo de pedidos de resolução;

– P. 267/15.0YUSTR (AXAvsASF): Em causa estava, para o que importa, o incumprimento de obrigação legal de fundamentação da comunicação de não assunção da responsabilidade na sequência da comunicação de um sinistro automóvel. O Tribunal valorou a existência de manuais de procedimento, caracterizados como *programa genérico de compliance*, e colocados à disposição dos funcionários da visada e que continham cartas-modelo de resposta, de texto pré-formatado, a adoptar pelos gestores de sinistro; dispondo, inclusivamente, de um campo de fundamentação, de preenchimento obrigatório pelo gestor. No entanto a situação em causa foi considerada atípica daquela tipologia e os manuais de procedimento foram tidos como inadequados à definição, *concreta, concludente e expressa*, dos termos da resposta fundamentada para aquela situação (seguindo, parece-nos, o critério do risco). Em termos de medida da coima, o *programa genérico de compliance*, em face da reiteração posterior de comportamentos do mesmo tipo, foi relevado somente como circunstância favorável.

– P. 329/15.3YUSTR (SportZonevsANACOM): Em causa estava o incumprimento de obrigações de colocação no mercado de equipamentos de rádio e/ou telecomunicações, nomeadamente de disponibilizar uma declaração de conformidade. Não obstante a alegação, pela arguida, da existência de um sistema de recepção de mercadoria devidamente implementado, com formação de trabalhadores, e adequado a verificar a conformidade do cumprimento exigências legais na disponibilização daqueles produtos, e apesar da invocação de causa de exclusão por violação de instruções, a instância probatória redundou em completa falência do ónus probatório de implementação e vigência de procedimentos de controlo aplicados à recepção e verificação de conformidade de equipamentos electrónicos. Não foi junta prova documental de suporte à alegação e os depoimentos testemunhais dos funcionários revelaram um conhecimento genérico da actuação em causa, sem relevo ou contributo para a situação de facto.

– P. 224/16.9YUSTR (EasyJetvsANAC): em causa estava, genericamente, o incumprimento da prestação de apoio a passageiros, aquando de cancelamentos e atrasos de voos aéreos. A procedência probatória, por via de registos documentais internos enquadrados por depoimentos de funcionários, da existência de comunicação dos direitos dos passageiros, realizada através de procedimentos padronizados, em bloco e mediante guidelines de actuação dos serviços de handling, serviu para criar dúvida probatória sobre a fiabilidade dos relatos escritos de incumprimento das normas legais e que escudavam a decisão administrativa, concluindo-se falta de preenchimento do elemento objectivo do tipo.

ESTUDOS SOBRE *LAW ENFORCEMENT, COMPLIANCE* E DIREITO PENAL

favoráveis na escolha e dosimetria da sanção a aplicar, mormente por implicarem comportamentos anteriores ou posteriores aos factos que exprimem um desagravamento da ilicitude, da culpa ou da necessidade de sanção e com consequências nas finalidades de prevenção especial, ao ponto de poderem mesmo configurar circunstâncias atenuantes, como no modelo penal espanhol

Conclusão e síntese

Para nós e para o que queremos expressar neste trabalho a pedra angular do carácter eximente que os procedimentos de *compliance* podem aportar à compreensão da responsabilidade sancionatória das pessoas jurídicas pode resumir nesta ideia de força: **se a responsabilidade da pessoa ou ente colectivo é, ainda e sempre, uma responsabilidade pela culpa, logo, quando houver circunstâncias que retirem à actuação do ente colectivo a carga de censura pela preterição do dever ou pela criação da fonte de perigo, dever-se-á excluir aquela responsabilidade.**

Rematando a nossa perspectiva, apresentamos as seguintes conclusões:

a) A responsabilização de entes colectivos no Direito contra-ordenacional pode ser afastada quando o agente tiver actuado contra ordens ou instruções expressas de quem de direito, aplicando-se subsidiariamente, na falta de previsão legal expressa, o artº 11º, nº 6 do CP;

b) Os procedimentos de *compliance*, decorrentes da auto-regulação da pessoa ou ente colectivo, podem integrar o conceito de *ordens ou instruções expressas de quem direito* e, portanto, valer como causa eximente da culpa da pessoa ou ente colectivo;

c) A valência dos procedimentos de *compliance* como causa eximente da responsabilidade do ente colectivo depende da verificação de condições jurisprudencialmente casuísticas de difícil normatização;

d) A valência dos procedimentos de *compliance* como causa de exclusão da responsabilidade do ente colectivo corresponde a um ónus da defesa, de alegação e prova, em processo sancionatório;

e) A demonstração probatória dos procedimentos ou mecanismos de *compliance* como causa eximente da responsabilidade do ente colectivo depende de meios probatórios documentais incidentes sobre a existência, eficiência e adequação daqueles procedimentos, corroborados por meios de prova indiciários incidentes sobre a aplicação e funcionamento dos mesmos;

f) A ineficácia dos procedimentos ou mecanismos de *compliance* como causa eximente da culpa da pessoa ou ente colectivo, não invalida o seu aproveitamento probatório como circunstância atenuante ou favorável da responsabilização.

Por fim, dizer apenas que, independentemente de posições mais ou menos assertivas, **a discussão deste tema é um excelente epítome sobre a relação simbiótica que se pode e deve estabelecer entre a praxis empresarial, académica e judicial, tornando mais vivente a ciência do Direito**.

Referências bibliográficas

ALBUQUERQUE, Paulo Pinto de,
   Comentário do Regime Geral das Contra-Ordenações à luz da Constituição da República Portuguesa e da Convenção dos Direitos do Homem, Universidade Católica Editora, Lisboa, 2011.
ALBUQUERQUE, Paulo Pinto de,
   Comentário do Código Penal à luz da Constituição da República Portuguesa e da Convenção dos Direitos do Homem, 3ª Edição actualizada, Universidade Católica Editora, Lisboa, 2015.
ANDRADE, Manuel da Costa,
   "Contributo para o conceito de contra-ordenação (a experiência alemã)", in: AA.VV., *Direito Penal Económico e Europeu – Textos doutrinários*, vol. I. Coimbra Editora, Coimbra, 1998, pp. 75- 107.
BRANDÃO, Nuno,
   "O regime sancionatório das pessoas colectivas na revisão do código penal", in: AA.VV. *Direito Penal Económico e Europeu – Textos doutrinários*, vol. III. Coimbra Editora, Coimbra, 2009, pp. 461-472.
BRAVO, Jorge dos Reis,
   Direito Penal dos entes colectivos: ensaio sobre a punibilidade de pessoas colectivas e entidades equiparadas, Coimbra Editora, Coimbra, 2009.
BRITO, Teresa Quintela de,
   «Relevância dos mecanismos de "Compliance" na responsabilização penal das pessoas colectivas e dos seus dirigentes», *Anatomia do Crime*, 2014, nº 0, pp. 75-91.
BRITO, Teresa Quintela de,
   "Questões de prova e modelos legais de responsabilidade contra-ordenacional e penal de entes colectivos", in *Direito Penal, Fundamentos Dogmáticos e Político-criminais*, in: AA.VV., *Homenagem ao Prof. Peter Hunerfeld*, Coimbra Editora, Coimbra, 2013, pp. 1209-1264.
BRITO, Teresa Quintela de,
   Responsabilidade Criminal de entes colectivos: algumas questões em torno da interpretação do artigo 11º do Código Penal, RPCC, 2010, ano 20, nº 1, pp. 41-71.

ESTUDOS SOBRE *LAW ENFORCEMENT, COMPLIANCE* E DIREITO PENAL

COFFEE, John,
The Attorney As Gatekeeper: An Agenda for the SEC, Working Paper No. 221, (Abril 2003), disponível em http://www.law.columbia.edu/center_program/law_economics/wp_listing_1/wp_listing?exclusive=filemgr.download&file_id=69110&rtcontentdisposition =filename%3DWP207.pdf.

CORREIA, Eduardo,
"Direito Penal e Direito de Mera Ordenação Social", in: AA.VV., *Direito Penal Económico e Europeu – Textos doutrinários,* vol. I. Coimbra Editora, Coimbra, 1998,, pp. 3-18;

COSTA, José de Faria,
"A responsabilidade jurídico-penal da empresa e dos seus órgãos (ou uma reflexão sobre a alteridade nas pessoas colectivas, à luz do Direito Penal", in: AA.VV., *Direito Penal Económico e Europeu – Textos doutrinários,* vol. I. Coimbra Editora, Coimbra, 1998, pp. 501- 517.

DIAS, Augusto Silva,
«Delicta in se» e «delicta mere prohibita»: uma análise das descontinuidades do ilícito penal moderno à luz da reconstrução de uma distinção clássica, Coimbra Editora, Coimbra, 2008.

DIAS, Jorge de Figueiredo,
"O movimento de descriminalização e o ilícito de mera ordenação social", in: AA.VV., *Direito Penal Económico e Europeu – Textos doutrinários,* vol. I. Coimbra Editora, Coimbra, 1998, pp. 19- 33.

DIAS, Jorge de Figueiredo,
"Para uma Dogmática do Direito Penal Secundário: um contributo para a reforma do Direito Penal económico e social Português", in: AA.VV., *Direito Penal Económico e Europeu – Textos doutrinários,* vol. I. Coimbra Editora, Coimbra, 1998, pp. 35- 74.

DÍAZ GÓMEZ, Andrés,
"El modelo de responsabilidad criminal de las personas jurídicas tras la lo 5/2010, Revista Electrónica de Ciencia Penal y Criminología", *Revista Electrónica de Ciencia Penal y Criminología,* 2011, 13-08, disponível em http://criminet.ugr.es/recpc/13/recpc13-08.pdf.

DÍEZ, Carlos Gomez-Jara,
"Autoorganización empresarial y autorresponsabilidad empresarial: hacia una verdadera responsabilidad penal de las personas jurídicas?", *Revista Electrónica de Ciencia Penal y Criminología,* 2006, 08-05, disponível em http://criminet.ugr.es/recpc/08/recpc08-05.pdf.

FERNANDES, António Joaquim,
Regime Geral Das Contra-Ordenações – notas práticas, 2ª edição, Ediforum, Lisboa, 2002.

GAMA, António,
"Reforma do Código de Processo Penal: Prova testemunhal, declarações para memória futura e reconhecimento", *RPCC,* 2009, ano 19, nº 3, pp. 391-420.

GARCIA, M. Miguez e RIO, J.M. Castela
Código Penal: Parte geral e especial, com notas e comentários, Almedina, 2014.

LEAL-HENRIQUES, Manuel de Oliveira, SANTOS, Manuel José de Carrilho de Simas,
Código Penal Anotado, vol. I, 3ª edição, Rei dos Livros, Lisboa, 2002.

MACHADO, Miguel Pedrosa,
"Elementos para o estudo da legislação portuguesa sobre contra-ordenações", in: AA.VV., *Direito Penal Económico e Europeu – Textos doutrinários,* vol. I. Coimbra Editora, Coimbra, 1998, pp. 145- 207.

NEIRA, Ana María,
"La efectividad de los criminal compliance programs como objeto de prueba en el proceso penal", *Polít. crim.*, 2016, Vol. 11, nº 22, pp. 467-520, disponível em http://www.politicacriminal.cl/Vol_11/n_22/Vol11N22A5.pdf;

NIETO, Adán,
"Responsabilidad social, gobierno corporativo y autorregulación: sus influencias en el derecho penal de la empresa", *Polít. crim.*, 2008, nº 5, A3-5, pp.1-18, disponível em http://www.politicacriminal.cl/n_05/A_3_5.pdf;

PEREIRA, António Beça,
Regime Geral das Contra-Ordenações e Coimas Anotado, 8ª Edição, Almedina, Coimbra, 2009.

PINTO, Frederico de Lacerda da Costa,
"A tutela dos mercados de valores mobiliários e o regime do ilícito de mera ordenação social", in: AA.VV., *Direito dos Valores Mobiliários*, vol. I, Coimbra Editora, Coimbra, 1999, pp. 281-321.

PINTO, António Augusto Tolda, BRAVO, Jorge dos Reis
Regime Geral das Infracções Tributárias e regimes sancionatórios especiais anotados, Coimbra Editora, Coimbra, 2002.

QUELHAS, Filipa Marta de Figueroa,
O advento da Responsabilidade Penal das Pessoas Colectivas, no Direito Penal de Justiça, à luz da reforma do artigo 11º do Código Penal Português, (Contributo para uma Leitura Compreensiva dos Critérios de Imputação Jurídico-Penal), Tese da Faculdade de Direito da Universidade de Lisboa – relatório, 2008.

REIS, Alberto dos,
Código De Processo Civil Anotado, Vol. IV, Coimbra Editora, Coimbra, 1987.

ROCHA, Manuel António Lopes
"A responsabilidade Penal das pessoas colectivas – novas perspectivas", in: AA.VV., *Direito Penal Económico e Europeu – Textos doutrinários*, vol. I. Coimbra Editora, Coimbra, 1998, pp. 437- 494.

ROXIN, Claus,
Problemas Fundamentais de Direito Penal, 3ª Edição, Vega, Lisboa, 2004.

SERRA, Teresa,
"Contraordenações: responsabilidade de entidades coletivas. A propósito dos critérios de imputação previstos no regime geral do ilícito de mera ordenação social e em diversos regimes especiais. Problemas de (in)constitucionalidade", RPCC, 1999, Ano 9, nº 2, pp. 187-212.

SOUSA, Luis Filipe de,
Prova testemunhal, Almedina, Coimbra, 2014.

TEIXEIRA,Carlos Adérito,
"Questões processuais da responsabilidade das pessoas colectivas no domónio do Direito sancionatório da regulação", in: AA.VV., *Direito Sancionatório das Autoridades Reguladoras*, Coimbra Editora, Coimbra, 2009, pp. 109-137.

*

ESTUDOS SOBRE *LAW ENFORCEMENT, COMPLIANCE* E DIREITO PENAL

Parecer do Conselho Consultivo da Procuradoria-Geral da República de 07-07-94, parecer PGRP00000646, publicado em Diário da República (II série) de 28-04-1995, acessível em dgsi.pt;

Parecer do Conselho Consultivo da Procuradoria-Geral da República de 10-07-2013, parecer PGRP00003254, publicado em Diário da República (II série) de 16-09-2013, acessível em dgsi.pt;

Acórdão da Relação do Porto, de 06-06-2012, P. 4679/11.0TBMAI.P1, ARTUR OLIVEIRA, disponível em dgsi.pt;

Acórdão da Relação do Porto de 16-01-2013, P. nº 5454/11.7TBMAI.P1, relator JOSÉ CARRETO, disponível em dgsi.pt;

Acórdão da Relação de Coimbra de 09-11-2011, P. nº 179/10.3TBMMN.C1, relator ALICE SANTOS, disponível em dgsi.pt[84].

---

[84] Os processos contra-ordenacionais referidos na nota 83 correspondem a sentenças do TCRS transitadas em julgado, cujas decisões são públicas e do nosso conhecimento funcional, apesar de não estarem publicadas.

Os poderes de cognição e decisão do tribunal na fase de impugnação judicial do processo de contraordenação

MARTA BORGES CAMPOS[*]

Sumário: Introdução; I. Intensidade dos poderes de decisão e cognição do Tribunal; II. Âmbito dos poderes de decisão e cognição do Tribunal; Conclusões.

Introdução

A determinação dos poderes de cognição e decisão do Tribunal de 1ª instância na fase judicial do processo de contraordenação é matéria que não se pode considerar cabalmente resolvida no nosso universo jurídico. Analisada a lei, a doutrina e a jurisprudência crê-se que as incertezas e divergências mais relevantes não são extensivas a todas as dimensões do tema, mas podem ser circunscritas ao âmbito dos poderes do Tribunal.

Efetivamente, o que se apresenta como sendo mais discutível consiste na questão de saber se é admissível ou não a limitação do âmbito do controlo judicial, à semelhança da solução adotada pelo direito processual penal nos recursos ordinários e que se encontra consagrada nos artigos 402º e 403º, ambos do Código de Processo Penal (CPP). Problemática que está intimamente conexa com a natureza da impugnação judicial. O propósito último deste trabalho é fornecer um modesto contributo para a resolução deste concreto problema jurídico, que se quedará apenas e só pela questão primeira da aplicabilidade ou não, a título subsidiário, dos

[*] Juiz de Direito.

ESTUDOS SOBRE *LAW ENFORCEMENT, COMPLIANCE* E DIREITO PENAL

aludidos preceitos do processo penal ao processo de contraordenação. Os termos em que essa aplicação deve ser efetuada não serão abordados, uma vez que se trata de matéria complexa e extensa que extravasa os limites do presente trabalho.

O caminho a trilhar implicará uma análise da intensidade e do âmbito dos poderes de decisão e cognição do Tribunal, sendo que a intensidade traduz o nível de profundidade da apreciação judicial e o âmbito a sua extensão. Considera-se que apenas se logrará alcançar uma resposta para o concreto problema jurídico identificado se se efetuar uma destrinça entre estas duas dimensões dos poderes do Tribunal na fase judicial do processo de contraordenação, pois a vocação de plenitude de uma, não compromete a limitação da outra.

Para o efeito, tomar-se-á por referência não só a lei ordinária, mas aplicar-se-á também o método complementar da interpretação conforme, pois está em causa direito sancionatório que, em primeira linha, é da competência da Administração. O reconhecimento, neste domínio, de uma atividade da competência dos órgãos administrativos foi assumido como um princípio inderrogável face aos objetivos de descriminalização e de desjudicialização que estiveram subjacentes à introdução do ilícito de mera ordenação social[1]. Contudo, a aceitação dessa competência, que se traduz na inaplicabilidade ao direito das contraordenações do princípio da jurisdicionalidade enquanto reserva absoluta de jurisdição[2], não poderia deixar de fazer-se rodear de garantias adequadas à defesa do arguido, conforme advertiu Eduardo Correia[3]. A impugnação judicial e, consequentemente, os poderes de decisão e cognição do Tribunal nessa fase são uma das manifestações dessas garantias. Isto mesmo é reconhecido pelo Tribunal Europeu dos Direitos Humanos (TEDH), pelo que a interpretação conforme a empreender deve tornar-se extensiva à Convenção Europeia dos Direitos Humanos (CEDH).

---

[1] Cf. Correia, E., "Direito Penal e Direito de Mera Ordenação Social", *in* Boletim da Faculdade de Direito, XLIX, (1973) (pp. 257-281), republicado in *Direito Penal Económico e Europeu: Textos Doutrinários, Vol. I Problemas Gerais*, (1998) (pp. 3-18) 1973: 3 e ss.. Veja-se também Brandão, N., *Crimes e Contra-Ordenações: Da Cisão à convergência Material* (2016), pp. 872-874, sobre a reafirmação do princípio aquando das discussões parlamentares travadas no âmbito da II revisão constitucional de 1989 em torno da possibilidade de se tornarem extensivas ao processo das contraordenações garantias várias do processo penal.

[2] Brandão, N., *Crimes e Contra-Ordenações ...*, p. 875.

[3] Cf. Correia, E., *Direito Penal ...*, pp. 11,12 e 15.

No plano da lei ordinária, considerar-se-á não só o Regime Geral das Contraordenações (RGCO), como também soluções normativas previstas em diplomas especiais com relevância para o tema e que, a final, conduzirão a enquadramentos da questão diferentes[4]. Verificar-se-á adicionalmente que a resposta ao concreto problema jurídico identificado também sofreu variações ao longo do tempo, fruto de dois marcos decisivos na génese e extensão do problema, designadamente a superação do "dogma" do princípio do conhecimento amplo e da impossibilidade de limitação do objeto do processo em processo penal, num primeiro momento, e a previsão da proibição da *reformatio in pejus* no RGCO, num segundo momento.

I. Intensidade dos poderes de cognição e decisão do Tribunal

A definição do traçado do RGCO, de inspiração alemã, sofreu uma influência preponderante do direito penal e do direito processual penal. A demonstrar isto basta mencionar, como salienta Marcelo Madureira Prates, "que o direito substantivo a ele subsidiário é o criminal (artigo 32º do RGCO) e que o direito adjetivo a ele subsidiário é o processual criminal (artigo 41º do RGCO)"[5]. Contudo, indo mais longe, pode-se afirmar, no plano do direito substantivo e com Joaquim Cardoso da Costa, que a lei moldou o Direito das Contraordenações "à imagem e semelhança do Direito Penal", pois em especial nos seus primeiros 16 artigos e embora com algumas especificidades consagra-se um regime diretamente importado

---

[4] O que é reflexo do estado atual deste ramo de direito, caracterizado por sucessivas derrogações ao DL nº 433/82 com "ambições generalistas" – cf. Pinto de Albuquerque, P., "A Reforma do Direito das Contra-ordenações", *in* Estudos em Homenagem ao Professor Jorge Miranda, Coimbra Editora e FDUL (pp. 735 e ss) e republicado *in Contraordenações Laborais (2ª edição)*, CEJ, maio de 2014 (pp. 18-39), p. 19. Cf. também p. 20 deste texto com referência a doutrina pertinente e cuja importância e atualidade do tópico se revela, de forma impressiva, com a conclusão final a que o A. chega no sentido de que mercê "da multiplicação de regimes extravagantes que contrariam o regime geral" "o processo contra-ordenacional tomou-se o âmbito do direito sancionatório público onde mais gravemente se viola o princípio da igualdade". Veja-se também sobre este tópico Vilela, A., "O direito contra-ordenacional: Um direito sancionatório com futuro?", *in Revista Anatomia do Crime, nº 2*, julho-dezembro 2015, (pp. 149-161) que propõe, como solução, "desenhar um processo de tramitação das contra-ordenações que se apresente como geral", p. 160.

[5] Madureira Prates, M., "A punição administrativa entre a sanção contra-ordenacional e a sanção administrativa", *in Cadernos de Justiça Administrativa*, nº 68, 2008, janeiro-fevereiro, (pp 3-10), p. 6, n. 11.

ESTUDOS SOBRE *LAW ENFORCEMENT, COMPLIANCE* E DIREITO PENAL

do Direito Penal[6]. Por sua vez, no plano processual, verifica-se que mesmo o elemento de natureza administrativa melhor posicionado para colocar o ilícito de mera ordenação social numa zona de influência do direito administrativo, designadamente a competência decisória da Administração na primeira fase, perde esse potencial face à equiparação das autoridades administrativas às entidades competentes para o processo criminal, gozando dos mesmos direitos e deveres que estas (cf. artigo 41º, nº 2, do RGCO).

Com fundamento nesta influência tem-se reforçado na doutrina o entendimento de que o ilícito de mera ordenação social pertence ao direito penal em sentido amplo e não ao direito administrativo[7] e que, independentemente da sua localização sistemática, não há base legal para se importarem, para a interpretação e preenchimento de lacunas do seu regime, normas de natureza administrativa[8].

A intensidade dos poderes do Tribunal na fase judicial do processo de contraordenação reflete este afastamento em relação ao direito administra-

---

[6] Cardoso da Costa, J., "O recurso para os tribunais judiciais da aplicação de coimas pelas autoridades administrativas", in *Revista de Ciência e Técnica Fiscal*, nº 366, abril-junho 1992, (pp 41-69) p. 57. Veja-se ainda sobre as diferenças entre o ilícito de mera ordenação social e as sanções administrativas Madureira Prates, M. *A punição ...*, p. 7 e ss salientando-se, em particular, o afastamento da culpa ou do dolo da configuração da responsabilidade administrativa. Isto é particularmente visível no contencioso comunitário relativo às práticas restritivas da concorrência, que é considerado como "um controlo de mera legalidade, de natureza puramente administrativa" (Vilaça, J. L. C. & Melícias, M. J., Anotação ao art. 84º do NRJC, in *Lei da Concorrência, Comentário Conimbricense* (2013) (pp. 810-820), p. 817 e em que, congruentemente, se afasta a verificação do elemento subjetivo para a afirmação da responsabilidade do infrator (cf., a título de exemplo, acórdão do TG de 09.09.2009, Processo T-301/04, Clearstream Banking/Comissão, Col. 2009 II-03155, § 141 e 142).

[7] Sobre a análise em geral deste tópico, com referência à doutrina alemã, cf. Brandão, N., *Crimes e Contra-Ordenações ...* , p. 863 e ss.. Sobre a doutrina nacional, no sentido de que o direito de mera ordenação social pertence ao direito penal em sentido amplo, cf. Bolina, H., "O Regime dos Processos de Contra-ordenação dos Reguladores Independentes", in *Regulação em Portugal: Novos Tempos, Novo Modelo?*, (2009), (pp 737-769), p. 743 e Vilela, A., *O direito contraordenacional ...*, pp. 22 e 250. No sentido de identificação do direito de mera ordenação social com o direito administrativo veja-se Figueiredo Dias, J., *Direito Penal, Parte Geral, Tomo I*, 2ª Edição (2007), pp. 155 e ss e Freitas do Amaral, D., "O Poder Sancionário da Administração Pública", in *Estudos Comemorativos dos 10 anos da Faculdade de Direito da Universidade Nova de Lisboa*, (2008) (pp 221-233), p. 223.

[8] Cf. Costa Pinto, F., "Direito de audição e direito de defesa em processo de contraordenação: Conteúdo, alcance e conformidade constitucional", in *Revista Portuguesa de Ciência Criminal*, Ano 23, nº 1 (2013), (pp. 63-121), pp. 84-85 e Vilela, A., *O direito contra-ordenacional ...*, p. 380.

tivo. Efetivamente, quando o ilícito de mera ordenação social foi instituído e se consolidou, "ainda antes da primeira grande reforma do contencioso administrativo português após a Constituição de 1976"[9], este contencioso caracterizava-se, no que importa para o tema em análise, por uma forte limitação dos poderes do Tribunal a três níveis. Ao nível dos poderes de decisão, uma vez que o tipo de pronúncia estava essencialmente limitado por natureza à mera anulação[10]. Ao nível dos poderes de cognição, especificamente quanto ao objeto de controlo, decorrente de uma restrição dos meios de prova admissíveis e dos poderes instrutórios do juiz, que impediam o "acesso directo aos factos"[11]. Razão pela qual se falava num "processo ao acto" ou num "processo feito ao acto"[12], ou seja, cujo objeto era definido por referência ao ato administrativo e não em função da "posição subjetiva de conteúdo pretensivo formulada pelo autor"[13]. E, por fim, ao nível ainda dos poderes de cognição, mas quanto ao tipo de controlo, que, por regra, se traduzia num controlo de mera legalidade[14] e não num controlo de mérito[15]. Em suma, "o contencioso administrativo por natureza era o contencioso de anulação (...), largamente dominado por uma função objectivista e pela acentuada limitação do controlo do exercício de poderes discricionários"[16].

[9] Duarte de Almeida, A., "O ilícito de mera ordenação social na confluência de jurisdições: tolerável ou desejável?", *in Cadernos de Direito Administrativo*, nº 71, setembro/outubro de 2008 (pp. 11-22), p. 16.

[10] Cf. Pereira da Silva, V., *O Contencioso Administrativo no Divã da Psicanalise*, 2ª Edição Actualizada (2009), p. 245.

[11] Pereira da Silva, V., *O Contencioso ...*, p. 252. Veja-se também sobre este tópico Carvalho, Breves Notas sobre os Poderes de Pronúncia do Juiz Administrativo no Actual Contencioso – Limites e Conflitos", *in Revista do CEJ*, nº 13, 1º Semestre 2010, (pp. 179-207), p. 184.

[12] Cf. Pereira da Silva, V., *O Contencioso ..., p.* 252 e Carvalho, C., *Breves Notas ...*, p. 185, n. 16.

[13] Neto, D. L., "Um novo olhar sobre objecto do processo na acção de condenação à prática de actos administrativos", *in Revista do CEJ*, nº 13, 1º Semestre 2010, (pp. 161-178), p. 164.

[14] Controlo de legalidade este que se cinge: ao desvio de poder subjetivo; erro de facto; falta ou insuficiência de fundamentação; erro manifesto de apreciação; compatibilidade com os direitos, liberdades e garantias dos cidadãos e com os princípios fundamentais que regem a atividade administrativa (igualdade, imparcialidade, boa fé, segurança jurídica, proporcionalidade, racionalidade e razoabilidade) – cf. Vieira de Andrade, J. C., "Os poderes de cognição e de decisão do juiz no quadro do actual processo administrativo de plena jurisdição", *in Cadernos de Justiça Administrativa, Homenagem ao Professor Doutor António Cândido de Oliveira, nº 101*, setembro/outubro 2013, (pp. 37-44), p. 38.

[15] Cf. Pereira da Silva, *O Contencioso ..., pp.* 250 a 252.

[16] Duarte de Almeida, *O ilícito de mera ordenação social ...*, p. 16.

ESTUDOS SOBRE *LAW ENFORCEMENT, COMPLIANCE* E DIREITO PENAL

Não foi este o modelo adotado pelo RGCO, que, neste âmbito, consagrou soluções normativas que não consentem divergências de entendimento significativas e que, numa formulação resumida, permitem que se qualifique o nosso sistema como um sistema de "plena jurisdição e de índole para-penal"[17] por contraposição a um contencioso de anulação ou a um controlo de mera legalidade, de natureza puramente administrativa. Com efeito, tomando por referência as fortes limitações que caracterizavam este contencioso de anulação, aquando da entrada em vigor do RGCO e que acima se descreveram com este propósito comparativo, não se poderá deixar de concluir que o controlo judicial no processo de contraordenação é, no que respeita à intensidade desses poderes, um "controlo intensivo", em que os poderes decisórios e cognitivos atribuídos à entidade fiscalizadora são, como refere Joaquim Cardoso da Costa, verdadeiramente amplos[18].

Assim, no que respeita aos poderes de decisão, esta conclusão retira-se do artigo 64º, nº 3, do RGCO, "regime que é naturalmente transponível para o julgamento mediante audiência e sentença"[19]. Resulta deste preceito que são admissíveis, na fase judicial do processo de contraordenação, todos os tipos de pronúncia que incidem sobre o mérito da causa, designadamente a manutenção da decisão administrativa, a sua revogação *in totum*, por via da absolvição, e a sua modificação, quer da qualificação jurídica, quer da sanção, uma vez que a norma não distingue. Isto significa que o Tribunal pode substituir-se à Administração na definição do sentido decisório do caso ou, noutra formulação, que a expressão última do sentido de decisão do caso pode ser definida não pela Administração, mas pelo Tribunal.

No que respeita aos poderes de cognição, especificamente quanto ao objeto do controlo, mais do que afirmar-se que o Tribunal conhece tanto da matéria de facto, como da matéria de direito (cf. artigos 64º, nºs e 5, do RGCO), verifica-se que o objeto da sua apreciação não é a decisão administrativa, mas a questão sobre a qual incidiu a decisão administrativa. Esta conclusão retira-se de forma impressiva e suficiente, sem necessidade de fazer apelo à aparente e problemática conversão dos autos em acusação,

---

[17] Vilaça, J. L. C. & Melícias, M. J., *Anotação ao art. 84º do NRJC...*, p. 817.

[18] Cf. Cardoso da Costa, J., *O recurso ...*, p. 59.

[19] Moutinho, J. L. & Marques, P. G., Anotação ao art. 88º do NRJC, *in Lei da Concorrência, Comentário Conimbricense* (2013) (pp. 840-850), p. 842.

prevista no artigo 62º, nº 1, do RGCO, da circunstância decisiva do Tribunal poder fazer preceder a decisão da realização de uma audiência de julgamento em alternativa à decisão por simples despacho (cf. artigo 64º, nº 1, do RGCO). Com a particularidade essencial da audiência de julgamento não estar limitada à renovação da prova (cf. artigo 72º, nº 2, do RGCO). Destas duas soluções de decisão resultam três corolários importantes. Em primeiro lugar, o Tribunal pode valorar os meios de prova produzidos na fase organicamente administrativa, o que decorre diretamente da possibilidade de poder decidir por simples despacho[20]. Em segundo lugar e em consequência desta primeira implicação, a opção por parte do juiz por uma alternativa ou pela outra não poderá deixar de radicar, conforme salienta Leones Dantas, na existência ou não de litígio quanto à matéria de facto e na circunstância dos autos disporem ou não de elementos de prova que permitem fixá-la[21], e, como acrescenta Paulo Pinto de Albuquerque, da possibilidade de se proceder ou não a esclarecimentos sobre a matéria de facto que possam ter lugar fora da audiência de julgamento[22]. Em terceiro lugar e como consequência destas duas primeiras asserções, conclui-se que, sendo admissível a repetição da prova produzida na fase organicamente administrativa quando se mostre necessário[23], podem também ser pro-

---

[20] No sentido do aproveitamento da prova produzida na fase organicamente administrativa, veja-se, entre outros: Pinto de Albuquerque, *Comentário do Regime Geral das Contra-ordenações à luz da Constituição da República e da Convenção Europeia dos Direitos do Homem* (2011), p. 291; Leones Dantas, "Considerações sobre o processo das contra-ordenações – as fases do recurso e da execução", in *Revista do Ministério Público*, nº 57, Ano 15, 1994, janeiro-março, (pp 71-83), p. 73; Costa Pinto, *Direito de audição* ..., p. 77; Bolina, H., *O Regime dos Processos* ..., p. 751; Oliveira Mendes, A. & Santos Cabral, J. *Notas ao Regime Geral das Contra-Ordenações e Coimas*, 3ª Edição (2009), p. 124. Em sentido contrário, Duarte de Almeida, A., *O ilícito de mera ordenação social* ..., p. 20, que alude à "concentração de toda a actividade probatória relevante na audiência de julgamento". Veja-se ainda que esta solução se encontra consagrada expressamente no artigo 416º, nº 4, do CdVM, e no artigo 87º, nº 8, do NRJC, aprovado pela Lei nº 19/2012, de 08.05. Em sentido completamente dissonante e ainda sem se conseguir determinar com exatidão o alcance e implicações, veja-se o artigo 67º, nº 10, dos Estatutos da ERS, aprovados pelo DL nº 126/2014, de 22.08.

[21] Leones Dantas, A., *Considerações* ..., p. 75.

[22] Pinto de Albuquerque, P., *Comentário* ... p. 266, 4.

[23] Cf. Pinto de Albuquerque, P., *Comentário* ..., p. 292, 6, admitindo a repetição da prova quando "o tribunal tiver dúvidas sobre o sentido dos depoimentos das testemunhas ou o arguido, o responsável civil, o Ministério Público ou a autoridade administrativa a tiverem requerido para prova de facto relevante para a decisão da causa".

ESTUDOS SOBRE *LAW ENFORCEMENT, COMPLIANCE* E DIREITO PENAL

duzidos novos meios de prova, atribuindo-se ao juiz, congruentemente, o poder-dever de gerir o esforço probatório a empreender face àquele que já foi despendido (cf. art. 72º/2, do RGCO), definindo quer o tema da prova, quer os meios de prova que devem ser admitidos e produzidos[24].

Verifica-se, assim, tal como afirma Joaquim Cardoso da Costa, que a entidade fiscalizadora "não está limitada nem quanto ao âmbito da prova a analisar nem quanto à extensão dos seus poderes instrutórios (...) pela prévia definição feita pela entidade administrativa recorrida"[25]. O que, por sua vez, é a expressão de que aquilo que se pede ao juiz que faça, no âmbito do recurso de impugnação judicial do processo de contraordenação, é que lance um "novo olhar" sobre a questão, que a decida de novo, e que não se limite a apreciar a consistência e correção lógica da fundamentação da decisão com os elementos que o decisor dispunha no momento em que decidiu.

Esta conclusão não pode também deixar de significar, no que respeita ao tipo de apreciação, que não são admissíveis, no ilícito de mera ordenação social, segmentos decisórios cuja apreciação de mérito está reservada à autoridade administrativa, cabendo ao Tribunal um controlo de mera legalidade[26]. Admitir-se esta possibilidade significaria retirar ao Tribunal o poder-dever de decidir de novo, com plenitude, todos os pressupostos da questão que lhe compete apreciar. Para além disso, não há qualquer fundamento legal, no plano da lei ordinária, para limitar os poderes de cognição do Tribunal a este nível. Efetivamente, não há norma no RGCO

---

[24] Leones Dantas, A., O Ministério Público no Processo das contra-ordenações", *in Questões Laborais*, Ano VIII, 2001, (pp 26-40), p. 31.

[25] Cardoso da Costa, J., *O recurso ...*, p. 59.

[26] Não é possível, assim, no nosso ordenamento jurídico e a propósito das práticas restritivas da concorrência que resultam da violação dos artigos 101º e 102º, ambos do TFUE, efetuar a cisão que se verifica no contencioso comunitário entre poderes de plena jurisdição quanto à sanção, com apoio no artigo 31.º do Regulamento n.º 1/2003, e no artigo 261.º TFUE, (Acórdão do TJ AC-Treuhand AG v. Comissão, processo C-194/14 P, § 74, *in* http://curia.europa.eu/) e uma fiscalização de legalidade no que respeita às chamadas apreciações económicas complexas efetuadas pela Comissão, com fundamento no artigo 263º do TFUE, (cf. entre outros acórdão do TPI de 17.09.2007, Microsoft v. Comissão, T-201/04 § 87 e ss, *in* http://curia.europa.eu/). E não é possível, não devido ao artigo 88º, nº 1, do NRJC, cujo propósito parece ter sido o de afastar a proibição da *reformatio in pejus* (cf. Sousa Mendes, P. , "O Contencioso da Concorrência: Balanço e Perspectivas em Função da Reforma do Direito da Concorrência Português", *in Revista de Concorrência e Regulação, Ano III, nº 10*, 2012, abril-junho, (pp 235-247), pp. 246-247), mas porque não é isso que resulta do regime geral.

que o preveja, nem de forma expressa, nem por remissão direta designadamente para o artigo 3º, do Código de Processo nos Tribunais Administrativos (CPTA). Face ainda às considerações *supra* tecidas sobre a natureza
do ilícito de mera ordenação social e à sua aproximação ao direito penal e
processual penal, impõe-se acrescentar que qualquer aplicação enviesada,
implícita ou indireta de normas de natureza administrativa, que claramente não tiveram qualquer influência no traçado do regime, deve-se ter
por liminarmente afastada. E se este argumento ou outros retirados da lei
ordinária não bastassem, porque o princípio da separação e interdepen-
dência de poderes, enquanto referência e limite aos poderes de cognição
dos tribunais no exercício da sua função, emerge diretamente da Constituição (cf. artigos 2º e 111º, ambos da Constituição)[27], então cumprirá
acrescentar, com Joaquim Cardoso da Costa e para além dos considerandos
que se irão tecer a propósito de uma interpretação conforme à CEDH e à
Constituição, que o "mesmo princípio da separação de poderes (por nos
encontramos perante uma área indefinida entre duas funções – uma área
"cinzenta" –, embora ainda não no núcleo essencial) e o direito à tutela
jurisdicional imporão que tenha que ser um tribunal a ter, nesta matéria,
a última palavra, *sem limites cognitivos e decisórios (controlo total)*, para além
dos que decorrem da sua estrita vinculação ao Direito"[28]. Pode-se, assim,
afirmar com Mário Gomes Dias que "a Administração, quando instaura,

---

[27] Cf. Carvalho, C., *Breves Notas ...*, p. 185.

[28] Cardoso da Costa, J., *O recurso ...*, pp. 66-67, sendo que a conclusão reproduzida no texto
assenta nas seguintes premissas: por um lado, a aplicação destas sanções pela Administração
não respeita ao bom funcionamento interno da Administração, mas a certas regras de
ordenação, cujos valores e interesses não são exclusivos dessa Administração. Por outro lado,
"estando em causa direitos, liberdades e garantias – máxime, estando em causa a aplicação de
sanções punitivas – o direito à tutela jurisdicional – em regra – só será inteiramente satisfeito
se não "sobrarem" zonas de atividade administrativa que o tribunal não possa controlar (zonas
"livres", correspondendo a uma "reserva de avaliação" da Administração: v.g. relativas à
configuração jurídica dos factos, à extensão da prova ou à prova oportunidade da sanção).
Pois se existirem espaços de definição do Direito – v.g., e principalmente, a determinação em
concreto das sanções a aplicar – onde o tribunal só possa fazer um controlo "externo" (e não
intensivo) – ou seja, se entendermos que a lei "concedeu" esses espaços à Administração –, isso
significará que aí não houve a possibilidade de um "terceiro" dizer definitivamente o Direito:
significará que não houve intervenção de um órgão imparcial a independente, relativamente
aos cidadãos e à Administração, na resolução de um conflito de interesses entre eles. Ora isto
brigará com o direito à tutela jurisdicional dos Direitos Fundamentais", pp. 64-65.

ESTUDOS SOBRE *LAW ENFORCEMENT, COMPLIANCE* E DIREITO PENAL

elabora e decide o processo por contra-ordenação, age exclusivamente no exercício de poderes vinculados"[29].

Da análise precedente conclui-se que o controlo efetuado pelo Tribunal de 1ª instância, na fase judicial do processo de contraordenação, é, no plano da intensidade, um controlo de plena jurisdição, porque: ao nível dos poderes decisórios, o Tribunal pode definir a expressão última do sentido de decisão do caso; e, ao nível dos poderes de cognição, aprecia a matéria de facto e de direito sem restrições, pois, apropriando-nos das palavras de Paulo Pinto de Albuquerque, procede não a uma revisão da consistência lógica da decisão impugnada, mas a um genuíno reexame do caso[30] e efetua um controlo de mérito sem limites.

Uma interpretação conforme com a CEDH e com a Constituição não conduz a conclusões diversas. Antes pelo contrário. Com efeito, o modelo adotado pelo nosso ordenamento jurídico, nesta matéria, não só está em perfeita consonância com os referidos diplomas fundamentais, como é o único modelo consentido pelos mesmos.

Assim, no que respeita à CEDH, retira-se da jurisprudência do TEDH que os direitos estabelecidos pelo artigo 6º § 1, designadamente o direito de acesso ao tribunal e a um processo justo e equitativo, "valem para o arguido de um processo contraordenacional, desde que a infracção contra--ordenacional possa ser considerada como "matéria criminal" de acordo com os critérios da jurisprudência Engel. Em regra, as infracções contra-ordenacionais constituem "matéria criminal", em virtude da natureza geral da regra imposta e do carácter preventivo e punitivo da sanção prevista"[31]. Definida esta premissa, o TEDH entendeu, nomeadamente nos acórdãos Menarini Diagnostics S.r.l. v. Itália, de 27.09.2011 e Grande Stevens v. Itália, de 04.03.2014, que a aplicação de sanções por parte de autoridades administrativas através de procedimentos que não satisfazem o art. 6º, da CEDH, é aceitável desde que o arguido tenha a possibili-

---

[29] Gomes Dias, M., "Breves Reflexões Sobre o Processo de Contra-Ordenação", *in Revista do Ministério Publico, Doutrina – Critica de Jurisprudência – Intervenções Processuais*, Ano 5, Volume 20, 1984 (pp 91-110), p. 106.

[30] Voto de vencido no acórdão de 27.09.2011, no caso Menarini v. Itália, *in* http://hudoc.echr. coe.int/.

[31] Pinto de Albuquerque, P., *A Reforma* ..., p. 21. Cf. acórdãos citados pelo A.: Öztürk v. Alemanha (plenário), de 21/2/1984; acórdão Lutz v. Alemanha, de 25/8/1987; e acórdão Scisloski v. Polónia, de 7/12/1999.

OS PODERES DE COGNIÇÃO E DECISÃO DO TRIBUNAL NA FASE DE IMPUGNAÇÃO...

dade de recorrer para um tribunal com plena jurisdição. Plena jurisdição esta que o TEDH define, numa tradução livre, como o poder de examinar todas as questões de facto e de direito relevantes para a disputa que lhe é apresentada[32]. Pese embora a aplicação prática desta fórmula geral por parte do Tribunal suscite algumas dúvidas quanto ao seu alcance[33], não se pode deixar de concluir, à luz dos seus fundamentos, que a plena jurisdição a que alude o TEDH corresponde à intensidade dos poderes decisórios e cognitivos que acima se reconheceram ao modelo adotado pelo nosso ordenamento jurídico.

Efetivamente, do que se trata, se bem se interpreta a jurisprudência do TEDH, é de atribuir ao arguido um mecanismo de reação que supra as deficiências do procedimento que correu termos perante a autoridade administrativa e que não satisfazem os direitos previstos no artigo 6º § 1, da CEDH, designadamente a falta de imparcialidade, de um ponto de vista objetivo, da entidade decisora. Omissão esta que se verifica quando a autoridade administrativa concentra, em si mesma, os poderes de investigação, acusação e de decisão do caso (cf. acórdão Grande Stevens, § 136 e 137), ou seja, quando falece o princípio do acusatório na fase organicamente administrativa do procedimento, como é a regra entre nós (cf. artigos 33º e 54º, nº 2, ambos do RGCO). E, conforme adverte o TEDH, é irrelevante que os referidos poderes estejam distribuídos por departamentos pertencentes à mesma autoridade administrativa, que agem sob a autoridade e supervisão de um só presidente (cf. acórdão Grande Stevens, § 137).

Ora, não é possível suprir a falta de imparcialidade, de um ponto de vista objetivo, da autoridade administrativa se o controlo judicial efetuado pelo Tribunal estiver confinado à revisão da decisão administrativa, limitado por zonas de proteção, sujeitas a um controlo de mera legalidade, ou impedido de substituir a pronúncia da Administração pela sua. Razão pela qual se conclui que o conceito de plena jurisdição pressuposto pela jurisprudência do TEDH tem, face aos seus fundamentos, o mesmo conteúdo que acima se identificou a propósito do modelo adotado pelo RGCO.

---

[32] Cf. acórdão Menarini Diagnostics S.r.l. v. Itália, de 27.09.2011, § 59; e acórdão Grande Stevens v. Itália, de 04.03.2014, § 139, *in* http://hudoc.echr.coe.int/.

[33] Cf. votos de vencido de Paulo Pinto de Albuquerque nos dois acórdãos citados na nota anterior.

Analisada a questão à luz da nossa Constituição e da jurisprudência do Tribunal Constitucional (TC), impõe-se salientar, em primeiro lugar, que o direito que está em causa, do ponto de vista constitucional, não é o direito ao recurso dentro da hierarquia jurisdicional, mas sim o direito de acesso aos tribunais, ou seja, a garantia de tutela jurisdicional efetiva, prevista no artigo 20º, nº 1, da Constituição[34], uma vez que a impugnação judicial não incide sobre uma decisão judicial. Em segundo lugar, parece resultar da jurisprudência do TC que um controlo judicial de plena jurisdição é, no processo de contraordenação, uma garantia adicional, uma vez que "o ato em causa [reportando-se à decisão administrativa que confirma o auto de notícia] não é de molde a pôr logo em questão a imparcialidade do decisor" e está garantida "a possibilidade de o arguido ser ouvido e se defender antes da decisão administrativa sancionatória"[35].

Salvo o devido respeito, não se concorda com este entendimento, pois considera-se que é incontornável a constatação de que a concentração de poderes na mesma entidade é suscetível de comprometer a sua imparcialidade, o que não é afastado pelo exercício do direito de defesa pelo arguido, na medida em que essa defesa vai ser apreciada pela mesma entidade que investigou, acusou e que vai decidir. Recorde-se que o acusatório é um princípio que "tem na sua génese e perenidade, além do mais, fundamentos pragmáticos estribados na consciência das fragilidades da natureza humana"[36] e que, "no moderno Estado de direito, a noção de «garantismo» opõe-se ... a qualquer conceção fundada na ilusão de um «poder bom», e muito menos em «titulares virtuosos» do poder"[37]. Acresce, como salienta Soares Ribeiro, na mesma linha da jurisprudência do TEDH, "não é por a instrução ser confiada a uma pessoa física distinta daquela que vai no final proferir a decisão ... que muda o sentido das coisas, até porque, normalmente, essas pessoas estão numa relação de dependência hierárquica. Esta situação ou é geradora de conflitualidade no seio da Administração – quando a instrução conclui num sentido e a decisão noutro – ou aponta

---

[34] Cf. neste sentido acórdão do TC nº 373/2015, *in* www.tribunalconstitucional, que também alude à garantia da impugnação dos atos administrativos sancionatórios perante os tribunais, consagrada no artigo 268º, nº 4, da Constituição.

[35] Ambas as citações, acórdão do TC 595/2012, citando também o acórdão do TC nº 581/2004, *in* www.tribunalconstitucional.pt.

[36] Dá Mesquita, P., *Direcção do Inquérito Penal e Garantia Judiciária* (2003), p. 60.

[37] Dá Mesquita, *Direcção* ..., p. 25.

para uma tendência de falta de autonomia técnica daqueles a quem compete instruir, muitas vezes inibidos por um temor reverencial (ou mais do que isso) perante o superior hierárquico a quem compete decidir"[38].

Mas a questão não se queda apenas pelo afastamento do princípio do acusatório na fase organicamente administrativa, antes se reconduz, em termos mais gerais, ao reconhecimento, neste domínio, de uma atividade da competência da Administração, que decide o caso em primeira linha, ou seja, à inaplicabilidade ao ilícito de mera ordenação social do princípio da jurisdicionalidade enquanto reserva absoluta de jurisdição, previsto no artigo 202º, da Constituição[39].

Efetivamente, tal como refere Nuno Brandão, o "afastamento da reserva judicial absoluta de jurisdição tem como consequência imediata a atribuição de poderes de investigação e de decisão a autoridades administrativas que estão longe de oferecer as mesmas garantias de autonomia e de independência em relação ao poder executivo do que o Ministério Público e os juízes são portadores, que, além disso, são historicamente merecedores de uma muito maior confiança do que a administração na sua capacidade de actuar e decidir com objectividade, isenção e imparcialidade". Acresce ainda e conforme sustenta o mesmo autor, o reconhecimento da competência da Administração, num primeiro nível e que pode ser o único, implica a supressão e limitação dos princípios e garantias constitucionais previstos para o processo penal, sendo a derrogação do princípio do acusatório na fase organicamente administrativa um dos exemplos[40]. Por tais razões concorda-se também com Nuno Brandão no sentido de que a diminuição das garantias de defesa que se verifica na fase organicamente administrativa, decorrentes da "estrutura processual desenhada para o processo contra-ordenacional"[41], por via da atribuição de competência decisória, em primeira linha, à Administração, conduz a " um inevitável incremento do risco de erros e de decisões injustas"[42].

Ora, este aumento do risco de erros e de decisões injustas apenas é aceitável se a garantia de tutela jurisdicional efetiva que é reconhecida aos par-

---

[38] Soares Ribeiro, J., *Contra-ordenações Laborais, Regime Jurídico (anotado) Contido no Código do Trabalho*, 2ª Edição (2003), p. 136.

[39] Cf. Brandão, N., *Crimes e Contra-Ordenações ...*, p. 875.

[40] Brandão, N., *Crimes e Contra-Ordenações ...*, p. 876.

[41] Brandão, N., *Crimes e Contra-Ordenações ...*, p. 875.

[42] Brandão, N., *Crimes e Contra-Ordenações ...*, p. 877.

ticulares se traduzir num controlo judicial que – relativamente às questões que cabe ao Tribunal apreciar e decidir – não comporte o mesmo risco. O que exige que o Tribunal, na apreciação dessas questões, vá para além da decisão administrativa, possa exercer um controlo de mérito e lhe seja permitido substituir a pronúncia da Administração pela sua.

Conclui-se, assim, que a garantia de um controlo judicial de plena jurisdição não é apenas uma garantia adicional face à supressão e limitações das garantias de defesa que se verificam na fase organicamente administrativa do processo de contraordenação, mas uma exigência irrenunciável do direito de acesso aos tribunais, previsto no artigo 20º, nº 1, da Constituição. O que não significa que o Tribunal tenha, sempre, de exercer esses poderes plenos em relação a todas as questões subjacentes à decisão administrativa. É disto que trataremos no capítulo seguinte.

II. Âmbito dos poderes de cognição e decisão do Tribunal

Ao contrário da OWiG, diploma alemão que serviu de inspiração ao RGCO e que sofreu uma alteração em 1998 que veio prever, no § 67 nº II, que o "recurso pode ser limitado a determinados pontos de queixa"[43], o nosso RGCO não contém nenhuma norma com este conteúdo, nem na sua formulação originária, nem nas modificações que, entretanto, sofreu.

Esta omissão não assumia contornos problemáticos, pelo menos, nos tempos idos de 1982 a 1 de janeiro de 1988, pois o RGCO entrou em vigor na vigência do CPP de 1929, diploma este que não previa nenhuma norma expressa sobre o âmbito do recurso. Tal vazio legal era preenchido pela jurisprudência, que, com raras exceções, afirmava o princípio do conhecimento amplo e a impossibilidade de limitação do objeto do processo ao longo de todo o processo penal[44].

---

[43] Pinto de Albuquerque, P., *Comentário* ..., p. 250, 21.

[44] Cf. Damião da Cunha, J. M., *O Caso Julgado Parcial – Questão da culpabilidade e questão da sanção num processo de estrutura acusatória*, (2002), p. 44. José Gonçalves da Costa (in "Recursos", *in Jornadas de Direito Processual Penal, O Novo Código de Processo Penal*, CEJ, (1988), (pp. 403-471)) cita Maia Gonçalves no sentido de que esta era a orientação jurisprudencial unânime do STJ (415). Contudo, o mesmo autor indica algumas exceções, designadamente o acórdão do STJ, de 25-XII-981 (no BMJ, 312.º-240 ss.) e o acórdão, também do STJ, de 25-XI-981, que aquele cita (limitação do objeto do recurso de uma decisão condenatória à questão da aplicação do perdão concedido pela Lei 3/81). No mesmo sentido, o acórdão da Relação de Coimbra de 30-V-984, sumariado no BMJ 337.º-421 (416).

O CPP atual veio regular expressamente esta matéria nos artigos 402º e 403º, resultando destes normativos legais que o princípio geral é o do conhecimento amplo, "em que o tribunal de recurso conhecerá de toda a decisão, salvo quando o recorrente tenha expressamente limitado o recurso a uma parte dela e a limitação seja admissível"[45]. Por via deste regime, afirma-se que o legislador reconheceu um autêntico princípio dispositivo no processo penal e, consequentemente, um importante papel conformador às partes quanto à limitação do objeto do processo[46], sendo entendimento pacífico que a expressão dessa vontade limitadora é aquela que resulta das conclusões do recurso[47].

O que nos propomos analisar é se esta superação do "dogma" do princípio do conhecimento amplo e da impossibilidade de limitação do objeto do processo em processo penal produziu efeitos de contaminação sobre o processo contraordenacional, gerando um problema carecido de solução e suscetível de ser solucionado por via da aplicação subsidiária dos artigos 402º e 403º, ambos do CPP, *ex vi* artigo 41º, nº 1, do RGCO.

Desde já antecipamos a resposta, que é afirmativa. Contudo, por um lado, é uma afirmação contida, pois o problema apenas assumiu a sua extensão máxima, aplicável às duas formas de decisão na fase de impugnação judicial (por despacho e mediante audiência de julgamento), graças a um marco de grande relevo na "história" do RGCO. Estamo-nos a reportar à consagração da proibição da *reformatio in pejus*, por via do DL nº 244/95, de 14.09, que, sendo ou não de aplaudir, teve um efeito decisivo na reconfiguração da fase de impugnação judicial, pelo menos, quando a decisão é precedida da audiência de julgamento. O que por sua vez já permite antever que a resposta à questão enunciada será diferente nos processos sujeitos a essa regra, ou seja, aqueles aos quais é aplicável o RGCO, e nos processos especiais que afastaram expressamente a proibição da *reformatio in pejus*. Por outro lado, o percurso que conduz a essa afirmação não é tão linear como aquele que se empreendeu a propósito da intensidade dos poderes do tribunal no capítulo precedente, conforme se explicitará de seguida.

---

[45] Marques da Silva, G. *Curso de Processo Penal, III, 2ª Edição, Revista e Actualizada* (2000), p. 333.

[46] Cf. Cunha Rodrigues, J. N., "Recursos", *in Jornadas de Direito Processual Penal, O Novo Código de Processo Penal*, CEJ, (1988) (pp. 381-400), p. 387. Cf. também Damião da Cunha, J. M., *O Caso Julgado ...*, p. 48.

[47] Marques da Silva, G., *Curso ...*, p. 335.

ESTUDOS SOBRE *LAW ENFORCEMENT, COMPLIANCE* E DIREITO PENAL

Assim, o reconhecimento do referido princípio do dispositivo nos recursos ordinários em processo penal suscita necessariamente a questão da "concatenação processual entre parte decisória não impugnada e parte decisória impugnada"[48], que, desde cedo, foi solucionada pela doutrina fazendo apelo à figura do caso julgado parcial, com condição resolutiva[49]. Uma análise de direito comparado revela que há outros enquadramentos possíveis[50]. Contudo, o que aqui se considera importante para a presente análise é que, qualquer que seja a solução defendida, a mesma tem de pressupor que se reconheça a validade ou eficácia da decisão impugnada enquanto decisão. Efetivamente, é inconciliável com a possibilidade de limitação do objeto de apreciação que a decisão originadora do meio de impugnação não tenha qualquer potencial de afirmação, ainda que parcial, do sentido da solução do caso, pois um dos efeitos mais imediatos dessa limitação é evitar que o Tribunal de recurso tenha de emitir uma pronúncia quanto à parte da decisão impugnada que não faz parte do objeto do recurso, ou seja, que não lhe possa ser assacada uma omissão de pronúncia. Note-se que a admissibilidade da limitação do objeto de apreciação também está relacionada com razões de economia e celeridade processuais[51].

Dir-se-á para contrariar este entendimento, que a mesma finalidade é alcançável se se considerar que a parte da decisão não impugnada vale como confissão. Contudo, sendo liminarmente de rejeitar, conforme sustenta Vítor Sequinho dos Santos, uma ficção de "uma confissão, total ou parcial, dos factos pelo condenado, por efeito da sua não impugnação no requerimento de interposição do recurso"[52], esta posição, que assenta no pressuposto da admissibilidade de uma confissão escrita[53], reduziria a limitação do âmbito de apreciação aos casos de confissão expressa. Ora, a expressão da vontade do arguido suscetível de limitar o âmbito do controlo judicial não carece de uma aceitação expressa da parte da decisão que não

---

[48] Damião da Cunha, J. M., *O Caso Julgado* ..., p. 49.
[49] Cf. Cunha Rodrigues, J, N., *Recursos* ..., p. 388.
[50] Cf. Damião da Cunha, J. M., *O Caso Julgado* ..., pp. 54 e ss.
[51] Damião da Cunha, J. M., *O Caso Julgado* ..., p. 67.
[52] Sequinho dos Santos, V., "O dever de fundamentação da decisão administrativa condenatória em processo contraordenacional", *in Revista do CEJ*, 2º semestre 2010, nº XIV (pp. 333 a 381), e republicado *in Contraordenações Laborais (2ª edição)*, CEJ, maio de 2014 (pp. 95-143), p. 110.
[53] Cf. Pinto de Albuquerque, *Comentário* ..., p. 279, 10.

é posta em causa e que pode ser decidida de forma autónoma. Contudo, mais importante do que isso, a confissão do arguido não seria suscetível de, autonomamente, dar corpo a parte da decisão.

O que vai dito quanto à aceitação dos factos na impugnação judicial não significa que a mesma não possa ter um papel na limitação do âmbito do controlo judicial. Tê-lo-á, enquanto expressão da vontade do arguido quanto ao âmbito, ou seja, se o arguido aceita os factos e apenas se opõe à sanção dever-se-á considerar que limitou o âmbito da impugnação judicial à apreciação da sanção. É neste sentido que se interpreta o entendimento sufragado por Ferreira Antunes ao defender que a confissão nas alegações "integra a delimitação do objecto" do recurso[54].

Afastada esta tese da confissão e por não se vislumbrar outro enquadramento possível que não assente na validade e eficácia, parcial, da decisão impugnada enquanto tal, reafirma-se que a limitação do âmbito de apreciação não é possível se não existir uma primeira decisão, ou porque não há efetivamente decisão do ponto de vista estrutural e material ou porque a lei não lhe reconhece essa qualidade. E num cenário extremo como este não é possível também afirmar-se a existência, na fase de impugnação judicial, de elementos de um recurso suscetíveis de conduzir à aplicação subsidiária dos artigos 402º e 403º, ambos do CPP.

Ora, é nestes pontos, que se traduzem no valor da decisão administrativa com a impugnação judicial e, em último caso, na definição da natureza da impugnação judicial da decisão da autoridade administrativa, que o RGCO se revela mais problemático, verificando-se uma significativa heterogeneidade de posições na doutrina e na jurisprudência. Nem todas estas posições abordam diretamente o concreto problema jurídico em análise. Contudo, expressam asserções relativas aos dois pontos referidos e, por isso, com implicações na questão de saber qual o âmbito do controlo judicial efetuado pelo Tribunal na fase de impugnação judicial.

Com referências expressas sobre o âmbito dos poderes de cognição e decisão do Tribunal encontramos, na doutrina, os entendimentos sufragados por Paulo Pinto de Albuquerque, Manuel Ferreira Antunes e João Soares Ribeiro.

Assim, Paulo Pinto de Albuquerque considera que a impugnação judicial consubstancia uma verdadeira transferência da questão do domínio

---

[54] Ferreira Antunes, *Contra-ordenações e Coimas, Anotado e Comentado* (2005), p. 379.

da administração para o juiz[55]. Mais afirma que "[d]ada a natureza da impugnação judicial no processo de contra-ordenações, as conclusões determinam a reabertura da instância", acrescentando, quanto ao tema em discussão, que pode "o tribunal conhecer com toda a amplitude das infracções imputadas ao arguido e que motivaram a sua condenação"[56], ou seja, "as conclusões não estabelecem um limite do âmbito objectivo dos poderes cognitivos do tribunal". Contudo, admite que as mesmas limitam o âmbito subjetivo, verificando-se um caso decidido parcial[57].

Em sentido diferente, pelo menos, quanto ao âmbito objetivo, Manuel Ferreira Antunes afirma que: "[c]om a introdução do recurso em juízo, pelo MP, e nesse momento, a decisão condenatória adquire o valor juridicamente ficcionado de acusação, mas um valor limitado pelo objecto do recurso"[58], esclarecendo que a "não aceitação deste "valor-limitado" do que chamamos «decisão-acusação», conduz ao absurdo, que a prática nos ilustrou, de os recorrentes alegarem que praticaram os factos e que cometeram a infracção, e que apenas pretendendo discutir a suspensão da sanção acessória, e, a decisão do recurso concluir pela absolvição do recorrente, porque não se provaram os factos em audiência"[59]. Também Soares Ribeiro admite a limitação do âmbito do controlo judicial e fá-lo invocando a aplicação do artigo 403º, nº 1, do CPP, sem, contudo, fundamentar a sua posição[60].

Na jurisprudência, o acórdão do Tribunal da Relação de Coimbra de 08.10.2008, proc. nº 241/07.0TBCNT.Cl[61], pronunciou-se especificamente sobre o concreto problema jurídico em análise. Estava em causa uma infração rodoviária e, no recurso de impugnação judicial, o arguido apenas suscitou a questão da culpabilidade. O Tribunal de primeira instância proferiu decisão mediante simples despacho e não se pronunciou sobre a sanção acessória. Versando o recurso para o Tribunal da Relação de Coimbra, entre o mais, sobre esta omissão, exarou-se no referido aresto o seguinte: "o âmbito do poder/dever de cognição do tribunal no "despacho"

---

[55] Pinto de Albuquerque, P., *Comentário ...*, p. 295, 1.
[56] Pinto de Albuquerque, P., *Comentário ...*, p. 249, 21.
[57] Pinto de Albuquerque, P., *Comentário ...*, p. 250, 21.
[58] Ferreira Antunes, M., *Contra-ordenações ...*, p. 377.
[59] *Idem.*
[60] Soares Ribeiro, J., *Contra-ordenações Laborais, Regime Jurídico (anotado)*, 3ª Edição (2011), p. 69.
[61] *In* www.dgsi.pt.

ora recorrido era definido pela motivação do recurso de impugnação da decisão administrativa que ao tribunal cumpria apreciar e decidir. Por outro lado, cumprindo-lhe apreciar o recurso de impugnação da decisão administrativa o tribunal recorrido apenas tinha que enunciar – *pour cause* – os dados necessários para o efeito. Sendo mesmo redundante e desnecessário reportar os elementos do processo não questionados nem relevantes para a decisão a proferir. Aliás é proibida a prática, no processo, de actos inúteis – cf. art. 137º do CPC, aplicável *ex vi* do art. 4º do CPP".

Sem referência direta ao âmbito dos poderes de cognição e decisão do Tribunal, mas afirmando a natureza de recurso da impugnação judicial, situa-se Leones Dantas, que qualifica a impugnação judicial "como um verdadeiro recurso", salientando apenas que esta natureza não resolve a caracterização da intervenção do MP quando apresenta os autos ao juiz (artigo 62º, do RGCO), e quando retira a acusação (artigo 65º-A, do RGCO)[62].

Não completamente distante desta posição, encontram-se, na nossa perspetiva, os autores que, pese embora não assumam apenas ou expressamente a natureza de recurso da impugnação judicial, não descaracterizam, em absoluto, a decisão administrativa enquanto decisão ou atribuem à fase de impugnação judicial uma natureza híbrida.

Assim, nesta linha, coloca-se Helena Bolina que problematiza a questão da natureza da impugnação judicial sobretudo para efeitos de definição da intensidade dos poderes de cognição do Tribunal, concluindo que "não obstante a referência no artigo 62º ao facto de a apresentação a julgamento dos autos da fase administrativa valer como acusação, outras disposições do RGIMOS indiciam claramente que a decisão da autoridade administrativa deverá ser considerada na fase judicial, na sua totalidade [como o art. 72º-A, a decisão mediante despacho prevista no art. 64º, e o art. 73º/1, al *c)*], incluindo a parte em que aplica a sanção"[63].

Por sua vez, Vítor Sequinho dos Santos, a propósito dos requisitos de fundamentação da decisão administrativa, afirma, em relação ao artigo 62º, nº 1, do RGCO, que "[n]ão se prevê qualquer alteração da natureza jurídica da decisão impugnada, que continua a ser uma verdadeira decisão"[64].

---

[62] Leones Dantas, A., *O Ministério Público* ..., p. 27.
[63] Bolina, H., *O Regime dos Processos* ..., pp. 750-751.
[64] Sequinho dos Santos, V., *O dever* ..., p. 109.

Por último, José Lobo Moutinho alude à natureza híbrida do processo de contraordenação e ao facto da impugnação judicial ser uma fase que resulta da mistura de elementos de uma impugnação com os de um julgamento penal em primeira instância, pese embora também refira que a "decisão impugnada se converte em acusação"[65].

Mais próximos da negação de qualquer valor ou eficácia à decisão impugnada após a instauração da impugnação judicial e da sua natureza de recurso encontramos Joaquim Cardoso da Costa, Oliveira Mendes e Santos Cabral, Alexandra Vilela e Costa Pinto.

Assim, antes das alterações introduzidas pelo DL nº 244/95, em especial quanto à consagração da proibição da *reformatio in pejus* no artigo 72º-A, do RGCO, Joaquim Cardoso da Costa manifestava dúvidas quanto à natureza da intervenção da Administração na aplicação de coimas e da intervenção do Tribunal, apresentando como hipótese a qualificação daquela primeira intervenção como "um pressuposto processual cuja verificação é necessária para o tribunal poder intervir – mas não mais do que isso, já que não limita, de nenhuma forma, os poderes cognitivos e decisórios do órgão de recurso"[66]. Após expor estas dúvidas concluiu que o Tribunal "não estará em posição muito diferente da do tribunal que conhece – "em primeira mão" – de um crime, perante a "notícia do crime", cuja legalidade este tribunal também aprecia"[67].

Oliveira Mendes e Santos Cabral, com apoio essencialmente na prática judicial e sem deixarem de lhe tecer críticas, concluem que a impugnação judicial reveste a natureza de julgamento[68].

Alexandra Vilela defende, com fundamento no artigo 62º, nº 1, do RGCO, e em jurisprudência[69], que o processo "enquanto todo" vale como acusação[70]. Mais salienta os plenos poderes de jurisdição do Tribunal já caracterizados a propósito da intensidade do controlo judicial e conclui, num primeiro momento e com mais evidência a propósito da decisão

---

[65] Moutinho, J. L., *Direito das Contra-Ordenações – Ensinar e Investigar* (2008), pp. 39-40.

[66] Cardoso da Costa, J., *O recurso ...*, p. 60, n.49

[67] *Idem.*

[68] Oliveira Mendes & Santos Cabral, *Notas ...*, p. 222.

[69] Assim, para além do acórdão do Tribunal da Relação de Coimbra de 23.03.2001, citado pela autora, o mesmo entendimento, no sentido de que a acusação é todo o processo, foi sufragado pelo acórdão do Tribunal da Relação de Coimbra de 23.05.2001, proc. nº 922-2001.

[70] Vilela, A., *O Direito de Mera Ordenação Social ...*, p. 386.

mediante audiência de julgamento, que "muito mais do que perante um recurso – agora com toda a nitidez – percebemos que estamos perante um verdadeiro processo judicial *ex novo* que ultrapassa largamente os poderes de cognição do tribunal em sede de recurso"[71]. Contudo, em momento posterior, não deixa de esclarecer que "[r]elativamente ao direito nacional, da letra da lei não resulta nenhum sinal de que a decisão condenatória desapareça quando a audiência de julgamento se inicia"[72].

Quanto a Costa Pinto afirma que, com a impugnação judicial, a decisão administrativa "transforma-se na base instrutória que viabiliza a conversão normativa dos autos em acusação, com a sua apresentação pelo Ministério Público ao Tribunal para a realização do julgamento requerido (artigo 62º, nº 1, do RGCords)"[73] e, ao referir-se ao regime vigente antes da introdução da proibição da *reformatio in pejus* no art. 72º-A, do RGCO, sustentou que a "decisão da autoridade administrativa deixava de produzir os seus efeitos sancionatórios com a impugnação judicial e, findo o julgamento, seria substituída por uma decisão judicial"[74]. Para além disso, em congruência com estas afirmações defende mesmo, a propósito dos efeitos decorrentes da consagração da proibição da *reformatio in pejus*, que os poderes de cognição do Tribunal não podem ser limitados pelo conteúdo da decisão de uma autoridade administrativa, sob pena de violação do princípio da separação de poderes (artigo 111º, nº 1, da Constituição), de inutilização dos poderes autónomos de investigação do Tribunal e de violação do princípio da autonomia dos tribunais (artigo 203º da Constituição) e do princípio da prevalência das decisões dos tribunais sobre as decisões das demais entidades (artigo 205º, nº 2, da Constituição)[75].

No que respeita à jurisprudência que segue a mesma linha de entendimento, salientam-se dois acórdãos[76]. O acórdão do Tribunal da Relação de Guimarães de 30.09.2002, processo nº 503/02-1, no qual se exarou que com a impugnação da decisão da entidade administrativa junto do tribunal de comarca não se inicia qualquer fase de verdadeiro recurso em sentido próprio, funcionando este tribunal de comarca como 1ª instância.

---

[71] Vilela, A., *O Direito de Mera Ordenação Social ...*, p. 387.

[72] Vilela, A., *O Direito de Mera Ordenação Social ...*, p. 467.

[73] Costa Pinto, *O Direito de audição ...*, p. 75.

[74] Costa Pinto, *O Direito de Mera Ordenação Social ...*, p. 143.

[75] Costa Pinto, *O Direito de Mera Ordenação Social ...*, pp. 154 e ss..

[76] Ambos *in* www.dgsi.pt.

ESTUDOS SOBRE *LAW ENFORCEMENT, COMPLIANCE* E DIREITO PENAL

E o acórdão do Tribunal da Relação de Guimarães de 12.07.2007, processo nº 1159/07-1, que, a propósito da aplicação à impugnação judicial do artigo 420º, nº 1, do CPP, nega a natureza de recurso da impugnação judicial.

A primeira reflexão que o tema nos merece é que o reconhecimento de uma lacuna e a aplicação subsidiária dos artigos 402º e 403º, ambos do CPP, não exige que se afirme que a fase judicial tem, *in totum*, a natureza de um recurso ou – aceitando-se que não pode ser qualificada como um recurso em sentido técnico, "pois que antes del[a] não existe qualquer apreciação judicial"[77] – tem, pelo menos e na sua totalidade, uma natureza similar a um recurso. É que um recurso pode ter múltiplas soluções e assumir várias configurações possíveis[78], distintas daquelas que o legislador adotou em relação aos recursos ordinários em processo penal, conforme se evidenciará *infra*. Razão pela qual se entende que aquilo que se assume como essencial é que se reconheça: (i) que do RGCO não resultam soluções incompatíveis com a afirmação de que este mecanismo impugnatório tem, pelo menos, elementos de um recurso dotados de maior afinidade com algumas soluções do regime dos recursos ordinários em processo penal, designadamente com os artigos 402º e 403º, ambos do CPP, do que com a fase de julgamento; (ii) e, num segundo momento, a afirmação positiva da existência dos referidos elementos de afinidade.

Incidindo sobre o primeiro ponto, considera-se útil começar por salientar que os amplos poderes de cognição e decisão que o Tribunal dispõe no plano da intensidade e que acima se descreveram não impedem que se considere que a impugnação judicial, tal como é configurada pelo RGCO, tem elementos de um recurso compatíveis com a aplicação dos artigos 402º e 403º, ambos do CPP. Efetivamente, conforme se procurará demonstrar, existe apenas um elemento desses poderes que se afasta do paradigma dos recursos ordinários consagrado no CPP.

Assim, tendo presente o que se exarou a propósito dos referidos poderes de decisão e cognição do Tribunal, no plano da intensidade, constata-se, em relação aos poderes decisórios, que a regra predominante no processo penal, no âmbito dos recursos ordinários, é também a plenitude dos tipos

---

[77] Figueiredo Dias, J., "O Movimento da Descriminalização e o Ilícito de Mera Ordenação Social", *in* Jornadas do Direito Criminal: O Novo Código Penal Português e Legislação Complementar, I, 1983 (pp. 317-336), e republicado *in Direito Penal Económico e Europeu: Textos Doutrinários, Vol. I Problemas Gerais*, Coimbra Editora, 1998 (pp. 19-33), p. 32.

[78] Cf. Marques da Silva, G., *Curso* ..., pp. 309 e ss..

de pronúncia[79], mercê da adoção do chamado sistema de substituição. De acordo com este sistema, a finalidade do recurso é a substituição da decisão recorrida por outra[80], apenas sendo admissível o reenvio para novo julgamento em situações excecionais (cf. artigo 426º e 445º, nº 2, ambos do CPP). É certo que o sentido último da decisão do Tribunal pode sofrer limitações decorrentes da proibição da *reformatio in pejus* (cf. artigo 409º, do CPP). Contudo, esta proibição está igualmente prevista no RGCO (cf. artigo 72º-A, do RGCO). E no que respeita aos regimes contraordenacionais especiais que a afastaram, as implicações daí decorrentes serão analisadas autonomamente.

Relativamente aos poderes de cognição, o tipo de controlo efetuado pelo Tribunal de recurso, nos recursos ordinários em processo penal, é sempre um controlo de mérito e não de mera legalidade.

Já quanto ao objeto de controlo é onde se verifica a grande diferença entre a impugnação judicial e o paradigma que o legislador adotou em relação aos recursos ordinários em processo penal e que acima se enunciou. Efetivamente, o objeto de apreciação nos recursos ordinários é a decisão recorrida[81]. Razão pela qual a audiência, na fase de recurso, se destina apenas à renovação da prova produzida na fase de julgamento (cf. artigo 423º, nº 2, do CPP). Não é o único modelo possível. Na verdade, conforme esclarece Germano Marques da Silva, apoiando-se na lição de João de Castro Mendes, as duas soluções – objeto do recurso é a decisão recorrida e objeto do recurso é a questão sobre que incidiu a decisão recorrida – são

---

[79] Neste sentido, veja-se Sousa Mendes, P., *O Contencioso* ..., p. 246.

[80] Cf. Marques da Silva, *Curso* ..., p. 316. Foi com base, entre outros fundamentos, neste sistema de substituição que o recente acórdão do STJ, nº 4/2016, fixou jurisprudência nos seguintes termos: "Em julgamento de recurso interposto de decisão absolutória da 1ª instância, se a relação concluir pela condenação do arguido deve proceder à determinação da espécie e medida da pena, nos termos das disposições conjugadas dos artigos 374º, nº 3, alínea *b*), 368º, 369º, 371º, 379º, nº 1, alíneas *a*) e *c*), primeiro segmento, 424º, nº 2, e 425º, nº 4, todos do Código de Processo Penal", publicado no Diário da República 1ª Série, nº 36, de 22.02.2016. O que terá implicações na admissibilidade do recurso para o STJ, conforme resulta do acórdão do TC nº 429/2016, *in* www.tribunalconstitucional.pt, que julgou inconstitucional a norma que estabelece a irrecorribilidade do acórdão da Relação que, inovatoriamente face à absolvição ocorrida em 1ª instância, condena os arguidos em pena de prisão efetiva não superior a cinco anos, constante do artigo 400º, nº 1, alínea *e*), do Código de Processo Penal, na redação da Lei nº 20/2013, de 21 de fevereiro, por violação do direito ao recurso enquanto garantia de defesa em processo criminal, consagrado no artigo 32º, nº 1 da Constituição.

[81] Cf. Marques da Silva, G., *Curso* ..., p. 315.

possíveis a respeito do objeto do recurso[82]. Simplesmente, o legislador adotou, no processo penal, a primeira solução, tornando os recursos ordinários numa censura crítica da sentença proferida em primeira instância, cuja fundamentação assume uma importância crucial. E compreende-se esta diferença entre o processo penal e o processo de contraordenação. É que o recurso ordinário, no processo penal, incide sobre uma sentença que é proferida após um julgamento realizado com todas as garantias de defesa, incluindo a observância do princípio do acusatório, que se destinam a eliminar o risco de erro e de decisões injustas. Não é o que se verifica na fase organicamente administrativa do processo de contraordenação, em virtude das implicações decorrentes do reconhecimento de competência, neste domínio, da Administração, conforme *supra* analisado.

Este elemento, relativo ao objeto do controlo judicial, não conduz à negação, na fase judicial, de quaisquer elementos de um recurso. Contudo, obsta a que se apliquem ao processo de contraordenação, por via do artigo 41º, nº 1, do RGCO, normas do regime dos recursos ordinários que são uma concretização ou um corolário da solução adotada pelo legislador a propósito do objeto do recurso. O que não é o caso dos artigos 402º e 403º, ambos do CPP.

Para além da conclusão precedente, pode-se afirmar também que não há qualquer incompatibilidade de princípio entre plenos poderes na dimensão da intensidade e a limitação do âmbito de apreciação. Confirma esta asserção o reconhecimento da limitação em ordenamentos jurídicos cujos recursos são caracterizados como um "novo julgamento sobre toda a matéria"[83] e, de forma ainda mais impressiva, o facto da OWiG, que inspirou o nosso RGCO, ter sofrido, conforme já referido, uma alteração em 1998 que veio justamente prever a limitação do âmbito do recurso. Limitação essa que a jurisprudência alemã tem admitido designadamente em relação às sanções, desde que verificados determinados requisitos[84].

O segundo ponto a salientar é que o artigo 62º, nº 1, do RGCO, também não é incompatível com a aplicação dos artigos 402º e 403º, ambos do CPP. O sentido da norma é problemático, pois parece introduzir, na fase

---

[82] Marques da Silva, G., *Curso ...*, p. 315. Cf. Castro Mendes, *Direito Processual Civil – III Volume* (2012), pp. 22 e ss..

[83] Cf. Damião da Cunha, J. M., *O Caso Julgado ...*, p. 67.

[84] Cf. Decisão do KG de 17.08.2007, *in* http://openjur.de/u/276213.html.

de impugnação judicial, uma "acusação" por parte do Ministério Público. Ora, a acusação, no processo penal, fixa o *quanto* da investigação judicial[85] ou os poderes de cognição do Tribunal através da enunciação de factos e de uma imputação legal, pelo que, como salienta Helena Bolina, "na acusação não existe qualquer decisão relativa à aplicação de uma sanção"[86]. Para além disso, fá-lo de forma unitária e indivisível, porque, na fase de julgamento, vale o princípio da unidade ou indivisibilidade do objeto do processo, ou seja, o objeto do processo "deve ser conhecido e julgado na sua totalidade"[87]. Interpretado o preceito, com total apego ao conceito de acusação no processo penal, levar-nos-á a concluir que a decisão impugnada perde, na sua totalidade, o valor de decisão.

Sucede que a acusação, no processo penal, não se limita a definir o *quanto* da investigação judicial, mas também o *se* e o *como*[88]. O *se*, porque não há julgamento sem acusação. E o *como*, porque o tribunal a quem cabe o julgamento não pode, em princípio, valorar os elementos probatórios recolhidos pelo Ministério Público durante o inquérito. Elementos esses que, em virtude do princípio do acusatório, se destinam apenas a habilitar o Ministério Público a proferir a sua decisão sobre o exercício da ação penal, não sendo, por isso, "em princípio, provas, em sentido ontológico-funcional, do julgamento"[89]. Mercê destes dois fatores já se antevê que o conceito de acusação pressuposto pelo artigo 62º, nº 1, do RGCO, não pode ter o mesmo sentido que assume no processo penal.

Efetivamente, no que respeita ao *se* da investigação judicial, a existência da fase de impugnação judicial encontra-se dependente, num primeiro momento, da vontade do arguido e de forma particularmente decisiva, pois sem esse impulso inicial a decisão administrativa torna-se definitiva sem qualquer intervenção de um tribunal e à semelhança de qualquer sentença judicial recorrível, conforme salienta Lobo Moutinho[90]. Esta particularidade do RGCO tem como consequência que a "acusação" a que alude o artigo 62º, nº 1, do RGCO, não determina, de forma autoritária,

---

[85] Cf. Figueiredo Dias, J., *Direito Processual Penal, Lições coligidas por Maria João Antunes* (1988), p. 103.

[86] Bolina, H., *O Regime dos Processos*, p. 749.

[87] Figueiredo Dias, J., *Direito Processual ...*, p. 103.

[88] Figueiredo Dias, J., *Direito Processual ...*, p. 103.

[89] Dá Mesquita, P., *Direcção ...*, p. 66.

[90] Moutinho, J. L., *Direito das Contra-Ordenações ...*, pp. 39-40.

o *se* da investigação judicial. Note-se ainda que há doutrina que inclusive lhe nega essa função participativa no momento inicial da apresentação dos autos ao juiz[91].

No que respeita ao *como* da investigação judicial, a insusceptibilidade de acolhimento pleno do conceito de acusação do processo penal é igualmente flagrante, pois se este fosse o sentido da norma então, conforme salienta com pertinência Vítor Sequinho dos Santos, o Ministério Público "para sustentar essa "acusação" em juízo, como é seu dever, teria de apresentar prova de todos os factos dela constantes, ainda que não tivessem sido postos em causa pelo recorrente. Perante uma simples acusação, todos os factos desta constantes teriam de ser provados em juízo"[92]. O que, conforme se analisou a propósito da intensidade dos poderes de cognição do Tribunal, não é o que sucede, pois podem ser valorados os meios de prova produzidos na fase organicamente administrativa.

Isto significa que o conceito de "acusação" previsto no artigo 62º, nº 1, do RGCO, não pode ser entendido sem filtros, pois há vários segmentos do regime do processo contraordenacional que não permitem que o termo assuma a mesma amplitude que tem no processo penal. Por conseguinte, não é apenas pelo facto do preceito aludir a "acusação" que daí se deve concluir, sem restrições, que toda a decisão administrativa perde vinculatividade e que, na fase de impugnação judicial do processo de contraordenação, vale o princípio da unidade e indivisibilidade do objeto do processo. Na verdade, o raciocínio deve ser o inverso, ou seja, apenas se poderá atribuir ao termo "acusação" essa extensão se e quando a mesma for reclamada pela "estrutura, funcionamento, valores e fins"[93] da impugnação judicial.

O terceiro e último ponto a salientar reconduz-se ao artigo 64º, nº 4, do RGCO, em cujo conteúdo se poderá vislumbrar o reconhecimento implícito do princípio do conhecimento amplo, na medida em que se estipula que em caso de manutenção ou alteração da condenação deve o juiz fun-

---

[91] Cf. Vilela, A., *O Direito de Mera Ordenação Social* ..., pp. 459 e ss, com referência quer à doutrina que nega ao Ministério Público o poder de arquivar os autos, quer à doutrina em sentido contrário.

[92] Sequinho dos Santos, V., *O dever* ..., p. 109.

[93] Fórmula utilizada por Costa Pinto a propósito dos critérios de aplicação subsidiária do processo penal – Costa Pinto, F. L., *Direito de audição* ..., p. 81, n. 19 – e que se considera operativa também no plano interpretativo.

damentar a sua decisão, tanto no que concerne aos factos como ao direito aplicado e às circunstâncias que determinaram a medida da sanção, o que inclui todo o objeto do processo. Contudo, a teleologia da norma não consente essa interpretação, pois do preceito resulta apenas um dever de fundamentação, cuja extensão deve ser ajustada em função do âmbito de apreciação, que assume precedência lógica em relação a esse dever.

Afastados os possíveis obstáculos à atribuição à fase de impugnação judicial de elementos de um recurso compatíveis com a aplicação dos artigos 402º e 403º, ambos do CPP, importa efetuar uma análise positiva, ou seja, confirmar a existência desses elementos.

Neste plano, a introdução da proibição da *reformatio in pejus*, pelo DL nº 244/95, de 14.09, foi decisiva. Com efeito, independentemente das críticas que esta solução possa merecer quando à descaracterização da configuração originária do processo de contraordenação, significa que a decisão administrativa não perde, por completo, a sua validade e potencial de vinculatividade, ainda que parcial, enquanto decisão. Mas as implicações dessa proibição não se ficam por aqui.

Efetivamente, verifica-se que, nesses processos, a vontade do arguido assume um peso determinante quer na génese, quer na conformação, quer na manutenção da impugnação judicial. Na génese, pelos fundamentos já referidos. Na conformação, porque o teor da impugnação é um dos elementos decisivos que vão determinar a decisão do Tribunal pela realização ou não de julgamento e bem assim o âmbito da prova a produzir. Na manutenção, porque a "retirada da acusação" pelo Ministério Público está dependente de acordo do arguido (cf. artigo 65º-A/1, do RGCO) e o próprio pode retirar livremente o recurso até à audiência de julgamento ou até ao despacho previsto no artigo 64º, nº 1, do RGCO (cf. artigo 71º, nº 1 e 2, do RGCO). Ao que acresce, com especial relevo, que o acordo do MP que condiciona a retirada do recurso após o início da audiência de julgamento, previsto no artigo 71º, nº 2, do RGCO, faz muito pouco sentido, conforme salienta Leones Dantas, com a proibição da *reformatio in pejus*[94].

Esta importância da vontade do arguido na origem, no modo e na prossecução da impugnação judicial não tem paralelo com a fase de julgamento da forma comum do processo penal, nem com soluções de consenso como o processo sumaríssimo. Antes se equipara a um recurso e a um

---

[94] Leones Dantas, A., *O Ministério Público ...*, p. 37.

ESTUDOS SOBRE *LAW ENFORCEMENT, COMPLIANCE* E DIREITO PENAL

recurso que reconhece ao arguido um importante papel conformador do processo. Acresce ainda que a referida proibição da *reformatio in pejus* não deixa espaço, em termos de utilidade, para a afirmação de uma pretensão punitiva que justifique um âmbito de apreciação para além daquele que o arguido delimitou.

Este conjunto de razões demonstra que, nestes processos, a impugnação judicial tem elementos de um recurso, que estão em linha com os fundamentos que justificam o regime previsto nos artigos 402º e 403º, do CPP. E comprova ainda o que já se havia antecipado, designadamente que, se inicialmente a ausência de qualquer previsão expressa no RGCO sobre a limitação do âmbito do recurso era intencional, dois marcos decisivos alteraram esta perceção, designadamente a superação do "dogma" do princípio do conhecimento amplo e da impossibilidade de limitação do objeto do processo em processo penal, num primeiro momento, e a previsão da proibição da *reformatio in pejus*, num segundo momento. E, assim, se gerou e ampliou, no âmbito da fase de impugnação judicial do processo de contraordenação, o problema, para o qual o RGCO não tem resposta, mesmo após as alterações entretanto sofridas, e que, devido a essa natureza problemática, carece dela. Há, por conseguinte, fundamento para se afirmar a existência de uma lacuna, passível de permitir o recurso aos artigos 402º e 403º, ambos do CPP, *ex vi* artigo 41º, nº 1, do RGCO.

Nos processos de contraordenação que, tal como a redação originária do RGCO, afastam a proibição da *reformatio in pejus* e que já são em número expressivo[95], a questão assume contornos mais complexos.

Assim, quando a decisão é precedida da audiência de julgamento, a vontade do arguido continua a ter igual importância na génese do processo. Contudo, o mesmo não se verifica no que respeita à sua conformação e manutenção. Com efeito, a manutenção do recurso já não está na inteira disponibilidade do arguido, pois a faculdade do Ministério Público de não concordar com a retirada do recurso, prevista no artigo 71º, nº 2, do RGCO, assume a sua utilidade plena, que, logicamente, está associada à possibilidade do Tribunal poder agravar a responsabilidade do arguido. Ora, esse poder do Ministério Público significa que, na hipótese de haver

---

[95] É o caso de, pelo menos, dos seguintes diplomas: NRJC, artigo 88º, nº 1; do CdVM, artigo 418º, nº 8, na redação dada pelo DL nº 52/2006, de 15.03; artigo 230º, nº 3, do RGICSF, na redação dada pelo DL nº 147/2014, de 24.10; artigo 67º, nº 3, dos Estatutos da ERS.

lugar a audiência de julgamento, a possibilidade de agravamento da responsabilidade do arguido não é algo que o Tribunal possa gerir ou assumir autonomamente. Antes se mostra ancorada, após o início da audiência de julgamento, nesse poder, que se assume assim como a expressão de uma pretensão punitiva latente que vai para além das questões que o arguido pretende que sejam apreciadas e que possam ser decididas com autonomia.

Tal pretensão punitiva é necessariamente extensiva a todo o objeto do processo, pois o agravamento da responsabilidade do arguido, por via das sanções, podendo resultar apenas de uma ponderação diferente dos critérios de escolha e determinação da sanção, pode também derivar de uma alteração (não substancial) de factos e/ou da qualificação jurídica. E ao ser extensiva a todo o objeto afeta a própria conformação do processo, ou seja, o âmbito e o tema da prova a produzir, que já não estão essencialmente dependentes das questões que o arguido pretende ver apreciadas.

Surgindo essa pretensão punitiva latente com o início da audiência de julgamento e com efeitos na manutenção e conformação do processo, é irrelevante que o Ministério Público, em sede de alegações orais, conclua pelo não agravamento da responsabilidade do arguido e o Tribunal não venha a agravar a sanção ou sanções aplicadas. Efetivamente, pese embora seja defensável face à jurisprudência fixada pelo Supremo Tribunal de Justiça (STJ) no acórdão nº 2/2011[96] e bem assim face à jurisprudência do TC, expressa no acórdão nº 361/2016[97], que o Ministério Público não teria interesse em agir na interposição de um recurso em sentido contrário, o que se verifica é que, nesses casos, a impossibilidade de limitação

---

[96] Este acórdão, em sentido divergente ao do anterior acórdão para fixação de jurisprudência do STJ, nº 5/94, publicado no Diário da República, I série A, nº 289, de 16 de Dezembro de 1994, fixou a seguinte jurisprudência: "Em face das disposições conjugadas dos artigos 48º a 53º e 401º do Código de Processo Penal, o Ministério Público não tem interesse em agir para recorrer de decisões concordantes com a sua posição anteriormente assumida no processo". A aplicação deste aresto às alegações orais, sendo ou não de sufragar, já foi afirmada designadamente no processo nº 5/05.5TELSB.L1 da 6ª Vara Criminal de Lisboa, pelo Tribunal da Relação de Lisboa, conforme resulta da fundamentação do acórdão do TC nº 361/2016, *in* www.tribunalconstitucional.pt.

[97] O sentido da decisão deste aresto foi o seguinte: não julgar inconstitucional a interpretação dos artigos 48º, 53º, nº 2, alínea *d*), e 401º, nºs 1, alínea *a*), e 2, todos do Código de Processo Penal, segundo a qual, por falta de interesse em agir, o Ministério Público não tem legitimidade para recorrer de decisão absolutória, quando nas alegações orais produzidas na audiência de julgamento se haja pronunciado no sentido da absolvição".

do objeto do processo decorre da aludida pretensão punitiva latente que se afirma no início da audiência de julgamento, sendo, por isso, independente da assunção expressa dessa pretensão pelo Ministério Público em sede de alegações orais e de um agravamento efetivo da responsabilidade do arguido na sentença.

Em consequência, nos processos contraordenacionais em que não vale a proibição da *reformatio in pejus* e a decisão é precedida de audiência de julgamento, a "acusação" a que alude o artigo 62º, nº 1, do RGCO, assume a sua aptidão funcional plena na definição do *quanto* da investigação judicial, ou seja, tudo está em discussão e há uma total transferência do poder de decisão para o juiz, incompatível com a limitação do âmbito objetivo do controlo judicial.

Já no que respeita à limitação do âmbito subjetivo, não há qualquer impedimento à aplicação dos citados preceitos, pois a importância da vontade do arguido na génese da impugnação judicial é suficiente, neste plano, para se afirmar a existência de elementos de um recurso, em linha com os fundamentos subjacentes ao regime previsto nos citados preceitos do CPP.

E o que dizer quando a decisão é proferida por simples despacho? A resposta é a mesma no que respeita à limitação do âmbito subjetivo. Contudo, relativamente à limitação do âmbito objetivo, não se verifica essa coincidência. Efetivamente, neste caso, o Ministério Público, porque não se opõe à decisão por simples despacho, já não dispõe do poder de não concordar com a retirada do recurso. O que significa que falece o pressuposto necessário para se afirmar a existência de uma pretensão punitiva, entregue ao Ministério Público, que vá para além das questões que o arguido pretende que sejam apreciadas (e que possam ser apreciadas com autonomia), uma vez que este mantém o poder de retirar o recurso livremente até à decisão e, assim, tornar definitiva a decisão administrativa sem agravamento da sua posição. Inexistindo essa pretensão punitiva latente considera-se que o Tribunal não tem o dever de se pronunciar sempre sobre todo o objeto do processo.

Dir-se-á que, não havendo factos controvertidos e dispondo os autos de todos os elementos de prova, o Ministério Público não tem razões para se opor à decisão por simples despacho. Sucede que a oposição do Ministério Público não tem de ser fundamentada e a possibilidade de exercer o referido poder de não concordar com a retirada do recurso é razão suficiente para que essa oposição não se traduza num ato inútil, sendo certo que a audiência lhe permitirá, em sede de alegações orais, expressar a referida pretensão punitiva.

Dito isto, entende-se que, na decisão por simples despacho, é possível a limitação do âmbito objetivo do recurso, de acordo com os fundamentos da impugnação e nos termos dos artigos 402º e 403º, ambos do CPP, se o Tribunal não agravar a responsabilidade do arguido, pois a vontade do arguido assume um peso determinante na génese, conformação e manutenção do processo, similar a um recurso e aos fundamentos da solução prevista nos citados preceitos e o Tribunal não tem o dever de se pronunciar sempre sobre todo o objeto do processo.

Contudo, na hipótese contrária[98], terá de conhecer e decidir a totalidade do objeto do processo em qualquer circunstância, ou seja, mesmo quando o arguido apenas pretende a reapreciação da sanção ou sanções aplicáveis e o agravamento resulta de uma diferente ponderação dos critérios de escolha e determinação das mesmas E terá de o fazer, não com fundamento numa pretensão punitiva latente extensiva a todo o objeto do processo, que não existe nestes casos, mas devido ao maior risco de erro e decisões injustas decorrente da atribuição de competência decisória, em primeira linha, à Administração. É que o legislador atribuiu ao arguido e apenas a este a faculdade de gerir esse incremento de risco. Assim, por um lado, só o arguido pode impugnar judicialmente a decisão administrativa e, por outro lado, esta torna-se definitiva caso não o faça. Ao atribuir ao arguido essa faculdade, dando prevalência, nesse primeiro momento, à posição jurídica do arguido em detrimento da realização da justiça, o legislador limitou o nível do risco aceitável àquilo que é suportado pela vontade do arguido. E a vontade do arguido não comporta um nível de risco que conduza a uma medida de responsabilidade superior àquela que resulta da decisão impugnada, uma vez que será esta a medida da sua res-

---

[98] Caso se considere que a proibição da *reformatio in pejus* tem como fundamento a estrutura acusatória do processo, a conclusão seria a de que o Tribunal nunca poderia autonomamente gerir e assumir o agravamento de sanções. Nesta linha de pensamento, seria mais congruente, face ao traçado da fase de impugnação judicial descrito no texto (em que se considera que na decisão mediante despacho não há uma pretensão punitiva entregue ao Ministério Público, ainda que latente, que vá para além das questões colocadas pelo arguido e suscetíveis de apreciação autónoma), a adoção de um modelo dualista similar àquele que está previsto na OWiG, ou seja, em que valeria a proibição da *reformatio in pejus* na e apenas na decisão por simples despacho.

ESTUDOS SOBRE *LAW ENFORCEMENT, COMPLIANCE* E DIREITO PENAL

ponsabilidade caso não recorra da decisão administrativa. O que está fora dessa vontade, como o agravamento da responsabilidade do arguido, vai para além desse nível de risco.

É, por isso, que, sendo o incremento do risco compatível com a limitação do âmbito do controlo judicial, quando a impugnação judicial não redunda num agravamento da responsabilidade do arguido, uma vez que ainda estamos dentro daquilo que a sua vontade suporta, já não é compatível quando há agravamento. Nesta medida, o agravamento da sua responsabilidade, que traduz a prevalência do interesse da realização da justiça, terá de resultar de uma reapreciação de todo o objeto do processo.

As conclusões precedentes, não violam nem o artigo 6º § 1, da CEDH, nem o artigo 20º, nº 1, da Constituição. Efetivamente, não resulta da jurisprudência do TEDH que o conceito de plena jurisdição a que se aludiu exija o conhecimento de todo o objeto do processo, para além dos fundamentos de impugnação que possam ser apreciados autonomamente.

Quanto à jurisprudência do TC, o Tribunal faz alusões à conversão da decisão em acusação e à transferência do poder de decisão para o juiz, mas fá-lo no contexto de uma garantia adicional face à não observância do princípio do acusatório na fase organicamente administrativa[99] e a propósito do afastamento da proibição da *reformatio in pejus*[100], ou seja, o TC não ana-

---

[99] Cf. acórdão do TC nº 595/12, *in* www.tribunalconstitucional.pt, no qual se exarou o seguinte: "Esta estruturação acusatória do processo na fase administrativa ou de entrega do poder de decisão nessa fase a "terceiro desinteressado" é tanto menos necessária se atendermos ao carácter "provisório" da decisão administrativa face à natureza da impugnação judicial, que consubstancia uma verdadeira "transferência da questão do domínio da administração para o juiz, no dizer do *Bundesgerichtshof* alemão" (na expressão de Paulo Pinto de Albuquerque, *op. cit.*, pág. 295)".

[100] Cf. acórdão do TC nº 373/2015, *in* www.tribunalconstitucional.pt, no qual se exarou, entre o mais, o seguinte: "Ou seja, o tribunal, ao apreciar a impugnação da decisão administrativa, não está vinculado à qualificação efetuada pela entidade administrativa que proferiu a decisão, apreciando quer os factos (com base nas provas que são apresentadas no âmbito do recurso), quer a matéria de direito (qualificação jurídica dos factos e sanções aplicadas). Quando o processo é enviado para o Tribunal, na sequência da impugnação do arguido, tudo se passa, assim, como se tivesse lugar um novo julgamento, em que a decisão passa a ser tida como acusação e, como tal, passa a delimitar o objeto do processo. Tendo o legislador optado por dar esta configuração ao regime geral da impugnação da decisão da autoridade administrativa em processo de contraordenação, não está impedido de, dentro da margem de livre conformação de que dispõe, e face às amplas possibilidades de defesa e de exercício do contraditório conferidas ao arguido no âmbito deste processo de impugnação, afastar em

lisou a conformidade constitucional da limitação do âmbito do controlo judicial nos casos em que da impugnação judicial não resulta um agravamento da responsabilidade do arguido.

Ora, nestes casos, considera-se que a compatibilidade constitucional do reconhecimento de que a vontade do arguido, por via do exercício do direito de acesso ao Tribunal através da impugnação judicial, é suficiente para o proteger das fragilidades da decisão administrativa implica, consequentemente, que não existam razões, no plano das garantias fundamentais, para ir para além da sua vontade quando da fase de impugnação judicial não resultar uma agravação da sua posição.

Para além disso, tal como sustenta Damião da Cunha a propósito dos recursos ordinários em processo penal e que por identidade de razões é aplicável também ao processo de contraordenação, o princípio da presunção de inocência é indisponível. Por conseguinte, o Tribunal nunca poderá deixar de se pronunciar sobre a culpabilidade quando, no âmbito de um recurso limitado à sanção ou – acrescenta-se – a uma das infrações, e a propósito de uma qualquer questão respeitante a estes pontos, lhe surja a dúvida sobre a possibilidade razoável de existência de uma questão não resolvida ou mal resolvida relativa à culpabilidade da infração ou infrações objeto da decisão administrativa[101].

Conclusões

Trilhado o percurso que nos propusemos empreender, conclui-se que o reconhecimento de competência, neste domínio, à Administração introduz um aumento do risco de erro e de decisões injustas, que apenas é compatível com as garantias fundamentais previstas nos artigos 6º § 1º, da CEDH, e 20º, da Constituição, se o Tribunal, na fase judicial, dispuser de poderes decisórios e cognitivos de plena jurisdição, na dimensão da intensidade, sendo este o modelo que o nosso legislador adotou no RGCO.

Esses poderes de plena jurisdição não são incompatíveis, em geral, com o reconhecimento de que existem, na fase de impugnação judicial, elementos de um recurso, nem, em particular, com a limitação do âmbito dos

---

alguns regimes especiais a proibição da *reformatio in pejus* em relação à decisão da entidade administrativa, como sucede com o disposto no artigo 416º, nº 8, do Código dos Valores Mobiliários, impedindo assim que a decisão administrativa se imponha, no que respeita à sanção aplicada, ao Tribunal.".

[101] Cf. Damião da Cunha, J. M., *Caso Julgado* ..., p. 731, adaptado ao contexto em análise.

ESTUDOS SOBRE *LAW ENFORCEMENT, COMPLIANCE* E DIREITO PENAL

poderes do Tribunal. E se, aquando da entrada em vigor do RGCO, esta possibilidade não se colocava, porque, na vigência do CPP de 1929, não se admitia a limitação do objeto do processo ao longo de todo o processo penal, tal questão assumiu dimensões problemáticas com a consagração no atual CPP do regime previsto nos artigos 402º e 403º, ambos do CPP, que gerou o problema. Por sua vez, a previsão da proibição da *reformatio in pejus* no art. 72º-A, nº 1, do RGCO, pelo DL nº 244/95 ampliou a extensão do problema.

Com exceção dos processos de contraordenação que não estão sujeitos à proibição da *reformatio in pejus* e cuja decisão é precedida de audiência de julgamento ou há lugar a decisão por simples despacho com agravamento das sanções, verifica-se que a vontade do arguido assume um papel decisivo na génese, conformação e manutenção da impugnação judicial, que não há espaço, em termos de utilidade, para a afirmação de uma pretensão punitiva que vá para além das questões que o arguido pretende ver apreciadas e que não há fundamento, no plano das garantias fundamentais, para se ir para além da vontade do arguido. Razão pela qual é possível limitar o âmbito do controlo judicial, mediante a aplicação do regime previsto nos citados preceitos do CPP, *ex vi* artigo 41º, nº 1, do RGCO.

Já nos referidos processos de contraordenação aos quais é aplicável a proibição da *reformatio in pejus* e cuja decisão é precedida de audiência de julgamento ou há lugar a decisão por simples despacho com agravamento das sanções, sendo de admitir a limitação subjetiva do âmbito do controlo judicial, não é de aceitar a limitação objetiva. A existência de uma pretensão punitiva latente com o início da audiência de julgamento destinada ao eventual agravamento das sanções, na hipótese de decisão mediante audiência de julgamento, e o agravamento efetivo, na hipótese de decisão mediante despacho, exigem o conhecimento da totalidade do objeto do processo. Na primeira hipótese, porque essa pretensão punitiva condiciona a manutenção e a conformação do processo, podendo o agravamento resultar tanto de uma ponderação diversa dos critérios de escolha e determinação da medida da sanção ou sanções, como de uma alteração (não substancial) dos factos e/ou da qualificação jurídica. Na segunda hipótese, porque o incremento de risco de erro e de decisões injustas, gerado pela atribuição de competência decisória, num primeiro nível, à Administração, ultrapassa aquele que o arguido aceitou ao limitar o âmbito da impugnação.

Referências bibliográficas

BOLINA, H.,
"O Regime dos Processos de Contra-ordenação dos Reguladores Independentes", in: AA.VV., *Regulação em Portugal: Novos Tempos, Novo Modelo?* (org.: Luís Silva Morais, Eduardo Paz Ferreira, Gonçalo Anastácio), Almedina, Coimbra, 2009, pp 737-769.

BRANDÃO, N.,
Crimes e Contra-Ordenações: Da Cisão à convergência Material, Coimbra: Coimbra Editora, 2016.

CARDOSO DA COSTA, J.,
"O recurso para os tribunais judiciais da aplicação de coimas pelas autoridades administrativas", *Revista de Ciência e Técnica Fiscal,* abril-junho 1992, nº 366, pp 41-69.

CARVALHO, Carlos
"Breves Notas sobre os Poderes de Pronúncia do Juiz Administrativo no Actual Contencioso – Limites e Conflitos", *Revista do CEJ,* 1º Semestre 2010, nº 13, pp. 179-207.

CASTRO MENDES, João de,
Direito Processual Civil – III Volume, AAFDL, Lisboa, 2012.

CORREIA, E.,
"Direito Penal e Direito de Mera Ordenação Social", Boletim da Faculdade de Direito, 1973, XLIX, pp. 257-281, republicado in.: AA.VV., *Direito Penal Económico e Europeu: Textos Doutrinários, Vol. I Problemas Gerais,* Coimbra Editora, Coimbra, 1998, pp. 3-18.

COSTA PINTO, F.,
"Direito de audição e direito de defesa em processo de contraordenação: Conteúdo, alcance e conformidade constitucional", *Revista Portuguesa de Ciência Criminal,* 2013, Ano 23, nº 1, pp. 63-121.

CUNHA RODRIGUES, J. N.,
"Recursos", in: AA.VV., *Jornadas de Direito Processual Penal, O Novo Código de Processo Penal,* Almedina, Coimbra, 1988, pp. 381-400.

DÁ MESQUITA, P.,
Direcção do Inquérito Penal e Garantia Judiciária, Coimbra Editora, Coimbra, 2003.

DAMIÃO DA CUNHA, J. M.,
O Caso Julgado Parcial – Questão da culpabilidade e questão da sanção num processo de estrutura acusatória, Universidade Católica Editora, Lisboa, 2002.

DUARTE DE ALMEIDA, A.,
"O ilícito de mera ordenação social na confluência de jurisdições: tolerável ou desejável?", *Cadernos de Direito Administrativo,* setembro/outubro de 2008, nº 71, pp. 11-22.

FIGUEIREDO DIAS, J.,
Direito Processual Penal, Lições coligidas por Maria João Antunes, 1988.

FIGUEIREDO DIAS, J.,
"O Movimento da Descriminalização e o Ilícito de Mera Ordenação Social", in: AA.VV. *Jornadas do Direito Criminal: O Novo Código Penal Português e Legislação Complementar, I,* CEJ, Lisboa, 1983, pp. 317-336, e republicado *Direito Penal Económico e Europeu: Textos Doutrinários, Vol. I Problemas Gerais,* Coimbra Editora, Coimbra, 1998, pp. 19-33.

FIGUEIREDO DIAS, J.,
Direito Penal, Parte Geral, Tomo I, 2ª Edição, Coimbra Editora, Coimbra, 2007.

ESTUDOS SOBRE *LAW ENFORCEMENT, COMPLIANCE* E DIREITO PENAL

FREITAS DO AMARAL, D.,
"O Poder Sancionário da Administração Pública", in: AA.VV., *Estudos Comemorativos dos 10 anos da Faculdade de Direito da Universidade Nova de Lisboa* (org. Carlos Ferreira de Almeida, Diogo Freitas do Amaral, Marta Tavares de Almeida), Almedina, Coimbra, 2008, pp 221-233.

GOMES DIAS, M.,
"Breves Reflexões Sobre o Processo de Contra-Ordenação", *Revista do Ministério Publico, Doutrina – Critica de Jurisprudência – Intervenções Processuais*, 1984, Ano 5, Volume 20, 1984, pp 91-110.

GONÇALVES DA COSTA, José
"Recursos", AA.VV., *Jornadas de Direito Processual Penal, O Novo Código de Processo Penal*, Almedina, Coimbra, 1988, pp. 403-471.

LEONES DANTAS,
"Considerações sobre o processo das contra-ordenações – as fases do recurso e da execução", in *Revista do Ministério Público*, nº 57, Ano 15, 1994, janeiro-março, (pp 71-83),

LEONES DANTAS, A.,
"O Ministério Público no Processo das contra-ordenações", *Questões Laborais*, 2001, Ano VIII, pp. 26-40.

MADUREIRA PRATES, M.,
"A punição administrativa entre a sanção contra-ordenacional e a sanção administrativa", *Cadernos de Justiça Administrativa*, janeiro-fevereiro de 2008, nº 68, pp 3-10.

MARQUES DA SILVA, G.
Curso de Processo Penal, III, 2ª Edição (Revista e Actualizada), Editorial Verbo, Lisboa, 2000.

MOUTINHO, J. L., MARQUES, P. G.,
Anotação ao art. 88º do NRJC, in: AA.VV., *Lei da Concorrência, Comentário Conimbricense*, Coimbra Editora, Coimbra, 2013, pp. 840-850.

MOUTINHO, J. L.,
Direito das Contra-Ordenações – Ensinar e Investigar, Universidade Carólica Editora, Lisboa, 2008.

NETO, D. L.,
"Um novo olhar sobre objecto do processo na acção de condenação à prática de actos administrativos", *Revista do CEJ*, 1º Semestre 2010, nº 13, pp. 161-178.

OLIVEIRA MENDES, A., SANTOS CABRAL, J.
Notas ao Regime Geral das Contra-Ordenações e Coimas, 3ª Edição, Coimbra, Almedina, 2009.

PEREIRA DA SILVA, V.,
O Contencioso Administrativo no Divã da Psicanalise, 2ª Edição Actualizada, Coimbra, Almedina, 2009.

PINTO DE ALBUQUERQUE, P.
Comentário do Regime Geral das Contra-ordenações à luz da Constituição da República e da Convenção Europeia dos Direitos do Homem, Universidade Católica Editora, Lisboa, 2011.

PINTO DE ALBUQUERQUE, P.
"A Reforma do Direito das Contra-ordenações", in: AA.VV. *Estudos de Homenagem ao Professor Doutor Jorge Miranda* (org.: Paulo Otero, Fausto de Quadros, Marcelo Rebelo

de Sousa), Coimbra Editora, Coimbra, pp. 735-755 e republicado in: AA.VV. *Contra-ordenações Laborais*, 2ª edição, CEJ, Lisboa, 2014, pp. 18-39.

SEQUINHO DOS SANTOS, V.,

"O dever de fundamentação da decisão administrativa condenatória em processo con-traordenacional", *Revista do CEJ*, 2º semestre 2010, nº XIV, pp. 333 a 381, e republicado in: AA.VV. *Contraordenações Laborais*, 2ª edição, CEJ, Lisboa, 2014, pp. 95-143.

SOARES RIBEIRO, J.,

Contra-ordenações Laborais, Regime Jurídico (anotado) Contido no Código do Trabalho, 2ª Edição, Coimbra, Almedina, 2003.

SOARES RIBEIRO, J.,

Contra-ordenações Laborais, Regime Jurídico (anotado), 3ª Edição, Almedina, Coimbra, 2011.

SOUSA MENDES, P.,

"O Contencioso da Concorrência: Balanço e Perspectivas em Função da Reforma do Direito da Concorrência Português", *Revista de Concorrência e Regulação*, abril-junho de 2012, Ano III, nº 10, pp 235-247.

VIEIRA DE ANDRADE, J. C.,

"Os poderes de cognição e de decisão do juiz no quadro do actual processo adminis-trativo de plena jurisdição", *Cadernos de Justiça Administrativa, Homenagem ao Professor Doutor António Cândido de Oliveira*, setembro/outubro 2013, nº 101, pp. 37-44.

VILAÇA, J. L. C., MELÍCIAS, M. J.,

Anotação ao art. 84º do NRJC, in: AA.VV. *Lei da Concorrência, Comentário Conimbricense*, Coimbra Editora, Coimbra, 2013, pp. 810-820,

VILELA, A.,

"O direito contra-ordenacional: Um direito sancionatório com futuro?", *Revista Ana-tomia do Crime*, julho-dezembro 2015, nº 2, pp. 149-161.

V
MERCADOS FINANCEIROS

A revisão das Diretivas do Abuso de Mercado: novo âmbito, o mesmo regime[*]

HELENA MAGALHÃES BOLINA[**]

Sumário: I. A história do regime comunitário do abuso de mercado. II. Os temas da revisão. 1. O âmbito de aplicação do regime comunitário sobre Abuso de Mercado: *a)* Alargamento do âmbito a MTF e OTF; *b)* Alargamento do âmbito da manipulação de mercado a instrumentos financeiros negociados fora de mercado (OTC); *c)* Outros alargamentos de âmbito: licenças de emissão, contratos de mercadorias à vista e índices de referência. 2. A definição de informação privilegiada. 3. Definição de abuso de informação: *a)* A "conduta legítima"; *b)* Abuso de informação e transações de dirigentes. 4. Definição de manipulação de mercado: *a)* Práticas de Mercado Aceites; *b)* A divulgação de informações falsas; *c)* Negociação algorítmica: artigo 12º, nº 2 alínea *c)*. III. Síntese das alterações. IV. A harmonização do regime e das sanções. Conclusão.

Introdução

Em 16 de abril de 2014 foi publicado o regulamento (UE) nº 596/2014 (adiante MAR[1]) e a diretiva (do Parlamento e do Conselho) 2014/57/UE

---

[*] O presente texto esteve na base da sessão realizada, em abril de 2016, no âmbito do Curso de Pós-Graduação sobre *Law Enforcement, Compliance* e Direito Penal do IDPCC e corresponde, no essencial, ao texto publicado nos *Ensaios de Homenagem a Amadeu Ferreira – Cadernos do Mercado de Valores Mobiliários*, nº 51, vol. II, pp. 11-28 e na *Revista de Derecho, Empresa y Sociedad* (REDS), nº 10, Época II, Enero 2017 – Julio 2017, pp. 26-42.

[**] Mestre em Ciências Jurídico-Criminais, investigadora do CEDIS, doutoranda da Faculdade de Direito da Universidade Nova de Lisboa e, à data da realização da sessão, diretora do Departamento de Contencioso da CMVM. As opiniões emitidas nessa sessão e reproduzidas neste texto são exclusivamente pessoais, não podendo, em caso algum, ser atribuídas à CMVM.

[1] Sigla de *Market Abuse Regulation.*

(adiante nova MAD[2]) que vieram substituir a anterior diretiva sobre abuso de mercado (adiante MAD) e respetivos diplomas comunitários de concretização.

A publicação destes dois novos diplomas traduz a conclusão de um processo de avaliação do regime comunitário sobre abuso de mercado que teve início em 2007, pouco tempo após a sua transposição pelos Estados membros.

O presente texto tem como objetivo relatar as principais questões sobre que incidiu esse debate e enunciar as alterações introduzidas pelo novo regime comunitário que entraram em vigor em 2016.[3]

I. A história do regime comunitário do abuso de mercado

O pacote comunitário sobre abuso de mercado, agora revisto, data de 2003 e é constituído por um diploma de nível 1 – a diretiva 2003/06/CE (MAD) – e quatro diplomas de nível 2: três diretivas e um regulamento.[4]

A publicação, em 2003 e 2004, deste conjunto de diplomas comunitários sobre este tema inseriu-se no âmbito do objetivo de criação do mercado financeiro único. À data (maio de 2001) em que a Comissão Europeia apresentou uma proposta de diretiva sobre o abuso de mercado,[5] não existia um regime europeu harmonizado sobre manipulação de mercado, uma vez que o único diploma comunitário vigente nesta matéria era a diretiva

---

[2] Sigla de *Market Abuse Directive*, expressão pela qual é comumente designada a diretiva sobre abuso de mercado de janeiro de 2003. A distinção no presente texto da diretiva de 2014 relativamente à de 2003 é efetuada, utilizando-se para a diretiva de 2014 a expressão «nova MAD». Esta opção assenta exclusivamente na facilidade de identificação dos diplomas, uma vez que, em rigor, o diploma que verdadeiramente veio substituir a MAD foi o MAR, o regulamento comunitário de 2014 e não a nova MAD, cujo âmbito se limita ao enquadramento criminal das condutas.

[3] Data da entrada em vigor do Regulamento Comunitário. Todavia, a definição das novas sanções aplicáveis só teve lugar através da Lei 28/2017, de 30 de maio. Na verdade, tratando-se embora de um Regulamento comunitário (e, por conseguinte, não carecendo de transposição), os Estados membros têm de elaborar as normas que preveem as sanções, uma vez que estas não estão definidas no Regulamento. Do MAR apenas consta a indicação de montantes mínimos de sanções pecuniárias que os Estados membros devem respeitar nessa definição das sanções..

[4] Diretivas da Comissão 2003/124/CE, 2003/125/CE e regulamento da Comissão (CE) 2273/2003, todos de 22 de dezembro e diretiva 2004/72/CE, de 29 de abril, também da Comissão.

[5] http://eur-lex.europa.eu/legal-content/PT/TXT/PDF/?uri=CELEX:52001PC0281&from=EN (acedido em 24.06.2015)

89/592/CE que tinha exclusivamente como âmbito o abuso de informação privilegiada.

Foi o objetivo de estabelecer um *level playing field* ao nível europeu também quanto à prevenção da manipulação de mercado que esteve na origem da criação deste regime,[6] para além de preocupações de reforço da supervisão desta matéria e da repressão dos respetivos ilícitos.

A designação abuso de mercado abrange, assim, o conjunto de normas destinadas a proteger a transparência e a regularidade do funcionamento do mercado e contempla os seguintes temas: abuso de informação privilegiada, manipulação de mercado, deveres de informação ao público e às entidades de supervisão, deveres de elaboração de listas de *insiders* e regulação da matéria relativa à divulgação das recomendações de investimento.

Em 2007, após a entrada em vigor na maioria dos Estados membros dos diplomas de transposição das diretivas, a Comissão Europeia solicitou a um grupo de peritos – o ESME, European Securities Markets Expert Group[7] – que emitisse um parecer sobre a MAD que foi concluído em julho de 2007[8] e onde são já enunciadas algumas dúvidas quanto a certos aspetos do regime, designadamente no que respeita à definição de informação privilegiada e aos critérios do diferimento de divulgação da informação.

Em novembro de 2007, o CESR[9] elaborou, a pedido da Comissão, uma lista das sanções na área do abuso de mercado em todos os Estados

---

[6] Mais desenvolvidamente sobre as características do pacote comunitário sobre abuso de mercado de 2003-2004, Bolina, Helena «Market manipulation and Insider Dealing in the new Market Abuse Directive (2003/6/EC)», in *EUREDIA (Revue Européenne de Droit Bancaire et Financier)*, 2001-2002/4, pp. 555-576 e «A manipulação de mercado e o abuso de informação privilegiada na nova directiva sobre abuso de mercado (2003/6/CE)», *Cadernos do Mercado de Valores Mobiliários*, nº 18 (agosto de 2004), pp. 62-71.

[7] «Grupo Europeu de Peritos de Valores Mobiliários para prestar aconselhamento jurídico e económico no âmbito da aplicação das directivas da UE em matéria de valores mobiliários» criado por decisão da Comissão de 30 de Março de 2006 (2006/288/CE). O grupo – que se manteve em funções até 2009 – era constituído por 20 membros, a maioria dos quais eram representantes de intermediários financeiros europeus. A composição do grupo está disponível em: http://ec.europa.eu/internal_market/securities/docs/esme/list_experts_en.pdf(acedido em 24.06.2015)

[8] http://ec.europa.eu/internal_market/securities/docs/esme/mad_070706_en.pdf (acedido em 24.06.2015).

[9] Committee of European Securities Regulators (Comité das Autoridades de Regulação dos Mercados Europeus de Valores Mobiliários) era um comité de natureza consultiva da Comissão Europeia, criado pela Decisão da Comissão Europeia nº 2001/527/CE, de 06/06, onde estavam representadas as autoridades de supervisão do Estado membros. A decisão

ESTUDOS SOBRE *LAW ENFORCEMENT, COMPLIANCE* E DIREITO PENAL

membros,[10] da qual resultava alguma disparidade ao nível das sanções definidas: as sanções pecuniárias previstas nas várias legislações nacionais oscilavam entre um máximo de 1200 euros e sanções pecuniárias ilimitadas e, no caso dos países em que o abuso de informação e a manipulação de mercado eram criminalizadas, entre o máximo de um ano de pena de prisão e um máximo de 15 anos.[11]

Finalmente em novembro de 2008, a Comissão Europeia organizou uma conferência subordinada ao tema «Reviewing Market Abuse Regime» onde estiveram presentes participantes do mercado, supervisores e investidores, para debater o regime, a aplicação das diretivas e a necessidade da sua revisão.[12]

Na sequência destes contactos e das respostas que a Comissão Europeia foi recebendo sobre a matéria, em abril de 2009, a Comissão Europeia divulgou uma *call for evidence*[13] sobre a eventual revisão das diretivas do abuso de mercado enunciando as questões que tinham sido debatidas ao longo do processo e que a Comissão incluiu nesse inquérito destinado a delimitar a necessidade e o âmbito de uma eventual revisão.[14]

As principais questões identificadas nesse processo como carecendo de revisão incidiam essencialmente sobre os seguintes temas: o âmbito de aplicação das diretivas, a definição de informação privilegiada e de manipulação de mercado e a questão do reforço da supervisão.[15]

---

pode ser consultada em (acedido em 24.06.2015): http://eur-lex.europa.eu/legal-content/PT/TXT/PDF/?uri=CELEX:32001D0527&from=PT.

[10] http://www.esma.europa.eu/system/files/07_693__2_.pdf (acedido em 24.06.2015).

[11] Para uma comparação mais detalhada das sanções existentes à data nos vários países, veja-se o sumário executivo e as estatísticas realizadas pelo CESR no documento CESR/08-99, de fevereiro de 2008, disponível em http://www.esma.europa.eu/system/files/08_099.pdf (acedido em 24.06.2015).

[12] A conferência teve lugar em Bruxelas em 12 de novembro de 2008 e o resumo das intervenções pode ser consultado em http://www.eurocapitalmarkets.org/system/files/Report_MAD%20Conference.pdf (acedido em 24.06.2015).

[13] O conteúdo da consulta, a descrição do processo e as respostas recebidas pode ser acedido em http://ec.europa.eu/internal_market/consultations/2009/market_abuse_en.htm (acedido em 24.06.2015).

[14] Não obstante, a afirmação inicial constante do documento, no sentido de que este não constitui qualquer tomada de posição sobre o conteúdo de eventuais futuras propostas da Comissão, o documento adianta a posição da Comissão Europeia quanto aos aspetos que carecem de revisão.

[15] Esta questão do reforço da supervisão foi tratada transversalmente em relação a todos os diplomas comunitários recentes na área do mercado financeiro, não sendo específica do novo regime do abuso de mercado.

A Comissão Europeia apresentou a primeira proposta de Regulamento[16] e de nova Diretiva[17] sobre abuso de mercado em outubro de 2011. Em julho de 2012 a Comissão apresentou propostas alteradas[18] e, finalmente, em abril de 2014 foram publicados ambos os diplomas.

A revisão incidiu sobre os temas identificados nas consultas e no debate prévio. Todavia, como se verá, nos pontos seguintes, muitas das alterações inicialmente propostas para dar resposta a essas questões acabaram por ser revertidas e, em relação a muitos aspetos, o texto final do Regulamento é exatamente idêntico àquele que constava da MAD de 2003.

II. Os temas da revisão
1. O âmbito de aplicação do regime comunitário sobre Abuso de Mercado

O âmbito de aplicação das diretivas do abuso de mercado de 2003-2004 encontra-se definido no artigo 9º da MAD. Em função do objetivo expresso na diretiva de defesa da integridade dos mercados regulamentados, a definição desse âmbito fazia-se essencialmente em função dos instrumentos financeiros admitidos à negociação em mercado regulamentado.[19] É o que resulta dos artigos 1º, nº 3 e 9º da MAD.

Ainda assim, existia uma diferença entre, por um lado, o âmbito de aplicação do abuso de informação e o da manipulação de mercado.

Com efeito, no que respeita ao abuso de informação, o artigo 9º da MAD referia instrumentos financeiros admitidos à negociação em mer-

---

[16] Disponível em http://eur-lex.europa.eu/legal-content/EN/TXT/?uri=CELEX:52011PC0651 (acedido em 24.06.2015).

[17] Disponível em http://eur-lex.europa.eu/legal-content/EN/TXT/?uri=CELEX:52011PC0654 (acedido em 24.06.2015).

[18] Disponíveis em http://eur-lex.europa.eu/legal-content/EN/TXT/?uri=CELEX: 52012PC0421 e http://eur-lex.europa.eu/legal-content/EN/TXT/?uri=CELEX:52012PC0420 (acedido em 24.06.2015).

[19] É certo que a MAD era um diretiva de harmonização mínima, o que significa que os Estados membros poderiam alargar o respetivo âmbito de aplicação. É esse o caso da definição dos crimes de abuso de informação e de manipulação de mercado no Código dos Valores Mobiliários, da qual não consta qualquer condição relativa à admissão à negociação a mercado regulamentado dos valores mobiliários em causa nessas normas. Tais crimes já se encontravam definidos com esse âmbito antes da transposição da MAD. Todavia, as demais normas incluídas no âmbito da prevenção do abuso de mercado, como é o caso do dever de divulgação de informação privilegiada previsto no artigo 248º do CódVM, já restringem a sua aplicação aos valores mobiliários admitidos à negociação em mercado regulamentado.

ESTUDOS SOBRE *LAW ENFORCEMENT, COMPLIANCE* E DIREITO PENAL

cado regulamentado, em relação aos quais se detenha informação privilegiada mas também outros instrumentos financeiros não admitidos mas cujo valor depende do valor de instrumentos financeiros admitidos a mercado regulamentado – artigo, 9º, §2º.

O mesmo não sucedia relativamente à manipulação de mercado a que é feita referência apenas no §1 e não no §2, ou seja, ou seja apenas a parte em que o artigo refere instrumentos financeiros admitidos à negociação em mercado regulamentado.

Quer no caso do abuso de informação, quer no caso da manipulação de mercado o âmbito de aplicação da diretiva abrange quaisquer operações realizadas sobre instrumentos admitidos à negociação em mercado regulamentado, independentemente de onde tais operações se realizem. Ou seja, as operações sobre os instrumentos financeiros não têm de ser realizadas em mercado regulamentado.

Atendendo à redação do artigo 9º, no caso da manipulação de mercado, suscitava-se a dúvida sobre se estariam abrangidas no âmbito da manipulação de mercado operações que incidissem sobre instrumentos financeiros não admitidos à negociação em mercado regulamentado.

Assim, a questão acerca do âmbito de aplicação do regime do abuso de mercado contempla, na verdade, dois aspetos distintos:

Um, relativo ao mercado ou sistema onde os instrumentos financeiros devem ser negociados para estarem abrangidos pelo âmbito do diploma e pela aplicação de todos os deveres nele previstos.

Outro, relativo ao facto de as proibições de abuso de informação e manipulação de mercado poderem ser preenchidas através de operações sobre quaisquer instrumentos financeiros, ainda que não sejam negociados em qualquer mercado mas apenas fora dele, como é o caso de alguns derivados, desde que entre estes e os instrumentos financeiros abrangidos exista uma relação de influência.

a) *Alargamento do âmbito a MTF e OTF*

Quanto ao primeiro aspeto apontado, a restrição do âmbito de aplicação das diretivas aos instrumentos admitidos a mercado regulamentado foi uma das principais dificuldades apontadas às diretivas, tendo a vista a necessidade de um sistema eficaz de tutela do regular funcionamento do mercado.

Com efeito, conforme se enuncia na *call for evidence*[20], desde a publicação da MAD registou-se um aumento dos volumes transacionados fora de mercado regulamentado (*market shift*), designadamente em MTFs[21] após a DMIF, sendo que estes não estão abrangidos pelos requisitos da MAD.

Cumpre, todavia, precisar o que significa o facto de os MTFs não estarem abrangidos no âmbito da MAD, uma vez que tal afirmação não é inteiramente rigorosa.

Na verdade, os MTF só não estão abrangidos pela proibição de transações da MAD relativamente aos instrumentos financeiros que não estejam também admitidos à negociação em mercado regulamentado. Ou seja, as operações sobre instrumentos financeiros admitidos a mercado regulamentado e que sejam simultaneamente negociados num MTF estavam sempre abrangidas no âmbito da MAD, nos termos do disposto no artigo 9º, nº 1, quer na parte em são realizadas em mercado regulamentado, quer na parte em que são realizadas em MTF ou em qualquer outro local.

Em rigor, o que não estava abrangido no âmbito da MAD, não é o MTF em si mas os instrumentos financeiros que não estão admitidos à negociação em mercado regulamentado, nem em relação a eles foi solicitada a admissão.

Para além das normas que proíbem o abuso de informação e a manipulação de mercado, há que ter em conta que o regime do abuso de mercado abrange um conjunto de deveres que têm uma função preventiva dessas infrações. É o caso do dever a cargo dos emitentes de divulgação de informação privilegiada previsto no artigo 6º, nº 1 da MAD e no artigo 248º-A do Código do Valores Mobiliários (adiante CódVM), da elaboração de listas de insiders, da comunicação de transações de dirigentes, da comunicação de operações suspeitas.

Ora, nos termos da MAD, este conjunto de deveres apenas se aplicava a valores mobiliários admitidos à negociação em mercado regulamentado. Esse âmbito objetivo de aplicação tem, assim, consequência sobre a delimitação do próprio âmbito subjetivo dos deveres: só os emitentes de valores mobiliários admitidos a mercado regulamentado e os seus dirigentes ficam abrangidos por estas disposições.

---

[20] Cit. nt. 13, p.4.
[21] *Multilateral Trading Facility* ou Sistema de Negociação Multilateral, definido no artigo 4º, nº 1, ponto 22 da Diretiva 2014/65/EU (nova DMIF) e, entre nós, no artigo 200º do CódVM.

ESTUDOS SOBRE *LAW ENFORCEMENT, COMPLIANCE* E DIREITO PENAL

Alargar o âmbito de aplicação do regime do abuso de mercado a instrumentos não admitidos a mercado regulamentado mas admitidos, designadamente, a MTFs significa estender também esses deveres aos emitentes de instrumentos financeiros não admitidos a mercado regulamentado e, relativamente à comunicação de transações, aos respetivos dirigentes. Esta circunstância poderia não se revelar muito adequada ou proporcionada a certos segmentos de mercado, sobretudo tendo em conta que a seleção para negociação em MTF independe por vezes da vontade do próprio emitente que, por ato alheio, ficaria onerado com o cumprimento de deveres de informação e respetivas consequências infracionais em caso de incumprimento.

A solução adiantada pelo novo regime europeu pretende alcançar um equilíbrio entre as preocupações descritas.

Por um lado, o artigo 2º do MAR delimita o âmbito de aplicação do regime em função dos instrumentos financeiros admitidos à negociação a mercado regulamentado ou negociados num MTF ou num OTF.[22]

Por outro lado, a propósito de cada dever preventivo, o MAR acautela aquelas outras preocupações, impondo esses deveres quando estejam em causa instrumentos financeiros admitidos à negociação em mercado regulamentado mas acrescentando outras condições para a aplicação desses deveres nos casos de instrumentos financeiros admitidos exclusivamente a MTF ou OTF.

Com efeito, no artigo 17º, que regula o dever a cargo do emitente de divulgação de informação privilegiada, no artigo 18º, quanto à elaboração de listas de *insiders* e no artigo 19º, quanto à comunicação de transações de dirigentes, quanto a emitentes cujos valores mobiliários sejam negociados exclusivamente em MTF ou OTF, o MAR restringe a aplicação dos deveres àqueles casos em que os emitentes tenham aprovado essa admissão à negociação num MTF ou num OTF ou a tenham solicitado eles próprios (artigo 17º MAR, nº 1, §3, 18º, nº 7 e 19º, nº 4, alínea *b*).

O MAR prevê também algumas adaptações no caso de emitentes admitidos à negociação num mercado de PME em crescimento[23]: o artigo 17º, nº 9 do MAR prevê, em relação ao dever de disponibilizar a informação

---

[22] *Organised Trading Facility* ou Sistema de Negociação Organizada definido no artigo 4º, nº 1, ponto 23 da Diretiva 2014/65/EU (nova DMIF).

[23] Previsto no artigo 33º da nova DMIF.

privilegiada no *site* do emitente, que este possa ser substituído pela divulgação no próprio *site* da plataforma de negociação e, no artigo 18º, nº 6, dispensa estes emitentes da elaboração de listas de *insiders*, verificadas certas condições.

b) Alargamento do âmbito da manipulação de mercado a instrumentos financeiros negociados fora de mercado (OTC)

A segunda questão prende-se com a determinação do âmbito de aplicação das proibições.

Com efeito, ainda que os mercados que se visa proteger sejam os mercados regulamentados no caso da MAD, e também os MTFs e OTFs no caso do MAR, a questão que se coloca é a de saber se as infrações de abuso de informação e de manipulação de mercado apenas são concretizadas quando os agentes transacionem diretamente os instrumentos financeiros abrangidos pelo âmbito de aplicação.

Como se referiu, a MAD incluía expressamente no âmbito do abuso de informação privilegiada a proibição de transacionar instrumentos financeiros não negociados em mercado mas cujo valor dependia de instrumentos admitidos a mercado regulamentado.

No artigo 9º da MAD não se referia expressamente que o mesmo fosse aplicado à manipulação de mercado, razão pela qual tal veio a ser expressamente consagrado no artigo 2º do MAR.

Todavia, esta consagração não parece ser mais do que um esclarecimento (útil), uma vez que o âmbito da aplicação das proibições incluídas na manipulação de mercado não era exclusivamente recortado pelo disposto no artigo 9º da MAD.

Diferentemente do que sucedia com o abuso de informação, em que a MAD, no seu artigo 2º, reportava a proibição de transações expressamente aos instrumentos financeiros em relação aos quais se detinha informação privilegiada (portanto, os negociados em mercado regulamentado), o âmbito das proibições da manipulação não continha essa restrição.

E, por as proibições de manipulação de mercado não conterem essa restrição, não havia necessidade de alargar o seu âmbito, como se fazia para o abuso de informação, no nº 2 do artigo 9º, que dispunha constituir também abuso de informação as operações sobre instrumentos financeiros não admitidos, cujo valor dependia dos admitidos a mercado regulamentado.

ESTUDOS SOBRE *LAW ENFORCEMENT, COMPLIANCE* E DIREITO PENAL

No caso do abuso de informação, se não houvesse a extensão do artigo 9º, a proibição não se aplicava às transações de instrumentos financeiros não admitidos porque o artigo 2º, nº 1 refere a proibição à transação de instrumentos financeiros a que a informação privilegiada diz respeito. No caso da manipulação, o âmbito definido no artigo 1º da MAD não estava restringido a transações sobre instrumentos admitidos e, se o âmbito não estava à partida restringido, não havia necessidade de o alargar no artigo 9º, como se fez para o abuso de informação.

Nestes termos, a ausência de referência no §2 do artigo 9º à manipulação de mercado não significava uma restrição do âmbito da manipulação mas apenas uma desnecessidade dessa referência.

Com efeito, o artigo 1º, nº 2, da MAD, quando define manipulação de mercado nunca afirma que as operações proibidas são as realizadas sobre instrumentos financeiros admitidos à negociação em mercado regulamentado mas apenas que são proibidas as operações ou ordens que sejam suscetíveis de originar indicações falsas ou enganosas quanto à oferta ou à procura desses instrumentos. Desde que as operações sejam suscetíveis de produzir este efeito sobre instrumentos admitidos à negociação em mercado regulamentado, não há qualquer razão para exigir (uma vez que tal não está na norma) que essas ordens tenham de ser dadas sobre os próprios instrumentos admitidos.

Aliás, a manipulação pode, até, ser realizada sem que se adquiram quaisquer instrumentos financeiros, como é o caso da manipulação ruidosa.

Assim sendo, qualquer ordem ou operação, seja sobre que instrumento for (e, até, simplesmente a divulgação de informação na comunicação social) que seja suscetível de produzir esse efeito sobre os instrumentos financeiros admitidos a mercado regulamentado já seria proibida à luz das regras da manipulação de mercado.

O que significa que, mesmo à luz do disposto na MAD, a realização de transações sobre derivados não admitidos a mercado regulamentado apta a produzir indicações enganosas sobre a oferta ou a procura de instrumentos financeiros admitidos (situação hoje expressamente referida no artigo 2º, nº 1, alínea *d*) do MAR) estava incluída no âmbito da previsão de manipulação de mercado do artigo 1º.

Contudo, as dúvidas que sempre foram suscitadas acerca do âmbito de aplicação das proibições de manipulação de mercado concorrem claramente para afirmar a bondade deste esclarecimento do MAR.

c) Outros alargamentos de âmbito: licenças de emissão, contratos de mercadorias à vista e índices de referência

Para além dos aspetos já enunciados, o MAR, no n.º 1 do seu artigo 2.º, inclui no seu âmbito de aplicação, as licenças de emissão de gases com efeito de estufa, na sequência da sua qualificação como instrumentos financeiros pela nova DMIF,[24] estabelecendo ao longo do diploma previsões específicas para as licenças de emissão quanto à definição de informação privilegiada (7.º), ao abuso de informação (8.º), à manipulação de mercado (12.º), à divulgação de informação privilegiada (17.º), à elaboração de listas de *insiders* (18.º) e à comunicação de transações de dirigentes (19.º).

Já quanto aos contratos de mercadorias à vista e índices, a sua inclusão respeita unicamente às condutas proibidas no âmbito da manipulação de mercado – artigos 2.º, n.º 2 e 12.º, n.º 1, alínea *d*).

2. A definição de informação privilegiada

Um dos temas que mais dúvidas gerou no regime comunitário do abuso de mercado foi o da definição de informação privilegiada.

A definição de informação privilegiada na MAD, em si, não sofreu grande alteração relativamente ao conceito da anterior diretiva 89/592/CEE e que entre nós constava já do disposto no artigo 378.º do CódVM.

Os requisitos da informação privilegiada mantiveram-se idênticos: para ser qualificada como privilegiada, a informação tem de ser específica, precisa, *price sensitive* e não pública. O que o regime comunitário de 2003 veio acrescentar, no que à definição respeita, foi uma definição mais detalhada do carácter preciso e *price sensitive*.[25]

A questão colocada quanto à definição de informação privilegiada introduzida pela MAD não está, assim, relacionada com a definição do conceito mas com a dupla relevância que esse conceito de informação privilegiada passou a ter.

O que sucede é que, no regime anterior à MAD, o conceito de informação privilegiada tinha relevo exclusivamente para a infração de abuso de informação.

---

[24] Diretiva 2014/65/EU, de 15/05, relativa aos mercados de instrumentos financeiros.

[25] Com detalhe sobre a definição destas características e as concretizações levada a cabo pela MAD, veja-se Santos, Filipe Matias, *Divulgação de Informação privilegiada*, Coimbra: Almedina, 2011, pp. 58-87.

ESTUDOS SOBRE *LAW ENFORCEMENT, COMPLIANCE* E DIREITO PENAL

O dever de divulgação de informação a cargo dos emitentes era recortado pelo conceito de factos relevantes que o artigo 248º do CódVM, na redação anterior à transposição da MAD, definia, em linha com o disposto na diretiva 2001/34/CE, como sendo factos ocorridos na esfera de atividade de um emitente que não sejam do conhecimento público e que, devido à sua incidência sobre a situação patrimonial ou financeira ou sobre o andamento normal dos seus negócios, sejam suscetíveis de influir de maneira relevante no preço.

A grande alteração do regime comunitário de 2003, no que à informação privilegiada respeita, foi a eliminação do conceito de factos relevantes e a sua substituição, para efeito do dever de divulgação de informação, pelo conceito de informação privilegiada.

Ou seja, o conceito de informação privilegiada passou a ter uma dupla relevância: como pressuposto da infração de abuso de informação e como pressuposto do dever de divulgação de informação por parte dos emitentes.

É certo que, quanto a este dever, o conceito sofre uma restrição de âmbito, na medida em que os emitentes apenas têm de divulgar a informação que lhes diga diretamente respeito mas, ainda assim, a substituição do pressuposto do dever de divulgação implicou para os emitentes que tal dever se constituísse mais cedo do que sucedia no caso dos factos relevantes.

A isto acresce o facto de a MAD tomar claramente partido quanto à questão da divulgação de negociações, na medida em que possam constituir já informação privilegiada, conforme decorre do que se dispõe no artigo 3º, nº 1, alínea *a*) da diretiva (de concretização da MAD) nº 2003/124/CE.

Esta situação de divulgação mais prematura poderia naturalmente causar dificuldades aos emitentes, ao impor a divulgação de informação relativa a fases negociais, na medida em que tal divulgação poderia prejudicar o bom andamento e o sucesso de tais negociações.

Assim sendo e como forma de equilibrar o regime, a MAD previa a possibilidade de diferimento da divulgação subordinada a três condições: a divulgação pudesse prejudicar os legítimos interesses do emitente, o diferimento não fosse suscetível de induzir o público em erro e o emitente fosse capaz de assegurar a confidencialidade da informação (artigo 6º, nº 2, da MAD).

As críticas a este regime incidiram sobre os dois aspetos: a dupla relevância do conceito de informação privilegiada e as condições exigidas para o diferimento que se consideravam difíceis de satisfazer, especialmente no caso da não suscetibilidade de induzir o público em erro.[26]

Houve várias propostas no sentido do retorno ao modelo anterior à MAD: o conceito de informação privilegiada releveria apenas como pressuposto do abuso de informação e voltaria a usar-se um conceito semelhante ao dos factos relevantes como pressuposto do dever de divulgação. Foi também intensamente debatida a necessidade de reformulação das condições exigidas para o diferimento.

A proposta de Regulamento inicialmente apresentada pela Comissão Europeia tentava dar acolhimento a algumas destas críticas fazendo uma distinção, na alínea *e)* do nº 1 do artigo 6º, quanto ao conceito de informação privilegiada, falando, de modo não inteiramente compreensível, de informação não abrangida pelo conceito geral de informação privilegiada mas «relativa a um ou mais emitentes de instrumentos financeiros ou a um ou mais instrumentos financeiros, que, em geral, não é divulgada ao público mas que, caso fosse posta à disposição de um investidor razoável que negoceia regularmente no mercado e no instrumento financeiro ou num contrato de mercadorias à vista com eles relacionado, seria considerada por essa pessoa como pertinente para determinar as condições de execução das operações sobre esse instrumento financeiro ou de um contrato de mercadorias à vista com ele relacionado».

Ou seja, na verdade, uma definição que em nada se afastava do conceito de informação privilegiada previsto na alínea *a)* desse artigo e dando, assim, lugar a uma construção, algo peculiar, de informação que é privilegiada e, ao mesmo tempo, não é.

Desta modalidade especial de informação privilegiada estavam os emitentes dispensados de divulgação no nº 3 do artigo 12º da proposta de regulamento, embora a mesma contasse como pressuposto da infração de abuso de informação no artigo 7º da mesma proposta.

Este ensaio de distinção entre a informação privilegiada para efeito da infração de abuso de informação e como pressuposto do dever de divulgação de informação pelos emitentes veio a soçobrar nas discussões subsequentes, mantendo-se na versão final do MAR a dupla relevância do

---

[26] Veja-se com detalhe o relato dessas objeções em Di Noia, Carmine e Gargantini, Matteo, «The Market Abuse Directive Disclosure Regime in Practice: Some Margins for Future Actions», *Rivista delle Societá*, nº 4/2009, pp. 782-835.

ESTUDOS SOBRE *LAW ENFORCEMENT, COMPLIANCE* E DIREITO PENAL

conceito de informação privilegiada nos mesmos exatos termos em que constava da MAD.

Não há, assim, no novo regime qualquer distinção no conceito de informação privilegiada ou na sua relevância relativamente ao regime que a MAD dispunha.

O MAR veio, inclusivamente, reforçar certos aspetos da qualificação de informação privilegiada no que respeita a fases negociais, estabelecendo claramente no artigo 7º relativo à definição de informação privilegiada, no seu nº 3 que «um passo intermédio num processo continuado no tempo pode constituir informação privilegiada se, por si só, cumprir os requisitos da informação privilegiada». Este entendimento entre nós tinha já sido afirmado pelo Tribunal da Relação de Lisboa logo em 2004, no âmbito de um processo sobre abuso de informação.[27] O mesmo entendimento sufragou aquele Tribunal, no âmbito de recursos de contraordenação por violação do dever de divulgação de informação privilegiada.[28]

Quanto às condições do diferimento, o MAR manteve também, no nº 4 do seu artigo 17º, as condições de diferimento tal e qual estavam definidas na MAD, acrescentado o dever de informar a autoridade competente desse diferimento imediatamente após a cessação do diferimento e a correspondente divulgação. Ou seja, a decisão de diferimento continua exclusivamente na responsabilidade do emitente e o regulador não tem de ser informado nesse momento mas apenas quando a informação é divulgada.[29]

Esta situação apenas é excecionada quando se trate de um emitente que seja uma instituição de crédito ou outra instituição financeira e esteja em causa a estabilidade do sistema financeiro (nºs 5 e 6 do artigo 17º).

Nesse caso, as condições do diferimento são diferentes: risco de comprometer a estabilidade financeira do emitente, em lugar do prejuízo para os seus legítimos interesses; o diferimento ser do interesse público, em lugar da insusceptibilidade de induzir o público em erro. As exigências

---

[27] Acórdão de 24.12.2004 e também de 22.06.2006 e de 23.10.2007.

[28] Acórdãos de 01.02. 2011 (Proc. 1022/09, 3ª Secção), 06.07.2011 (Proc. 1485/08, 3ª Secção), 25.10.2011 (Proc. 464/09, 5ª Secção), 15.11. 2011 (Proc. 575/10, 5ª Secção), 09.02.2012 (Proc. 705/09, 9ª Secção) e de 17.02.2013 (Proc. 575/10, 5ª Secção).

[29] Pode duvidar-se da utilidade deste dever mas ele tem, pelo menos, a virtualidade de permitir estabelecer que a não divulgação se deveu a uma situação de diferimento de informação privilegiada e não a um entendimento do emitente de que não havia informação privilegiada a divulgar, assim dispensando o debate sobre a qualificação da informação, bastando que seja submetidas a análise a questão da verificação das condições do diferimento.

de confidencialidade mantêm-se mas o emitente tem de obter o consentimento da autoridade competente a fim de poder diferir a informação.

Pelo que, quanto ao regime geral do diferimento, continua a ser exigido que este não seja suscetível de induzir o público em erro. A dificuldade de interpretação dessa condição reside no facto de, tratando-se de informação privilegiada, um dos requisitos consistir em ser informação «que um investidor razoável utilizaria normalmente para fundamentar em parte as suas decisões de investimento» (artigo 7º, nº 4 do MAR). Não será fácil considerar que a omissão da divulgação deste tipo de informação não é suscetível de induzir os investidores em erro.

Perante idêntico regime da MAD e por forma a dar alguma utilidade ao regime do diferimento, alguns autores sugeriram interpretar esta condição no sentido de a suscetibilidade de induzir o público em erro existir somente nos casos em que a informação não divulgada seja de sentido contrário às expectativas que o mercado tem sobre aquele emitente.[30]

Em conclusão, com a exceção da necessidade de informar (*a posteriori*) o regulador da decisão de diferimento e dos casos de risco para a estabilidade do sistema financeiro quando se trate de emitentes que sejam instituições de crédito ou outras instituições financeiras, o dever de divulgação de informação e as condições do diferimento mantém-se exatamente igual ao regime que constava da MAD.

3. Definição de abuso de informação
a) A "conduta legítima"
A descrição das condutas proibidas, quando em presença de informação privilegiada, é idêntica à da MAD, o que poderia conduzir à conclusão de que a definição da infração se mantém idêntica.

Todavia, o MAR utiliza, a propósito do abuso de informação, uma técnica – que não constava da MAD – que é a definição de exceções e exclusões do âmbito de aplicação da infração e que consta do artigo 9º do MAR, subordinada à epígrafe «conduta legítima».

Nos números 1 e 2 desse artigo, o MAR enuncia um conjunto de situações que afastam a qualificação como abuso de informação (mas apenas,

---

[30] É a sugestão que consta do Relatório do ESME (cit., p. 9). Todavia, Di Noia (cit., p. 22) entende que essa é apenas uma solução de recurso, atenta a dificuldade de avaliar as expectativas do mercado.

numa primeira linha, como se verá adiante) de atuações levadas a cabo por pessoas coletivas ou por quem as represente.

No número 2 do artigo, enunciam-se as situações em que a pessoa coletiva em causa é um criador de mercado ou tem como atividade a prestação do serviço de execução de ordens, desde que as transações sejam feitas no normal exercício da sua atividade.

No número 1, o objetivo parece ser o de evitar a comunicação da responsabilidade à pessoa coletiva das transações efetuadas por pessoas singulares que agem em seu nome, quando existam mecanismos adequados e eficazes para garantir que a pessoa singular que realiza as transações (e as pessoas que possam ter tido influência nessa decisão) não estava na posse de informação privilegiada (alínea *a*) e que a pessoa coletiva não induziu, recomendou ou influenciou por qualquer modo a pessoa singular a fazer essas transações (alínea *b*)).

Os requisitos são cumulativos e suscitam algumas dificuldades de interpretação.

Quanto ao que se dispõe na alínea *a*), parece claro que, se se vier a demonstrar que a pessoa singular que efetuou as transações estava na posse de informação privilegiada, tal circunstância impede a consideração de que a condição foi respeitada. Com efeito, se a pessoa que realiza as transações está na posse da informação privilegiada, tal evidencia que os procedimentos instituídos para evitar esse acesso não foram eficazes. Sendo a eficácia dos procedimentos um requisito desta condição (e não apenas a existência de procedimentos adequados), esta falha a sua verificação se a pessoa singular em causa, de facto, detiver a informação.

Já a exigência da alínea *b*) do nº 1 de que a pessoa coletiva não influencie a decisão de aquisição é mais difícil de configurar, uma vez que, se a pessoa singular age em nome da pessoa coletiva, realizará as transações, não por sua iniciativa, mas por indicação da pessoa coletiva em nome de quem age. Pelo que não se vislumbra facilmente uma situação em que uma pessoa realiza transações em nome de outra, sem que esta tenha qualquer influência sobre essa decisão.

O número 3 do referido artigo abrange pessoas singulares e coletivas e contém alguns aspetos que constituem, na verdade, apenas esclarecimentos de situações que já anteriormente não eram consideradas abrangidas no âmbito do abuso de informação.

A primeira delas consiste numa situação de desfasamento temporal entre o momento em que é tomada a decisão de transacionar e é dada a ordem (em que a pessoa não estava na posse de informação privilegiada) e o momento em que os instrumentos financeiros são efetivamente transmitidos (em que já detém informação privilegiada). Naturalmente que a prática da infração pressupõe uma coincidência temporal entre a ordem de transacionar e a detenção de informação privilegiada, pelo que, ainda que o MAR não dispusesse desta referência, esta situação não poderia ser enquadrada, uma vez que o regime do abuso de informação não impõe que quem está na posse de informação privilegiada tenha de alterar as decisões que previamente tomou e que o virão beneficiar em função da superveniência de novos factos.

A proibição de abuso de informação não visa evitar que os investidores tenham ganhos com o facto de acontecerem situações que valorizam os emitentes, mas sim evitar que esses ganhos surjam em virtude de assimetria informativa, à data da decisão de investimento, entre o investidor que realiza esses ganhos e os demais investidores.

Se a decisão de investir ou desinvestir foi tomada num momento em que não existia assimetria informativa, como é o caso das duas alíneas deste número 3, não há razão para que o investidor venha a ser penalizado pelas transações.

O MAR acrescenta, todavia, a exigência de que essas transações sejam feitas de boa fé e não para contornar a proibição de abuso de informação (9º, nº3). Sendo justamente a característica destas duas situações o facto de o investidor não estar na posse da informação privilegiada quando tomou a decisão, não se compreende inteiramente em que medida é que poderia contornar a proibição de abuso de informação privilegiada, quando não estava na posse desta. Todavia, esta condição, não acrescentando aparentemente nada de relevante àquilo que já serão, em si, as características das condições descritas, tem a virtualidade de constituir um *fecho de segurança* perante a variedade das situações da vida que podem vir a enquadrar-se nestes casos, garantindo que a exclusão do âmbito do abuso de informação se fará sempre num contexto de atuação de boa fé.

A maior dificuldade interpretativa suscitada por este artigo reside no facto de, por um lado, boa parte destas exclusões incluírem uma salvaguarda de que estas atuações não consistem necessariamente em abuso de informação mas abrindo a possibilidade de o serem. O que significa que não constituem propriamente *safe harbours* no mesmo sentido em que o são as normas relativas aos programas de recompra ou a estabilização (artigo 5º).

A ideia de que estas situações não constituem necessariamente abuso de informação mas podem ser consideradas como tal é também afirmada pelo que dispõe o nº 6 do mesmo artigo 9º, onde se estabelece que as situações descritas podem constituir abuso de informação, se a autoridade competente determinar que existiu uma razão ilegítima subjacente às ordens.

Esta parte do artigo carece de interpretação cuidadosa, uma vez que este artigo releva também para o crime de abuso de informação previsto no artigo 3º da nova MAD, por via do disposto no nº 8 desse artigo.

Atendendo à vigência do princípio da legalidade na definição das infrações (e especialmente dos crimes) não pode a definição do que seja uma infração depender daquilo que a autoridade administrativa defina, caso a caso, como sendo uma razão ilegítima para transacionar, fora do quadro da previsão legal do abuso de informação.

A maioria das situações previstas na norma são situações em que, ou a pessoa que transaciona não tem qualquer informação privilegiada quando dá a ordem, ou a detenção de informação privilegiada não releva para a transação.

Parece, assim, poder concluir-se que a razão de ser da previsão deste conjunto de condutas é a de não penalizar aquelas situações em que aquilo que se visa evitar com a repressão do abuso de informação não é colocado em causa. Nesse sentido concorre o que o MAR afirma no considerando 24 quanto ao objetivo do regime do abuso de mercado «que consiste em proteger a integridade do mercado financeiro e reforçar a confiança dos investidores, baseada, por seu lado, na garantia de que os investidores se encontram em pé de igualdade e protegidos da utilização ilícita de informação privilegiada».[31]

Assim, a razão ilegítima que a autoridade administrativa pode determinar existir nos termos do nº 6 deste artigo 9º é a verificação de que houve efetivamente uma situação de assimetria informativa em relação a informação privilegiada que esteve na origem da atuação dos agentes.

---

[31] Noutro considerando, o 23, afirma-se no MAR que a característica do abuso de informação consiste na obtenção de um benefício indevido a partir da informação privilegiada em detrimento de terceiros que desconhecem tal informação. Há que precisar que, não obstante esse ser um fundamento da previsão desta conduta como infração, a obtenção de benefício não é um pressuposto da infração: a infração é cometida independentemente do facto de o agente vir ou não a retirar um benefício da sua atuação. Aliás, este pressuposto da obtenção de um benefício foi uma das alterações de relevo na definição da infração que a MAD introduziu em 2003.

Circunstância que sempre estaria abrangida pela definição de abuso de informação do artigo 8º.

Será o caso, por exemplo, da necessária conjugação entre a previsão da alínea *b)* do nº 2 deste artigo 9º, relativa à execução de ordens de clientes, quando esteja em causa a atuação com informação privilegiada sobre as próprias ordens dos clientes, tal como definida no artigo 7º, nº 1, alínea *d)*.

Ou seja, mesmo que um intermediário financeiro se limite a executar ordens de clientes no exercício da sua atividade, se organizar essa execução de ordens em função da informação privilegiada que detém quanto à ordem de um cliente (como é o caso nas condutas de *front running*) pratica abuso de informação, ainda que o faça no exercício da sua atividade profissional.

Isto significa que, não obstante estar descrita no artigo 9º como não sendo necessariamente abuso de informação a situação de execução de ordens de clientes estando o intermediário financeiro na posse de informação privilegiada, caso a detenção dessa informação privilegiada determine a sua atuação, a exclusão não se aplica, justamente porque a razão para a atuação é ilegítima, à luz das proibições do abuso de informação.

Em função do princípio da legalidade, a autoridade administrativa não pode considerar, para efeito da imputação do crime (ou da contraordenação) de abuso de informação outras razões ilegítimas para as transações – designadamente evasão fiscal ou branqueamento de capitais – que não os próprios pressupostos da definição da infração em causa.

Poderá naturalmente, caso verifique que tais razões estão subjacentes às transações, denunciar as suspeitas desses outros crimes às autoridades competentes, mas não poderá considerar essas razões ilegítimas como parte dos pressupostos da infração de abuso de informação.

b) Abuso de informação e transações de dirigentes

O artigo 19º, nº 11, do MAR veio introduzir uma proibição de os dirigentes transacionarem ações ou instrumentos de dívida do emitente durante o período de 30 dias que antecede a divulgação de um relatório financeiro intercalar ou de um relatório anual.

A instituição de um período fechado a transações de dirigentes havia já sido ponderada quando da elaboração da MAD mas a opção legislativa final consistiu em deixar essas situações no âmbito da proibição geral de abuso de informação: os dirigentes que detivessem informação privile-

ESTUDOS SOBRE *LAW ENFORCEMENT, COMPLIANCE* E DIREITO PENAL

giada estavam, nos termos da previsão geral, proibidos de transacionar, independentemente de o fazerem 29, 30 ou 31 dias antes da divulgação da informação.

Esse enquadramento dependia, todavia, da verificação do facto da detenção da informação por parte do dirigente.

Esta nova previsão contempla uma proibição simples de transacionar, independentemente do facto de o dirigente deter ou não a informação. Todavia, as normas do abuso de informação não deixam de ser aplicáveis, pelo que a infração de abuso de informação sempre se verificará naquelas situações em que em que, detendo informação privilegiada, o dirigente transaciona e, neste caso, independentemente da definição de qualquer período. Isto significa que, o facto de o dirigente transacionar fora do período fechado (a 31 ou 32 dias da divulgação das contas, por exemplo) exime-o da aplicação desta disposição mas não das normas relativas ao abuso de informação: em todas as situações em que verifiquem os respetivos pressuposto, as normas que proíbem o abuso de informação serão aplicáveis.

4. Definição de manipulação de mercado
a) Práticas de Mercado Aceites
No que respeita à definição de manipulação de mercado, o essencial das preocupações residia na possibilidade prevista na MAD de cada Estado membro poder definir práticas de mercado aceites específicas para o seu mercado e que os participantes no mercado entendiam ser geradora de incerteza quanto à definição dos comportamentos ilícitos.

Com efeito, a aceitação de uma prática de mercado implica a exclusão desse comportamento do âmbito da definição de manipulação de mercado, constituindo, assim, um *safe harbour* naquele ordenamento específico (mas não nos demais).

Esta possibilidade poderia afetar a harmonização do regime do abuso de mercado, na medida em que, em relação a um aspeto central do regime como é a manipulação de mercado, a definição do comportamento ilícito não seria coincidente.

Durante os anos de vigência do regime do abuso de mercado decorrente da MAD houve lugar à definição de dez práticas de mercado aceites.[32]

---

[32] Divulgadas no *site* da ESMA: http://www.esma.europa.eu/page/accepted-markets-practices.

A Comissão Europeia colocou a questão da introdução de mecanismos que permitissem uma maior convergência das práticas adotadas. O artigo 13º do MAR manteve as mesmas condições para a definição da prática mas reforçou os procedimentos quanto ao acordo (ou melhor, não oposição) dos vários reguladores e também da ESMA relativamente à aceitação da cada prática.

b) A divulgação de informações falsas ou enganosas

A definição de manipulação de mercado da anterior MAD contemplava uma modalidade de manipulação que é a divulgação de informações suscetíveis de dar indicações falsas ou enganosas. Esta modalidade, entre nós, encontrava-se prevista no artigo 379º do CódVM relativo à manipulação de mercado, ainda antes da transposição das diretivas.

O regime da MAD, na parte final do nº 2 do artigo 1º, enunciava três exemplos de manipulação, um dos quais consiste no facto de alguém «tirar proveito do acesso pontual ou regular aos meios de comunicação social [...] emitindo opiniões sobre um instrumentos financeiro [...], tendo previamente tomado posições nesse mesmo instrumento financeiro e tirando seguidamente proveito do impacto dessa opinião no preço do instrumento financeiro, sem simultaneamente haver revelado ao público, de forma adequada e eficaz, o conflito de interesses existente».

Esta matéria era também abordada a propósito da divulgação de recomendações de investimento (diretiva MAD nível2 2003/125/CE), através das regras que impõem a divulgação de conflitos de interesses subjacentes à recomendação.

A inclusão deste comportamento no âmbito da manipulação de mercado pressupõe a identificação de um elemento apto a dar indicações falsas ou enganosas, tal como se descreve na alínea c) do nº 2 da MAD de que este comportamento é exemplo. Não se exige, todavia, que a opinião emitida seja falsa pelo que esse elemento enganatório resulta, não tanto da qualidade da opinião emitida, mas do facto de ser omitido ao público que quem a emite detém em carteira os instrumentos financeiros sobre que está a emitir opinião.

Este regime não foi alterado no novo MAR que mantém o exemplo na alínea d), do nº 2 do artigo 12º, relativo à manipulação de mercado. Contudo, do considerando 28 do Regulamento parece resultar que o conhecimento sobre a futura divulgação dessa opinião pode constituir informação privilegiada e que a negociação com base nesse conhecimento pode constituir abuso de informação, na medida em que seja expectável que a divulgação dessas opiniões contribua para a formação dos preços.

Estes comportamentos continuam, além disso, a ser abarcados pela violação de deveres específicos, seja quanto à divulgação de conflitos de interesses nas recomendações de investimento (artigo 20º do MAR), seja quanto a proibições de transações por parte das pessoas envolvidas na elaboração de recomendações que constam do conjunto de normas destinadas a regular a atividade dos intermediários financeiros (artigo 309º-D do CódVM).

Assim, há que delimitar, quanto a este caso, o âmbito de aplicação, respetivamente, do abuso de informação e da manipulação de mercado, atenta a aparente sobreposição de enquadramento.

O considerando 28 da diretiva, ao referir este comportamento, reporta-o a «opiniões de um comentador ou de uma instituição de mercado reconhecidos que podem influenciar os preços dos instrumentos financeiros com elas relacionados».

A informação que se qualifica como privilegiada é, então, a divulgação da opinião enquanto facto que é apto a produzir um efeito sobre o preço do instrumento financeiro – e que portanto, diz respeito a um instrumento financeiro – na medida em que concorre para a definição do respetivo preço. O abuso de informação consistira em transacionar, estando na posse do conhecimento acerca dessa divulgação.

A distinção entre o âmbito de aplicação da manipulação de mercado e do abuso de informação deverá, então, ser realizada em função do comportamento que se está a considerar.

Sendo a opinião emitida apta a dar indicações falsas ou enganosas, através da omissão de transparência quanto às participações detidas por quem emite a opinião, o comportamento que deverá ser enquadrado como manipulação de mercado – em função da presença do elemento enganatório que consiste em omitir essas participações – é a própria divulgação de opinião, tirando seguidamente proveito do impacto sobre o preço do instrumento financeiro decorrente da divulgação dessa opinião.

O que poderá ser enquadrado como abuso de informação (mesmo que haja cumprimento dos deveres de transparência quanto às participações detidas) não é a própria divulgação da opinião mas o comportamento que consiste em transacionar antes dessa divulgação, com o conhecimento de que essa divulgação irá ter lugar.

Os comportamentos abrangidos são diferentes e pode bem suceder que os agentes também não sejam os mesmos: a pessoa que comete o abuso de informação pode não ser aquela que emite a opinião mas apenas uma pessoa que tem conhecimento do conteúdo da opinião que vai ser divulgada e da sua futura divulgação.

E, para que esse conhecimento traduza a detenção de informação privilegiada, será necessário que essa informação (a divulgação da opinião) seja apta a produzir um efeito sobre o preço dos instrumentos financeiros.

Este impacto é usual quando se trata de recomendações dadas por instituições ou analistas que o fazem profissionalmente e é, ainda mais evidente, quando se trata de notações de risco. Com efeito, a divulgação de notação de risco relaciona-se com o valor do instrumento financeiro de tal modo que é um elemento da sua classificação, com consequências relevantes, não só quanto à avaliação que os investidores fazem do instrumento financeiro, como também quanto a outros aspetos, como é o caso da aplicação de regras de composição de carteiras de fundos de investimento, quanto aos ativos que podem ser elegíveis.

Quanto ao âmbito de aplicação da manipulação de mercado e das regras relativas à divulgação de conflitos de interesses constantes do artigo 20º do MAR (e da diretiva 2003/125/CE do pacote comunitário de 2003-2004), a distinção assenta também nos comportamentos envolvidos.

Para o enquadramento no tipo de manipulação de mercado previsto na alínea *d)* do nº 2 do artigo 12º do MAR, é necessária a verificação de um comportamento complexo. O agente tem de ter uma posição nos instrumentos financeiros, emitir a opinião sem divulgar essa posição e seguidamente tirar proveito do impacto da divulgação dessa opinião.

A violação das regras relativas à omissão de divulgação de conflitos de interesses nas recomendações de investimento dá-se pelo facto simples dessa omissão, ainda que, após a divulgação, não haja qualquer aproveitamento do impacto causado com a divulgação (ou, até, independentemente de qualquer impacto).

c) *Negociação algorítmica: artigo 12º, nº 2 alínea c)*

Não obstante a manutenção da definição de manipulação de mercado que constava da MAD, o MAR acrescenta um exemplo de manipulação na alínea *c)* do nº 2 do seu artigo 12º destinado a abranger estratégias de negociação algorítmica e de alta frequência.

A novidade deste exemplo é que a estratégia é qualificada como manipuladora, não apenas nas situações em dela resultem indicações falsas ou enganosas quanto à oferta ou procura dos instrumentos financeiros, mas também naqueles casos em que a referida estratégia tenha como efeito perturbar a negociação ou dificultar a identificação por outras pessoas de verdadeiras ordens – 12º, nº 2, alínea *c*), pontos *i*) e *ii*).

III. Síntese das alterações

A alteração de relevo no conteúdo do regime do abuso de mercado é a do **alargamento do seu âmbito de aplicação** a instrumentos financeiros negociados em MTF e OTF, às licenças de emissão e, no caso da manipulação de mercado, também a contratos sobre mercadorias e a índices.

No demais, o novo MAR, não obstante o intenso debate realizado antes e após a apresentação das propostas pela Comissão Europeia, pouco alterou da estrutura essencial do regime desenhado pela MAD. A dupla relevância da definição de informação privilegiada manteve-se, o mesmo sucedendo quanto às condições de diferimento, com exceção de alguns afinamentos descritos no ponto seguinte. A definição de manipulação de mercado também não foi, no essencial, alterada.

Para além da questão do âmbito de aplicação, as alterações não são, portanto, de fundo. Contudo foram acrescentados ou alterados alguns aspetos que seguidamente se enunciam, incluindo também aqueles já referidos ao longo do texto:

a) Sondagens de mercado: possibilidade de comunicação de informação privilegiada antes do anúncio de uma operação, no contexto de uma interação com investidores destinada a avaliar o interesse e as possíveis condições de uma operação de alienação de instrumentos financeiros (11º);

b) Referência à negociação algorítmica e descrição de algumas estratégicas específicas nesse contexto – 12º, nº 2, al. *c*);

c) Alterações às condições para o diferimento da divulgação de informação privilegiada: comunicação ao regulador da decisão de diferimento no momento da divulgação (17º, nº 4. §3); autorização necessária, quando os emitentes são instituições de crédito ou financeiras nos casos de risco para a estabilidade do sistema financeiro – 17º, nº 5, *d*);

d) Listas de *insiders*: modelos de listas a serem emitidos pela Comissão Europeia (18º, nº 9), por forma a reduzir o peso administrativo do dever;

e) Comunicação de operações de dirigentes: inclusão do dever de os dirigentes comunicarem também instrumentos de dívida (e não apenas ações) e esclarecimento do tipo de operações a notificar (19º, nºs 1 e 7). O dever mantém-se a partir de €5.000 mas as legislações nacionais podem aumentá-lo para 20.000 (19º, nºs 8 e 9);

f) Previsão de um período fechado a transações de dirigentes de 30 dias antes do anúncio de um relatório financeiro intercalar ou de um relatório anual (19º, nº 11);

g) *Whistle blowing*: proteção e sigilo das comunicações de suspeitas de infração e possibilidade de se prever incentivos financeiros a essas denúncias (32º).

IV. A harmonização do regime e das sanções

Finalmente, de grande relevância sobre o funcionamento do regime do abuso de mercado, é a questão da harmonização total das normas, através de um regulamento comunitário e da harmonização mínima das sanções. Não obstante este aspeto não estar relacionado com o conteúdo do regime (esse, como se referiu, não dista grandemente da MAD), o facto de o novo regime comunitário seguir a forma de regulamento impõe uma harmonização necessária do regime aplicável no espaço europeu, só limitada pelo facto de se continuar a prever a possibilidade de cada Estado membro, através do seu regulador, poder definir práticas de mercado aceites só vigentes no seu mercado (não obstante a necessidade de consulta aos demais reguladores).

Por outro lado, a previsão de limiares mínimos de molduras máximas de sanção poderá também ter como efeito a atenuação das disparidades existentes a esse nível. Esta preocupação não é, contudo, específica do regime do abuso de mercado, uma vez que esse esforço de harmonização é comum à maioria dos diplomas comunitários mais recentes no âmbito do mercado financeiro.

Esta harmonização quase total induz também dificuldades, uma vez que se está perante a definição de infrações e os ordenamentos jurídicos onde o regime irá vigorar enquadram-nas de modo não inteiramente coincidente: em alguns casos, as infrações no âmbito do abuso de mercado são

ESTUDOS SOBRE *LAW ENFORCEMENT, COMPLIANCE* E DIREITO PENAL

infrações de natureza administrativa, noutros ordenamentos são crimes e, noutros, contraordenações.

É certo que o regime comunitário, por um lado, não contempla, em regra, normas de natureza processual, pelo que a diversidade de regimes processuais sempre poderá ser respeitada. Por outro lado, o princípio da legalidade, consagrado no artigo 49º da Carta dos Direitos Fundamentais da União Europeia, é vigente em todo o espaço europeu, pelo que também quanto a este aspeto inexistem razões para haver divergência.

Todavia, não obstante a inexistência de normas de natureza processual e a aplicação generalizada do princípio da legalidade, o enquadramento sancionatório divergente (infrações administrativas, contraordenações, crimes) sempre dará origem a algumas diferenças.

Aliás, a consideração dessas diferenças resulta evidente do abandono da ideia inicial da proposta de consagrar simultaneamente crimes e infrações administrativas (ou contraordenações, no caso dos ordenamentos jurídicos onde estas existem). Na versão final do MAR, conforme resulta do disposto no artigo 30º, nº 1 §2, os Estados membros têm a possibilidade de, caso criminalizem os comportamentos descritos no MAR, não prever para esses comportamentos sanções administrativas.

Conclusão

O breve percurso realizado pelo regime europeu do abuso de mercado publicado em 2014 incidiu essencialmente sobre o regime constante do MAR, o novo Regulamento Comunitário nº 596/2014 sobre abuso de mercado, dado que, não obstante a publicação simultânea de uma diretiva sobre abuso de mercado, o essencial do regime europeu está contido no Regulamento e é nele que se refletem os resultados do debate sobre as diretivas do abuso de mercado que se iniciou em 2007.

O debate sobre a MAD havia incidido com muita intensidade sobre a questão da dupla relevância do conceito de informação privilegiada e sobre o dever de divulgação desta informação a cargo dos emitentes. A versão final do regulamento comunitário publicado em 2014 manteve o regime tal como tinha sido desenhado pela MAD, o mesmo sucedendo, no essencial, quanto à definição da generalidade dos deveres incluídos no âmbito do abuso de mercado, sem embargo de algumas novidades assinaladas neste texto.

Aquilo que verdadeiramente traduz uma alteração muito relevante quando ao regime anterior é, na verdade, o alargamento do seu âmbito de aplicação, agora estendido a instrumentos financeiros não negociados em mercado regulamentado e, no que às proibições de manipulação respeita, também a contratos de mercadorias à vista e a condutas relativas a índices de referência.

Não se trata, assim, de um novo regime europeu do abuso de mercado quanto ao conteúdo mas antes da atribuição de um novo âmbito ao regime já existente.

Esta alteração é, todavia, de relevo, na medida em que coloca sob o controle das regras relativas ao abuso de mercado um número muito maior de condutas e de intervenientes.

A outra grande novidade é a harmonização de regras, das quais decorre a previsão de infrações através de regulamento comunitário. Não obstante o objetivo da MAD de 2003 ser já o da harmonização do regime europeu, as decisões concretas quanto ao texto da transposição eram deixadas a cada Estado membro que, assim, o podia adaptar às especificidades do seu sistema sancionatório.

Essa modalidade tinha o risco de induzir divergências no tratamento jurídico das mesmas situações ao nível europeu, sendo também mais demorada a entrada em vigor do regime, uma vez que dependia da transposição pelos Estado membros.

A opção por um regulamento comunitário afasta certamente estes inconvenientes mas, atenta a novidade do modelo, está, ainda por verificar o nível de dificuldade que decorrerá da integração de uma definição uniforme de infrações em ordenamentos jurídicos com sistemas sancionatórios diferentes.

É o que muito em breve teremos oportunidade de observar.

A utilização em processo penal das informações obtidas pelos reguladores dos mercados financeiros[*]

PAULO DE SOUSA MENDES[**]

Sumário: Introdução; I. A regulação dos mercados financeiros; II. Os poderes de regulamentação, de supervisão e sancionatórios; III. O direito penal financeiro; IV. A utilização em processo penal das informações obtidas pelos reguladores dos mercados financeiros; V. Balanço e perspetivas.

Introdução

A economia financeira[1] e os mercados de valores mobiliários[2] são necessários para assegurar o bem-estar do maior número de pessoas, designadamente através da promoção de uma economia eficiente e dinâmica e da democratização do acesso ao capital. A superlativa relevância do bom funcionamento dos mercados de capitais para a estabilidade económica e financeira de cada país, assim como a importância da integridade e trans-

---

[*] O presente texto teve publicação, em versão alemã, com o título "Die Finanzmarktaufsicht und der Transfer von Informationen aus dem Verwaltungsverfahren in das Strafverfahren", *Goltdammer's Archiv für Strafrecht* 6/2016, pp. 380-392. Em versão portuguesa, o texto tem publicação prevista no Livro em Homenagem ao Professor Doutor Manuel da Costa Andrade.
[**] Professor Associado da Faculdade de Direito da Universidade de Lisboa.
[1] A economia financeira resume-se ao conjunto de instituições que asseguram a circulação do dinheiro entre agentes económicos com necessidades de poupança ou de financiamento.
[2] As locuções "mercados de valores mobiliários" e "mercados de capitais" são usadas indistintamente. As "bolsas de valores" são uma categoria dentro dos mercados de valores mobiliários, a par de outros mercados organizados.

ESTUDOS SOBRE *LAW ENFORCEMENT, COMPLIANCE* E DIREITO PENAL

parência desses mercados para os cidadãos aí investirem as suas poupanças e fortunas, constituem motivos bastantes para satisfazer o critério da legitimidade da intervenção penal na área dos mercados financeiros[3].

Não basta, porém, o merecimento de pena para justificar a criminalização de condutas. O filtro da intervenção penal passa ainda pelo critério da necessidade de pena, que nesta área é particularmente exigente[4]. A intervenção penal será, pois, muito reduzida, por força da fragmentariedade, subsidiariedade e intervenção mínima do direito penal[5/6]. Em princípio, o direito penal não está vocacionado para prevenir ou resolver os problemas gerais dos mercados financeiros. Tais tarefas, por muito ingentes que sejam, cabem sempre à regulação dos mercados de capitais, a qual é desempenhada normalmente por agências independentes de natureza pública (*i.e.*, autoridades reguladoras financeiras), que dispõem de amplos poderes administrativos e podem, inclusive, aplicar autonomamente sanções administrativas[7]. Nos ordenamentos jurídicos nacionais em que certas formas graves de abuso de mercado são puníveis com penas criminais, as autoridades reguladoras financeiras têm ainda competência para a realização de averiguações preliminares em matéria penal, cujas conclusões e documentos associados, caso se traduzam em notícia de crime, devem ser remetidos ao Ministério Público (nos países da Europa continental).

---

[3] Cf. SCHÖNWÄLDER, Yannick, *Grund und Grenzen einer strafrechtlichen Regulierung der Marktmanipulation – Analyse unter besonderer Würdigung der Börsen- oder Marktpreiseinwirkung*, Duncker & Humblot, Berlim, 2011, pp. 65-66.

[4] *Ibid.*, p. 73.

[5] Cf. PINTO, Frederico L. da Costa, "O ilícito de mera ordenação social e a erosão do princípio da subsidiariedade da intervenção penal", in: AA.VV., *Direito Penal Económico e Europeu – Textos doutrinários*, vol. I (Problemas gerais), Coimbra Editora, Coimbra, 1998, (pp. 210-274) p. 213. Igualmente, cf. SCHÖNWÄLDER, *Grund und Grenzen einer strafrechtlichen Regulierung der Marktmanipulation*, cit., p. 73.

[6] Não obstante o atual debate acerca da adequação e eficácia de um novo Direito Penal da crise económica e financeira (cf. DIAS, Augusto Silva, "O Direito Penal como instrumento de superação da crise económico-financeira: estado da discussão e novas perspetivas", *Anatomia do Crime*, 2014, nº 0, [pp. 45-73] pp. 61-71).

[7] Cf. ACKERMANN, Jürg-Beat, *Finanzmarkt ausser Kontrolle? Selbstregulierung – Aufsichtsrecht – Strafrecht: 3. Zürcher Tagung zum Wirtschaftsstrafrecht* (org.: Ackermann/Wohlers), Schulthess Juristische Medien AG, Zürich, 2009, p. 24.

I. A regulação dos mercados financeiros

Os mercados de capitais, especialmente as bolsas de valores, são geralmente entidades privadas, mas devem obediência à lei e estão sujeitos a regulação por parte de autoridades reguladoras financeiras, em função dos riscos que a respetiva operação comporta para as empresas e para os investidores. Tais autoridades reguladoras supervisionam não só os operadores dos mercados financeiros, como também os intermediários financeiros e demais participantes no mercado, incluindo investidores, sendo ainda competentes para analisar as ofertas públicas e os prospetos das sociedades emitentes de valores mobiliários, garantir a transparência e prevenir o abuso de mercado. Por regra, as autoridades reguladoras contam com amplos poderes de regulamentação, de supervisão e sancionatórios[8].

A norte-americana *Securities and Exchange Commission* (SEC) foi criada em 1934, em grande medida para dar resposta à crise financeira de 1929, cabendo-lhe vigiar o cumprimento das leis federais em matéria de mercado de capitais[9]. Na Europa, o mesmo modelo institucional foi replicado tardiamente, como se pode ver pela criação da *Commission des Opérations de Bourse* (COB) em França (1967), da *Commissione Nazionale per le Società e la Borsa* (Consob) em Itália (1974), do *Securities and Investment Board* (SIB) no Reino Unido (1986), da *Comisión Nacional del Mercado de Valores* (CNMV) em Espanha (1988), da Comissão de Mercado de Valores Mobiliários (CMVM) em Portugal (1991) e do *Bundesaufsichtsamt für den Wertpapierhandel* (BAWe) na Alemanha (1994).

Todas as autoridades acima referidas correspondem ao sistema de supervisão especializada, caraterizado pela separação das três grandes áreas de supervisão financeira, estando a supervisão do mercado de capitais separada da supervisão da área bancária e da dos seguros. Entretanto, a arquitetura das autoridades reguladoras nacionais evoluiu em muitos países europeus para o sistema monista, cabendo a uma única entidade a supervisão das três áreas. Já era assim, desde finais dos anos 80 do século passado, nos países escandinavos[10] e assim passou a ser também no Reino

---

[8] Cf. Pinto, Frederico L. da Costa, "Supervisão do mercado, legalidade da prova e direito de defesa em processo de contraordenação (Parecer)", in: AA.VV., *Supervisão, direito ao silêncio e legalidade da prova*, Almedina, Coimbra, 2009, pp. 57-125.

[9] Cf. Câmara, Paulo, *Manual de Direito dos Valores Mobiliários*, 2ª ed., Almedina, Coimbra, 2011, pp. 245-247 e 505-506.

[10] Cf. Taylor, Michael W., "The Road from 'Twin Peaks' – and the Way Back", *Conn. Ins. L. J.*, 2009, vol. 16, nº 1, pp. 61-96.

ESTUDOS SOBRE *LAW ENFORCEMENT, COMPLIANCE* E DIREITO PENAL

Unido, no rescaldo do episódio que conduziu à crise financeira do *Barings Bank*, tendo sido fundada em 1997 a *Financial Services Authority* (FSA)[11]. Na Alemanha, a atual *Bundesanstalt für Finanzdienstleistungsaufsicht* (BaFin) foi criada em 2002, herdando as competências não só do BAWe, mas também do *Bundesaufsichtsamt für das Kreditwesen* (BAKred) e do *Bundesaufsichtsamt für das Versicherungswesen* (BAV)[12]/[13]. Exemplos semelhantes ocorrem na Áustria, Bélgica, Chipre, Eslovénia, Estónia, Hungria, Lituânia e Malta[14].

Mais recentemente surgiu uma terceira via, apontando para a repartição funcional dos organismos de supervisão financeira, desta feita separando autoridades de supervisão prudencial (*prudential supervision*) e autoridades de supervisão comportamental (*conduct supervision*)[15]. É o chamado modelo *"Twin Peaks"*[16], que faz corresponder à autoridade de supervisão comportamental o controlo do cumprimento dos deveres de informação e colaboração por parte de todos os participantes no mercado e à autoridade de supervisão prudencial o fomento de um sistema financeiro mais resiliente e estável, prevenindo desta forma os riscos sistémicos[17]. Este modelo tem expressão na Austrália, Canadá e Holanda[18]. Acabou de ser adotado no Reino Unido, onde a FSA foi substituída em 2012 pela *Financial Conduct Authority* (FCA), emparelhando esta autoridade agora com a *Prudential Regulation Authority* (PRA) e passando as duas novas autoridades reguladoras a integrar um outro regulador, o *Financial Policy Committee*

---

[11] Cf. CÂMARA, *Manual de Direito dos Valores Mobiliários*, cit., pp. 275-276; TAYLOR, *Conn. Ins. L. J.*, 2009, vol. 16, nº 1, cit., p. 94; THIELE, Alexander, *Finanzaufsicht – Der Staat und die Finanzmärkte*, Mohr Siebeck, Tübingen, 2014, p. 169 ss..

[12] Cf. SZESNY, André-M., *Finanzmarktaufsicht und Strafprozess – Die Ermittlungskompetenzen der BaFin und der Börsenaufsichtsbehörden nach Kreditwesengesetz, Wertpapierhandelsgesetz und Börsengesetz und ihr Bezug zum Strafprozessrecht*, Dr. Kovač, Hamburg, 2008, p. 6.

[13] Não obstante as competências de supervisão do negócio bancário a cargo do *Deutsche Bundesbank*, com quem a BaFin estabeleceu um memorando de entendimento e cooperação.

[14] Cf. VEIL, Rüdiger, *European Capital Markets Law*, Hart Publishing, Oxford, 2013, p. 35.

[15] Cf. THIELE, *Finanzaufsicht*, cit., p. 170 ss..

[16] A designação foi criada por Michael Taylor, precisamente numa obra intitulada *Twin Peaks – A Regulatory Structure for the New Century*, 1995 (cf. TAYLOR, *Conn. Ins. L. J.*, 2009, vol. 16, nº 1, cit., p. 63, n. 11).

[17] Cf. DAVIES, Howard, GREEN, David, *Global Financial Regulation – The Essential Guide*, Polity Press, Cambridge, 2008, p. 191 ss..

[18] Cf. CÂMARA, *Manual de Direito dos Valores Mobiliários*, cit., p. 277; THIELE, *Finanzaufsicht*, cit., p. 171.

(FPC)[19]. O novo modelo também chegou a estar em estudo para Portugal, mas não avançou[20].

II. Os poderes de regulamentação, de supervisão e sancionatórios

O modelo institucional de regulação a cargo de agências de natureza pública acabou por promover a publicização[21], ainda que parcial, da regulação financeira e do direito dos valores mobiliários. Este último passou a assumir-se como ramo de direito misto, combinando zonas de direito público e de direito privado[22].

Tais zonas de direito público são integradas por instrumentos de direito administrativo, designadamente poderes de regulamentação[23] e de supervisão[24], incluindo a supervisão intrusiva, que pode implicar inspeções ou auditorias às empresas realizadas *in situ*, de mais a mais garantidas por deveres de colaboração das visadas[25], sob cominação de sanções por desobediência[26]. Além de que os ilícitos detetados oficiosamente (ou oportu-

---

[19] Cf. D'ALESSANDRO, Francesco, *Regolatori del mercato*, enforcement *e sistema penale*, Giappichelli, Turim, 2014, p. 383.

[20] Cf. "Consulta Pública do Ministério das Finanças sobre Proposta de Reforma da Supervisão Financeira em Portugal" (*online*: http://www.cmvm.pt, consultado em 20.11.2016). A consulta pública decorreu entre os dias 11 de setembro e 31 de outubro de 2009.

[21] Em homenagem ao conceito de "publicização do direito privado" ("*Publizierung des Privatrechts*") proposto por RADBRUCH, Gustav, *Rechtsphilosophie*, 3ª ed., Quelle & Meyer, Leipzig, 1932, p. 124 ss..

[22] Cf. CÂMARA, *Manual de Direito dos Valores Mobiliários*, cit., p. 247; NISCO, Attilio, *Controlli sul mercato finanziario e responsabilità penale – Posizioni di garanzia e tutela del risparmio*, Bononia University Press, Bolonha, 2009, p. 28 ss..

[23] Trata-se aqui da competência própria das autoridades reguladoras para a emissão de regulamentos, os quais possuem um grau de detalhe muito superior ao dos textos legislativos. Acresce a competência para a produção de atos quase normativos (*soft law*) no desenho de soluções para casos concretos ou a apresentação de pareceres genéricos, garantindo a coerência decisória (cf. CÂMARA, *Manual de Direito dos Valores Mobiliários*, cit., pp. 247-248).

[24] Trata-se agora da atividade de polícia administrativa, que se carateriza pela vigilância permanente de pessoas, comportamentos e documentos, tendo em vista prevenir, detetar e perseguir ilícitos e evitar ou, pelo menos, remediar perturbações no mercado (cf. CÂMARA, *Manual de Direito dos Valores Mobiliários*, cit., pp. 261-262).

[25] Cf. BÖSE, Martin, *Wirtschaftsaufsicht und Strafverfolgung – Die verfahrensübergreifenden Verwendung von Informationen und die Grund- und Verfahrensrechte des Einzelnen*, Mohr Siebeck, Tübingen, 2005, p. 204; WOHLERS, Wolfgang, *Finanzmarkt ausser Kontrolle? Selbstregulierung – Aufsichtsrecht – Strafrecht* (org.: Ackermann/Wohlers), cit., p. 285.

[26] As inspeções e auditorias são atos administrativos de conteúdo verificativo, no âmbito de uma relação institucional em que o dever de colaboração do inspecionado ou auditado tem

namente denunciados) são perseguidos diretamente pelas autoridades reguladoras, que estão normalmente apetrechadas de vigorosos poderes de instrução e decisão de processos sancionatórios. Os ilícitos sujeitos à jurisdição das autoridades reguladoras assumem a configuração técnico--legal de contraordenações (Alemanha, Portugal) ou de simples infrações administrativas (Brasil, Espanha, EUA, França, Itália, Reino Unido, etc.), mas, em qualquer dos casos, é indiscutível a sua natureza "criminal" (*lato sensu*), considerando que são cominados com sanções penais[27]. Daí que seja necessário estabelecer uma clara distinção entre os procedimentos de supervisão preventiva e os procedimentos sancionatórios, designadamente

como contrapartida, em princípio, a comunicação prévia por parte da autoridade reguladora do como e quando serão realizadas as diligências, de maneira a assegurar o máximo resultado das mesmas (ainda que na Alemanha, por exemplo, a autoridade reguladora, por força do § 4 IV do Código do Mercado de Valores Mobiliários [*Wertpapierhandelsgesetz* – WpHG], tenha o acesso garantido às instalações das entidades supervisionadas durante o horário de trabalho). Tais diligências não visam a descoberta de ilícitos, sob pena de se transformarem em buscas encapotadas (em manifesta fraude à lei), mas o controlo ou fiscalização do cumprimento da lei. É natural, portanto, que, em caso de descoberta de irregularidades ou indícios de infrações, a autoridade reguladora deva emitir preferencialmente recomendações para adoção de medidas de correção, códigos de conduta e sistemas internos de controlo do cumprimento das obrigações legais e regulamentares (sistemas de *compliance*) nas empresas, estimulando assim medidas não vinculativas e compromissos voluntários. Mas não fica necessariamente excluída a possibilidade do exercício de poderes sancionatórios por parte da autoridade reguladora. Há quem fale numa "Administração simbiótica" a propósito desta quase osmose entre as autoridades reguladoras e as empresas supervisionadas (cf. HERMES, Georg, "Staat und Markt", in: AA.VV., *Die Finanzkrise, das Wirtschaftsstrafrecht und die Moral* [org.: Kempf/Lüderssen/Volk], de Gruyter, Berlin/New York, 2010, [pp. 26-46] pp. 38-39).

[27] O conceito de infração criminal tem uma aceção própria na Convenção Europeia dos Direitos Humanos (CEDH), segundo a jurisprudência do Tribunal Europeu dos Direitos Humanos (TEDH). Em *Engel vs. Netherlands* (1976), o TEDH concluiu que não basta qualificar legalmente uma infração como disciplinar para a subtrair aos princípios do processo justo e equitativo de natureza penal. Em *Özturk vs. Germany* (1986), o TEDH determinou que as contraordenações deviam ser consideradas infrações criminais para o efeito da aplicação do artigo 6º da CEDH, que consagra o direito a um processo justo e equitativo e a presunção de inocência (cf. HARRIS, Davis, O'BOYLE, Michael, BATES, Ed, BUCKLEY, Carla, *Law of the European Convention on Human Rights*, 2ª ed., Oxford University Press, Oxford/New York, 2009, pp. 205-208; COSTA, Joana, "O princípio *nemo tenetur* na Jurisprudência do Tribunal Europeu dos Direitos do Homem", *RMP*, 2011, nº 128, (pp. 117-183) pp. 127-129; RAMOS, Vânia Costa, "Direito Penal Europeu Institucional", in: AA.VV., *Direito Penal Económico e Financeiro – Conferências do Curso Pós-graduado de Aperfeiçoamento* [org.: Palma/Silva Dias/Sousa Mendes], Coimbra Editora, Coimbra, 2012, [pp. 367-429] pp. 369-370); BRANDÃO, Nuno, *Crimes e contraordenações – Da cisão à convergência material*, Coimbra Editora, Coimbra, 2016, pp. 234-236).

para que as entidades visadas não deixem de estar cientes das finalidades das diligências de recolha de informação, em ordem a não ficarem prejudicadas nos seus direitos de defesa[28].

A distinção entre procedimentos de supervisão preventiva e sancionatórios não implica, porém, a criação de autênticas barreiras (*firewalls*) entre as duas funções. Pelo contrário, há vasos comunicantes, desde que seja respeitado um princípio de lealdade na relação das autoridades reguladoras com as entidades afetadas por quaisquer diligências. Tal princípio significa, fundamentalmente, que o aproveitamento da informação e da documentação obtida no âmbito da supervisão é, por regra, viável não apenas como notícia da infração, mas até como meio de prova em processo sancionatório em curso ou a instaurar[29], mas só se as autoridades reguladoras tornarem manifesta essa possibilidade, não vá dar-se o caso de as entidades visadas tomarem erradamente por rotinas de supervisão aquelas diligências que, pelo contrário, são já de investigação com vista ao apuramento de responsabilidades, o que justificaria, portanto, outro cuidado nas respostas a dar[30]. Importa notar que as entidades visadas e demais pessoas afetadas, não obstante o seu dever de colaboração e de informação defronte das autoridades reguladoras, gozam da prerrogativa de não autoinculpação, no sentido de não serem obrigadas a confessar a prática de quaisquer ilícitos (ou seja, de não terem de prestar declarações que por

---

[28] Cf. CÂMARA, *Manual de Direito dos Valores Mobiliários*, cit., pp. 264-265; BÖSE, *Wirtschaftsaufsicht und Strafverfolgung*, cit., p. 5.

[29] Cf. DIAS, Jorge de Figueiredo, ANDRADE, Manuel da Costa, "Poderes de supervisão, direito ao silêncio e provas proibidas (Parecer)", in: AA.VV., *Supervisão, direito ao silêncio e legalidade da prova*, Almedina, Coimbra, 2009, (pp. 11-56) p. 24; GAGEIRO, António, "Modelos de Direito estrangeiro na perspetiva do *enforcement* (E.U.A./R.U./Europa Continental)", in: AA.VV., *Direito Sancionatório das Autoridades Reguladoras* (org.: Palma/Silva Dias/Sousa Mendes), Coimbra Editora, Coimbra, 2009, (pp. 41-72) pp. 61-64; BOLINA, Helena, "O direito ao silêncio e o estatuto dos supervisionados à luz da aplicação subsidiária do processo penal aos processos de contraordenação no mercado de valores mobiliários", *RCEJ*, 2010, nº 14, (pp. 383-430) pp. 426-429; ANASTÁCIO, Catarina, "O dever de colaboração no âmbito dos processos de contraordenação por infração às regras de defesa da concorrência e o princípio *nemo tenetur se ipsum accusare*", *RC&R*, 2010, nº 1, (pp. 199-235) pp. 222-230. Em sentido contrário, cf. DIAS/RAMOS, *O direito à não autoinculpação (nemo tenetur se ipsum accusare) no processo penal e contraordenacional português*, cit., p. 77.

[30] Cf. MENDES, Paulo de Sousa, "O problema da utilização de elementos recolhidos em ações de supervisão como meios de prova em processo sancionatório", *RC&R*, 2012, nºs 11/12, (pp. 307-318) pp. 311-312.

ESTUDOS SOBRE *LAW ENFORCEMENT, COMPLIANCE* E DIREITO PENAL

si só e independentemente de outros meios de prova e demais valorações sejam equivalentes à admissão da prática de uma infração), devendo apenas fornecer as informações estritamente factuais que lhes forem pedidas e os documentos preexistentes referenciados pelas autoridades reguladoras[31].

Questão diferente é a de saber se a concentração das competências de instrução e decisão de processos sancionatórios numa única autoridade é compatível com o princípio do processo justo e equitativo. Há quem considere que um *"processo em que a autoridade ao mesmo tempo investiga, organiza o contraditório e avalia os seus resultados, e no fim toma a decisão de punir ou absolver (embora sujeita a recurso para um juiz)"* deveria suscitar reservas muito sérias[32]. Há modelos alternativos, tais como a decisão de aplicação de sanções deferida a uma autoridade judicial ou a uma estrutura com representantes da indústria[33]. Mas a concentração das competências de instrução e decisão numa única autoridade[34] não será contrária ao princípio do processo justo

---

[31] Em matéria de limites ao princípio da não autoincriminação (princípio *nemo tenetur se ipsum accusare*), o lugar paralelo mais adequado é a jurisprudência do Tribunal de Justiça das Comunidades Europeias (TJCE) – agora Tribunal de Justiça da União Europeia (TJUE) –, que já por várias vezes teve ocasião de se pronunciar sobre o alcance e limites do dever de colaboração das empresas, no âmbito dos processos sancionatórios por práticas restritivas da concorrência instaurados pela Comissão Europeia ao abrigo dos artigos 81º e 82º do Tratado que institui a Comunidade Europeia (TCE) – atuais artigos 101º e 102º do Tratado sobre o funcionamento da União Europeia (TFUE). No acórdão do TJCE de 18/10/1989, no Proc. nº 374/87 (*Orkem vs. Commission*), o Tribunal declarou que *"a Comissão tem o direito de obrigar a empresa a fornecer todas as informações necessárias relativas aos factos de que possa ter conhecimento e, se necessário, os documentos correlativos que estejam na sua posse, mesmo que estes possam servir, em relação a ela ou a outra empresa, para comprovar a existência de um comportamento anticoncorrencial, já no entanto não pode, através de uma decisão de pedido de informações, prejudicar os direitos de defesa reconhecidos à empresa"*. Donde decorre que *"a Comissão não pode impor à empresa a obrigação de fornecer respostas através das quais seja levada a admitir a existência da infração, cuja prova cabe à Comissão"*.

[32] Cf. Veloso, José António, "Boas intenções, maus resultados – Notas soltas sobre investigação e processo na supervisão financeira", *ROA*, 2000, nº 60, (pp. 73-102) p. 76.

[33] Cf. Câmara, *Manual de Direito dos Valores Mobiliários*, cit., pp. 264; D'Alessandro, *Regolatori del mercato, enforcement e sistema penale*, cit., p. 401.

[34] Há sistemas jurídicos que visam obviar o problema da concentração das competências através da separação das funções de instrução e de decisão dentro da própria autoridade reguladora. No caso brasileiro, o rito ordinário do processo administrativo – que é regulado pela Resolução CMN 454/77 e pela Deliberação CVM 457/02 – prevê a existência de uma peça acusatória, elaborada pelas áreas técnicas da Comissão de Valores Mobiliários (CVM), denominada termo de acusação. Apresentado o termo de acusação, os acusados serão intimados para apresentação de defesa escrita no prazo de trinta dias e em seguida o processo será levado ao Colegiado para julgamento, sendo distribuído a um relator, a quem caberá o

e equitativo se ficar totalmente garantida a possibilidade de revisão das decisões condenatórias proferidas pela autoridade administrativa por via de recurso judicial de jurisdição plena[35].

III. O direito penal financeiro

Logo de início dissemos que o direito penal não está vocacionado para prevenir ou resolver os problemas gerais dos mercados financeiros[36]. Não deixa, porém, de desempenhar um papel limitado na defesa do bom funcionamento dos mercados financeiros, cumprindo assim a sua função de *ultima ratio*[37].

Nos Estados-Membros da União Europeia, a política criminal relativa ao abuso de mercado[38] recebe uma influência determinante da própria

deferimento ou indeferimento de provas ou a determinação de novas diligências. No final da instrução, o relator levará o processo a julgamento, que ocorrerá em sessão pública, com a possibilidade de sustentação oral por parte dos acusados. Havendo empate no julgamento, caberá ao presidente da CVM o voto de desempate, devendo a decisão administrativa conter um relatório do processo, os fundamentos da decisão e uma parte dispositiva, nos mesmos moldes de uma decisão judicial. Das decisões proferidas pelo Colegiado nos processos de rito ordinário caberá recurso, em segunda e última instância, para o Conselho de Recursos do Sistema Financeiro Nacional (cf. ALONSO, Leonardo, *Crimes contra o mercado de capitais*, Diss. [São Paulo], 2009, pp. 49-50).

[35] Que esta solução não é contrária às garantias de defesa é algo que até se pode retirar por interpretação do acórdão do TEDH, no caso *Menarini vs. Italy* e, mais claramente ainda, do voto de vencido do juiz Paulo Pinto de Albuquerque, na parte em que diz que o essencial do devido processo (*due process*) é a garantia de recurso judicial das decisões da Comissão Europeia (em matéria de Direito Europeu da Concorrência), desde que o tribunal de recurso conheça de jurisdição plena (Acórdão do TEDH, de 27 de setembro de 2011, Petição nº 43509/08, *A. Menarini Diagnostics SLR vs. Italy*).

[36] Cf. BEER, Nicola, "Europäische Aspekte", in: AA.VV., *Die Finanzkrise, das Wirtschaftsstrafrecht und die Moral* (org.. Kempf/Lüderssen/Volk), cit., (pp. 6 11), p. 9; GÓMEZ-JARA DÍEZ, Carlos, *La protección penal transnacional de los mercados financieros*, Marcial Pons, Madrid/Barcelona/ Buenos Aires/São Paulo, 2014, pp. 24 e 67.

[37] Cf. KASISKE, Peter, "Aufarbeitung der Finanzkrise durch das Strafrecht? Zur Untreue strafbarkeit durch Portfolioinvestments in Collateralized Debt Obligations via Zweckgesellschaften", in: AA.VV., *Die sogenannte Finanzkrise – Systemversagen oder global organisierte Kriminalität?* (org.: Schünemann), BWV, Berlim, 2010, (pp. 13-42) pp. 38-39; LÜDERSSEN, Klaus, "Komplexität und Ambivalenzen", in: AA.VV., *Die Finanzkrise, das Wirtschaftsstrafrecht und die Moral* (org.: Kempf/Lüderssen/Volk), cit., (pp. 15-18) p. 15; WOHLERS, *Finanzmarkt ausser Kontrolle? Selbstregulierung – Aufsichtsrecht – Strafrecht* (org.: Ackermann/Wohlers), cit., p. 274 ss..

[38] O abuso de mercado é um conceito geral que abrange distintas condutas ilícitas nos mercados financeiros, a saber: o abuso de informação privilegiada, a transmissão ilícita de infor-

União[39]. Ora, os instrumentos europeus têm registado uma constante evolução nesta matéria, como se pode notar pela recente publicação quer do Regulamento sobre o Abuso de Mercado[40], quer da nova Diretiva sobre o Abuso de Mercado[41]. Ambos os instrumentos foram publicados, mas importa notar o seguinte: *(i)* a maior parte das normas do Regulamento só serão aplicáveis a partir de 3 de julho de 2016, além de que certas normas carecem mesmo de medidas de aplicação nas ordens jurídicas internas dos Estados-Membros (artigo 39º, nº 3, do Regulamento); *(ii)* a Diretiva terá de ser transposta até 3 de julho de 2016 (artigo 13º, nº 1, da Diretiva).

Os referidos instrumentos legislativos da União revelam uma elevada expetativa na aproximação das legislações dos Estados-Membros (artigo 114º do TFUE), mas a realidade é outra. Parafraseando Howard Davies, ex-Presidente da FSA, o problema é que a Europa cai sempre na tentação de se concentrar na feitura de diretivas e regulamentos, acreditando que se fizer a diretiva perfeita tudo o resto correrá sobre rodas. Só que essa é uma condição necessária, mas não suficiente para a criação da estrutura jurídica de um mercado financeiro integrado[42/43].

---

mação privilegiada e a manipulação de mercado. Estas condutas impedem uma transparência plena e adequada dos mercados, indispensável às operações de todos os agentes económicos num mercado financeiro integrado.

[39] Cf. FOFFANI, Luigi, "Nuevas tendencias y perspectivas del derecho penal económico europeo", *RPCC*, 2014, nº 24, (pp. 225-234) p. 230.

[40] Regulamento (UE) nº 596/2014, do Parlamento Europeu e do Conselho, de 16 de abril de 2014, relativo ao abuso de mercado (regulamento abuso de mercado) e que revoga a Diretiva nº 2003/6/CE, do Parlamento Europeu e do Conselho, e as Diretivas nºs 2003/124/CE, 2003/125/CE e 2004/72/CE, da Comissão.

[41] Diretiva nº 2014/57/UE, do Parlamento Europeu e do Conselho, de 16 de abril de 2014, relativa às sanções penais aplicáveis ao abuso de informação privilegiada e à manipulação de mercado (abuso de mercado).

[42] Cf. DAVIES, Howard, "Five Tests of the Single Financial Market", *Revue Bancaire et Financière*, 2003, vol. 67, nº 3, pp. 208-213.

[43] Na língua original: *"There is always a temptation in Europe to focus on the production of directives and regulations, and to think that if we can just draft the perfect directive, everything else will fall into place. Of course we do need an appropriate legislative framework of regulation. That is a necessary but not a sufficient condition for an effective single financial market".*

IV. A utilização em processo penal das informações obtidas pelos reguladores dos mercados financeiros

Nesta matéria, o esforço de aproximação das legislações dos Estados-Membros já vem de trás e tem sido consistente. Mas aqui a grande questão não passa tanto pela aproximação das qualificações jurídicas do abuso de mercado, mas pela comparação dos sistemas de regulação dos mercados financeiros nos diversos Estados-Membros, cujas diferenças se refletem ao nível dos próprios sistemas penais. Senão, vejamos: as mentes habituadas aos sistemas europeus continentais em que o domínio do processo penal cabe às autoridades judiciárias ficarão seguramente surpreendidas – pouco importa se chocadas, se seduzidas – com os poderes penais da FCA (herdados da ex-FSA). Na verdade, a FCA – nos termos do *Financial Services Act 2012*, que, em grande medida, transferiu da FSA para a FCA os poderes previstos no *Financial Services and Markets Act 2000*[44] – tem poderes para perseguir autonomamente os crimes mobiliários e, como se isso fosse pouco, tem ainda poderes para decidir, em cada caso, se este deve ser tratado ao nível penal ou ao nível regulatório (*i.e.*, direito administrativo sancionador). Não se pense, porém, que a FCA pode seguir arbitrariamente a via penal ou a administrativa, pois para tanto tem de se basear em princípios. Tais princípios, aliás, são os mesmos que constam do *Code for Crown Prosecuters*, nomeadamente: *(i)* um teste de consistência das provas obtidas (*evidential test*); e *(ii)* um teste de oportunidade (*public interest test*), atendendo à gravidade do ilícito e ao interesse público na sua prossecução penal[45]. O teste probatório implica, entre outras coisas, a supressão das provas eventualmente obtidas ao abrigo dos poderes de supervisão da autoridade reguladora, já que elas não podem ser usadas em processo penal[46], a menos que os visados tenham prestado depoimentos enganosos ou procedido à entrega de documentos falsos. A justificação dessa restrição ao uso das provas assenta num princípio de confiança na relação do regulador com os participantes no mercado, de sorte que só quando essa confiança for defraudada por parte de alguma pessoa é que pode ter lugar a prossecução penal. É, pois, uma espécie de imunidade penal concedida

---

[44] Cf. D'Alessandro, *Regolatori del mercato*, enforcement *e sistema penale*, cit., p. 395.

[45] Cf. Böse, *Wirtschaftsaufsicht und Strafverfolgung*, cit., p. 204 ss.; D'Alessandro, *Regolatori del mercato*, enforcement *e sistema penale*, cit., p. 403.

[46] Cf. Gless, Sabine, *Beweisrechtsgrundsätze einer grenzüberschreitenden Strafverfolgung*, Nomos, Baden-Baden, 2006, p. 33.

ESTUDOS SOBRE *LAW ENFORCEMENT, COMPLIANCE* E DIREITO PENAL

pelo regulador defronte do cumprimento total e efetivo dos deveres de colaboração por parte dos visados[47].

Em Portugal, a CMVM tem competência para a realização de averiguações preliminares, cujas conclusões e documentos associados, caso se traduzam na notícia de um crime mobiliário, devem ser remetidas ao Ministério Público, nos termos dos artigos 383º e 386º do Código dos Valores Mobiliários (CdVM)[48]. Será que a existência de averiguações preliminares, conduzidas por entidades independentes do Ministério Público, contende com princípios jurídicos constitucionais, já que a ação penal só pode ser exercida pelo Ministério Público, nos termos do artigo 219º, nº 1, da Constituição da República Portuguesa (CRP)? Em princípio, a resposta é negativa, como explicaremos de seguida. As averiguações preliminares são parte integrante dos poderes de supervisão da CMVM, na medida em que cabem ainda na função de acompanhamento dos mercados e de fiscalização do cumprimento das normas de atuação dos intermediários financeiros e demais participantes no mercado. Naturalmente, a atividade de supervisão permite muitas vezes a deteção de ilícitos, que tanto podem ser contraordenações como crimes. Em especial, as averiguações preliminares visam *"apurar a possível existência da notícia de um crime"* (artigo 383º, nº 2, do CdVM), mas não constituem um inquérito em processo penal. Desde logo, distinguem-se formalmente do inquérito em processo penal por serem dirigidas por uma autoridade reguladora e não pelo Ministério Público. Esta distinção só é legítima, porém, se a CMVM não desenvolver uma autêntica atividade de investigação criminal. Na verdade, a CMVM não pode interrogar pessoas, nem pode constituí-las arguidas em processo-crime. À CMVM compete apenas analisar os elementos recolhidos na sua atividade de supervisão e verificar se contêm indícios da existência de um crime contra o mercado de valores mobiliários. Por isso se diz que as averiguações preliminares constituem um mero *"filtro técnico especializado"*[49].

---

[47] Cf. MENDES, Paulo de Sousa, "A adaptação do Direito português à Diretiva sobre o Abuso de Mercado", in: AA.VV., *Direito Sancionatório das Autoridades Reguladoras* (org.: Palma/ Silva Dias/Sousa Mendes), Coimbra Editora, Coimbra, 2009, (pp. 325-337) pp. 335-336; D'ALESSANDRO, *Regolatori del mercato, enforcement e sistema penale*, cit., p. 393.

[48] Aprovado pelo Decreto-Lei nº 486/99, de 13 de novembro, e alterado pela última vez pelo Decreto-Lei nº 88/2014, de 6 de junho.

[49] Cf. PINTO, Frederico L. da Costa, *O novo regime dos crimes e contraordenações no Código dos Valores Mobiliários*, Almedina, Coimbra, 2000, p. 106; SANTIAGO, Bruno Vinga, "O regime

A UTILIZAÇÃO EM PROCESSO PENAL DAS INFORMAÇÕES OBTIDAS PELOS REGULADORES...

Enfim, as averiguações preliminares permitem ainda, se for caso disso, aprofundar os factos através de novos pedidos de informação dirigidos aos intermediários financeiros ou a quaisquer outras pessoas sujeitas aos poderes de supervisão da CMVM, que têm o dever de informação, sob cominação de sanções para o incumprimento das injunções da Comissão (artigo 385º, nº 1, alínea *a*), do CdVM)[50]. No final, o Ministério Público receberá então os autos das averiguações preliminares concluídas com a obtenção da notícia de crimes, evitando-se assim que sejam remetidos para investigação criminal elementos inconsistentes e obstando-se a que o cidadão seja desnecessariamente objeto de um processo-crime à partida votado ao insucesso por razões técnicas[51].

Em Itália, a Consob tem também competência para a averiguação preliminar (*attività di accertamento*) dos crimes de manipulação de mercado e de abuso de informação privilegiada, nos termos do *articolo 187 decies* do *Decreto legislativo del 24 febbraio 1998 n. 58* (*Testo unico delle disposizioni in materia di intermediazione finanziaria*), modificado pela última vez pelo *D.L. n. 179 del 18.10.2012*, em conjunto com a *Legge n. 221 del 17.12.2012* e com o *D.Lgs. n. 184 del 11.10.2012*[52]. A questão das averiguações preliminares é, no entanto, muito polémica na doutrina, na medida em que a sujeição do suspeito a uma investigação administrativa não lhe permite que beneficie dos direitos de defesa reconhecidos ao arguido em processo penal, antes podendo deixá-lo exposto a uma maior insegurança jurídica e podendo ser ameaçado pela possibilidade de abuso por parte da Administração[53].

---

das averiguações preliminares no Código dos Valores Mobiliários de 1999", *RPCC*, 2001, nº 11, (pp. 603-632) p. 604; CURADO, Ana Pascoal, "As averiguações preliminares da CMVM no âmbito da luta contra a criminalidade financeira – Natureza jurídica e aplicação do princípio *nemo tenetur*", *RC&R*, 2012, nº 9, (pp. 239-274) pp. 259-262.

[50] Cf. CURADO, *RC&R*, 2012, nº 9, cit., p. 261.

[51] Cf. MENDES, Paulo de Sousa, *Lições de Direito Processual Penal*, 2ª reimp., Almedina, Coimbra, 2015 (1ª ed., 2013), pp. 60-61; PINTO, *O novo regime dos crimes e contraordenações no Código dos Valores Mobiliários*, cit., pp. 105-106.

[52] Cf. CURADO, *RC&R*, 2012, nº 9, cit., p. 244-245; NISCO, Attilio, "L'ostacolo all'esercizio delle funzioni delle autorità pubbliche di vigilanza – Spunti problematici", *RTDPE*, 2013, vol. 26, fasc. 1/2, (pp. 249-273) p. 265.

[53] Cf. DIAS, Augusto Silva, RAMOS, Vânia Costa, *O direito à não autoinculpação* (nemo tenetur se ipsum accusare) *no processo penal e contraordenacional português*, Coimbra Editora, Coimbra, 2009, p. 68; NISCO, *RTDPE*, 2013, vol. 26, fasc. 1/2, cit., p. 265; D'ALESSANDRO, *Regolatori del mercato*, enforcement *e sistema penale*, cit., p. 372 ss..

ESTUDOS SOBRE *LAW ENFORCEMENT, COMPLIANCE* E DIREITO PENAL

Na Alemanha, a BaFin tem poderes para punir autonomamente a manipulação de mercado como contraordenação, mas a manipulação torna-se punível como crime se influenciar efetivamente o preço dos valores mobiliários em causa[54]. Nesse caso, a BaFin transfere os autos para o Ministério Público para investigação no âmbito do processo penal (§ 4 V WpHG)[55]. Em casos de suspeita de abuso de informação privilegiada, a BaFin dá início à investigação (§ 4 Abs. 3 e 4 WpHG), que a lei não designa por averiguação preliminar, comunicando de seguida a notícia da infração ao Ministério Público se a suspeita for fundada (§ 4 Abs. 5 Satz 1 WpHG)[56]. Seja como for, a comunicação da notícia da infração ao Ministério Público ocorre tão prematuramente quanto possível, em obediência estrita ao princípio da separação de poderes[57]. Indiscutível é que os processos administrativos obedecem ao princípio *nemo tenetur*[58]. Também o dever de informação (*Auskunftspflicht*) imposto pelo § 4 Abs. 3 WpHG cai na alçada do mesmo princípio[59/60]. Por isso mesmo, o legislador consagrou, no § 4 Abs.

---

[54] O § 20a WpHG prevê e pune como contraordenação a manipulação de mercado, mas o § 38 II 1 WpHG estatui cominações penais (*Strafbestimmungen*), em especial a pena de prisão, para quem dolosamente influenciar de facto o preço de um valor mobiliário (cf. SCHÖNWÄLDER, *Grund und Grenzen einer strafrechtlichen Regulierung der Marktmanipulation*, cit., pp. 81-83; LIENENKÄMPER, Mona, *Marktmanipulation gemäß § 20 a WpHG – Unter besonderer Berücksichtigung der Verordnung zur Konkretisierung des Verbots der Marktmanipulation [Marktmanipulations-Konkretisierungsverordnung – MaKonV] vom 1. März 2005 und der höchstrichterlichen Rechtsprechung*, Dr. Kovač, Hamburg, 2012, p. 17 ss.; YIM, Chul-Hee, *Die Zurechnung des Einwirkungserfolgs bei der strafbaren Marktmanipulation im Sinne des § 38 Abs. 2 WpHG*, Dr. Kovač, Hamburg, 2013, p. 17 ss.) A disposição penal do § 38 WpHG já foi sujeita a várias modificações ao longo do tempo (para desenvolvimentos, cf. VOGEL, Joachim, in: AA.VV., *Wertpapierhandelsgesetz Kommentar* [org.: Assmann/Schneider], 6ª ed., Dr. Otto Schmidt, Köln, 2012, § 38, nº m. 1 ss.).

[55] Cf. HOHNEL, Andreas, *Kapitalmarktstrafrecht – Kommentar*, Beck, München, 2013, p. 109 (§ 10, nº m. 6).

[56] Cf. BÖSE, Martin, "Aufsichtsrechtliche Vorermittlungen in der Grauzone zwischen Strafverfolgung und Gefahrenabwehr", *ZStW*, 2007, nº 119, (pp. 848-886) pp. 853-854.

[57] Cf. FISCHER, Veronica, *The SEC and BaFin – US and German capital market supervision in comparison*, Diss. (Augsburg), 2008, pp. 186-187.

[58] Cf. SZESNY, *Finanzmarktaufsicht und Strafprozess*, cit., p. 74.

[59] § 4 Abs. 3 WpHG: "*A agência federal pode exigir a qualquer pessoa prestação de informações, apresentação de documentos e cedência de cópias, assim como citar e inquirir pessoas, sempre que tal for necessário para supervisão do cumprimento de proibições ou obrigações constantes da presente lei. [...]. Não ficam prejudicados o direito à informação, o direito à recusa de prestar informações e o direito ao silêncio do visado, nem os deveres de confidencialidade.*"

[60] Cf. SZESNY, *Finanzmarktaufsicht und Strafprozess*, cit., p. 75.

9 Satz 1 WpHG, um direito à recusa de informação (*Auskunftsverweigerungs-recht*), ademais garantido, na Satz 2, por um específico dever de informação (*Belehrungspflicht*) que incumbe à agência federal defronte do visado relativamente ao direito ao silêncio deste último, em tudo semelhante ao dever de esclarecimento imposto às autoridades judiciárias nos termos do § 136 do Código de Processo Penal (*Strafprozessordnung* – StPO)[61/62].

Este regime jurídico parece assim ter sido desenhado de forma a respeitar idealmente os direitos de defesa e a separação de poderes. Desta perspetiva nada há a criticar. Porém, resta saber se este regime jurídico é capaz de garantir a necessária eficácia no tocante à perseguição e punição dos crimes contra os mercados financeiros. Na verdade, o Ministério Público dificilmente conseguirá só por si investigar e perceber os meandros de uma atividade criminal cujos contornos se tornam nítidos somente para aquelas entidades públicas que monitorizam em tempo real a negociação dos instrumentos financeiros em bolsa, em vez de se concentrarem apenas na apreciação de quaisquer atos avulsos dessa negociação. Não espanta, pois, que o Ministério Público possa assim divergir dos juízos feitos pela BaFin, como aconteceu, por exemplo, no caso Citigroup (ocorrido em 2004): a BaFin denunciara o caso à Procuradoria (*Staatsanwaltschaft*) de Frankfurt am Main[63], com vista à abertura de processo-crime relativo à negociação efetuada pelo Citigroup por suspeita da prática de crime de manipulação de mercado. Dada a inexistência de responsabilidade criminal de pessoas coletivas no ordenamento jurídico alemão, a denúncia foi apresentada contra os seis operadores do Citigroup que implementaram a estratégia de negociação em causa. O Ministério Público depressa arquivou o processo, em 21 de março de 2005[64]. No entanto, o próprio Citigroup

---

[61] § 1 Abs. 9 Satz 1 WpHG: "*A pessoa sujeita ao dever de informação pode recusar responder a perguntas que impliquem um perigo de ação penal contra si mesma ou contra familiares, nos termos do § 383 Abs. 1 Nr. 1 bis 3 do Código de Processo Civil, ou de processos nos termos da Lei das Contraordenações. A pessoa tem de ser informada acerca dos seus direitos de recusa de informação e ainda de que poderá consultar um advogado à sua escolha, inclusive antes de ser inquirida.*"

[62] Cf. Szesny, *Finanzmarktaufsicht und Strafprozess*, cit., p. 75.

[63] Cf. Donald, David C., "Applying Germany's Market Manipulation Rules to Disruptive Trades on the Eurex and MTS Platforms", *German Law Journal*, 2005, nº 3, (pp. 649-666) p. 650.

[64] "*Frankfurt prosecutors yesterday cleared six Citigroup traders of criminally manipulating the Eurozone government bond market, lifting one of the biggest threats overhanging the US bank's reputation. But the ruling prompted an angry response from BaFin, Germany's financial market watchdog, which said it stood by its preliminary finding that Citigroup traders had manipulated Eurex government bond*"

foi punido por essa prática pela FSA inglesa, que lhe aplicou uma sanção pecuniária (*financial penalty*) de cerca de 14 milhões de libras (21 milhões de euros), que, à data, foi a segunda mais elevada de sempre naquele país no domínio do mercado de capitais[65].

Tudo visto e somado, o modelo anglo-saxónico parece ser, de todos, o que mais acautela o princípio *nemo tenetur* e os direitos de defesa em processo penal, graças à imunidade penal que concede aos visados pelos procedimentos administrativos em troca da satisfação integral por parte deles dos deveres de informação e colaboração. É, todavia, um modelo singular, que seria muito difícil de transplantar para outros Estados-Membros da União Europeia por causa dos poderes de instrução de processos-crime que confere à entidade de supervisão comportamental. Tais poderes são conformes com um sistema em que a investigação criminal é protagonizada pela polícia, sendo aliás por causa disso que a FCA segue nesta matéria os princípios contidos no *Code for Crown Prosecutors*, além de que colabora diretamente com a polícia, segundo um memorando de entendimento (*memorandum of understanding* – MoU) que já vem desde os tempos da antecessora FSA[66]. Nos sistemas continentais em que a investigação criminal é dirigida pelo Ministério Público não seria possível atribuir poderes de instrução de processos-crime à autoridade reguladora financeira, nem, muito menos, atribuir-lhe a competência para decidir a instauração de tais processos[67]. Além de que o modelo anglo-saxónico também pode ser criti-

---

futures. [...]. Doris Möller-Scheu, of the Frankfurt prosecutor's office, said: 'Unlike BaFin, which found grounds for charges, the prosecutor is of the opinion that a charge of criminal price manipulation against those under investigation cannot be legally established'" (MUNTER, Päivi, BATCHELOR, Charles, "German prosecutor clears Citigroup of bond manipulation", *The Financial Times*, 22.03.2005). Na literatura académica, cf. DONALD, *German Law Journal*, 2005, nº 3, cit., p. 664.

[65] Cf. MENDES, Paulo de Sousa, "Was tun im Falle von transnationalem Marktmissbrauch? – Der Fall Citigroup", *ZIS*, 2009, nº 2, (pp. 55-58) p. 55.

[66] Cf. D'ALESSANDRO, *Regolatori del mercato, enforcement e sistema penale*, cit., p. 403.

[67] Embora no domínio do combate à fraude fiscal (art. 103º do Regime Geral das Infrações Tributárias – RGIT) estejam "[...] cometidas aos mesmos órgãos da administração tributária – não raro, às mesmas pessoas – tanto a realização da ação inspetiva como a investigação criminal no contexto do Inquérito" (ANDRADE, Manuel da Costa, "*Nemo tenetur se ipsum accusare* e direito tributário – Ou a insustentável indolência de um acórdão [nº 340/2013] do Tribunal Constitucional", *RLJ*, 2014, nº 3989, [pp. 121-158] p. 141). Na prática, uma relação de "promiscuidade", por força do disposto no nº 2 do art. 40º do RGIT, que atribui aos órgãos da administração tributária o estatuto e as funções de órgão de polícia criminal (cf. ANDRADE, *RLJ*, 2014, nº 3989, cit., [pp. 121-158] p. 141; DIAS, Augusto Silva, "Têm os deveres de coope-

A UTILIZAÇÃO EM PROCESSO PENAL DAS INFORMAÇÕES OBTIDAS PELOS REGULADORES...

cado por favorecer intrinsecamente a via da irrogação da coima (*financial penalty*) ou até apenas da admoestação pública (*public censure*) contra os autores de abusos de mercado, em vez da via do processo penal (*criminal prosecution*), seja qual for a gravidade da infração cometida. Acaba assim por se revelar ineficaz no tocante à prevenção das infrações que mais gravemente lesam a transparência e a integridade dos mercados financeiros. Reagindo a essa crítica, os últimos anos da FSA caraterizaram-se já por um recurso mais intensivo à via do processo penal, sobretudo a partir do ano de 2007[68], mas a falha é do próprio modelo, não tanto da sua aplicação.

Considerando agora os diferentes modelos continentais, o modelo alemão parece ser agora aquele que mais respeita o princípio *nemo tenetur* e as garantias de defesa, embora à custa de perda de eficácia, como não podia deixar de ser. Mas agora importa assinalar que as diferenças entre os modelos continentais acabam não sendo tão assinaláveis como parecem à primeira vista. Não podemos esquecer-nos de que as investigações de operações suspeitas podem, na prática, ocorrer no âmbito das funções de supervisão de caráter preventivo. Isso tanto pode suceder na Alemanha, com a BaFin a transcender os procedimentos de supervisão para lá do razoável, como em Portugal ou Itália, em que a instauração formal de averiguações preliminares pode, na prática ser adiada, a pretexto de que as suspeitas de abuso de mercado são difusas e carecem ainda da satisfação de mais pedidos de informação no âmbito dos poderes de supervisão, que são por si só robustos, na medida em que estão amparados na ameaça de punição com a desobediência, seja como contraordenação, seja como crime (em caso de ordem por parte do conselho de administração do regulador financeiro, sob cominação expressa da desobediência como crime)[69]. Portanto, algo falta aqui esclarecer, até porque o supervisor atua sem controlo nesta fase, o visado não tem a informação dos riscos a que está exposto e

---

ração do art. 7º e ss. do DL nº 29/2008, de 25 de fevereiro, implicações processuais penais ou contraordenacionais?", in: AA.VV., *Direito Penal Económico e Financeiro – conferências do Curso Pós-Graduado de Aperfeiçoamento* [org.: Palma/Silva Dias/Sousa Mendes], Coimbra Editora, Coimbra, 2012, [pp. 433-452] p. 435).

[68] Cf. D'ALESSANDRO, *Regolatori del mercato*, enforcement *e sistema penale*, cit., p. 403, nota 72.

[69] Considerando que o prolongamento indevido da fase inspetiva (as chamadas "investigações ocultas") é gerador de uma proibição de valoração de prova, nos termos da alínea *a*) do nº 2 do art. 126º do Código de Processo Penal, embora fazendo essa afirmação no domínio de atuação da administração tributária, cf. ANDRADE, *RLJ*, 2014, nº 3989, cit., (pp. 121-158) pp. 140-142.

o Ministério Público está fora do sistema nesta fase. Resta apenas o controlo judicial *a posteriori*, com o risco da declaração de nulidade da prova obtida (como já aconteceu em Portugal). O que mais uma vez faz perigar a eficácia de todo o sistema. Que fazer?

A fronteira entre as diligências administrativas de caráter preventivo e a investigação dos indícios da prática de uma infração criminal contra os mercados financeiros é muito ténue. Por isso mesmo, o regulador financeiro tem de ser especialmente escrupuloso na forma como exerce as suas competências, ademais considerando que tem poderes para obter dos particulares informações que o próprio Ministério Público não conseguiria produzir diretamente no processo penal. Seria de ponderar a criação no regulador financeiro de um departamento de controlo interno, relativamente autónomo, com poderes para impor as boas práticas (*best practices*) na prossecução quer dos procedimentos administrativos de carácter preventivo, quer dos procedimentos de investigação de quaisquer indícios da prática de crimes financeiros ou de outros ilícitos. Em analogia com o conceito de cumprimento normativo voluntário (*compliance*) usualmente aplicado às empresas, defendemos aqui o reconhecimento de uma espécie de cumprimento normativo voluntário a cargo do próprio regulador financeiro e relativo às práticas de investigação conformes ao Estado de Direito, o que implica que o regulador financeiro seja capaz de instalar mecanismos de controlo interno para contrariar quaisquer possíveis impulsos dos instrutores que os levem a descurar as garantias dos supervisionados.

Seria ainda de ponderar, como corolário do princípio da legalidade, a atribuição ao Ministério Público de competência expressa para sindicar, por via inspetiva, a legalidade das diligências efetuadas pela autoridade administrativa, especialmente como forma de verificar os casos em que não tiverem sido comunicados indícios da prática de crimes de mercado, apesar das averiguações realizadas.

V. Balanço e perspetivas

A trágica experiência das crises financeiras, que rapidamente se transformam em autênticas crises económicas e sociais (como se pode ver pela crise de 2008, que não há maneira de terminar[70]), demonstram que a mão

---

[70] Para uma breve descrição da crise financeira iniciada em 2007, cf. SCHÜNEMANN, Bernd, "Die sog. Finanzkrise – Systemversagen oder global organisierte Kriminalität?", in: AA.VV., *Die sogenannte Finanzkrise* (org.: Schünemann), cit., (pp. 71-105) pp. 71-72; BERNAL

invisível não consegue controlar os mercados financeiros, sobretudo por causa da diferente perceção do risco entre a massa dos investidores e os investidores institucionais e, mais grave ainda, por causa das assimetrias informativas com origem em práticas de abuso de mercado.

O capitalismo regulado aparece como resposta necessária para prevenir os riscos sistémicos que pairam sobre o sistema financeiro, económico e social, quer à escala nacional quer à escala global. O enquadramento jurídico-institucional do capitalismo regulado, segundo os ideais ordoliberais da Escola de Freiburg[71], entre outros, passa pela existência de entidades administrativas independentes que tenham por missão a vigilância das interações financeiras e económicas.

A emergência das autoridades administrativas independentes subverteu o clássico modelo da separação de poderes, por isso mesmo que foram dotadas de três tipos de poderes públicos, tradicionalmente separados, a saber: poderes normativos, executivos e (para)judiciais. Dizia Montesquieu (*De l'Esprit des Lois*, Liv. XI, Cap. VI): "[...] *tudo estaria perdido se o mesmo homem ou o mesmo corpo dos principais cidadãos, ou dos nobres, ou do povo, exercesse estes três poderes: o de fazer as leis, o de executar as resoluções públicas e o de julgar os crimes ou os diferendos dos particulares*"[72]. Mas é precisamente isso que se passa com as modernas autoridades reguladoras, que editam regulamentos de caráter geral e abstrato, acompanham e inspecionam a atividade das pessoas reguladas e, por fim, aplicam sanções pecuniárias (coimas) e sanções acessórias se detetarem infrações. A tese da separação de poderes evoluiu, mas, mesmo assim, os perigos de uma excessiva concentração de poderes

---

SARMIENTO, Camilo Ernesto, "Delitos de los mercados y de la globalización – Una lectura criminológica de los daños sociales y los delitos sufridos por los PIIGS", in: AA.VV., *Crisis financiera y Derecho Penal Económico* (org.: Demetrio Crespo/Maroto Calatayud), cit., (pp. 79-112) pp. 84-87; GARCÍA RIVAS, Nicolás, "Reflexiones sobre la responsabilidad penal en el marco de la crisis financiera", in: AA.VV., *Crisis financiera y Derecho Penal Económico* (org.: Demetrio Crespo/Maroto Calatayud), EDISOFER/Euros Editores, Madrid/Buenos Aires, 2014, (pp. 23-43) pp. 33-36; TERRADILLOS BASOCO, Juan M., "Cuatro décadas de política criminal en materia socioeconómica", in: AA.VV., *Crisis financiera y Derecho Penal Económico* (org.: Demetrio Crespo/Maroto Calatayud), cit., (pp. 45-78) p. 50.

[71] Cf. FREIRE, Maria Paula R. Vaz, "Os fundamentos ordoliberais do Direito Europeu da Concorrência", in: AA.VV., *Estudos em honra do Professor Doutor José de Oliveira Ascensão* (org.: Menezes Cordeiro/Pais de Vasconcelos/Costa e Silva), vol. II, Almedina, Coimbra, 2008, pp. 1791-1804.

[72] MONTESQUIEU, *Do Espírito das Leis* (introdução, tradução e notas de Miguel Morgado), Edições 70, Lisboa, 2011, p. 306.

são hoje os mesmos de sempre, pois teme-se que os direitos das pessoas constitucionalmente garantidos não mereçam suficiente proteção defronte de entidades que escapem ao controlo de poderes externos. Assim, cabe perguntar se os piores receios de Montesquieu afinal se confirmaram. Tudo se resume, portanto, a saber se as autoridades reguladoras, do mesmo passo que exercem poderes de diferente natureza, estão sujeitas a mecanismos de controlo externo que garantam suficientemente os interesses das pessoas eventualmente atingidas pela utilização dos referidos poderes. A arquitetura desses mecanismos depende muito de país para país, mas o princípio do processo justo e equitativo ficará salvaguardado se ao menos estiver garantida a possibilidade de revisão das decisões condenatórias proferidas pela autoridade reguladora por via de recurso judicial de jurisdição plena.

Não é alternativa a ablação de poderes das autoridades reguladoras ou o regresso a modelos institucionais de pura separação de poderes. Pelo contrário, precisamos de autoridades reguladoras fortes. Mais, as crises financeiras repetem-se, ademais inesperadamente, sobretudo porque às pulsões naturais da chamada "economia de casino" se associa o défice de supervisão[73].

Cabe às autoridades reguladoras dos mercados financeiros perseguir e punir autonomamente o abuso de mercado. Nos ordenamentos jurídicos em que certas formas graves de abuso de mercado são cominadas com penas criminais, a circulação de informações do processo administrativo preventivo ou sancionador para o processo penal constitui, porém, uma ameaça às garantias de defesa, à luz do princípio *nemo tenetur se ipsum accusare*, se estiver em causa a aquisição de provas que o próprio Ministério Público não poderia adquirir originariamente, com base nos meios de obtenção de prova disponíveis no processo penal[74/75]. Neste contexto, o

---

[73] O défice de supervisão terá seguramente muitas causas, entre as quais se destaca a falta de independência defronte dos regulados e dos políticos, um fenómeno que é tecnicamente caraterizado como captura do regulador (*regulatory capture*) (cf. CATARINO, Luís Guilherme, "O novo regime da Administração Independente: *Quis custodiet ipsos custodies?*", *RC&R*, 2014, nº 17, (pp. 173-239) pp. 180-182.

[74] Cf. BÖSE, *Wirtschaftsaufsicht und Strafverfolgung*, cit., p. 436 ss.; GLESS, Sabine, "*Nemo tenetur se ipsum accusare* und verwaltungsrechtliche Auskunftspflichten – Konflikt und Lösungsansätze am Beispiel der Schweizer Finanzmarktaufsicht", in: *Festschrift für Werner Beulke zum 70. Geburtstag* (org.: Fahl/Müller/Satzger/Swoboda), C. F. Müller, Heidelberg, 2015, (pp. 723-736) p. 728; WOHLERS, *Finanzmarkt ausser Kontrolle? Selbstregulierung – Aufsichtsrecht – Strafrecht* (org.: Ackermann/Wohlers), cit., p. 293.

[75] Embora não no domínio agora em causa, mas antes no domínio da utilização processual penal de dados autoincriminatórios coercivamente coligidos no procedimento tributário,

respeito das garantias de defesa só poderá ser escrutinado se houver tradição dos autos das averiguações preliminares para o Ministério Público, caso concluam pela notícia do crime[76]. Só assim se perceberá se os pedidos de informação dirigidos pelo regulador financeiro a quaisquer pessoas, singulares ou coletivas, foram instruídos com indicação da respetiva base jurídica, da qualidade em que o destinatário foi solicitado a transmitir informações e qual foi o objetivo da inquirição, esclarecendo-se que a recusa de depoimento constituiria desobediência, mas que a pessoa sujeita ao dever de informação podia recusar-se a responder a perguntas que implicassem um perigo de ação contraordenacional ou penal contra si mesma, deixando-se ademais claro que a informação e a documentação eventualmente obtidas poderiam vir a ser utilizadas como provas em eventual processo contraordenacional ou penal.

Costa Andrade propugna "[...] uma intransponível *proibição de valoração* em processo penal dos dados autoincriminatórios" (ANDRADE, *RLJ*, 2014, nº 3989, cit., [pp.121-158] p. 157). Importa aqui saber qual é a extensão dada ao conceito de "dados autoincriminatórios": se forem declarações orais anteriormente prestadas pelo arguido sob coerção perante as entidades administrativas em procedimentos administrativos preventivos ou sancionadores, então compreende-se a proibição de valoração em processo penal, pois as suas declarações não foram uma afirmação livre e esclarecida de auto-responsabilidade (cf. ANDRADE, Manuel da Costa, *Sobre as proibições de prova em processo penal*, 1ª reimp., Coimbra Editora, Coimbra, 2013 [1ª ed., 1992], p. 121; SILVA, Sandra Oliveira e, "O arguido como meio de prova contra si mesmo – Considerações em torno do princípio *nemo tenetur se ipsum accusare*", *Revista da FDUP*, 2013, Ano X, [pp. 361-379] p. 364). A este propósito, é pertinente a jurisprudência do TEDH. Em *Saunders vs. United Kingdom* (1996), o TEDH pronunciou-se sobre a queixa do Sr. Saunders, baseada no facto de terem sido usadas contra si no processo-crime declarações que o próprio tinha prestado anteriormente num processo administrativo sob cominação de desobediência ("coerção legítima"). O TEDH deu razão ao queixoso, reconhecendo que fora violado o seu direito a um processo justo e equitativo (cf. MENDES, Paulo de Sousa, "As garantias de defesa no processo sancionatório especial por práticas restritivas da concorrência confrontadas com a jurisprudência do Tribunal Europeu dos Direitos do Homem", *RC&R*, 2010, nº 1, [pp. 121-144] pp. 131-133; MARTINHO, Helena Gaspar, "O direito à não autoincriminação no Direito da Concorrência – O diálogo jurisprudencial e o silêncio do arguido", in: AA.VV., *Estudos em Homenagem ao Prof. Doutor José Lebre de Freitas* (org.: Marques Guedes *et al.*), vol. II, Coimbra Editora, Coimbra, 2013, (pp. 1063-1104) pp. 1085-1088.

[76] Em vez de o regulador financeiro simplesmente "*remete*[r] *os elementos relevantes à autoridade judiciária competente*" (artigo 386º CdVM), o que constitui a única exigência da lei portuguesa, aliás claramente insuficiente para o exercício de uma defesa efetiva no processo penal, por isso mesmo que não faculta ao arguido qualquer possibilidade de discernimento da origem das provas posteriormente dispersas nos autos do processo penal, nem lhe permite a eventual arguição de nulidade por uso de método proibido ou valoração de prova proibida.

ESTUDOS SOBRE *LAW ENFORCEMENT, COMPLIANCE* E DIREITO PENAL

As averiguações preliminares a cargo do regulador financeiro são necessárias, pois uma comunicação precoce da suspeita de crime poderia fazer perigar a própria investigação criminal, designadamente porque o Ministério Público não possui os instrumentos técnicos de monitorização dos mercados financeiros, nem a experiência necessária para analisar matérias cuja complexidade somente está ao alcance de especialistas. É frequente a celebração de convénios entre a autoridade reguladora e o Ministério Público, em cada país, mas serão provavelmente insuficientes para superar as crónicas dificuldades do Ministério Público nesta matéria[77].

Mais grave ainda é a verificação da fraca cooperação internacional entre países, apesar de vivermos num sistema financeiro global, baseado em mercados financeiros cada vez mais integrados à escala mundial[78]. O acréscimo da cooperação internacional não decorrerá necessariamente da aproximação dos ordenamentos jurídicos nacionais ao nível das normas de direito material. Senão, vejamos: as grandes diferenças de qualificação das situações de abuso de mercado entre os sistemas jurídicos dos países europeus têm vindo a ser paulatinamente suplantadas através de instrumentos legislativos da União Europeia, mas os progressos na cooperação internacional das autoridades reguladoras nacionais são ainda pouco significativos.

Nas situações de abuso de mercado em que se exija uma ação conjunta dos diversos países deve privilegiar-se uma coordenação de esforços antes de tudo ao nível da *European Securities and Markets Authority* (ESMA)[79] ou então organizando-se reuniões diretamente entre as autoridades reguladoras congéneres de modo a decidir o tipo de abordagem a dar ao caso. Concordando na definição de qual deva ser a autoridade reguladora lidérante no caso concreto, segundo critérios flexíveis a analisar *ad hoc*, os demais reguladores financeiros devem seguir a estratégia da jurisdição lidérante, não podendo invocar depois os princípios dos respetivos sistemas jurídicos para impedir uma ação única. Designadamente, não pode-

---

[77] Em Portugal, a Procuradoria-Geral da República, o Banco de Portugal e a CMVM estabeleceram um protocolo que prevê a realização de um encontro de trabalho anual, formação recíproca e a agilização de procedimentos entre as três entidades signatárias, no quadro da regulação do mercado financeiro e da investigação de atividades eventualmente delituosas.
[78] Cf. THIELE, *Finanzaufsicht*, cit., p. 492 ss.; D'ALESSANDRO, *Regolatori del mercato*, enforcement *e sistema penale*, cit., p. 371.
[79] A ESMA substituiu o *Committee of European Securities Regulators* (CESR), a partir de 1 de janeiro de 2011 (cf. MATEUS, Tiago, *O novo paradigma da regulação e supervisão do sistema financeiro na União Europeia – O caso das agências de notação de risco*, AAFDL, Lisboa, 2015, pp. 212-223).

A UTILIZAÇÃO EM PROCESSO PENAL DAS INFORMAÇÕES OBTIDAS PELOS REGULADORES...

rão invocar o princípio da legalidade para justificar a comunicação dos factos ao Ministério Público, assim perdendo o controlo do próprio processo daí para a frente. Se as autoridades reguladoras não se entenderem, então acabarão permitindo aos agentes de práticas abusivas do mercado que adotem estratégias de busca da instância mais favorável (*forum shopping*), escudados na invocação do princípio *ne bis in idem* à escala transnacional[80]. Infelizmente as situações já ocorridas no passado demonstram que a coordenação internacional não tem funcionado, disso mesmo sendo exemplo o caso Citigroup[81].

Imagine-se agora a tremenda dificuldade de coordenação à escala mundial, ao nível da *International Organization of Securities Commissions* (IOSCO). Em casos de abuso de mercado transnacional, a coordenação internacional entre países como os EUA, o Brasil e países europeus funciona sobretudo na base de acordos bilaterais[82].

Referências bibliográficas

ACKERMANN, Jürg-Beat, WOHLERS, Wolfgang,
Finanzmarkt ausser Kontrolle? Selbstregulierung – Aufsichtsrecht – Strafrecht: 3. Zürcher Tagung zum Wirtschaftsstrafrecht (org.: Ackermann/Wohlers), Schulthess Juristische Medien AG, Zürich, 2009.

ALONSO, Leonardo,
Crimes contra o mercado de capitais, Diss. (São Paulo), 2009.

ANASTÁCIO, Catarina,
"O dever de colaboração no âmbito dos processos de contraordenação por infração às regras de defesa da concorrência e o princípio *nemo tenetur se ipsum accusare*", RC&R, 2010, nº 1, pp. 199-235.

---

[80] Cf. ESER, Albin, BURCHARD, Christoph, "Interlokales 'ne bis in idem' in Europa? Von 'westfälischem' Souveränitätspathos zu europäischem Gemeinschaftsdenken", in: AA.VV., *Freiheit, Sicherheit und Recht – Festschrift für Jürgen Meyer zum 70. Geburtstag* (org.: Derra), Nomos, Baden-Baden, 2006, (pp. 499-524) pp. 499-524; NIETO MARTÍN, Adán, "El principio de *ne bis in idem* en el Derecho penal europeo e internacional", in: AA.VV., *El principio de ne bis in idem en el Derecho penal europeo e internacional* (org.: Arroyo Zapatero/Nieto Martín), Ediciones de la Universidad de Castilla-La Mancha, Cuenca, 2007, (pp. 9-16) pp. 9-16; RAMOS, Vânia Costa, Ne bis in idem *e União Europeia*, Coimbra Editora, Coimbra, 2009, pp. 71-79 e 339-344.
[81] Cf. MENDES, Paulo de Sousa, ZIS, 2009, nº 2, cit., pp. 55-58; GÓMEZ-JARA DÍEZ, Carlos, *Staatsschuldenkrise und europäisches Strafrecht*, Lit, Manheim, 2014, p. 54, n. 121.
[82] Cf. KOTTEK, Petr, *Die Kooperation von deutschen Unternehmen mit der US-amerikanischen Börsenaufsicht SEC – Grenzen der strafprozessualen unternehmensinterner Ermittlungen*, Peter Lang, Frankfurt am Main, 2012, pp. 13-14.

ESTUDOS SOBRE *LAW ENFORCEMENT, COMPLIANCE* E DIREITO PENAL

ANDRADE, Manuel da Costa,
Sobre as proibições de prova em processo penal, 1ª reimp., Coimbra Editora, Coimbra, 2013 (1ª ed., 1992).

ANDRADE, Manuel da Costa,
"*Nemo tenetur se ipsum accusare* e direito tributário – Ou a insustentável indolência de um acórdão (nº 340/2013) do Tribunal Constitucional", *RLJ*, 2014, nº 3989, pp. 121-158.

BEER, Nicola,
"Europäische Aspekte", in: AA.VV., *Die Finanzkrise, das Wirtschaftsstrafrecht und die Moral* (org.: Kempf/Lüderssen/Volk), de Gruyter, Berlin/New York, 2010, pp. 6-11.

BERNAL SARMIENTO, Camilo Ernesto,
"Delitos de los mercados y de la globalización – Una lectura criminológica de los daños sociales y los delitos sufridos por los PIIGS", in: AA.VV., *Crisis financiera y Derecho Penal Económico* (org.: Demetrio Crespo/Maroto Calatayud), EDISOFER/Euros Editores, Madrid/Buenos Aires, 2014, pp. 79-112.

BOLINA, Helena,
"O direito ao silêncio e o estatuto dos supervisionados à luz da aplicação subsidiária do processo penal aos processos de contraordenação no mercado de valores mobiliários", *RCEJ*, 2010, nº 14, pp. 383-430.

BÖSE, Martin,
Wirtschaftsaufsicht und Strafverfolgung – Die verfahrensübergreifenden Verwendung von Informationen und die Grund- und Verfahrensrechte des Einzelnen, Mohr Siebeck, Tübingen, 2005.

BÖSE, Martin,
"Aufsichtsrechtliche Vorermittlungen in der Grauzone zwischen Strafverfolgung und Gefahrenabwehr", *ZStW*, 2007, nº 119, pp. 848-886.

BRANDÃO, Nuno,
Crimes e contraordenações – Da cisão à convergência material, Coimbra Editora, Coimbra, 2016.

CÂMARA, Paulo,
Manual de Direito dos Valores Mobiliários, 2ª ed., Almedina, Coimbra, 2011.

CATARINO, Luís Guilherme,
"O novo regime da Administração Independente: *Quis custodiet ipsos custodies?*", *RC&R*, 2014, nº 17, pp. 173-239.

COSTA, Joana,
"O princípio *nemo tenetur* na Jurisprudência do Tribunal Europeu dos Direitos do Homem", *RMP*, 2011, nº 128, pp. 117-183.

CURADO, Ana Pascoal,
"As averiguações preliminares da CMVM no âmbito da luta contra a criminalidade financeira – Natureza jurídica e aplicação do princípio *nemo tenetur*", *RC&R*, 2012, nº 9, pp. 239-274.

D'ALESSANDRO, Francesco,
Regolatori del mercato, enforcement e sistema penale, Giappichelli, Turim.

DAVIES, Howard,
"Five Tests of the Single Financial Market", *Revue Bancaire et Financière*, 2003, vol. 67, nº 3, pp. 208-213.

DAVIES, Howard, GREEN, David,
Global Financial Regulation – The Essential Guide, Polity Press, Cambridge, 2008.

DIAS, Augusto Silva,
"Têm os deveres de cooperação do art. 7º e ss. do DL nº 29/2008, de 25 de fevereiro, implicações processuais penais ou contraordenacionais?", in: AA.VV., *Direito Penal Económico e Financeiro – conferências do Curso Pós-Graduado de Aperfeiçoamento* (org.: Palma/ Silva Dias/Sousa Mendes), Coimbra Editora, Coimbra, 2012, pp. 433-452.

DIAS, Augusto Silva,
"O Direito Penal como instrumento de superação da crise económico-financeira: Estado da discussão e novas perspetivas", *Anatomia do Crime*, 2014, nº 0, pp. 45-73.

DIAS, Augusto Silva, RAMOS, Vânia Costa,
O direito à não autoinculpação (nemo tenetur se ipsum accusare) no processo penal e contraordenacional português, Coimbra Editora, Coimbra, 2009.

DIAS, Jorge de Figueiredo, ANDRADE, Manuel da Costa,
"Poderes de supervisão, direito ao silêncio e provas proibidas (Parecer)", in: AA.VV., *Supervisão, direito ao silêncio e legalidade da prova*, Almedina, Coimbra, 2009, pp. 11-56.

DONALD, David C.,
"Applying Germany's Market Manipulation Rules to Disruptive Trades on the Eurex and MTS Platforms", *German Law Journal*, 2005, nº 3, pp. 649-666.

ESER, Albin, BURCHARD, Christoph,
"Interlokales 'ne bis in idem' in Europa? Von 'westfälischem' Souveränitätspathos zu europäischem Gemeinschaftsdenken", in: AA.VV., *Freiheit, Sicherheit und Recht – Festschrift für Jürgen Meyer zum 70. Geburtstag* (org.: Derra), Nomos, Baden-Baden, 2006, pp. 499-524.

FISCHER, Veronica,
The SEC and BaFin – US and German capital market supervision in comparison, Diss. (Augsburg), 2008.

FOFFANI, Luigi,
"Nuevas tendencias y perspectivas del derecho penal económico europeo", *RPCC*, 2014, nº 24, pp. 225-234.

FREIRE, Maria Paula R. Vaz,
"Os fundamentos ordoliberais do Direito Europeu da Concorrência", in: AA.VV., *Estudos em honra do Professor Doutor José de Oliveira Ascensão* (org.: Menezes Cordeiro/Pais de Vasconcelos/Costa e Silva), vol. II, Almedina, Coimbra, 2008, pp. 1791-1804.

GAGEIRO, António,
"Modelos de Direito estrangeiro na perspectiva do *enforcement* (E.U.A./R.U./Europa Continental)", in: AA.VV., *Direito Sancionatório das Autoridades Reguladoras* (org.. Palma/ Silva Dias/Sousa Mendes), Coimbra Editora, Coimbra, 2009, pp. 41-72.

GARCÍA RIVAS, Nicolás,
"Reflexiones sobre la responsabilidad penal en el marco de la crisis financiera", in: AA.VV., *Crisis financiera y Derecho Penal Económico* (org.: Demetrio Crespo/Maroto Calatayud), EDISOFER/Euros Editores, Madrid/Buenos Aires, 2014, pp. 23-43.

GLESS, Sabine,
"*Nemo tenetur se ipsum accusare* und verwaltungsrechtliche Auskunftspflichten – Konflikt und Lösungsansätze am Beispiel der Schweizer Finanzmarktaufsicht", in: *Festschrift für*

Werner Beulke zum 70. Geburtstag (org.: Fahl/Müller/Satzger/Swoboda), C. F. Müller, Heidelberg, 2015, pp. 723-736.

GLESS, Sabine,
Beweisrechtsgrundsätze einer grenzüberschreitenden Strafverfolgung, Nomos, Baden-Baden, 2006.

GÓMEZ-JARA DÍEZ, Carlos,
La protección penal transnacional de los mercados financieros, Marcial Pons, Madrid/Barcelona/Buenos Aires/São Paulo, 2014.

GÓMEZ-JARA DÍEZ, Carlos,
Staatsschuldenkrise und europäisches Strafrecht, Lit, Manheim, 2014.

HARRIS, Davis, O'BOYLE, Michael, BATES, Ed, BUCKLEY, Carla,
Law of the European Convention on Human Rights, 2ª ed., Oxford University Press, Oxford/ /New York, 2009.

HERMES, Georg,
"Staat und Markt", in: AA.VV., *Die Finanzkrise, das Wirtschaftsstrafrecht und die Moral* (org.: Kempf/Lüderssen/Volk), de Gruyter, Berlin/New York, 2010, pp. 26-46.

HOHNEL, Andreas,
Kapitalmarktstrafrecht – Kommentar, Beck, München, 2013.

KASISKE, Peter,
"Aufarbeitung der Finanzkrise durch das Strafrecht? Zur Untreuestrafbarkeit durch Portfolioinvestments in Collateralized Debt Obligations via Zweckgesellschaften", in: AA.VV., *Die sogenannte Finanzkrise – Systemversagen oder global organisierte Kriminalität?* (org.: Schünemann), BWV, Berlim, 2010, pp. 13-42.

KOTTEK, Petr,
Die Kooperation von deutschen Unternehmen mit der US-amerikanischen Börsenaufsicht SEC – Grenzen der strafprozessualen unternehmensinterner Ermittlungen, Peter Lang, Frankfurt am Main, 2012.

LIENENKÄMPER, Mona,
Marktmanipulation gemäß § 20 a WpHG – Unter besonderer Berücksichtigung der Verordnung zur Konkretisierung des Verbots der Marktmanipulation [Marktmanipulations-Konkretisierungs-verordnung – MaKonV] vom 1. März 2005 und der höchstrichterlichen Rechtsprechung, Dr. Kovač, Hamburg, 2012.

LÜDERSSEN, Klaus,
"Komplexität und Ambivalenzen", in: AA.VV., *Die Finanzkrise, das Wirtschaftsstrafrecht und die Moral* (org.: Kempf/Lüderssen/Volk), de Gruyter, Berlin/New York, 2010, pp. 15-18.

MARTINHO, Helena Gaspar,
"O direito à não autoincriminação no Direito da Concorrência – O diálogo jurisprudencial e o silêncio do arguido", in: AA.VV., *Estudos em Homenagem ao Prof. Doutor José Lebre de Freitas* (org.: Marques Guedes *et al.*), vol. II, Coimbra Editora, Coimbra, 2013, pp 1063-1104.

MATEUS, Tiago,
O novo paradigma da regulação e supervisão do sistema financeiro na União Europeia – O caso das agências de notação de risco, AAFDL, Lisboa, 2015.

MENDES, Paulo de Sousa,
"A adaptação do Direito português à Diretiva sobre o Abuso de Mercado", in: AA.VV., *Direito Sancionatório das Autoridades Reguladoras* (org.: Palma/Silva Dias/Sousa Mendes), Coimbra Editora, Coimbra, 2009, pp. 325-337.

MENDES, Paulo de Sousa,
"Was tun im Falle von transnationalem Marktmissbrauch? – Der Fall Citigroup", *ZIS*, 2009, nº 2, pp. 55-58.

MENDES, Paulo de Sousa,
"As garantias de defesa no processo sancionatório especial por práticas restritivas da concorrência confrontadas com a jurisprudência do Tribunal Europeu dos Direitos do Homem", *RC&R*, 2010, nº 1, pp. 121-144.

MENDES, Paulo de Sousa,
"O problema da utilização de elementos recolhidos em ações de supervisão como meios de prova em processo sancionatório", *RC&R*, 2012, nºs 11/12, pp. 307-318.

MENDES, Paulo de Sousa,
Lições de Direito Processual Penal, 2ª reimp., Almedina, Coimbra, 2015 (1ª ed., 2013).

MONTESQUIEU,
Do Espírito das Leis (introdução, tradução e notas de Miguel Morgado), Edições 70, Lisboa, 2011.

MUNTER, Päivi, BATCHELOR, Charles,
"German prosecutor clears Citigroup of bond manipulation", *The Financial Times*, 22.03.2005.

NIETO MARTÍN, Adán,
"El principio de *ne bis in idem* en el Derecho penal europeo e internacional", in: AA.VV., *El principio de ne bis in idem en el Derecho penal europeo e internacional* (org.: Arroyo Zapatero/Nieto Martín), Ediciones de la Universidad de Castilla-La Mancha, Cuenca, 2007, pp. 9-16.

NISCO, Attilio,
Controlli sul mercato finanziario e responsabilità penale – Posizioni di garanzia e tutela del risparmio, Bononia University Press, Bolonha, 2009.

NISCO, Attilio,
"L'ostacolo all'esercizio delle funzioni delle autorità pubbliche di vigilanza – Spunti problematici", *RTDPE*, 2013, vol. 26, fasc. 1/2, pp. 249-273.

PINTO, Frederico L. da Costa,
"O ilícito de mera ordenação social e a erosão do princípio da subsidiariedade da intervenção penal", in: AA.VV., *Direito Penal Económico e Europeu: Textos doutrinários*, vol. I (Problemas gerais), Coimbra Editora, Coimbra, 1998, pp. 210-274.

PINTO, Frederico L. da Costa,
O novo regime dos crimes e contraordenações no Código dos Valores Mobiliários, Almedina, Coimbra, 2000.

PINTO, Frederico L. da Costa,
"Supervisão do mercado, legalidade da prova e direito de defesa em processo de contraordenação (Parecer)", in: AA.VV., *Supervisão, direito ao silêncio e legalidade da prova*, Almedina, Coimbra, 2009, pp. 57-125.

ESTUDOS SOBRE *LAW ENFORCEMENT, COMPLIANCE* E DIREITO PENAL

RAMOS, Vânia Costa,
Ne bis in idem e União Europeia, Coimbra Editora, Coimbra, 2009.

RAMOS, Vânia Costa,
"Direito Penal Europeu Institucional", in: AA.VV., *Direito Penal Económico e Financeiro – Conferências do Curso Pós-graduado de Aperfeiçoamento* (org.: Palma/Silva Dias/Sousa Mendes), Coimbra Editora, Coimbra, 2012, pp. 367-429.

SANTIAGO, Bruno Vinga,
"O regime das averiguações preliminares no Código dos Valores Mobiliários de 1999", *RPCC*, 2001, nº 11, pp. 603-632.

SCHÖNWÄLDER, Yannick,
Grund und Grenzen einer strafrechtlichen Regulierung der Marktmanipulation – Analyse unter besonderer Würdigung der Börsen- oder Marktpreiseinwirkung, Duncker & Humblot, Berlim, 2011.

SCHÜNEMANN, Bernd,
"Die sog. Finanzkrise – Systemversagen oder global organisierte Kriminalität?", in: AA.VV., *Die sogenannte Finanzkrise – Systemversagen oder global organisierte Kriminalität?* (org.: Schünemann), BWV, Berlim, 2010, pp. 71-105.

SILVA, Sandra Oliveira e,
"O arguido como meio de prova contra si mesmo – Considerações em torno do princípio *nemo tenetur se ipsum accusare*", *Revista da FDUP*, 2013, Ano X, pp. 361-379.

SZESNY, André-M.,
Finanzmarktaufsicht und Strafprozess – Die Ermittlungskompetenzen der BaFin und der Börsenaufsichtsbehörden nach Kreditwesengesetz, Wertpapierhandelsgesetz und Börsengesetz und ihr Bezug zum Strafprozessrecht, Dr. Kovač, Hamburg, 2008.

TAYLOR, Michael W.,
"The Road from 'Twin Peaks' – and the Way Back", *Connecticut Insurance Law Journal*, 2009, vol. 16, nº 1, pp. 61-96.

TERRADILLOS BASOCO, Juan M.,
"Cuatro décadas de política criminal en materia socioeconómica", in: AA.VV., *Crisis financiera y Derecho Penal Económico* (org.: Demetrio Crespo/Maroto Calatayud), EDISOFER/Euros Editores, Madrid/Buenos Aires, 2014, pp. 45-78.

THIELE, Alexander,
Finanzaufsicht – Der Staat und die Finanzmärkte, Mohr Siebeck, Tübingen, 2014.

VEIL, Rüdiger,
European Capital Markets Law, Hart Publishing, Oxford, 2013.

VELOSO, José António,
"Boas intenções, maus resultados – Notas soltas sobre investigação e processo na supervisão financeira", *ROA*, 2000, nº 60, pp. 73-102.

VOGEL, Joachim,
Wertpapierhandelsgesetz Kommentar (org.: Assmann/Schneider), 6ª ed., Dr. Otto Schmidt, Köln, 2012, § 38.

YIM, Chul-Hee,
Die Zurechnung des Einwirkungserfolgs bei der strafbaren Marktmanipulation im Sinne des § 38 Abs. 2 WpHG, Dr. Kovač, Hamburg, 2013.

ÍNDICE

APRESENTAÇÃO	5
NOTA INTRODUTÓRIA	7

I. *LAW ENFORCEMENT E COMPLIANCE*

Law enforcement & compliance
PAULO DE SOUSA MENDES — 11

O que não se diz sobre o *criminal compliance*
PAULO CÉSAR BUSATO — 21

Compliance, cultura corporativa e culpa penal da pessoa jurídica
TERESA QUINTELA DE BRITO — 57

A responsabilidade contraordenacional da pessoa coletiva no contexto
do "Estado Regulador"
ALEXANDRA VILELA — 101

A elaboração de programas de *compliance*
FILIPA MARQUES JÚNIOR e JOÃO MEDEIROS — 123

II. QUESTOES PROCESSUAIS

Questões processuais da responsabilidade penal das pessoas coletivas
GERMANO MARQUES DA SILVA — 151

O advogado interno (*in-house lawyer*): Estatuto e particularidades
do segredo profissional
FILIPE MATIAS SANTOS — 171

ESTUDOS SOBRE *LAW ENFORCEMENT, COMPLIANCE* E DIREITO PENAL

O segredo de negócio como escudo e como espada
NUNO SOUSA E SILVA 209

III. RESPONSABILIDADE DO *COMPLIANCE OFFICER*

A responsabilidade penal do *compliance officer:* fundamentos e limites
do dever de auto-vigilância empresarial
TIAGO GERALDO 267

Responsabilidade penal das instituições de crédito e do *Chief Compliance*
Officer no crime de branqueamento
JOSÉ NEVES DA COSTA 303

IV. RESPONSABILIDADE CONTRAORDENACIONAL

Compliance em processo contraordenacional: Da alegação à decisão
através da prova
ALEXANDRE LEITE BAPTISTA 345

Os poderes de cognição e decisão do tribunal na fase de impugnação judicial
do processo de contraordenação
MARTA BORGES CAMPOS 385

V. MERCADOS FINANCEIROS

A revisão das diretivas do abuso de mercado: Novo âmbito, o mesmo regime
HELENA MAGALHÃES BOLINA 425

A utilização em processo penal das informações obtidas pelos reguladores
dos mercados financeiros
PAULO DE SOUSA MENDES 453